Industrie- und Arbeitssoziologie

von
Dr. Gertraude Mikl-Horke
Universitätsprofessorin
an der Wirtschaftsuniversität Wien

6., vollständig überarbeitete Auflage

R. Oldenbourg Verlag München Wien

Bibliografische Information der Deutschen Nationalbibliothek

Die Deutsche Nationalbibliothek verzeichnet diese Publikation in der Deutschen
Nationalbibliografie; detaillierte bibliografische Daten sind im Internet über
<http://dnb.d-nb.de> abrufbar.

© 2007 Oldenbourg Wissenschaftsverlag GmbH
Rosenheimer Straße 145, D-81671 München
Telefon: (089) 45051-0
oldenbourg.de

Das Werk einschließlich aller Abbildungen ist urheberrechtlich geschützt. Jede Verwertung
außerhalb der Grenzen des Urheberrechtsgesetzes ist ohne Zustimmung des Verlages unzulässig und strafbar. Das gilt insbesondere für Vervielfältigungen, Übersetzungen, Mikroverfilmungen und die Einspeicherung und Bearbeitung in elektronischen Systemen.

Lektorat: Wirtschafts- und Sozialwissenschaften, wiso@oldenbourg.de
Herstellung: Anna Grosser
Coverentwurf: Kochan & Partner, München
Gedruckt auf säure- und chlorfreiem Papier
Druck: Grafik + Druck, München
Bindung: Thomas Buchbinderei GmbH, Augsburg

ISBN 978-3-486-58254-3

Inhalt

Über den soziologischen Begriff der Arbeit (1)   9

Erster Teil: Die Industriegesellschaft   17

I. Vom Werden der Industriearbeit: Zur Geschichte und Sozialphilosophie der industriellen Gesellschaft 19
1. Organisation und Kulturbedeutung der Arbeit in vorindustriellen Gesellschaften 21
2. Industrialisierung und Fabriksarbeit 35
3. Die Entstehung der Arbeiterklasse 41
4. Arbeit und industrielle Zivilisation: Frühe Soziologie des industriellen Zeitalters 52
5. Entfremdete Arbeit und Kapitalismuskritik bei Karl Marx 57

II. Industriesystem und Industriegesellschaft 63
1. Die Transformation der industriellen Produktion und der Taylorismus 63
2. Fordismus und Gesellschaft: Der Industriekapitalismus als System 71
3. Die Soziologie der Industriegesellschaft 78
4. Von der Arbeiterforschung zur Soziologie der industriellen Arbeit 88

Zweiter Teil: Organisation, Technik und Unternehmen   95

III. Die Organisierung von Kooperation und Kontrolle 97
1. Die formale Organisation der Industrieunternehmen 97
2. Das Unternehmen als Bürokratie 106
3. Arbeitsmotivation und soziale Organisation: Zur Psychosoziologie der industriellen Arbeit 111
4. Arbeitshandeln in der Organisation: Rollenverhalten und Konflikte 129

IV. Technik und Arbeit 141
1. Technik und Mensch: Kritik der industriellen Arbeitsweise 142
2. Technik und Organisation 149
3. Die „Humanisierung der Arbeitswelt" 158
4. Die Transformation der Arbeit in der Dritten Industriellen Revolution 161

V. Flexible Unternehmen und das Management der Arbeit 169
1. Flexible Personalstruktur: Modell Japan? 169
2. Das „Reengineering" der Arbeit im Zuge des technisch-ökonomischen Wandels 182
3. Managementtheorien und die Folgen für die MitarbeiterInnen 190

Dritter Teil: Gesellschaft und Arbeit **201**

VI. Von der Industriegesellschaft zur Wissensgesellschaft? 203
1. Die Diskussion um die „postindustrielle Gesellschaft" 203
VII. Der Wandel der sozialen und beruflichen Strukturen 213
1. Die soziale Differenzierung der Arbeitsgesellschaft..213
2. Zur Soziologie der Berufe..231
VIII. Arbeitsmarkt und Arbeitslosigkeit..251
1. Theorien und Strukturen des Arbeitsmarktes 251
2. Arbeitslosigkeit als gesellschaftliches Problem...264
3. Beschäftigungskrise oder neue Arbeitsgesellschaft? 273
IX. Industrielle Arbeitsbeziehungen und die neue Arbeitswelt 289
1. Der industrielle Konflikt und die Gewerkschaften 290
2. Arbeitsbeziehungen, Staat und Verbände 298
3. Industrielle Demokratie 306
4. Die Zukunft der Arbeitsbeziehungen...313
X. Die Probleme der neuen Beschäftigungsgesellschaft..321
1. Transformation und Spaltung der Arbeits- und Erwerbsgesellschaft 322
2. Von der Kritik zur Pragmatik?...328

Vierter Teil: Mensch und Arbeit **339**

XI. Probleme der Menschen in der Arbeitswelt..341
1. Macht Arbeit krank? 342
2. Wenn die Arbeit fehlt: Die Erfahrung der Arbeitslosigkeit einst und jetzt......347
3. Arbeit und Leben 351
4. Arbeit jenseits der Erwerbsarbeit...363
5. Der neue Mensch: Ambivalente Anforderungen der neuen Arbeitswirklichkeit......369
XII. Subjekt und Arbeitssoziologie im Postfordismus...375
1. Der Wandel arbeitswissenschaftlicher Diskurse vom Fordismus zum Postfordismus 376
2. Individualisierung und Subjektivierung als Themen der Arbeitssoziologie 380

Zum Abschluss: Über den soziologischen Begriff der Arbeit (2) **385**

Literaturverzeichnis 395

Sachindex 433

Vorwort

Seit der Zeit, als die Industrie- und Arbeitssoziologie ihre stärkste Entwicklung aufwies, hat sich die Welt der Wirtschaft, der Arbeit und der Berufe, der Unternehmen und ihrer Organisation grundlegend verändert. Dies beruht auf dem Wandel der technischen Grundlagen der Produktion und der Kommunikation, die unser Leben nachhaltig beeinflussen, auf der Globalisierung und Deregulierung wirtschaftlicher und finanzieller Transaktionen, impliziert aber auch einen Prozess der Umdeutung und Neubestimmung von Arbeit, Beruf und Beschäftigung im Leben der Menschen und in der Kultur der Gesellschaften. Auch der Tenor der Diskurse über Arbeit und Industrie hat sich gewandelt, was noch vor wenigen Jahren wichtig war, scheint kaum mehr auf, dafür gibt es eine neue Rhetorik der Arbeits- und Wirtschaftswelt, die Einfluss auf die Wahrnehmung von Problemen hat.

Die Sozialwissenschaften stehen vor der schwierigen Aufgabe, in diesen rasanten Veränderungsprozessen soziale Strukturen und Muster aufzufinden, sich aber auch selbst im Hinblick auf ihr Erklärungspotential zu überdenken und zu transformieren. Auch Theorien und Begriffe müssen sich dem Wandel der Wirklichkeit anpassen, dies aber gleichzeitig in Bezug auf die Erkenntnisziele reflektieren. Das vorliegende Buch, das nunmehr in 6. Auflage erscheint, versucht sowohl die Traditionen der soziologischen Befassung mit dem Gegenstandsbereich von Arbeit und Industrie zu erhalten, als auch den neuen Entwicklungen Rechnung zu tragen. Selbst seit der letzten Auflage hat sich vieles verändert und damit eine vollständige Überarbeitung des Buches notwendig gemacht. Dabei wurden nicht nur neue Erscheinungsformen und neue Ansätze in der Industrie- und Arbeitssoziologie und der Berufssoziologie berücksichtigt, sondern auch mehr Gewicht auf die Rolle der Unternehmen und auf die geänderte Beschäftigungswirklichkeit der Menschen gelegt.

Für die Hilfe bei der Texterstellung bedanke ich mich bei Frau Petra Geppl ganz herzlich, wobei ich jedoch feststelle, dass ich für alle Irrtümer und Schwächen des Buches ganz allein verantwortlich bin. Wie lange man sich auch mit bestimmten Fragen und Darstellungsweisen herumschlagen mag, so ist doch jedes „endgültige" Manuskript immer noch ein Entwurf ins Ungewisse, das Hinausstoßen in das grelle Licht der Öffentlichkeit von etwas Unvollendetem – und Unvollendbarem. Ich hoffe dennoch, dass das Buch das Interesse an und die Auseinandersetzung mit diesen Themen bei den unterschiedlichen Zielgruppen wie Studierende, Lehrende, allgemein Interessierte, zu fördern vermag

Wien, im Februar 2007 — Gertraude Mikl-Horke

Zur Einführung:
Über den soziologischen Begriff der Arbeit (1)

Menschliche Arbeit und gesellschaftliche Arbeit

> *„[...] der Mensch allein arbeitet, weil er allein seine Arbeit begreift und mit Hilfe seines Bewusstseins seine Vernunft bildet. Die Tiere, die wir bildlich Arbeitende nennen, sind nur Maschinen unter der Hand eines der beiden gegensätzlichen Schöpfer. Gottes und des Menschen. Sie begreifen nichts, folglich produzieren sie nichts."*

Von Pierre Joseph Proudhon bis heute gehört es zu den Gemeinplätzen, Arbeit als differentia specifica des Menschen zu betrachten: Menschen arbeiten, Tiere arbeiten nicht. Dennoch überrascht diese Ansicht, wenn man die Behauptung nicht als Glaubenssatz betrachtet. Arbeiten Ameisen und Bienen etwa nicht? Was tun die Tiere dann, wenn sie für Nahrung und Unterschlupf sorgen? Offensichtlich liegt der Unterscheidung zwischen der Arbeit der Menschen und der Tiere – oder wie man deren Tätigkeiten auch immer nennen will – eine ganz bestimmte Auffassung von „menschlicher" Arbeit als geplant, rational, nicht-instinktgeleitet etc. zugrunde.

> *„Menschliche Arbeit wird von Philosophen oft als ‚Weise des Seins des Menschen in der Welt' verstanden. In der Arbeit vergegenständlicht sich der Mensch, hinterlässt Spuren seiner Existenz, ‚macht' Geschichte und wird zum Subjekt durch die Arbeit an einem Objekt, wird sich seiner selbst bewusst."*

Wieder andere sehen Arbeit nicht als Eigenschaft des Menschen, sondern verstehen die gegenwärtige hohe Bedeutung der Arbeit als „habit of industriousness", als eine historisch entstandene Folge der modernen Industrie.[3] Erst diese habe Arbeit zur Grundlage des modernen Menschenbegriffs gemacht und gleichzeitig die Gesellschaft in eine „Arbeitsgesellschaft" transformiert.

Die Kulturanthropologen vermögen diese Sicht in gewisser Weise zu belegen; zwar arbeiten die Menschen in primitiven Kulturen mitunter hart, aber in jedem Fall nur so viel, um ihr Überleben zu sichern. Das Ausmaß der Anstrengungen und des Tätigseins richtet sich nach den natürlichen Gegebenheiten der Umwelt. Im Übrigen ist Arbeit in diesen Kulturen kein Thema, das für sich allein, als spezifische Aktivität, Bedeutung hat, sondern ist eingebettet in die sozial und religiös definierten Beziehungen.

Hannah Arendt hat das Wort „Arbeit" zur Bezeichnung der physischen Reproduktionstätigkeit des Menschen verwendet und von „Herstellen" als der Tätigkeit des Künstlers

---

[1] Pierre Joseph Proudhon, Philosophie der Staatsökonomie oder Notwendigkeit des Elends, Darmstadt 1847, Bd. 2, S. 428

[2] Herbert Marcuse, Über die philosophischen Grundlagen des wirtschaftswissenschaftlichen Arbeitsbegriffs, in: Ders., Kultur und Gesellschaft 2, Frankfurt/Main 1965, S. 5-46

[3] Sean Sayers, The Need to Work: A Perspective from Philosophy, in: R. E. Pahl (ed.), On Work: Historical, Comparative and Theoretical Approaches, Oxford-New York 1988, S. 722-742

Zur Einführung: Über den soziologischen Begriff der Arbeit (1)

und Handwerkers einerseits und „Handeln" als dem auf andere bezogenen Tun andererseits, das für sie die fundamentale Kategorie des Menschen darstellt, abgegrenzt.[4]

Andere differenzieren verschiedene Dimensionen der Arbeit:

- die naturale Dimension: Arbeit als Sicherung des Lebensunterhalts und der Daseinsvorsorge,
- die soziale Dimension: die Tatsache, dass Arbeit immer in sozialen Bezügen der Zusammenarbeit, der Arbeitsteilung, der Wechselwirkung, der Bezogenheit auf andere steht, und
- die personale Dimension: die Bedeutung der Arbeit für die Person, die Entwicklung ihrer Fähigkeiten und Fertigkeiten, des Bewusstseins und der Identität.[5]

Dass Arbeit nicht gleich Arbeit ist, wird in vielen Sprachen durch zwei verschiedene Wörter ausgedrückt, die Arbeit bezeichnen: „Arbeit" und „Werk", „labour" und „work", „labor" und „opus", „travail" und „oeuvre" etc.

In der modernen Industriegesellschaft mit ihren technisch-organisatorischen Formen der Produktion und der Umwandlung der vertikalen Sozialordnung in eine funktionale Differenzierung, errang die Arbeit als Bestimmungskategorie des Menschen fundamentale Bedeutung. Gleichzeitig wurde sie zu einer gesellschaftlichen Funktion, ja zur Grundlage der Gesellschaft und der Stellung des Einzelnen in dieser. Der Entstehung dieser Bedeutung der Arbeit in der Industriegesellschaft soll im ersten Teil nachgegangen werden. Zunächst jedoch fragen wir uns nach den Aspekten, unter denen Arbeit als Gegenstand der Soziologie, die auf die Erklärung der modernen Gesellschaft gerichtet ist, begriffen werden kann.

Kulturbedeutung der Arbeit

Im Laufe der Entwicklung der abendländischen Kultur hat die Bedeutung der Arbeit einen tiefgreifenden Wandel durchgemacht. Wenn wir hier von „Kulturbedeutung" sprechen, dann meinen wir in Anlehnung an Max Weber die Bedeutung, die die Arbeit im Rahmen der allgemeinen Lebenspraxis und der Werte der Menschen hat.

In der Geschichte der Kulturbedeutung der Arbeit im Bereich der europäischen Industriegesellschaften lassen sich grosso modo vier miteinander verbundene Tendenzen ausmachen, die die „Karriere" der Arbeit vom „Sündenfall" zur „Arbeitsgesellschaft" belegen:

- Seit dem Mittelalter fand ein fortlaufender Prozess der Verinnerlichung der Arbeit als spezifisch kultur- und persönlichkeitsprägendes Merkmal statt. Arbeit wurde von einem äußeren Zwang immer mehr umgedeutet in eine innere Verpflichtung im moralischen

---

[4] Hannah Arendt, Vita Activa oder Vom tätigen Leben, München 1981

[5] Ali Wacker, Arbeit als Zwiespalt – Technik als Lösung? In: Dietmar Becker et al. (Hg.), Zeitbilder der Technik, Bonn 1989, S. 141-191

Sinn. Religion, Philosophie, Wissenschaft trugen zur Bedeutung der Arbeit als Grund- und Wesensmerkmal des Menschen bei.
- Seit der Industrialisierung entwickelte sich aber auch eine scheinbar gegenläufige Tendenz in Richtung auf eine Veräußerlichung des Menschen bei der Arbeit bzw. durch die Arbeit. Sie findet ihren Ausdruck in der Loslösung der Arbeitskraft, der Fertigkeiten und des Wissens von der Person in der Verallgemeinerung derselben als Kompetenzen, Qualifikationen und Anforderungen. Die Entstehung des Arbeitsmarktes, die Standardisierung der Berufe und die Bürokratisierung der Arbeitsorganisationen haben zu dieser Versachlichung und Generalisierung der Arbeit beigetragen.
- Im Zusammenhang damit kam es zu einem Prozess der Differenzierung zwischen „Arbeitswelt" und „Lebenswelt", der die Behandlung des Arbeitsbegriffs in dem heute üblichen abstrahierend-verallgemeinernden Sinn erst ermöglichte. Die „Arbeitswelt" wurde zur offiziellen, öffentlichen Sphäre, die „Lebenswelt" zur immer weiter zurückgedrängten und durch das „Erwerbssystem" dominierten Privatsphäre.
- Arbeit ist keine Angelegenheit des Einzelnen allein; dieser nimmt durch sie aktiv an der „Wirtschaft", an „Gesellschaft", teil. Diese Vergesellschaftung der Berufsarbeit kontrastiert mit der fast völligen Ignorierung der Arbeit, die in der Lebenswelt geleistet wird.

Der „Arbeiter" als Sozialtypus

Die Entstehung einer Gruppe von Menschen, die als „Arbeiter" bezeichnet werden und/oder die sich selbst so verstehen, spielt eine große Rolle für den Inhalt und die Bedeutung von „Arbeit" als gesellschaftlichem Phänomen. Das Auftreten einer Gruppe, die sich „Arbeiter" nennt oder genannt wird, deutet auf eine Gesellschaft hin, in der diese Art der Abgrenzung und Differenzierung möglich ist: Arbeiter sein heißt, sich allein durch das Faktum des Arbeitens von anderen Gruppen der Gesellschaft abzugrenzen. Das setzt eine Gesellschaftsordnung voraus, in der sich diese Tätigkeit von anderen Lebensbereichen so weit getrennt hat, dass sie als solche zur Grundlage der Definition von Gruppen der Gesellschaft werden kann. Diese Bedingungen entstanden im Zuge der Industrialisierung, hatten ihre Voraussetzungen aber in der gesamten sozioökonomischen und kulturellen Entwicklung der europäischen Gesellschaften seit dem Hochmittelalter.

Das Auftauchen eines Sozialtypus „Arbeiter" setzt nicht nur reale Veränderungen in Verhalten und Soziallage voraus, sondern auch vielfältige Prozesse der sozialen Definition, der Eigen- und Fremdinterpretation, der Einbeziehung, Zuschreibung und Ausgrenzung. Diese Prozesse werden handlungsrelevant, weil sie Erwartungen und Handlungsmuster erzeugen.

Arbeit als Beziehung

Die Differenzierung von „Arbeitern" im modernen Sinne beruht auf der Tatsache, dass „Arbeit" die Grundlage nicht nur des Lebensunterhalts, sondern der Erwerbstätigkeit im Rahmen eines Arbeitsverhältnisses darstellt, das durch den Arbeitsvertrag begründet wird. Arbeit impliziert daher eine Beziehung, ja sie ist begründet in einer Beziehung, und nicht in einer speziellen Art von Tätigkeit. „Arbeit" in Begriffen wie „Lohnarbeit" oder „Arbeiterklasse" ist inhaltsleer in Bezug auf die konkreten Tätigkeiten, sondern erhält ihre Bedeutung durch die Beziehung zwischen Anbietern und Nachfragern der „Ware" Arbeitskraft. „Arbeit" erhält also eine abstrakte, allgemeine Bedeutung, in der sie losgelöst erscheint von konkreten Personen und Tätigkeiten. Sachliche Grundlage dieser fiktiven Loslösung der Arbeitskraft als Objekt des Gebrauchs und des Tausches von der Person ist Geldwirtschaft und Arbeitsmarkt. Diese begründet eine enge Beziehung von Arbeit und Geld und damit eine selektive Trennung zwischen verschiedenen Tätigkeiten. Nur Arbeit, die auf dem Markt angeboten und nachgefragt und in Geld entweder als Kosten oder als Einkommen ausgedrückt wird, zählt in gesellschaftlicher Definition als „Arbeit".

Die gesellschaftliche Organisation der Arbeit

Unter der gesellschaftlichen Organisation der Arbeit ist die Verteilung der Arbeit und ihres Ergebnisses auf die Einzelnen und die Gruppen der Gesellschaft zu verstehen, sowie die dadurch bestimmten Beziehungen von Kooperation und Konflikt, von Macht, Herrschaft und Kontrolle. Diese drücken sich im politischen System, in den ökonomischen Strukturen und den technischen Formen der Produktion aus. Die gesellschaftlichen Beziehungen, unter denen Arbeit verrichtet wird, bestimmen auch Ansehen, Wertschätzung, Sinn und Bedeutung der Arbeit und damit die soziale Stellung der verschiedenen Gruppen von Arbeitenden und ihre Beziehungen untereinander und zu anderen Gruppen der Gesellschaft. Die Arbeitsteilung in der modernen Gesellschaft strukturiert die Gesellschaft horizontal nach Berufen, aber auch vertikal nach deren Ansehen, Macht und Einkommenspotential. Der gesellschaftlichen Arbeitsteilung entspricht die Verbindung der differenzierten Berufe und Positionen zu einem Funktionszusammenhang.

Der funktionalen Struktur der Gesellschaft zugrunde liegt jedoch die Spaltung in „Arbeit" und „Kapital", denn das Arbeitsverhältnis ruht unter kapitalistischen Bedingungen auf den unterschiedlichen Interessen jener, die Eigentümer des Kapitals sind, und jener, die ihre Arbeitskraft diesem gegen Lohn zur Verfügung stellen.

Der Arbeitskonflikt ist daher ein für die moderne Gesellschaft grundlegender Konflikt, denn im Kapitalismus besteht ein Interessengegensatz zwischen Kapital und Arbeit.

Der Arbeitsbegriff der Soziologie

Wenn sich die Soziologie mit „Arbeit" befasst, so interessieren sie nicht so sehr die ontologische Bedeutung der Arbeit für die Menschheit, die Verausgabung von Kraft und Energie oder die Art und Weise der Tätigkeit, sondern vielmehr die sozialen Beziehungen, im Rahmen derer die Arbeit vor sich geht, die gesellschaftlichen Strukturen, in denen die Arbeitsverhältnisse begründet sind, und die soziale und kulturelle Bewertung und Bedeutung der Arbeit bzw. bestimmter Arbeitstätigkeiten.

Der soziologische Arbeitsbegriff definiert Arbeit allgemein als bestimmt durch gesellschaftliche Bedingungen und kulturelle Bezüge. Arbeit wird als Beziehung zwischen Menschen und ihren Einstellungen und ihrem Handeln begriffen. Dieser allgemeine Begriff der Arbeit, den sich die Soziologie bildet, ist aber mittelbar historisch, d. h. er ist als allgemeiner Begriff formuliert, relevant ist er jedoch nur innerhalb eines bestimmten historisch-kulturellen Kontextes, dessen Definition diesem Arbeitsbegriff implizit zugrunde gelegt wird. Die Soziologie hat es m. a. W. mit Arbeit im Kontext dessen zu tun, was sie selbst als „moderne Industriegesellschaft" definiert. In dieser ist Arbeit eine bestimmte Beziehung zwischen Menschen bzw. Gruppen und erfährt als solche eine bestimmte Einschätzung durch die Menschen, die Organisationen, die „Gesellschaft".

Die Studie „Working in America" sieht Arbeit als eine „Tätigkeit", die etwas produziert, das für andere von Wert ist.[6] Diese Definition weist einem Merkmal der modernen Berufsarbeit, vornehmlich jener in der Industrie, besondere Bedeutung zu: der Warenproduktion. Ähnlich definiert Robert Dubin Arbeit als „continuous employment in the production of goods and services for remuneration".[7] Hier wird die Beziehungsperspektive des soziologischen Begriffs der Arbeit offenkundig: Arbeit wird umgedeutet in „employment", in das Beschäftigungsverhältnis zwischen Arbeitgeber und Arbeitnehmer. Dubins Definition reflektiert die weithin übliche Identifikation des Begriffs „Arbeit" mit Erwerbsarbeit in Form von Berufen, die die Arbeitsformen des „privaten" Sektors ausschließt. Aus anderer Sicht, aber mit derselben Begrenzung auf die industrielle Arbeit, definiert André Gorz Arbeit als Tätigkeit, die für einen Dritten ausgeübt wird, die im Austausch entlohnt wird, deren Formen und Zeitplan von dem bestimmt werden, der den Lohn zahlt, und die Zwecken gehorcht, die man nicht selber gewählt hat.[8]

Die industrielle Produktionsarbeit und die marktwirtschaftlich-kapitalistische Ordnung prägen den Begriff der Arbeit seit dem 19. Jahrhundert so stark, dass Arbeit immer mehr jene Tätigkeiten meint, die gegen Lohn im Rahmen eines (Industrie)Betriebs und auf der Grundlage von Marktbeziehungen verrichtet werden. Diese Auffassung von Arbeit aber setzt die Entstehung von gesellschaftlich differenzierten Gruppen voraus, deren Merkmal die unselbständige Erwerbstätigkeit ist.

Der bisher entwickelte soziologische Begriff der Arbeit hat drei miteinander verbundene Voraussetzungen:

1. Die Entstehung einer „Arbeiterschaft", die als eigene soziale Gruppe mit bestimmter Lebenslage und Stellung im gesellschaftlichen Gefüge, sowie einem spezifischen Bewusstsein gesehen wird. Der Einzelne versteht sich als „Arbeiter" und als solcher differenziert von anderen Gruppen der Gesellschaft. Die Gesellschaftsstruktur verändert sich gleichzeitig auch in der Weise, dass die Art der Teilnahme am wirtschaftlichen Leben auch die politische Stellung und den sozialen Status bestimmt.
2. Arbeit bedeutet in erster Linie eine Beziehung zwischen Kontrahenten auf einem spezi-

---

[6] Paul Osterman et al., Working in America, Cambridge, Mass.-London, 1981, S. 26

[7] Robert Dubin, The World of Work, Englewood Cliffs, N. J., 1958, S. 4

[8] André Gorz, Abschied vom Proletariat, Frankfurt/Main 1988, S. 161; vgl. auch zur historischen Wandel des Arbeitsbegriffs: Patrick Joyce (ed.), The historical meanings of work, Cambridge 1987; Beiträge zur Geschichte und Theorie der Arbeit bietet auch: R. E. Pahl (ed.), On Work. Historical, comparative and theoretical approaches, Oxford-New York 1988

fischen Markt, dem Arbeitsmarkt, die überdies durch das Rechtsinstitut des Arbeitsvertrages gekennzeichnet ist. Durch diese gesellschaftlich definierte, ökonomisch und gesetzlich institutionalisierte Arbeitsbeziehung wird die Arbeit aus dem Zusammenhang des Lebens des Einzelnen und der Gemeinschaft hinaus verlagert und „vergesellschaftlicht". Nicht das Arbeitshandeln der Person in ihren unmittelbaren sozialen Bezügen, sondern die gesellschaftliche Beziehung wird zur Determinante der Arbeitsstrukturen.
3. Sowohl die Differenzierung einer Arbeiterschaft und die gesellschaftlichen Strukturen, die damit verbunden sind, wie auch der „öffentliche" Charakter der Arbeit beruhen auf Interpretationsprozessen, die die sachlich-objektiven Entwicklungen unterstützen und legitimieren. An diesem gesellschaftlichen Definitionsprozess beteiligen sich die dadurch erst legitim gewordenen Organisationen beider Seiten der Arbeitsbeziehung.

Die Arbeit ist in der modernen Welt zu einer besonderen, von anderen Lebensbereichen getrennten und spezifisch definierten Dimension des öffentlichen Lebens der Gesellschaft geworden. Aufgabe der Soziologie ist es zu erklären, wie die Formen und Bedingungen der Arbeit und ihrer Interpretation mit den sozialen Strukturen und Beziehungen der modernen Gesellschaften zusammenhängen.

Erster Teil:
Die Industriegesellschaft

I Vom Werden der Industriearbeit: Zur Geschichte und Sozialphilosophie der industriellen Gesellschaft

Über die Menschheitsgeschichte hinweg zeigt sich ein enger Zusammenhang zwischen Produktionsweise und sozialer Organisation und damit auch zwischen den Formen und den Beziehungen der Arbeit. Die auf Verwandtschaftsbeziehungen aufbauenden segmentären paläolithischen Kulturen kamen mit geringem Arbeitsaufwand und einfacher Arbeitsteilung aus. Die „neolithische Revolution" veränderte diese archaische Produktionsweise[1]: Sammeln und Jagen wurden in ihrer Bedeutung für die Reproduktion der Verwandtschaftsgruppe durch den Pflanzenbau und die Viehzucht überlagert, aber nicht generell ersetzt. Der allmähliche Übergang zum Sesshaftwerden resultierte in der Entstehung von Dorfgemeinschaften mit stärkerer Arbeitsteilung, die sich aber noch über die gemeinsame Abstammung definierten (Stammesgesellschaften). Die Integration einer wachsenden Zahl von Menschen in ein größeres Verwandtschaftssystem bedeutete eine stärkere Hierarchisierung bei zunehmender Militarisierung (Häuptlingssystem) und ein größeres verfügbares Arbeitskräftepotential mit wachsender Arbeitsteilung. Die soziale Überschichtung durch Unterwerfung anderer Völker und durch Migrationsbewegungen ließ multiplexe Gesellschaften mit städtischen Zentren und beruflicher Arbeitsteilung entstehen.

Drei Entwicklungspfade führten zur Entstehung von vorindustriellen Hochkulturen, wenn man die Terminologie von Karl Marx zugrunde legt: der asiatische, der antike und der feudale Weg. In dieser Sicht hängen politische Organisation und Produktionsweisen eng zusammen: der asiatischen Patrimonialorganisation entspricht die „asiatische Produktionsweise", der antiken Polis die antike Produktionsweise und dem Feudalsystem die feudale Weise der Produktion mit Lehen und Grundherrschaft.[2]

---

[1] Marshall D. Sahlins, Stone Age Economics, Chicago 1972
[2] Klaus Eder, Die Entstehung staatlich organisierter Gesellschaften, Frankfurt/Main 1980

1 Organisation und Kulturbedeutung der Arbeit in vorindustriellen Gesellschaften

Alte Welt und Antike

In den außereuropäischen Kulturen, vornehmlich Ägyptens und Chinas, waren lange vor der Entwicklung einer nennenswerten Arbeiterschicht in Europa große Zahlen von Arbeitern bei riesigen Bauvorhaben, vor allem dem Wasserbau und der Errichtung der Pyramiden, beschäftigt. Die Überschwemmungen durch den Nil und die wassertechnischen und landwirtschaftlichen Maßnahmen, die notwendig waren, um diese natürlichen Bedingungen für den Anbau zu nutzen, erforderten den saisonal stark schwankenden Einsatz von Arbeitskräften in sehr großer Zahl in der Zeit der Hochflut, Aussaat und Ernte. Diese Tatsache machte eine straffe Organisation der Arbeit erforderlich, die mit starker sozialer Differenzierung sowie der Zentralisierung und Hierarchisierung dieser Gesellschaften einherging. Ihr sichtbarer Ausdruck sind die Pyramiden, Paläste und Tempel, deren Bau ebenfalls die Arbeit vieler Menschen erforderte.

Die Zusammenhänge zwischen der „hydraulischen Agrikultur" und der Entwicklung totaler Machtstrukturen hat Karl A. Wittfogel in seiner These von der „orientalischen Despotie" hervorgehoben.[1] Die für die Organisation und Kontrolle der Wasserbauvorhaben notwendige zentrale bürokratische Verwaltung verband sich mit einer Machtkonzentration an der Spitze dieser Gesellschaften. Wittfogels These implizierte, dass der Reichtum dieser Gesellschaften und die zivilisatorische Entwicklung auf der Tatsache der bürokratisch organisierten, riesige Arbeitermassen koordinierenden Wasserbauten und Bewässerungsmaßnahmen beruhten. Wittfogels These in Bezug auf die Charakterisierung der politisch-sozialen Strukturen dieser Gesellschaften mag überzeichnet sein[2], die Tatsache der Beschäftigung zahlreicher Arbeiter in groß angelegten Bauvorhaben jedoch ist zumindest für den Fall Chinas und Ägyptens nicht zu bestreiten.

Trotz der großen Zahl von Arbeitskräften gab es aber keine Arbeiterschaft im heutigen Sinn. Jedermann war zur Arbeit für Bauvorhaben, Feldbestellung, Steinbrucharbeit wie auch zur Teilnahme an Feldzügen verpflichtet, sofern er nicht ausdrücklich durch ein Sonderdekret davon befreit war. Neben den einfachen Arbeiten bei Bauten oder auf dem Feld gab es spezialisierte Handwerker und Facharbeiter, die in der Regel in staatlichen Werkstätten beschäftigt waren. In diesem Sinn waren die frühen Hochkulturen von oben gelenkte Arbeitsgesell-

---

[1] Karl A. Wittfogel, Die orientalische Despotie, Frankfurt/Main 1981
[2] Wittfogels These wird heute kritisch beurteilt. Siehe: Paul Veyne, Brot und Spiele, Frankfurt/Main 1988; Michael Mann, Geschichte der Macht, Bd.1, Frankfurt/Main-New York 1990

schaften, aber es gab dennoch keine Arbeiterschaft oder Arbeiterklasse, denn die Arbeit selbst war unfrei, auch wenn es nicht Sklavenarbeit war.

Stellt man den Formen der gesellschaftlichen Organisation der Arbeit und der sozialen Differenzierung in den archaischen Arbeitsgesellschaften des Orients die Situation der Hochkulturen der europäischen Antike gegenüber, so zeigt sich, dass vor allem in Griechenland wenig staatlich-bürokratische Organisation der Arbeit stattfand. In der klassischen Periode Griechenlands bestand eine starke Trennung zwischen der städtischen Kultur und Gesellschaft und der Landbevölkerung. Die Bürger der Polis waren Besitzer der Ländereien als Nachfahren der Eroberervölker der Achäer und der Dorer, während die Heloten aus der Urbevölkerung stammten und Hirten, Landarbeiter und Kleinpächter waren. Auch in Griechenland verband sich der Status als ethnisch-soziale Unterschicht mit der manuellen Arbeit und führte zu einer Geringschätzung derselben.

Die Getreideernten, die der karge Boden Griechenlands hervorbrachte, waren unzureichend für die Versorgung der Bevölkerung, und die Griechen waren daher auf Getreideeinfuhren angewiesen. Das bewirkte eine frühe Entwicklung des Seehandels und die Entstehung einer Weltwirtschaft, die die städtischen Händler und Unternehmer, die allerdings auch meist Nicht-Bürger, Fremde, waren, reich machten, während die traditionelle Landwirtschaft und das dörfliche Handwerk zunehmend in Abhängigkeit geriet. Die Verfassung Solons brachte eine Verbesserung der Lage der kleinen Bauern, die aber nur vorübergehend war; bald gerieten sie wieder in Schuldknechtschaft, verloren ihr Land, das griechische Bauerntum verkümmerte. Durch Kriege und Unterwerfung gelangten Sklaven ins Land, die dann die Landarbeit und andere eines freien Bürgers nicht würdige Arbeiten verrichteten. Die Sklavenwirtschaft wurde zum Kennzeichen der antiken Produktionsweise.

Die Arbeitsauffassung der griechischen Antike, die Hesiod einerseits, Plato und Aristoteles andererseits zum Ausdruck brachten, reflektiert die Veränderung der antiken Gesellschaft. Für Hesiod ist Arbeit Mittel zum Überleben, aber auch Gebot der Götter, das allen Menschen, unabhängig von ihrem Stand, auferlegt ist. Ursprünglich als mühevolle Strafe von Zeus für die Menschen ersonnen, wurde sie zur Möglichkeit, Wohlstand und Ansehen zu erwerben und Vorteile im Wettstreit mit anderen zu gewinnen. Hesiod hatte also eine positive Einstellung zur Arbeit; er sah sie auch nicht nur als eine Bürde und Merkmal der unteren Schichten, sondern als jedermanns Pflicht und Vorteil.[3] Diese Auffassung reflektiert die relativ geringen sozialen Distanzen in einer ländlich und dörflich geprägten „oikos"-Wirtschaft.

In den Werken der Philosophen der griechischen Klassik, die ihre Zentren in den Stadtstaaten, insbesondere Athen, hatte, ist dann Arbeit im Sinne mühevoller körperlicher Tätigkeit zum Zwecke des Lebensunterhalts nur mehr wenig geschätzt. In Platons „Politeia" wird dem „Nährstand" die unterste Stufe der gesellschaftlichen Pyramide unter den „Regenten" und

---

[3] In Hesiods „Erga" (dt. v. Walter Marg, Zürich 1968) heißt es: „Arbeit, die ist nicht Schande, das Nichtstun jedoch, das ist Schande. Bist du fleißig am Werk, wird rasch dich der Träge beneiden, wenn du dann reich. Den Reichtum begleitet Würde und Ansehn."

1 Organisation und Kulturbedeutung der Arbeit in vorindustriellen Gesellschaften

dem „Wehrstand" zugewiesen. Aristoteles misst zwar dem praktischen, zielorientierten Handeln große Bedeutung zu, aber er meint damit nicht die Arbeit der Landarbeiter, Sklaven etc., sondern das schaffende Handeln. In diesem Sinne verstanden wird Arbeit („techné" im Unterschied zu „banausia") zu einer geplanten Aktivität, die ein gesetztes Ziel verwirklichen soll, wird Gestaltung, formgebende Tätigkeit, wie etwa die von Aristoteles beschriebene Arbeit des Baumeisters. Diese Trennung von Arbeit als Lebensunterhalt und dumpfe Verrichtung und als schaffendes Handeln findet sich immer wieder als ein Hauptthema bis in die Gegenwart.

Die griechische Philosophie, vor allem in deren Hoch-Zeit bei Plato und Aristoteles, richtete sich an die Bürger Athens, die eine Mußeklasse darstellten. Reichtum war gleichzeitig mit Ansehen verbunden, weil es bedeutete, dass man nicht für seinen Lebensunterhalt und für andere arbeiten musste. Arbeit auf Anweisung und Befehl anderer wurde mit Armut verbunden und als Bereich niederer Instinkte und dumpfer physischer Betätigung gesehen, der mit der Höherentwicklung der Menschheit und der Kultur nichts zu tun hat. In den Schriften Platons und Aristoteles´ erscheint körperliche Arbeit als Merkmal der Unfreien und Nicht-Bürger, während die freien Bürger sich ihrer sittlichen und geistigen Entfaltung und dem politischen Leben widmen sollen. Ihnen gilt auch das eigentliche Interesse, gelten die pädagogischen, ethischen und politischen Reflexionen. Armut und Arbeit blieben in der abendländischen Geschichte verbunden, wobei Armut auch Abhängigkeit bedeutete und vor allem deshalb verachtet wurde.

Ganz ähnlich verfuhren die römischen Schriftsteller mit der Arbeitswelt, die nicht die Gesellschaft im eigentlichen Sinn zu tangieren schien, wenn sie deren Lebensstil und Kultur auch erst ermöglichte. Darin spiegelte sich die soziale Ordnung der Zeit: Arbeit im körperlichen Sinn – aber auch geistige Arbeit – war Angelegenheit von Sklaven, was allerdings nicht bedeutete, dass nur Sklaven „Arbeit" verrichteten: auch Freie arbeiteten als Taglöhner oder Handwerker in den Städten, als Bauern und Kleinpächter auf dem Land. Trotzdem war die Sklavenarbeit die typische Form der abhängigen Arbeit in der landwirtschaftlichen und städtischen Produktion und in den Dienstleistungen, besonders in Rom selbst und in den westlichen Provinzen, während im Osten das freie Bauerntum, Pachtbauerntum und das freie Handwerk vorherrschen. Im Westen arbeiteten die Sklaven vornehmlich auf den großen Gütern: den Kleinbesitz dagegen bestellten auch hier freie Bauern. Allerdings produzierten diese fast ausschließlich für den eigenen Bedarf, so dass die römische Weltwirtschaft doch als eine von Sklavenarbeit bestimmte bezeichnet werden muss. Besonders in der Spätzeit der Republik wurde Arbeit weitgehend mit Sklavenarbeit identifiziert, während der freie Bürger sich höchstens damit beschäftigen sollte, wie man ein landwirtschaftliches Gut möglichst kostengünstig und gewinnträchtig führt (z. B. Cato der Ältere in seiner Schrift „de agri cultura" oder Varro in „de re rustica").

Im 2. und 3. Jahrhundert n. Chr. setzte in Italien und den westlichen Provinzen auf Grund des Sklavenmangels eine Tendenz zur Veränderung der „antiken Produktionsweise" ein mit dem Übergang von der Sklavenbewirtschaftung der Güter zur Aufteilung des Landes auf Kleinpächter („coloni"). Zur Erntezeit waren auf den Gütern aber schon vorher neben den Sklaven auch freie Bauern als Taglöhner beschäftigt. Außerhalb der Landwirtschaft gab es Arbeitskräfte auch in Werkstätten und in größeren Betrieben, letztere vor allem im Baugewerbe und in einzelnen anderen Fällen, wie etwa einem römischen Bäckereibetrieb mit mehr als hundert Beschäftigten oder in den Töpfereien von Arretium. Auch hierbei waren in der Hauptsache Sklaven beschäftigt. In vielen Berufen waren aber sowohl Sklaven als auch Freigelassene und Bürger tätig. Auch in den „collegia", den Handwerkerbünden, waren Sklaven und freie Bürger gleichberechtigte Mitglieder. Seit der Kaiserzeit nahm hier die Bedeutung Freier langsam zu.

Im Römischen Reich bestand bereits das Rechtsinstitut des Arbeitsvertrages, und zwar wurde unterschieden zwischen dem Werkvertrag („locatio conductio operis") des selbständigen Handwerkers, der auf Bestellung arbeitete, und dem Lohndienstvertrag („locatio conductio operarum"), bei dem der Arbeiter seine Arbeit gegen Lohn „vermietete", also unselbständig arbeitete. Interessant ist, dass in diesem Verhältnis bereits der freie Vertragscharakter der Lohnarbeit und die Eigenschaft der Arbeit als Sache, die ge- und vermietet wurde, zum Ausdruck kam. Auch die „locatio conductio operis" konnte sowohl als Kaufvertrag als auch als Arbeitsvertrag verstanden werden, letzteres allerdings unter der Bedingung, dass der Handwerker die Verantwortung für das Produkt übernahm.[4] Das Römische Recht belegt also die weitverbreitete Existenz von Lohnarbeit neben selbständiger Leistung und Sklavenarbeit.

Schon Cicero hatte die Verachtung der Oberschicht seiner Zeit für die physische Arbeit, gleichgültig ob auf dem Land oder in den städtischen oder ländlichen Werkstätten, in seiner Schrift „de officiis" ausgedrückt und den „höheren" Dienst der freien Berufe und das öffentliche Amt als ehrenamtliche Tätigkeit gepriesen. Diese vermittelten Ansehen und politische Teilnahme und beruhten auf Reichtum. Das Privateigentum ermöglichte die Tätigkeit, die allein einem freien Mann anstand: das öffentliche Amt, das freiwillig und unabhängig, weil ohne Bezahlung, ausgeübt wurde. Demgegenüber waren auch niedere Beamte, die kein Vermögen hatten, im Lohndienstverhältnis tätig.

Hinsichtlich der freien Arbeit im Römischen Reich lassen sich somit grundsätzlich vier Formen unterscheiden:

1. öffentliche Ämter (ehrenamtlicher Staatsdienst)
2. „operae liberales" (freie Berufe, die nicht in Zusammenhang mit der Staatsverwaltung, wohl aber im Sinne eines „öffentlichen Dienstes" bzw. Dienstes an der Gemeinschaft ausgeübt wurden und nur Freien zugänglich waren)
3. „locatio conductio operis" (selbständige Berufe)
4. „locatio conductio operarum" (unselbständige Lohnarbeit).

Ehrenamtliche Betätigung war besonders hochgeschätzt, vornehme Freie bemühten sich daher um öffentliche Ämter. Die „operae liberales" waren vom Ideal des öffentlichen Amtes hergeleitet: von freien, idealerweise ehrenamtlich geleisteten Diensten. Im Kaiserreich wurden öffentliche Ämter und „operae liberales" allmählich gegen Entgelt geleistet. Es kam zu einer Verberuflichung der „operae liberales", etwa des Lehrers, des Arztes, des Geometers, des Notars: Entgelt wurde üblich, allerdings nicht im Sinne des Vertragrechtes: die Vergü-

---

[4] Siehe dazu: Frans van der Ven, Sozialgeschichte der Arbeit, Bd. 1, München 1971, S. 96ff

tung erfolgte aus freien Stücken durch Nutznießer der Dienstleistung als Anerkennung („honorarium"). Sklaven konnten intellektuell arbeiten, aber sie konnten nicht „operae liberales" und noch weniger öffentliche Ämter ausüben, da sie persönlich unfrei waren. Auch Freie, die handwerklich arbeiteten, übten nicht „operae liberales" aus, weil der Werkstoff sie band. Stoffgebundenheit, Einkommen aus Arbeit, Sklavenstand – all dies bedeutete „Unfreiheit" in beruflicher Hinsicht.

Mittelalterliche Arbeitswelt zwischen soziokultureller Ordnung und wirtschaftlicher Dynamik

Im europäischen Mittelalter ist Arbeit zunächst fast ausschließlich Landarbeit und wird durch unfreie Personen verrichtet. Die mittelalterliche Leibeigenschaft und Hörigkeit, die von manchen als das Merkmal der feudalen Produktionsweise gesehen wird[5], entwickelte sich aus der Sklavenarbeit und dem römischen Kolonat, verschärft um die germanischen Elemente. Mit der „commendatio", der „Übergabe" zusammen mit seinem Grund an den Krieger-Herrn, begab sich der freie Bauer des Rechts der Waffenführung, der eigenen Gerichtsvertretung, aber auch der Verpflichtung zur Heerfolge. Damit entstanden die Grundherrschaften als das typische Herrschaftsverhältnis der spätrömischen und frühmittelalterlichen Gesellschaften. Die auf den Domänen der Grundherren Arbeitenden waren „Leibeigene", die zur Grundherrschaft zählenden „hörigen" Bauern mussten Arbeitsdienste leisten und darüber hinaus Naturalabgaben entrichten.

Die Grundherrschaft stellte ein autarkes Sozial-, Kultur- und Wirtschaftssystem dar, das eine bestimmte Arbeitsteilung und Spezialisierung (Ackerbau, Viehzucht, Gartenbau, Fischzucht, Forstwirtschaft, Textilproduktion, Holz- und Metallverarbeitung etc.) aufwies. In dieser geschlossenen Wirtschaft entfalteten sich die Arbeits- und Produktionsbereiche, die dann später die Grenzen der Grundherrschaft sprengend die Wirtschaftsstruktur der Region bestimmten.

Nach der „landwirtschaftlichen Revolution" des 11. Jahrhunderts und der Entwicklung der Städte im 12. und 13. Jahrhundert vergrößerten sich die sozialen Distanzen durch die Kommerzialisierung der Landwirtschaft und ihre Rolle für die Versorgung der Städte. Die soziale Differenzierung wuchs auch innerhalb der bäuerlichen Bevölkerung. So mancher Bauer wurde relativ wohlhabend und konnte auf „seinem" Grund Taglöhner, die sich aus armen Bauern, Vertriebenen etc. rekrutierten, beschäftigen und seine Frondienste beim Grundherrn durch sie erfüllen lassen. Die Zahl dieser Taglöhner stieg im 12. und 13. Jahrhundert sehr stark; sie arbeiteten gegen Lohn, waren aber nicht wie das Gesinde in den Hausverband des Dienstherrn integriert. Besonders der Anstieg königlicher, fürstlicher und kirchlicher Projekte erforderte eine wachsende Zahl von Arbeitskräften, die allerdings nur punktuell eingesetzt wurden.

---

[5] Paul Sweezy/M. Dobb et al., Der Übergang vom Feudalismus zum Kapitalismus, Frankfurt/Main 1978

"Die großartigsten Bauprojekte, welche aus königlichen bzw. aus kirchlichen Mitteln finanziert wurden, waren insofern einmalig, als sie Hunderte von Arbeitern unter der Leitung eines einzigen Werkmeisters und ausschließlich auf der Grundlage von Geldlöhnen vereinigten. Die größeren Steinbrüche beschäftigten Hunderte von Männern, allerdings in gesondert organisierten Gruppen. Die Fülle ungelernter Arbeiter, die man brauchte, um die Fundamente irgendeines großen Steinbaus zu legen, die Maurer und Zimmerleute, die Schmiede, die zur Reparatur der Werkzeuge in Bereitschaft gehalten wurden, die Leute, die den Mörtel mischten und die Mannschaften der Hebekräne wurden zum Teil gewaltsam beschafft. Die Maurer waren Wanderarbeiter, die entsprechend ihrer unterschiedlichen Geschicklichkeit entlohnt wurden. Die Überhandnahme großer Bauvorhaben im Paris des 13. Jahrhunderts erlaubte es einer ungewöhnlich großen Zahl von Maurern, sich dort niederzulassen: Zu Ende des Jahrhunderts waren etwa 400 von ihnen als Steuerzahler verzeichnet."[6]

In den sich nun immer stärker entwickelnden Städten entstand das städtische Handwerk. Während der dörfliche Handwerker unfrei und fern vom Markt produzierte, war der städtische Handwerker frei, produzierte für den Markt und war außerdem geschützt durch seinen berufsgenossenschaftlichen Verband, die Zunft. Die Zünfte entwickelten sich in Italien seit dem 8. Jahrhundert, in Deutschland seit dem 12. Jahrhundert, und erlangten besonders seit der „révolution des métiers" (H. Pirenne) des 14. Jahrhunderts, in deren Verlauf der Einfluss des Adels auf die Städte abgeschafft wurde, große Bedeutung in der städtischen Kommune. Sie entstanden allerdings nicht in allen Handwerken, sondern nur in den privilegierten Bereichen, den „arti maggiori", während sich die „arti minori" nicht zusammenschließen durften; d. h. es gab solche, die Selbstverwaltungsrecht gegenüber dem Stadtherrn bzw. später der Stadtverwaltung gewannen, und daneben die zunftlosen Gewerbe, die in einer abhängigen Stellung gegenüber der städtischen Obrigkeit verblieben. Manchmal schlossen sich die Arbeiter der zunftlosen Handwerke zu Organisationen zusammen, wie etwa die, die 1280 durch ihren Kampf um höhere Löhne im Pariser Becken auf sich aufmerksam machten.

In den zünftischen Handwerken wurden die sozialen Distanzen zwischen Meistern und Gesellen in der Folge zunehmend größer, weil die Zünfte faktisch auch Arbeitgeberverbände waren, die Arbeitsbedingungen einseitig festlegten. Die Lohnfestsetzung erfolgte im zünftischen Gewerbe auf Meistertagen, sonst seit dem 13./14. Jahrhundert durch die kommunale oder fürstliche Obrigkeit. Nachdem sich die Chancen der Gesellen, Meister zu werden, drastisch verringert hatten, kam es auch zu sozialen Konflikten. In den zunftlosen Handwerken hingegen blieb die soziale Distanz zwischen Meistern und Gesellen bis in das 19. Jahrhundert hinein gering. Diese kleinen Meister, die oft nur ihr Werkzeug besaßen, wurden auch zeitweise zu Lohnarbeitern oder arbeiteten im Verlagssystem.

Zwischen 1200 und 1500 kam es zu bemerkenswerten technologischen Veränderungen, die von manchen als „erste industrielle Revolution" bezeichnet werden: Der Trittwebstuhl, das

---

[6] Sylvia L. Thrupp, Das mittelalterliche Gewerbe, 1000-1500, in: Carlo M. Cipolla/Knut Borchardt, Europäische Wirtschaftsgeschichte, Bd. 1, Stuttgart-New York 1983, S. 155

1 Organisation und Kulturbedeutung der Arbeit in vorindustriellen Gesellschaften

Spinnrad, Wasser- und Windmotoren, Nockenwelle, Hochöfen, Schiffbautechniken, Chronometer, Buchdruck und viele andere Neuerungen markieren diesen Aufbruch, der teilweise viel radikaler mit den traditionellen Techniken brach, als es im 19. Jahrhundert der Fall war. Dies zog auch eine beachtliche gewerbliche Entwicklung nach sich und zwar vor allem in der Tucherzeugung in Oberitalien und Süddeutschland, in der Woll- und Leinenindustrie in der Toskana und in Flandern, der Eisenindustrie in Norditalien und Süddeutschland, der Papiererzeugung und der Druckerei. Otten berichtet, dass im 14. Jahrhundert in der Textilindustrie von Florenz etwa 15.000 abhängig Beschäftigte gearbeitet hatten, und ähnlich war es in den anderen oberitalienischen und auch in den süddeutschen Städten.[7] In den Regionen, in denen sich eine zentralisierte Produktionsweise und eine starke kommerzielle Orientierung entwickelt hatten: Flandern, Nord- und Mittelitalien, England, das Pariser Becken und Böhmen, kam es auch zu häufigen Arbeiterunruhen. Die Betriebseigner waren hier in der Regel Meister und produzierten mit Hilfe von Lohnarbeitern in ihren Werkstätten für die Verlagsunternehmer. Diese Form der industriellen Kooperation und Arbeitsteilung war bis ins 19. Jahrhundert hinein in vielen Gewerbezweigen üblich und typisch. Auch im Bereich der Eisen- und Stahlerzeugung erfolgte die Produktion in Meisterbetrieben, im Verlagssystem sowie in genossenschaftlichen und fürstlichen Hütten. Im allgemeinen blieb die Trennung zwischen Kapital und Produktion, zwischen dem Kapitalgeber, der Handelsunternehmer, Bankier etc. sein konnte, und den Produzenten erhalten; das Verlagssystem war das typische Verhältnis zwischen beiden bis weit ins 19. Jahrhunderts hinein.

Im Baugewerbe, im Bergbau und in der Tuchindustrie kam es schon im Spätmittelalter zu einem bedeutenden Anstieg der Lohnarbeit und hie und da zu beinahe modern anmutenden Arbeitsorganisationen. So baute der französische Kaufmann Jacques Coeur um 1450 ein Montanunternehmen mit einer Hierarchie von Arbeitern nach ihrer Qualifikation, einem entsprechenden Lohngefälle, klar geregelter Arbeitszeit und straffer Arbeitsdisziplin auf.[8] Der größte Industriebetrieb des Mittelalters war aber das Arsenal, die staatliche Werft Venedigs, wo etwa 2000 Arbeiter auf der Basis der Lebenszeitanstellung beschäftigt waren.

Henri Pirenne weist auf den Unterschied zwischen dem für den örtlichen Bedarf arbeitenden städtischen Handwerk und dem vor allem in den prosperierenden Hafenstädten, etwa in Flandern, existierenden Exporthandwerk hin, in dem es große Zahlen von ständig durch Arbeitslosigkeit bedrohten Lohnarbeitern gab. Hier waren die sozialen Strukturen in Handwerk und Gewerbe ganz andere als in den zünftischen lokalen Gewerben. Kapital und Arbeit waren klar getrennt. Es entstand bereits ein städtisches Proletariat.[9] Die Ausweitung des Exportgewerbes zu Lasten des Kleinhandwerks tat ein Übriges, um dieses zu vergrößern und soziale Konflikte entstehen zu lassen.

---

[7] Dieter Otten, Die Welt der Industrie I, Reinbek b. Hamburg 1986, S. 41ff
[8] Arne Eggebrecht et al., Geschichte der Arbeit, Köln 1980, S. 185
[9] Henri Pirenne, Sozial- und Wirtschaftsgeschichte Europas im Mittelalter, Tübingen 1986 (urspr. frz. 1933), S. 180-182

Die Zünfte reagierten mit Einführung des Zunftzwanges im 15. und 16. Jahrhundert, um die Kontrolle über die städtische Wirtschaft zu behalten. Dies verschärfte die sozialen Distanzen zu den nicht-zünftischen Arbeitern, aber auch zwischen Meistern und Gesellen. Die Gesellen, die keine Aussicht mehr sahen, selbst einmal Meister zu werden, schlossen sich in manchen Handwerken und Regionen zu eigenen Vereinigungen zusammen. Im 15. Jahrhundert kam es zu einer allgemeinen Bewegung der Gesellen aller Handwerke zwecks Gründung einer Allgemeinen Gesellenvereinigung, die jedoch durch das Gesellenstatut der Rheinstädte verboten wurde. Die Gesellenverbände hatten meist einen geheimen Charakter und waren durch Initiationsriten und religiöse Zeremonien gekennzeichnet. Ihre Entstehung und überlokale Solidarität wurde durch die Institution der Gesellenwanderung auf dem Kontinent wahrscheinlich sehr wesentlich gefördert. Die Zielsetzungen der Gesellenverbände waren Arbeitsbeschaffung für ihre Mitglieder, gegenseitige finanzielle Unterstützung, Absicherung gegen Arbeitslosigkeit und Schutz gegen die Willkür der Meister; Manufakturarbeiter wurden in die Gesellenbünde nicht aufgenommen.

Die Ambivalenz der christlichen Arbeitsauffassung

Vergleicht man die mittelalterliche Einstellung zur Arbeit mit der im Imperium Romanum vorherrschenden, so kann man sagen, dass das germanische Element des Treudienstverhältnisses und des Schutzverhältnisses zwischen Herrn und Gefolgsleuten die unselbständige Arbeit als weniger abwertend empfinden ließ als die Patrizierkultur Roms. Unterordnung und Dienen galten hier nicht als eines freien Menschen unwürdig; allerdings entstand daraus ein tiefverwurzeltes Gefühl für „höher" und „niedriger" in einem sozialen gruppenbezogenen Sinn. Der römische Unterschied zwischen öffentlichem Amt oder freiem Beruf auf der einen Seite und abhängiger, unfreier Arbeit hat für die germanische Welt hingegen geringere Bedeutung gehabt.

Das Christentum brachte zudem eine Aufwertung der Handarbeit, denn die ursprüngliche Trägerschicht des Christentums im römischen Imperium waren städtische Handwerker gewesen. Schon in der judäischen Tradition war der Schöpfergott ein Demiurg, ein Arbeitender, ebenso in der christlichen Religion. Arbeit erhält somit eine durchaus positive Bedeutung: des Menschen Bestimmung auf Erden ist Arbeit, sie wurde sogar dem Gebet gleichgestellt (z. B. in der Ordensregel „ora et labora" der Benediktiner). Das Mönchstum und die Klostergemeinschaften hatten eine große kulturelle Bedeutung, auch in Bezug auf die Verbreitung einer Ansicht, wonach Arbeit (zumal Handarbeit) nicht entehrend, sondern verdienstvoll ist. Dies war von um so größerer Bedeutung, als die christlichen Mönche, zumindest in den ersten Jahrhunderten des Bestehens der Klöster, so gut wie ausschließlich adeliger Herkunft waren, also traditionell der Herren-, das hieß aber auch der Mußeklasse, angehörten.

Gleichzeitig aber ist die Mühseligkeit der Arbeit Strafe für den Sündenfall der aus dem Paradies vertriebenen Menschen, ist im Glauben einer typisch weltablehnenden Religion Teil des Elends des diesseitigen Lebens. Darin liegt ein gewisser Widerspruch, in dem sich die Bedeutung der Arbeit im christlichen Abendland hinfort befindet: sie ist einerseits von Gott auferlegte Pflicht, ist Sinnerfüllung des diesseitigen Lebens, das Heil aber erfährt der Mensch erst im Jenseits, daher ist auch die Arbeit nicht freud- oder lustvoll, sondern mühselig und beschwerlich. „Die Interpretation der Arbeit als Fluch der Schöpfungsgeschichte

1 Organisation und Kulturbedeutung der Arbeit in vorindustriellen Gesellschaften

beherrscht die Anthropologie des Mittelalters", schreibt Jacques Le Goff.[10] Im Konflikt zwischen dem Fluch- und Sühnecharakter der Arbeit einerseits und der Arbeit als Weg zur Erlösung und zum Heil andererseits entsteht schließlich im Humanismus das Bild eines zur schöpferischen Arbeit fähigen Menschen.

Das Christentum hatte die Bedeutung des Arbeitens für Moral und Charakter betont und damit eine Legitimationsgrundlage für den sozialen Aufstieg der „bürgerlichen" Schichten, zunächst im Sinne der städtischen Handwerker und Kaufleute, geschaffen. In der mittelalterlichen Arbeitswelt mischten sich daher wirtschaftliche, berufliche und religiöse Elemente. Die Finanzierung von Kirchenfenstern, Kapellen mit Zunftaltären und das Hochhalten der Prozessionsstangen der Handwerke, die Kür von Heiligen als Zunftpatrone, etc. sind Indikatoren für den engen Zusammenhang zwischen Handwerk und Religion. Arbeit wurde einerseits zur Grundlage des sozialen Ansehens und der ökonomischen Bedeutung einer städtischen Mittelschicht, zum anderen aber zum sittlichen Gebot für alle, insbesondere die Armen.

Arme wurden grundsätzlich als Arbeiter gesehen, die beiden Begriffe wurden fast Synonyma, wie etwa im englischen „Statute of Labourers" aus dem 14. Jahrhundert. In den Städten des Mittelalters waren die Armen eine sehr große Gruppe. Die Bedeutung von „arm" hatte jedoch, wie schon in der Antike, einen etwas anderen Inhalt als wir heute damit verbinden. In einer Gesellschaft, in der materieller Wohlstand und Reichtum keine von sozialen, politischen und religiösen Aspekten losgelöste Bedeutung hatten, war „Armut" nicht nur und auch nicht in erster Linie eine ökonomische Kategorie, sondern eine soziale: arm waren alle, die nicht mächtig waren: Macht auf Grund von Herrenstellung war das primäre Kriterium, Reichtum erst das abgeleitete Faktum. Werner Sombart unterschied in diesem Sinne den „Machtreichtum" früherer Zeiten von der „Reichtumsmacht" des modernen Kapitalismus.[11]

Das 16. Jahrhundert wird auf Grund der starken Vergrößerung der Zahl der „Pauperen" auch das Jahrhundert der Volksarmut genannt. Waren die Armen noch in das religiös-soziale Gefüge der mittelalterlichen Gemeinschaften integriert, so werden die vielen entwurzelten, vagabundierenden und notleidenden Personen und ganzen Familien zunehmend wenig freundlich als Außenseiter betrachtet. Die sozioökonomischen Ursachen des Phänomens der großen Zahlen von Pauperen blieben von den Zeitgenossen noch weitestgehend unbeachtet, noch gab es kein Bewusstsein für sozialen und ökonomischen Wandel, seine Ursachen und Folgen; nur das Bewusstsein, dass Arbeit personale, soziale und religiöse Verpflichtung ist, bestand weiter. Die Folge ist eine bis heute nachwirkende „Behandlung" von Armen, Arbeitslosen und Delinquenten: Arbeit als Lebensunterhalt und als Strafe, als Korrektur und als Zwang. Arbeits- und Besserungsanstalten entstanden im 16. und 17. Jahrhundert, wobei das Londoner „Bridewell" besonders bekannt wurde.[12] Es war als Manufaktur organisiert, deren Arbeiter Arme und Kriminelle waren, die unter strengster Aufsicht und Kontrolle zwangs-

---

[10] Jacques Le Goff, Der Mensch des Mittelalters, Frankfurt/Main-New York 1989, S. 11
[11] Werner Sombart, Der moderne Kapitalismus, München-Leipzig 1921, 1. Bd./2, S. 581ff
[12] Bronislaw Geremek, Geschichte der Armut, München-Zürich 1988, S. 268ff

weise darin arbeiteten. Die „Sozialfürsorge" wurde in Spitälern konzentriert, die jedoch eng mit den Arbeitshäusern zusammenarbeiteten bzw. solche Arbeitshäuser mit umfassten.

Die Reformation hatte an diesem Wandel in der Beurteilung der Armen nicht unwesentlichen Anteil. Am Beginn der Neuzeit lassen sich zwei regional und kulturell unterschiedliche Entwicklungen in Bezug auf die Bewertung und Interpretation der Arbeit ausmachen: die Arbeits- und Berufsethik der Reformation, die sich vor allem in den Gebieten nördlich der Alpen, in Deutschland, Skandinavien, England verbreitete, und der Humanismus und die Renaissance-Ideale des Künstler-Handwerkers in Italien.

Die Trägerschichten des Protestantismus waren die städtischen Handwerker und Kaufleute, die sich damit nicht nur gegen Rom, sondern auch gegen die adelige Oberhoheit wehrten. Die protestantische Arbeitsauffassung hob daher die Berufsarbeit in der Welt als Leben nach Gottes Gebot hervor. Zunächst leugnete Luther daher auch das Existenzrecht eines eigenen geistlichen Standes. Beruf wurde von Luther als „officium" aufgefasst, wodurch es zu einer Betonung des Berufsstatus und der Pflichterfüllung gegenüber der Gemeinschaft durch Arbeit kam. Beruf wird in diesem Sinne „Berufung", erhält religiöse Züge, jeder ist von Gott in seinen Beruf „berufen" und soll mit der Position zufrieden sein, in die Gott ihn gestellt hat.

Im Calvinismus, Puritanismus und Methodismus wurde die Berufsarbeit zum wichtigsten Mittel zur Erlangung des Gnadenstandes, was in der alltäglichen Trivialisierung des Glaubens dazu führte, dass der wirtschaftliche Erfolg zum Aushängeschild für die Anwartschaft auf den göttlichen Gnadenstand wurde. Reichtum wurde dadurch sittlich aufgewertet, und Armut erschien als selbstverschuldet und sündig. Aber auch der Reichtum benötigte eine Legitimation durch die Art seines Erwerbs. Reichtum konnte nur durch rastlose Arbeit und frugale Lebensführung gerechtfertigt werden. Max Weber[13] und andere haben die Bedeutung dieser „innerweltlichen Askese" für die Entstehung des „kapitalistischen Geistes" betont. Für England betonte Richard H. Tawney hingegen, dass der Puritanismus der Handwerker, Gewerbetreibenden und Kaufleute die auf Grund der frühen politischen und ökonomischen Entwicklung des Landes schon vorhandenen Elemente moderner kapitalistischer Wirtschaftsweise, nur verstärkte.[14] Große Bedeutung hatte die durch die Religionskriege bedingte Wanderung von Facharbeitern für die Entwicklung der gewerblichen Produktion. Bergleute und Metallarbeiter aus Sachsen, der Steiermark und Tirol arbeiteten in Frankreich, Italien und England. Uhrmacher aus Augsburg und Nürnberg in Genf, wallonische Schmiede in Schweden usw.[15] Dadurch verbreiteten sich technische Verfahren, und der wirtschaftliche Wohlstand der Einwanderungsregionen hob sich.

In Italien wurde die soziale und sittliche Differenzierung von humanistisch Gebildeten, der Künstler und Gelehrten, und der in diesem Sinne Ungebildeten hervorgehoben. Das Arbeits-

---

[13] Max Weber, Die protestantische Ethik und der Geist des Kapitalismus, 2 Bde., Hamburg 1972 (urspr. 1904/1905)

[14] Richard H. Tawney, Religion and the Rise of Capitalism, Harmondsworth 1969 (urspr. 1922)

[15] Domenico Sella, Die gewerbliche Produktion in Europa, 1500-1700, in: Carlo M. Cipolla/Knut Borchardt (Hg.), Europäische Wirtschaftsgeschichte, Bd. 2, Stuttgart-New York 1983, S. 255

ideal des Humanismus ist die schöpferische Leistung des freien Individuums, egal ob sie intellektueller oder praktisch-handwerklicher Art ist. Der Wert der Arbeit für die Entfaltung der menschlichen Fähigkeiten, ihre „anthropologische Substanz", wird betont.[16] Die Arbeit der Bauern, Taglöhner, kleinen Handwerker etc. diente aus diesem Grund nicht als Vorbild. Stand und soziale Herkunft spielen dennoch kaum eine Rolle, wie Peter Burke in Bezug auf die Herkunft des überwiegenden Teils der Renaissance-Künstler aus Handwerkerfamilien zeigt.[17]

Die Verbindung von handwerklichen und künstlerischen Elementen bedingt auch die Sicht der Arbeit (etwa der Malerei) als technischer Prozess, der der Verbesserung und Vervollkommnung unterworfen werden muss. In diesem dynamischen, veränderlichen Charakter von Arbeitstechniken liegt der neuzeitliche Charakter der Renaissance-Auffassung von Arbeit, der deren spätere Beziehung auf Wissenschaft und Technik vorbereitete. Teilweise kam in diesen Argumenten die Kritik an den Zünften und ihrem Festhalten an hergebrachten Vorgangsweisen zum Ausdruck.

Arbeit und Handel im Merkantilismus

Der Merkantilismus des 17. und 18. Jahrhunderts führte in Europa zu einer Verstärkung der zentralen Macht des Staates und zu staatlichen Eingriffen in die Gestaltung von Löhnen und Arbeitsbedingungen, vor allem dort, wo es zu Arbeitskräftemangel kam. In England war bereits 1550 die gesetzliche Lohnregulierung eingeführt und 1563 die Arbeitergesetzgebung mit Bestimmungen über Löhne, Lehrlingsausbildung und Arbeitsbedingungen durch Elisabeth I. erlassen worden („elisabethanische Schutzbestimmungen"). In Frankreich kam es vor allem unter Colbert zur Kontrolle der Zünfte und Manufakturen durch den Staat, zur Ersetzung gewählter Zunftmeister durch Beamte und zum Erlass königlicher Lohnverordnungen. In Preußen, Österreich und Russland war die Situation durch eine Verbindung von Zentralisierung und Refeudalisierung gekennzeichnet. Die Berufe wurden mehr und mehr in ihrer lokalen Bedeutung abgelöst durch universalistische Regelungen der Zulassung und der Voraussetzungen ihrer Ausübung.

Durch die merkantilistische Wirtschaftspolitik wurden monopolistische Formen der Produktion und des Handels gefördert. Spezielle Privilegien gab es vor allem in der Glas- und Porzellanindustrie, im Bergwerk- und Hüttenwesen. Die Fürsten errichteten Manufakturen, die für fürstliche oder königliche Bedürfnisse, für den Luxuskonsum der höfischen Gesellschaft produzierten, förderten aber auch die gewerbsmäßige Produktion für den Export, was die Zünfte unter Druck setzte. Auch der Exporthandel wurde in Form der Handelskompanien privilegiert.

---

[16] Agnes Heller, Der Mensch der Renaissance, Frankfurt/Main 1988, S. 452
[17] Peter Burke, Die Renaissance in Italien, Berlin 1984

Formen der Produktion und der Arbeit

Die traditionelle Form der Produktion war das Hauswerk. Dieses konnte „Preiswerk" (Handwerk) sein, dann erfolgte die Produktion für den Markt. Die Arbeitsbeziehungen waren die von Meister, Geselle und Lehrling; sie waren eingebettet in die sozialen und familialen Beziehungen des Meisterhaushalts. Persönliches und Sachvermögen waren nicht getrennt; der Lohn der Gesellen und Lehrlinge wurde als „Nahrung" im Rahmen der sozialen Beziehungen im Meisterhaushalt verstanden. Das „Lohnwerk" entwickelte sich aus der geschlossenen Hauswirtschaft und stellte Produktion für den Kunden dar, der auch die Rohstoffe lieferte, während der Arbeiter das Werkzeug beisteuerte. Das Lohnwerk konnte im Haushalt des Arbeiters („Heimwerk") erstellt werden oder bei den jeweiligen Kunden („Stör").[18]

Durch die Auflösung der handwerklichen Beziehungen und Bindungen und die soziale Differenzierung unter den Meistern begünstigt, entwickelte sich die Hausindustrie als dezentralisierte Form der Produktion unter einheitlicher zentraler Leitung. Auch die Entwicklung im Handel seit dem 14. Jahrhundert, die eine wachsende Trennung des Haushalts vom Geschäft, des persönlichen vom Geschäftskapital bewirkte, förderte die Kommerzialisierung der Produktion. Drei Gruppen von Personen und ihre Beziehungen charakterisieren die Hausindustrie bzw. das Verlagssystem: Der Unternehmer bzw. Verleger stellte das Kapital, das Werkzeug und die Rohstoffe zur Verfügung; der Handwerker bzw. Heimwerker produzierte daraus die entsprechenden Güter. Die Vermittlung zwischen beiden besorgte der Faktor oder Zwischenhändler.

Im Fall der Manufaktur kam es zur lokalen Konzentration der Arbeit unter einer einheitlichen Leitung: der Arbeiter verließ seine häusliche Werkstatt und arbeitete in einem fremden Betrieb. Arbeits- und Lebensraum der Handwerker-Arbeiter wurden dadurch getrennt; die Arbeit selbst wurde organisiert und versachlicht, es kam zu Prozessen der Arbeitsteilung und -vereinigung zwischen den Arbeitern bei geringer Verwendung von Maschinen. Die Arbeit blieb noch weitgehend Handarbeit. Die Arbeiter aber mussten sich der Betriebsdisziplin unterwerfen und waren häufig auch unfrei.

Meist waren Verlagssystem und Manufaktur auch verbunden, so etwa in der Textilindustrie des 18. Jahrhunderts im Habsburgerreich. Neben den Lohnarbeitern im zentralen Manufakturbetrieb wurde in tausenden bäuerlichen Haushalten im Verlagssystem gearbeitet. Um 1762 beschäftigte die Linzer Wollzeugfabrik einige hundert Arbeiter im Hauptgebäude in Linz, aber etwa 50.000 Spinner und Weber im Verlag.[19]

Die Organisationsform der Manufakturen lässt sich einmal als Entwicklung aus den traditionellen Betriebsformen von Handwerk (durch Erweiterung und Ausgliederung der Werkstatt) und Hausindustrie (durch Vereinigung der dezentralen Produktionseinheiten) sehen, zum anderen waren sie königliche oder fürstliche Regiebetriebe. Allerdings gab es auch ursprüng-

---

[18] Siehe: Ernst Michel, Sozialgeschichte der industriellen Arbeitswelt, Frankfurt/Main 1948
[19] Gustav Otruba, Entstehung und soziale Entwicklung der Arbeiterschaft und der Angestellten bis zum Ersten Weltkrieg, in: Erich Zöllner (Hg.), Österreichs Sozialstrukturen in historischer Sicht, Wien 1980, S. 125

lich anders begründete Anstalten (Waisen- und Armenhäusern, Kasernen, Gefängnissen, Krankenhäusern), die in ihrer organisatorischen Form als Vorbild für die betrieblichen Strukturen dienten.

Gegen Ende des 17. Jahrhunderts gab es in England ein Netz von Arbeitshäusern, die nach wirtschaftlich rationalen Grundsätzen funktionierten. Auch auf dem Kontinent wurden Arbeitshäuser errichtet und besonders in Holland wurden daraus primär wirtschaftlich orientierte Institutionen, die billige Arbeitskräfte zur Verfügung hatten. Bemerkenswert ist, dass die Arbeitshäuser besondere Verbreitung in den wirtschaftlich führenden Gebieten der Zeit fanden; sie waren in aller Regel (mit Ausnahme Frankreichs und seiner „hôpitals") protestantisch dominierte Gegenden. Arbeitsethik, Sozialmoral und wirtschaftliche Entwicklung verbanden und unterstützten sich gegenseitig.

Seit dem 16. Jahrhundert erfuhr die Lohnarbeit eine weitere quantitative Ausweitung durch das Vordringen der Geldwirtschaft und die europäische Kolonialisierung. In der „Weltwirtschaft" herrschten unterschiedliche Formen von Arbeitsverhältnissen vor: es gab Sklaven, auf den Plantagen und in den Bergwerken an der „Peripherie", Galeerensklaven und Haussklaven in Südeuropa, Pachtbauern und ländliche Lohnarbeiter. Diese Gruppen machten 90 bis 95 Prozent der Bevölkerung der europäischen Weltwirtschaft aus, während unabhängige Handwerker und Facharbeiter eine sehr dünne Schicht darstellten.[20]

In Europa kam es zu Entberuflichungsprozesse in vielen Handwerken; die selbständigen Handwerker wurden zurückgedrängt und auf Grund des Vordringens von Verlagssystem und Manufakturen sowie durch die Schließung der Zünfte zu unselbständigen Lohnarbeitern. Die Gesellen hatten nur mehr geringe Chancen, jemals Meister zu werden, und damit verwischten sich die Unterschiede zwischen Handwerksgesellen und Lohnarbeitern immer mehr. Auch die Unterschiede zwischen gewerblichen Arbeitern und den zahlenmäßig bedeutenden Dienstboten verschwanden mehr und mehr; sie wurden zu einer Unterschicht von unselbständig Arbeitenden. Dadurch wuchs in den Städten die Kluft zwischen den Bürgern und den arbeitenden Massen und ersetzte die frühere soziale Differenzierung zwischen den reichen Kaufleuten und Meistern und den kleinen Handwerkern. In obrigkeitlichen Dokumenten des 17. und 18. Jahrhunderts wird dann kein Unterschied mehr gemacht zwischen Arbeitern, Gesellen und Dienstboten. Noch immer aber war keine Klasse oder Schicht „freier" Arbeiter entstanden. Noch immer zeichneten sich die Beziehungen zwischen Arbeitern und ihren „Herren" durch patriarchalische Bindungen aus, was sich unter anderem darin ausdrückte, dass sie vielfach im selben Haushalt wohnten wie die „Herrschaft".

Bürgerliche Gesellschaft und der freie Arbeiter

Die Aufklärung mit ihrer Idealisierung von Vernunft und Naturwissenschaft war grundsätzlich technisch-wissenschaftlichen Neuerungen auch im Bereich der Produktion gegenüber aufgeschlossen. Man strebte nach Einheit der Wissenschaften und ihrer Verbindung mit den

---

[20] Immanuel Wallerstein, Das moderne Weltsystem, Frankfurt/Main 1986, S. 118/119

„arts et métiers", die Wissenschaften sollten umgesetzt werden in praktisches, wirtschaftliches, politisches und berufliches Handeln. Der Erwerbs- und Berufsarbeit und dem wirtschaftlichen Erfolg der Arbeit kam steigende Bedeutung für die soziale Anerkennung des Individuums in der Gesellschaft zu, nachdem das Bürgertum zur maßgebenden wirtschaftlichen und kulturellen Kraft geworden war. Das Arbeitsverständnis des europäischen Bürgertums hatte seine Ursprünge noch teilweise in der zünftischen Berufsauffassung des Handwerks, teilweise im wirtschaftlichen Erfolgsdenken der Kaufmanns- und Händlerschichten. Wo die protestantische Ethik mit ihrer Betonung eines frugalen, arbeitsamen Lebensstils wirksam war, unterstrich insbesondere ihre profane Routinisierung das Messen am wirtschaftlichen Erfolg.

Die Aufklärung und das ökonomische und politische Erstarken des (Besitz-)Bürgertums im 18. Jahrhundert gingen in Westeuropa gemeinsam einher, so dass es das Bürgertum und die bürgerlichen Wertvorstellungen waren, die schließlich als Sieger aus den Wirren der Französischen Revolution hervorgingen. Die Philosophen der Aufklärung erkannten fast durchwegs Beruf und Wirtschaft als eigene Kulturwerte an, die den menschlichen und sozialen Fortschritt fördern. Sie zielten in erster Linie auf die Abschaffung der feudalen, klerikalen und königlichen Vorrechte und forderten die verfassungsmäßige Verankerung der Freiheit der Berufswahl als Menschenrecht. Die im Aufklärungsdenken durchaus auch vorhandenen sozialrevolutionären Ansätze kamen letztendlich dem Bürgertum und nicht der Arbeiterklasse zugute, die es als solche ja noch nicht gab; sie entstand eben erst durch den Aufstieg des Bürgertums und der industriekapitalistischen Wirtschaftsweise.

Die bürgerliche Arbeitsethik des 19. Jahrhunderts betonte die freie wirtschaftliche Leistung des Individuums als Grundlage für den Wohlstand des Gemeinwesens. Die Institutionalisierung dieser Vorstellungen im nachrevolutionären Europa beseitigte endgültig die kollektive Gebundenheit der Arbeit, wodurch es in der Folge zu einer Universalisierung der sozialen Beziehungen kam und die persönlich und lokal geprägten Abhängigkeiten und Bindungen überlagert wurden von sachlich begründeten funktionalen Strukturen. Die neuen Ideale waren Wissenschaft und Technik und eine Wirtschaft, die frei war von sozialen, religiösen und überhaupt allen nicht-ökonomischen Elementen. Der Arbeiter wurde als „freier" Arbeiter in bürgerlich-liberaler Sicht zum Anbieter auf dem Arbeitsmarkt, der ein sachlich begründetes, vertraglich vereinbartes Arbeitsverhältnis einging, nicht mehr als abhängig und schutzbedürftig angesehen wurde.

Wenngleich diese Vorstellungen sich noch lange nicht wirklich durchsetzten, kam durch die in Bezug auf die Produktionsweise „Industrialisierung" genannte Entwicklung nicht nur eine grundlegende Veränderung der Produktions- und Verteilungsweise der Güter, sondern auch der Lebenswelt der Menschen in Gang. Endgültig begann sich eine Form des Lebens im Dunkel der Geschichte zu verlieren, die durch die Verbindung von sozialen und ökonomischen Dimensionen gekennzeichnet war, in der Familie und Haus die Grundlage der Wirtschaft waren. Peter Laslett zieht eine scharfe Grenze zwischen vorindustrieller Gesellschaft und industrieller Gesellschaft. Man muss diesen Übergang nicht so nostalgisch formulieren, wie er dies tut, aber in seinen Worten kommt die tiefgehende Bedeutung dieses Prozesses gut zum Ausdruck:

> *„Es gab einmal eine Zeit, in der das ganze Leben im Schoße der Familie ruhte, im Kreise von Gesichtern und Dingen, die man liebte und die einem vertraut waren, in einer Welt, deren Maßstab der des Menschen war. Diese Zeit ist für immer vorbei. Und deshalb sind wir ganz andere Menschen als die Menschen von einst."*[21]

2 Industrialisierung und Fabriksarbeit

Arnold Toynbee prägte den Begriff „Industrielle Revolution", um die tiefgreifenden Veränderungen im 18. und 19. Jahrhundert zu bezeichnen, die die Industriegesellschaften entstehen ließen. Es handelte sich dabei allerdings nicht um eine punktuelle Veränderung, sondern um einen Prozess, dessen Ursachen weit zurückreichen, und der sich allmählich und in verschiedenen Gesellschaften in unterschiedlichen zeitlichen Epochen abspielte. Wie bereits angedeutet, kam es seit dem Hochmittelalter zu technischen Innovationen sowie gesellschaftlichen Umstrukturierungen, die von manchen Autoren auch als Vorbereitung und Voraussetzung für die moderne Industriegesellschaft verstanden werden. Sie sprechen bereits von einer „ersten industriellen Revolution", welche zwischen dem 11. und dem 14. Jahrhundert stattfand. Die Differenzierung in vorindustrielle und industrielle Gesellschaften suggeriert jedenfalls eine zeitliche Trennung, die es so nie und nirgends gab.

Den prozessualen Verlauf der Industrialisierung unterstreicht auch die These von der „Protoindustrialisierung" bzw. „Industrialisierung vor der Industrialisierung", die auf die Verbindung von Hausindustrie und Landwirtschaft[22] in vielen Regionen Europas bezogen ist. Selbst in der Textil- und Eisenindustrie blieben hausindustriell-familienwirtschaftliche Formen der Produktion noch lange neben den Fabriken bestehen.

Wie auch immer man die europäische Entwicklung mit Blick auf die Heraufkunft der Industriegesellschaft interpretiert, bleibt doch kein Zweifel, dass das Zusammenwirken von industriell-wirtschaftlicher Entwicklung und politischen und sozialen Umwälzungen dafür von epochaler Bedeutung war. Das, was wir gewöhnlich als „industrielle Revolution" bezeichnen, ging in England ab 1760, auf dem Kontinent ab ca. 1820/1830 vor sich. Hierbei lassen sich zwei Industrialisierungsschübe erkennen: der erste war in England angeführt durch die Textilindustrie und erfuhr seine Fortsetzung durch die mit dem Bau der Eisenbahnlinien verbundene Entwicklung der Schwerindustrie. Dampfmaschine, Eisenbahn, Werkbank, Gusseisen, Webstuhl und Selfaktor sind die Kennzeichen dieser ersten Industrialisierungsstufe. Die zweite Stufe der Industrialisierung setzte gegen Ende des 19. Jahrhunderts voll ein, ihre technischen Grundlagen waren aber schon um die Mitte des 19. Jahrhunderts vorhanden.

---

[21] Peter Laslett, Verlorene Lebenswelten, Wien 1988, S. 33
[22] Wolfgang Mager, Protoindustrialisierung und Protoindustrie – Vom Nutzen und Nachteil zweier Konzepte, in: Geschichte und Gesellschaft 14/1988, S. 275-303

Ihre Bezugspunkte waren: Verbrennungsmotor, Chemie, Elektrizität, Auto, Fließband, Stahl.[23] Sie wird mitunter auch als „zweite industrielle Revolution" bezeichnet.

Technik und Ökonomie der industriellen Arbeit

Die Manufaktur war bereits ein zentralisierter Produktionsbetrieb; die Produktion selbst war aber noch durch eine personalistisch geprägte Arbeitsteilung gekennzeichnet. Erst die Einführung der Dampfmaschine machte eine Produktionsweise möglich, in der die Teilung und der Rhythmus der Arbeit von der Maschine bestimmt wurden. Der Maschineneinsatz prägte nicht nur die Arbeitsweise, sondern auch die Organisation der Betriebe. Der Industriebetrieb entstand daher nicht unmittelbar aus der Manufaktur, sondern stellt eine eigenständige Gründung dar.[24]

Nicht die Arbeitsteilung als solche ist das typische Merkmal der Industrie, sondern eine bestimmte Art der Zerlegung und Verteilung der Arbeit. Wenn wir die Arbeitszerlegung und Aufgabenteilung näher untersuchen, so zeigen sich drei Stufen der Zerteilung, deren oberste die Arbeitszerlegung in der Fabrik beschreibt:

1. Die Analyse des Arbeitsprozesses und die Zerlegung der Arbeit in einzelne Gänge findet in jedem Fall statt, wo Menschen es unternehmen, eine Arbeit auszuführen. Auch der Einzelarbeiter, der ein ganzes Produkt herstellt, „zerlegt" seine Arbeit auf diese Weise.
2. Die Aufteilung der Teilarbeit auf verschiedene Arbeiter in der Weise, dass sich die Arbeiter untereinander abwechseln. Jeder Arbeiter kann jeden Arbeitsgang ausführen. Das war etwa in der Manufaktur der Fall.
3. Die Aufteilung der Teilarbeiten, wobei jeder Arbeiter immer dasselbe macht: Für Unternehmer ist diese Variante rationeller, da eine Gewöhnung und Erhöhung der Geschicklichkeit eintritt, sowie die Verbilligung der Arbeitskraft durch Zerlegung und Spezialisierung möglich wird, weil die Arbeiter nicht mehr so qualifiziert sein müssen, sondern für den einzelnen Arbeitsgang angelernt werden können.

Die Aufteilung der Arbeit in einzelne Handgriffe mit geringer Qualifikation kann vor allem dort erfolgen, wo die zentralen Operationen am Produkt durch Maschinen durchgeführt werden, die nur mehr „bedient" werden müssen. Andrew Ure sah die Kinderarbeit als Ergebnis des Fortschritts der Arbeitsteilung durch Mechanisierung. Er schrieb über die Gründe für die Arbeitsteilung in der Fabrik:

„In der Tat denkt man in den Fabriken wenig an Teilung oder vielmehr an die Anpassung der Arbeit an die verschiedene Geschicklichkeit der Menschen. Im Gegenteil, wo nur irgendein Verfahren besondere Gewandtheit und Festigkeit der Hand erfordert,

---

[23] Siehe: Dieter Otten, Die Welt der Industrie II, op. cit., S. 352

[24] Im 18. Jahrhundert und in der ersten Hälfte des 19. Jahrhunderts verwendete man die Begriffe „Manufaktur" und „Fabrik" oft synonym.

2 Industrialisierung und Fabriksarbeit

> *wird es so bald als möglich dem Arbeiter entzogen, der zu Unregelmäßigkeiten aller Arbeit geneigt ist, und einem eigentümlichen Mechanismus übergeben, den ein Kind beaufsichtigen kann [...]. Der Grundsatz des Fabriks- oder Faktureisystems geht [...] dahin, der Handgeschicklichkeit mechanische Kunst und der Verteilung der Arbeit unter die Arbeiter die Trennung eines Verfahrens oder Prozesses in seine wesentlich konstituierenden Bestandteile zu substituieren. Bei der Handarbeit war größere oder geringere Geschicklichkeit gewöhnlich das teuerste Element der Produktion [...]. Nach dem automatischen Plan aber wird geschickte Arbeit allmählich überflüssig und mit der Zeit ganz durch bloße Maschinenaufseher ersetzt werden.*"[25]

Neben der fabriksmäßigen Arbeitsteilung ist die industrielle Produktion mit dem Einsatz von Maschinen verbunden, jedoch nicht als solche, denn Maschinen gab es schon in den Manufakturen; typisch für die industrielle Produktion ist die besondere zentrale Funktion der Maschine für die Produktion: sie unterstützt die Arbeit des Menschen nicht nur, sondern ersetzt sie. Das Ziel der fabriksmäßigen Fertigung ist die Automation, bei der die Rollen von Mensch und Maschine vertauscht werden: die Maschine erzeugt das Produkt, der Mensch „bedient" sie oder wird überhaupt überflüssig.

Das ist allerdings nicht in allen Fällen möglich. Grundsätzlich lassen sich daher drei technische Formen der Produktion unterscheiden, die auch heute in verschieden Zweigen und Bereichen der Industrie vorkommen:

1. Die handwerkliche Produktion; sie ist charakterisiert durch die Verwendung von Werkzeugen und Universalmaschinen, die dem Handwerker helfen, ein ganzes Produkt oder einen Bestandteil autonom und bei geringer Teilung der Arbeit weitgehend händisch herzustellen.
2. Die mechanisierte Produktion, wo unter Verwendung von Spezialmaschinen und Fließbändern in arbeitsteiliger, unqualifizierter und repetitiver Teilarbeit Produkte in großen Serien hergestellt werden.
3. Die automatisierte Produktion, wo selbststeuernde Maschinensysteme nicht nur das Produkt herstellen, sondern sich auch selbst kontrollieren und korrigieren.

Wenngleich auch heute noch handwerkliche Produktionsweisen in der Industrie anzutreffen sind, so hat die Entwicklung der industriellen Fertigung doch zu ihrer Reduktion auf immer kleinere Bereiche geführt. Die mechanisierte Produktion wurde zwar die am weitesten verbreitete Form, ihre Tendenzen hin zur Automatisierung sind aber insbesondere durch die Einführung der mikroelektronischen Steuerungssysteme unübersehbar. Der Maschineneinsatz hat für den Arbeiter nicht nur zur Folge, dass er seine Arbeitsweise nach der Maschine richten muss und, da diese im Zentrum der Produktionsorganisation steht, seine Arbeit entwertet und ihres Inhalts und Sinns beraubt wird, sondern die Maschine wird auch zum Konkurrenten des Arbeiters: wo sie kostengünstiger produziert, wird der Handarbeiter „frei-

---

[25] Andrew Ure, Das Fabrikswesen in wissenschaftlicher, moralischer und kommerzieller Hinsicht, Leipzig 1835, S. 18/19

gesetzt" und durch die Maschine ersetzt. Die Freisetzung der Arbeiter wird bei Vollautomation vollendet.

Weder die Teilung der Arbeit zwischen den Arbeitern noch der Maschineneinsatz sind notwendig kapitalistisch insofern, als ihnen Gewinninteressen zugrunde liegen müssen. Der entscheidende Vorteil der fabriksmäßigen Arbeitsteilung für den Arbeitgeber liegt aber darin, dass für die repetitiven Teilarbeiten nur eine geringe Qualifikation notwendig ist, so dass ungelernte Arbeitskräfte, ja sogar Kinder, eingesetzt werden können. Sie sind schnell anzulernen, da keine besonderen Fähigkeiten und Vorkenntnisse erforderlich sind. Unter kapitalistischen Bedingungen bedeutet das, dass die Arbeiter nach dem Wert des einfachen Arbeitsschrittes entlohnt werden können, wohingegen Arbeiter, die ein ganzes Produkt herstellen, nach dem Wert des höchstrangigen Arbeitseinsatzes bezahlt werden müssten. Daraus ergibt sich eine entscheidende Verbilligung der Arbeitskräfte – eine Erkenntnis, die bereits Charles Babbage 1832 gemacht hat, und die daher als Babbage-Prinzip bekannt wurde.

Karl Marx hat die wohl markanteste Analyse der Ökonomie kapitalistischer Arbeit geliefert. Er sah den Zweck des Maschineneinsatzes in der Verbilligung des Produkts und der Vergrößerung des Mehrwerts für den Kapitalisten. Diese Ziele sollen durch die Möglichkeit des Einsatzes von billiger Arbeitskraft (Frauen, Kinder) durch die Erleichterung der Arbeit in der maschinellen Produktion bewerkstelligt werden: Dadurch kommt es allgemein zu einem Sinken des Lohnes und zur Entwertung der Arbeitskraft auch des Mannes, gleichzeitig entwickelt sich eine Tendenz zur Verlängerung der Arbeitszeit, da nicht nur die Reproduktionskosten der Arbeitskraft und der Mehrwert erwirtschaftet werden müssen, sondern zusätzlich die Reproduktionskosten der Maschinen.

Die Fabrik wurde zum zentralen Ort des modernen Industriekapitalismus, weil die Kapitalakkumulation hier eine neue Grundlage gefunden hat: Die Schaffung von „Mehrwert" durch den Einsatz der „Ware" Arbeitskraft. Grundmerkmal des modernen Kapitalismus ist der Warencharakter der Arbeitskraft, d. h. die Tatsache, dass der Lohnarbeiter seine Arbeitskraft auf dem Arbeitsmarkt anbieten muss, die dann von den Kapitalisten zu einem bestimmten Marktpreis, dem Lohn, gekauft wird. Die Ware „Arbeitskraft" hat aber im Gegensatz zu anderen Waren, die beim Gebrauch verbraucht oder abgenutzt werden, die Eigenschaft, durch ihren Gebrauch wieder Wert zu schaffen. Arbeitskraft ist in diesem Sinne der einzig „produktive" Faktor in der Produktion.

Um den Profit, den die Arbeit erwirtschaftet, zu vergrößern, müssen auch die Kosten der Arbeit möglichst niedrig sein, was dadurch erreicht werden kann, dass man nicht nur den Preis der Arbeitskraft, sondern auch ihren Wert, der in ihrer inhärenten Qualifikation liegt, senkt. Und das gelingt am besten durch eine Art der Rationalisierung, die die Produktion von der Qualifikation der Arbeiter unabhängig macht. Damit wird die Arbeit aber gleichzeitig standardisiert, was sie eigentlich erst befähigt, zur „Ware" zu werden, die von austauschbaren Personen geliefert wird. Für den Arbeiter bedeutet das, dass er von den Produktionsmitteln, vom Produkt seiner Arbeit und seinen eigenen produktiven Fähigkeiten getrennt wird. Diese haben keine Bedeutung für ihn als Person und führen daher zur Entfremdung des Menschen.

2 Industrialisierung und Fabriksarbeit

Fabrikskultur: Disziplinierung und Regelung

Die frühen Fabrikarbeiter „rekrutierten" sich in der überwiegenden Mehrzahl nicht aus Handwerkern, sondern aus landwirtschaftlichen Arbeitskräften (verarmte „freie" Bauern, Kleinhäusler, Landarbeiter etc.). Diese brachten vorindustrielle Arbeitsvorstellungen und -gepflogenheiten mit; sie mussten erst an die zeitlichen und räumlichen Bedingungen in der Fabrik, an Rhythmus und Kontinuität industrieller Arbeit gewöhnt werden.

In den Arbeitsordnungen deutscher Betriebe in der Epoche der frühen Industrialisierung spielten daher Elemente der Disziplinierung eine große Rolle: die Selbstbeherrschung der Arbeiter während der Arbeit zum Zwecke der Koordination der Arbeit, darüber hinaus aber auch die Beachtung bestimmter Normen der Unter- und Überordnung.[26] Disziplin bedeutet die Akzeptierung eines Herrschaftsverhältnisses; nicht das eigene Interesse oder Bedürfnis konnte handlungsbestimmend sein, sondern die strikte Befolgung von Anordnungen. Vor den Arbeitsschutzgesetzen und der Institutionalisierung der Arbeitsordnungen im Jahre 1881 im Deutschen Reich, reflektierten die Betriebsnormen die unternehmerischen Verhaltensansprüche ohne gesetzliche Beschränkungen; der Unternehmer erließ sie als selbständiger „Gerichtsherr" in seinem Territorium mit eigener Rechtsschöpfungs- und Strafbefugnis („Betriebsjustiz").

Die Disziplinierung der Arbeiter in dieser frühen Phase der Industrialisierung richtete sich auf die Durchsetzung einer neuen Zeitstruktur und Zeitnutzung, die vor allem durch die Erfordernisse der Pünktlichkeit gekennzeichnet waren. Die vorindustriellen Determinanten der Arbeitszeit waren weitgehend bestimmt durch Jahreszeit, Wetter, soziale Gewohnheiten und den natürlichen Leistungsrhythmus. In der industriellen Gesellschaft aber bestimmt der rationale Kalkül des Produktionsschemas Dauer und Rhythmus der Arbeit im Sinne einer ökonomisch rationalen Verwertung der knappen Zeit. Zeit wurde in der Fabrik auf Arbeitszeit reduziert und diese strikt gegen die „freie Zeit" abgegrenzt. Die Arbeit wurde auch zum ersten Mal als kontinuierlich verstanden; während der Arbeitszeit sollte der Arbeiter ohne Pausen unaufhörlich arbeiten; wenn Pausen gemacht wurden, dann nur nach dem Konzept des Unternehmers. Die frühen Arbeitsordnungen enthielten verschiedene Sanktionen bei Nichteinhalten der Arbeitszeit, bei Zuspätkommen, Fernbleiben von der Arbeit oder „unnützen" Lebensäußerungen während der Arbeit. Diese Strafen beinhalteten vor allem Geldbußen, die bis zum Doppelten des Tagesverdienstes eines Arbeiters gehen konnten. Die Zeitkontrolle wurde zunächst durch persönlichen Augenschein durchgeführt, sowie durch Einschließung in der Fabrik, auch durch morgendliche Verlesung der Namen, durch Kontrollmarken und Werksausweise, die beim Portier abgegeben werden mussten. Der Zuspätkommende wurde auch im eigentlichen Sinn des Wortes „ausgeschlossen", denn die Fabriken waren umgeben von Toren und Mauern. Während der Arbeit durften die Arbeiter den Arbeitsplatz und die Fabrik nicht verlassen; sie waren eingesperrt für die Dauer der täglichen Arbeitszeit, die Bezeichnung „geschlossen" für Fabriken deutet dies an.

---

[26] Bernd Flohr, Arbeiter nach Maß. Die Disziplinierung der Fabrikarbeiterschaft während der Industrialisierung Deutschlands im Spiegel von Arbeitsordnungen, Frankfurt/Main 1981

Nicht nur die Pünktlichkeit und die kontinuierliche Arbeitsleistung waren die Ziele der frühen Disziplinierung, man wollte die Arbeiter auch an den Betrieb binden, da Fluktuation mit erhöhten Kosten der Anlernung verbunden war. Während der Arbeitnehmer eine meist halbjährige Kündigungsfrist hatte, blieb es dem Fabrikherrn unbenommen, den Arbeiter wegen schlechter Führung oder wegen einer sonstigen Ursache jederzeit zu entlassen. Erst die Sozialgesetzgebung schuf hier eine Gleichstellung, wenn auch der Arbeiter nach wie vor in der schwächeren Position blieb. Die Verrechtlichung der Arbeitsbedingungen brachte nicht nur den Arbeitern, sondern auch den Arbeitgebern Vorteile, denn die Unternehmen hatten ohne gesetzliche Regelung keine Handhabe, wenn die Arbeiter die in der Arbeitsordnung vorgesehene Kündigungsfrist nicht einhielten.

Die Betriebsbindung wurde aber auch schon in dieser frühen Phase in vielen Betrieben durch Sozialleistungen zu erhöhen versucht. Dazu zählen die Einrichtungen von Treueprämien, Fabrikskassen für Krankheits- und Todesfälle, Werkswohnungen, die Einrichtung von Fabrikssprechern oder -ausschüssen usw. In dieser Hinsicht waren manche der großen Fabriken „Musterbetriebe", die auch Vorbildcharakter hatten für spätere sozialpolitische Maßnahmen und Einrichtungen des Staates.

Neben der Regelung des Verhaltens bei der Arbeit durch die Sicherung des Anspruchs auf Gehorsam, die Betonung der Notwendigkeit der Leistung und der Anforderungen an das allgemeine Betragen am Arbeitsplatz wie Alkoholverbot, Verbot von Gewalt usw. zielten viele Fabrikherrn darauf ab, das Privatleben ihrer Arbeiter zu regeln und zu überwachen. Dieser Paternalismus war in der frühen Phase der Industrialisierung in allen Ländern vorhanden, besonders auch in den Vereinigten Staaten von Nordamerika. In Deutschland enthielten die Arbeitsordnungen zwar weniger paternalistische Elemente der Überwachung des Verhaltens und des Lebensstils der Arbeiter, aber wie etwa in den Krupp-Werken, sahen sich viele Fabrikherren noch um die Jahrhundertwende als „Schutzherr, Erzieher und Zuchtmeister" der Belegschaft samt ihrer Familien.

Die Träger der Disziplinierungsfunktion waren zunächst die Fabrikherrn selbst als oberste Richter, sodann die Vorgesetzten (Werkmeister), darüber hinaus wurden aber auch noch die Kollegen zur Kontrolle animiert (Denunziation); auch die Arbeiterausschüsse in den frühen Fabriken, deren Aufgabe die Mitverwaltung der Sozialeinrichtungen und die Mitarbeit an der Erstellung der Arbeitsordnungen war, betätigten sich häufig als Kontrollorgane und wurden von den Arbeitgebern meist auch nur deshalb akzeptiert.

Die autoritäre und patriarchalische Disziplinierung der Arbeiter trat zurück, nachdem sich die industrielle Arbeitsweise voll durchgesetzt hatte und bereits zur Lebensform von Generationen geworden war. Im selben Ausmaß aber wuchs die Notwendigkeit der Unternehmer und Manager, ihre Autorität zu rechtfertigen und sich der Leistungsbereitschaft ihrer Arbeiter zu versichern, letzteres umso mehr, als sich diese in Gewerkschaften und politischen Parteien organisiert hatten. Reinhard Bendix hat in seinem schon klassischen Werk der Industriesoziologie gezeigt, dass die ideologischen Argumente der industriellen Unternehmer sich im Zuge der Entwicklung der Industrialisierung verändert haben. Mussten die frühen Industriellen noch die industrielle Produktion als solche verteidigen, ihre Vorteile für die Gesellschaft hervorheben und die unternehmerische Leistung betonen, so wandten sich mit zunehmender Integration und Bürokratisierung der Betriebe wie auch auf Grund des entstehenden

Konflikts zwischen Industriekapital und organisierter Arbeiterschaft die ideologischen Argumente mehr dem Verhältnis von Managern und Arbeitern zu; das industrielle Wachstum musste mit verbesserten Chancen für die Arbeitnehmer legitimiert werden, bei gleichzeitiger Betonung des Arbeits- und Leistungsethos.[27]

Zur Veränderung der Arbeitgeber-Arbeitnehmerbeziehungen im Betrieb und ihrer Regelung kam es durch die Verabschiedung der Arbeiterschutzgesetze, an denen auch die Gewerkschaftsbewegung und die Arbeiterparteien einen großen Einfluss hatten. Die einseitige Disziplinierung durch den Betriebsherrn wurde ersetzt durch die gesetzlichen Regelungen des Arbeitsrechts und die kollektivvertraglichen Regelungen, die Betriebsvereinbarungen und all die geschriebenen und ungeschriebenen Regeln, die die Arbeit in einem Betrieb bestimmen. Den zweiten Schritt der Veränderung der Situation stellte dann die Institutionalisierung der Mitbestimmung der Vertreter der Belegschaft, der Betriebsräte im deutschsprachigen Raum, dar.

Die soziale Kontrolle im Betrieb hat sich im Laufe der Zeit geändert und unterschiedliche Formen angenommen, von physischem Zwang und Gewaltanwendung in den Arbeitshäusern und manchen Fabriken, über autoritäre Maßnahmen der Unternehmensleitung und der Vorgesetzten bis zu den sachlichen Normen und Regeln des Arbeitsrechts und die Einbindung der Belegschaftsvertretungen. Mit der erfolgreichen Anpassung der Erwartungen und Verhaltensmuster der Arbeiter an die Bedingungen der Arbeit in der Industrie verlagerte sich der Schwerpunkt der betrieblichen Normensetzung von der Disziplinierung und Sozialisierung der Arbeiter auf die Regelungen der Arbeitsteilung, -organisation und -durchführung. Die technisch-organisatorische Entwicklung der modernen Industriebetriebe machte auch eine Versachlichung und Rationalisierung der sozialen Kontrolle notwendig, wobei die industrielle Technologie selbst eine große Kontrollmacht entfaltete, aber auch die Motivierung durch Führung nach modernen Managementkonzepten eingesetzt wurde.

3 Die Entstehung der Arbeiterklasse

Das vorindustrielle Proletariat

In der vorindustriellen Zeit stellten die Arbeiter nur einen kleinen Teil des Proletariats dar, dessen Hauptmerkmal die Besitzlosigkeit war. Die Lohnarbeit wurde erst im Verlauf der industriellen Entwicklung und der „bürgerlichen" Epoche zur Grundlage des Proletariats und dieses identisch mit der Arbeiterklasse.

---

[27] Reinhard Bendix, Work and Authority in Industry, New York 1956

Der Niedergang des mittelalterlichen Sozialethos der Armut, die Territorialisierung der europäischen Staaten und die Verelendung breiter Regionen im Zuge der Entwicklung des 16. und 17. Jahrhunderts ließen das „Proletariat" als Masse unterhalb und außerhalb der staatlich organisierten, ständisch gegliederten Gesellschaften entstehen.[28] Ihr Differenzierungskriterium war nicht die unselbständige Beschäftigung, sondern die Besitzlosigkeit. Michael Vester berichtet, dass im England des Jahres 1688 je ein Viertel der Bevölkerung auf Kleinhäusler und Arme, auf Freibauern und kleinere Pächter und auf ungelernte Arbeiter entfielen. Nur 4,4 Prozent der Bevölkerung machten die Handwerker und gelernten Arbeiter aus. Die Zahl der Arbeiter war auch noch im 18. Jahrhundert gering.[29] Jacques Ellul schätzt, dass in Frankreich in dieser Zeit etwa 5 bis 7 Prozent der Gesamtbevölkerung Arbeiter waren.[30]

Die Besitzlosigkeit hat eine ökonomische, soziale, politische und kulturelle Bedeutung. Besitz war Grundlage der Existenz, der Gemeinschaft, der Familie. Besitz sicherte Identität und Weiterbestand der elementaren sozialen Gruppe, verband die Generationen miteinander, repräsentierte und ermöglichte Kultur und Freiheit, war Pfand der bürgerlichen Verlässlichkeit und Tugend, Grundlage des Staates sowie Garant des Lebensunterhalts. Aus dieser fundamentalen und umfassenden Bedeutung wird die Tatsache verständlich, dass Leute ohne Besitz außerhalb der Gesellschaft standen, von der sie aber für ihren Lebensunterhalt abhängig waren. In seiner elementarsten Bedeutung meint der Begriff „Besitzlosigkeit" das Nicht-Haben von Gegenständen, mit deren Hilfe das Individuum bzw. die Familie unabhängig von anderen überleben kann. Das Proletariat entstand inmitten einer Gesellschaft, die noch durch die weitgehende Autarkie der segmentären Wirtschaftseinheiten, der Haushalte, der Dorfgemeinschaften geprägt war, in der Produktion und Konsum noch nicht getrennt waren. Die Haushalte produzierten noch viele Dinge des täglichen Bedarfs selbst: Brot und andere Nahrungsmittel, Bekleidung etc. Dem vorindustriellen Proletariat fehlten die Mittel, die der einzelne Haushalt benötigte, um für den Eigenbedarf zu produzieren. Der Proletarier besitzt in diesem Sinne der Haushaltsproduktion keine „Produktionsmittel". Erst in der industriellen Gesellschaft bedeutet dies, dass er über kein „Kapital" verfügt, d. h. diejenigen Güter, die typisch sind für die industrielle Produktion in der Fabrik: Maschinen, Rohstoffe, Werkzeuge etc. zur Herstellung von Industriegütern, die auf dem Markt verkauft werden.

Der Begriff „Proletariat" erhielt in der bürgerlichen Gesellschaft einen negativen Grundton im Sinne von Menschen, die „keine Kultur" hatten, inmitten einer Gesellschaft, in der primär der Besitz Kultur vermittelte und zwar nicht nur über seine pekuniären Möglichkeiten, sondern konkret über die Kulturgüter, die den Besitz ausmachten. Auch unter diesem Aspekt wird es verständlich, dass die Entstehung einer großen Zahl von besitzlosen Personen und Familien einen ungeheuren Druck in Richtung auf die Veränderung der Gesellschaft und Wirtschaft ausübte. Die Beschäftigung der Proletarier in den Fabriken, die Entstehung der industriellen Arbeiterschaft, war nur die eine Seite, auf der anderen standen große Verände-

---

[28] Siehe: Bronislaw Geremek, Geschichte der Armut, München-Zürich 1988
[29] Michael Vester, Die Entstehung des Proletariats als Lernprozess, Frankfurt/Main 1970, S. 73
[30] Jacques Ellul, Histoire des institutions, Bd. 4, Paris 1969, S. 207

Das industrielle Proletariat

Mit der Entwicklung zur bürgerlichen und schließlich zur industriellen Gesellschaft transformierte sich das Proletariat; immer mehr wurden die Kriterien der Lohnabhängigkeit und der Fabrikarbeit konstitutiv für die neue Unterschicht, die jetzt in erster Linie eine arbeitende Unterschicht war und zum Pendant einer ebenfalls arbeitenden, wenn auch selbständigen Klasse von Kapitaleignern wurde. Das Proletariat wurde zur Arbeiterklasse rund um den Kern der industriellen Arbeiterschaft.

Mit Bezug auf England schrieb Friedrich Engels schon 1844:

> *„Denn wie die neue Industrie erst dadurch bedeutend wurde, dass sie die Werkzeuge in Maschinen, die Werkstätten in Fabriken – und dadurch die arbeitende Mittelklasse in arbeitendes Proletariat, die bisherigen Großhändler in Fabrikanten verwandelte; wie also schon hier die kleine Mittelklasse verdrängt und die Bevölkerung auf den Gegensatz von Arbeitern und Kapitalisten reduziert wurde, so geschah dasselbe, außer dem Gebiet der Industrie im engeren Sinne, in den Handwerken und selbst im Handel. An die Stelle der ehemaligen Meister und Gesellen traten große Kapitalisten und Arbeiter, die nie Aussicht hatten, sich über ihre Klasse zu erheben; jetzt aber wurde das Proletariat erst eine wirkliche, feste Klasse der Bevölkerung, während es früher oft nur ein Durchgang in die Bourgeoisie war."*[31]

Mit dem Fortschreiten der Industrialisierung fungierte die besitzlose Unterschicht als industrielle Reservearmee. Karl Marx war der Ansicht, es werde in der kapitalistischen Gesellschaft fortwährend eine relative Arbeitskräfte-Überbevölkerung „produziert", die dem Kapital als „disponible Reservearmee" diene. Er unterschied drei Formen der Reservearmee, die noch heute als relevant angesehen werden können: die fließende (gerade nicht beschäftigte Industriearbeiter), die latente (potentielle Industriearbeiter wie landwirtschaftliche Bevölkerung, teilweise auch Frauen) und die stockende Reserve (unregelmäßig Arbeitende wie Paupere, Wanderarbeiter, Gelegenheitsarbeiter etc.). Die disponible Arbeitskraft wird durch dieselben Ursachen entwickelt wie die Expansivkraft des Kapitals. Je größer die Kapitalakkumulation und ihr Wachstum, umso größer die Reservearmee der Arbeit.

1841 entfielen in England nur mehr 19,6 Prozent der arbeitstätigen Bevölkerung auf die Landwirtschaft, hingegen waren 27,2 Prozent in der Industrie beschäftigt und 16,3 Prozent waren Hausangestellte.[32] Für Deutschland in den 1840er Jahre stellte Marquardt hingegen fest, dass es innerhalb des 50 bis 60 Prozent der Bevölkerung umfassenden Proletariats Preu-

---
[31] Friedrich Engels, Die Lage der arbeitenden Klasse in England, Stuttgart 1892 (urspr. engl. 1844)
[32] Michael Vester, Die Entstehung des Proletariats als Lernprozess, Frankfurt/Main 1970, S. 73

ßens eine kleine Gruppe gegeben habe, die neben Besitzlosigkeit durch Lohnarbeit charakterisiert war.[33]

Wilhelm Riehl sprach in der Mitte des 19. Jahrhunderts vom „vierten Stand" und teilte ihn in zwei große Gruppen ein: jene, die nichts mehr haben bzw. sind (bankrotte Bürger, abgewirtschaftete Bauern und Grundbesitzer, Vagabunden sowie das Gewerbeproletariat der Gesellen und verarmten Meister und das Handelsproletariat der Hausierer, Schauspieler, Zigeuner, etc.) und jene, die noch nichts haben oder sind. Er meinte, dass seine Entwicklung die Aufhebung der Ständeordnung nach sich ziehe. Die Gefahr für die Gesellschaftsordnung in Deutschland sah Riehl jedoch keineswegs in den Fabrikarbeitern wie das in Frankreich oder England der Fall war, sondern in den „Proletariern der Geistesarbeit", zu denen er die proletarisierten Beamten, Literaten, Musiker, Schullehrer etc. zählte. Über sie schrieb er:

> *„Die Proletarier des Geistes sind für Deutschland dasselbe Schreckgespenst, was für Frankreich die brodlosen Handarbeiter, für England die Fabrikbevölkerung. Die gebildeten Proletarier sind bei uns der Sauerteig, der das gesamte übrige Proletariat immer erst in Gährung versetzt."*[34]

In den Lohnarbeitern sah er hingegen eine Gruppe, die die ständische Ordnung stützen und sich in sie integrieren werde. Aber die ständische Gesellschaft zerbrach und die Entstehung und die Lebenslage des industriellen Proletariats bestimmten die Diskussion um die „Soziale Frage" in Deutschland in der zweiten Hälfte des 19. Jahrhunderts. Im Zuge der Industrialisierung und der Herausbildung ökonomisch differenzierter Klassen kam es zu sozialen Veränderungen in den sich industrialisierenden Gesellschaften, die in einer neuen Struktur dieser Gesellschaften resultierten, in denen Unternehmer und Industriearbeiter zu den dominanten Sozialtypen wurden.

Im Deutschen Reich war die Arbeiterschaft um 1900 zur stärksten Berufsgruppe geworden. 1925 war jeder vierte Erwerbstätige Fabrikarbeiter.[35] Demgegenüber waren in der zisleithanischen Hälfte des Habsburgerreichs noch 1910 53 Prozent der Beschäftigten in der Landwirtschaft tätig und nur 23 Prozent in Industrie und Gewerbe. In Großbritannien waren zu diesem Zeitpunkt nur mehr 13 Prozent in der Landwirtschaft tätig.[36]

Die Herkunft, die Soziallage und die Arbeitsbedingungen der Fabrikarbeiter waren sehr unterschiedlich. In den Branchen, die wie die Textilindustrie durch niedrige Löhne und geringe Qualifikation gekennzeichnet waren, arbeiteten zu einem großen Teil weibliche Arbeitskräfte. Für manche Industrien benötigte man Facharbeiter. Diese aber gab es nur in den traditionellen Handwerken der Städte. Sie hatten eine ganz andere Stellung, insbesondere in den „aristocratic industries" wie der metallverarbeitenden Industrie, deren traditioneller Hin-

---

[33] F. D. Marquardt, A Working Class in Berlin in the 1840's? In: Hans-Ulrich Wehler (Hg.), Sozialgeschichte heute, Göttingen 1974, S. 191-210

[34] Wilhelm Riehl, Die bürgerliche Gesellschaft, Stuttgart-Augsburg 1855, S. 289

[35] Wolfgang Ruppert, Die Arbeiter. Lebensformen, Alltag und Kultur, München 1986, S. 102

[36] Ernst Bruckmüller, Sozialgeschichte Österreichs, Wien 1985

tergrund und Arbeitskräftereservoir die einschlägigen Handwerke der Schmiede, Schlosser etc. waren, sowie der Eisen- und Stahlindustrie, dem Schiffsbau und dem Eisenbahnbau, wo Facharbeiter die Produktion in manchen Bereichen weitgehend selbständig organisierten und durchführten.[37]

In der frühen Industrie, vor allem der Schwerindustrie, gab es ein System der Arbeitsorganisation, das Subkontrakt-System, das große sozioökonomische Unterschiede innerhalb der Industriearbeiterschaft, ja sogar eine Interessenpolarisierung zwischen Arbeitergruppen, zur Folge hatte. Dadurch entstand eine „Hierarchie der Koexploitation", die erst durch die Integration von Verwaltung und Produktion beseitigt wurde.[38]

Zwischen den Gruppen von Arbeitern gab es daher große Unterschiede hinsichtlich Lohnhöhe, Arbeitsplatzsicherheit, Arbeitsbedingungen, Ansehen, Lebensstil und Selbstwertgefühl, das sich auch in unterschiedlichen Verhaltensweisen gegenüber der „oberen" Schichten niederschlug: Die hochqualifizierten Facharbeiter erhielten nicht nur ein Vielfaches des Lohnes der ungelernten Arbeiter, sondern hatten auch eine relativ hohe Arbeitsplatzsicherheit und zeigten insbesondere in Deutschland in ihrem Verhalten und Lebensstil eine Identifikation mit dem Bildungsbürgertum. Die Handwerker in den neuen und den traditionellen Gewerben bildeten eine Mittelschicht und darunter befanden sich die angelernten Fabrikarbeiter und schließlich die Gelegenheitsarbeiter. Die besser gestellten Gruppen von Arbeitern waren es aber auch, die die organisierten Konflikte austrugen und die Selbsthilfeeinrichtungen wie Konsumvereine, Hilfskassen und Berufsverbände gründeten.

Weitere Differenzierungen bestanden zwischen Männern und Frauen und Kindern, zwischen verschiedenen Regionen und Branchen. Diejenigen Gewerbezweige, in denen die schlechtesten Arbeitsbedingungen bestanden, die „sweated trades", wie sie in Großbritannien hießen, waren nicht fabriksmäßig, sondern in Hausindustrien organisiert. Dabei waren es vor allem die Frauen, die in Hausindustrie und im Dienstleistungsbereich der größten Ausbeutung ausgesetzt waren. Ihre Arbeit war schwer, gering geachtet und schlecht entlohnt. Auch die Kinderarbeit und der lange Arbeitstag waren keine Erfindung der Fabrik, sondern waren bereits in Hausindustrie und Manufaktur, sowie natürlich in der Landwirtschaft üblich. Die Fabriksarbeit war demgegenüber manchmal sogar leichter und besser entlohnt.

Auch zwischen Betrieben gab es große Differenzen, denn die frühen Unternehmer gingen sehr unterschiedlich mit ihren Arbeitern um; neben brutaler Ausbeutung gab es auch Musterbetriebe mit zahlreichen betrieblichen Sozialeinrichtungen wie Vorsorge für Krankheit, Todesfälle, Witwen- und Waisenunterstützung, Wohnhäuser, Weiterbildungseinrichtungen. Bekannt wurde etwa der „Krupp'sche Stammarbeiter". Bei Krupp waren ca. 75 Prozent der Belegschaft Facharbeiter mit teilweise hohem handwerklichem Können. Sie erhielten vergleichsweise sehr hohe Löhne, trugen dafür aber das Ausschussrisiko. Die Sozialpolitik bei

---

[37] Walther Müller-Jentsch/Michael Stahlmann, Management und Arbeitspolitik im Prozess fortschreitender Industrialisierung, in: Österreichische Zeitschrift für Soziologie 13/1988, S. 5-31

[38] Toni Pierenkemper, Interne Arbeitsmärkte in frühen Industrieunternehmen, in: Soziale Welt 32/1981, S. 3-18

Krupp war vorbildlich, bezog sich allerdings nur auf die Stammarbeiter, die einen eigenen Typus von Arbeitern darstellten, „Arbeiter-Beamte".[39] Ihre Kinder hatten häufig gute Aufstiegschancen und wurden Zeichner, Techniker oder Ingenieure. Bei Krupp zeigte sich auch schon damals die Entstehung eines internen Arbeitsmarktes als System organisierter innerbetrieblicher Mobilitätswege und verschiedener Eintritts- und Austrittsmöglichkeiten.[40] Insbesondere wiesen die leitenden Angestellten bei Krupp eine relativ hohe Dienstaltersstruktur auf, was auf überwiegende interne Rekrutierung verweist. Auch Arbeitern war der Aufstieg nicht nur zum Meister, sondern auch in Angestelltenpositionen, ja sogar in leitende Positionen möglich.

Der Arbeitsmarkt der Großindustrie wurde ein zunehmend „geschlossener" und war nach Großunternehmen segmentiert. Während sich die Situation in den internen Arbeitsmärkten immer mehr konsolidierte (hohe Beschäftigungssicherheit, gute Entlohnung, Aufstiegschancen), verschlechterten sich die Bedingungen auf den externen Arbeitsmärkten. Rupieper wies in einer Untersuchung über die Industriearbeiter bei M. A. N. auf die Unterschiede hin, die selbst zwischen Betrieben derselben Branche bestanden.[41] Dies entsprach auch einer Strategie der Großunternehmen, die sich so gegen die wachsende Macht der Gewerkschaften, aber auch gegen die Solidaritätsansprüche der anderen Arbeitgeber wehrten.

Arbeiterkultur und Arbeiterbewegung

Im Prozess der Herausbildung einer industriellen Arbeiterschaft entstand auch eine eigene Arbeiterkultur, in der sich die kollektive Identität einer neuen Schicht oder Klasse, die sich auf die Gemeinsamkeit als „Arbeiter" stützte, trotz aller Unterschiede darstellte.

Sowohl seine materielle Existenz wie sein Selbstverständnis als Person fand der Arbeiter in der (industriellen) Arbeit begründet. Einerseits aus der Perspektive des Lohnarbeiters, andererseits aus der des produzierenden Subjekts entstand solcherart ein doppelter Bezug auf Arbeit. Als Folge davon wurde die „Not des Arbeitszwangs [...] zur Tugend von Arbeitsmoral und Disziplin. Der Heroismus des Handarbeiters, die Bewertung der körperlichen Arbeit befähigte Arbeiter, sich – und zwar als Kollektiv – über Arbeit zu definieren."[42] Die Industriearbeiter, insbesondere die höherqualifizierten und besser verdienenden unter ihnen, entwickelten, nachdem sie die industrielle Arbeit akzeptiert hatten, eine Art Berufs- und Branchenstolz; sie akzeptierten die industrielle Arbeit in der Fabrik als Lebensberuf und

---

[39] Heinz Reif, „Ein seltener Kreis von Freunden". Arbeitsprozesse und Arbeitserfahrungen bei Krupp 1840-1914, in: Klaus Tenfelde (Hg.), Arbeit und Arbeitserfahrung in der Geschichte, Göttingen 1986, S. 51-9

[40] Toni Pierenkemper, Interne Arbeitsmärkte in frühen Industrieunternehmen, in: Soziale Welt 32/1981, S. 3-18

[41] Hermann-Josef Rupieper, Die Herausgliederung der Industriearbeiterschaft im 19. Jahrhundert. Das Beispiel M. A. N. 1837-1914, in: Jürgen Bergmann et al., Arbeit, Mobilität, Partizipation, Protest, Opladen 1986, S. 119-219

[42] Horst Kern/Michael Schumann, Arbeit und Sozialcharakter: Alte und neue Konturen, in: Joachim Matthes, Krise der Arbeitsgesellschaft? op. cit., S. 353-365

3 Die Entstehung der Arbeiterklasse

entwickelten so ein eigenes Arbeiterselbstbewusstsein und eine Arbeiterkultur. Ruppert schreibt:

> *"Während die industrielle Arbeit anfangs nur als eine begrenzte Lebensphase betrachtet werden konnte, verdichtete sich die soziale Rolle des Fabriksarbeiters allmählich zu einem lebenslangen identitätsprägenden Berufsbild, das schließlich generationsübergreifend weitergegeben wurde."*[43]

Lohnarbeit war allmählich zur Lebensform einer großen Gruppe im Volk geworden. Dadurch entstanden neue Kulturformen, denen schichten- und klassenbildende Bedeutung zukam und die überindividuell tradiert wurden. Damit war auch ein beachtliches Kunst- und Bildungspotential verbunden. Man denke an die Arbeiterdichtung, Arbeiterlieder, Arbeitersport. Arbeiterbildung wurde in den Arbeitervereinen gepflegt, die die wichtigste organisatorische Struktur der Arbeiterkultur darstellten. Allerdings mischten sich für weite Bereiche der Arbeiterschaft diese Elemente einer spezifischen Arbeiterkultur mit kleinbürgerlichen Kulturformen. Die Handwerkerkultur war eines der traditionellen Kulturmuster, die in der Arbeiterschaft überlebten. Auch die Mobilität zwischen Arbeiterschaft und kleinbürgerlicher Existenz war durchaus gegeben und begründete konservative Elemente im Bewusstsein der Arbeiter.

Für die Arbeiterbewegung war die Arbeiterkultur ein wichtiger Impuls, sie brachte jedoch kein Klassenbewusstsein im Marx'schen Sinne hervor. Das Selbstverständnis der Arbeiter in den frühen Industriebetrieben war noch stark durch die Elendserfahrung als proletarische Unterschicht geprägt oder entstammte den an handwerklichen Sozial- und Berufsidealen orientierten Einstellungen. Die Arbeiterschaft war auch sehr heterogen, so dass die Einheit der Arbeiterklasse, die Marx vorschwebte, real nie existierte. Die geschichtliche Funktion, die Marx und andere der Arbeiterklasse zudachten, war zudem nicht ident mit den tatsächlich angestrebten Zielen der Arbeiter. Denn diese dachten weniger an Gesellschaftsveränderung als an die Verbesserung ihrer Arbeitsbedingungen in dem Maße, in dem sie lernten, sich als Kollektiv zu verstehen. In der Arbeiterschaft machten sich Selbsthilfebestrebungen bemerkbar, die einerseits auf traditionellen Einrichtungen beruhten, andererseits einen Bewusstseinswandel anzeigten, demzufolge kollektive Aktionen der Arbeiter zur Verbesserung ihrer Lage nunmehr als legitim angesehen wurden. Das Klassenbewusstsein konnte nur bedingt in der Arbeiterschaft selbst entstehen. Wohl aber wurde die sozialistische, insbesondere die marxistische Gesellschafts- und Wirtschaftsinterpretation von den politisch aktiven Teilen der Arbeiterschaft, oft über Vermittlung „bürgerlicher" Intellektueller, angenommen und zur Grundlage der im 19. Jahrhundert überall entstehenden Arbeiterparteien und Gewerkschaftsbewegungen gemacht.

Die Arbeiterbewegung als Ausdruck des Emanzipationsanspruchs einer neuen sozialen Gruppe formierte sich erst nach und nach, in Deutschland etwa in der Epoche von 1886-1914, und bildete sich als Speerspitze einer „Klasse" heraus, die die Elendserfahrung ins

---

[43] Wolfgang Ruppert, Die Arbeiter. Lebensformen, Alltag und Kultur, München 1986, S. 25

Positive gewendet hatte und einen Platz in der Gesellschaftsordnung beanspruchte.[44] Weder Arbeitskonflikte noch Arbeitervereinigungen sind eine Erfindung der Industriegesellschaft. Schon im Hoch- und Spätmittelalter gab es Arbeitsniederlegungen sowie Verbände und Vereine von Gesellen. Das Neue im Industriezeitalter war die Tatsache, dass diese Erscheinungen teilweise in engem Zusammenhang mit politischen Arbeiterparteien auftraten, dass sie eine „Bewegung" darstellten, die, wenn sie schon nicht faktisch die ganze Schicht umfasste, diese doch repräsentierte. Diese „Bewegung von unten" hatte das Ziel, auf revolutionäre oder aber auf friedliche Weise die gesellschaftliche Ordnung zu verändern, sie wurde in der Folge zu einem wichtigen Baustein der Industriegesellschaft.

Die Gewerkschaften und die Entstehung der industriellen Arbeitsbeziehungen[45]

In dem Land, in dem die Industrialisierung zuerst begann, in Großbritannien, war auch die Kontinuität der Entwicklung der Arbeiterverbände mit ihren traditionellen beruflichen Strukturen am größten. Die „craft unions" waren noch typische handwerkliche Vereinigungen, die die frühe Industrialisierung charakterisierten. Sie waren restriktive Handwerkerkartelle („closed unions"), die in den Fabriken das „closed shop"-Prinzip durchsetzten, d. h. kein Arbeitgeber durfte einen Arbeiter einstellen, der nicht Mitglied der entsprechenden „craft union" war. Im Betrieb kontrollierten die „unions" die Produktion und die Verteilung der Arbeit. Erst mit der Übernahme der Kontrolle über die Produktion durch den Fabriksherrn änderte sich der Charakter der Arbeiterorganisationen, sie verloren ihren zünftisch-produktionsgenossenschaftlichen Charakter und wurden zu horizontalen Vereinigungen von Arbeitnehmern bestimmter „trades". Unter dieser Voraussetzung erlangten die „trade unions" bereits 1825 ihre gesetzliche Anerkennung; diese markiert aber auch den Verlust ihres Einflusses auf die Produktion und ihre Reduktion auf die gewerkschaftlichen" Funktionen als Interessenvertretung der Arbeiter. Die „trade unions" waren jedoch noch lange ausschließlich Organisationen von Facharbeitern, die keine „ungelernten" Arbeiter, wie sie mehr und mehr in den Fabriken zum Einsatz gelangten, aufnahmen. Auch der „new model unionism" der liberalen Ära, in der es zu einer Kooperation zwischen dem „liblab unionism" der Facharbeiter und der Whig-Regierung kam, war den Organisationen der ungelernten Arbeiter nicht förderlich.

Die neue Form der Arbeiterorganisation im Frankreich des 19. Jahrhunderts waren die in den 30er Jahren entstandenen „sociétés de résistance", die etwa den britischen „trade unions" vergleichbar waren, wenngleich sie in Frankreich auf Grund des Vereinigungsverbots von 1791 („loi Le Chapelier") bei weitem nicht so offen als berufliche Schutzverbände der unselbständigen Handwerker auftreten konnten, wie das in England der Fall war. „Résistance" bedeutete dabei Widerstand nicht nur gegen die neuen Techniken und neuen Beschäftigungsmodi, sondern auch gegen die Unterdrückung durch die Regierung.

---

[44] Ditmar Brock, Vom traditionellen Arbeiterbewusstsein zum individualisierten Handlungsbewusstsein, in: Soziale Welt 39/1988, S. 413-434

[45] Vgl. auch: Gertraude Horke, Soziologie der Gewerkschaften, Wien 1977, insbes. S. 101

3 Die Entstehung der Arbeiterklasse

In Deutschland beschränkten sich die Arbeiterorganisationen vor 1848 auf soziale Selbsthilfeorganisationen wie Kranken-, Hilfs- und Sterbekassen der Handwerker, Bildungsvereine der Gesellen und Arbeiter, die sogar zum Teil mit Hilfe des liberalen Bürgertums errichtet wurden, und Bildungsvereine der wandernden Gesellen im Ausland. Letztere spielten im Sinn der Subjektwerdung der Arbeiterschaft eine bedeutsame Rolle, neigten am stärksten zu radikalen Ideen und hatten den Charakter von Geheimbünden. Verschiedentlich entstanden Vereinigungen politischer und wirtschaftlicher Art als Vereine auf nationaler Ebene, die ihre regionalen und fachlichen Unterorganisationen erst nach und nach entwickelten, wie die Lassalle'schen Arbeitervereine.

Die Entstehung von Arbeiterorganisationen mit dauerndem Bestand hat gesellschaftliche Voraussetzungen. Aufstände und spontane punktuelle Streiks waren bis in das 18. Jahrhundert hinein ein wirksameres Mittel zur Durchsetzung von Forderungen und zur Beseitigung von Missständen als die dauerhafte Vereinigung, die zudem verboten war. Nicht eine zu geringe Konfliktintensität war der Grund, warum in dieser Zeit keine Gewerkschaften entstanden, sondern die Tatsache, dass sie in einer Gesellschaft, in der die Lohnarbeiter noch keine eigene soziale Schicht darstellten und in der das Verhältnis der Menschen zueinander zum Teil noch stark partikularistische Züge trug, auf jeden Fall aber vertikal geordnet erschien, keinen Platz hatten. Vereinigungen von Arbeitern können in einer solchen Gesellschaft der Kommunikation und Selbsthilfe untereinander dienen, aber nicht der Durchsetzung von Interessen gewidmet sein.

Die ökonomische Macht des Bürgertums drängte den Staat im Zeitalter des Liberalismus immer weiter zurück, damit aber auch die Verantwortung des Staates für soziale Gerechtigkeit. Die traditionellen Schutzbestimmungen für die abhängigen Arbeiter wurden mehr und mehr außer Kraft gesetzt und schließlich abgeschafft. Die Gewerbefreiheit schuf eigentlich den „freien" Arbeiter im Sinne des ungeschützten Arbeiters. Weder staatliche noch zünftische Bestimmungen regelten die Arbeitsbedingungen, sondern der individuelle Arbeitsvertrag, dessen Inhalt sich nach der Machtposition der Vertragspartner auf dem Arbeitsmarkt richtete. Der Rückzug des Staates im Zuge des Liberalismus konfrontierte Arbeitgeber und Arbeitnehmer direkt miteinander. Die Weigerung des Staates, für Lohnstandards und Arbeitsbedingungen zuständig zu sein und den Schutz der Arbeitgeber zu gewährleisten, machte erst die permanente Schutz- und Interessenorganisation der Arbeiter als Kampfverband notwendig. Es war die Phase des „defensive" bzw. „protective unionism", denn die frühen Gewerkschaften suchten zunächst die alten Schutzbestimmungen wieder einzuführen. Die alten Rechte gewaltsam zu erzwingen, galt in der arbeitenden Bevölkerung als rechtmäßig. Neben Petitionen um gesetzlichen Arbeiterschutz kam es in England zu Streiks und schließlich zum Maschinensturm. Bereits 1756 wird in England, wo die Whig-Wirtschaftspolitik schon lange dominierte, von einem organisierten Streik berichtet, der wieder behördliche Lohnfestsetzung erzwingen sollte, was zunächst auch gelang. Die Friedensrichter wurden damit betraut, aber 1814 wurden dann endgültig alle Eingriffe und Verordnungen zur Regelung von Löhnen und Arbeitsbedingungen beseitigt. Ähnliches lässt sich auch für Frankreich feststellen, wenn man die Erhebung der französischen Arbeiter von 1831 untersucht, die für die Geschichte der französischen Arbeiterbewegung von unerhörter Bedeutung ist, da mit ihrer blutigen Niederwerfung eine Periode des gewaltsamen Kampfes begann. Motiv des Aufstandes war die Ablehnung der Regierung, die Forderung der Arbeiter nach Festsetzen eines Mindestlohnes zu berücksichtigen. Damit deklarierte sich der Staat im Verständnis der Arbeiterschaft als Klassenstaat und gemeinsamer Gegner, eine Haltung, die ein langdauerndes Misstrauen gegen den Staat zur Folge hatte.

Der Wirtschaftsliberalismus und die demokratische Tradition in England führten relativ rasch und problemlos 1825 zur Anerkennung von Gewerkschaften – allerdings nur in bestimmten „trades" – als Möglichkeit einer neuen Art der Regelung der Arbeitsbeziehungen und -bedingungen. 1871 schuf der „Trade Union Act" die rechtliche Grundlage für die Gewerkschaften, aber erst in den 90er Jahren begann die Organisierung der ungelernten Arbeiter in großem Umfang. Sie organisierten sich zunächst in „general unions" ohne beruflich-gewerbliche Abgrenzung. Als 1906 die „Labour Party" gegründet wurde, kam es zu einer Funktionsteilung zwischen wirtschaftlicher und politischer Arbeiterbewegung, welch letztere davor sehr zahm gewesen war und ihre stärkste Manifestation in der Chartisten-Bewegung gefunden hatte. Während des Ersten Weltkriegs trat eine syndikalistische Bewegung, die das Motto der „workers' control" verfocht, stärker hervor. Diese syndikalistischen Elemente, die in den Betrieben in Person der „shop stewards" vertreten waren, wurden später in die gewerkschaftliche Struktur inkorporiert. Das führte zu der beständigen Spannung zwischen außerbetrieblichen Organisationen und Belegschaftsvertretungen, die neben der beruflichen Fragmentierung der Gewerkschaften typisch wurde für die britischen Gewerkschaften.

Wo die staatliche Autorität stark war, kam es auch zu heftigeren Auseinandersetzungen zwischen Regierung und Arbeiterbewegung und damit zu einer stärkeren Ideologisierung und Politisierung der letzteren. In Frankreich, wo ein primär politisch verstandener Liberalismus stark individualistischer Prägung einer kollektiven Gestaltung der Arbeitsbedingungen ablehnend gegenüberstand – das „loi Le Chapelier" verbot alle Vereinigungen von Arbeitern, aber auch von Arbeitgebern – erfolgte die Legalisierung der Gewerkschaften erst 1884 nach einer langen Geschichte gewaltsamer Repression. Erst nach der Aufhebung des Koalitionsverbots kam es zur Gründung von „syndicats". Bis dahin war der Proudhonistische „mutualism" charakteristisch für die französische Arbeiterbewegung gewesen. Nun begannen sich aber auch marxistische Strömungen durchzusetzen und in ihrem Gefolge kam es nach 1880 verstärkt zur Gründung von „syndicats", die sowohl ungelernte Arbeiter wie Facharbeiter organisierten. Während die mutualistisch-anarchistischen „bourses du travail" die Funktion der Arbeitsvermittlung, Arbeitslosenunterstützung, Hilfe bei Unfällen und Förderung der Arbeiterbildung hatten, waren die Interessenvertretung und der Klassenkampf das Aktionsfeld der sozialistischen Industriegewerkschaften. Beide Bewegungen vereinigten sich 1895 in der „Confédération Générale du Travail" (CGT), in der drei ideologische Strömungen vertreten waren; die revolutionären Syndikalisten, die durch „actions directes" den Generalstreik vorbereiten wollten; die Marxisten, die die Gewerkschaften der politischen Bewegung unterordneten, und die Reformisten, die kurzfristig erreichbare wirtschaftliche Verbesserungen der Situation der Arbeiter anstrebten. Nach und nach entwickelten sich daraus drei ideologisch differenzierte Gewerkschaftsbünde: die kommunistisch dominierte CGT, die Force Ouvrière mit reformistischem Kurs und die CFDT, die zunächst christlich-sozial orientiert war, später zu einer sozialistischen Bewegung wurde, von der sich die konfessionell bestimmte CFTC abspaltete.

3 Die Entstehung der Arbeiterklasse

In Deutschland und Österreich zeigte sich eine Spaltung in politischen und ökonomischen Liberalismus, die zur Folge hatte, dass zwar der Wirtschaftsliberalismus in der Gewerbefreiheit seinen Niederschlag fand, aber der Obrigkeitsstaat mit seiner Bürokratie weiterhin die Fäden in Händen hielt: es musste daher zu einem Bündnis von Liberalismus und Staatsmacht kommen. Der Neoabsolutismus nach 1848 versuchte, die „soziale Frage" durch staatliche Sozialpolitik zu lösen. In Deutschland und Österreich kam es früh in der industriellen Entwicklung zu sozialpolitischen Interventionen des Staates und dies verzögerte sowohl die Entstehung wie auch die Anerkennung von Gewerkschaften.

Von besonderer Bedeutung war die Bismarck'sche Sozialgesetzgebung im Deutschen Reich zwischen 1870 und 1890, die zusammen mit dem Sozialistengesetz von 1878 die Ausbreitung der Sozialdemokratie verhindern sollte. Als Konsequenz daraus wandten sich die deutschen Gewerkschaften sehr früh der Einflussnahme auf die Wirtschafts- und Sozialpolitik des Staates zu. Durch den Einfluss auf die staatliche Gesetzgebung suchten sie ebenso Reformen durchzusetzen, wie durch Kollektivverhandlungen mit den Arbeitgebern. Die Lassalle'schen Arbeiterbildungsvereine mit ihrer Betonung der „Staatshilfe" anstelle der „Selbsthilfe" hatten in Deutschland eine große Bedeutung für die Arbeiterbewegung. Die sich nach 1890 als Freie (= Sozialistische) Gewerkschaften rasch entwickelnden Verbände hatten die Kontrolle des Arbeitsmarktes und die Verbesserung der Sozialversicherungseinrichtungen zum Ziel; ihre Sprache war wohl revolutionär, ihr Handeln aber „realpolitisch". Unter Führung Carl Legiens organisierten sie sich nach zentralistischen Prinzipien und wurden schon bald zur stärksten und bestorganisierten Gewerkschaftsbewegung Europas.[46] Neben den sozialistischen Gewerkschaften entwickelten sich liberale Gewerkschaften, die allerdings nur geringe Bedeutung hatten, und christlich-soziale Verbände mit reformistischer Ausrichtung; die beiden letzteren (nicht-sozialistischen) Gewerkschaftsbewegungen waren durch die Sozialgesetze nicht verboten gewesen. Im Gefolge der Revolutionen von 1919 rückte der Gedanke der Wirtschaftsdemokratie als Zusammenarbeit von Staat und Verbänden und des Einflusses der Verbände auf öffentlich-rechtliche Körperschaften und auf die Wirtschafts- und Sozialpolitik des Staates in den Mittelpunkt der gewerkschaftlichen Zielpolitik.

Als das „American System" der Arbeit entstand, waren die amerikanischen Gewerkschaften noch zum Großteil Organisationen von „labor aristocrats", von Handwerkern und Facharbeitern. Ihre Dachorganisation war seit 1886 die „American Federation of Labor" unter ihrem Führer Samuel Gompers, die einen „bread-and-butter-unionism" betrieb. Regierung und Arbeitgeber sahen die AF of L-Gewerkschaften als einzig legitime Verbände an, denn sie teilten deren prokapitalistische, anti-sozialistische, wirtschaftspragmatische Haltung.

Die AF of L-Gewerkschaften wurden anerkannt, indem sie aus dem Geltungsbereich der „Anti-Trust-Laws" ausgeklammert wurden. Die Institutionalisierung von Kollektivverhandlungen wurde als Ausweitung der amerikanischen Demokratie auf die Wirtschaft, als „industrial democracy" verstanden. Die Industriearbeiter blieben weitgehend unorganisiert. Erst in den 1930er Jahren organisierten sie sich in horizontalen Industrieverbänden, der sich zum

---

[46] Vgl. auch: Emil Lederer, Die wirtschaftlichen Organisationen, Leipzig-Berlin 1913

"Congress of Industrial Organizations" zusammenschloss, und 1935 erfolgte auch deren gesetzliche Anerkennung. Der Organisationsgrad der amerikanischen Arbeiter blieb jedoch mit Ausnahme einiger Branchen wie den Transportarbeitern niedrig.

4 Arbeit und industrielle Zivilisation: Frühe Soziologie des industriellen Zeitalters

Zwei Vorstellungen entstanden in dem Prozess der Herausbildung der Grundlagen der modernen Gesellschaft: Zum einen stieg „die Arbeit" im Sinne von Leistung und dadurch bestimmtem Erfolg zum fundamentalen Faktor in Bezug auf die Legitimierung des Eigentums und des Anteils am volkswirtschaftlichen Wohlstand, sowie im Hinblick auf die gesellschaftlichen Strukturen und sozialen Bürgerrechte auf. Zum anderen entstand die Vorstellung einer industriellen Zivilisation, die andere Kulturformen ablöste und einen bedeutenden Fortschritt in der Menschheitsgeschichte darstellte.

Die Ideologie der Arbeit

Mit dem Aufstieg bürgerlicher Werte und besonders nach dem Einsetzen der Industrialisierung im 18. und 19. Jahrhundert kam es zu einer außerordentlichen Betonung der Arbeit als Grundlage von Gesellschaft und Wirtschaft. Adam Smith' „Wealth of Nations" beginnt mit der Feststellung: „The annual labour of every nation is the fund which originally supplies it with all the necessaries and conveniences of life which it annually consumes, and which consist always either in the immediate produces of that labour, or in what is purchased with that produce from other nations".[47] Die hohe Bedeutung, die Smith der Arbeit zumaß, veranlasste ihn dann auf der Grundlage einer langen Tradition der Diskussion über Wert und Tausch von der Scholastik bis zu John Locke zur Formulierung der Arbeitswertlehre, der zu Folge die Arbeit das eigentliche Maß des Tauschwertes aller Waren ist, wenngleich sich der Preis der Güter aus Grundrente, Arbeitslohn und Profit zusammensetzt. Smith unterschied zwischen produktiver Arbeit, die den Wert des Gutes erhöht, und unproduktiver Arbeit, die keinen Wertzuwachs bewirkt.

War Smith auch nicht in dem Maße der Advokat der nach Profit strebenden Fabrikanten und des „laisser-faire", wie er in die Lehrbücher einging, so kann man Andrew Ure, dessen „A Philosophy of Manufacture" 85 Jahre nach „Wealth of Nations" erschien, als begeisterten Verfechter des Industrialismus und Liberalismus bezeichnen. Bekannt wurde sein Eintreten für die Kinderarbeit. Ures Verteidigung von Liberalismus und Industrie reflektierte den Aufschwung der Industrialisierung und der Marktwirtschaft. Als in den USA sehr einflussreich

---

[47] Adam Smith, An Inquiry into the Wealth of Nations, London 1950 (urspr. 1776), S. 1

4 Arbeit und industrielle Zivilisation: Frühe Soziologie des industriellen Zeitalters

für die Entstehung eines Denkens, welches die Arbeit als Quelle von Wohlstand und Erfolg betrachtete, erwies sich Samuel Smiles' „Self-Help" (1859). Smiles sah den wirtschaftlichen und sozialen Erfolg der Menschen, ihren Wohlstand und ihr Ansehen als unabhängig von Geburt, Erbschaft oder sogar besonderem Talent: Erfolg ist für jeden möglich, der es nur versucht. Dies entsprach dem Selbstverständnis vieler Menschen in der „Neuen Welt", wo Smiles als Künder einer Gesellschaft gelten konnte, die demokratisch und egalitär auf der Basis von Arbeit und Leistung aufgebaut ist.

In Europa bezog der bürgerliche „Unternehmer" seine gesellschaftliche Rechtfertigung und sein Ansehen gegenüber den in den öffentlichen Ämtern dominierenden Adeligen aus seiner Leistung in Form seines ökonomischen Erfolges und wurde zum Vorbild einer neuen Wertordnung:

> *„Es geschieht etwas Einmaliges in der Weltgeschichte. Zum ersten Mal bezieht eine Oberschicht die Forderung: Im Schweiße deines Angesichts sollst du dein Brot essen! auch auf sich selbst und fühlt sich noch geehrt, obwohl dieses Wort aus der Genesis eigentlich ein Fluch war. Es gibt nunmehr eine Oberschicht, die keine Mußeklasse ist. Sogar das Politikmachen, das Regieren, Parlamentstätigkeit wird zur Arbeit."*[48]

Es entstand das, was P. D. Anthony die „ideology of work" nennt[49], und die seiner Meinung nach seit dem 17. Jahrhundert die Arbeit als Fundament der westeuropäischen Gesellschaft etabliert hat. Sie war auch keineswegs auf die Apologeten des Besitzbürgertums beschränkt, denn die im Zuge der weiteren sozialen und ökonomischen Entwicklung entstehenden sozialistischen Strömungen standen nicht in Gegensatz zu dieser Arbeitsethik. Sie leisteten sogar einen wesentlichen Beitrag zur Verinnerlichung des Arbeitsethos. Diese Hochschätzung der menschlichen Arbeit stand in einem merkwürdigen Kontrast zu der Unterschichtstellung in der sich die „arbeitenden Klassen" tatsächlich befanden.

Die als „utopische Sozialisten" zusammengefassten Denker beschwören die Bedeutung der Arbeit für Sinn und Selbstverwirklichung des Menschen. In der Arbeitsumwelt, auf die sie mit ihren Ideen stießen, konnte das nur zur Utopie oder zur Kritik an der bürgerlichen Gesellschaft und Wirtschaft werden. Für Pierre Joseph Proudhon etwa war die Arbeit „das erste Attribut, der wesentliche Charakter des Menschen".[50] Allerdings bedeutete für ihn, „Arbeiter" zu sein „Schöpfer und Poet" sein: indem er die Natur umgestaltet, produziert der Mensch sich selbst, und er tut dies als freies und unabhängiges Individuum, obwohl oder gerade, weil er es in arbeitsteiliger Gemeinschaft und im Austausch mit anderen tut.

Henri de Saint-Simon pries die produktive Klasse der „Industriellen", die alle jene umfasst, die arbeiten, um zu produzieren bzw. um materielle Möglichkeiten für die Bedürfnisbefriedi-

---

[48] Hans Paul Bahrdt, Arbeit als Inhalt des Lebens, in: Joachim Matthes, Krise der Arbeitsgesellschaft? Frankfurt/Main-New York 1983, S. 120-140, S. 127
[49] P. D. Anthony, The Ideology of Work, London 1977
[50] Pierre Joseph Proudhon, Philosophie der Staatsökonomie oder Notwendigkeit des Elends, Bd. 2, Darmstadt 1847

gung der Gesellschaftsmitglieder beizustellen. „Industrie" umfasst „alle Arten nützlicher Arbeiten" und beschäftigt alle Arbeiter des Geistes und der Hand. Er verstand darunter also nicht nur die Arbeiter selbst, sondern vor allem jene, die die Arbeit leiten oder ihr Kapital in industriellen Unternehmen arbeiten lassen, wobei er allerdings darauf hinwies, dass auch die Arbeiter durchaus in der Lage seien, Eigentum zu verwalten. Ihnen gegenüber stehen die „Drohnen", die Müßiggänger, die nur konsumieren, ohne zu arbeiten. Arbeit ist für ihn das menschliche Mittel, um Freiheit und Würde zu erlangen, in einer neuen Ordnung der Eigentumsverhältnisse.[51]

Gegen dieses Bild des Menschen als Arbeiter wurden nur wenige Stimmen laut: so etwa Piotr Kropotkin, der die Menschen von der Arbeit überhaupt befreit sehen wollte und ein „Recht auf Wohlstand" forderte. Marx' Schwiegersohn Paul Lafargues trat in einem Essay für das „Recht auf Faulheit" ein. Diese wenigen Stimmen sind jedoch nur die Ausnahme von der Regel.

Der Arbeitsbegriff bei Karl Marx ist durch eine unterschiedliche Betonung im Laufe der Entwicklung seines Denkens bestimmt. Zunächst tritt die anthropologische Bedeutung von Arbeit für die Evolution des Menschen und seine Rolle als Subjekt der Geschichte hervor. Arbeit gehört zur menschlichen Existenzweise, ja, sie macht ihn – wie Engels meinte – eigentlich erst zum Menschen und ist daher auch Grundlage der Evolution des Menschen. Marx und Engels würden sicher Harry Braverman zugestimmt haben, wenn er behauptet: „Arbeit [...] ist die Kraft, von der die Menschheit geschaffen wurde, und zugleich die Kraft, mit der die Menschheit ihrerseits die Welt geschaffen hat, wie wir sie kennen."[52]

Natürlich übten die radikalen Denker auch Kritik an der Lage der arbeitenden Klassen, sie wandten sich gegen Ausbeutung, Unterdrückung, Verelendung, aber selbst Karl Marx, der die Fabrik als „House of Terror" bezeichnete, lehnte nicht eigentlich die industrielle Produktionsweise als solche ab, sondern die Appropriation des Mehrwerts durch den Kapitalisten. Der Kapitalismus wurde für die Gesellschaftskritiker Stein des Anstoßes, nicht der Industrialismus. Und bis zum Ende des 20. Jahrhunderts blieb der Sozialismus eng mit der Vorstellung von gesellschaftlichem Fortschritt durch Industrie und Technik verbunden. Gerade er verlagert das Interesse fast ausschließlich auf die Industriearbeit als Grundlage des „Bürgerrechts" der Arbeiter in den neuen industriell-demokratischen Gesellschaften. So war der Ruf nach dem „Recht auf Arbeit" („droit au travail") als Gegenforderung gegen das liberale, bürgerliche Recht auf freie gewerbliche Betätigung („droit du travail") zu verstehen. Die französischen Arbeiter, geführt von Louis Blanc, forderten 1848 das allgemeine Wahlrecht, denn mit dem Recht auf Arbeit verband man das Recht auf die materielle Existenzsicherung und die Anerkennung der Bürgerrechte in einem nicht von den Interessen und Werten des Bürgertums allein beherrschten Staatswesen. Dessen Wirtschaftsorganisation sollte nach den Vorstellungen der Arbeiter durch die Errichtung von Produktionsgenossenschaften verändert werden.

---

[51] Claude Henri de Saint-Simon, Oeuvres, Bd. 15, Paris 1865-1876
[52] Harry Braverman, Die Arbeit im modernen Produktionsprozeß, Frankfurt/Main 1977, S. 48/49

Die westliche Zivilisation hat im Zuge ihrer historischen Entwicklung eine zunehmende Kontrolle spontaner Lebensäußerungen hervorgebracht[53], die die Internalisierung des Arbeitsethos möglich machte. Auch die Verhaltensanforderungen der Industrie, die Pünktlichkeit, Genauigkeit, Selbstdisziplin und die Befolgung unpersönlicher Regeln, sind daher nicht nur aufgezwungene Merkmale der industriellen Produktionsweise, sondern auch der industriellen Zivilisierung der Menschen.

Die industrielle Zivilisation: Saint-Simon, Comte, Spencer

Saint-Simon kann als Prophet des industriellen Zeitalters bezeichnet werden. Der Industrie maß er deshalb so große Bedeutung bei, weil sie für einen epochalen Wandel aller menschlichen Gesellschaft stehe, nämlich für den Übergang von einer Zivilisation, deren Prinzipien in Gewalt und List begründet waren, zu einer, die auf Prinzipien der positiven Entscheidung und des materiellen Gemeinnutzens aufbaut. „Industrie" steht also für eine friedliche, auf Gemeinschaft, Kooperation und Leistung beruhende Ordnung, auch für eine Gesellschaft, in der die Wirtschaft dominiert; sie stellt die Herrschenden, bestimmt die soziale Differenzierung und gibt die Aufstiegswege vor. Wirtschaft ist nicht mehr nur materielle Versorgung und Nebenprodukt von Kriegen, sondern Zentrum und treibende Kraft der Gesellschaft. Saint-Simon visualisierte die Gesellschaft als eine riesige Werkstatt; in dieser werden sowohl die Theoretiker als auch die Praktiker gebraucht. Wissenschaft, Kunst, Politik, alles ist an den industriellen Zwecken orientiert, auf die fundamentale Anstrengung gerichtet, die günstigste Organisation für die Industrie zu entwickeln. Diejenigen, welche hierzu viel beitragen, sollen auch die Herrschaft in dieser Gesellschaft ausüben. Es sind dies die führenden Personen der neuen gesellschaftlichen Elite von Industrie, Handel und Technik. Aber grundsätzlich sollen alle, deren Arbeit für die Gemeinschaft nützlich ist, anerkannt werden und auch die Möglichkeit erhalten, Eigentum zu erwerben. Wohlstand soll nur durch Leistung erworben werden können, und das Eigentum soll ausschließlich im Dienste der Produktion stehen. Erst um 1820 wandte er sein Hauptaugenmerk verstärkt der Masse der armen Bevölkerung zu: Ziel der Anstrengungen müsse es sein, so schnell wie möglich das Los des Proletariats zu verbessern, sie sollten als Mitglieder der Gesellschaft anerkannt und als Arbeiter in das industrielle System einbezogen werden. Die humanitären Elemente dieser Auffassung verdichteten sich schließlich bei Saint-Simon zu der Glaubenslehre des „Nouveau Christianisme" (Paris 1825), dessen erster Grundsatz in der Brüderlichkeit aller Menschen besteht.

Auguste Comte, der zeitweise Sekretär und Mitarbeiter Saint-Simons war, hatte in den wesentlichsten Grundprinzipien sehr ähnliche Auffassungen. Auch bei ihm ist die Industrie das führende Element, das gesellschaftliche Äquivalent des positiven Zeitalters, der Wissenschaft und des positiven Denkens. Die industrielle Zivilisation bedeutet die Abkehr von der militärisch-theologischen Ordnung, sie ist eine friedliche, auf Vernunft gegründete Gesellschaft. Comte sah die Industrie also auch als die wichtigste Kraft in der modernen Gesellschaft. Sie steht in enger Verbindung mit dem positiven Denken der Wissenschaft und

---

[53] Vgl.: Norbert Elias, Über den Prozeß der Zivilisation, 2 Bde., Frankfurt/Main 1978 (urspr. 1936)

Politik. Das positive Zeitalter, das Comte in seinen Anfängen vor sich zu haben meinte, sei allerdings zunächst noch unvollkommen, weil die Einzelinteressen über das Gemeinwohl den Sieg davontrügen. Ziel sei aber die systematische Organisation der Industrie „im allgemeinen Sinne". Aber schon jetzt sei die wesentliche Veränderung die, dass Reichtum nicht auf Kaste und Privileg beruhe, sondern auf Begabung und Leistung. Arbeit und Einkommen aus Arbeit sind die materielle Grundlage aller Schichten in der industriellen Gesellschaft. Comte ging es darum, die immer stärker hervortretenden Elemente friedlicher, rational organisierter Wirtschaft und ihre sozialen und politischen Begleiterscheinungen aufzuzeigen. „Die moderne Industrie beginnt nun ihren philosophischen Charakter zu entwickeln und zeigt ihre Bestimmung, die systematische Einwirkung der Menschheit auf die äußere Welt zu verwirklichen."[54]

Auch Herbert Spencer sah um 1900 die gesellschaftliche Evolution durch die Ersetzung der predatorisch-militanten Gesellschaften durch die industriellen Gesellschaften bestimmt. Militante Gesellschaftsorganisationen weisen einheitliche Glaubens- und Wertsysteme auf, die Zusammenarbeit der Individuen wird durch Zwang und Gewalt sichergestellt. Demgegenüber beruhen industrielle Gesellschaften auf der Dominanz des ökonomischen Systems innerhalb des gesellschaftlichen Systems und einer Vielfalt der Glaubenssysteme; die Kooperation der Individuen erfolgt freiwillig.[55] Während in militärisch organisierten Gesellschaften das Individuum für den Staat existiere, sei in industriellen Gesellschaften der Staat für die Individuen da, meinte Spencer, der ein erklärter Liberaler war und die Entwicklung der liberalen Marktwirtschaft als Fortschritt begrüßte. Vor allen kollektivistischen Tendenzen, wie er sie in der Arbeiterbewegung und in den sozialistischen Ideen seiner Zeit vorfand, warnte er seine Zeitgenossen. Da auch die industriellen Gesellschaften eine evolutionäre Entwicklung aufweisen, sah Spencer die industrielle Gesellschaft seiner Zeit noch nicht als optimal an, denn in ihr fand er das Prinzip des „Lebens um zu arbeiten" verwirklicht; die weitere Entwicklung müsse aber zu einer Gesellschaft führen, in der sich die Individuen mehr am Leben und weniger an der Arbeit orientieren. Seine Zukunftsvision wies also bereits über die moderne „Arbeitsgesellschaft" hinaus.

---

[54] Auguste Comte, Die Soziologie. Die positive Philosophie im Auszug, 2. Aufl., Stuttgart 1974, S. 350

[55] Herbert Spencer, The Principles of Sociology, 3 Bde., London-Edinburgh 1876-1897; Ders., The Man versus the State, London-Oxford 1902

5 Entfremdete Arbeit und Kapitalismuskritik bei Karl Marx

Arbeit und Produktionsverhältnisse

Durch die Arbeit, so meinte der idealistische Philosoph Hegel, erlangt der Mensch seine Befreiung von der naturhaften Bestimmtheit und wird auf sein Subjektsein hingewiesen. „Indem er [...] auf die Natur außer ihm wirkt und sie verändert, verändert er zugleich seine eigene Natur. Er entwickelt die in ihr schlummernden Potenzen und unterwirft das Spiel ihrer Kräfte seiner eigenen Botmäßigkeit."[56] Durch die Vergegenständlichung seines Lebens in der Arbeit wird der Mensch praktisch geschichtlich, denn seine Existenz wird darstellbar durch die Objektivationen seiner Arbeit. Karl Marx griff die Hegelsche Auffassung von der Vergegenständlichung des Menschen durch Arbeit auf. Arbeit erhält im Marx'schen Verständnis eine grundlegende Bedeutung nicht nur für die Sicherung der Reproduktion der Gattung, sondern für die Evolution des Menschen. Arbeit beruht auf Notwendigkeit und Freiheit, und sie ist zugleich die Chance des Menschen zu seiner Selbstverwirklichung. Die Arbeit schafft Gegenstände, die dem Menschen äußerlich sind, er stellt sich in ihnen dar, erkennt sich in ihnen, und verwirklicht seinen eigenen Zweck in diesem Prozess:

> *„Die Tätigkeit ist des Menschen Bedürfnis, Trieb, Neigung und Leidenschaft. Daran, dass ich etwas zur Tat und zum Dasein bringe, ist mir viel gelegen, ich muss dabei sein, ich will durch die Vollführung befriedigt werden. Ein Zweck, für welchen ich tätig sein soll, muss auf irgendeine Weise auch mein Zweck sein. Dies ist das unendliche Recht des Subjekts, dass es sich selbst in seiner Tätigkeit und Arbeit befriedigt findet."*[57]

Arbeit ist immer geteilte Arbeit, denn „In der Arbeit wird der Mensch immer von seinem Selbstsein fort auf ein anderes verwiesen, ist er immer bei Anderem und für Andere."[58] Arbeit ist daher immer gesellschaftliche Arbeit und sie ist immer geteilte Arbeit; zwischen Arbeit und Gesellschaft besteht eine fortdauernde Wechselbeziehung, die sich in den Produktionsverhältnissen niederschlägt.

> *„In der gesellschaftlichen Produktion ihres Lebens gehen die Menschen bestimmte, notwendige, von ichrem Willen unabhängige Verhältnisse ein, Produktionsverhältnisse, die einer bestimmten Entwicklungsstufe ihrer materiellen Produktivkräfte entsprechen. Die Gesamtheit dieser Produktionsverhältnisse bildet die ökonomische Struktur der Gesellschaft, die reale Basis, worauf sich ein juristischer und politischer*

---

[56] Georg Wilhelm Friedrich Hegel, Philosophie der Geschichte, Stuttgart 1975 (urspr. 1848), S. 65
[57] Karl Marx, Das Kapital, Bd. 1, Marx-Engels-Werke (MEW) 23, Berlin 1969, S. 162
[58] Herbert Marcuse, Über die philosophischen Grundlagen des wirtschaftswissenschaftlichen Arbeitsbegriffs, in: Ders., Kultur und Gesellschaft, Bd. 2, Frankfurt/Main 1965, S. 9

Überbau erhebt und welcher bestimmte gesellschaftliche Bewusstseinsformen entsprechen. Die Produktionsweise des materiellen Lebens bedingt den sozialen, politischen und geistigen Lebensprozess überhaupt. Es ist nicht das Bewusstsein der Menschen, das ihr Sein, sondern umgekehrt ihr gesellschaftliches Sein, das ihr Bewusstsein bestimmt [...]."[59]

Gerade weil Karl Marx der menschlichen Arbeit so große Bedeutung für Person und Gesellschaft zumaß, kritisierte er die Arbeit unter kapitalistischen Produktionsverhältnissen. Im Kapitalismus wird aus der Arbeitsteilung eine Beherrschung von Menschen durch Menschen durch die Trennung zwischen beherrschter Arbeit und Herrschaft durch Aneignung der Produktionsmittel und durch den Warencharakter der Arbeit, was nicht nur die Lebenslage, sondern auch das Bewusstsein der Menschen verändert.

Entfremdung im Kapitalismus: Die Warennatur der Arbeitskraft

Der Kapitalismus ist eine bestimmte Konstellation der Produktionsverhältnisse, die durch Privateigentum an den Produktionsmitteln und Austauschbeziehungen über den Markt bei Geldwirtschaft begründet sind. In entwickelten Tauschgesellschaften nimmt die Arbeit einen Doppelcharakter an: Sie ist konkret nützliche Arbeit (Gebrauchswert der Arbeit) und abstrakt-allgemeine Arbeit (Tauschwert), deren Maßstab die verausgabte Arbeitszeit ist. Durch letztere wird Arbeit austauschbar, mit anderen Worten, sie wird selbst Ware. „Abstrakte Arbeit" ist die Verausgabung menschlicher Arbeitskraft gemessen in Zeiteinheiten, die Arbeitszeit. Sie ist es, die dem Tauschwert der Arbeit zugrunde liegt, während der Gebrauchswert der Arbeit sich in qualitativ bestimmter, konkreter Tätigkeit zeigt. Durch diesen Doppelcharakter der Arbeit erklärt sich die Austauschbarkeit und Vergleichbarkeit der Arbeit und der durch sie hergestellten Gebrauchswerte.

Als auszeichnendes Merkmal des Kapitalismus gilt der Warencharakter der Arbeit, die Tatsache, dass Arbeitskraft vom Arbeiter losgelöst und in Zeiteinheiten umgerechnet gekauft und verkauft wird. Die Voraussetzungen dafür sind:

- Die Trennung der Arbeiter von den Produktionsmitteln; diese sind in der Hand der Kapitalisten konzentriert.
- Die Befreiung der Arbeiter von traditionellen Bindungen, so dass sie als Marktkontrahenten auf dem Arbeitsmarkt auftreten und durch Vertrag ihre Arbeitskraft verkaufen müssen.
- Die Beschäftigung der Arbeiter erfolgt unter der Zwecksetzung der Vermehrung von Kapital.[60]

Unter kapitalistischen Produktionsverhältnissen ist der konkrete Arbeitsprozess völlig dem Verwertungsprozess untergeordnet, ausschließlich auf die Profiterzielung ausgerichtet. Auch

---

[59] Karl Marx, Zur Kritik der politischen Ökonomie, MEW 13, Berlin 1969, S. 8f
[60] Harry Braverman, Die Arbeit im modernen Produktionsprozess, Frankfurt/Main 1980, S. 50

5 Entfremdete Arbeit und Kapitalismuskritik bei Karl Marx

der Lohnarbeiter ist an den konkreten Aspekten seiner Tätigkeit desinteressiert, da die Nutzung seiner Arbeitskraft Sache des Kapitalisten ist. Sein Grundinteresse ist, dass der Verkauf der Ware Arbeitskraft nach den Gesetzen des Äquivalenten-Tausches ihm einen angemessenen Lebensunterhalt sichert, und dass seine Arbeitskraft nicht über Gebühr ausgenutzt wird.

Die Ware Arbeitskraft wird nach den Mechanismen von Angebot und Nachfrage auf dem Arbeitsmarkt gehandelt. Der Wert des Menschen wird identisch mit dem Wert der Arbeitskraft. Nach dem ehernen Lohngesetz Ricardos sah Marx den Lohn als durch die Reproduktion der Arbeitskraft (Erhaltung der Leistungsfähigkeit und Aufzucht von Nachkommenschaft) bestimmt an. Sinkt der Marktpreis der Arbeitskraft darüber, steigt das Angebot, was in der Folge zu einem Absinken des Lohnes und in der weiteren Folge zu einem Rückgang des Angebots führt.

Die Situation des Arbeiters, der mangels ertragabwerfenden Eigenvermögens gezwungen ist, seine Arbeitskraft zu vermarkten, ist durch Entfremdung gekennzeichnet. Die Entfremdung ist für Marx grundsätzlich eine objektive Kategorie, begründet in den Produktionsverhältnissen; dieses objektive Verständnis von Entfremdung ist unabhängig von den subjektiven Erfahrungen, Gefühlen und Aussagen der Arbeiter selbst.

In einer arbeitsteiligen Produktion nach kapitalistischer Wirtschaftsweise konsolidiert sich das eigene Produkt des Arbeiters zu einer sachlichen Gewalt über ihn, die sich seiner Kontrolle entzieht. Die Arbeit selbst ist dem Arbeiter daher etwas Äußerliches, ein Instrument, um zu Lohn und damit zur Befriedigung seiner Bedürfnisse zu gelangen; sie hat keine Beziehung zu seinem Wesen als Mensch. Das Produkt der Arbeit gehört nicht dem Arbeiter, sondern ist ihm entfremdet, gehört jemand anderem. Dies nicht nur im materiellen Sinn; das Produkt wird vom Arbeiter auch nicht mehr als Veräußerlichung, Gegenständlichwerden seiner selbst, sondern als etwas Fremdes erlebt. Das führt zu einer Trennung des Menschen von der Kontrolle seiner Handlung.

Die Analyse der Entfremdung in den Frühschriften von Marx zeigt drei Aspekte: religiöse, politische und ökonomische Entfremdung. Die ökonomische Entfremdung hat ihre Wurzeln in der Entfremdung von der Arbeit, und sie wird von Marx als die grundlegende verstanden, während die religiöse Entfremdung („Religion ist das Opium des Volkes") und die politische Entfremdung (Trennung von Staat und Gesellschaft, von privater und öffentlicher Sphäre) nur Folgeerscheinungen der ökonomischen Entfremdung sind. Die ökonomische Entfremdung beruht darauf, dass die arbeitenden Menschen die durch die Arbeitsteilung vervielfachten Produktivkräfte als eine fremde, ihnen äußerliche Gewalt erkennen, die sie nicht mehr zu beherrschen vermögen, ja, die umgekehrt sie beherrscht. Daraus folgt auch die Entfremdung des Menschen von sich selbst: die Entmenschlichung des Menschen. Und damit kommt es auch zur Entfremdung zwischen den Menschen. Die gesellschaftlichen Beziehungen, die Beziehungen zwischen Menschen, werden zu Warenbeziehungen.

> *„Das Geheimnisvolle der Warenform besteht also einfach darin, dass sie den Menschen die gesellschaftlichen Charaktere ihrer eigenen Arbeit als gegenständliche Charaktere der Arbeitsprodukte selbst, als gesellschaftliche Natureigenschaften dieser Dinge zurückspiegelt, daher auch das gesellschaftliche Verhältnis der Produzenten zur Gesamtarbeit als ein außer ihnen existierendes gesellschaftliches Verhältnis*

von Gegenständen [...]. Dies nenne ich den Fetischismus, der den Arbeitsprodukten anklebt, sobald sie als Waren produziert werden, und der daher von der Warenproduktion unzertrennlich ist."[61]

Der Warenfetischismus setzt sich auch in anderen Lebensbereichen außerhalb der Güterproduktion fort, da diese ins Zentrum der menschlichen Gesellschaft rückt und damit für sie zur prinzipiellen Gesetzmäßigkeit wird. Es kommt zu einer Vermarktung von allem, was die Menschen bisher als unveräußerlich betrachtet hatten. „Es ist dies die Zeit, wo selbst Dinge, die bis dahin mitgeteilt wurden, aber nie ausgetauscht, gegeben, aber nie verkauft, erworben, aber nie gekauft: Tugend, Liebe, Überzeugung, Wissen, Gewissen usw., wo mit einem Wort alles Sache des Handels wurde."[62]

Arbeiterklasse und Klassengesellschaft

Marx fasst den Klassenbegriff allgemein als Beziehung von Unterdrückern und Unterdrückten; in diesem Sinne ist die Geschichte aller bisherigen Gesellschaft die Geschichte von Klassenkämpfen („Kommunistisches Manifest" 1848). Zum anderen fasst er ihn als historischen Begriff im Rahmen der materiellen Produktionsverhältnisse. Die Klasse des Proletariats ist der Kontrahent der die gesellschaftliche Ordnung beherrschenden Klasse der Bourgeoisie.

Das Proletariat des Industriekapitalismus ist die industrielle Arbeiterschaft. Marx erlebte diese zwar erst in ihrem Werden, erblickte in ihr aber bereits den künftig die Geschichte bestimmenden Faktor. Die Arbeiterschaft ist für Marx die Klasse, die dem Proletariat eine neue und in Bezug auf ihre Wirkung positive Bedeutung zu geben in der Lage ist. Die Vorstellung, die dieser Begriff der Arbeiterklasse suggerierte, und von revolutionärsozialistischen Ideologien zum obligatorischen Glaubensgut gemacht wurde, war die der Einheit der Arbeiterklasse. Diese Einheit bezog sie durch ihre Stellung im Rahmen der Produktionsverhältnisse und durch ihren gemeinsamen Gegner, die Bourgeoisie bzw. die Kapitalistenklasse. Die zwei großen Klassen, die Bourgeoisie als „Gesamtfunktionär des Kapitals" und die Arbeiterklasse als das spezifische Proletariat der kapitalistischen Gesellschaft, haben die ständische Ordnung mit ihren traditionellen Berufs- und Abhängigkeitsbeziehungen abgelöst. Die Klassengesellschaft aber ist keine „Ordnung" im Sinne der ständischen Gesellschaft, sie ist eine durch potentielle oder tatsächliche Konflikte geprägte Bewegung.

Der Begriff der Klasse ist somit durch die objektive Klassenlage im Rahmen der Produktionsverhältnisse (Klasse an sich) bestimmt; aber die Klasse des Proletariats weist auch eine subjektive Dimension auf, denn sie wird sich durch die Erkenntnis des gemeinsamen Gegners ihrer selbst bewusst (Klassenbewusstsein) und kann dann als Klasse für sich den Klassenkampf aufnehmen und damit zum historischen Akteur werden, der die Produk-

---

[61] Karl Marx, Das Kapital, op. cit., S. 86f
[62] Karl Marx, Elend der Philosophie, MEW 4, Berlin 1964, S. 69

tionsverhältnisse verändert. Der an Marx orientierte Klassenbegriff ist kein statischer, sondern ein dynamischer Begriff.

Aus dem Proletariat kommen daher die Kräfte der Gesellschaftsveränderung; das Proletariat selbst wird durch die Entwicklung der Produktionsverhältnisse hervorgebracht und transformiert. Wenn das Proletariat sich wirklich befreien soll, dann darf dies nicht in einer neuen Klassengesellschaft geschehen, sondern unter Abschaffung aller Klassen, genauso wie die Befreiung des Bürgertums die Abschaffung der Stände bewirkte.

Das gesellschaftspolitische Anliegen von Marx zielte auf die Möglichkeit herrschaftsfreier Arbeit. Die Entwicklung dazu schien Marx nicht ungünstig, zeigte doch der Kapitalismus als die vorherrschende Produktions- und Vergesellschaftungsweise der Menschen des Okzidents bereits Ansätze zu seiner eigenen Auflösung. Die Zeit schien zwar noch fern, aber schon denkmöglich, wo die menschenreiche Klasse der abhängigen Produzenten, die Arbeiterklasse, die sich im Verlauf der Entwicklung des Kapitalismus als eigenes historisches Subjekt herauskristallisiert hat, selbst die Herrschaft übernehmen könnte, um schließlich die Herrschaft der Menschen über andere Menschen, die Ausbeutung und die Entfremdung in einer klassenlosen Gesellschaft des Kommunismus zu beenden.

II Industriesystem und Industriegesellschaft

1 Die Transformation der industriellen Produktion und der Taylorismus

Gegen Ende des 19. Jahrhunderts begannen sich weitreichende Veränderungen in den Wirtschaftssystemen Amerikas und Europas durchzusetzen. Es kam zu Konzentrations- und Zentralisationsprozessen in Industrie und im Bankwesen als Reaktion auf die Krisentendenzen der Märkte und die sich rasch entwickelnde neue technologische Basis; dies vor allem in den Rohstoffindustrien und den neuen Elektro- und Chemiesektoren. Die Unternehmen wandelten sich mit zunehmender Größe in Kapitalgesellschaften mit einem professionellen Management. Die Trennung von Besitz und Kontrolle begünstigte die Tendenz zu rationeller, systematisch-wissenschaftlicher Unternehmensführung, zu Spezialisierung des Managements und zu Planung und Bürokratisierung. Um die Jahrhundertwende begannen die Betriebe die Rationalisierung der menschlichen Arbeit systematisch und zielstrebig zu betreiben. Im unmittelbaren Arbeitsfeld setzten die ersten Versuche zu einer zweckrationalen Bestgestaltung ein.

Die Kontrolle über die Produktion und die wissenschaftliche Betriebsführung

Die Rationalisierung ist eine Begleiterscheinung der Industrialisierung, sie ist zur „Produzentenlogik des industriewirtschaftlichen Zeitalters schlechthin"[1] geworden. Ihre Bedeutung ist allerdings eine vielschichtige; sie kann unter den technischen Aspekten als Technisierung des Mitteleinsatzes zur Erhöhung des Produktionsvolumens in der Zeiteinheit verstanden werden, sie kann aber auch ökonomisch interpretiert werden, so dass darunter alle Maßnahmen fallen, die auf die Erhöhung der Rentabilität abzielen. Sie setzte im Produktionsbereich ein und zwar zum einen bei der rationellen Organisation und Planung der menschlichen Arbeit

---

[1] Friedrich Fürstenberg, Einführung in die Arbeitssoziologie, Darmstadt 1977, S. 17

und zum anderen durch die Ersetzung menschlicher Arbeit durch Maschinenprozesse. Die Rationalisierung bedeutete, dass den Arbeitern die Kontrolle über die Produktion entzogen wurde.

Vor allem in der Eisen- und Stahlindustrie, im Schiffsbau, Kohlenbergbau und Eisenbahnbau war im 19. Jahrhundert die Beschäftigung von Arbeitergruppen, die von einem auf Vertragsbasis für den Kapitaleigner produzierenden Meister geführt wurden, typisch und in England und Amerika als „subcontracting" bekannt. Die Kontrolle über die Arbeiter und die Produktion lag bei diesen Meistern und nicht beim Unternehmer. Katherine Stone berichtet etwa vom „subcontract-system" in den Eisenwerken von Pittsburgh. In Amerika waren die „subcontractors" entweder selbständige „inside contractors" oder aber fest angestellte „foremen". In Bezug auf England stellt Eric Hobsbawm fest, dass das „subcontracting" nach 1870 allmählich zurückging und nach dem Ersten Weltkrieg praktisch verschwunden war.[2]

Die Konzentration des Kapitals und das Entstehen neuer Industrien auf innovativer technologischer Basis förderten das Bestreben der Unternehmer nach voller Kontrolle über die Produktion. Die herkömmlichen Fähigkeiten und Fertigkeiten der Arbeiter wurden immer weniger benötigt und damit veränderte sich auch die Organisation der Betriebe und die Beziehung der Arbeiter zu diesen. Die traditionelle Art der Arbeitseinteilung und -durchführung durch die Arbeiter entsprach nicht den an rationeller Durchführung der Arbeit im Interesse des Betriebsergebnisses orientierten Vorstellungen der Unternehmer und auch nicht der Notwendigkeit, die neuen Maschinen möglichst produktiv zu nutzen. Die Meister wurden zu Werkmeistern in fester Anstellung und die Arbeiter zu Beschäftigten des Betriebes, die ihren Lohn vom Betrieb entsprechend einer arbeitsplatzorientierten Abstufung erhielten. Der Betrieb entwickelte eine formale Organisation als Lohn- und Positionshierarchie.

Bei der Rationalisierung der Produktionsorganisation standen nicht nur die Gewinninteressen der Unternehmer im Vordergrund, sondern auch ein technisches Rationalisierungsinteresse, denn um 1900 entstand ein wahres „Effizienzfieber", dokumentiert durch das Streben nach Rationalität, Effektivität und Produktivität. Taylor war nur einer aus einer Reihe von Fertigungsingenieuren, die sich Gedanken über die rationellere Organisation und Durchführung der Arbeit machten, aber er wurde zweifellos der bekannteste und seine Prinzipien als „Taylorismus" zur Grundlage der modernen Arbeitsorganisation und der Entstehung des Managements der Arbeit.

Frederick Winslow Taylor (1856-1915) stammte aus einer wohlhabenden Familie, verdingte sich aber als Arbeiter in den Midvale-Stahlwerken, wo er bald zum Meister avancierte. Da er selbst als Arbeiter angefangen hatte, war er bestens vertraut mit der Art und Weise, in der die Arbeiter ihre Tätigkeiten durchführten, auch mit ihren Techniken der Leistungszurückhaltung, die er als rationales interessegeleitetes Verhalten auch durchaus verstand. Dieses „Bremsen" war seiner Meinung nach einmal von der menschlichen Neigung bestimmt, nur

---

[2] Katherine Stone, The Origins of Job Structures in the Steel Industry, in: Root and Branch. The Rise of the Worker's Movement, Greenwich, Conn., 1974, S. 123-157; siehe auch: Eric J. Hobsbawm, Labouring Men, London 1974, S. 297ff

1 Die Transformation der industriellen Produktion und der Taylorismus

so viel zu arbeiten wie unbedingt notwendig ist, zum anderen aber auch durch den Glauben, dass langsames Arbeiten im Interesse des Arbeiters sei, weil Mehrarbeit nicht honoriert werde, aber Arbeitsplätze von Kollegen gefährden könnte. Er versuchte nun, ein System zu entwickeln, das den rationellen Einsatz der Arbeitskraft sichern, den Willen zu Mehrarbeit wecken und sowohl für den Betrieb wie für die Arbeiter von Vorteil sein sollte.

Taylor hatte bemerkt, dass die Arbeiter unökonomisch mit ihrer Kraft umgingen, und war überzeugt, dass sie, ohne gesundheitliche Schäden zu nehmen, wesentlich mehr leisten könnten, wenn man ihnen genau vorschreiben würde, wie sie ihre Arbeit durchführen sollten. Er brachte einen Arbeiter, der Roheisen zu verladen hatte, dazu, anstelle der bisher geleisteten 12,5 t Roheisen 47,5 t pro Tag zu verladen und das ohne größere Anstrengung, sondern nur dadurch, dass Taylor dem Arbeiter mit der Uhr in der Hand jede Bewegung diktierte. Das war der erste große Erfolg seines so genannten „Pensum-Systems". Schließlich gaben die Arbeiter ihren Widerstand auf und Taylor konnte seine Prinzipien durchsetzen. Als Anreiz für die Arbeiter diente der bei Erreichen des Pensums erzielbare höhere Lohn.

Der Lohn ist bei Taylor der einzige Faktor, über den das Leistungsverhalten im Rahmen der vorgegebenen Zeit- und Bewegungsabläufe noch beeinflussbar ist. Taylor schlug ein Leistungslohnsystem vor, das sicherstellen sollte, dass jeder Arbeiter sein höchstes Pensum erreicht. Damit könnten dann sowohl die Interessen der Arbeitgeber wie die der Arbeiter befriedigt werden, meinte Taylor. Er leugnete den grundsätzlichen Konflikt zwischen Kapital und Arbeit, weil er das ingenieurmäßige Interesse an Produktivitätssteigerung gegenüber dem Rentabilitätsdenken zu hoch einschätzte, für das der Lohn ein zu minimierender Kostenfaktor ist. Nicht nur war daher die Lohnerhöhung in der Praxis wesentlich geringer, als der Mehrleistung entsprochen hätte, die Arbeitgeber senkten auch den Lohn wieder, wenn die gewünschte Arbeitsintensität erreicht war und der Arbeitsmarkt es erlaubte.

Taylor nannte sein System „wissenschaftliche Betriebsführung" und fasste die Grundgedanken in drei Prinzipien zusammen[3]:

- Die Loslösung des Arbeitsprozesses von den Fertigkeiten des Arbeiters:
- Das Management muss über ein objektiviertes Wissen von der Produktion verfügen. Der Arbeitsprozess muss von jeglichen handwerklichen Fertigkeiten, jeder Tradition und jeglichen Kenntnissen des Arbeiters unabhängig gemacht werden. Das Wissen um die beste Arbeitsdurchführung muss beim Management konzentriert sein. Der Arbeiter wird nur angelernt und kontrolliert; allerdings nach Maßgabe seiner physischen und psychologischen Eignung nach dem Grundsatz: "Der beste Mann am besten Platz […]."
- Die Trennung von Planung und Ausführung:
- Die Arbeit erfordert neben der rein physisch-mechanischen Durchführung eine durch die Vorstellung vom Ergebnis geleitete Analyse und Planung des Arbeitsprozesses. Der Arbeiter soll dieser geistigen Leistung enthoben werden; die Spezialisten im Management übernehmen diese Funktion und betreiben sie auf wissenschaftlicher Grundlage. Die

---

[3] Frederick W. Taylor, The Principles of Scientific Management, New York 1911

Werkstatt soll von jeder denkbaren geistigen Arbeit befreit werden. Das Interesse des Arbeiters an der Arbeit wird nur über den Lohn vermittelt.
- Die Verwendung des Wissensmonopols des Managements, jeden Schritt des Arbeitsprozesses und seiner Ausführungsweise zu kontrollieren und vorzugeben:
- Alle Handgriffe werden vorgegeben, ebenso wie die Zeit, die dazu benötigt werden darf (Pensum). Die Meister überwachen nur mehr die Einhaltung der Vorgaben.

Die Prinzipien Taylors hatten eine überaus große Bedeutung für die Rationalisierung der Arbeit und der Organisation der modernen Betriebe, da sie die Kontrolle über die Arbeit aus den Händen der Arbeiter selbst nahmen und der Betriebsführung bzw. dem „Management der Arbeit" übertragen; es kam solcherart zu einer vertikalen Arbeitsteilung zwischen Management und Arbeitern. Der Taylorismus ermöglichte die Unabhängigkeit der industriellen Produktion von den traditionellen Kenntnissen der Handwerker und Facharbeiter. Damit veränderte sich auch die Qualifikationsstruktur der Arbeiter in den Betrieben: Die in der Folge in den neuen industriellen Technologien ausgebildeten Facharbeiter wurden für spezielle Aufgaben eingesetzt, der größte Teil der Arbeiter aber konnte aus kurzfristig anlernbaren Arbeitskräften bestehen.

Mit dem Taylor-System verbunden war auch die Ersetzung des Meisters, der für alle Belange einer Werkstatt zuständig war, durch den „Funktionsmeister", der auf bestimmte Produktionsabläufe spezialisiert ist. Das Funktionsmeistersystem bedeutete die funktionale Differenzierung der Autorität und damit eine Einbuße der Macht der Meister. Taylor befürwortete keineswegs eine einheitliche hierarchische Befehlsordnung, sondern die funktionale Organisation, bei der es zu einer überlappenden Über- und Unterordnung nach sachlicher Zuständigkeit kommt.

Der Taylorismus war eine Begleiterscheinung der organisatorischen Integration der Produktion, er ist aber nicht notwendig mit maschinellen arbeitsteiligen Fertigungsprozessen verbunden. Taylor entwickelte sein System nicht für hochmechanisierte Fertigungsprozesse, sondern für alle Arten von Arbeitsorganisationen. Emil Lederer zeigte auf, dass das Taylor-System eine Produktionssteigerung der Industrie um ein Vielfaches allein durch rationelle Organisation der Arbeit ohne Maschineneinsatz ermöglichte.[4]

Frank B. Gilbreth hat Taylors Zeitstudien durch minuziöse Bewegungsstudien ergänzt. Deren Grundlage war die Erforschung und Klassifizierung der Grundbewegungen des Körpers, zunächst ohne von einer konkreten Arbeit auszugehen. Die Bewegungsgrundelemente werden als Bausteine jeder Arbeitstätigkeit angesehen, sie umfassen etwa: Sitzen, Gehen, Bücken, Halten, Erfassen, Transport beladen, Transport unbeladen etc. Sie werden in Umkehrung des Namens von Gilbreth „therbligs" genannt. Jedes Therblig erhält ein Symbol, einen Farbcode und einen Zeitwert in 10.000stel Minuten; die Bewegungsabläufe werden in so genannten Therbligbögen eingetragen. Ziel ist die Bewegungsvereinfachung, -verdichtung

---

[4] Emil Lederer, Die ökonomische und soziale Bedeutung des Taylorsystems, in: Ders., Kapitalismus, Klassenstruktur und Probleme der Demokratie in Deutschland 1910-1940, Göttingen 1979, S. 83-97

und -mechanisierung. Das bekannteste darauf aufbauende System ist das M. T. M. (Methods-Time-Measurement) von M. T. M. Associations of Standards and Research, Ann Arbor, Michigan. Die verwendete Zeiteinheit ist ein T. M. U., ein 100.000stel einer Stunde. Daneben werden laufend neue Zeitermittlungsverfahren (Work-Factor, MOST etc.) entwickelt. Als Ergänzung werden Multimomentaufnahmen durchgeführt. Andere Kleinstzeitverfahren arbeiten mit Radar, fotoelektrischen Zellen, Magnetfeldern, Schallwellen oder elektronische Zeitmessungen.

Die Integration von Verwaltung und Produktion im industriellen Großbetrieb

Die Rationalisierung der Arbeit stand in einem engen, wechselseitigen Verhältnis zur Integration des Betriebes, der immer mehr zu einer rational geplanten nach wissenschaftlichen Grundsätzen geführten Organisation wurde. Die vertikale Arbeitsverteilung zwischen Management, Arbeitsbüro und Werkstatt brachte auch das Anwachsen des nicht unmittelbar produktiv tätigen Teils der betrieblichen Belegschaft. Die Meister wurden zu Vorgesetzten der überwiegend an- und ungelernten Arbeiter und zu Repräsentanten des Management auf Werkstattebene. Das technologische Wissen um den Produktionsprozess aber wurde transferiert zu einer Gruppe von Spezialisten, die nicht aus den Werkstätten, sondern aus den Schulen kamen, und dem Management zugeordnet waren.

Unter der höchsten Ebene des Management kam es zur Entstehung einer Managerschicht auf Grund der Kontrolle über die Produktion sowie der Übernahme anderer Funktionen durch das moderne Unternehmen. Diese Manager haben nichts mit der kapitalistischen Leitung der Unternehmen zu tun, sie sind ein Ergebnis der vertikalen Arbeitsteilung, der Ausweitung der Personalverwaltung sowie der Integration der Absatzfunktion in das Unternehmen. Darüber hinaus kam es zu einer vertikalen und horizontalen Integration von vor- und nachgelagerten Produktionsbereichen sowie zur Diversifikation der Produktion, was die Betriebe stark wachsen ließ.

Diese Entwicklung der Betriebe zu immer größer werdenden Organisationen, in denen Produktion und Verwaltung integriert waren, führte zur Institutionalisierung und Anonymisierung des Kapitals, d. h. das Kapital wurde zunehmend unabhängig vom persönlichen oder Familienvermögen, vor allem durch die Entwicklung der Unternehmensform der Kapitalgesellschaften, in denen es zu einer Trennung von Besitz und Leitung kam. Dies bewirkte, dass es nunmehr zwei Zugangsmöglichkeiten in die Kapitalistenklasse gab, nämlich Besitz und/oder Fähigkeiten, die im kapitalistischen System wichtig sind. Die Verwalter-Unternehmer verstanden ihre Tätigkeit als Beruf, was durch die Formalisierung und Verwissenschaftlichung der Organisation bestimmt war, diese Tendenzen aber seinerseits verstärkte. Das Management wurde zunehmend Verwaltung, d. h. ein Arbeitsprozess, der zum Zweck der Kontrolle innerhalb des Großunternehmens durchgeführt wird.

Mechanisierung, Standardisierung, Arbeitszerlegung: Die industrielle Massenproduktion

Typisch für die fabriksmäßige industrielle Fertigung wurde die genormte Serienproduktion, die Massenproduktion großer Zahlen standardisierter Produkte. Dies war technisch-organisatorisch möglich geworden durch die Kombination der neuen arbeitsorganisatorischen Prinzipien mit Spezialmaschinen, die bewirkten, dass der eigentliche Fertigungsprozess von der menschlichen Arbeitskraft abgelöst werden konnte. Die Arbeiter stellten nicht selbst das Werkstück her, sondern führten es der Maschine zur Bearbeitung zu, sie wurden, wie schon Marx festgestellt hatte, zu Maschinenbedienern. Die Maschine und die technische Planung der einzelnen Arbeitsschritte sind die bestimmenden Faktoren, die menschliche Arbeit muss sich diesen anpassen.

Die Herstellung des Werkstückes kann eine große Anzahl von Bearbeitungsschritten erfordern, die teilweise durch Maschinen, teilweise durch händische Operationen getätigt werden. Die letzteren wurden in immer kleinere Arbeitsschritte zerteilt, die von verschiedenen Arbeitern, die entlang eines Fließbandes standen, nach einander durchgeführt wurden. Das Fließband wurde zum Synonym für die repetitive, extrem zerteilte Arbeit in der industriellen Massenfertigung. Allerdings war keinesfalls das Fließband selbst, das ja einfach ein Transportgerät ist, oder die weitgehend händische Arbeit am Werkstück darauf typisch für die industrielle Arbeit, sondern die Zerteilung der Arbeit in einzelne, sehr kleine Schritte und die Zeitbindung für die einzelnen Operationen, die Taktzeit. Die mechanische Beförderung des Werkstücks und die tayloristische Zeitkontrolle der Arbeitsschritte ließen das spezifische Arbeitsplatzsystem der industriellen Massenproduktion entstehen. Es ist mit dem Namen Henry Ford so stark verbunden, dass das Ford-System mit dem amerikanischen Produktionssystem und mit dem Fortschritt schlechthin (Kurt Tucholsky schrieb 1927/28 „Fordschritt") symbolisch identifiziert wurde.

Henry Ford hatte 1903 in Detroit mit acht Beschäftigten begonnen und bis 1926 einen Konzern mit 88 Fabriken, 600.000 Beschäftigten und einem Produktionsvolumen von 2 Millionen Autos pro Jahr aufgebaut. Größten Anteil an diesem Wachstum hatte die Konzeption Fords, ein billiges Massenauto („Modell T") mit Hilfe des Fließbands und der Arbeitsteilung in kleinsten Schritten, die von unqualifizierten Arbeitern erbracht wurden, herzustellen. Gleichzeitig zahlte Ford relativ hohe Löhne und reduzierte den Arbeitstag auf acht Stunden; er legte so den Grundstein dafür, dass die Arbeiter auch zu Konsumenten werden konnten.

Henry Ford vertrat eine Unternehmensphilosophie, die die Führung in den Händen des obersten Leiters des Unternehmens zentriert sah. Dezidiert trat er gegen Bürokratisierung und Hierarchisierung auf; diese sollten nur im absolut notwendigen Ausmaß entstehen. Henry Fords Maximen sind bekannt: „Um Hand in Hand zu arbeiten, braucht man sich nicht zu lieben." „Das alleinige Ziel sollte sein, gute Arbeit zu leisten und dafür gut bezahlt zu werden." „Alles lässt sich noch besser machen, als es bisher gemacht worden ist!" Ein Führungs- und Managementstil, der teilweise noch stark paternalistische Disziplinierungs- und Kontrollmaßnahmen enthielt, aber auch die Ausrichtung auf die Sicherung der Motivation und Leistungsbereitschaft der Arbeiter sowie eine eigene Marketingorganisation markieren das fordistische Betriebskonzept. Seine Elemente sind: Massenproduktion, Marketing, Betriebsgemeinschaft, Führungsprinzip.

1 Die Transformation der industriellen Produktion und der Taylorismus

Das „American System" war für europäische Betriebe nicht auf Grund technischer Rückständigkeit nicht möglich, sondern weil vor allem im Bereich der Konsumgüterindustrie noch lange kein entsprechender Markt bestand. Massenproduktion wurde auf Grund der Absatzlage in Europa erst im 20. Jahrhundert wirklich möglich, war zunächst auf die für die Kriegswirtschaft wichtigen Bereiche, vor allem die Schwerindustrie, beschränkt. In den USA kann man demgegenüber in Bezug auf einige Bereiche, der Produktion von Waffen, Nähmaschinen, landwirtschaftlichen Maschinen und Fahrrädern, schon seit etwa 1840 von Massenfertigung sprechen.

Die neuen Techniken und Methoden setzten sich aber auch aus anderen Gründen nicht überall durch. Charles Sabel weist auf die Ausgangspositionen in England und Frankreich hin: In Großbritannien bestand keine ausgeprägte Neigung zur Massenproduktion, sondern zur Vielfalt. Neue Maschinen wurden oft kooperativ in „public wheels" von mehreren Betrieben genutzt. Auch für Frankreich waren Industrie und Massenproduktion lange Zeit nicht synonym: die Industrialisierung ging dort stark in den traditionellen Formen des Verlagssystems vor sich.[5]

Interessant ist hier insbesondere auch ein Blick auf die deutsche Autoproduktion. Die deutsche Automobilindustrie vor dem Ersten Weltkrieg war technisch keineswegs hinter der amerikanischen zurück; bei Daimler waren mit seinem Modell „Mercedes" schon 1900 die Voraussetzungen für eine Serienfertigung gegeben und bis 1911 stellte Daimler bereits 1490 Autos pro Jahr her[6], trotzdem richtete nicht Daimler, sondern Ford 1913 das Fließband und das moderne Industriesystem ein. Dafür sind zwei Gründe maßgebend: Daimler wollte zum einen keine Massenprodukte erzeugen, weshalb sich der Output auf 18 Typen von Automobilen verteilte, so dass man nicht von einer Großserienproduktion sprechen konnte. Zum anderen war der Absatzmarkt beschränkt und der Kriegsausbruch reduzierte die Chancen auf einen Massenabsatz ziviler Fahrzeuge noch weiter. Daimlers Flugzeugmotorenbau während des Krieges war hingegen durchaus als Massenfertigung anzusprechen. Auch Qualitätsansprüche waren ausschlaggebend dafür, dass man bei Daimler nicht auf die qualifizierte Handarbeit verzichten wollte, die man als Markenzeichen „deutscher Qualität" sah.

Im Gegensatz dazu war man bei Opel von der Nähmaschinenherstellung her bereits auf Großserienfertigung eingestellt. Man kopierte ein französisches Modell, das wie „Mercedes" getrennt nach Motor, Fahrwerk und Karosserie hergestellt werden konnte, und erzeugte ab 1902 bis 1907 in Großserie. Auch nach der Beendigung dieser Produktion blieb Opel beim Prinzip der Großserienfertigung und wurde 1912 zum größten Automobilhersteller Deutschlands. Die Opel-Autos zielten auf Mittelstandsansprüche ab und wurden auf Vorrat produziert; Daimler produzierte hingegen Luxusautos auf Bestellung.

Während bei Daimler die Meister in den einzelnen Werkstätten die Arbeit verteilten, gab es bei Opel schon 1912 ein Arbeitsbüro, einen Koordinationsplan, der den Ablauf der Arbeits-

---

[5] Charles F. Sabel, Arbeit und Politik, Wien 1986
[6] Anita Kugler, Von der Werkstatt zum Fließband, in: Geschichte und Gesellschaft 13/1987, S. 304-339

schritte festlegte, und ständige Rentabilitätskontrollen. Die Autoproduktion bei Opel war zwar noch lange keine faktische Massenfertigung, dies war aber bedingt durch die Tatsache, dass es noch keine Massennachfrage gab, die Anlagen und die Bereitschaft dazu waren jedenfalls gegeben.

Die Kriegswirtschaft (Erster Weltkrieg) förderte die Rationalisierung sowohl der Herstellungsverfahren wie der Arbeitsorganisation. Auch Daimler hatte nun ein Arbeitsbüro. Nach dem Krieg wurde ein neues Produktionsorganisationskonzept, die „Gruppenfabrikation" eingeführt. Dies bedeutete, dass die Maschinen und Arbeiter so zusammengestellt wurden, dass jede Gruppe einen Bestandteil von Anfang bis Ende herstellte. Die Maschinen arbeiteten halbautomatisch, weil immer dieselben Fertigungsgänge zu bearbeiten waren; schließlich wurden sie durch Automaten ersetzt, so dass ein Arbeiter mehrere Maschinen bedienen konnte. Diese Gruppenfabrikation stellte die Weichen für die Massenproduktion, ohne die Werkstattorganisation vollständig aufzulösen. 1926 begann Daimler die Fließfertigung einzuführen, 1928 installierte man die ersten Bänder. Bei Opel war man sofort nach Kriegsende wieder zur fließenden Fertigung übergegangen und 1924 hatte Opel die modernste Fabrik Deutschlands, wenngleich auch diese noch nicht das durchgängige Transport- und Montagebändersystem Fords aufwies. Gebaut wurde nach dem Krieg ein Kleinwagen, der grüne „Laubfrosch", die Kopie eines Citroen-Autos, in Großserie.

In der Eisen- und Stahlwarenindustrie war Fließ- und Bandarbeit bis 1931 in jedem fünften Betrieb üblich. Auch kleinere Hersteller mussten auf Fließfertigung umstellen, was aber nur die wenigsten verkrafteten, zumal der Markt schon bald an seine Grenzen gestoßen war. Erst die Strategie des Ausbaus der Inlandsnachfrage und die darauf abgestimmte Produktion des Volkswagens ermöglichte Massenproduktion im eigentlichen Sinn. Die Rüstungskonjunktur seit 1933 löste die Absatzfrage in Deutschland und die Kriegswirtschaft (Zweiter Weltkrieg) schließlich zwang vollends zur rationellen Massenfertigung für den militärischen Bedarf, wobei ein besonderer Rationalisierungsdruck durch die Wirtschaftlichkeitserlässe der NS-Regierung ausgelöst wurde.[7]

Die Prinzipien Fords und Taylors setzten sich allerdings nicht überall in gleicher Weise durch: in der metallverarbeitenden Industrie, insbesondere im Werkzeugmaschinenbau, setzten sie sich nie wirklich durch, umso mehr jedoch in der Konsumgüterindustrie. Das grundlegende Verständnis von Arbeit wurde aber in allen großen Organisationen ein am tayloristisch-fordistischen Modell orientiertes – und das auch über den Produktionsbereich hinaus für die Industrieverwaltung und die in ihr beschäftigten Angestellten wie auch in Dienstleistungs- und Verwaltungsorganisationen. Auch im kleinbetrieblichen gewerblichen Sektor setzten sich in der Folge die Einstellungen und die Werthaltungen durch, die die Arbeit in den Großbetrieben prägte, auch wenn die tatsächliche technisch-organisatorische Struktur dies nicht nahe legte.

---

[7] Rüdiger Hachtmann, Industriearbeit im „Dritten Reich", Göttingen 1989, S. 67ff

2 Fordismus und Gesellschaft: Der Industriekapitalismus als System

In der zweiten Phase der Industrialisierung war es zur eigentlichen Entfaltung der industriellen Grundprinzipien gekommen, insbesondere in den USA, die nach dem Ersten Weltkrieg zur wirtschaftlich-technologischen Führungsmacht aufstiegen und Lieferanten und Gläubiger Europas wurden. Die Autoproduktion wurde zum stärksten Wachstumsfaktor, zur größten Industrie und zum Auftraggeber für eine ganze Reihe anderer Industriezweige. In wechselseitiger Verstärkung mit dem Ausbau des Verkehrssystems und dem Anwachsen der Städte entstand daraus ein Impetus für die Entwicklung der Massenproduktion auch in anderen Bereichen. Massenproduktion als vorherrschendes Prinzip industrieller Fertigung war jedoch erst möglich, nachdem die Bedingungen für den Massenkonsum gegeben waren und das war generell auch in den USA erst in den 20er Jahren dieses Jahrhunderts der Fall, in Europa wesentlich später. Die Herausbildung der entwickelten Industriegesellschaften erforderte stabile und über dem Existenzminimum liegende Masseneinkommen. Die wirtschaftliche Emanzipation der Arbeiterklasse und ihre Entwicklung zum größten Marktfaktor der Konsumgesellschaft war eine wichtige Voraussetzung dafür.

Joachim Hirsch und Roland Roth bezeichnen das sich in den USA in den 30er bis 50er Jahren entwickelnde industriell-kapitalistische System, das die Hegemonie der USA begründete, als „Fordismus".[8] In der Folge, insbesondere nach dem Zweiten Weltkrieg, transformierten sich auch die anderen Industriegesellschaften nach amerikanischem Vorbild, insbesondere in Europa, und auch in sozialistischen Ländern verbreiteten sich der Taylorismus und das Fließband in technisch-organisatorischem Hinsicht. In den nicht-sozialistischen Ländern war die Intensivierung der industriellen Produktion und die Kapitalakkumulation durch tayloristische Arbeitsorganisierung vor allem mit der Massenproduktion von Konsumgütern verbunden.

Die Interdependenzen des Industriesystems

Massenproduktion und Taylorismus mussten durch Maßnahmen, die auf die Förderung des Massenkonsums und damit die Sicherung und Steigerung des Absatzes der industriellen Produkte gerichtet waren, ergänzt werden. Um das zu erreichen, gibt es zwei Ansatzpunkte, zum einen die Konsumenten und ihre Bedürfnisse, zum anderen die Masseneinkommen. Für ersteres ist in nicht-sozialistischen Gesellschaften „der Markt" zuständig, d. h. die Konsumenten üben durch ihre Nachfragetätigkeit in gewisser Weise eine Art „Souveränität" aus, denn die Unternehmen können nicht „am Markt vorbei" produzieren, sondern müssen interessiert sein, den Bedürfnissen und Wünschen der Konsumenten entsprechend zu produzieren. Doch diese Bedürfnisse sind vorweg nur schwer einschätzbar, weil sie unbestimmt und

---

[8] Joachim Hirsch/Roland Roth, Das neue Gesicht des Kapitalismus. Vom Fordismus zum Post-Fordismus, Hamburg 1986, S. 46ff

prinzipiell grenzenlos sind, aber auch weil es keine einheitlichen Bedürfnisse gibt, sondern stark differenzierte und durchaus nicht stabile Präferenzen. Die Unternehmen versuchen daher, sich „einen Markt" für ihre Produkte zu schaffen und wirken daher auf die Kaufentscheidungen der Konsumenten durch die Mittel des Marketings und der Werbung ein. Da die Menschen nach Dingen, die es nicht gibt, keine Bedürfnisse entwickeln, betreiben sie dabei auch in gewissem Umfang „Bedürfnisproduktion", d. h. sie produzieren mit ihren Produkten auch gleich die Nachfrage danach mit. Das Absatz- oder Nachfrageproblem entsteht erst in diesem Umfang bei industrieller Massenproduktion durch große überlokale Unternehmungen. Es war allerdings in der Epoche der Herausbildung der Industriegesellschaft nicht das eigentliche Problem, dieses bestand vielmehr in der Tatsache, dass selbst die einfacheren Bedürfnisse nicht zu nachfragerelevantem Bedarf werden konnten, weil die Einkommen der Masse der Bevölkerung vor allem in den europäischen Ländern zu niedrig und zu unsicher waren.

Die Sicherung und Stabilisierung der Einkommen der Haushalte machte das Eingreifen der staatlichen Sozial- und Arbeitspolitik erforderlich sowie die Anerkennung der Interessenvertretungen der Arbeitnehmer und die Institutionalisierung eines Systems der kollektiven Arbeitsbeziehungen, das Kollektivvertrags-Verhandlungssystem.

Das Verhältnis von Staat und Wirtschaft veränderte sich in Richtung auf einen stärkeren Staatsanteil und in der Folge vermehrte staatliche Eingriffe bei gleichzeitiger Sozialökonomisierung der Politik. Der Staat formulierte eigene Interessen und Ziele im Wirtschaftsbereich und setzte gleichzeitig sozialpolitische Maßnahmen. Die Verbände der Arbeitsmarktparteien formierten sich, und es begann sich eine Tendenz zur Integration der Arbeiterklasse in Wirtschaft und Staat abzuzeichnen. In den USA verstärkten sich zwar auch die staatlichen Interventionen im Zuge der Wirtschaftspolitik des „New Deal", hier entwickelte sich aber das moderne Industriesystem als ein ineinander greifendes Gefüge von Elementen. Der „National Industrial Recovery Act" der Administration Roosevelt im Jahre 1933 mit den Zielen Vollbeschäftigung, Wirtschaftswachstum, soziale Gerechtigkeit und Fortschritt reorganisierte die wirtschaftlichen Kräfte des Landes in drei großen Syndikaten: „Business", „Labor", „Agriculture". Implizit war darin schon die Anerkennung der (Industrie-) Gewerkschaften enthalten, die dann auch formal 1935 im „National Labor Relations Act" erfolgte. „National Labor Relations Boards" sollten die Einhaltung der Rechte der Arbeitnehmer überwachen, „unfair labor practices" der Arbeitgeber wurden verboten. Damit verbunden war auch die Anerkennung, dass die Sicherung und das Wachstum der Masseneinkommen der arbeitenden Menschen eine Stütze des Industriesystems darstellen. Staat, Unternehmen und Arbeitnehmerschaft sind die drei wirtschaftlichen Akteure, die aufeinander angewiesen sind, wollen sie ihre jeweiligen Interessen und Ziele erreichen. Weder können Unternehmen Gewinne erzielen, ohne dass die Arbeitenden über genügend Einkommen verfügen, um dauerhaft als Konsumenten die Produkte der Industrie kaufen zu können, noch kann der Staat seine Aufgaben ohne die Steuerleistungen der Massen der Erwerbstätigen erbringen.

Die Ziele des Industriesystems wurden auf diese Art zu Zielen der Gesellschaft. Die „Industriegesellschaft" entstand als eine Gesellschaft, in der die industrielle Produktion die führende Rolle als Wachstumsmotor der Wirtschaft spielte, die Industriearbeit als typisches Beschäftigungsverhältnis angesehen wurde und die industriellen Arbeitnehmer die dominante Beschäftigtengruppe in der Gesellschaft wurden, gleichzeitig aber auch Bürger der Wirtschaftsgesellschaft und Konsumenten. Die Arbeiterorganisationen veränderten sich in Bezug auf ihre Form und Struktur wie auch im Hinblick auf ihre Stellung in Gesellschaft und Staat. Sie wurden zu horizontalen Verbänden der Industriearbeiter, erlangten ihre Anerkennung als Kollektivvertragsparteien und verlagerten als Interessenorganisationen der Lohnempfänger das Schwergewicht ihres Handelns auf die ökonomische Funktion des Aushandelns der Löhne. Das gewerkschaftliche Prinzip breitete sich auf andere Arbeitnehmergruppen aus und das Kollektivverhandlungssystem wurde zum integralen Bestandteil des Industriesystems. Die Integration der politischen und ökonomischen Arbeiterbewegung in Gesellschaft und Staat und die Macht der Organisationen der Gewerkschaften und Arbeiterparteien veränderten die bürgerliche Gesellschaft durch die Massendemokratie und den Sozialstaat. Es entstand eine Gesellschaft, in der das Wachstum der industriellen Produktion zum bestimmenden Kriterium wurde und die Entstehung von Sozialsystemen förderte, die stromlinienförmig auf die Anforderungen von Überproduktion und Nachfrageschaffung zugeschnitten waren.

Merkmale der Industriegesellschaft: Trennung von Produktion und Konsum

Durch die Massenproduktion von Konsumgütern wurde die Trennung von Produktion und Konsum zum allgemeinen Merkmal der Industriegesellschaften. Der räumlich-zeitliche Aspekt dieser Trennung ist das Auseinanderfallen von Wohn- und Arbeitsort, von Arbeitszeit und Freizeit. In früheren Epochen gab es das zwar auch in einem gewissen Umfang, aber es blieb doch eher eine Ausnahmeerscheinung. Die Regel war die kleinbetriebliche Struktur oder die Hausindustrie, wobei sich Arbeits- und Privatsphäre räumlich wie zeitlich vermischten. Erst mit dem Vordringen der Fabriksbetriebe und der Akzeptanz der industriellen Arbeit als Lebensform wurde die Trennung in die Arbeits„welt" und die Privatsphäre zur allgemeinen Lebenssituation. Letztere wurde weitgehend zum reinen Reproduktionsbereich und damit zu einem Anhängsel der Arbeitswelt, wurde zur „Freizeit". Habermas spricht hier anschaulich von der Entkoppelung von System und Lebenswelt und der „Kolonialisierung der Lebenswelt durch das System".[9]

Die Trennung von Konsum und Produktion hat auch die Arbeitsteilung der Geschlechter grundlegend verwandelt. War das „Haus" der Lebensmittelpunkt der Menschen früherer Zeiten und die Arbeiten im und um das Haus, die sich Frauen und Männer teilten, wichtige Tätigkeiten, weil sie das Überleben sicherten, so verlagerte sich das Schwergewicht der Bedeutung mit Zunahme der Lohnarbeit auf die außerhäusliche Betätigung des Mannes, während die Frau die weniger wichtigen Arbeiten im Haus, vielfach auch neben der Erwerbstätigkeit außer Haus, verrichtete. Die neue Hausarbeit galt jedoch wenig, bestand sie doch nicht mehr in produktiven, das Überleben sichernden Tätigkeiten, sondern nur mehr in peripheren, ergänzenden und früher schon minder geachteten Aktivitäten wie Putzen, Flicken, Waschen etc. Kochen als die letzte produktive Tätigkeit verlor ihre Bedeutung für die ärmeren Bevölkerungsschichten auf Grund des außerhäuslichen Aufenthalts des Mannes und

---

[9] Jürgen Habermas, Theorie des kommunikativen Handelns, Bd. 2, Frankfurt/Main 1988, S. 239

teilweise auch der Frau und des Mangels an Zeit und wertvolleren Rohstoffen; von einer komplexen, schöpferischen Tätigkeit wurde es zu einer nebenbei zu erledigenden, rein funktional-reproduktiven Angelegenheiten; in späterer Folge wurde es so weit wie möglich auch über industrielle Erzeugnisse und durch Marktprozesse ersetzt („fast-food", Fertiggerichte etc.).

Die meisten der Arbeitsvorgänge der Haushalte, die schon früh industrialisiert wurden, betrafen jene, die ursprünglich den männlichen Familienangehörigen aufgetragen waren. Wie Ruth Schwartz Cowan aufzeigt, bewirkte die „Industrialisierung des Haushalts", d. h. die Ersetzung traditioneller Werkzeuge, Rohstoffe und Arbeitsformen durch neue industriell gefertigte Güter (Herde, Weißmehl, Kerzen, Seife, Schuhe, Tuch etc.), die Eliminierung der männlichen Arbeiten im und um das Haus, resultierte aber meist in Mehrarbeit für die Frauen.[10] Die Männer konnten – und mussten – sich nach bezahlter Arbeit außerhalb des Hauses umsehen; die Arbeitsteilung im Haushalt fiel weg, der Haushalt wurde zum Arbeitsplatz der Frau. Die „Hausarbeit" war entstanden. Die Hausarbeit aber wurde zur ausschließlichen Domäne der Frauen, weil die verbliebenen Tätigkeiten immer schon von ihnen durchgeführt worden waren, und sie wurden zu einer nachrangigen, beinahe nicht beachtenswerten Aktivität. Damit ging nicht nur ein Statusverlust dieser Arbeiten und davon ausgehend jedweder „Frauenarbeit" einher, sondern auch eine Standardisierung und Verarmung der Kultur, die nun nicht mehr ihre Quelle im „Haus" hatte, sondern eine „öffentliche Kultur" wurde, die vornehmlich außerhalb des Hauses lokalisiert war.

Für die Struktur der Produktion hatte das zur Folge, dass der Haushalt als Produktionsort fast vollkommen verschwand zugunsten der Betriebe, in denen die Produktion auch der für die Arbeiterhaushalte erforderlichen Güter erfolgte. Das Individuum aber wurde der „Ort", durch den die Trennungslinie verlief, es spaltete sich auf in den Arbeiter und den Konsumenten. Beide „Rollen" haben miteinander nichts zu tun, denn der Arbeiter vollführt nur Teilarbeit, er hat keine Beziehung zu dem Produkt als Ganzem; es gehört ihm nicht und er versteht kaum, wie es zustande kommt; es wird verkauft als Ware – vielleicht kauft er es selbst mit dem Lohn, den er verdient; aber er wird es nicht wieder erkennen. Die Fertigkeiten, die er sich bei der Arbeit in der Fabrik erwirbt, haben für den Privatmenschen keinen Gebrauchswert, er kann sie für sich – privat – nicht verwerten. Er kann nur seinen Lohn für den Kauf von Gütern verwenden, die die Industrie – nicht er – herstellt, und er ist, da er selbst nicht mehr produziert, darauf angewiesen, dass er industrielle Fertigprodukte angeboten erhält. Allerdings ist er im Hinblick auf seine Bedürfnisse selbst nicht mehr sicher, denn was angeboten wird, erweckt auch Bedürfnisse danach, während man das, was es nicht gibt, in der Regel auch nicht vermisst – außer es handelt sich um lebensnotwendige Güter –, weil man es nicht kennt.

Die Industrieunternehmer haben, da Massenkonsum die Voraussetzung für Massenproduktion und die Steigerung des Konsums die Vorbedingung industriellen Wachstums ist, neben der Produktionsfunktion größte Bedeutung auf die Absatzfunktion gelegt. Verkaufsabteilun-

---

[10] Ruth Schwartz Cowan, More Work for Mother, London 1988, S. 40ff

gen entstanden, Marketing-Strategien wurden entwickelt, um den Absatz zu sichern und zu steigern, um Bedürfnisse zu wecken, nie geahnte Bedürfnisse zu produzieren. „Die Werbung und die ihr verwandten Künste tragen so zur Formung genau des Menschentyps bei, den das Industriesystem braucht: eines Menschen, der zuverlässig sein Einkommen ausgibt und zuverlässig arbeitet, weil er nie genug bekommt."[11] Diese Bedürfnisse würden allerdings wenig nützen, könnten sie sich nicht über Einkommen in Bedarf und Nachfrage transformieren. Die Sicherung und auch die Steigerung der Masseneinkommen liegen daher durchaus im Interesse der Industrie, allerdings nicht notwendig die hohen Löhne der eigenen Arbeitnehmer des einzelnen Unternehmers. Ebenso ist die Zurverfügungstellung von Freizeit als Konsumzeit im Interesse der Industrie, allerdings bedeutet das nicht gleicher Weise die Befürwortung der Arbeitszeitverkürzung für die eigene Belegschaft.

Merkmale der Industriegesellschaft: Arbeitsmarkt

Der Arbeitsmarkt wird als die zentrale Institution der Industriegesellschaft verstanden, der das „doppelte Allokationsproblem", wie die Arbeitsleistungen einerseits und die Einkommen andererseits zuge- und verteilt werden sollten, löst.[12] Die Existenz und das Funktionieren eines freien Arbeitsmarktes wird im Allgemeinen als eine wichtige Voraussetzung und Grundlage der marktwirtschaftlichen Ordnung angesehen. Alternativen, wie das Allokationsproblem sonst noch zu lösen ist, sind Befehl und Plan. Während Befehlswirtschaft und Planwirtschaft aktives Handeln von herrschenden oder planenden Instanzen voraussetzen, definiert sich die Marktwirtschaft gerade durch die Absenz derartiger Interventionen und durch das „freie Spiel" der Marktkräfte von Angebot und Nachfrage. Karl Polanyi sah den Markt als keinesfalls universell wirkende Kraft, sondern als spezifischen historischen Sonderfall, der Haushaltung, Reziprozität und Redistribution als die dominanten ökonomischen Funktionsweisen in den vormodernen Gesellschaften ablöste und insbesondere durch die Durchsetzung des Prinzips des Markttausches in Bezug auf die Arbeit zum gesellschaftlich-wirtschaftlichen System wurde.[13]

Das Marktverhältnis zwischen Anbieter und Nachfrager ist im Prinzip eine Beziehung zwischen Gleichen und Freien. So verstand es zumindest die Ideologie des Liberalismus. Die Arbeitskraftbesitzer, die Arbeiter, sind frei in dem Sinne, dass sie über ihre Arbeitskraft verfügen und sie „verkaufen" können. Allerdings ist dies alles, was sie besitzen und ihre Freiheit besteht darin, diese Arbeitskraft in einem freien Arbeitsvertrag an den Meistbietenden zu verkaufen. Der freie Arbeitsvertrag ist die institutionelle Grundlage des Arbeitsmarktes. Die Arbeitskraft ist die Ware, die auf dem Arbeitsmarkt gehandelt wird. Die liberalistische Annahme war dabei, dass auch die Anbieter ihre „Ware" bestmöglich verkaufen; das Mittel dazu war Mobilität. Mobilität impliziert, dass der Arbeitnehmer sich den günsti-

---

[11] John K. Galbraith, Die moderne Industriegesellschaft, München-Zürich 1968, S. 201
[12] Johannes Berger/Claus Offe, Die Zukunft des Arbeitsmarktes, in: Claus Offe (Hg.), „Arbeitsgesellschaft". Strukturprobleme und Zukunftsperspektiven, Frankfurt/Main-New York 1984, S. 87-118
[13] Karl Polanyi, The Great Transformation, Boston 1944

gen Arbeitsbedingungen durch räumliche Wanderung, durch Arbeitsplatz-, Betriebs-, Arbeitgeberwechsel (Fluktuation) bis hin zur qualitativen Anpassung durch Weiterbildung, Umschulung (Berufswechsel) anpasst. Diese ökonomische Mobilität ist zu unterscheiden von der sozialen Mobilität, die Auf- oder Abstieg im Statusgefüge der Gesellschaft bedeutet.

Der Liberalismus mit seiner Universalitätsannahme in Bezug auf die Wirkung des Marktprinzips und seinen Gleichheits- und Freiheitsvorstellungen, die aus dem Marktmodell stammten, erzeugte die Fiktion vom Machtgleichgewicht der Kontrahenten auf dem Arbeitsmarkt. In ihrer Tradition entstand die neoklassische Arbeitsmarkttheorie, die als Spezialfall der allgemeinen Preistheorie von der Annahme eines einzigen Arbeitsmarktes und vollkommener Information der Marktteilnehmer ausgeht. Das Grenznutzentheorem setzt Entscheidungen über Einkommens- versus Freizeit-Präferenzen bei den Anbietern, das Grenzproduktivitätstheorem Nutzenentscheidungen der Nachfrager bezüglich jeder zusätzlichen Arbeitskraft voraus.

Der Arbeitsmarkt ist allerdings kein echter Markt, weil Arbeit nur eine fiktive Ware ist. Die „Fiktion" besteht darin, dass – wie Marx aufgezeigt hat – die Arbeitskraft von der Person losgelöst, auf ihre einfache austauschbare Form reduziert und wie eine Ware behandelt wird. Die Arbeitskraft wird aber nicht zum Zwecke des Verkaufs „produziert"; sie ist inhärent variabel, weil nur ein Arbeitsvermögen, aber kein bestimmtes Quantum „Arbeit" ver- und gekauft wird (lebendige Arbeit); und sie ist nicht von ihrem Eigentümer abtrennbar.

Vor allem letztere Eigenschaft bedingt ein grundlegendes Ungleichgewicht der Marktkontrahenten auf dem Arbeitsmarkt, weil das physische Überleben des Warenbesitzers vom Verkauf seiner Ware abhängt.[14] Der Arbeitskraftbesitzer kann nicht warten, bis er seine „Ware" günstig verkaufen kann und er verfügt über keine Möglichkeiten, die Zahl der Konkurrenten zu beschränken. Erst durch die Organisation in Form von Gewerkschaften oder in Berufsverbänden wird dies möglich. Der Anbieter kann auch nicht „rationalisieren", da sein Reproduktionsbedarf ziemlich starr ist (Existenzminimum). Im Vergleich zum Kapital ist die Arbeitskraft auch nicht so „liquid"; räumliche Mobilität und Umschulung/Weiterbildung sind „liquiditätserhöhende" Maßnahmen, die aber viel schwieriger zu realisieren sind als Kapitalumschichtungen, -transfers etc. Aus all dem ergibt sich ein Machtgefälle auf dem Arbeitsmarkt zugunsten der Nachfrager.

Durch die Transformation des industriellen Kapitalismus zum „organisierten Kapitalismus" und schließlich zum Kapitalismus der großen Organisationen wurde auch der Arbeitsmarkt verändert. Der Nachfrage nach anzulernenden, möglichst billigen Arbeitskräften in der frühen Industrialisierung entsprach das Angebot in Form einer relativ homogenen Masse von Anbietern mit ständigem Überhang. Schließungsstrategien der Unternehmer ließen interne

---

[14] Schon der Terminus weist auf eine implizite Ungleichheit der beiden Marktpartner hin: die Ware ist die Arbeitskraft, der Arbeit„nehmer" tritt als Anbieter auf, der Arbeit„geber" als Nachfrager. Anne Sachs ist der Ansicht, dass es besser „Markt für Arbeitsplätze" heißen sollte, um den Objektcharakter auf diese und nicht auf die Menschen zu beziehen. Vgl.: Anne Sachs, Produktion, Qualifikation und Berufsbildungsforschung, Frankfurt/Main 1978

Arbeitsmärkte entstehen, staatliche Eingriffe und gesetzliche Maßnahmen störten den „reinen" Marktprozess, und die Arbeitnehmer „balkanisierten" den Arbeitsmarkt durch die Politik ihrer Verbände. Der Arbeitsmarkt besteht als grundsätzliche Logik von Angebot und Nachfrage, ist aber in seiner faktischen Wirkung beschränkt und modifiziert durch die gesellschaftlichen Strategien der Anbieter und Nachfrager und die des Staates.

Merkmale der Industriegesellschaft: Die großen Unternehmensorganisationen

Die Machtverhältnisse in den modernen Gesellschaften haben sich zugunsten der großen Organisationen, die im Zuge der Konzentrationsprozesse in der Entwicklung des industriellen Kapitalismus entstanden sind und weiter entstehen, verschoben. Charles Perrow hebt die historische Bedeutung von Organisationen im Vergleich zu Personen und Klassen als historischen Akteuren hervor. Die Organisationen sind für ihn die historischen Subjekte der Industriegesellschaft, ja mehr noch, die Organisationen haben sich die Gesellschaft einverleibt; diese ist zu einer Gesellschaft der Organisationen geworden. „Die Organisationen haben einen großen Teil dessen, was wir als Gesellschaft betrachtet haben, aufgesaugt und sich von einem Gesellschafts-Teil zu einem Gesellschafts-Ersatz hinaufkatapultiert."[15] Die Grundlage dieser Entwicklung stellten die Lohnabhängigkeit als grundlegende Lebens- und Arbeitsform, die Tatsache der Belastung der Gesellschaft mit den „external costs" der Betriebe und die Entstehung der Fabriksbürokratien dar.

Die Bedeutung der Betriebsorganisationen als zentraler gesellschaftlicher Orte, wo man nach neuen Regelungen der sozialen Beziehungen suchen muss, ist in einer Gesellschaft, in der die Unternehmen zu einer der Hauptinstitutionen geworden sind, ungeheuer gestiegen.[16] Diese Entwicklung großer Organisationen wurde in der modernen Industriegesellschaft der zweiten Hälfte des 20. Jahrhunderts geriet in einen Widerspruch zum Prinzip der Demokratie einerseits und dem der Marktwirtschaft andererseits. So meinte etwa Charles Lindblom mit Bezug auf das Verhältnis zwischen der Macht der großen Privatunternehmen und der Demokratie: „Es ist ein merkwürdiges Kennzeichen des demokratischen Denkens, dass das Privatunternehmen noch nicht als eine fremdartige Organisation innerhalb einer angeblich demokratischen Ordnung erkannt worden ist. Von enormer Größe, reich mit Mitteln ausgestattet, verfügen die großen Unternehmen über mehr Ressourcen als die meisten Regierungen. In vielen Punkten können Unternehmen darauf bestehen, dass die Regierung ihren Forderungen nachkommt, auch wenn dies den Ansprüchen der Bürger, wie sie in polyarchischer Willensbildung artikuliert worden sind, zuwiderläuft. Außerdem sind sie nicht disqualifiziert, die Rolle eines interessengebundenen Bürgers wie jeder andere zu spielen, denn das Unternehmen ist, juristisch betrachtet, eine Person. Und sie üben ungewöhnliche Veto-Macht aus. In all diesen Punkten verfügen die Großunternehmen über unverhältnismäßig großen Einfluss.

---

[15] Charles Perrow, Eine Gesellschaft von Organisationen, in: Journal für Sozialforschung 29/1989, S. 3-19
[16] Renaud Sainsaulien/Denis Segrestin, Vers une théorie sociologique de l'entreprise, in: Sociologie du Travail 38/1986, S. 335-352

Das große Privatunternehmen passt nur sehr schwer in Theorie und Vision der Demokratie. Eigentlich passt es gar nicht."[17]

John K. Galbraith sah den „New Industrial State" bestimmt durch die große Bedeutung der für den modernen Industrialismus maßgebenden Gruppe der Techniker und Ingenieure der großen Arbeitsorganisationen. Er sprach geradezu von einer „Revolution der Technostruktur", die ein Planungssystem neben und über dem Marktsystem geschaffen habe. Die große Bedeutung dieses Planungssystems für das „Industriesystem" führt zur Anpassung von sozialen Zielen an die Ziele der Unternehmen und deren Technostruktur, so dass hoher Lebensstandard mit Produktionssteigerung und sozialer Fortschritt mit Absatzsicherung gleichgesetzt wird.

3 Die Soziologie der Industriegesellschaft

Die klassischen Begründer der modernen Soziologie wirkten nicht von ungefähr in der Epoche, in der auch die Transformation des Industriekapitalismus ihren Anfang nahm. Sie hatten zwar Marx rezipiert, aber sich nicht primär an der Kritik des Kapitalismus orientiert, sondern die spezifischen Merkmale der neuen Gesellschaft, der Industriegesellschaft, betont. Ihre Themen waren die Arbeitsteilung als Grundprinzip der gesellschaftlichen Struktur und die Entstehung bürokratischer Formen der industriellen Verwaltung. Wir beschränken uns zunächst auf Emile Durkheim und Max Weber. Dann wenden wir uns vor allem der strukturellfunktionalen Theorie der modernen Gesellschaft zu, die diese als einen funktional begründeten Zusammenhang beschrieb, der die vertikale, stratifikatorische Differenzierung der „alten" Gesellschaft abgelöst hatte und von großen Organisationen und rationalem Handeln bestimmt wird.

Arbeitsteilung und funktionale Differenzierung der Gesellschaft: Emile Durkheim

Das Problem der modernen Gesellschaft erblickte Emile Durkheim („De la division du travail social", 1893) in der Widersprüchlichkeit von individueller Persönlichkeitsentfaltung und sozialer Solidarität in der modernen Gesellschaft. In der zunehmenden Arbeitsteilung sah er jedoch keine Gefährdung der Ordnung, sondern eine Chance, die Menschen individuell freier und gleichzeitig sozial verbundener zu machen.

Durkheim verstand wie Herbert Spencer die Arbeitsteilung primär als ein Naturgesetz, das sich in Organismen genauso durchsetzt wie in den menschlichen und tierischen Gesellschaften seit Anbeginn ihrer Entwicklung. In dieser Auffassung spiegelt sich der ungeheure Aufschwung der Naturwissenschaften in der zweiten Hälfte des 19. Jahrhunderts und deren Gel-

---

[17] Charles E. Lindblom, Jenseits von Markt und Staat, Frankfurt/Main 1983, S. 559

tungsanstieg. Er stellte sich jedoch auch die Frage, ob die Arbeitsteilung eine Moralregel des menschlichen Verhaltens sei und knüpfte dabei an die politische Auseinandersetzung über die Krisenerscheinungen seiner Zeit an, deren Grundproblem er im Widerspruch der moralischen Ansprüche sah, die einerseits auf die Gleichheit der Menschen gerichtet sind und andererseits ihre Verschiedenheit betonen. In diesen moralischen Widersprüchen sah er unterschiedliche Typen sozialer Solidarität manifestiert: Die mechanische Solidarität oder Solidarität aus Ähnlichkeiten, symbolisiert in den Regeln und Sanktionen des Strafrechts, beruht auf der Konformität des Bewusstseins aller mit einem gemeinsamen Typus, dem psychischen Typ der Gesellschaft als Kollektiv. Die Solidarität, die auf Ähnlichkeit gründet, besteht aus allgemeinen und unbestimmten Zuneigungen des Individuums zur Gruppe und vereinheitlicht die Verhaltensweisen, Emotionen und Willensäußerungen. Abweichungen werden als Bedrohung der Gruppe verstanden und bestraft. Diese Solidaritätsäußerungen erfolgen „mechanisch", d. h. unreflektiert und reaktiv.

Die organische Solidarität oder Solidarität durch Arbeitsteilung ist symbolisiert im Kooperativrecht, im Vertragsrecht und Zivilrecht. Der Vertrag ist der besondere Rechtsausdruck für die Zusammenarbeit der Individuen in der Gesellschaft, die auf Arbeitsteilung beruht. Die Gesellschaft ist nicht auf Grund eines gemeinsamen Bewusstseins solidarisch, sondern auf Grund funktionaler Abhängigkeit als ein System von spezialisierten Funktionen und Beziehungen.

Beide Arten der Solidarität sind nur die zwei Gesichter jeder Gesellschaft; allerdings dominiert in segmentären Gesellschaften die mechanische Solidarität, in industriellen Gesellschaften die organische Solidarität. Beide Arten von Solidarität begründen eine je andere Beziehung zwischen Individuum und Gesellschaft. Während im Fall der mechanischen Solidarität diese nur im umgekehrten Verhältnis zur persönlichen Entfaltung vergrößert werden kann (Erhöhung der Solidarität geht zu Lasten individueller Eigenart und Freiheit), beruht die organische Solidarität gerade auf der Verschiedenheit der Individuen.

Der Begriff der Arbeitsteilung bei Durkheim bezieht sich auf das Problem der Ordnung der Gesellschaft, und damit rückt die Betrachtung der funktionalen Differenzierung der Berufe in den Mittelpunkt der Analyse, nicht die Arbeitsteilung durch Mechanisierung und Rationalisierung der Produktion in der Fabrik. Aufgrund der Annahme der organischen Solidarität als Grundlage der modernen Gesellschaft erscheinen die gesellschaftlichen Gruppierungen als mit jeweils bestimmten Aufgaben befasste Funktionsträger: Unterschiede an Macht, Reichtum und Ansehen sind dann in funktionalen Unterschieden begründet und daraus legitimierbar. Die industrielle Gesellschaft ist im Vergleich zur berufsständischen Ordnung stärker differenziert und die Funktionen sind von den Personen losgelöst. Die Aufgaben wurden zunehmend heterogener und spezialisierter und ihre Bedeutung im gesellschaftlichen Zusammenhang auf ihre wirtschaftliche Zweckmäßigkeit reduziert: aus der ständischen Ordnung wurde die rein wirtschaftlich begründete Berufsstruktur der modernen Gesellschaft. In dieser repräsentieren die Industriearbeiter eine bestimmte Bandbreite von Berufen und Funktionen; sie sind damit Teil der Gesellschaft, notwendig und wichtig; ihre klassenmäßige Einheit ist aber nicht Tatsache, sondern Ideologie. Durkheim stand zwar dem Sozialismus nahe, allerdings einem demokratisch-liberalen Sozialismus, dessen Ziel die Integration und Anerkennung der Arbeiterschaft in der bestehenden Gesellschaft der III. Republik in Frankreich war.

Wie Gesellschaft, so wird auch Arbeit von Durkheim als Naturtatsache aufgefasst, die sich in ihren Formen und Bedingungen auf natürliche Weise entwickelt. Alle Menschen, auch mächtige Interessengruppen werden angesichts dieses „Naturschauspiels" zu harmlosen Teilchen im Getriebe des Gesellschaftssystems. Sie erscheinen von Kräften bestimmt und nicht von Interessen und Machtwillen motiviert. Der Gegensatz von Kapital und Arbeit, der Klassenkampf, wurde von Durkheim nicht geleugnet, aber zur Abweichung erklärt, zur Pathologie der organischen Solidarität, die mangels Regelung oder durch Zwang entsteht. Es kommt dann zur „anomischen" Arbeitsteilung, die Durkheim durch drei Erscheinungsformen charakterisierte: Wirtschaftskrisen, die „Feindschaft" zwischen Arbeit und Kapital und den Einheitsverlust der Wissenschaft. Zur Überwindung der durch mangelnde Regulierungsmechanismen bedingten anomischen Arbeitsteilung schlug Durkheim im Vorwort zur zweiten Auflage seiner „Division du travail social" von 1902 die Bildung von sozialen Körperschaften im Stile von Berufskorporationen vor. Sie sollen das „milieu moral" schaffen, das die Individuen und ihre Funktionen integriert und so die Anomie überwinden hilft. Diese Ordnungsfunktion kann nach Auffassung Durkheims weder von der Gesellschaft noch vom Staat erfüllt werden; ihre Wahrnehmung ist allein in der durch den (gleichen) Beruf verbundenen Gruppe gewährleistet, die mit den in ihr auftretenden Problemen aus ihrer eigenen Betroffenheit heraus vertraut ist. Die Vereinigung und Organisation der Träger gleicher Berufe in Korporationen wird somit für Durkheim zur sozialen Notwendigkeit und damit gleichzeitig zum Ausweis dafür, dass für ihn der Mensch als „être social" nur im Rahmen der Gruppe funktionieren kann, in die er integriert ist.

Industriearbeit und Großindustrie als säkulare Rationalisierungsphänomene: Max Weber

Max Weber verstand Arbeit als soziales Handeln, und zwar als eine bestimmte Form von wirtschaftlich orientiertem Handeln innerhalb der Verteilung und Verbindung menschlicher Leistungen zum Zweck der Güterbeschaffung. Er unterschied zwischen disponierender und an Dispositionen orientierter, also ausführender Arbeit und beschränkte den Gebrauch des Begriffs „Arbeit" auf letztere. Die technische Arbeitsteilung bestimmt die soziale Differenzierung in einzelne Berufe und die ökonomische Organisation der Märkte. Die Trennung der Arbeiter vom Eigentum an den Produktionsmitteln sah Weber vornehmlich in Zusammenhang mit der technischen Rationalität der Organisierung der Produktion und der Ausrichtung der Unternehmen auf die Beherrschung der Märkte. Allerdings ist dadurch nur die Trennung des einzelnen Arbeiters von den Produktionsmitteln begründbar, nicht notwendig aber die des Arbeitskollektivs, wie Marx dies gesehen hatte.

Max Weber sah in der Entstehung der Gruppe von Industriearbeitern eines der hervorragendsten Merkmale im Wandlungsprozess von Wirtschaft und Gesellschaft. Im Zentrum von Webers Interesse stand aber zweifellos die Großindustrie als solche, die „das geistige Antlitz

3 Die Soziologie der Industriegesellschaft 81

des Menschengeschlechts fast bis zur Unkenntlichkeit verändert hat".[18] Auch seine empirischen Untersuchungen über die Industriearbeiter dienten in erster Linie dem Zweck, die Merkmale der Großindustrie, ihrer Organisation und ihrer Prinzipien aufzuspüren.

Nach einer Reihe von Untersuchungen über ostelbische Landarbeiter und deutsche Setzer und Buchdrucker begannen 1908 die Erhebungen des Vereines für Sozialpolitik über „Auslese und Anpassung der Arbeiterschaft der geschlossenen Großindustrie", deren Ergebnisse zwischen 1910 und 1915 in sieben Bänden publiziert wurden. Max Weber bekannte sich in der „Methodologischen Einleitung" zur ausschließlich sachlichen und objektiven Feststellung von Tatsachen, zur Werturteilsfreiheit. Die zu behandelnden Problemstellungen waren weit gefasst: Ermittlung der „Einwirkung der geschlossenen Großindustrie auf persönliche Eigenart, berufliches Schicksal und außerberuflichen Lebensstil ihrer Arbeiter, welche psychischen und physischen Qualitäten sie in ihnen entwickelt und wie sich diese in der gesamten Lebensführung der Arbeiterschaft äußern", sowie Feststellung, „inwieweit die Großindustrie ihrerseits in ihrer Entwicklungsfähigkeit, Entwicklungsrichtung an gegebene, durch ethnisch, soziale, kulturelle Provenienz, Tradition und Lebensbedingungen der Arbeiterschaft erzeugte Qualitäten derselben gebunden ist".[19] Weber beabsichtigte damit unter anderem, einen spezifischen Typ von Arbeiter, den modernen Industriearbeiter, als Indikator für die moderne westliche Zivilisation zu beschreiben. Er betonte jedoch, dass solche Erhebungen nur einen Teil der sozialwissenschaftlichen Analyse der modernen Großindustrie darstellten: neben der Arbeiterschaft müssten auch die technische Beamtenschaft und die Unternehmer untersucht werden: Alle diese Untersuchungen vereint würden erst ein Bild von der Kulturbedeutung des Entwicklungsprozesses, den die Großindustrie symbolisiert, geben können.

Die 1909 erschienene Studie Webers „Zur Psychophysik der industriellen Arbeit" geht auf die Experimente und Ergebnisse der psychologischen, experimentalpsychologischen und anthropologischen Forschung seiner Zeit ein.[20] Vor allem die Beiträge des Psychiaters und Psychologen Emil Kraepelin wurden behandelt. Auffallend ist aus heutiger Sicht, dass sich Weber wenig um die sozialen Beziehungen der Arbeiter am Arbeitsplatz und die Auswirkungen dieser Kontakte auf die Produktionsleistung gekümmert hat. Schon die Wahl der psycho-physischen Methode mit ihrem naturwissenschaftlichen Exaktheitsanspruch ließ keinen Platz für das Erkennen und Untersuchen der relativ schwierig zu erfassenden und nicht exakt messbaren Sozialbeziehungen der Arbeiter. Die Untersuchung scheiterte im Stadium der Datenerhebung am Widerstand der Arbeiter. Die Enttäuschung darüber hat vielleicht auch dazu beigetragen, dass Weber nur mehr zwei Beiträge zur Industrieforschung verfasste, die theoretischen und methodologischen Aspekten gewidmet waren. In „Zur Methodik sozialpsychologischer Enquêten und ihrer Bearbeitung" (1909) besprach Weber[21] die

---

[18] Max Weber, Methodologische Einleitung, in: Ders., Gesammelte Aufsätze zur Soziologie und Sozialpolitik, Tübingen 1924, S. 60
[19] Max Weber, Methodologische Einleitung, op. cit., S. 1
[20] In: Gesammelte Aufsätze zur Soziologie und Sozialpolitik, Tübingen 1988 (urspr. 1924), S. 61-255
[21] In: Archiv für Sozialwissenschaft und Sozialpolitik 29/1909, S. 949-958

Untersuchungen A. Levensteins. Seine letzte Wortmeldung zu diesem Themenbereich war sein Diskussionsbeitrag von 1911 über: „Probleme der Arbeiterpsychologie".[22]

Insofern als Webers Interesse an Problemen der Arbeit über die methodologischen Aspekte der Forschung hinaus auf die Erfassung der Kulturbedeutung der Arbeit in den industriellen Großbetrieben gerichtet war, führt von den empirischen Studien ein direkter Weg zu seiner Herrschafts- und Bürokratiekonzeption und der Analyse der Rationalisierungsprozesse in der modernen Gesellschaft, wie sie in „Wirtschaft und Gesellschaft" enthalten sind. Als spezifisches Merkmal des modernen Kapitalismus sah Max Weber die streng rationale Organisation der Arbeit auf Grund rationaler Technik. Die Rationalisierung führt zu Verrechtlichung und Bürokratisierung; diese Prozesse jedoch wurden von Weber als unabdingbare Voraussetzungen der Entwicklung der modernen Industriegesellschaft verstanden.

Die Bürokratie ist die typische Verwaltung der rational-legalen Herrschaft, wie sie der Idee der modernen Gesellschaft zugrunde liegt. Jede Herrschaft – so Weber – äußert sich und funktioniert als Verwaltung und jede Verwaltung bedarf der Herrschaft. Auch der Betrieb ist ein Herrschaftsverband und entwickelt bei rationaler Arbeitsweise eine bürokratische Organisation, das heißt, eine Organisation, welche gekennzeichnet ist durch unpersönliche, sachliche Regeln, die durch Amtsträger im Rahmen ihrer Kompetenzen exekutiert werden. Mitunter verwies Weber auch auf den Charakter der Bürokratie als Herrschaft kraft Wissen (Fachwissen, Dienstwissen). Die bürokratische Herrschaft steht bei Weber für das moderne Beamtentum, das sich in der öffentlichen Verwaltung, aber auch in der Privatwirtschaft, in karitativen Unternehmen, politischen und hierokratischen Verbänden etc. nachweisen lässt. Der Beamte ist persönlich frei und gehorcht nur sachlichen Amtspflichten innerhalb einer Amtshierarchie mit festen Amtskompetenzen. Er ist vertraglich, aufgrund freier Auslese nach Fachqualifikation angestellt und wird mit festen Gehältern in Geld abgegolten. Sein Amt ist der einzige oder zumindest der Haupt-Beruf, sein Vermögen ist getrennt vom Amtsvermögen und es besteht keine Appropriation der Amtsstelle; er unterliegt der Amtsdisziplin und -kontrolle. Sein Beruf vollzieht sich in Form einer Laufbahn nach Amtsalter und/oder Leistung und ist „lebenslänglich".[23] Diese Merkmale sah Weber auch bei den „Industriebeamten" in der Verwaltung der großen Industrieunternehmen.

Die Bürokratisierung als Rationalisierungsprozess der Herrschaft wurde historisch ermöglicht durch die Entwicklung der Geldwirtschaft, die Entfaltung der modernen Großstaaten und Massenparteien, die qualitative Erweiterung des Aufgabenkreises der Verwaltung und durch die Entwicklung der Technik und die Konzentration der sachlichen Betriebsmittel. Sie wurde gefördert durch die Nivellierung der sozioökonomischen Unterschiede in der Massendemokratie und förderte diese ihrerseits. Die Verbindung zwischen Webers Industrieforschung und der Herrschaftssoziologie wird durch sein Interesse an der Kulturbedeutung der Großindustrie als Bürokratie hergestellt. Dabei klingen schon durchaus moderne Proble-

---

[22] In: Gesammelte Aufsätze zur Soziologie und Sozialpolitik, op. cit., S. 424-430
[23] Max Weber, Wirtschaft und Gesellschaft, Tübingen 1972 (urspr. 1922), S. 125ff

me an, die durch den Gegensatz von Warenökonomie („Markt") und Produktionsorganisationen („Bürokratie") bestimmt sind.

Die gesellschaftstheoretischen Ansätze von Durkheim und Weber waren noch vom „Modell einer mit Arbeit befassten, von ihrer Rationalität vorausgetriebenen, von Arbeitskonflikten erschütterten bürgerlichen Erwerbsgesellschaft"[24] bestimmt. Erst in der US-amerikanischen Soziologie wurden Industrialisierung und gesellschaftliche Evolution gleichgesetzt.

Gesellschaftliche Evolution als Konvergenz durch Industrialisierung

In den 50er und 60er Jahren des vergangenen Jahrhunderts entstand in den USA ein starkes Interesse am Vergleich von Gesellschaftssystemen, wobei das Ausmaß der Industrialisierung den grundlegenden Maßstab darstellte. Industrialisierung wurde als ein evolutionärer Prozess begriffen, auf dessen höchster Stufe sich die USA befanden. Die strukturellen und institutionellen Merkmale der amerikanischen Gesellschaft wurden zu den Bezugspunkten der vergleichenden Analyse. Auch Wertsysteme und Einstellungen wurden erforscht, wobei wieder das amerikanische Ideal der offenen Leistungsgesellschaft als Gradmesser diente.

Den modernen Gesellschaften wurden charakteristische Merkmale zugewiesen, die als Effekte der Industrialisierung gesehen wurden und die Idee entstehen ließen, dass der Industrialisierungsprozess eine eigene Logik aufweise, die in allen Fällen zum Tragen komme und eine gewisse Einheitlichkeit des Prozesses bedinge, an dessen Ende die entwickelte oder „entfaltete" Industriegesellschaft stehe (Konvergenzthese).

„Industrialisierung" bedeutet dabei zunächst eine Veränderung der Methoden und der Organisation der Produktion, die gekennzeichnet sind

- durch verstärkten Einsatz von Maschinen und Techniken (Technisierung), die die menschliche Arbeit teilweise ersetzen, teilweise ihren Einsatz rationeller und produktiver machen;
- durch die Tendenz, alle Bereiche der Produktion industriell zu organisieren;
- durch die Tendenz, alle Produktionsfunktionen aus der Familie und dem Haushalt hinauszuverlagern und in einem Betrieb zu konzentrieren;
- durch den Aufbau hierarchisch und funktional strukturierter Organisationen, in denen mit spezialisierten Fertigkeiten und nach rational geplanter Arbeitsvorgabe gearbeitet wird.
- Industrialisierung bedeutet auch eine dynamische Entwicklung von Technik, Wirtschaft und Wissenschaft; eine Ausrichtung auf ständigen technisch-ökonomischen Fortschritt.

Über diese technisch induzierten, ökonomisch manifesten Merkmale hinaus hat der Industrialisierungsprozess auch die soziale Struktur der Gesellschaften, ihr politisches System und

---

[24] Helmut Schuster, Industrie und Sozialwissenschaften. Eine Praxisgeschichte der Arbeits- und Industrieforschung in Deutschland, Opladen 1987, S. 4

ihre kulturelle Lebensweise verändert. Als Merkmale, die im Laufe der Industrialisierung in den Gesellschaften hervortreten, werden angeführt:

- Spezialisierte und hochqualifizierte Arbeitskräfte bei hoher Mobilität in einer offenen Gesellschaft sowie die starke Differenzierung der Arbeitskräfte nach Branchen, Berufen, Arbeitsbedingungen;
- ein Erziehungssystem, das sich an den industriell notwendigen Fertigkeiten und Fachkenntnissen ausrichtet und an ständigem wissenschaftlichem Fortschritt orientiert ist. Ein hohes Bildungsniveau ist daher ein Charakteristikum der entwickelten Industriegesellschaft und Bildung ist ein wesentliches Mittel des sozialen Aufstiegs;
- die zunehmende Verstädterung und die zentrale Bedeutung städtischer Kultur und Gesellschaft;
- die große Bedeutung staatlicher Aufgaben (je später die Entwicklung zur Industriegesellschaft einsetzt, umso stärker);
- die Beziehungen zwischen Management und Arbeitnehmer sind durch Regeln über die gegenseitigen Rechte und Pflichten bestimmt.

Die Theorie des Industrialismus ging davon aus, dass sich im Laufe der Industrialisierung die Gesellschaften evolutionär entwickeln und man in diesem soziokulturellen Evolutionsprozess höchstens Stufen und Schwellen einerseits, geringfügige Variationen andererseits unterscheiden könne, der Prozess selbst aber von einer inneren Logik der Industrialisierung geleitet werde:

„Der Begriff Industrialisierung bezeichnet den tatsächlichen Verlauf des Übergangs von der traditionellen Gesellschaft zur entfalteten Industriegesellschaft. Die ‚reine Industriegesellschaft‘ hingegen ist eine Abstraktion, ein Ziel, dem sich der Industrialisierungsprozess im Laufe der Geschichte annähert. Sie bedeutet einen Zustand, den der Industrialisierungsprozess implizit anstrebt. Selbst die ökonomisch am weitesten entwickelten Länder sind zu einem bestimmten Grad und in einer gewissen Hinsicht unterentwickelt. Sie zeigen noch immer Züge früherer Entwicklungsstufen, welche die innere Logik des Industrialisierungsprozesses verdecken."[25]

„Der Ausgangspunkt einer Gesellschaft und der Weg, den sie einschlägt, werden wahrscheinlich auf lange Sicht den Typ ihrer Industrie beeinflussen, letztlich aber entwickeln sich alle Gesellschaften entsprechend der immanenten Logik der Industrialisierung. Die reine industrielle Gesellschaft wird die ganze Welt umfassen [...]."[26]

Die bestehenden Gesellschaftsstrukturen formen und begrenzen die inhärenten Möglichkeiten und die Eigendynamik des Industrialisierungsprozesses, der aber zur tendenziellen Angleichung der Normen, Institutionen und Strukturen der Gesellschaften führt. In der Folge kamen Sozialwissenschaftler zu Schlussfolgerungen über die Zukunft der „Entwicklungslän-

---

[25] Clark Kerr/John T. Dunlop/F. H. Harbison/Charles A. Myers, Der Mensch in der industriellen Gesellschaft, Frankfurt/Main 1966, S. 43
[26] Ebenda, S. 59

der" und auch zu Hypothesen, die die Angleichung kapitalistischer und sozialistischer Gesellschaftssysteme betreffen, so dass sich mit der „weltweiten und totalen Industrialisierung ein neues Zeitalter ankündigt", wie Kerr et al. meinten.

Eine vorsichtigere Interpretation bot Raymond Aron an, für den die Konvergenzhypothese ein Instrument zur Leitung konkreter empirischer Forschung und weniger eine Annahme ist, die bewiesen oder widerlegt werden muss. Auch den Begriff „Industriegesellschaft" selbst fasste Aron als einen analytischen Begriff und nicht als Bezeichnung für konkrete Gesellschaften auf. Als Analyseinstrument ist der Begriff zentriert um das Merkmal der großbetrieblichen Arbeitsorganisation, das die Trennung von Produktionsstätte und Wohnort, die technologische Arbeitsteilung, die Kapitalakkumulation, rationale ökonomische Kalkulation, die Konzentration der Arbeiter im Betrieb umfasst. Die herrschende Klasse in der Industriegesellschaft setzt sich Aron zufolge aus Managern, Bankiers und Ingenieuren zusammen. Alle industriellen Gesellschaften zusammen bilden ein internationales Industriesystem, aber keine konkrete Gesellschaft repräsentiert die Industriegesellschaft, denn alle Gesellschaften haben unterschiedliche historische Voraussetzungen und Verläufe der Industrialisierung aufzuweisen.[27]

Die Industriegesellschaft als „Leistungsgesellschaft"

„Industrial society refers to more than machines and markets: it refers to men and institutions locked in the network of relationships dominated by economic mores and folkways."[28] Die „configuration of technology, economy, and business values", die die Industriegesellschaft darstellt, ließ eines der expansivsten Kultursysteme entstehen, das die Welt jemals hervorgebracht hatte, und dessen Institutionen vorwiegend durch ökonomische Werte bestimmt sind. Es kam zu einem Konsensus in Bezug auf grundlegende Wertvorstellungen, die für Industriegesellschaften wichtig sind (Hochschätzung von Technik und Wirtschaft, Wissen, Chancengleichheit, Leistung) und zur Beschränkung des Bevölkerungswachstums. In den städtisch dominierten Industriegesellschaften entstanden Lebensweisen und Vorstellungswelten, in denen die Erwerbsarbeit eine dominierende Rolle einnimmt und der Beruf in Form industrieller Arbeit auftritt. „Industrial urbanism is largely a work culture [...]. It is a culture that judges man by his will to work, the efficiency of his work, and what he gets out of his work above mere subsistence."[29] Die Industriegesellschaft wurde zu einer „achieving society", in der Leistung und wirtschaftlicher Erfolg dominieren und die Stellung und das Ansehen der Menschen bestimmen.[30] Talcott Parsons hob die Rolle der Leistungsmotivation („motivation

---

[27] Raymond Aron, Die industrielle Gesellschaft. 18 Vorlesungen, Frankfurt/Main-Hamburg 1964
[28] Delbert C. Miller/William H. Form, Industrial Sociology, New York-London 1967, S. 812
[29] Nels Anderson, Dimensions of Work, New York 1964, S. VII
[30] Historisch gesehen lässt sich eine Reduktion des Leistungsbegriffs auf wirtschaftliche Leistung orten. Im Mittelhochdeutschen bedeutet „Leisten" Pflichterfüllung, später nahm es die Bedeutung „gewähren", „verrichten" an und heute bedeutet es das Ergebnis einer Arbeit, wobei die Eigenschaft der Vergleichbarkeit durch Messen impliziert ist. Schon der Begriff „Leistung" impliziert im Deutschen etwas anderes als das englische „achievement", das viel mehr auf den Erfolg und Erwerb abstellt, während das deutsche Wort „Leistung" immer auch

to achievement") und die Internalisierung und Institutionalisierung von Werten für die industrielle Gesellschaft hervor: Die Bevölkerung muss hoch motiviert sein, den Zielen der Produktion zu dienen: und die Menschen müssen bereit sein, sich in Aufgaben zu betätigen, die diesem Ziel im Rahmen spezifischer Organisationen dienen, welche getrennt sind von nichtproduktiven Bereichen.[31] McClelland hat in seinem Vergleich von Leistungs- und Nicht-Leistungsgesellschaften besonderes Augenmerk auf die Tatsache des wirtschaftlichen Wachstums gelegt und die Rolle der Leistungsmotivation besonders betont. Als Wachstumsmotiv erwies sich im Europa der letzten zweihundert Jahre die Industrie und damit ergibt sich eine gewisse Identität von Industriegesellschaft und Leistungsgesellschaft.[32]

Parsons definierte die Wirtschaft als adaptives Subsystem der Gesellschaft und untersuchte die Frage, welche gesellschaftlichen Strukturen einer industriellen Wirtschaft entsprechen. Kultur, Institutionen und das politische System der Gesellschaft müssen in bestimmter Weise funktionale Beiträge leisten. Aus dem Kultursystem müssen die inneren Anstöße und Motive für Leistung und Erwerb kommen: das institutionelle System muss die Möglichkeiten zu ihrer Realisierung durch den ökonomischen Komplex von Vertrag, Eigentum und Beruf und den politischen Komplex von Autorität, Führung und Regelung bieten. Ein entsprechendes Rechtssystem und soziale Kontrollformen müssen industrielle Aktivitäten legitimieren und schützen.[33]

Einer industriellen Wirtschaft entsprechen die institutionellen Merkmale eines Rechtssystems, das auf Vertrag beruht, insbesondere in Bezug auf Eigentum und Arbeit. Vertragsrecht entspricht den Anforderungen eines Marktsystems, in dem jeder frei und auf Grund von Vertrag Eigentum erwerben und weitergeben und seine Arbeitskraft, seine Fähigkeiten und Fertigkeiten durch freie vertragliche Verpflichtungen an den Nachfrager binden kann. Führung bedeutet im Hinblick auf die politische Institutionalisierung eine vertikale soziale Differenzierung: sie kann sich auf die Herrschaft/Autorität einer Reihe von Personen oder einer Gruppe beziehen, oder aber auf die Festlegung von Grenzen, innerhalb derer Verhaltensweisen toleriert werden (Regelungen). Auch die vertikale Differenzierung wird in industriellen Gesellschaften funktional legitimiert, d. h. durch den Beitrag der Rollenträger zur Erhaltung und Entwicklung der Gesellschaft.

Leistung wird zum hypothetischen Beitrag, den ein Mensch in einer bestimmten Berufsposition kraft der Anforderungen, die an ihn in dieser Position gestellt werden, in einer funktional differenzierten Gesellschaftsordnung zur Erhaltung und Weiterentwicklung derselben erbringt. Hondrich/Schumacher differenzieren vier Dimensionen von „Leistung":

„Leistung für" mitdenken lässt und daher einen stärkeren Ganzheitsbezug und Nähe zum Begriff „Dienst" aufweist. Durch die Diffusion amerikanischen sozialwissenschaftlichen Denkens im letzten halben Jahrhundert kam es aber zu einer weitgehenden Angleichung der Konnotationen.

[31] Talcott Parsons, The Motivation of Economic Activities, in: Neil J. Smelser, Readings on Economic Sociology, Englewood Cliffs, N. J., 1965, S. 53-65

[32] David McClelland, Die Leistungsgesellschaft, Stuttgart 1966

[33] Talcott Parsons, Some Principal Characteristics of Industrial Societies, in: Structure and Process in Modern Societies, New York 1965, S. 132-168

Zielgerichtetheit, Anstrengung, Ergebnis, Angemessenheit.[34] Leistung wird in erster Linie am Erfolg gemessen; Erfolg aber bemisst sich an dem erreichten Rang der beruflichen Position. Nicht mehr das Eigentum an Produktionsmitteln beweist, dass jemand „Erfolg" hat, dass er etwas „leistet", sondern der Positionsrang in einer arbeitsteilig durchorganisierten Arbeitnehmergesellschaft.

Für die modernen Gesellschaften erfüllt das Leistungsprinzip vier Funktionen:

- die Entschädigungsfunktion (Entschädigung für Kosten der Leistung),
- das Äquivalenzprinzip nach dem Grundsatz der sozialen Gleichheit: „Gleicher Lohn für gleiche Leistung",
- das Produktivitätsprinzip, d. h. die Gratifikation für Leistung als Anreiz für bessere oder messbar größere Leistung, und
- die Allokationsfunktion (Zuweisung von Personen an Positionen).[35]

Jeder Mensch, der eine Berufsposition, wie niedrig sie auch immer bewertet sein mag, innehat, trägt zur Gesamtleistung bei, nicht jedoch diejenigen, die außerhalb des offiziellen Erwerbssystems arbeiten (Hausarbeit, freiwillige Hilfe, Schwarzarbeit etc.). Den Leistungsbeiträgen entsprechen Gratifikationen, die sich nach dem ökonomischen Wert, d. h. der Knappheit der der Leistung zugrunde liegenden Fähigkeiten und Fertigkeiten richten. Die Ungleichheit der Gratifikationen (Einkommen, Ansehen, Macht) ist somit durch die gesellschaftliche Nützlichkeit legitimiert. Jeder kann in dieser Gesellschaft unbeschadet seiner Herkunft jede Position in der Gesellschaft und die damit verbundenen Gratifikationen erreichen, wenn er die dafür erforderlichen Kenntnisse, Fähigkeiten und Fertigkeiten aufweist, behauptet zumindest die funktionalistische Theorie bzw. die ihr zugrunde liegende Ideologie der „offenen Gesellschaft", deren Grundprinzip die Chancengleichheit ist. Das Konzept der Leistungsgesellschaft stellt eine Antithese zur Klassengesellschaft dar, denn ihre Voraussetzungen sind die Funktionalität aller Positionen und damit der zwar unterschiedlich hohe, aber allen Positionen immanente Leistungsbeitrag.

---

[34] Karl-Otto Hondrich/Jürgen Schumacher u. a., Krise der Leistungsgesellschaft? Opladen 1988, S. 57ff
[35] Claus Offe, Leistungsprinzip und industrielle Arbeit, Frankfurt/Main 1977

4 Von der Arbeiterforschung zur Soziologie der industriellen Arbeit

Empirische Untersuchungen zu Lebenslage und Einstellungen der Arbeiter

Im Laufe des 19. Jahrhunderts wurden in allen europäischen Ländern sozialreformerisch oder sozialpolitisch motivierte Untersuchungen durchgeführt, die teilweise von Privatpersonen, teilweise von staatlichen Stellen initiiert waren. Einer der ersten, der eine empirische Untersuchung über Arbeiter durchführte, war Frédéric Le Play. In seinem 1855 erschienenen Hauptwerk „Les ouvriers européens" präsentierte Le Play eine Auswahl von 57 Monographien einzelner Familien aus verschiedenen handwerklich-gewerblichen oder industriellen Bereichen und aus wirtschaftlich unterschiedlich geprägten Regionen, deren Lebensweise er detailliert beschrieb. Den Kern der Beschreibung stellte das Familienbudget dar, die Struktur der Einnahmen und Ausgaben.

In Großbritannien wurden schon seit den 30er Jahren des 19. Jahrhunderts zahlreiche empirische Untersuchungen auf Basis privater Initiativen durchgeführt mit dem Zweck, Verbesserungsvorschläge in Bezug auf die Lebensbedingungen der Arbeiter außerhalb der Fabriken zu machen und gesetzliche Maßnahmen zu fordern. Insbesondere zielte man in sozialreformerisch orientierten Kreisen auf Verbesserungen durch Erziehung und Bildung sowie gesundheitsfördernde Maßnahmen. Diese Studien wurden oft mit der Bezeichnung „social science" in Verbindung gebracht. Auf der anderen Seite konnten durch parlamentarische Ausschüsse oder durch vom König eingesetzte „Royal Commissions" Enquêten veranlasst werden, auf die sich gesetzliche Maßnahmen stützten. Auch die Studie von Friedrich Engels über „Die Lage der arbeitenden Klassen in England" von 1844 erfolgte im Auftrag der „Royal Commission". Engels stützte sich dabei auf Material, das von den bürgerlichen Sozialreformern stammte. Eine der umfangreichsten Untersuchungen der Zeit war die von Charles Booth geleitete Studie über „Life and Labour of the People of London", die zwischen 1892 und 1902 in 17 Bänden mit Daten, die über vier Millionen Personen betrafen, veröffentlicht wurde.

Karl Marx selbst leitete die so genannte „enquête ouvrière", wobei in einer sozialistischen Zeitschrift ein von ihm verfasster Fragebogen veröffentlicht wurde. Die Arbeiter wurden aufgefordert, den Fragebogen auszufüllen und zusätzlich ihre Erfahrungen in Bezug auf ihre Lebens- und Arbeitssituation darzustellen. Die Enquête hatte aufgrund der geringen Rücklaufquote keinen Erfolg, aber sie ist trotzdem wichtig als ein frühes Dokument „kritischer Sozialforschung". Zum einen zielten die Fragen auf die umfassende Ermittlung der Situation der Arbeiter einschließlich der Aspekte, die in „bürgerlichen" Untersuchungen ausgespart wurden. Zum anderen wurden die Arbeiter aufgefordert, ihre eigenen Erfahrungen zu schildern. Damit zielte die Enquête auch darauf ab, dass die Arbeiter im Zuge der Dokumentation sich ihrer eigenen Situation bewusst werden sollten; sie war also nicht nur ein methodisches Instrument, sondern sollte gleichzeitig bewusstseinsverändernd wirken und damit praxisrelevant sein.

4 Von der Arbeiterforschung zur Soziologie der industriellen Arbeit

In Deutschland waren es vor allem die Untersuchungen des „Vereins für Sozialpolitik", die sich empirisch mit der „sozialen Frage" befassten. Dieser war von Vertretern der historischen Schule der Nationalökonomie 1873 als Forum zur Formulierung der sozialreformerischen Bestrebungen der „Kathedersozialisten" gegründet worden. Diese Gruppe von akademischen Sozialreformen zielte darauf ab, empirische Grundlagen für die staatliche Sozialpolitik, die als bestes Mittel zur Lösung der „sozialen Frage" angesehen wurde, bereitzustellen. Die Themen der Enquêten umfassten die Fabriksgesetzgebung, das Lehrlingswesen, Heimarbeit und Hausindustrie, Landarbeiterprobleme, Wohnungsnot etc. Heinrich Herkner befasste sich mit den psychischen und arbeitsmotivationalen Aspekten der Arbeit. Er untersuchte die Lust- und Unlustempfindungen bei der Arbeit und versuchte eine Charakterologie der Arbeit zu betreiben. Er stellte eine Reihe objektiver Veränderungen des Charakters der Arbeitstätigen im Zuge der Industrialisierung durch die Verminderung der selbständigen Stellung der Arbeit, die Verschärfung der Arbeitsteilung, die Zunahme der Maschinenarbeit, die Ausdehnung der Akkordarbeit, strengere Werkstättendisziplin und die Zuspitzung der sozialen Gegensätze fest. Diese Bedingungen hatten seiner Meinung nach Einfluss auf „Leid und Freud" des Arbeitslebens; Ermüdung, Krankheit, nervliche Belastung traten häufiger auf als früher. Er sah einen Prozess der Destruktion traditioneller positiver Arbeitshaltungen durch die Industrialisierung und Mechanisierung. Arbeitsfreude fließt nach Herkner aus der Betätigung im Sinne der traditionellen Qualifikationen, setzt also eine Berufsausbildung und ein spezielles Berufswissen und berufliche Fertigkeiten voraus. Derartige Arbeit sei kaum mit Unlustgefühlen verbunden und daher auch nicht in demselben Sinne Arbeit wie etwa die „seelenlose" Fabriksarbeit. Aufgabe der Wissenschaft sei es nun, diese Arbeitsfreude wieder herzustellen und zu ermöglichen. Als besonders abträglich für die Arbeitsfreude verstand Herkner die Beeinflussung der Arbeitenden durch die Ideologie der Arbeiterbewegung, da diese auf Ungerechtigkeiten und Missstände hinweise und damit ihre Arbeitsunlust fördere.

Adolf Levenstein untersuchte 1912 den ursächlichen Zusammenhang zwischen Technik und Seelenleben bei Bergleuten, Textilarbeitern und Metallarbeitern verschiedener Qualifikations- und Altersstufen in mehreren Regionen Deutschlands. Seine zentrale Fragestellung war: Was für Menschen prägt die moderne Großindustrie unter dem Drucke privatwirtschaftlicher Ökonomie? Welche Kräfte bilden das Gegengewicht einer etwaigen psychischen und physischen Entartung? Auf Grund seiner Untersuchungen kam er zu einer Unterscheidung von vier Idealtypen der Einstellung zur Arbeit und deren Bedingungen, obschon die Arbeit prinzipiell als bedeutsam erkannt wurde. In einer zweiten kleineren Gruppe von Antworten fiel die positive Haltung zur Arbeit auf. Diese war durch höhere Qualifikation und mehr Abwechslung und geringere körperliche Belastung gekennzeichnet. Von einer dritten Gruppe wurde Arbeit als allgemeine menschliche Verpflichtung gesehen und positiv bewertet. Schließlich zeigte eine große Gruppe eine kritische und ablehnende Haltung zur Arbeit auf Grund ihres gesellschaftlichen Charakters: Diese Arbeiter lehnten zwar nicht die konkrete Arbeit als solche ab, sie lehnten nur die gesellschaftlichen Bedingungen ab, unter denen sich diese Arbeit vollzog.

Im Jahre 1828 legte Hendrik de Man ausführliche Aussagen von 78 Industriearbeitern und Angestellten unter dem Titel „Der Kampf um die Arbeitsfreude" vor. Sie beschrieben ihren beruflichen Werdegang und ihre Arbeitstätigkeit und beantworteten Fragen wie: „Von welchen Gefühlen sind Sie beherrscht gegenüber den Arbeitsmitteln, den Arbeitskollegen, den

Vorgesetzten, ihrer Arbeitstätigkeit, ihren gewohnten Tätigkeiten außerhalb des Betriebes?" Die Befragten waren hauptsächlich junge, meist gelernte und überdurchschnittlich qualifizierte, gewerkschaftlich und politisch organisierte Arbeiter und Angestellte, de Man nannte sie eine bildungshungrige Elite. Diese Befragten bekundeten eine positive Einstellung zu den technischen, stofflichen und kooperativen Bedingungen ihrer Tätigkeit einerseits und eine negative Haltung zu den gesellschaftlichen Produktionsbedingungen andererseits. De Man sah die Arbeitsfreude als natürliche Antriebskraft der Menschen an, es gibt eigentlich keine die Arbeitsfreude fördernden Momente, sondern nur hemmende, Arbeitsfreude verlangt gar nicht danach, gefördert zu werden: es genügt, wenn sie nicht gehemmt wird. Die Hemmungsfaktoren der Arbeitsfreude können in der Arbeitstechnik bestehen, in innerbetrieblichen sozialen Bedingungen oder aber in außerbetrieblichen sozialen Verhältnissen.

Sowohl Levensteins wie de Mans Untersuchungsergebnisse reflektierten den Bewusstseinsstand der höher qualifizierten und gebildeteren Schichten der Arbeiterklasse in der ersten Hälfte dieses Jahrhunderts mit ihrem relativ stark ausgeprägten Bewusstsein der gesellschaftlichen Verhältnisse. Die Industrie- und Arbeiterstudien wandelten sich in der Folge der gesellschaftlichen Entwicklung von einer Orientierung an der Beschreibung und Analyse von Lebenslagen über Ideen-Studien zu auf sozialpolitische Gestaltung abzielende „Tat-Studien" in den 20er und 30er Jahren.[36]

Die Soziologie der Arbeit im Industriebetrieb

Die Arbeitssoziologie entstand, nachdem die Entwicklung industrieller Produktion und ihr Zusammenhang mit den Formen und Strukturen der Arbeit zu einem zentralen Problem der Gesellschaft geworden war.[37] Die Variationen hinsichtlich Ziel und Gegenstandsdefinition der Arbeitssoziologie in den einzelnen gesellschaftlichen Kontexten spiegeln deren spezifische Merkmale wider. Sie erhielten Impulse aus der amerikanischen Industrieforschung, der deutschen Betriebssoziologie und der Arbeitsforschung im Rahmen der Psycho- und Soziotechnik. Ihre dominanten Problemstellungen kreisten um die industrielle Arbeit und den Industriebetrieb, wobei allerdings fast ausschließlich nur der technische Wandel als unabhängige Variable, deren Auswirkungen für Betrieb und Arbeiter erforscht werden sollten, betrachtet wurde.

In Deutschland wandte man nach der Konzentration auf die psychotechnische Arbeitswissenschaft vor allem dem Phänomen des Industriebetriebes große Aufmerksamkeit zu. Hierfür war die Bürokratietheorie Max Webers von prägender Bedeutung. In den 20er und 30er Jahren dominierte eine sozialpolitisch engagierte Betriebssoziologie, die sich vor allem im Berliner „Institut für Betriebssoziologie und soziale Betriebslehre" und um die Person Götz Briefs entwickelte. Auch Walter Jost, Willy Hellpach, L. H. A. Geck und E. Rosen-

---

[36] Helmut Schuster, Industrie und Sozialwissenschaften. Eine Praxisgeschichte der Arbeits- und Industrieforschung in Deutschland, Opladen 1987, S. 4

[37] Siehe dazu auch: Fritz Vilmar/Leo Kißler, Arbeitswelt: Grundriss einer kritischen Soziologie der Arbeit, Opladen 1982, S. 41

4 Von der Arbeiterforschung zur Soziologie der industriellen Arbeit

stock (Frankfurter Akademie der Arbeit) sind in diesem Zusammenhang zu nennen. Daneben gab es in Deutschland eine Reihe einzelner Arbeiten, etwa von Heinrich Herkner, Ferdinand Tönnies, Emil Lederer oder Theodor Geiger, die sich mit Industriearbeit und Industriegesellschaft befassen.

In den USA erwiesen sich vor allem die Untersuchungen der Gruppe um Elton Mayo, die die „human relations"-Forschung begründeten, als überaus einflussreich. Sie zeichneten sich dadurch aus, dass der sozialen Organisation im Betrieb eine quasi unabhängige Rolle neben der technischen Organisation zugewiesen wurde. Sie waren daher auch konstitutiv für das, was dann nach dem Zweiten Weltkrieg im Zuge der amerikanischen Einflüsse als moderne Betriebssoziologie internationale Geltung errang.

Die französische Sociologie du Travail, die die industrielle Arbeit als solche in den Kernbereich der Betrachtung stellte, und eine eigene Forschungs- und Lehrtradition entwickelte mit einer Art „Schule" der Arbeitssoziologie (der „Groupe de Sociologie du Travail") und einer eigenen Zeitschrift, „Sociologie du Travail", entstand rund um die zentrale Figur Georges Friedmanns. In den „klassischen" Untersuchungen Friedmanns ging es vor allem um die Erforschung der Auswirkungen der Fließbandarbeit auf die Einstellungen, Beziehungen und Verhaltensweisen der Arbeiter. Die Veröffentlichung, die in gewisser Weise diese Forschungsrichtung begründete, war „Traité de Sociologie du Travail", die von G. Friedmann und Pierre Naville 1961 herausgegeben wurde und in den 50er Jahren entstandene Arbeiten umfasste. Die Bereiche, die darin behandelt wurden, waren die Soziologie der Technik, der Produktion und der Arbeit, die Psycho-Soziologie der Arbeit, die industriellen Beziehungen und die Beziehung von Arbeit und Freizeit. Die „Sociologie du Travail" verstand sich darüber hinaus als Soziologie der industriellen Gesellschaft, ihre Methode war empirisch-positivistisch, unter besonderer Berücksichtigung psychologischer Aspekte und starker Rezeption der US-amerikanischen Industrieforschung. Sie gab sich praxisrelevant und modern.[38] Inventarien der in der Folge durchgeführten Forschungsarbeiten und Studien belegen die Dominanz der Themen „Industrie", „Arbeiter", „Großbetriebe" und die große Bedeutung der Technologie als Erklärungsfaktor.[39]

Einen weiteren Markstein in der Entwicklung der Analyse der industriellen Arbeitswelt stellte der in den 50er Jahren in Großbritannien entwickelte soziotechnische Ansatz der Arbeits- und Organisationsgestaltung dar, der in enger Zusammenarbeit mit dem norwegischen Industrieforscher Einar Thorsrud und seinem Konzept der industriellen Demokratie entstand und vor allem in den 60er und 70er Jahren großen Einfluss hatte. In dieser Zeit kam es auch zu Diskussionen über die „Humanisierung der Arbeitswelt", die Leitvorstellungen arbeitssoziologischer Forschung vor dem Hintergrund von Massenproduktion, Wohlfahrtsstaat und der Entwicklung neuer Technologien, die die Arbeit in Produktion und Büro verändern soll-

---

[38] Dominique Monjardet, In Search of the Founders: the Traités of the Sociology of Work, in: Michael Rose (ed.), Industrial Sociology: Work in the French Tradition, London 1987, S. 112-119

[39] Pierre Dubois/Riva Kastoryano, An Inventory of Current Research on Work (1983), in: Michael Rose (ed.), op. cit., S. 39-57

ten. Die Diskussionen orientierten sich jedoch noch stark an der Kritik der repetitiven Arbeitsformen und den bürokratischen Tendenzen der großen Industrieunternehmen. Große Beachtung fand etwa die Kritik Harry Bravermans, der die allgemeine „Degradation" der Arbeit und die Ausdehnung des Taylorismus auf alle Berufsgruppen inklusive der Wissenschaft im modernen Kapitalismus behauptete.[40]

Karl Dunkmann hatte den Objektbereich der Arbeitssoziologie nicht auf die Industriearbeit beschränkt, sondern bezog ihn auf Gesellschaft, Wirtschaft und Eigentumsordnung.[41] Theodore Caplow interpretierte die Arbeitssoziologie als Studium der Differenzierung arbeitsbegründeter sozialer Rollen[42], und Georges Friedmann als „étude, sous leurs divers aspects, de toutes les collectivités humaines qui se constituent à l'occasion du travail".[43] Der sich als Gegenstandsbereich der Arbeitssoziologie tatsächlich konstituierende Ausschnitt der Wirklichkeit aber war die produktive Arbeit im Industriebetrieb, und die Forschungsperspektive war auf die Erklärung und Beeinflussung des industriellen Leistungsverhaltens und der Einstellungen der Industriearbeiter in Abhängigkeit von den technisch-organisatorischen Bedingungen der Produktion gerichtet.

Spezielle Soziologien der modernen Arbeitswelt

Eine Spezialisierung innerhalb der Soziologie, soweit sie sich mit Problemen der Arbeit auseinandersetzte, entwickelte sich nach den Schwerpunkten: Industrialisierungsprozess, Industriebetrieb, Berufe oder industrielle Arbeit. Die Arbeitssoziologie wurde zu einem speziellen Forschungsbereich neben der Industriesoziologie, der Betriebssoziologie und der Berufssoziologie. Eine Affinität besteht auch zur Arbeitswissenschaft, die aus Psychotechnik, technischer Arbeitslehre und den Zeit- und Bewegungsstudien entstanden ist. Mitunter wird die Arbeitssoziologie unter die „Arbeitswissenschaften" subsumiert und diese sehr weit interpretiert.[44]

Die vier Forschungs- und Objektbereiche der Industrie, des Betriebes, der Berufe und der „Arbeit" greifen stark ineinander, vor allem deswegen, weil sie sich alle in einer bestimmten Art und Weise mit der Frage der „qualitativen" Auswirkung des technischen Wandels beschäftigen. Das Feld, in dem sich dieser bis in die zweite Hälfte des 20. Jahrhunderts hinein am deutlichsten manifestierte, war die industrielle Produktion.

Die Industriesoziologie und die Arbeitssoziologie sind besonders eng miteinander verbunden, wobei sich teilweise nationale Traditionen mehr mit dem einen oder anderen Titel bezeichnen: was in Frankreich die „Sociologie du Travail" ist, wird im britischen und US-

---

[40] Harry Braverman, Labor and Monopoly Capital. The Degradation of Work in the Twentieth Century, New York-London 1974 (dt.: Die Arbeit im modernen Produktionsprozess, Frankfurt/Main-New York 1980)

[41] Karl Dunkmann, Soziologie der Arbeit, Halle a. d. S. 1933, S. 14

[42] Theodore Caplow, The Sociology of Work, London 1964, S. 4

[43] Georges Friedmann/Pierre Naville, Traité de sociologie du travail, Bd. 1, Paris 1961, S. 26

[44] Friedrich Fürstenberg, Einführung in die Arbeitssoziologie, Darmstadt 1977

amerikanischen Kontext meist im Rahmen der „industrial sociology" betrieben, wenn es auch eine „sociology of work" gibt.

Die Industriesoziologie hat einen Wandel von einer Soziologie der großindustriellen Produktion über eine überwiegende Behandlung von Arbeitsverhalten und -einstellungen zu einer Soziologie der industriellen (und nach-industriellen) Gesellschaft vollzogen. In der Betriebssoziologie ging die Entwicklungsrichtung von der Human-Factor-Betrachtung der Psychotechnik über die Human-Relations-Studien zur Organisationssoziologie. Allerdings gewann die Organisationsperspektive auch innerhalb der Industriesoziologie große Bedeutung, so dass Miller/Form von einer Konvergenz von Industrie- und Organisationssoziologie als „sociology of work organizations" sprechen.[45] Die Berufssoziologie nahm ihren Ausgang von der „Entdeckung" der Angestellten, wandte sich in der Folge der Frage nach den Auswirkungen der technischen und wirtschaftlichen Veränderungen auf die Berufestruktur und die Qualifikation in den einzelnen Berufen zu; sie beschäftigt sich insbesondere auch mit den professionellen Berufen. Die Berufssoziologie ist im deutschen Sprachraum weiter gefasst, während sie sich in den USA vornehmlich auf die „professions" bezieht.

Die Ausweitung arbeitssoziologischer Untersuchungen über die industrielle Arbeit hinaus erfolgte im Zuge der Tertiarisierung der Wirtschaft. Der Dienstleistungssektor wurde zum beschäftigungsstärksten Bereich, während der Bereich der industriellen Produktion auch innerhalb des sekundären Sektors schrumpfte. Dennoch kam es nicht zur Entwicklung einer Soziologie der Dienstleistungsarbeit über eine Reihe von Untersuchungen hinaus. Die Gründe dafür lagen in der rasanten Veränderung der technologischen Grundlagen durch die Mikroelektronik, die über alle Berufe und Branchen hinweg neue Arbeitsformen entstehen ließ.

Im Folgenden werden die wichtigsten Themen und Problemstellungen von drei mit Industrie und Arbeit sehr eng verbundenen Perspektiven dargestellt: In dem „Organisation, Technik und Unternehmen" betitelten Teil beschäftigen wir uns mit der betrieblichen Perspektive der Arbeit, wie sie sich aus drei Aspekten: Organisation, menschliches Verhalten, Technik zusammenfügt. Dabei geht es zum Großteil um Forschungsprobleme und -ergebnisse, die zum Grundbestand der Arbeits- und Industriesoziologie gehören. Diese werden ergänzt durch ein Kapitel, das die Flexibilisierung der Unternehmen und die Auswirkungen von neuen Managementstrategien auf die soziale Struktur der Betriebe thematisiert, wie sie im Zuge des technischen Wandels, der Globalisierung und der Restrukturierung der betrieblichen Organisationen zu verzeichnen sind. Dies legt auch die Entstehung einer Unternehmenssoziologie nahe.

Der dritte Teil „Gesellschaft und Arbeit" behandelt aus gesamtgesellschaftlicher Perspektive die Probleme der Sozialstruktur der Arbeitnehmergesellschaft, der Berufe und des Arbeitsmarktes, der Beschäftigung und der „Industriellen Arbeitsbeziehungen". Den Abschluss dieses Teiles bildet ein Kapitel, das die Diskurse über die Transformation der Industriegesellschaft in eine post-industrielle bzw. eine Wissensgesellschaft thematisiert.

---

[45] Delbert C. Miller/William H. Form, Industrial Sociology, New York-London 1967, S. 11ff

Danach folgt ein Wechsel der Perspektive: An die der „objektiven" Wirklichkeit der Welt der „Wirtschaft", des „Systems", tritt die der subjektiven Wirklichkeit des arbeitenden Menschen, seinem Erfahren und Erleben von Arbeit in der modernen Gesellschaft. Neben der Untersuchung der subjektiven Wirklichkeit kommt dabei insbesondere der Integration von Arbeit und Leben und den damit verbundenen Zeitaspekten große Bedeutung zu.

Unter dem Einfluss weltwirtschaftlicher und geopolitischer Veränderungen und dem Boom neoliberaler Ideologie seit den 80er Jahren des 20. Jahrhunderts kam es zu einem Wandel, der ökonomisches Effizienzdenken und Flexibilität in Arbeit und Qualifikation stark hervortreten ließ und die typischen, an den Bedürfnissen und Interessen der Arbeitenden orientierten Perspektiven soziologischer Forschung, zurückdrängte. Diese Entwicklungen haben die Frage nach der Zukunft unserer Arbeitswelt und ihrer Bedeutung für Lebens- und Denkweisen in den Gesellschaften in markanter Weise wieder aufgeworfen. Nicht nur durch die Auswirkungen der Dritten Industriellen Revolution, sondern vor allem durch andere ökonomisch-strukturelle, politische, ideologische Tendenzen bedingt, befinden wir uns in einer Epoche des Übergangs. Allerdings ist es noch immer unklar, wohin wir uns bewegen. In dieser Situation erscheint die soziologische Perspektive so wichtig wie selten zuvor, und dennoch gerät sie in den Bildungsinstitutionen und der öffentlichen Diskussion immer mehr in den Hintergrund. Zum Abschluss wenden wir uns daher der Frage zu, welchen Einfluss die gegenwärtigen Veränderungen auf die Soziologie im allgemeinen, die Soziologie der Arbeit im Besonderen haben, und wie diese aussehen kann.

Zweiter Teil:
Organisation, Technik und Unternehmen

III Die Organisierung von Kooperation und Kontrolle

„Man has never created a more colorless institution, nor one of greater service to him. But there is no place in it for love, humor, or humanitarian impulses, all of which belong to the non-work sphere of life. Actually, it was the enterprise that pushed them from the sphere of work. Naturally it tolerates sentiments of loyalty and friendship, but only so long as they do not intrude upon the work."[1]

1 Die formale Organisation der Industrieunternehmen

Die Organisation ist wie nie zuvor zur notwendigen Grundlage der Arbeit in der modernen Gesellschaft geworden; es ist eine Organisation, die nur für die Arbeit besteht. Man kann die Entwicklung der Wirtschaftsorganisationen als Kombinationsprodukt zweier Prozesse sehen: der Integration der Arbeitnehmer in die soziale Vergesellschaftungsform des Betriebes bzw. in die rational geplante Organisation und dem Streben nach Erhöhung der Produktivität und Effizienz. Mit der Integration von Verwaltung und Produktion war das große Industrieunternehmen entstanden. Es stellt gewissermaßen eine Planungs- oder Technostruktur innerhalb einer Marktwirtschaft dar. Die ökonomische Theorie, die auf der Basis von individuellen Wirtschaftssubjekten beruhte, die ihren Nutzen gegen ihre Kosten zu maximieren suchen, hatte lange Zeit keine Erklärung für das Phänomen der großen Wirtschaftsorganisationen. Schließlich suchte sie die Entstehung von Unternehmen dadurch zu erklären, dass sie die Höhe der Transaktionskosten des Marktes, d. h. die Kosten, die durch Informationssuche, Vertragsaushandeln und die dabei auftretenden Risiken, etc. als Faktor heranzog.[2] Wenn diese Transaktionskosten hoch sind, kann die Entscheidung des Unternehmers für die Erstellung der Aufgabe oder Leistung im Unternehmen selbst fallen, im anderen Fall für das Zu-

---

[1] Nels Anderson, Dimensions of Work, New York 1964, S. 51
[2] Siehe: Ronald Coase, The Nature of the Firm, in: Economica 4, 1937, S. 33-55

kaufen aus dem Markt („make or buy"). Im Grunde entscheidet sich der Unternehmer dabei für den Arbeitsvertrag gegen den Geschäftsvertrag oder umgekehrt. Allerdings sind auch die Kosten der Organisation zu berücksichtigen und diese werden häufig im Bereich der Arbeitenden und ihrer Leistung gesehen.

Ein System von Arbeitsplätzen

Der Betrieb ist gleichzeitig Herrschaftsverband und zweckbestimmt eingesetztes Wirtschaftsinstrument. Je nachdem, welchen Aspekt wir im Auge haben, treten die Merkmale „Macht/Herrschaft/Kontrolle" oder „Rationalisierung und Effizienzsteigerung" in den Vordergrund. So können Arbeitsteilung und Spezialisierung einmal als formale Regelung von Positionen, Kompetenzen und Befehlswegen, zum anderen als Planungs- und Vorgabeleistung, als Verhaltenssteuerung durch das Management gesehen werden. Die Planung der Organisation als ein System von Arbeitsplätzen im Zuge der Rationalisierungsbestrebungen baute auf einem „Maschinen-Modell" als Leitgedanke auf.

Die Organisation als „geplantes, sorgsam aufgebautes und auf spezifische Ziele gerichtetes soziales Gebilde"[3] wurde zum Reißbrettentwurf betrieblicher Kooperation und Befehlsordnung. Die formale Organisation entstand als eine durch Vorschriften und Regeln festgelegte Aufgaben-, Kompetenz- und Instanzenordnung. Sie ist eine systematische Verbindung von Arbeitsplätzen, planbar, bevor Menschen diese Arbeitsplätze einnehmen. Ein Arbeitsplatz, oder auch eine „Stelle", wird in der einschlägigen Literatur beschrieben als „Arbeitsgebiet einer unbekannten Person bestimmter Eignung, der im Rahmen der organisatorischen Stellenbildung bestimmte Funktionen, d. h. Tätigkeitsgebiete zur Lösung übertragen werden."[4]

In der formalen Organisation werden die zur Zielerreichung notwendigen Aktivitäten auf die einzelnen Mitglieder verteilt, indem ihnen aufeinander abgestimmte Positionen zugewiesen werden. Regeln für die Interaktion zwischen den Mitgliedern, die die Einzelaktivitäten so koordinieren, dass sie insgesamt zur Zielerreichung führen, werden vorgegeben. Auf diese Weise wird jedem Organisationsmitglied eine Rolle in einem rational strukturierten zweckbezogenen Handlungssystem zugewiesen. Die einzelnen Verhaltensregeln zur Rationalitätssicherung werden im Hinblick auf das verfolgte Organisationsziel bewusst geschaffen und haben offiziellen Charakter. Strukturen, die sich aus solchen Regeln zusammensetzen, werden formale Strukturen genannt. „Unter einer formalen Struktur verstehen wir die Menge von Regelungen für die Aktivitäten der Organisationsmitglieder, die auf am Organisationsziel orientierten Zweckmäßigkeitsüberlegungen beruhen und von der Kerngruppe durch einen offiziellen Akt oder durch Duldung autorisiert sind."[5]

---

[3] Amitai Etzioni, Soziologie der Organisationen, München 1967, S. 13

[4] Werner Pfeiffer/Ulrich Dörrie/Edgar Stoll, Menschliche Arbeit in der industriellen Produktion, Göttingen 1977, S. 184

[5] Alfred Kieser/Herbert Kubicek, Organisation, Berlin-New York 1977, S. 15

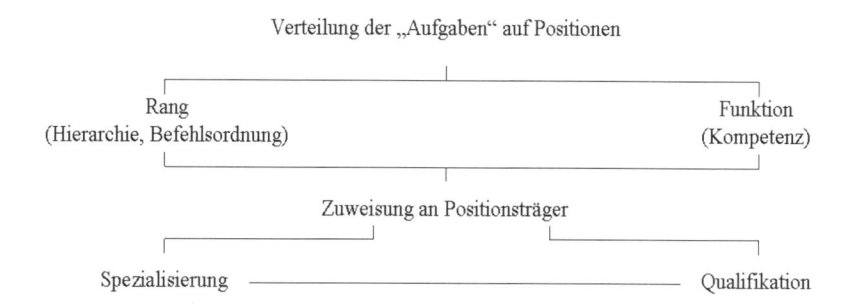

1 Die formale Organisation der Industrieunternehmen

```
                    Verteilung der „Aufgaben" auf Positionen
         ┌──────────────────┴──────────────────┐
         Rang                                  Funktion
(Hierarchie, Befehlsordnung)                 (Kompetenz)
         └──────────────────┬──────────────────┘
                    Zuweisung an Positionsträger
    ┌────────────────┘                      └──────────────┐
  Spezialisierung ─────────────────────────── Qualifikation
```

Die organisatorischen Positionen weisen zwei Dimensionen auf, eine vertikale, hierarchische und eine funktionale Ordnung auf Grund der Arbeits- bzw. Kompetenzverteilung: Dementsprechend haben Positionen einen Rang in der betrieblichen Hierarchie und eine bestimmte Funktion, ein Tätigkeitsspektrum. Für die Personen, die diese Positionen besetzen, stellt diese Funktion eine Spezialisierung dar, die eine bestimmte Qualifikation voraussetzt.

Die Positionsinhaber kommen auf Grund eines Arbeitsvertrages, den sie mit dem Arbeitgeber – dem Eigentümer (Prinzipal) des Unternehmens bzw. einem seiner Delegierten (Agenten) – abschließen, in den Betrieb. Der Arbeitsvertrag ist im Arbeitsrecht geregelt und unterscheidet sich von einem Geschäftsvertrag oder Werkvertrag dadurch, dass er in der Regel auf unbestimmte Zeit und ohne genaue Festlegung des Auftrags, wie dies etwa die Herstellung eines Werkstücks oder die Lieferung eines Gutes darstellen würde, abgeschlossen wird. Der Arbeitnehmer (manche sind der Meinung, dass er der eigentliche Arbeit„geber" ist) stellt auf Grund des Arbeitsvertrags vielmehr dem Arbeitgeber seine Arbeitskraft gegen Lohn im Rahmen der üblichen oder vertraglich festgelegten täglichen und wöchentlichen Arbeitszeit zur Verfügung, die dieser nach seinem Dafürhalten innerhalb eines bestimmten Kompetenzbereichs einsetzen kann. Diesbezüglich muss der Arbeitnehmer den Anweisungen des Arbeitgebers Folge leisten, außer dieser verlangt Verrichtungen, die nicht den guten Sitten entsprechen bzw. nicht in das Tätigkeitsprofil der Stelle passen. Grundlage für letztere ist in der formalen Organisation die Stellenbeschreibung. Mit der Position ist auch die Arbeitsbewertung verbunden, die die Basis für den Lohn darstellt.

Der Arbeitsplatz als genau definierter Zusammenhang von präzise bestimmten Aufgaben ist der Baustein des modernen Industriebetriebes, nicht die Menschen. Die Arbeit in der Organisation wird entsprechend den formalen Strukturen eingestuft und bewertet und zur Grundlage der Lohnfindung. Die Arbeitsbewertung beruht auf den Aufgaben, Anforderungen und Belastungen, die auf Grund des Stellenplanes für den Inhaber der formalen Position bestehen. Sie sind unabhängig von der Person und ihrem tatsächlichen Verhalten. Dieses wird unter Vorgabe mehr oder weniger präziser Leistungsstandards Gegenstand der Leistungsbeurteilung der Positionsinhaber, was für leistungsabhängige Bestandteile des Lohnes, aber auch für Aufstiegschancen in höhere Positionen von Bedeutung ist.

Typisch für den Industriebetrieb als Arbeitsplatzsystem ist die so genannte analytische Arbeitsplatzbewertung, die sich aus dem 1950 erstellten „Genfer Schema" entwickelt hat und ganz auf die Erfordernisse der modernen Produktionsorganisation abgestellt ist, und die summarische Arbeitsbewertung zumindest in den Großbetrieben verdrängt hat. Dieses System der Arbeitsplatzbewertung und -kontrolle gibt es in der Regel nur in Betrieben mit industrieller Fertigungsweise, im Handwerk bestimmen sich die Löhne weitgehend nach der Qualifikation und den für einen bestimmten Aufgabenbereich notwendigen Vorkenntnissen. Die summarische Arbeitsbewertung stellt auf kollektive Qualifikationen der Arbeitskräfte ab: ungelernte, angelernte Arbeit, Facharbeit. Beide Verfahren abstrahieren von den gegebenen Arbeitskräften und unterstellen eine Normalleistung. Bei den summarischen Verfahren wird die Tätigkeit als Ganzes bewertet (Rangfolgeverfahren, Lohngruppenverfahren), bei den analytischen Verfahren werden die für eine Tätigkeit notwendigen Anforderungen bewertet und zum „Arbeitswert" zusammengefasst (Rangreihenverfahren, Stufenwertzahlverfahren). Jedes Merkmal bekommt einen gewissen Wert in Punkten zugeordnet und diese Punkte ergeben in ihrer Summierung den Wert des Arbeitsplatzes. Dieser dient als Grundlage für die Einstufung des Arbeitsplatzes im Lohngefüge des Betriebes.[6] Bei der Reihung wird eine Rangordnung zwischen Tätigkeiten bzw. Anforderungsarten aufgestellt, bei der Stufung werden Schwierigkeitsklassen gebildet. Eine wesentliche Funktion der analytischen Arbeitsbewertung ist die, dass nur noch solche Kenntnisse entlohnt werden sollen, die als Voraussetzungen für die Erfüllung der Arbeit auf dem Arbeitsplatz laut Organisationsplan des Unternehmens tatsächlich notwendig sind.

Die Arbeitsplatzbewertung dient als Grundlage für die Einstufung des jeweiligen Arbeitsplatzes in einem betrieblichen Lohnsystem, das Grundlohnrelationen festlegt. Die Höhe der Löhne ist darüber hinaus durch die Arbeitsmarktlage, die Ergebnisse der Kollektivvertragsverhandlungen, die wirtschaftliche Situation des Betriebes und die individuelle Leistung bestimmt. Gerade im Bereich der Produktionsarbeit war traditionell eine subjektive Leistungsbewertung (Akkordsystem) üblich. Die Zeit- und Bewegungsstudien stellten eine Grundlage des Akkordlohnsystems dar, denn die Vorgabezeiten für die einzelnen Arbeitsschritte werden auf Grund genauer Zeitmessungen festgelegt. Diese Leistungslöhne wichen jedoch auch im Produktionsbereich immer mehr dem Zeitlohnsystem. Die Funktion des unmittelbaren Leistungsanreizes durch Grundlohndifferenzierung auf Basis der analytischen Arbeitsbewertung erfüllen Prämienlöhne, bei denen die für diese zusätzlichen Kosten zur Verfügung gestellte Lohnsumme vorweg fixiert ist.

---

[6] Werner Pfeiffer/Ulrich Dörrie/Edgar Stoll, op. cit., S. 187

Status und Aufstiegswege

Mit organisatorischen Positionen sind Regeln und Erwartungen bezüglich des Verhaltens der Positionsinhaber verbunden, sowie ein bestimmtes Ansehen, eine soziale Wertschätzung, die sich auf mit der Position verbundene Merkmale stützt. Der Betrieb ist ein Rollengefüge und ein Statussystem. Der soziale Status ist das Ansehen einer Person in einer Gruppe auf Grund der Position, die sie einnimmt; der Rang der Stelle in der formalen Organisation ist ein wichtiges Kriterium für den innerbetrieblichen Status, aber nicht das einzige, denn auch die Art der Tätigkeit, die formalschulische bzw. Berufsausbildung, das Ansehen des Berufs in der Gesellschaft, Art und Höhe des Einkommens beeinflussen das Prestige innerhalb und außerhalb der Organisation.[7] Für den betriebsexternen Status ist auch das Betriebsprestige, das Ansehen des Unternehmens in der Gesellschaft, wichtig; es erfolgt häufig eine Übertragung des Status auf die Mitarbeiter des Unternehmens, d. h. es wird wichtig zu signalisieren, dass man bei oder „für" IBM, Microsoft etc. arbeitet.

Besonders wichtig in Bezug auf den arbeitsbezogenen Status war in der Vergangenheit die Unterscheidung zwischen „Arbeitern" und „Angestellten", da zwischen ihnen traditionell begründete arbeits- und sozialrechtliche Unterschiede bestanden, die ihre Berechtigung weitgehend verloren haben, so dass zu einem „einheitlichen Arbeitnehmerbegriff" übergegangen wird. Die Unterschiede des Prestiges beruhten über viele Generationen hinweg auf Differenzen der Stellung und Entlohnung im Betrieb („Büro" = „white collar work" gegenüber „blue collar work" in der Werkstatt; „Gehalt", „Lohn" etc.), und der sozial- und arbeitsrechtlichen Verfestigung dieser Unterschiede (Urlaubsregelung, Pension, Krankenkasse etc.). Inzwischen sind nicht nur viele der institutionellen Unterschiede beseitigt, sondern die Berufestruktur ist auch viel differenzierter geworden, so dass die traditionelle Unterscheidung zwischen Arbeitern und Angestellten nicht mehr so relevant ist wie die zwischen Arbeitnehmern und Selbständigen.

Für den innerbetrieblichen Status einer Position ist auch die Abteilung wichtig, in der sich diese befindet, bei Vorgesetztenpositionen auch die Zahl der Untergebenen („span of control"), etc. In vielen Großorganisationen gibt es eine genaue Rangordnung der Statussymbole, die für die höheren Positionen als Teil der Repräsentation der Organisation nach außen und innen vorgesehen sind, (Dienstwagenklasse, Bürogröße, Schreibtischgröße und -ausführung etc.).

Die Bürokratisierung (s. u.) von Wirtschaftsorganisationen hat dazu geführt, dass die Aufstiegswege innerhalb der Organisation genau definiert und formalisiert wurden. Die Voraussetzungen für Positionen höheren Ranges sind durch formale Kriterien wie Diplome, Dienstalter etc. bestimmt. Zudem wird genau festgelegt, unter welchen Bedingungen der Aufstieg in höhere Positionen erfolgt, so dass metaphorisch von „Karriereleiter" oder „Aufzugsprinzip" gesprochen werden kann. Dies gilt allerdings in erster Linie für „white collar"-Bereiche.

---

[7] Früher wurden Löhne für Arbeiter wöchentlich ausgezahlt, Gehälter von Angestellten monatlich; der niedrige Status des „Taglöhners" bringt die Bedeutung des Auszahlungsmodus für das Ansehen zum Ausdruck.

Diese karrieristischen Aufstiegswege haben zunächst nichts mit der sozialen Wertschätzung zu tun, sondern sind geschaffen worden, um übersichtliche, klare und möglichst objektive Kriterien für die Beförderung zu haben, stellen aber in der Folge auch die Grundlage für den innerbetrieblichen Status dar.

In großen Organisationen gibt es für die karrieristisch programmierten Aufstiegswege unterschiedliche „Einstiegsstellen", die durch formale Ausbildungskriterien neben den geforderten Kenntnissen und Fähigkeiten bestimmt sind. Dahrendorf hat dieses Phänomen, dass es in den Betrieben verschiedene Einstiegsstellen für verschiedene schulische Ausbildungsniveaus gibt, die nicht übersprungen werden können, als „blockierte Mobilität" bezeichnet.[8] Zwar kann man in Großbetrieben von einem „internen Arbeitsmarkt" sprechen, doch bezieht sich dies nur sehr beschränkt auf vertikale Mobilität, die in der Regel nur über außerbetriebliche formalschulische Weiterbildung erreichbar ist. Die interne Rekrutierung ist, besonders in Bezug auf die höheren und leitenden Positionen, gering. Kriterium für die Besetzung höherer Positionen ist entweder ein bestimmtes Ausbildungsniveau oder der Erfolg in anderen Unternehmungen. Daher rekrutiert man, je höher die Position, umso lieber vom externen Arbeitsmarkt. Besonders für Arbeiter, aber auch bei der großen Gruppe der Büroangestellten, gibt es ohne zusätzliche außerbetrieblich erworbene Ausbildung kaum Möglichkeiten des Aufstiegs ins Management.

Organisationsstrukturen und Leitungskonzepte

Die Anordnung der Positionen in horizontaler und vertikaler Hinsicht stellt die Organisationsstruktur dar. Sie kann unterschiedliche Formen aufweisen. Je nachdem, welche Dimensionen und Elemente stärker betont werden, unterscheidet man verschiedene Modelle formaler Organisation. Als Determinanten der Art der Organisationsstruktur werden Ausmaß und Form der Arbeitsteilung, der Koordination, der Leistungsstrukturierung, der Kompetenzstrukturierung und der Formalisierung angesehen. Es entstanden auch verschiedene Organisationslehren, die Ansätze zur Rationalisierung der Struktur und Funktion der Organisation, um die Führungseffizienz zu verbessern, enthalten.

Henri Fayol (1841-1925), der „Klassiker" der Organisationstheorie, trat für eine streng hierarchische Organisationsform ein, die „Linienorganisation" genannt wird. Sie zeichnet sich durch eindeutige Unterordnung und Befehlswege „down-the-line" aus.

Henri Fayol war zunächst, ähnlich wie Frederick W. Taylor, Ingenieur im französischen Kohlenbergbau, wurde aber dann in dem Unternehmen Vorstandsvorsitzender und rettete es vor dem Konkurs. Seine Erfahrungen führten 1916 zur Veröffentlichung von „Administration Industrielle et Générale", in dem er seine 14 Organisationsprinzipien darlegte.[9] Diese sind:

---

[8] Ralf Dahrendorf, Sozialstruktur des Betriebes, Wiesbaden 1959, S. 55

[9] Zit. in: Oswald Neuberger, Organisation und Führung, Stuttgart 1977

1 Die formale Organisation der Industrieunternehmen

1. Arbeitsteilung	8. Zentralisierung
2. Autorität	9. Hierarchische Organisation
3. Disziplin	10. Ordnung
4. Einheit der Auftragserteilung	11. Gerechtigkeit
5. Einheit der Leitung	12. Firmentreue der Mitarbeiter
6. Unterordnung der Einzelinteressen unter das allgemeine Interesse	13. Initiative
7. Gerechte Entlohnung des Personals	14. Esprit de corps

Fayol sah demnach in der Konzentration der Entscheidungsmacht an der Spitze und in der Hierarchisierung der Instanzen, mit anderen Worten der vertikalen Anordnung der Befehlsebenen, die die Befehlsausübung „down the line" ermöglicht, wichtige Faktoren einer effizienten Organisation. Bestimmend dafür ist die Leitung und Führung der Betriebe. Fayol empfahl die gründliche Schulung der Führungskräfte in den Leitungsfunktionen der Planung, Organisation, Anordnung, Koordination und Kontrolle. Aber hierarchischer Organisationsaufbau und zentrale Führung waren für Fayol nicht die einzigen Faktoren, die für ihn maßgebend für das optimale Funktionieren waren. Nicht nur die Struktur ist dafür ausschlaggebend, sondern auch die Qualität des Führungsverhaltens und sozialemotionale Faktoren auf Seiten der Arbeitenden. Damit nahm er schon andere Motivations- und Organisationstheorien vorweg.

Eine Abwandlung der Linienorganisation stellt die so genannte. „Stab-Linien-Organisation" dar. Auf Grund der wachsenden Komplexität der Entscheidungen und der immer stärker werdenden wissenschaftlich-theoretischen Grundlegung des Managements wurden den Linienmanagern „Stäbe" beigegeben, die die Entscheidungen inhaltlich-sachlich vorbereiten sollen. In den Stäben werden meist junge Akademiker eingesetzt, die den Praktikern ihre wissenschaftliche Expertise zur Verfügung stellen. Solange letztere noch ältere, im Betrieb selbst aufgestiegene, durch langjährige praktische Erfahrungen geprägte Manager waren, kam es zwischen diesen und den Stabsexperten fast unvermeidlich zu Kommunikationsproblemen und Konflikten. Aber auch auf Grund der Trennung von Entscheidungsmacht und Entscheidungsvorbereitung als solcher kommt es zu Problemen zwischen den Managern und ihren Stäben („Stab-Linien-Konflikt").

Taylor hatte einer anderen Organisationsform den Vorzug gegeben, der funktionalen Organisation mit dem „Funktionsmeister" als typischem Bezugspunkt. Je nach der Art der Tätigkeit ist der Arbeiter verschiedenen Meistern unterstellt. Die Befehlswege sind in diesem Fall nicht ein für alle Mal vorgegeben, sondern wechseln mit der Funktion; die Unterordnung ist keine eindeutige. Damit wollte Taylor sicherstellen, dass jeweils die sachlich effizienteste Leitung der Tätigkeiten gewährleistet ist; er verband damit keine Vorstellungen von Enthierarchisierung und Arbeiterautonomie, was seinem Konzept der wissenschaftlichen Betriebsführung auch widersprochen hätte. Dieses beruhte, wie oben dargelegt, auf der vertikalen Arbeitsteilung in Bezug auf Planung und Ausführung der Arbeitsaufgaben zwischen dem

Management der Arbeit bzw. den für die Arbeitsvorbereitung zuständigen Stabsstellen einerseits und den Arbeitern als reine Ausübende der ihnen vorgeschriebenen einzelnen Arbeitsschritte und Bewegungsabläufe in der Zeit.

Moderne Abwandlungen funktionaler Organisationsformen hingegen wurden oft mit Vorstellungen einer Enthierarchisierung und Autonomieerhöhung verbunden. Es handelt sich dabei vor allem um die Matrixorganisation und die „project teams". Projektteams werden je nach Aufgabe immer wieder neu zusammengesetzt und arbeiten relativ autonom, indem sie innerhalb der Gruppe die Planung und die Verteilung der einzelnen Aufgaben auf die Mitglieder durchführen. Bei der Matrixorganisation ist die klare Scheidung in Über- und Unterordnung aufgelöst in eine je nach Funktion differenzierte Struktur. Die Matrixorganisation wurde durch den soziotechnischen Ansatz und die Konzeption Einar Thorsruds besonders hervorgehoben und von diesem folgendermaßen beschrieben[10]:

> *„Matrix organisation is based on two principles opposed to that of uniform, hierarchical organisation. Each person is assumed to cover more than one work role. And each person is assumed to alternate between different roles and status levels. The overlapping between roles is limited because some degree of specialisation is required."*

Die großen Industrieunternehmen mit ihrer formalen Organisationsstruktur entstanden im Zuge der Entwicklung der wirtschaftlichen und technologischen Grundlagen der Industrie, implizierten aber auch die Veränderung des sozialen Gefüges. Zunächst war es zur Integration der Produktion gekommen, die in den Branchen unterschiedliche Voraussetzungen hatte. In der Schwerindustrie, dem Eisenbahnbau, der Stahlindustrie war die Produktion zuvor fest in Händen von frei kontraktierenden Meistern mit ihren Arbeitsgruppen. Sie wurden zu Arbeitnehmern des Unternehmens und damit unter die Weisung der Betriebsleitung gestellt. Der nächste Schritt war die vertikale Integration von vorgelagerten Aufgaben, die vordem durch Zulieferbetriebe erfüllt worden waren. Schließlich wurden auch nachgelagerte Funktionen, wie die Absatzfunktion, in das Unternehmen hinein genommen. Alle diese Funktionszuwächse und die Expansion der Unternehmen führten dazu, dass die Verwaltungsaufgaben stark zunahmen und die Zahl der Büroangestellten relativ zur Zahl der in der Produktion Beschäftigten immer größer wurde.

Schon relativ früh wurde für die stark wachsenden Unternehmen die Starrheit ihrer riesigen Hierarchien hinderlich, und man ging zu dezentralisierten Organisationsstrukturen über. Die divisionale Organisation entstand durch die Aufspaltung in weitgehend funktional autonome Geschäftsbereiche mit eigenen Entwicklungs-, Verkaufs-, Personal- und Finanzabteilungen unter der Koordination eines „general office". Innerhalb der Geschäftsbereiche („divisions") können wieder Linien- oder Funktionsstrukturen bestehen.

---

[10] Einar Thorsrud, The Changing Structure of Work Organisation, in: George Kanawaty (ed.), Managing and Developing New Forms of Work Organization, Geneva 1989, S. 3-39, S. 15

1 Die formale Organisation der Industrieunternehmen

Linienorganisation
- Einheit der Leitung
- Einheit des Auftragsempfangs

Stab-Linien-Organisation
- Einheit der Leitung
- Spezialisierung von Stäben auf Leitungshilfsfunktionen ohne Kompetenzen gegenüber der Linie

Funktionale Organisation
- Spezialisierung der Leitung
- direkter Weg
- Mehrfachunterstellung

Matrix-Organisation
- Spezialisierung der Leitung nach Dimensionen
- Gleichberechtigung der verschiedenen Dimensionen

Dass die strukturellen Formen industrieller Unternehmensorganisationen nicht willkürlich entstanden sind, sondern auf Grund historischer Voraussetzungen, hat insbesondere Alfred D. Chandler jr. gezeigt. In einer Untersuchung, die sich auf die Analyse der Entwicklung der 50 größten US-Unternehmen, sowie auf eine detaillierte Analyse von vier Großunternehmen und etwa 100 Unternehmensgeschichten stützte, konnte Chandler Anfang der 60er Jahre zeigen, dass die Strukturformen der industriellen Verwaltung den Wachstumsphasen der amerikanischen Wirtschaft folgten. Obwohl jedes Unternehmen eine unterschiedliche Entwicklung genommen hat, meinte Chandler eine Eigendynamik, eine „self-generating force for the growth of the industrial enterprise"[11] zu erkennen, die die Struktur zum Instrument für die Anpassung an sich ändernde Marktbedingungen unter wachstumsstrategischen Gesichtspunkten macht.

Trotz individueller Unterschiede sah Chandler in allen Unternehmen eine ähnliche Abfolge der Entwicklung: Die anfängliche Expansion und Ressourcenakkumulation vollzog sich für die meisten der untersuchten US-Firmen zwischen 1880 und dem Ersten Weltkrieg. Als Anpassung an diese Expansion kam es in den ersten beiden Jahrzehnten des 20. Jahrhunderts zur Rationalisierung der Ressourcenverwendung und mithin zur Zentralisierung und Hierarchisierung der Betriebsstrukturen. Die weitere Expansion nach dem Ersten Weltkrieg brachte ein Vordringen in neue Märkte sowohl im Ausland wie im Inland und die Notwendigkeit neuer Produktentwicklung, um das weitere Wachstum der Unternehmen zu gewährleisten. Das führte zu einer strukturellen Transformation der Unternehmen hin zu mehr dezentralisierten Formen. Die divisionale Organisation entstand in Unternehmen wie du Pont, General Motors, Jersey Standard und Sears-Roebuck schon nach dem Ersten Weltkrieg. Andere folgten in den 20er und 30er Jahren, die meisten gingen dann in den 40er und 50er Jahren zur divisionalen Organisationsform über.

In der Gegenwart erleben wir eine weitere entscheidende Phase der Unternehmensentwicklung, die durch finanzielle Konzentration und technisch-organisatorische Flexibilisierung bis hin zur Virtualisierung der Unternehmen gekennzeichnet ist und bei der sich Kapitalkonzentration daher mit technisch-organisationaler Dezentralisation verbindet.

2 Das Unternehmen als Bürokratie

Um die Arbeitnehmer dazu zu bringen, ihre Arbeitskraft rückhaltlos in den Dienst des Unternehmens zu stellen, gibt es verschiedene Möglichkeiten: Zwang, Motivation und soziale Bindung oder Regeln. In diesem Abschnitt wenden wir uns den Regeln zu: Die Organisation beruht auf der Regelung der Zuständigkeiten, gegenseitigen Leistungserwartungen und Beziehungen. Die Formalisierung der Arbeitsplatzordnung, der „Befehlswege" (Instanzenzug) und der Anforderungs-/Entgeltregelung hat dazu geführt, von der Bürokratisierung der Betriebe zu sprechen. Damit wird die zunehmende Kontrolle der Organisation durch die unper-

---

[11] Alfred D. Chandler jr., Strategy and Structure: Chapters in the History of the American Industrial Enterprise, Cambridge-Mass.-London 1987 (urspr. 1962), S. 385; siehe auch zur historischen Entwicklung der integrierten Industrieunternehmen in verschiedenen Ländern: Alfred D. Chandler, jr./Herman Daems (eds.), Managerial Hierarchies. Comparative Perspectives on the Rise of the Modern Industrial Enterprise, Cambridge, MA-London 1980

sönlichen Regeln angedeutet. Damit wird auch Macht formalisiert und in Regelungen eingebunden.

Merkmale der Bürokratie

Die bürokratische Organisation beruht auf der Verbindung von Macht und Regelung. Macht ist in der bekannten Definition Max Webers die Chance, einzelne oder Gruppen auch gegen deren Willen zu einem bestimmten Verhalten zu veranlassen.[12] Macht ist nicht etwas Einseitiges, das jemand „hat" oder „nicht hat", sondern eine soziale Beziehung zwischen Menschen und Gruppen. Macht ist in allen sozialen Beziehungen potentiell enthalten. Es kommt jeweils auf die Bedingungen an, die es ermöglichen, dass Macht ausgeübt werden kann.

Ein Spezialfall von Macht ist die Autorität. Sie ist dadurch gekennzeichnet, dass die Machtunterworfenen den Machtanspruch als legitim akzeptieren. Die Legitimität der Macht kann auf Grund von in der Sicht der Betroffenen besonderen persönlichen Fähigkeiten, einer besonderen Ausstrahlung („Charisma") des Führers (subjektive Autorität) oder in seinem Wissen, seinem Sachverstand in Bezug auf die Aufgaben (funktionale Autorität), oder aber auf Grund der Anerkennung seiner Vorgesetztenposition (objektive oder Amts-Autorität) bestehen. Letztere beruht auf der Akzeptanz einer vorweg feststehenden „Verfassung", eines Systems von rationalem Recht und auf diesem beruhenden über- und untergeordneten Positionen. Dies nannte Max Weber „Bürokratie" und definierte sie als Verwaltungsform rational-legaler Herrschaft[13], deren Prototyp die Administration des modernen Staates ist.

In der bürokratischen Organisation hat – unter Zugrundelegung der Merkmale des Weber'schen Bürokratiebegriffs – jedes Mitglied feste Zuständigkeiten, Kompetenzen bzw. Entscheidungsbefugnisse (ein Amt bzw. einen Aufgabenbereich oder eine Stelle) und die zur Erfüllung dieser Pflichten notwendige „Befehlsgewalt" (Weisungs- oder Leitungsbefugnisse). Die Kompetenzen werden dabei nicht auf die persönlichen Eigenschaften der Mitglieder ausgerichtet, sondern durch Regeln personenunabhängig und generell festgelegt; es werden dann solche Personen gesucht und eingestellt, die geeignet erscheinen, ein derart vorgegebenes Aufgabengebiet zu übernehmen. So wird eine Struktur geschaffen, in der einzelne Mitglieder ausgetauscht werden können, ohne dass sich diese Struktur dadurch ändert. Es besteht eine Amtshierarchie (ein Instanzenzug), um eine Abstimmung zwischen den einzelnen Aufgabenbereichen zu bewirken. Die Kompetenzen und Befugnisse sind auch in dieser vertikalen Sicht voneinander abgegrenzt.

Die Amtsführung bzw. Aufgabenerfüllung erfolgt nach generellen Regeln. Sie beziehen sich auf die Ziele der Tätigkeiten, die Festlegung von Kompetenzen und Verfahren zur individuellen Aufgabenerfüllung sowie auf den „Dienstweg", der Regelungen darüber enthält, wer mit der Angelegenheit befasst werden muss. Die Aufgabenerfüllung basierte in Vor-

---

[12] Max Weber, Wirtschaft und Gesellschaft, 5. Aufl., Tübingen 1976 (urspr. 1922), S. 28
[13] Siehe dazu auch: Gertraude Mikl-Horke, Soziologie, 5. Aufl., München-Wien 2001, S. 125ff

Computerzeiten auf Schriftstücken (Akten). Die Kommunikation zwischen den einzelnen Mitgliedern erfolgt über den Dienstweg zumeist schriftlich durch Briefe, Formulare, Aktennotizen usw. Dies soll die Kontrollierbarkeit der Maßnahmen und einen kontinuierlichen Fortlauf der Geschäfte bei einem Wechsel der Amtsinhaber sicherstellen.[14]

Mit der Formalisierung der betrieblichen Strukturen und Aufgaben wurden auch die Industrieunternehmen zu bürokratischen Organisationen, bei denen jedoch die Prinzipien der technischen und ökonomischen Rationalisierung eine Gegentendenz auslösen, weil dadurch die Notwendigkeit der Anpassung der Organisation an sich ändernde Umweltbedingungen gegeben ist. Die Formalisierung und Objektivierung durch rationale Regelung einerseits und die Möglichkeit zur raschen Durchsetzung von Änderungen andererseits sind die beiden Aspekte, die im modernen Unternehmen verbunden sind.

Bürokratiekritik und alternative Strukturen

1938 erschien Chester Barnards „Functions of the Executive" mit einer neuen Sicht der Organisation als kooperatives System, in dem es nicht nur Befehlswege und Instanzenzüge, sondern auch Zwei-Weg-Kommunikation und Macht/Kontrolle von unten gibt, und in der Gruppen und ihre Führer eine entscheidende Bedeutung haben. Auch andere kritische Stimmen erhoben sich gegen die bürokratischen und mechanistischen Tendenzen in der Organisation, insbesondere im Gefolge der „human relations"-Bewegung, die auf die Nachteile sowohl in Bezug auf das soziale Klima als auch die Inflexibilität und Ineffizienz bürokratischer Organisation hinwies.

Die wichtigsten Punkte der Kritik an der Bürokratie[15] lauten: Die hochrangige Spezialisierung von Aufgaben, die in der Bürokratie zur Effizienz beitragen soll, bringt das Risiko mit sich, dass Funktionäre herangebildet werden, die den Zweck der Organisation aus den Augen verlieren. Die Erfüllung einer Funktion wird von den besonderen Eigenschaften der Personen, die die jeweiligen Ämter innehaben, abgekoppelt, so dass niemand unersetzbar ist. Das bremst aber häufig die Eigeninitiative und Motivation. Die Koordination standardisierter Arbeitsbereiche wird als eine der Hauptaufgaben der Organisationsspitze angesehen und nicht so sehr die Stimulierung des Ideenreichtums und der besonderen Talente der einzelnen Mitglieder. Die relativ stabile Struktur von Aufgaben und Kompetenzen gewährleistet die Bereitschaft der Organisation, hindert jedoch ihre flexible Anpassung. Probleme, Verfahren und Lösungen werden kategorisiert und damit festgeschrieben, so dass Änderungen nur schwer vollziehbar sind.

Jede Bürokratie neigt dazu, ihren eigenen Stil zu entwickeln, und kann dann nur in Teilen umgeformt und neuen Aufgaben angepasst werden. Obwohl scheinbar geeignete alte Bürokratien zur Verfügung stehen, müssen deshalb häufig neue bürokratische Apparate geschaf-

---

[14] Ebenda, S. 125ff

[15] Vgl.: Charles Lindblom, Jenseits von Markt und Plan, Frankfurt/Main 1983, S. 60/61

2 Das Unternehmen als Bürokratie

fen werden, um neue Aufgaben in Angriff zu nehmen. Die Bürokratie hat daher die Tendenz, sich immer weiter aufzublähen, aber auch sich am Leben zu erhalten, selbst wenn ihr ursprünglicher Zweck nicht mehr gegeben ist. Sie wird in gewissem Grade zum Selbstzweck. Mitglieder der Bürokratie entwickeln oft Loyalitätsbindungen an die Organisation als solche, die stärker sind als ihr Engagement für die spezifischen Ziele der Organisation.

Bürokratisierung wurde daher meist negativ als ein Prozess der Versteinerung und Ritualisierung verstanden, als „red tape", Routine oder als „la paperasserie", wie die Franzosen die geistlose Routine nennen.[16] Michel Crozier kritisierte den bürokratischen „circulus vitiosus", hervorgerufen durch unpersönliche Regeln, die Rigidität von Rollen und die Zentralisierung von Entscheidungen, der dysfunktionale Folgen der Entwicklung paralleler Machtbeziehungen und der Abschottung der einzelnen Organisationsebenen hervorruft, die ihrerseits wieder auf die Regeln, Rollen und Entscheidungen zurückwirken.[17]

In der Praxis werden die rigiden Strukturen und die formalen Regeln häufig unterlaufen. A. W. Gouldner konnte zeigen, dass es eine große Rolle für die Anerkennung der Regeln spielt, wer sie festlegt und formuliert.[18] Sie werden kaum beachtet, wenn sie von einer Instanz außerhalb der Organisation festgelegt wurden; Gouldner nannte dies „mock bureaucracy". Bei der „bestrafungszentrierten" Bürokratie werden die Regeln von einer Seite unter Strafandrohung aufgezwungen; Widerstand gegen die Regeln und Konflikte sind in diesem Fall häufig. „Repräsentative" Bürokratie liegt vor, wenn die Regeln auf der Einsicht und dem Übereinkommen zwischen Management und Belegschaft beruhen; sie werden von Experten formuliert und von allen Mitgliedern der Organisation getragen; Abweichungen bzw. Konflikte sind selten.

Im Hinblick auf die Bestimmung effizienter Organisationsstrukturen, in denen Innovationen vom Management geplant und durchgesetzt werden können, gelangten Burns/Stalker zur Gegenüberstellung von mechanistischen und organischen Systemen auf Grund einer Vielzahl von Merkmalen, von denen wir hier einige wesentliche hervorheben[19]: In organischen Systemen werden Spezialisten beschäftigt, die aber nicht nur ihre Teilaufgabe, sondern die Gesamtaufgabe der Organisation im Auge haben. Entsprechend sind auch die individuellen Aufgaben als Elemente der Gesamtziele konzipiert und nicht verselbständigt, d. h. sie müssen sich permanent gegenseitig anpassen und ständig neu definiert werden. Statt hierarchischer Kontroll-, Autoritäts- und Kommunikationsstrukturen weisen organische Systeme eine Netzwerkstruktur der Kontrolle, Autorität und Kommunikation auf, betonen Informationsverbreitung, horizontale Kommunikation, gemeinsame Beratung und Entscheidungen statt Anweisungen. Einbringen auch übergreifenden Wissens und die Loyalität den Organisationszielen gegenüber sowie die Orientierung am Berufsethos kennzeichnen organische

---

[16] Walter Rice Sharp, Procedural Vices: La Paperasserie, in: Robert K. Merton et al., Reader in Bureaucracy, New York-London 1967, S. 407-409
[17] Michel Crozier, Le phénomène bureaucratique, Paris 1963
[18] Alvin Gouldner, Patterns of Industrial Bureaucracy, New York 1964
[19] Tom Burns/G. M. Stalker, The Management of Innovation, London 1961

Systeme. Bei der Analyse zeigte sich, dass die Effizienz der jeweiligen Organisation von der Art der Umwelt abhängt. Für vorhersehbare bekannte Umweltbedingungen können mechanistische Systeme durchaus effizient sein, bei ständig wechselnden Umweltbedingungen hingegen empfehlen sich flexiblere „organische" Strukturen.

Eine ähnliche Differenzierung unternahm Horst Bosetzky; er stellte der bürokratischen Organisation die assoziative Organisation gegenüber.[20] Bürokratische Organisationen zeichnen sich durch Arbeitsteilung und Spezialisierung der Aufgaben und der diesen zugeordneten Personen aus, die nur die für ihre Position notwendigen Fähigkeiten einbringen und sich an den Erwartungen der Vorgesetzten und der eigenen Organisation orientieren. Assoziative Organisationen hingegen haben keine dauerhafte formale arbeitsteilige Struktur, sondern eine flexible Struktur, die sich je nach der Aufgabe ändert. Träger der Rollenerwartungen sind die Kollegen innerhalb und außerhalb der Organisation.

Die Formalisierung der Rechte und Pflichten der Mitglieder ist in der bürokratischen Organisation hoch und die Aufgaben sind stark differenziert; bei assoziativer Organisation werden die Kompetenzen und Pflichten von Fall zu Fall in groben Umrissen festgelegt und kaum formalisiert. Bürokratien zeichnen sich durch eine starre hierarchische Autoritätsstruktur aus, die rational begründet wird. In Assoziationen gibt es keine fixe Hierarchie, nur eine Einkommens- und Prestigeschichtung auf Grund der fachlichen Qualifikation. Die Autorität wird einem „primus inter pares" auf Zeit übertragen und zwar auf Grund von funktionaler Qualifikation und/oder Charisma. Die Bürokratie hat vertikal festgelegte Dienstwege; die Kommunikation erfolgt ausschließlich schriftlich; nach außen treten die Organisationsmitglieder unpersönlich als Amtsträger auf. Die Kommunikationsstruktur in assoziativen Organisationen verbindet netzartig alle Mitglieder; die Informationsübermittlung erfolgt meist mündlich und direkt: nach außen treten die Mitglieder nicht als Amtsträger, sondern als persönliche Repräsentanten des Unternehmens auf. Die Organisationsmitglieder in Bürokratien besitzen eine fachliche Ausbildung mit formalem Abschluss, die Rekrutierung erfolgt nach genau festgelegten Kriterien, ebenso die Stellenzuordnung und die Beförderung; die Mitglieder haben keinerlei Besitzrechte dem Organisationsvermögen gegenüber. In assoziativen Organisationen haben die Mitglieder hingegen Eigentum am Vermögen der Organisation: ihre Selektion und Karriere in der Organisation beruht auf ihren persönlichen Fähigkeiten und Fertigkeiten und sie werden nach ihrer Leistung entschädigt.

Nach Elliot Jacques hat Bürokratie an sich weder zentralisierende noch dezentralisierende Wirkung, ist weder „menschlich" noch „unmenschlich"; sie ist nur ein soziales Instrument, das seine Ziele und Merkmale von denjenigen übernimmt, die sie benützen. Er sieht Bürokratie also nicht als eine formalisierte starre Hierarchie, sondern spricht von „constitutional bureaucracy", also einer bürokratischen Verfassung, die sich eine Gruppe von Menschen oder die Gesellschaft selbst geben. Elliot Jacques sieht Bürokratie als „one of the primary social institutions for any society which seeks the democratic enrichment and economic security which large-scale social, political, educational and production technologies seem at

---

[20] Horst Bosetzky, Grundzüge einer Soziologie der Industrieverwaltung, Stuttgart 1970

their best to be able to provide".[21] Sie ist Verwaltungsstab im Sinne Webers und auch ein Beschäftigungssystem; der Arbeitsvertrag ist einer der fundamentalen Sozialverträge der Industriegesellschaft. Bürokratien sind daher seiner Auffassung zufolge nicht auf derselben Ebene wie Assoziationen angesiedelt, wie die Differenzierung von Bosetzky suggeriert, vielmehr haben alle Vereinigungen ab einer gewissen Größe einen bürokratischen Verwaltungsstab. So sind etwa auch Gewerkschaften Vereinigungen, die Bürokratien zur Verwaltung der Mitgliedsbeiträge und zur Wahrnehmung der Funktionen der Gewerkschaften aufgebaut haben.

Für Jacques bietet die Bürokratie auch Möglichkeiten für konstruktive Sozialbeziehungen und individuelle schöpferische Aktivität. Allerdings nur dann, wenn sie in einer Weise organisiert ist, dass die Übereinstimmung von Arbeitsfähigkeit, Arbeitsniveau und Einkommen für die in ihr beschäftigten Individuen gesichert ist, und nicht konventionale Berufs- und Statusordnungen in die Organisation hineinwirken, sondern nur die tatsächlich geleistete Arbeit ausschlaggebend ist.[22] Dann könnte die bürokratische Organisation der Arbeit der Erstarrung von Macht- und Privilegienhierarchien sogar effektiv entgegenwirken.

3 Arbeitsmotivation und soziale Organisation: Zur Psychosoziologie der industriellen Arbeit

Die Arbeitsleistung wurde zum Problem des Managements, nachdem dieses im Zuge der Integration der Betriebe und der Verwissenschaftlichung der Betriebsführung die Kontrolle und Planung der Arbeit übernommen hatte, und die Leistung der einzelnen Arbeiter in den komplexen Leistungszusammenhang des ganzen Betriebes eingepasst werden musste. Im Gefolge der Entwicklung der betrieblichen Organisation änderten sich auch die Vorstellungen darüber, wie die Arbeiter zu höherer bzw. besserer Leistung angespornt werden können. Motivations„theorien" fanden ihren Eingang in die Organisationspraxis. Ihre Anwendung zielt auf Verhaltensänderung bei den Arbeitenden; es geht nicht um die Feststellung von Zufriedenheit oder Unzufriedenheit an sich, wie dies etwa in den Untersuchungen von Levenstein oder de Man der Fall war, sondern um die in Maßnahmen umzuformende Entdeckung von Antriebsfaktoren der Arbeitsleistung. Arbeitszufriedenheit wird daher als motivationaler Begriff aufgefasst, oder kurz: als Arbeitsmotivation.

---

[21] Elliot Jacques, A General Theory of Bureaucracy, London-Exeter 1981, S. 13
[22] Ebenda, S. 365ff

Lohn und Leistung

Taylor hatte den Lohn als den einzigen Motivationsfaktor gelten lassen, und er war und ist auch der wichtigste Nexus zwischen Arbeitnehmer und Betrieb. Schon der ökonomische Liberalismus hatte den Arbeiter als freien Verkäufer der Arbeitskraft definiert. Und auch die Arbeiterbewegung, vor allem in ihren marxistisch inspirierten Formen hatte die ökonomische Beziehung zwischen Arbeit und Kapital als Grundlage der kapitalistischen Gesellschaft aufgefasst. Anders als die Anbieter anderer (nicht-fiktiver) Waren ist der Arbeiter physisch abhängig vom Lohn, was diesen als zusätzlichen leistungssichernden Faktor erscheinen lässt. Verschiedene Formen des Leistungslohns wurden eingeführt, um die individuelle Arbeitsleistung zu steigern: der Akkordlohn, der Prämienlohn, die Beteiligung der Arbeitnehmer am Betriebsergebnis, das Miteigentum der Arbeitnehmer. Letzteres ist zwar nicht direkt als Leistungslohn anzusprechen, weil damit auf die Sicherstellung von Betriebsbindung und -loyalität bzw. die „Entproletarisierung" der Arbeiter und damit die Konfliktvermeidung abgezielt wird; es hat aber, vor allem wenn es als Belohnung eingesetzt wird, auch leistungssteigernde Wirkung. Über den Lohn hinaus werden von Betrieben mitunter eine große Zahl „freiwilliger Sozialleistungen" gewährt, wie Zuschüsse, Beihilfen, Pensionskassen, Werkswohnungen, Ferienheime etc., die auch die Erhöhung der Zufriedenheit und der Betriebsbindung zum Ziel haben und indirekt die Leistungsbereitschaft erhöhen sollen.

Der Human Factor und die Psychotechnik

Aus der Experimentalpsychologie und der differentiellen Psychologie heraus entwickelte sich etwa zur gleichen Zeit ein sich dem Taylorismus gegenüber kritisch gebender Ansatz, die Psychotechnik[23]. Sie wurde vor allem von Hugo Münsterberg entwickelt, der ihren hauptsächlichen Zweck in der Nutzung psychologischer Erkenntnisse für die Betriebsführung in Bezug auf Personalauswahl, Ausbildung und Verwendung der Arbeitskräfte sah.[24] Auf Grund dieser anwendungsbezogenen Orientierung wurde die Psychotechnik aber schließlich tayloristischer als dieser selbst, denn es ging auch dabei um Leistungssteigerung, nun allerdings durch Abstellen auf individuelle menschliche Verhaltensgesetzmäßigkeiten.

Die vertikale Arbeitsteilung bedingt nicht nur die Vorgabe von Zeiten und Arbeitsschritten, sondern lässt auch die Variationen, Ungleichmäßigkeiten und Abweichungen des Ist-Verhaltens der Arbeitenden als Kontrollprobleme des Managements entstehen. Der Faktor Mensch ist nun einmal nicht so plan- und einstellbar wie eine Maschine. Die Maschinen wurden immer komplizierter und teurer, die Arbeitskraft musste möglichst stetig und der technischen Ausstattung entsprechend arbeiten. Der Arbeitsrhythmus des Arbeiters musste an den Maschinentakt angepasst werden, die Arbeitszeit möglichst effizient genutzt werden. Der Arbeitstag wurde minutengenau eingeteilt, über die Leistung jeder Minute der Arbeitszeit musste jeder Arbeiter Rechenschaft ablegen, über die systematische Kontrolle durch das

---

[23] Sie wurde von ihren Begründern als angewandte Psychologie für die Gestaltung des praktischen Lebens verstanden.

[24] Hugo Münsterberg, Business Psychology, Chicago 1915

3 Arbeitsmotivation und soziale Organisation

Management hinaus. Die im Vergleich mit der Maschine unzuverlässigen menschlichen Arbeitsfunktionen sollten verbessert und die Muskeltätigkeit, die Sinnesreaktionen, die kognitive Koordination der menschlichen Arbeitskraft möglichst auf die Maschine abgestimmt werden im Sinne einer intensiven Nutzung, die noch mit der Erhaltung der Gesundheit und Leistungsfähigkeit vereinbar ist.

Bedingungen der Arbeitsumgebung wie Beleuchtung, Belüftung, Raumtemperatur bzw. Merkmale der Arbeitsorganisation wie zeitliche Strukturierung der Arbeit (Pausen, Länge des Arbeitstages/der Arbeitswoche), der Arbeitstätigkeit und/oder des Arbeitsmittels wurden in ihrer Wirkung auf die Produktivität der Arbeit, die Quantität und Qualität des Outputs untersucht. Auf Seiten der Arbeitenden wurden diese strategischen Variablen mit ebenfalls vorwiegend physischen bzw. psychologischen Zuständen und Reaktionen in Verbindung gebracht wie Erschöpfung, Ermüdung, Unaufmerksamkeit, Unfallhäufigkeit etc.

Die „human factor"-Bewegung entstand als interdisziplinärer Ansatz, der physiologische und psychische Aspekte des Arbeitsverhaltens in ihrer Bedeutung für die Arbeitsproduktivität zu erfassen und zu beeinflussen suchte. Psychotechnik und „human factor"-Studien waren eine logische Folge der Taylorisierung der betrieblichen Arbeit. Die Psychotechnik hatte in der Zeit nach dem Ersten Weltkrieg international große Bedeutung, die sich in der Etablierung psychotechnischer Institute, Zeitschriften, innerbetrieblicher Forschungen und teilweise sogar Stabsstellen in Betrieben dokumentierte. In den 20er Jahren verlor die Psychotechnik in Deutschland an Einfluss; man suchte den sozialen Konflikten und den revolutionären Elementen in der Arbeiterbewegung mit genossenschaftlichen, solidaristischen und sozialen Konzepten der Betriebsführung entgegenzuwirken und setzte auf die Förderung der „Betriebsgemeinschaft".

In den USA entwickelte sich die Psychotechnik zur experimentellen Industriepsychologie, allerdings erbrachte sie Ergebnisse, die die Bedeutung sozialer und sozialpsychologischer Faktoren für die industrielle Arbeit stärker hervortreten ließ. Nach dem Zweiten Weltkrieg erfuhr die experimentelle Industriepsychologie im Rahmen der interdisziplinär orientierten Arbeitswissenschaft auch in Europa wieder einen starken Aufschwung und führte zur Entwicklung der Ergonomie, der Ingenieurpsychologie, des „human factor-engineering". Die einseitige Orientierung der Anpassung der Arbeitskraft an die Vorgaben und an die Maschine im Interesse der größtmöglichen Nutzung der Arbeitskraft wichen der Vorstellung vom Mensch-Maschine-System, in welchem die „human factors" und die technisch-maschinellen Bedingungen wechselseitig voneinander abhängen: eine Optimierung der Leistung des Systems ist also nur durch gegenseitige Abstimmung, also auch durch die Anpassung der Maschine an die Bedürfnisse und Bedingungen ihres menschlichen „Partners" möglich.

Die „Hawthorne-Untersuchungen": Von der Psychotechnik zu den „Human Relations"

In den 20er Jahren begann die Betriebsleitung der Hawthorne-Werke der Western Electric Company in Chicago eine psychotechnische Versuchsreihe. Man wollte untersuchen, welchen Einfluss die Arbeitsbedingungen auf die Entstehung von Ermüdung und Monotonieerfahrung bei den Arbeitern hatten. Die Western Electric Company hatte einen guten Ruf in Bezug auf progressive Personal- und Sozialpolitik. Die Hawthorne-Fabrik beschäftigte etwa

29.000 Arbeitnehmer und stellte vor allem Telefone und Telefonzubehör für die American Telephone and Telegraph Company her. Das Management startete selbst eine Versuchsreihe über die Zusammenhänge zwischen Beleuchtung und Arbeitsproduktivität, die von 1924 bis 1927 dauerte. Ihre Ergebnisse waren nicht schlüssig in Bezug auf die Wirkung der Beleuchtung, diese erschien als nur ein Faktor und ein wenig bedeutsamer obendrein. Die Versuche hatten aber das Problem der Kontrolle aller für die Arbeitsleistung wichtigen Kausalfaktoren aufgezeigt. 1927 erweiterte man diese Untersuchungen in Bezug auf die angenommenen Wirkfaktoren und entwickelte auch ein besonderes „research design", das vor allem durch die Einrichtung eines Relais-Montage-Testraums bestimmt war. Erst nach Beginn dieser Untersuchungen wurde Elton Mayo vom Harvard Industrial Research Department von der Betriebsleitung eingeladen, mit seinem Team die Experimente zu beobachten und zu kommentieren.

Die Untersuchungen dieser ersten Phase im Relais-Montage-Testraum waren noch ganz psychotechnisch ausgerichtet. Die Arbeit von fünf Frauen, die Telefonrelais zusammensetzten und einer weiteren, die sie mit Bestandteilen versorgte und geringe Kontrollfunktionen ausübte, wurde durch eine Reihe von Kontrolleinrichtungen protokolliert: durch einen automatischen Output-Zähler, ein so genanntes „log-sheet", das alle Aktivitäten der Arbeiterinnen, sowohl „persönliche" Zeiten wie produktive Zeiten genau chronologisch registrierte, durch einen Tagesbericht über alle Ereignisse jedes Tages und einen Qualitätsbericht über die Anzahl und Ursachen von Ausschussprodukten sowie Temperatur- und Feuchtigkeitsmesser; auch regelmäßige gesundheitliche Untersuchungen wurden durchgeführt. Überdies wurden die Arbeiterinnen auch nach ihrer Herkunft, ihrem Familienleben und sozialen Aktivitäten befragt.

Zunächst wurde mit Ruhepausen experimentiert, dann mit kürzeren täglichen und wöchentlichen Arbeitszeiten, die nach einigen Wochen wieder in den ursprünglichen Zustand zurückversetzt wurden. Die Arbeitsleistung der Frauen stieg dennoch qualitativ und quantitativ an; nach der Wiederherstellung der ursprünglichen Bedingungen ging der Output zwar wieder zurück, blieb aber doch höher als in der Anfangsphase mit denselben Bedingungen. Um dies zu erklären, wurden eine Reihe von Hypothesen entwickelt, und die Leistungssteigerung mit ökonomischen Anreizen, besserer Gesundheit, Reduktion der Monotonie, Änderungen in den Beziehungen der Mädchen untereinander und zu den Vorgesetzten in Verbindung gebracht.

Diese Hypothesen wurden in der Folge überprüft, wobei sich alle Faktoren mit Ausnahme der sozialen Beziehungen als nicht schlüssig erwiesen. Die Einstellungen der Arbeiterinnen beeindruckten die Beobachter am stärksten: „What impressed management most, however, were the stores of latent energy and productive cooperation which clearly could be obtained from its working force under the right conditions. And among the factors making for these conditions the attitudes of the employees stood out as being of predominant importance."[25] Eine andere wichtige Einsicht war die, dass alle Faktoren nicht je für sich einen voneinander

---

[25] Fritz J. Roethlisberger/William J. Dickson, Management and the Worker, Cambridge-Mass., 1956, S. 185

unabhängigen Einfluss haben, sondern nur im Zusammenhang als Teile einer totalen Situation zu sehen sind.

In der zweiten Phase ab 1929 wurde ein Interviewprogramm entwickelt, in das etwa 20.000 Beschäftigte einbezogen wurden, und dessen Ziel die Verbesserung der Führung, der Einstellung und der Beziehungen zwischen den Beschäftigten war. Bemerkenswert dabei war, dass als Interviewer zu einem großen Teil Vorgesetzte eingesetzt wurden. Die Vorgesetzten-Interviewer lernten in Bezug auf ihr Vorgesetzten-Verhalten auf der Grundlage der Kommentare der Arbeiter. Und die Arbeiter begrüßten die Möglichkeit, ihre Meinung sagen zu können, und fühlten sich dadurch anerkannt. Ihr Gefühl des Teilhabens an den Problemen des Betriebes und ihrer Lösung wirkte sich positiv auf ihre Arbeitsleistung aus.

Auch die Interpretation der von den Arbeitern abgegebenen Kommentare, insbesondere ihrer Beschwerden, verdient Aufmerksamkeit: Die Untersuchungen zeigten, dass derartige Klagen neben ihrem manifesten Inhalt auch latente Ursachen in der persönlichen Situation des Arbeitnehmers hatten: sie wurden in der Folge nicht so sehr als spezifische Tatsachen gesehen, sondern als Symptome oder Indikatoren der persönlichen bzw. sozialen Situation. Insbesondere erwiesen sich Arbeitssituationen, in denen die soziale Beteiligung nicht oder nicht ausreichend war, als Ursachen für pessimistische und negative Einstellungen.

Als ein Ergebnis der Untersuchungen erschienen die die Leistung beeinflussenden Faktoren als ein zusammenhängendes Ganzes aus außerbetrieblichen sozialen Verhältnissen, psychischen Gegebenheiten und sozialen Arbeitsbedingungen im Betrieb. Sie ließen den Schluss zu, dass der Betrieb nicht nur ein technisch-organisatorisches, funktionales Gebilde ist, sondern dass sich darüber hinaus eine soziale Organisation ausmachen lässt, die durch ein System von gefühlsmäßigen Beziehungen, ein „system of sentiments" mit Differenzierungen zwischen Rängen, zwischen Werkstatt und Büro, zwischen weiblichen und männlichen, älteren und jüngeren Beschäftigten charakterisiert ist. Arbeitsbedingungen, Arbeitsverhalten, -umwelt etc. erhalten durch diese soziale Organisation ihre Bedeutung:

> „[...] *they must be interpreted as carriers of social value. For the employee in industry, the whole working environment must be looked upon as being permeated with social significance. Apart from the social values inherent in his environment the meaning to the employee of certain objects or events cannot be understood. To understand the meaning of any employees complaints or grievances, it is necessary to take account of his position or status in the company. This position is determined by the social organization of the company: that system of practices and beliefs by means of which the human values of the organization are expressed, and the symbols around which they are organized [...].*"[26]

In der Schlussphase der Untersuchungen wurden vierzehn Drahtzieher sechs Monate lang in einem Beobachtungsraum („bank-wiring observation room"), zusammengefasst. Zweck der Untersuchung war es, die sozialen Beziehungen in einer Arbeitsgruppe genau zu studieren.

---

[26] Ebenda, S. 374/375

Voraussetzung dabei war diesmal, dass die aktive Beteiligung von Vorgesetzten in diesem Experiment unterblieb. Dabei kam man zu den folgenden Ergebnissen: Jeder der Arbeiter betrieb Leistungszurückhaltung: die Beschränkung der Outputmenge war einerseits bestimmt durch eine von der Gruppe selbst entwickelte Norm bezüglich der täglichen Leistungsmenge für jeden einzelnen, und das trotz eines auf individuellen Stückakkord abgestellten Lohnsystems, andererseits durch das Bestreben jedes Arbeiters, jede Woche eine gleichbleibende Leistung zu erbringen.

Die tatsächlich geleistete Arbeit und auch die aufgewendete Zeit stimmte überdies meist nicht mit der im offiziellen „record" angegebenen überein; man versuchte in den Berichten Pufferzeiten und -mengen einzubauen, um einen „Vorrat" zu haben, wenn es einmal nicht so lief. Der Vorarbeiter oder Meister hatte meist keine Ahnung von diesen informellen Standards und Taktiken, denn die Arbeiter verhielten sich in seiner Gegenwart anders als sonst. Eine weite Palette von informellen sozialen Praktiken konnte festgestellt werden: Die Arbeiter halfen einander aus, wechselten die Arbeitsplätze etc. Dies alles auf Grund informeller Beziehungen der Freundschaft oder Ablehnung untereinander. Sie bildeten Cliquen und sanktionierten Außenseiter. Während sie den Meister klar als Außenstehenden sahen, betrachteten sie den Gruppenführer als einen der ihren. Alle diese sozialen Beziehungen und Verhaltensweisen erfolgten nicht notwendig auf Grund gleicher Arbeit, gleicher Position etc., wenngleich die Position des einzelnen in der informellen Gruppe in Beziehung stand zu seiner Tätigkeit. Diese interne Organisation der Gruppe, ihre Struktur und ihre Normen und Standards erfüllten zwei Funktionen: einmal die Gruppe gegen „Verrat" von innen zu schützen und zum anderen Einmischung von außen abzuwehren.

Die Schlussfolgerung, die das Management daraus zog, war die, dass man von falschen Annahmen über das Verhalten der Arbeiter ausgegangen war, nämlich, dass sich jeder Einzelne „ökonomisch rational" auf Grund des Lohnanreizsystems verhalten würde. Auch das Kontrollsystem musste versagen durch die Wirkung der informellen Beziehungen und die Loyalität der informellen Gruppe gegenüber. Insbesondere geriet der unmittelbare Vorgesetzte, der Gruppenführer, in das Dilemma einer doppelten Loyalität gegenüber dem Meister einerseits und den Arbeitern andererseits.

3 Arbeitsmotivation und soziale Organisation

Hawthorne-Studien (Western Electric Co.)
Chigago 1927 (1924) – 1931
Leitung: Elton Mayo

Untersuchungsphase	Ergebnis	Interpretation
1. Relais-Montage-Testraum 6 Arbeiterinnen Experimentelle Variation der Beleuchtung der Arbeitszeit und der Pausen	Keine schlüssige Wirkung dieser Faktoren Bedeutung der Teilnahme am Test Hawthorne-Effekt	Einstellungen (insbes. vermittelt durch Anerkennung und Teilnahme) sind wichtiger für Arbeitsverhalten
2. Befragung 20.000 Personen Interviews durch Vorgesetzte und Anwärter	Bedeutung von persönlicher und sozialer Situation von Mitwirkung und Anerkennung Schulung der Führungskräfte	Betrieb als humane und soziale Organisation Bedeutung des Führungsverhaltens → social skills →Sozialemotionale Bedingungen der Kooperation →Führungskräftetraining →(TWI)
3. Drahtzieher-Werkraum 14 Personen Beobachtung des Verhaltens in der Gruppe	Informelle soziale Praktiken bestimmen die Arbeitsleistung. Informelle Führer/Struktur Gruppenprozesse gegen Abweichung und Einmischung	Informelle Organisation der Gruppe - Gruppenstandards - Divergenz der Führung - Loyalitätsprobleme

Die soziale Organisation des Betriebes und die informellen Gruppen

Die Untersuchung der Drahtzieher-Gruppe hatte gezeigt, dass das Arbeitsverhalten nicht verstanden werden kann ohne Berücksichtigung der informellen Organisation der Gruppe und der Beziehung dieser informellen Organisation zur sozialen Organisation des Betriebes. Diese wechselseitigen Beziehungen führten zum Verständnis der Arbeitsgruppe und des Betriebes als soziale Systeme und zur Erkenntnis des Problems des internen sozialen „Gleichgewichts" des Betriebes.

George C. Homans, der in seinem Buch „The Human Group"[27] auch das Bank-Wiring-Experiment darstellte und kommentierte, wurde dadurch bei der Entwicklung eines eigenen soziologischen Theorieansatzes stark beeinflusst. Er verallgemeinerte die empirischen Erkenntnisse in seiner Theorie des elementaren sozialen Verhaltens, das er aufgebaut sah aus Aktivitäten, Interaktionen und Gefühlen. Homans versuchte, theoretisch nachzuvollziehen, wie die Bildung von „menschlichen Gruppen" vor sich geht und wie sie aus der sie umgebenden Umwelt entstehen und mit ihr in Austauschbeziehungen treten. Grundlage der Entstehung sozialer Beziehungen sind die Interaktionsprozesse, wie sie mit der Durchführung der Arbeitstätigkeiten verbunden sind, teils durch sie vorgegeben, teils durch sozial-

---

[27] George C. Homans, The Human Group, New York 1950

emotionale Aspekte ergänzt. Das System der betrieblichen Arbeitsorganisation fördert die Entstehung relativ konstanter Kommunikationssysteme auf der Basis gegenseitiger emotionaler Bewertung; es wird damit zum „äußeren System" eines gruppenbildenden „inneren Systems" mit eigenen Normen und einer eigenen Beliebtheits- und Autoritätsrangordnung. Die Arbeitergruppen (als unterschieden von den – formalen – Arbeitsgruppen) bilden sich ihre gemeinsamen gruppenspezifischen Interpretationen, etwa Normen über eine gerechtfertigte Tagesleistung. Sie haben ihre eigenen Führer, die nicht mit den Vorgesetzten identisch sind. Diese informellen Führer sind zunächst zu überzeugen, will die Betriebsleitung die Arbeiter zu einem bestimmten Verhalten bewegen.

Folgeuntersuchungen, die die informellen Gruppen zum Gegenstand hatten, erbrachten weitere Erkenntnisse, etwa über den Einfluss der Gruppennormen auf die Leistung der Arbeitnehmer, die Führungsprobleme, die durch die Gruppenstruktur der „informellen Organisation" für die formellen Vorgesetzten auftreten können, und die Bedeutung der informellen Gruppen für die Entstehung von Konfliktmanifestationen. Leonard Sayles differenzierte informelle Gruppen in ihrer Bedeutung für das in amerikanischen Betrieben institutionalisierte „grievance-system" (Beschwerde-System).[28] Er wollte damit zeigen, dass diese Gruppen nicht nur psychohygienische Bedeutung haben und sozialpsychologische Faktoren darstellen, sondern in ihnen auch Interessen artikuliert, zusammengefasst und durchgesetzt werden können. Er unterschied vier Gruppentypen: die apathische, die erratische, die strategische und die konservative Gruppe. Die apathische Gruppe charakterisiert Sayles damit, dass von ihr relativ wenige Beschwerdefälle ausgehen, da es offensichtlich an einer anerkannten Führung fehlt, innere Uneinigkeit besteht, gleichzeitig aber Anzeichen aufgestauter Unzufriedenheit bemerkbar sind. Den zweiten Typ der erratischen Gruppe kennzeichnen leichte Erregbarkeit der Mitglieder, verbunden mit unzureichend kontrollierten Taktiken, Druck auf das Management auszuüben: ein schneller Umschlag in gute Beziehungen zur Betriebsführung ist möglich, die Gruppe ist also unausgewogen. Der dritte Typ der strategischen Gruppe wird dahingehend beschrieben, dass hier ein ständiger Druck auf die Vorgesetzten ausgeübt wird, der mit einer gut geplanten Beschwerdeaktivität verbunden ist und durch einen hohen Grad interner Einigkeit gestützt wird. Auch hier ist eine hohe Beteiligung an den gewerkschaftlichen Aktivitäten festzustellen. Bemerkenswert ist für viele Gruppen dieser Art eine relativ gute dauerhafte Produktionsleistung. Die konservative Gruppe übt Druck in Richtung sehr spezieller Ziele aus, hat einen gemäßigten inneren Zusammenhang und entsprechend viel Selbstsicherheit. Sie wechselt von Aktivität zu Inaktivität hinsichtlich etwa der Beteiligung an gewerkschaftlichen Aktionen oder den Beschwerden, die vorgebracht werden.

Die komplexe Struktur der betrieblichen Organisation ist durch die Überschichtung mehrerer Dimensionen gekennzeichnet:

---

[28] Leonard R. Sayles, Behavior of Industrial Work Groups, London-New York 1963

3 Arbeitsmotivation und soziale Organisation

```
                        Organisation

    technische                    humane

                   1. das Individuum
                   2. die soziale Organisation

                   die ideologische  | die formale    | die informelle
                   Organisation      | Organisation   | Organisation
```

Die humane Organisation bezieht sich zunächst auf die Individuen, die Mitglieder der Organisation sind, und ihren persönlichen sozialen Hintergrund, sodann auf die soziale Organisation als das Muster der sozialen Beziehungen zwischen den Individuen und Gruppen im Betrieb. Die soziale Organisation umfasst sowohl die formalen Regeln, die Normen, Praktiken und Strategien des Betriebes wie die informelle Organisation als die tatsächlichen persönlichen Beziehungen. Sowohl die formelle wie die informelle Organisation beruhen auf Ideen- und Wertsystemen; die ideologische Organisation überschneidet sich daher mit beiden. Die ideologische Organisation wird weiter differenziert in die „Logik der Kosten" und die „Logik der Effizienz", die beide die formale Organisation der Betriebe stützen, und in die „Logik des Gefühls" als Grundlage der informellen Organisation. Dementsprechend kommt es zur Reformation der Aufgaben des Managements, das zwei Funktionen hat: die Funktion, das ökonomische Ziel des Betriebes zu erreichen, und die Funktion der Erhaltung des Gleichgewichts der sozialen Organisation, so dass die Individuen gleichzeitig mit ihrem Leistungsbeitrag zur Erreichung des Betriebszieles auch ihre persönlichen Bedürfnisse befriedigt finden, was ihre Kooperationsbereitschaft begründet.

Drei miteinander verbundene Hauptprobleme sind vom Management zu lösen: Probleme des Wandels der Sozialstruktur, Probleme der Kontrolle und Kommunikation, Probleme der Anpassung der Individuen an die Struktur. Von besonderer Bedeutung im Lichte der Hawthorne-Untersuchungen sind Unzulänglichkeiten der Kontrolle und Kommunikation, die durch die Diskrepanz zwischen formeller und informeller Organisation begründet sind. Soll das Management diese Probleme bewältigen, muss es eine explizite Fertigkeit der Diagnostik menschlicher Situationen entwickeln und die Untersuchung dieser Situationen als kontinuierlichen Prozess auch auf die eigene Organisation anwenden.

Die „Entdeckung" der informellen Gruppen in formalen Organisationen wurde in der Praxis dann häufig in der Weise genützt, dass die Motivation der Mitarbeiter durch die Entwicklung eines „Bildes" (Image) des Gesamtbetriebes, durch das Verständnis der Organisation als Wir-Gruppe, gefördert werden soll. Diese Orientierung an der Organisation wurde vor allem in den Großbetrieben im Bereich der höheren Angestellten gefördert. William H. Whyte hat diese „Sozialphilosophie der Gruppe", die „Organisationsmenschen" hervorbringt, kritisch beleuchtet.[29]

Human Relations-Bewegung und Organisationsentwicklung

Die Hawthorne-Untersuchungen fanden große Beachtung unter Sozialwissenschaftlern, und zwar dank der Mitarbeit namhafter Psychologen, Soziologen und Sozialanthropologen wie Elton Mayo, W. Lloyd Warner und der Tatsache, dass insbesondere Elton Mayo eine große Zahl von Schülern und Mitarbeitern hatte und zu einer der prominentesten Figuren in der Welt der amerikanischen Sozialwissenschaften wurde. Zur „Mayo Group" gehörten in den 40er Jahren Fritz Roethlisberger, T. North Whitehead, George Homans, Lloyd Warner, William F. Whyte u. a.

Die Mayo-Gruppe wurde zum Kern dessen, was als „Human Relations School" bekannt wurde und seinen Höhepunkt in den 50er Jahren hatte. Die Schule bekannte sich zum interdisziplinären Studium des Gruppenverhaltens, das insbesondere durch die gruppendynamischen Forschungen Kurt Lewins eine weitere Vertiefung erhielt. Das Interesse konzentrierte sich auf Probleme industrieller Arbeit, insbesondere das Verhältnis von Arbeitsleistung und Einstellungen, die Kooperation innerhalb von Gruppen und zwischen diesen und den Führungskräften, die Bedeutung und Wirkung von Führungsstilen und die Auswahl von Führungskräften. Mayo selbst beeinflusste auch das während des Zweiten Weltkrieges entwickelte Führungskräfte-Trainings-Programm (TWI = „Training Within Industry").

Mit der Entstehung der Funktionen der Planung, Organisation, Motivation und Kontrolle der Arbeit wurde die Führung der Mitarbeiter zu einer der wichtigsten Aufgaben der Manager. Da das Verhalten bei der Arbeit nun nicht mehr ausschließlich durch Veränderung der objektiven Arbeitsbedingungen zu beeinflussen gesucht wurde, gewannen die Führungsstile zunehmend an Bedeutung in Bezug auf die Veränderung der Einstellung der Arbeiter und damit ihres Leistungsverhaltens. Eine ausgedehnte Diskussion über die Führungsstile, etwa den autoritären und den demokratischen oder kooperativen Führungsstil sowie den „laisser faire"-Führungsstil, kam in Gang. Im Gefolge der „human relations"-Studien wurden die sozialen Motivationsfaktoren wie Anerkennung, Akzeptanz in der Gruppe oder das „Betriebsklima" als wichtig für die Sicherung des Leistungsverhaltens erkannt.

Eine Fülle von Forschungsarbeiten beweist den großen Einfluss der „human relations"-Bewegung, die allerdings lange Zeit eine akademische blieb, weil die praktische Umsetzung in den Betrieben für diese einen großen Aufwand bedeuteten; die „human relations" wurden in der Praxis reduziert auf Ansätze zur Schulung von Führungskräften und eine Rhetorik, die mit Begriffen wie Führungsstil, Betriebsklima etc. operierte. Von Kritikern wurde der „human relations"-Bewegung ein Hang zur Harmonisierung der Betriebsrealität attestiert. Tatsächlich ging sie von der Annahme aus, dass Betriebsziele und individuelle Bedürfnisse nicht nur vereinbar, sondern sogar nur gemeinsam optimierbar seien. Gewerkschaften, Konflikt-

---

[29] William H. Whyte jr., Organisation Man, New York 1956

handeln etc. spielen in ihren Ansätzen so gut wie keine Rolle; sie scheinen sich zu erübrigen in der Welt der „human relations". Die einseitige Ausrichtung auf die „human relations" vernachlässigte die „industrial relations" bzw. die „labor relations" und hatte eigentlich dieselbe Funktion, wie die mehr sozialromantisch bis sozialreformerisch motivierten Ansätze der Zwischenkriegszeit in Deutschland.

Mayo selbst argumentierte in „The Social Problems of an Industrial Civilization", dass jede soziale Gruppe, auf welchem zivilisatorischen Niveau auch immer, neben der Versorgung mit materiellen Gütern das Problem der Erhaltung spontaner Kooperation lösen müsse. Unsere Zivilisation hat zwar ein hohes Niveau der materiellen Versorgung erreicht, die Kooperation aber überlässt sie weitgehend dem Zufall. Mayo plädierte für die Entwicklung und das Training von „social skills", von Sozialfertigkeiten, die der komplexen Organisation der industriellen Gesellschaft entsprechen. Kommunikation und Kooperation sind nicht mehr durch traditionelle Regeln und routinisierte Beziehungen gewährleistet. In einer Gesellschaft, die sich auf Grund des technischen Fortschritts ständig wandelt, sind Sozialfertigkeiten der Kommunikation und Kooperation notwendig, die eine Anpassung der sozialen Organisation an die technischen Veränderungen ermöglichen. Mayos „social skills" sind also Sozialtechniken einer „adaptive society", wobei der technische Wandel selbst unproblematisch erscheint, er ist Sachzwang im Sinn einer linear-evolutionären Vorstellung; die „social skills", die Mayo meint, entsprechen natürlich den Idealen der liberalen demokratischen Gesellschaft, deren Individualismus durch die Priorität der pragmatischen Anpassung beschränkt ist.[30]

Mayo meinte, die Ökonomie müsse ihre Annahmen ändern, wenn sie nicht höchstens auf Ausnahmefälle anwendbar sein wolle, und die Tatsache berücksichtigen, dass menschliches Leben im Normalfall in Gruppen vor sich geht, dass Handeln nach Gruppenzielen erfolgt und das menschliche Denken und Streben durch Anerkennung und den Wunsch nach Integration bestimmt ist. In der modernen Welt kommt es demzufolge auf die intelligente Organisierung der Kooperation unter Berücksichtigung aller Gruppeninteressen an. Der Wille dazu aber muss von innen kommen, nicht von außen durch Zwang. Kooperation nimmt bei Mayo damit eine andere Bedeutung an; sie ist nicht mehr faktische Verbindung von Arbeitsprozessen, sondern sozial-emotional bestimmter Prozess von menschlichen Interaktionen. Das Management muss versuchen, die Kooperation der Arbeitnehmer zu erreichen und zu erhalten. Das bedeutet aber auch: ihr Vertrauen gewinnen. In diesem Fall würde sowohl der Betriebszweck auf optimale Weise erreicht werden, wie auch die Arbeitszufriedenheit und Arbeitsfreude der Mitarbeiter steigen.

In Bezug auf die sozialwissenschaftliche Problemstellung industrieller Arbeit und Organisation waren die „human relations" sowohl für die Erforschung der Einstellung der Arbeitenden und deren Wirkung auf die Produktivität der Arbeit von Bedeutung, wie für die bürokratiekritische Neuformulierung des Verständnisses betrieblicher Organisation. In der Folge konnte auch gezeigt werden, dass die unpersönlichen Regeln durch die Auslegung und

---

[30] Elton Mayo, The Social Problems of an Industrial Civilization, London 1975 (urspr. 1949), S. 3ff

Handhabung im Alltag auf Grund der Wirkung der informellen Organisation verändert, unterlaufen, unwirksam gemacht werden. Damit entstand eine Betrachtung, die den Schwerpunkt der Aufmerksamkeit weg von der statisch geplanten Struktur und dem Regelsystem hin zu einer verhaltenswissenschaftlichen dynamischen Sicht der Organisation als Resultat des Verhaltens von Menschen verlagerte. Diese erscheint nun nicht mehr als vollkommen rational planbares, funktionelles Gebilde, sondern als soziales Gefüge. Es entstand eine Forschungsrichtung, die sich vornehmlich mit Verhalten in Organisationen beschäftigte und sowohl Psychologie wie Soziologie war: die Psychosoziologie. In der Managementlehre kam es unter dem Einfluss dieser Forschungen und durch die Einordnung in die „behavioral sciences" auch zu einer verhaltenswissenschaftlichen Richtung.[31]

Schon bei den Hawthorne-Untersuchungen waren Methoden einer Theorie-Praxis-Verbindung in der Weise zur Anwendung gelangt, dass Erforschung und Analyse des Ist-Zustands simultan gekoppelt war an die Veränderung eben dieses Ist-Zustands, d. h. Forschung und praktische Veränderung verbanden sich. Diese interventionistische Haltung der Psychosoziologie der Organisation setzt bei der Erkenntnis ein, dass Bewusstwerden der Probleme bereits der erste Schritt zur Lösung derselben ist, und bezieht daher die von den Problemen im Betrieb am meisten Betroffenen, die Arbeitenden, mit ein. Die Sicht der sozialen Wirklichkeit kennt keine Interessen und damit auch keine gespaltene Wirklichkeit, sondern nur „Bedürfnisse" und Sachnotwendigkeiten. Sie kennt keine Klassenunterschiede, keine sozialen Ungleichheiten, sondern nur Gruppenziele und Gruppenhandeln, das „psychosoziale Funktionieren des Unternehmens".

Psychosoziologie sowie die interventionistische Organisationsforschung konvergierten im Programm der „Organisationsentwicklung" (OE), die die Organisation als ein sich ständig änderndes soziales System versteht, das gemeinsam von allen Organisationsmitgliedern gestaltet wird. Damit tritt der dynamische Charakter der Organisation, die nicht in ihrer strukturellen Beschaffenheit, sondern als aktives Tun gesehen wird, in den Vordergrund. Nicht das Zustandsbild der Organisationen an sich interessiert, sondern Organisieren als Handeln, als unmittelbar die organisatorische Praxis beeinflussendes Verhalten. Mit dieser Orientierung an der Veränderbarkeit der Organisation erwies sich der Ansatz der OE als Vorstufe des für die „Wissensgesellschaft" typischen Konzepts der „lernenden Organisation".

Theorien der Arbeitsmotivation

Motive sind mögliche Antriebskräfte des Handelns, sie gründen in Bedürfnissen und Dispositionen, deren Aktivierung zum Handeln die Motivation ist. Je nachdem, ob die Bedürfnisse oder die Anreize stärker betont werden, unterscheidet man bedürfnisorientierte Ansätze (Überwindung einer „Deprivation") und anreizorientierte (Maximierung von „Lust") Ansätze. Kognitive Ansätze betonen den rationalen Aspekt des Verhaltens und die Tendenz des Indi-

---

[31] Vgl. etwa: Keith Davis/John W. Newstrom, Human Behavior at Work, 8. Aufl., New York 1976

viduums, einen Ausgleich zwischen Erwartungen und Verhalten herzustellen. Humanistische Konzepte heben das Streben nach Sinnerfüllung und Selbstverwirklichung hervor.[32] Relevanz für die Analyse der Arbeitsmotivation haben auch die Motivsysteme wie etwa die Leistungsmotivationen, das Machtmotiv, das Bindungsmotiv („affiliation") und die Vermeidungshaltung („avoidance motive").[33]

Die Unterscheidung zwischen intrinsischer und extrinsischer Motivation bezieht sich auf die Zwecke des Handelns: bei intrinsischer Motivation erfolgt – so die Annahme – das Handeln „zweckfrei", allein aus Interesse am Vollzug der Handlung, die Belohnungen des Handelns sind personintern: demgegenüber ist alles, was um eines Zweckes willen getan wird oder um Wirkungen und/oder Belohnungen außerhalb der Person zu erzielen, extrinsisch motiviert. Die intrinsischen und extrinsischen Motive sind auch für das Arbeitsverhalten relevant. Der Mensch kann bei der Erwerbsarbeit sowohl durch ein Interesse „an der Sache selbst" motiviert sein, wie auch durch die Folge- oder Begleiterscheinungen der Arbeit. Intrinsische Arbeitsmotive sind etwa: das Bedürfnis nach Tätigkeit, das Kontaktbedürfnis, die Leistungsmotivation, das Machtstreben, der Wunsch nach Sinngebung und Selbstverwirklichung. Extrinsische Arbeitsmotive sind demgegenüber: das Bedürfnis nach Geld, inhaltlich spezifizierte Konsumbedürfnisse, Sicherheitsstreben, Geltungsstreben, Kontaktbedürfnis (das also auch eine Folgeerscheinung sein kann) und Sexualität.

Im Rahmen der Beschäftigung mit den Motiven änderte sich auch das Menschenbild. Hatte Taylor den Arbeiter als „economic man" gesehen, so ließen die „human relations" den Arbeitenden in erster Linie als „social man" erscheinen. Die Motivationspsychologie hingegen zeichnete zunehmend die Handlungsantriebe des Menschen als die eines „complex man", vor allem nachdem die persönlichkeitstheoretischen Ansätze gegenüber den bedürfnisorientierten Reiz-Reaktionsmodellen stärker in den Vordergrund traten.

In Bezug auf die Persönlichkeitstheorie ist zu bemerken, dass mit Carl Rogers ein Wechsel der Perspektive durch den Übergang von negativen Motiven (Furcht, Angst etc.) zu positiven Motiven wie „self-actualization" einsetzte. Einer der bekanntesten Ansätze der persönlichkeitsorientierten und humanistisch-psychologischen Motivationstheorie ist der von Abraham Maslow mit seiner berühmten Hierarchie der Bedürfnisse. Die vertikale Anordnung bedeutet dabei, dass erst nach der Befriedigung der niederen Bedürfnisse die nächsthöhere Gruppe von Bedürfnissen aktiviert werden kann.[34]

---

[32] Siehe: Oswald Neuberger, Theorien der Arbeitszufriedenheit, Stuttgart 1974, S. 141
[33] David C. McClelland, Human Motivation, Cambridge-New York 1987
[34] Abraham Maslow, Motivation and Personality, New York 1954

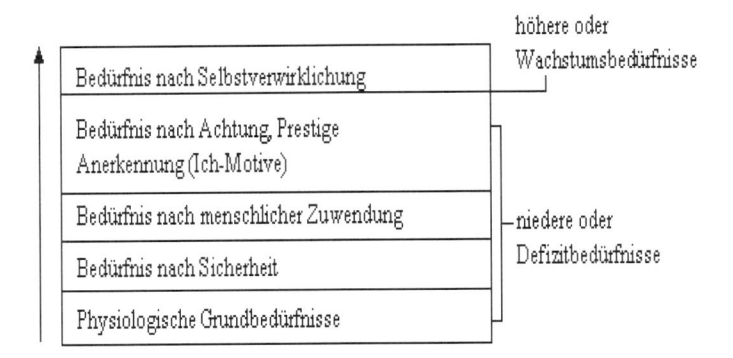

```
┌─────────────────────────────────────────┐
│ Bedürfnis nach Selbstverwirklichung     │──┐ höhere oder
├─────────────────────────────────────────┤  │ Wachstumsbedürfnisse
│ Bedürfnis nach Achtung, Prestige        │  ┐
│ Anerkennung (Ich-Motive)                │  │
├─────────────────────────────────────────┤  │
│ Bedürfnis nach menschlicher Zuwendung   │  ├─ niedere oder
├─────────────────────────────────────────┤  │  Defizitbedürfnisse
│ Bedürfnis nach Sicherheit               │  │
├─────────────────────────────────────────┤  │
│ Physiologische Grundbedürfnisse         │  ┘
└─────────────────────────────────────────┘
```

Dabei ist das Bedürfnis nach Selbstverwirklichung das eigentliche, „höhere" oder „Wachstum-Bedürfnis", während er die anderen als „niedere" oder „Defizit-Bedürfnisse" bezeichnete, was darauf verweist, dass sie „aktiviert" werden, d. h. zu Motiven des Handelns werden, wenn sie nicht befriedigt sind, wenn ein Mangel verspürt wird, während „growth-needs" zu Motiven des Handelns werden, wenn Mangelzustände der niederen Bedürfnisse befriedigt sind. Sie sind sozusagen „Luxusmotive" und entsprechend schwächer und leichter zu unterdrücken.

Eine Untersuchung, die große Bedeutung für das Verständnis der Arbeitsmotivation erlangte, war die von Frederick Herzberg u. a., die die Dualität der Motivstrukturen in Bezug auf die Arbeit, die auch in Maslows Theorie und im Konzept der intrinsischen-extrinsischen Motivation enthalten ist, noch präziser herausarbeitete. Herzberg und seine Mitarbeiter kamen auf der Grundlage von Erzählungen von Versuchspersonen, die teils aus technischen, teils aus Büroberufen kamen, zu dem Schluss, dass eine Reihe von Faktoren für die Arbeitsmotivation wichtig ist, jedoch mit unterschiedlicher Bedeutung. So gibt es Faktoren wie Unternehmenspolitik und -führung, Einkommen, Vorgesetztenverhalten und -führung, Arbeitsbedingungen, die sehr dominant waren in den Erzählungen, in denen über Phasen niedriger Arbeitsmoral und -motivation berichtet wurde, in Erzählungen über positive Einstellungen jedoch schienen diese Faktoren kaum auf. Andere Dinge hingegen wie erfolgreicher Abschluss einer Aufgabe („achievement"), Anerkennung („recognition"), Verantwortungsübernahme, Aufstieg und Arbeitsinhalt figurierten besonders in den positiven Erzählungen und wurden in den negativen Berichten kaum erwähnt.

Von höchster Wichtigkeit für die positive Einstellung erwies sich der Faktor „Erfolg". Eine Besonderheit zeigte der Faktor „Anerkennung", weil hier wie auch beim Erfolgsmotiv eine eher kurzfristige Wirkung in Bezug auf die Einstellung zur Arbeit zu beobachten war, während bei langdauernder Verweigerung von Anerkennung dieser Faktor auch eine große Rolle für die negativen Erfahrungen spielte. Auch die Arbeitstätigkeit erwies sich zu einem nicht unbedeutenden Prozentsatz als konstitutiv für negative Einstellungen. Wenn man Häufigkeit und Dauer der Wirkung auf die Einstellung zusammen berücksichtigt, zeigten sich die drei Faktoren „Arbeitstätigkeit", „Verantwortung" und „Aufstieg" als die wichtigsten Faktoren, die eine positive Einstellung zur Arbeit bewirken können.

3 Arbeitsmotivation und soziale Organisation

Ein als zu niedrig empfundenes Einkommen erwies sich in einem relativ großen Maß als konstitutiv für und auch auf längere Dauer wirksam in Bezug auf die Arbeitsmotivation. Es zeigte sich zwar auch, dass ein hohes Arbeitseinkommen motivierend wirken kann, aber nur sehr kurzfristig. Eine genauere Analyse der Berichte ließ erkennen, dass in den negativen Fällen das Einkommen häufig mit der Unternehmenspolitik und -führung in Verbindung gebracht wurde, während die positiven Berichte es mit Aufstieg und mit der Arbeitstätigkeit assoziierten. „Einkommen" hatte also jeweils eine andere Bedeutung; einmal aus Ausdruck des Lohnsystems und zum anderen als Ergebnis des Erfolgs des Individuums, als eine Form der Anerkennung. Herzberg et al. schlossen daraus, dass Einkommen als solches daher, wenn als zu niedrig empfunden, zu negativen Einstellungen führt, im positiven Fall aber nicht motivierend wirkt.

Herzberg nannte die Faktoren, die eher positiv wirksam sind, „satisfiers" bzw. „motivators" und die eher negativ wirksamen Faktoren „dissatisfiers". Letztere sah er auch als „Hygienefaktoren", weil sie nicht aktiv „heilen", sondern Hindernisse für die Entwicklung positiver Einstellungen beseitigen, also negative Haltungen „verhüten": „Improvement in these factors of hygiene will serve to remove the impediments to positive job attitudes."[35]

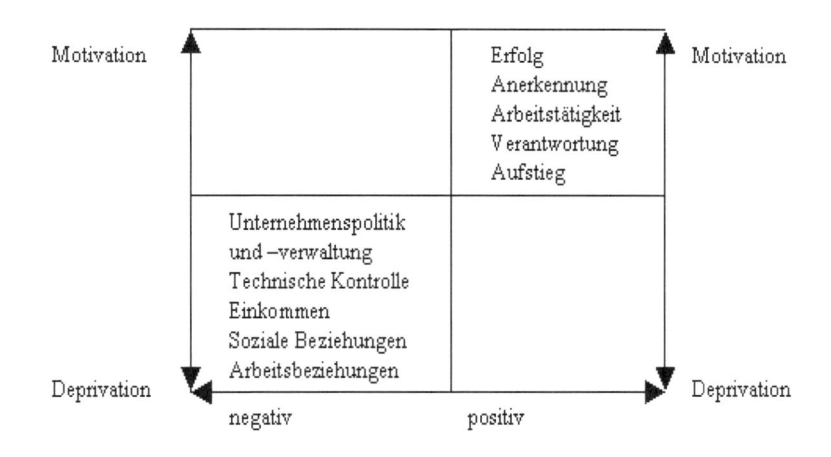

```
Motivation  ↑                    Erfolg           ↑  Motivation
            |                    Anerkennung      |
            |                    Arbeitstätigkeit |
            |                    Verantwortung    |
            |                    Aufstieg         |
            |                                     |
            | Unternehmenspolitik                 |
            | und –verwaltung                     |
            | Technische Kontrolle                |
            | Einkommen                           |
            | Soziale Beziehungen                 |
            | Arbeitsbeziehungen                  |
Deprivation ↓←──────────────────────────────────→↓ Deprivation
               negativ           positiv
```

Ein hohes Niveau in Bezug auf Führung, zwischenmenschliche Beziehungen, physische Arbeitsbedingungen, Einkommen, Unternehmenspolitik, Sozialleistungen und Arbeitsplatzsicherheit resultiert nicht in einer hohen Arbeitsmoral. Damit wird nicht nur die Aussicht, dass die Arbeiter vor allem über Lohn motivierbar seien, widerlegt, sondern auch die Auffassung der „human relations", wonach soziale Faktoren eine große Rolle spielen, relativiert. Herzberg sieht die „employee-centered supervision" und die Bedeutung sozialer und

---

[35] Frederick Herzberg et al., The Motivation to Work, New York 1967, S. 113

persönlicher Faktoren als eine logische Folge der technischen und organisatorischen Rationalisierung: „When the relationship between an individual and his accomplishments is hard to discern because of the rationalization of jobs and the stress on group work, it is almost inevitable that the quality of interpersonal relationships becomes a highly important criterion for the evaluation of individuals."[36] Die Folge ist, dass die Beurteilung von Individuen zu stark nach sozialen Aspekten und zu wenig nach fachlichen erfolgt. Wie Herzberg et al. zeigten, sind für die positive Einstellung zur Arbeit aber nicht die sozialen Beziehungen oder die Art der Führung ausschlaggebend, sondern Verantwortlichkeit, Aufstieg, Arbeitstätigkeit, Anerkennung und Erfolg in der individuellen Einschätzung. Herzbergs Folgerung für die Motivierung der Arbeiter durch das Management fasste er zehn Jahre später in die Worte „job enrichment pays off"[37] und verstand darunter den Einbau von Möglichkeiten für Erfolgserlebnisse und Anerkennung, Verantwortung und Aufstieg in die Arbeit.

Ganz ähnlich ortete Douglas McGregor[38] ein Bedürfnis der Menschen, durch ihre Arbeit Befriedigung zu finden. Er unterschied zwei Typen von Management-„Theorien", Theorie X und Theorie Y; die erstere ist die konventionelle Auffassung, die die Verantwortung, Leitung, Kontrolle der Arbeit allein beim Management lokalisiert sieht; der Arbeiter erscheint als desinteressiert, arbeitsscheu, verantwortungsvermeidend, innovationsfeindlich, aber leicht beeinflussbar. Theorie Y hingegen ist eine alternative Konzeption hinsichtlich der Aufgabe des Managements und der Beurteilung menschlicher Motivation. Danach werden die Arbeitenden nicht als an sich passiv und widerspenstig gesehen; wenn sie es sind, so auf Grund ihrer Erfahrungen in Organisationen; sie haben aber Möglichkeiten und Potentiale für Kreativität, Übernahme von Verantwortung etc. Das Management hat die Verantwortung, den Menschen die Möglichkeit zu verschaffen, ihre eigenen Ziele dadurch am besten zu erreichen, dass sie ihre Anstrengungen an den Organisationszielen ausrichten. Anders als Maslows und Herzbergs Theorien ist McGregors Konzept nicht eigentlich eine empirisch begründete Theorie, sondern ein Appell in der Art von „Denk-Positiv". Er soll im Management ein Umdenken bewirken, setzt daher eigentlich Theorie X selbst wieder voraus. Sie hat aber große Aufmerksamkeit auch unter Sozialwissenschaftlern erlangt, so dass wir sie hier erwähnen müssen.

Chris Argyris[39] ging von der Entwicklung der Persönlichkeit aus und argumentierte, dass die hierarchisch-bürokratischen Organisationen, in denen die Arbeit verrichtet wird, mit ihren starren Autoritätsstrukturen nicht den Bedürfnissen „reifer" Persönlichkeiten entsprechen. Die Menschen werden zu einer Regression auf niedere Entwicklungsstufen ihrer Persönlich-

---

[36] Ebenda, S. 129

[37] Frederick Herzberg, Job Enrichment Pays Off, in: Harvard Business Review 47/1969, S. 61-78

[38] Douglas McGregor, The Human Side of Enterprise, New York 1960

[39] Chris Argyris, Personality and Organization Theory, in: Administrative Science Quarterly 18/1973, S. 141-168

keit gezwungen; sie dürfen nicht selbständig denken, handeln, Ziele verfolgen.[40] Argyris schlug vor, die Arbeitsplätze und Autoritätsbeziehungen so zu reorganisieren, dass reife Persönlichkeiten notwendig werden, um die Arbeiten erfolgreich durchzuführen. Das würde die Zufriedenheit und die Motivation steigern und gleichzeitig die Ziele der Organisation fördern.

Eine andere Gruppe von Motivationstheorien baut auf kognitiven Faktoren auf, also auf Prozessen des Wahrnehmens, Denkens, Urteilens etc. im Unterschied zu jenen des Fühlens oder Wollens. Dazu gehören die so genannten Ausgleichstheorien die von dem angestrebten Ausgleich zwischen Erwartungen und Verhalten ausgehen (Anreiz/Beitrags-Theorie) wie auch von dem Streben, Widersprüche zwischen erlernten Dispositionen und Umweltinformationen zu beseitigen (etwa Festigers Theorie der kognitiven Dissonanz oder die Theorie der relativen Deprivation sowie die Gerechtigkeitstheorie). Die bekannte Theorie der kognitiven Dissonanz von Leon Festinger geht davon aus, dass Menschen an und für sich nach Konsistenz oder Konsonanz zwischen Wissen/Glauben und Handeln streben, aber dennoch manchmal etwas „wider besseres Wissen" tun. Daraus resultiert ein psychisches Unbehagen, das die Person zu einem Verhalten motiviert, um diese Dissonanz zu reduzieren und Konsonanz herzustellen. Zudem wird die Person Situationen und Informationen vermeiden, die möglicherweise die Dissonanz erhöhen könnten.

Die Instrumentalitäts-Theorien gehen von der Annahme aus, dass der Handelnde Zweck-Mittel-Überlegungen über wünschbare Ergebnisse anstellt. Diese Theorien lassen intrinsische Motivation weitgehend außer Betracht bzw. lassen alle Motivation als extrinsisch erscheinen. Einer dieser Ansätze ist die so genannte Erwartungsvalenz-Theorie, die eigentlich aus der Ökonomie stammt und Entscheidungsverhalten bei mehreren Möglichkeiten unter Ungewissheit betrifft. Vroom definierte Motivation als „process governing choices made by persons [...] among alternative forms of voluntary activity".[41] Wenn ein Individuum mehrere Handlungsalternativen mit jeweils ungewissen Folgen hat, dann wird es eine Alternative wählen, bei der das Produkt aus Wahrscheinlichkeit eines bestimmten Ergebnisses und der Wertschätzung dieses Ergebnisses am höchsten ist. Diese Theorie geht also von der Annahme rationalen Verhaltens unter Ungewissheit aus. In der Arbeitswelt trifft ein solches Verhalten möglicherweise bei einem seine Karriere strategisch planenden leitenden Angestellten zu. Für unsere Zwecke ist hierbei nur hervorzuheben, dass diese Theorie eine Annahme fallen lässt, die sich sonst durch die meisten Motivationstheorien über Arbeitseinstellungen zieht, nämlich die, dass Leistung und die Arbeitstätigkeit für die Arbeitenden einen Wert an sich darstellt. Bei der Erwartungsvalenztheorie wird keine inhaltliche Bestimmung der Arbeitsmotivation vorgenommen, sondern nur ein formalisierter Zusammenhang dargestellt, der erst inhaltlich aufgefüllt werden muss nach den jeweiligen individuellen Nutzenpräferen-

---

[40] Ganz ähnlich die Kritik in: Burkhard Sievers, Work, Death and Life Itself. Essays on Management and Organization, Berlin-New York 1994

[41] Victor Vroom, Work and Motivation, New York 1964, S. 6

zen und Wahrscheinlichkeitsschätzungen. Konsequenzen für die Motivation der Arbeitnehmer sind insofern möglich, als eine Erweiterung der Handlungsspielräume für den einzelnen bei Vorgabe wahrscheinlicher Konsequenzen das Selbstverständnis und Verhalten des Arbeitnehmers dahingehend verändern können, dass er sich als Nutzenmaximierer begreift, der sein Los weitgehend selbst bestimmt. Nicht die Betriebsführung „beglückt" den Arbeitnehmer, sondern er entscheidet selbst, was für ihn wichtig ist.

Bei der Frage der Arbeitsmotivation geht es nicht um die Bereitschaft zu arbeiten an sich, sondern um die Dispositionen, bei gegebenem Beruf/Arbeitsplatz mit mehr oder weniger Begeisterung, Einsatz und Befriedigung tätig zu sein, wobei im Falle industrieller Produktionsarbeit die Fragestellung noch dadurch eingegrenzt und reduziert wird, dass das Arbeitsverhalten qualitativ und quantitativ am Output gemessen werden kann und dieser in der Regel auch die Ausgangsproblemstellung bestimmt. Es würde daher zu weit führen und kann auch nicht Gegenstand dieser Darstellung sein, uns mit der Motivationspsychologie als solcher auseinanderzusetzen. Hier wurden nur einige Untersuchungen und ihre Ergebnisse angeführt, die sich mit Arbeitenden in großen Organisationen und deren Motivation, mehr oder weniger Einsatz bei ihrer Arbeit zu zeigen, beschäftigt haben bzw. auf die Problemstellung bezogen worden sind.

Unter dieser eingeschränkten Perspektive menschlicher Motivation ist noch hinzuzufügen, dass gerade mit Bezug auf Industriearbeiter, die bedürfnisorientierten Reiz-Reaktionsmodelle von größerer Bedeutung waren (Thorndike, Skinner) gegenüber psychoanalytischen oder persönlichkeitstheoretischen Theorien der Motivation und dass nicht nur die Analyse innerer Antriebe des Handelns gemeint war, sondern Strategien für das Management der Arbeit daraus gewonnen wurden, um die Arbeitenden von außen durch Anreize, Führungsverhalten etc., „zu motivieren". Die Grundthese, die der Rede von der Motivation zugrunde liegt, ist die, dass Betriebsziele und individuelle Bedürfnisse gleichzeitig gefördert werden können. Allerdings darf nicht unberücksichtigt bleiben, dass die Motivation allein kaum zu entsprechendem Erfolg führen kann, wenn nicht die für das Arbeitshandeln notwendigen Fähigkeiten und Fertigkeiten gegeben sind. Motivation, Qualifikation und berufliche Aufstiegsmöglichkeiten bzw. beruflicher Erfolg stehen in einem wechselseitigen Abhängigkeitsverhältnis zueinander.

Arbeitszufriedenheit ist nicht von Lebenszufriedenheit zu trennen; außerbetriebliche und außerberufliche Erfahrungen und Situationen spielen daher eine große Rolle für die Arbeitsmotivation, und umgekehrt hat die Zufriedenheit oder Unzufriedenheit bei der Arbeit Auswirkungen auf die „Freizeitzufriedenheit". Allerdings kann der Zusammenhang variieren zwischen Generalisierung (Übertragung der Unzufriedenheit bei der Arbeit auf die Freizeit), Kompensation (Freizeit entschädigt für Arbeitsleid) oder Neutralität (keine Auswirkungen). Die weitgehend isolierte Betrachtung der Arbeitszufriedenheit oder -motivation und ihre Instrumentalisierung im Interesse betrieblicher Ziele reflektiert die Abtrennung der Arbeitswelt aus der Lebenswelt und die Reduktion der letzteren auf „Freizeit". So bemerkt Neuberger: „Arbeitszufriedenheit konnte erst dann zum Problem werden, als sich ‚Arbeit' als ein eigenständiger Bereich aus dem ‚Leben' ausdifferenziert hatte und ihm als abgehobener andersartiger Teil gegenübergestellt wurde."[42]

4 Arbeitshandeln in der Organisation: Rollenverhalten und Konflikte

In der formalen Organisation sind die Teilaufgaben differenziert, um die Organisationsziele zu erreichen; damit sind Handlungsspielräume und Befehlswege, Kompetenzen, Weisungsrechte und Autoritätszuschreibungen und Gehorsamspflichten umschrieben, die das Verhalten der Mitglieder steuern und lenken. Dabei wird angenommen, dass das Organisationsziel zwangsläufig erreicht wird, wenn sich die Mitglieder an die vorgegebenen Regeln halten, sofern diese Vorgaben tatsächlich zweckmäßig sind. Dem konkreten Verhalten der Organisationsmitglieder aus der Perspektive der formalen Organisation wird nur Aufmerksamkeit gezollt im Sinne der bestmöglichen Nutzung des Faktors Arbeit bzw. wenn den Vorgaben nicht entsprochen wird, denn die Organisation wird nicht primär als Gruppe von Menschen, die zusammenarbeiten verstanden, sondern als Instrument zur Erreichung der Organisationsziele.

Nun ist aber die organisatorische Wirklichkeit komplexer als diese Annahmen berücksichtigen. Dies beginnt bereits bei den Vorgaben, die das Verhalten in der Organisation nicht genau festlegen, sondern nur die elementarsten Pflichten und Voraussetzungen. Darüber hinaus sind es zum Großteil nicht explizite Normen und Regeln, sondern Verhaltenserwartungen, an denen sich das Handeln orientiert. Zwischen den Verhaltenserwartungen der anderen und dem tatsächlichen Verhalten der Individuen besteht aber ein großer Unterschied; die Erwartungen selbst müssen zudem nicht homogen sein, es können widersprüchliche Verhaltenserwartungen bestehen. Erwartungen kommen nicht nur „von oben", sondern auch von den Kollegen, Untergebenen, von Kunden, Lieferanten etc., und so manche dieser Erwartungen haben nicht direkt mit der Aufgabe zu tun. Viele Erwartungen sind nicht bekannt, es bestehen nur Vermutungen hinsichtlich der Verhaltenserwartungen, die das Individuum für sich deuten muss, um in der Situation handeln zu können.

Verhaltenserwartungen und Rollenstrukturen in der Arbeitsorganisation

Die an Positionen geknüpften Verhaltenserwartungen bestimmen die Organisation als ein Feld sozialer Beziehungen, das in der Soziologie als Rollenkonfiguration bezeichnet wird. Die Verhaltenserwartungen in diesem Feld sind stets aufeinander bezogen: Jedes Individuum

---

[42] Oswald Neuberger, Arbeit, Stuttgart 1985, S. 164

sieht sich einem Komplex von Erwartungen gegenüber, die seine Rolle umschreiben, und die auf Grund der Beziehungen im Rollengefüge immer auf komplementäre Rollen hin orientiert sind. Dem Rollenaspekt des Vorgesetzten entspricht der des Untergebenen, dem des Beraters (Stabsexperten) der des Entscheidenden (Linienmanagers) etc. Eine organisatorische Stelle beinhaltet dementsprechend auch mehrere Rollensegmente, die zusammen einen Rollensatz bilden. Der Sachbearbeiter X ist Experte/Berater, Vorgesetzter, Untergebener, Kollege etc. Daher steht er auch sehr unterschiedlichen Verhaltenserwartungen seiner jeweiligen komplementären Rollenträger (Bezugsgruppen) gegenüber. Jedes Rollensegment repräsentiert differenzierte Erwartungen, zwischen denen auch Widersprüche bestehen können (Intra-Rollenkonflikt).

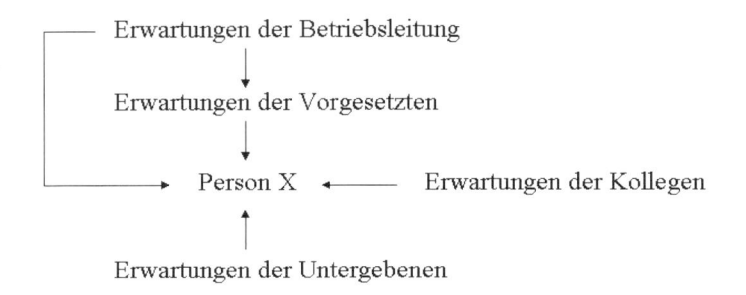

```
┌──── Erwartungen der Betriebsleitung
│              ↓
│     Erwartungen der Vorgesetzten
│              ↓
└───→  Person X  ←──── Erwartungen der Kollegen
              ↑
     Erwartungen der Untergebenen
```

Kieser/Kubicek differenzieren aus betriebswirtschaftlich-organisationstheoretischer Sicht zwischen dem aufgabenbezogenen Verhalten und dem sozialen Verhalten in der Organisation über die Aufgabenerfüllung hinaus und unterscheiden zwischen der organisatorischen Rolle und der organisationsinternen sozialen Rolle. Organisatorische Rollen sind vor allem durch diejenigen bestimmt, die die Organisationsziele, die Regeln und Sanktionen für das Handeln festlegen („Kerngruppe"). Die Erwartungen der Kerngruppe, also der Unternehmensleitung, bestimmen das formale Rollensegment, das sich von anderen Erwartungen dadurch unterscheidet, dass es offiziell und legitimiert ist; es umfasst die organisatorischen Regeln der Spezialisierung und Kompetenzen, die die Positionen differenzieren und damit die Grundlage für die Rollendefinition vorgeben; darüber hinaus Regeln, die Ziele, Handlungsprogramme, Kommunikationswege etc. festlegen; sowie Regeln, die andere (Vorgesetzte) ermächtigen, offizielle und verbindliche Erwartungen zu formulieren (Weisungsbefugnis).

Dieses formale Rollensegment wird ergänzt durch die aufgabenbezogenen Erwartungen der anderen Bezugsgruppen in der Organisation, die darüber hinausgehen und auch mit den organisatorischen Regeln in Widerspruch stehen können (z. B. Kunden- oder Kollegenerwartungen), und durch die Bedingungen, die die Technologie für das Verhalten in den aufgabenorientierten Aspekten der Organisation definiert. Die Übereinstimmung zwischen Anforderungen und Verhalten wird als Rollenkonformität bezeichnet. Zwischen Rollenvorgabe und Rollenverhalten erfolgen die individuellen Prozesse der Wahrnehmung und der Verarbeitung

4 Arbeitshandeln in der Organisation: Rollenverhalten und Konflikte

der formalen Regeln; dieser Prozess wird als „cognitive system" bezeichnet und umfasst Perzeptionen, Einstellungen etc. Demzufolge lässt sich folgender Zusammenhang darstellen[43]:

Formales Rollensegment	Rollenperzeption	Tatsächliches Rollenverhalten
----------------------▶	----------------------▶	
(offizielle Verhaltensvorschriften und -erwartungen, „official system")	(kognitives aufgabenbezogenes Verhalten, „cognitive system")	(beobachtbares aufgabenbezogenes Verhalten, „overt system")

In dieser Sichtweise stellen die aufgabenbezogenen Rollenbestandteile die zentralen Elemente dar, während die sozialen Erwartungen zusätzliche Aspekte darstellen. In der Soziologie hingegen wird davon ausgegangen, dass sich im tatsächlichen Rollenverhalten aufgabenorientierte Erwartungen mit anderen vermischen und alle Erwartungen, egal welchen Inhalts, immer soziale Erwartungen sind, weil sie auf Beziehungen beruhen.

Zwischen den Anforderungen der Rolle gemäß dem formalen Rollensegment, das die Wirkung der formalen Organisation in Bezug auf die einzelne Stelle bedeutet, und dem tatsächlichen Verhalten von Individuen in einer Position kann ein großer Unterschied bestehen, der in den aufgabenbezogenen Erwartungen von Vorgesetzten, Untergebenen, Kollegen, Kunden, Lieferanten, Behörden etc., den sozialen Verhaltenserwartungen der Bezugsgruppe und den Erwartungen aus anderen Rollenkontexten begründet sein kann.

Als Signal für die Umwelt hinsichtlich der Position und Rolle eines Individuums und mithin für die Erwartungen, die überhaupt an dieses Individuum in der Organisation gestellt werden können, dienen mitunter Rollenattribute (weißer Mantel des Arztes, blauer Anzug der „blue collar workers", Uniform des Polizisten etc.). Die Perzeption einer Rolle kann trotzdem sehr unterschiedlich ausfallen, weil sie aus verschiedenen positionalen und sozialen Perspektiven erfolgt; dies kann unter den relevanten Bezugsgruppen zu widersprüchlichen Erwartungen führen. Es ist dann für das Individuum schwer, seine Rollen erwartungskonform zu spielen, besonders deshalb, weil es selbst die Rollen der anderen und damit seine Erwartungen an sie in unterschiedlicher Art und Weise wahrnimmt und definiert. Vorgesetzte nehmen ihre eigene Rolle und die ihrer Untergebenen in bestimmter Art und Weise wahr und reagieren über-

---

[43] Alfred Kieser/Herbert Kubicek, Organisation, Berlin 1976, S. 319

dies auf die Auffassung, die die Untergebenen ihrer Meinung nach von der Rolle der Vorgesetzten haben.[44]

Das Individuum wird in aller Regel nicht alle Erwartungen, die es überhaupt wahrnimmt, erfüllen können. In Bezug auf die Selektion, die es vornehmen wird, hilft die Unterscheidung in zentrale und periphere Rollenelemente weiter. Die zentralen Elemente der Rolle sind all jene, ohne die die Aufgaben und Funktionen dieser Position nicht möglich sind (z. B. Kenntnis der Grammatik der deutschen Sprache beim Deutschlehrer etc.). Periphere Elemente hingegen sind allgemeine Erwartungen, die eigentlich nur auffallen, wenn man gegen sie verstößt (z. B. die Erwartung, dass der Manager im „business suit" und nicht im Irokesen-Look auftritt). Dies wird in der Regel auch unterschiedliche Sanktionen bei abweichendem Verhalten zur Folge haben, aber nicht notwendig immer so, dass Verstöße gegen periphere Rollenerwartungen weniger starke Reaktionen hervorrufen als solche gegen zentrale.

Eine andere Differenzierung nach der Sanktionswahrscheinlichkeit bei Abweichung ist die nach Muss-, Soll- oder Kann-Erwartungen, die auch die Sanktionsmacht der komplementären Rolleninhaber widerspiegelt und in den meisten Fällen mit der formalen Hierarchie zusammenhängt.[45] Als Unterscheidungskriterium dient hier insbesondere die Formalisierung der Erwartungen eine große Rolle, weil explizit formulierte Anforderungen einen größeren Verpflichtungscharakter suggerieren. In der Regel werden Muss-Erwartungen genau definiert und formuliert, Kann-Erwartungen hingegen nur angedeutet sein. In der Organisation wird zumindest in Bezug auf die organisatorischen Regeln ein hoher Grad von Formalisierung und Genauigkeit der Erwartungen zu beachten sein, da sonst nicht mit regelkonformem Verhalten gerechnet werden kann. In jedem Fall lässt sich sagen, dass die weitgehende Reglementierung zwar wenig Raum für kreatives, selbstverantwortliches Tun lässt, aber dafür Unsicherheiten und Konflikte (Normen-/Kompetenz-, Macht-Konflikte) reduziert. Eine niedrige Spezifität der Rollenerwartungen kann sich günstig auf die innovatorischen Kapazitäten auswirken, hat aber Nachteile durch die Desorientierung, die dadurch hervorgerufen werden kann, und erfordert einen höheren Kontrollaufwand.

Ein Individuum kann mehrere Rollen innerhalb der Organisation innehaben, z. B. kann es Vorarbeiter und Betriebsratsmitglied sein. Auch die aus diesen verschiedenen Rollen begründeten Erwartungen können Widersprüche enthalten. Zudem spielt das Individuum außerhalb der Organisation in den verschiedenen Gruppen, in denen es Mitglied ist: Familie, politische Partei, Kirche, Freundesgruppe, Elternverein, Sportclub etc. jeweils unterschiedliche Rollen und zwischen diesen und der Rolle in der Organisation kann es ebenfalls zu konfligierenden Erwartungen kommen (Inter-Rollenkonflikt); etwa zwischen der Rolle als Manager und der als Familienvater. Die reine Häufung von zahlreichen Erwartungen kann das Individuum in Rollenstress bringen. Welche Elemente das Individuum bei Konflikten zwischen verschiedenen Erwartungen bzw. auch im Falle von „role strain", d. h. Problemen,

---

[44] Keith Davis/John W. Newstrom, Human Behavior at Work, New York 1976, S. 55

[45] Siehe auch: Renate Mayntz, Soziologie der Organisation, Reinbek b. Hamburg 1963, S. 81ff

4 Arbeitshandeln in der Organisation: Rollenverhalten und Konflikte

die die individuelle Person mit seiner Rolle hat (z. B. Überforderung in einer Vorgesetztenrolle), in sein Verhalten übernimmt, hängt von seiner Wahrnehmung und Bewertung aller dieser Erwartungen und der Sanktionswahrscheinlichkeit bei Abweichen davon zusammen.

Rückwirkung auf das Verhalten in Organisationen können insbesondere berufsbezogene Rollen haben, die außerhalb des Betriebes in Ausbildung und im Kontakt mit Berufskollegen begründet werden. Die Berufsrolle bestimmt zusammen mit der organisatorischen sozialen Rolle Inhalte und Verständnis der Arbeitsrollen, insbesondere bei jenen, die mit einer betriebsexternen berufsspezifischen Ausbildung verbunden sind (Arzt, Handwerker). Die Berufsgruppe ist in diesen Fällen eine wichtige externe Bezugsgruppe, die die Definition der Rolle durch das Individuum bei professionalisierten Berufen mitprägt und auch die Organisation beeinflusst (z. B. Krankenhaus, Ingenieursbüro etc.). Das Gewicht der Berufsrolle gegenüber der organisatorischen sozialen Rolle ist dort besonders hoch, wo es spezifische Berufsverbände gibt, die das Selbstverständnis und die Autonomie der Berufsgruppe gegenüber der Arbeitsorganisation betonen. Beruf und Organisation stellen zwei Pole eines Spannungsfeldes dar; erlernter Beruf und innerorganisatorische Verwendung differieren häufig stark in Bezug auf den Inhalt der Rollenanforderungen. Das kann dazu führen, dass das Individuum seine Arbeitsrolle anders sieht als die organisatorischen Bezugsgruppen. Konflikte (Normen-, Rang-, Macht-, Frustrationskonflikte) können die Folge sein.

Die Mitgliedschaftsrolle in einer Gewerkschaft stellt ebenfalls einen für das Handeln in der organisatorischen Rolle mit ihren bürokratisch-hierarchischen Voraussetzungen bedeutsamen Einfluss dar. Die Gewerkschaft begründet im Falle industriegewerkschaftlicher und allgemeingewerkschaftlicher Struktur kein berufsspezifisches Selbstverständnis, sondern eine Orientierung an der Solidarität der „Arbeiterklasse", am Arbeitnehmerstatus, und wirkt sich in Bezug auf die Wahrnehmung und das Verhalten in der organisatorischen Rolle vor allem durch ihren Einfluss auf die Definition der Beziehungen zum Management aus.

Situationsdeutung und Rollenspiel

Arbeitshandeln spielt sich im Rahmen von Situationen und deren Kontexten ab und erfolgt auf der Grundlage der Interpretationen, die das Individuum über die Situation und das Verhalten der anderen anstellt. Überdies gehen in diese Deutungen Elemente der persönlichen Erfahrungen und der individuellen Situation der Akteure ein. Wenn man Arbeiten in der Organisation als situatives Handeln begreift, dann tritt der Kommunikationsprozess als sinngebender wechselseitiger Interpretationsprozess ins Zentrum der Betrachtung. Die Arbeitenden definieren nicht nur ihre Arbeitssituation als Ausgangspunkt für das Handeln, sondern die subjektive Situationsdeutung wird selbst als sozialer Interaktionsprozess verstanden. Die Arbeitserfahrung wird als im sozialen Interaktionsprozess sich ständig formende Sinngebung für Handeln verstanden.

Der symbolische Interaktionismus und die phänomenologischen Einflüsse in der Soziologie haben besonderes Augenmerk auf die Tatsache gelegt, dass Menschen die Situationen, in denen sie sich befinden und in denen sie Handlungen setzen sollen, ständig interpretieren und für sich, d. h. aus ihrer Perspektive deuten. Das Individuum nimmt nicht nur die einzelnen Anforderungen und Erwartungen und die Bezugspersonen je für sich wahr, sondern alles im Zusammenhang der jeweiligen zeiträumlich begrenzten Situation. Wie es auf die Bezugspersonen, ihre Erwartungen und seine Rolle reagiert, ist aber nicht nur ein Kalkül in Bezug auf die wahrgenommenen Situationselemente, sondern wirkt auch auf die bisherigen Erfahrungen des Individuums, seinen „frame of reference" (Bezugsrahmen als Summe der verhaltensleitend wirkenden Erfahrungen) zurück. Durch die tatsächlichen Interaktionsprozesse in Situationen entstehen Effekte, die wieder auf soziale Strukturen zurückwirken.

Der Überbetonung der organisatorischen Regeln und der formalen Struktur stellt Erving Goffman die relativ autonomen Lebensformen der „Interaktionsordnung"[46] entgegen und der Rolle als Strukturbegriff die Rolle als Situationsbegriff. Er wandte der aktiven Erzeugung von Situationsdeterminationen durch die handelnden Personen besondere Aufmerksamkeit zu, bezog seine Analysen jedoch allgemein auf Momentaufnahmen des Verhaltens zwischen Menschen bei ihrer Organisation der Alltagserfahrung. Der die Pflichten und Erwartungen bestimmenden Rollenvorgabe gegenüber legt Goffman daher mehr Gewicht auf das Rollen„spiel", das er als „role performance" oder auch „role enactment", also als ein „Aufführen" der Rolle vor „Publikum" fasst. Jedes Rollenspiel setzt daher eine „audience segregation", also eine Eingrenzung der Bezugsgruppe, voraus. Im Zentrum seiner Untersuchungen steht das Ausdrucksverhalten, das die Möglichkeit der Manipulation des Eindrucks auf andere eröffnet („impression management").

Der „Theaterrahmen" kann auch für das Handeln in Arbeitsorganisationen bewusst machen, dass Menschen in sozialen Situationen „Techniken" benutzen, um eine bestimmte gemeinsame Sicht der Situation zu erreichen und zu erhalten („framing"). Goffman versucht, die interaktiven Prozesse aufzuspüren, die zur Konstruktion, zum Gebrauch, zur Veränderung dieser gemeinsamen Sinnsysteme führen. Er nennt die Sinndeutungen, die mit einer Situation oder einem Ding unmittelbar verbunden werden, den primären Rahmen. Die Eigenschaft des Menschen, über sein Denken reflektieren zu können, begründet die Vielschichtigkeit der Rahmen und die Transformation der primären Rahmen durch ihren Gebrauch in anderen Situationen.

Die Arbeitserfahrung des einzelnen wird durch eine Reihe von Rahmungen bestimmt: den technischen Rahmen, der sich mit dem Arbeitsinhalt, dem Arbeiten als Tun verbindet, den hierarchisch-organisatorischen, den ökonomischen, den sozialen, den geselligen, den familiären Rahmen. Die Transformation der Rahmen, das Vortäuschen, das Einander-Etwas-Vormachen, das Spielen in und mit der Rolle gehört zum Alltag der Arbeit, ja die Trennung von Arbeit und Privatleben ist selbst in ihrer Wirkung für die Arbeitserfahrung der einzelnen ein transformierter Rahmen, an dem die Menschen festhalten, mit dem sie sich selbst und anderen vorspielen, wie man diese Trennung durchführt.

In Bezug auf organisatorisches Verhalten ist die Spezifizierung von „regular performers" relevant, d. h. solchen, die wiederholt das gleiche Verhalten vor segregiertem Publikum

---

[46] Erving Goffman, The Interaction Order, in: American Sociological Review 48/1983, S. 1-17

4 Arbeitshandeln in der Organisation: Rollenverhalten und Konflikte

setzen. Für solche Rollen, zu denen Berufs- und Arbeitsrollen zählen, ist die Aneignung der Rollenerwartungen stärker und kann zu einer affektiven Beziehung zur Rolle führen oder zur vollständigen Identifikation mit der Rolle. Andererseits werden Abweichungen von der Rolle im Ausdrucksverhalten „verraten": Gesichtsausdruck und Gestik mögen etwa die Ablehnung gegenüber einer Anordnung der Vorgesetzten ausdrücken, oder ein Vorgesetzter, der es hasst, Befehle zu erteilen, hilft sich mit einem Witz darüber hinweg, etc. („Rollendistanz").

Das Ausdrucksverhalten ist für Goffman das Sichtbarwerden der Identität gegenüber den Rollenanforderungen, das aber auch strategisch eingesetzt werden kann zur Manipulation der Situation. Es kann der Simulation eines Rollenverhaltens dienen, was deutlich wird, wenn etwa der „dynamische" Manager in unbeobachteten Augenblicken die simulierte „Dynamik" in Körperhaltung, Gestik, Mimik etc. fallen lässt; er „fällt aus der Rolle". In Bezug auf die Berufs- und Arbeitsrollen gibt es hier große Unterschiede der Ausdrucksmöglichkeit, die eine Rolle überhaupt gestattet. Es gibt Berufs- und Arbeitsrollen, die ein großes Ausdrucksrepertoire mit umfassen („expressive roles" z. B. Lehrer, Manager, Verkäufer) und solche, die das nicht tun, weil sie sich auf das Einwirken auf physische Dinge beschränken, wie bei der Fließbandarbeit. Auf der anderen Seite besteht ein Großteil der Rolle des Managers gerade darin, sein Ausdrucksverhalten entsprechend seiner Rolle einzusetzen, um Verhaltensänderungen bei anderen zu erreichen. In Bezug auf jene Berufe, bei denen der Arbeitsinhalt selbst in sozialen Interaktionen besteht, wie dies bei den meisten Dienstleistungsberufen der Fall ist, bietet sich ein großes bisher relativ unbeachtetes Forschungsfeld für die interpretative Arbeitssoziologie. Der situative Ansatz legt wenig Gewicht auf die Machtbeziehungen in Organisationen. Gerade die Arbeitssituation ist durch Kommunikationsprozesse gekennzeichnet, in denen die Regelung der Beziehungen und die Verteilung der Rechte und Pflichten eine große Rolle spielen. Diese können daher auch als Verhandlungsprozesse aufgefasst werden, bei denen es um die Durchsetzung bestimmter durch Interessen, Wertvorstellungen und Machtansprüche bzw. davon geprägter Sichtweisen geht. Man kann daher die Organisation auch als Austragungsort mikropolitischer Prozesse sehen, die fortlaufend die Interpretationen von Regeln, Aufgaben und Beziehungen bewirken.[47]

Arbeitssituationen werden häufig von gesellschaftlichen Definitionen, die mit der Organisation und dem unmittelbaren Arbeitsumfeld nichts zu tun haben, beeinflusst. Vorurteile, Stereotypen und Etikettierungen bestimmter Personen als „anders" wirken in den Betrieb hinein und führen oft zu diskriminierendem Verhalten. Damit kann es auch zur Stigmatisierung bestimmter Gruppen kommen, wie Behinderter, Haftentlassener, älterer Arbeitnehmer, Arbeitsloser, Gelegenheitsarbeiter, Sandler, Aussteiger, „Gastarbeiter", „Versager", die Auswirkungen auf die Behandlung dieser Personen durch den und im Betrieb hat. Ein anderes Kapitel, bei dem interpretative Prozesse eine große Rolle spielen, ist der Prozess des Entstehens von Konflikten, der von Einstellungen der passiven Anpassung über die innere Distanzierung von den Erwartungen bis zur Entstehung von manifesten, kollektiven oder individu-

---

[47] Siehe u. a. dazu: Gerd Schienstock, Die betriebliche Organisation von Arbeit als politischer Prozess, in: Paul Kellermann/Gertraude Mikl-Horke (Hg.), Betrieb, Wirtschaft und Gesellschaft, Klagenfurt 1994, S. 193-208

ellen Arbeitskonflikten führt, d. h. die „Karriere" einer Unzufriedenheit bis zum offenen Konflikt umfasst.

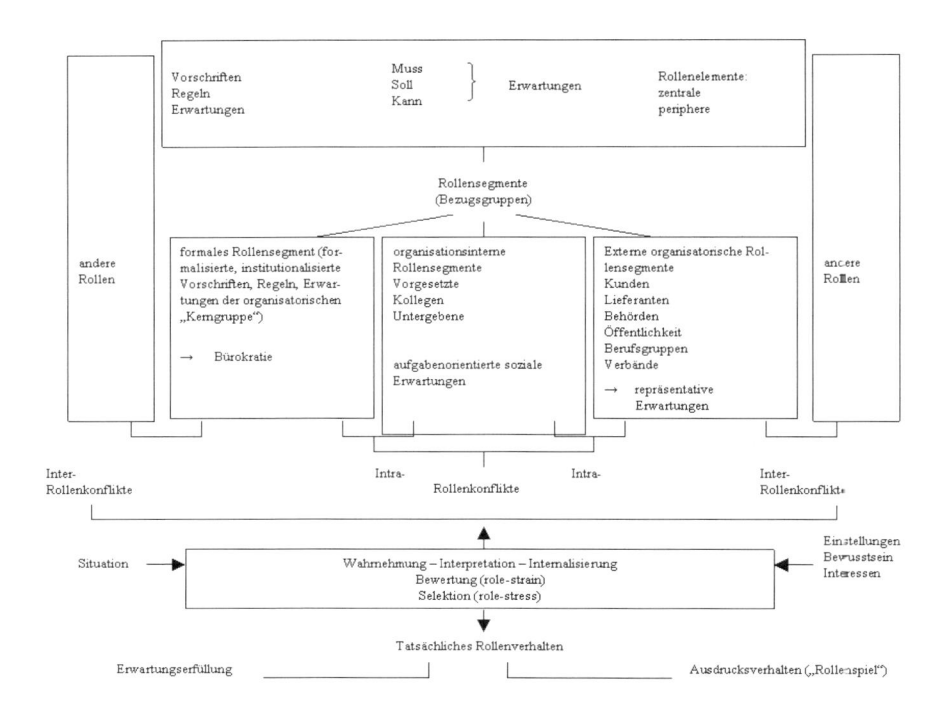

[Diagramm: Rollentheoretisches Modell mit Rollensegmenten (Bezugsgruppen), formalem Rollensegment (formalisierte, institutionalisierte Vorschriften, Regeln, Erwartungen der organisatorischen „Kerngruppe") → Bürokratie; organisationsinterne Rollensegmente: Vorgesetzte, Kollegen, Untergebene, aufgabenorientierte soziale Erwartungen; Externe organisatorische Rollensegmente: Kunden, Lieferanten, Behörden, Öffentlichkeit, Berufsgruppen, Verbände → repräsentative Erwartungen; Vorschriften, Regeln, Erwartungen; Muss, Soll, Kann; Rollenelemente: zentrale, periphere; andere Rollen; Inter-Rollenkonflikte, Intra-Rollenkonflikte; Situation → Wahrnehmung – Interpretation – Internalisierung, Bewertung (role-strain), Selektion (role-stress) ← Einstellungen, Bewusstsein, Interessen; Tatsächliches Rollenverhalten; Erwartungserfüllung, Ausdrucksverhalten („Rollenspiel")]

Soziale Konflikte im Betrieb

Der Betrieb ist eine ziel- und aufgabenorientierte Organisation und zugleich Austragungsort einer Vielzahl von Konflikten, die sich aus der Nicht-Entsprechung von Zielen, Bedürfnissen, Zwängen, Regeln und Ansprüchen ergeben. Friedrich Fürstenberg versteht den Betrieb als ein soziales Spannungsfeld, das durch die Wechselwirkungen zwischen dem institutionellen Bezugsrahmen und dem Interaktionsgefüge von Arbeitsgruppen, Ranggruppen, informellen Gruppen und institutionalisierten Interessenvertretungen gekennzeichnet ist. Die Sachzwänge des rationalisierten Zweck-Mittel-Systems konvergieren nicht mit den Interessenlagen der Personen und Gruppen, die die Organisation bevölkern.[48]

Nicht alle Konflikte äußern sich auch in Verhaltensweisen („manifeste Konflikte"), viele bleiben lange Zeit latent. Im Betrieb wie in allen menschlichen sozialen Gebilden besteht ein Potential für latente Konflikte, die zunächst nicht zum Ausdruck kommen, aber bei Anlässen

---

[48] Friedrich Fürstenberg, Einführung in die Arbeitssoziologie, Darmstadt 1977

4 Arbeitshandeln in der Organisation: Rollenverhalten und Konflikte

ausbrechen können. Auch Absentismus, Fluktuation, Leistungsminderung u. ä. haben sehr oft Konflikte und Spannungen am Arbeitsplatz als Ursache. Spannungen suchen sich mitunter andere Austragungsventile, d. h. sie werden „umgeleitet". Die Konfliktumleitung kann in personaler und in inhaltlicher Hinsicht erfolgen; d. h. man sucht sich einen „Sündenbock" oder aber man trägt den Konflikt in einem anderen inhaltlichen Zusammenhang aus. Konfliktumleitung kann aber auch zu Selbstaggression und zu psychosomatischen Störungen, zu einer Konfliktumleitung durch Krankheit führen.

Die Verteilung der Kompetenzen, Positionen und Aufgaben im Betrieb kann Konflikte entstehen lassen, ebenso wie die Unklarheit und Intransparenz des institutionellen Bezugsrahmen. Dies kann zu Kompetenz-, Rang-, Normen- oder Rollenkonflikten führen. Kompetenzkonflikte entstehen durch unklare Abgrenzungen der Zuständigkeiten einzelner Positionen oder Abteilungen. Rangkonflikte haben oft ähnliche Gründe, d. h. die Unklarheit der Befehlswege und der Instanzenregelung zwischen untergeordneten und übergeordneten Positionen. Normenkonflikte erwachsen aus unterschiedlichen Interpretationen der arbeits- und betriebsrelevanten Regeln. Rollenkonflikte entstehen durch widersprüchliche Verhaltenserwartungen verschiedener komplementärer Rollenträger, deren Bewältigungsversuche durch das Individuum auch zu Konflikten mit anderen Organisationsmitgliedern führen kann, wenn deren Erwartungen nicht bzw. nicht voll erfüllt werden. Da die Rollenerwartungen von Seiten der Vorgesetzten und jener der Untergebenen nicht übereinstimmen werden, sind derartige Konflikte vorprogrammiert. Sie müssen allerdings nicht manifest werden, sondern können lange latent bleiben bzw. umgeleitet werden.

Eine weitere mögliche Konfliktursache liegt in den vorhandenen Aufstiegsmöglichkeiten, die die Arbeitnehmer im Betrieb haben; ein Mangel führt vor allem bei Personen, die eine stärkere Aufstiegsorientierung haben, zu Frustrationen und Konflikten. Zwischen den Arbeitnehmern in einem Betrieb kann es dann zu Konkurrenzkonflikten um Positionen und Aufstiegschancen kommen: diese Konflikte sind häufiger in den höheren Positionskategorien der Unternehmung, bei den Managern und bei leitenden Angestellten und geringer im sonstigen Angestelltenbereich oder bei den Arbeitern, die vorweg nur geringe Aufstiegschancen vorfinden.

Autoritätskonflikte entstehen, wenn die Autorität eines formalen Vorgesetzten von den Untergebenen nicht anerkannt wird. Da der Betrieb ein Zwangsverband ist und ein sekundäres, zweckrational organisiertes Gebilde darstellt, sind solche Autoritätskonflikte fast schon vorprogrammiert, da Autorität mit bestimmten Positionen verbunden ist und häufig ohne entsprechende funktionale und persönliche Legitimierung auftritt. Eine Abart des Autoritätskonflikts ist der mit dem Strukturtypus der Stab-Linien-Organisation verbundene Konflikt zwischen Linienmanagern und Stabsexperten („Stab-Linien-Konflikt"). Dabei geht es um die Entscheidungskompetenz des Managers, der sich in Sachfragen durch Stäbe beraten lässt; die

Entscheidungen werden aber durch die Entscheidungsvorbereitung faktisch vorweggenommen.[49]

Die beschriebenen Konflikte werden typischerweise von einzelnen ausgetragen, hingegen gibt es andere Konfliktursachen, die häufig zu kollektiver Konfliktaustragung führen. So etwa wurden die technischen Veränderungen, die Einführung neuer Verfahren und Arbeitsweisen, die Umstellung auf Maschinen, etc. häufig zum Auslöser betrieblicher Konflikte zwischen den Arbeitern und dem Management, weil die Rationalisierungsmaßnahmen als potentielle oder tatsächliche Gefährdung der Arbeitsplätze und der Lohnsicherheit angesehen wurden. Darüber hinaus verändern technische Neuerungen die Arbeitstätigkeiten selbst, führen zu Verunsicherung und zu Anpassungs- und Umlernschwierigkeiten oder haben Nachteile für die Arbeitenden zur Folge.

Ein Bereich, in dem Konflikte besonders typisch sind in der industriellen Arbeitswelt, sind die Lohnverhältnisse. Der Lohn ist neben anderen Arbeitsbedingungen der Inhalt der institutionalisierten Konflikte zwischen den Interessenvertretungen der Arbeitnehmer und jener der Arbeitgeber im Rahmen der Kollektivvertragsverhandlungen und können auch zu manifesten kollektiven Konfliktäußerungen wie Streiks führen. Unterschiedliche Entlohnung bei als gleichwertig empfundenen Tätigkeiten schafft aber auch im Betrieb selbst Unzufriedenheit und ein Gefühl der Ungerechtigkeit. Auch ein geringes Lohnniveau des Betriebes insgesamt im Branchen- oder Regionalvergleich erhöht die Konfliktneigung. Der Lohn kann aber mitunter nur der nach außen hin deklarierte Anlass des Konflikts sein, welcher eigentlich andere Gründe hat, etwa ein schlechtes Verhältnis zwischen Unternehmensleitung und Belegschaft bzw. zwischen Vorgesetzten und Untergebenen.

Der Konflikt zwischen „Kapital" und „Arbeit" beruht auf dem ökonomischen Interessengegensatz zwischen den Kapitaleignern und den Verkäufern von Arbeitskraft. Die Interessen der einen richten sich auf die Erhaltung und Vermehrung des Kapitals, die der anderen auf die Erhaltung der Arbeitskraft und die Erhöhung des Lohnes. Der gesellschaftliche Konflikt zwischen Kapital und Arbeit hat daher seine Wurzeln im Betrieb und ist ein betrieblicher Konflikt.

Betriebliche Konflikte sind eingebettet in die allgemeine kulturelle und soziale Umwelt und in die betriebsextern begründeten Lebensverhältnisse der Mitglieder der Organisation; sie lassen sich daher nicht vollständig aus den organisationsinternen Bedingungen erklären.[50] Betriebliche Konflikte sind Manifestationen gesellschaftlicher Konflikte, wenn die Auseinandersetzung bzw. der Gegensatz typisch für gesellschaftlich differenzierte Soziallagen ist; ihre Ursachen bestehen in der ungleichen Verteilung von ökonomischen Chancen und deren Bewusstwerdung als Ungerechtigkeit, in Macht- und Herrschaftsstrukturen und -ansprüchen und in unterschiedlichen Wertsetzungen. Die meisten sozialen Konflikte sind gleichzeitig

---

[49] Martin Irle, Macht und Entscheidungen in Organisationen, Frankfurt/Main 1971

[50] Kai Erikson/Steven Peter Vallas (eds.), The Nature of Work, New Haven-London 1990; darin insbes.: Cynthia Fuchs Epstein, The Cultural Perspective and the Study of Work, S. 88-98

4 Arbeitshandeln in der Organisation: Rollenverhalten und Konflikte

Interessen-, Macht- und Wertkonflikte. Der Klassenkonflikt in der kapitalistischen Gesellschaft ist ein Gegensatz zwischen den Besitzern und Nicht-Besitzern der Produktionsmittel, gleichzeitig aber ein Kampf um Macht und Herrschaft, weil Gesellschaftsveränderung nur als Wechsel der Herrschenden möglich erscheint, und auch ein Konflikt unterschiedlicher Werte und Ideologien. Der Marx'sche Klassenkampf ist darüber hinaus auch ein dynamischer Prozess, in dem sich Kollektivitäten bilden und Geschichte „gemacht" wird.

IV   Technik und Arbeit

Der Zusammenhang zwischen der Art der Technologie, die zur Produktion eines Gutes eingesetzt wird, und der Anordnung und Verteilung der Aufgaben zwischen den an der Herstellung beteiligten Menschen war immer schon von höchster Bedeutung. Allerdings ist dabei nicht zu übersehen, dass Technik auch in einem engen Bezug zur Art des Gutes steht, welches erzeugt wird. Ob Reis oder Getreide angebaut wurde, war weitgehend von den klimatischen und geophysischen Bedingungen abhängig und erforderte unterschiedliche Methoden des Anbaus und der Ernte und damit auch unterschiedliche Arbeitsweisen und Kooperationsformen. Die Technik der Herstellung von Brot oder von Panzern ist eine ganz andere und bedingt auch unterschiedliche soziale Strukturen der Produktion. Ob Autos, Computer, Raketen, Panzer oder Brot, Bausteine für Kinder, Heime für Pensionisten hergestellt werden, ist eine gesellschaftliche Entscheidung. Ökonomen würden sagen, dass der Markt diese „Entscheidung" fällt, doch nicht alles kommt auf den Markt: aber auch das ist bereits eine gesellschaftliche Entscheidung. Wenn wir „Technik" sagen, dann steckt also weit mehr dahinter als nur eine Verfahrensweise, denn nach wie vor drückt sich die gesamte Organisation der Gesellschaft in der „herrschenden" Technik aus – und auch darin, welche Verfahrensweisen und Güter, und damit welche sozialen Lebensweisen verdrängt oder unterdrückt werden.

Die technische Entwicklung wird häufig als unabhängige Determinante, als Sachzwang, dem man sich anpassen muss, behandelt. Die Technologie wurde für die europäische Moderne zum Inbegriff des Fortschritts. Dabei stehen die technischen Verfahren und die Maschinen im Vordergrund, während die Zwecke, denen sie dienen, keinem gesellschaftlichen Bewertungsprozess unterzogen, sondern „dem Markt" oder den Kriegserfordernissen überlassen werden. Die Logiken der Maschine und des Gewinns bestimmen daher den Arbeitsprozess. Allerdings wurde auch Kritik an der industriellen Arbeitsweise geäußert, zumal an der tayloristischen Zersplitterung der Arbeit und an der durch den ökonomisch-technischen Prozess begründeten Entfremdung des Arbeiters. Auch Verbesserungen wurden durch Verbindung mit technischen und sozialorganisatorischen Perspektiven anvisiert und zeitweise auch praktisch erprobt. Gleichzeitig kam es aber zur industriellen Verwertung neuer Technologien in großem Umfang und in deren Gefolge zur Entstehung riesiger innovativer Märkte, so dass allgemein von der Dritten Industriellen Revolution gesprochen wird.

1 Technik und Mensch: Kritik der industriellen Arbeitsweise

Die Folgen der technischen Bedingungen der industriellen Arbeit für die arbeitenden Menschen wurden zum Ausgangspunkt der Arbeitssoziologie, insbesondere wurde die Fließbandarbeit Gegenstand der Kritik. Aber auch der Marx'sche Begriff der Entfremdung wurde wieder aufgegriffen und führte zu empirischen Untersuchungen unter Industriearbeitern. Die Kritik wurde in der Folge ausgeweitet auf die Arbeit aller Menschen in der kapitalistischen Industriegesellschaft, die zu Befunden einer Degradation auch der „geistigen" Arbeit führte.

Die Arbeitszersplitterung bei Fließbandarbeit: Georges Friedmann

Der Begründer der französischen Arbeitssoziologie, Georges Friedmann, kritisierte die Folgen der Arbeitszerlegung bei Fließbandarbeit in modernen Industriebetrieben. Allerdings sah er die ständig steigende Tendenz zur Technisierung als eine Gegebenheit der modernen Gesellschaft als einer „civilisation technicienne" an. Dadurch kommt es zu einer immer stärkeren Verdichtung und Ausweitung des „milieu technique" gegenüber dem „milieu naturel" und in Bezug auf die Arbeit zur Zerstörung ihrer Einheit.

Während Marx zwischen der Arbeitsteilung in der Gesellschaft und der Arbeitsteilung in der Fabrik unterschied, ging Friedmann von einer weiteren Differenzierung der Arbeitsteilung im Betrieb aus, und zwar zwischen der funktionalen Arbeitsteilung in der Organisation und der eigentlichen Aufgabenteilung, die er auch „fragmentation" oder „parcellisation", also: Zersplitterung, Zerteilung nannte.[1] Die funktionale Spezialisierung in großen Organisationen ist eine Notwendigkeit und sie lässt dem einzelnen noch Möglichkeiten der Entwicklung. Die Aufgaben(zer-)teilung, die Friedmann insbesondere bei Fließbandarbeit ortet, hingegen reduziert den Menschen auf eine begrenzte Teilarbeit, die viel enger ist als die menschliche Kapazität.

Der Mensch, der diese monotonen Teilaufgaben durchführen muss, ist aber auf Grund seiner Konstitution dazu nicht geeignet, er ist kein „Werkzeug". Der Automatismus der Bewegungsabläufe führt zur Ermüdung, zu Monotonie und Langeweile und in der Folge zu physiologischen und nervösen Störungen. Der Arbeiter muss dem Tempo des Fließbandes folgen, nicht seinem eigenen individuellen Rhythmus; das führt zu Ermüdung, Reizbarkeit und Nervosität. Da der Arbeiter keine abgeschlossene Arbeit verrichtet, verliert er jedes Interesse an seiner Tätigkeit (das Problem der so genannten „unvollendeten Handlungen"). Der Arbeiter hat auch keinen Überblick über den gesamten Produktionsprozess; seine Arbeit hat für ihn daher keinen erkennbaren Wert als Beitrag zum Gesamtergebnis. Der Arbeiter verliert den direkten Bezug zum Objekt seiner Arbeit; die Arbeit wird abgewertet und zur seelenlosen Verrichtung.

---

[1] Alain Eraly, Sur la critique de la division du travail, in: Sociologie du Travail XXX/1998, S. 5-54

1 Technik und Mensch: Kritik der industriellen Arbeitsweise

Georges Friedmann vertrat die Auffassung, dass diese Folgen der Arbeitsteilung, sowie die extreme Arbeitszerlegung selbst, keine notwendigen Konsequenzen der technischen Prinzipien der Serienproduktion sind, sondern auf der Art und Weise des Einsatzes des Menschen beruhen, der nach dem Grundprinzip einer Werkzeugmaschine behandelt wird. Er kritisierte auch die wissenschaftliche Betriebsführung nicht grundsätzlich, sondern meinte, Taylor habe mit seiner Arbeitszerlegung nur den ersten Schritt getan, der ergänzt werden müsse durch den zweiten Schritt einer Wieder-Integration des Arbeitsvorganges. Friedmann griff weder die kapitalistische Produktionsweise noch die Technologie der Massenproduktion an. Er wollte die wissenschaftliche Betriebsführung weiterentwickeln und durch den zweiten Teil, die Arbeitsintegration, ergänzen. Er orientierte sich zwar an humanistischen Prinzipien, aber diese dürfen nicht in Konflikt mit den ökonomischen Zielen geraten; in Durkheim'scher Tradition sollte die harmonische Förderung aller Interessen möglich werden.

Friedmann sah die Probleme der Arbeit nicht nur in den körperlichen und psychischen Wirkungen der monotonen und repetitiven Arbeit begründet, sondern vor allem auch in der Tatsache der Entwertung der Berufsausbildung. Die Art der Anlernung in der arbeitsteilig organisierten Fabrik führt bei den Arbeitern zu einem Verlust der Materialkenntnis und des Materialgefühls. Geschwindigkeit, Genauigkeit und Exaktheit werden zu den neuen Qualifikationsfaktoren an Stelle der beruflichen Kenntnisse und Fertigkeiten; die Gewöhnung an die belastende Arbeit bedingt eine psychologische Anpassung an monotone Bewegungen, woraus noch vollkommen ungeklärte Folgen für die Entwicklung der gesamten Persönlichkeit erwachsen können.

Der Begriff Spezialisierung ist Friedmann zufolge aussagelos geworden, weil er sowohl auf Berufe wie Chirurgen u. ä. wie auch auf angelernte Arbeiter angewendet wird. Der wesentliche Unterschied besteht aber darin, dass der Chirurg eine lange wissenschaftliche Allgemeinbildung in der Medizin erhält, bevor er sich spezialisiert, während der Angelernte nur eine beschränkte physische Aktivität erlernt, quasi darauf abgerichtet wird ohne allgemeine theoretische Durchdringung des Gesamtprozesses.

Um die Folgen der extremen Arbeitszersplitterung zu reduzieren, schlug Friedmann einerseits die Entwicklung von Mehrfach-Fertigkeiten vor, die eine Mehrfach-Anlernung voraussetzt („Springer", „utility-man" bei Fließbandarbeit), sowie eine ständige theoretische Fortbildung der Arbeiter. Besonders letztere lag Friedmann sehr am Herzen, da er meinte, nur die theoretische Durchdringung des Arbeitsprozesses könnten Zufriedenheit und physische und psychische Gesundheit am Arbeitsplatz vermitteln. Er trat daher für die duale Ausbildung im Betrieb und Schule im Sinne der polytechnischen Erziehung ein. Das Ziel der polytechnischen Ausbildung ist die Verbindung von produktiver Arbeit mit Unterricht und Sport: dadurch sollen allseits gebildete, theoretisch und praktisch unterwiesene Menschen ausgebildet werden. Alle Arbeiter sollen die wissenschaftlichen Grundlagen der industriellen Produktion verstehen und jeder Einzelne eine Reihe von Produktionszweigen von Anfang bis Ende praktisch kennen gelernt haben. So kann schließlich auch jeder nach seinen Eignungen und Neigungen arbeiten.

Friedmann trat für eine kombinierte theoretische und praktische Ausbildung auch deshalb ein, weil er meinte, die Tendenz zur Automatisierung würde eine relativ größere Zahl besser ausgebildeter Arbeiter bedingen. Friedmann gehört zu jenen Theoretikern, die die Entwicklung zur automatischen Fabrik positiv beurteilen und sich davon eine Befreiung von schwerer oder monotoner physischer Arbeit sowie eine Aufwertung der Arbeitsplätze erwartete. Allerdings sah er auch in gewissem Umfang die Notwendigkeit einer Neuordnung der Produktionsorganisation; als Ideal schwebten ihm Arbeitergenossenschaften wie die „équipes autonomes" H. Dubreuils vor, die sich in einer kooperativ organisierten Gesellschaft, in der humanistische Bildung verbunden mit technischen Kenntnissen allen zugänglich gemacht werden, am besten entwickeln könnten.

Entfremdung durch die industrielle Technik

Wie Marx maß zwar auch Georges Friedmann der Arbeit große Bedeutung für das menschliche Leben und für die Person bei. Aber für ihn bedeutete Entfremdung in erster Linie die Entpersönlichung der Arbeit und damit ein Problem der Persönlichkeit, denn

„Die Grundantriebe der Persönlichkeit der Arbeitnehmer finden in ihrer Arbeit keinen Ausdruck; ihre berufliche Tätigkeit ist für sie etwas geworden, an dem sie keinen Anteil haben und demgegenüber sie entfremdet sind."[2]

Pierre Naville, der Mit-Herausgeber des für die französische Arbeitssoziologie konstitutiven „Traité de la sociologie du travail"[3] erblickte das Problem der Entfremdung nicht in der zerteilten Arbeit, sondern in der Automation. In der automatisierten Produktion, so meinte er, kommt es zu neuen Formen der Entfremdung, die er mit den Begriffen „depersonalisation" und „desidentification" bezeichnete. Es kommt zu einer Änderung des Verhältnisses von lebendiger und vergegenständlichter Arbeit, denn in der automatisierten Produktion steht die Maschine, das System, im Zentrum, auf sie wird alles bezogen. Die Distanz zwischen Arbeiter und Maschine und Arbeiter und Produkt ist bei Automation am größten. Sie resultiert im Verlust der Identifikation des Menschen mit einer bestimmten Aufgabe. Allerdings sah Naville in dieser starken Distanzierung aber auch eine Chance für die Befreiung des Menschen von seiner Selbstdefinition über die Arbeit, worauf Naville die Hoffnung auf Überwindung der Lohnarbeit gründete. Naville sah den technischen Fortschritt somit als einen potentiell gesellschaftsverändernden Faktor an. Wesentlich für das Bewusstsein, dass die moderne Technik nicht etwas Fremdes, Schicksalhaftes ist, ist auch für ihn der Aufbau eines Bildungswesens, das nicht nur auf die Arbeitswelt ausgerichtet ist, sondern die in alle Bereiche des Lebens vorgedrungene Technik als etwas von den Menschen Gestaltetes und Gestaltbares verständlich machen soll.

Der Begriff der Entfremdung wurde auch in der amerikanischen Industriesoziologie aufgegriffen und umgedeutet. „Alienation" wurde als durch die Empfindungen und Einstellungen der Arbeiter ihrer durch die technische Organisation der Produktion bestimmten Arbeitsweise gegenüber definiert. Nicht der Kapitalismus wird als Grundlage von Entfremdung angenommen, sondern die subjektiven Einstellungen und ihre Erforschung im Rahmen der empi-

---

[2] Georges Friedmann, Grenzen der Arbeitsteilung, Frankfurt/Main 1969, S. 159
[3] Georges Friedmann/Pierre Naville, Traité de la sociologie du travail, Paris 1962

rischen Soziologie sollten Aufschluss geben über das Bestehen und das Ausmaß der Entfremdung. Die Arbeiter sind aus dieser Sicht nicht notwendig „entfremdet", sondern nur dann, wenn sie bestimmte Aussagen machen bzw. ein Verhalten zeigen, das Sozialforscher als Merkmale von Entfremdung ansehen.

Im Rahmen dieses sozialpsychologischen Ansatzes bezog sich Melvin Seeman[4] auch auf den Begriff der Anomie, wie er von Emile Durkheim entwickelt worden ist. Anomie ist bei Durkheim ein Zustand des Schwächerwerdens sozialer Orientierung, charakterisiert durch einen Mangel an gesellschaftlicher Regelung und Kontrolle. Durkheim betrachtete die Arbeitszerlegung in der Industrie als anomiefördernd, weil dadurch die Bindung des Individuums an seine Gruppe gelockert und das traditionelle Regelungssystem zerstört würde. Die anomische Arbeitsteilung bewirkt einen Zusammenbruch der organischen Solidarität und kommt in Wirtschaftskrisen, Arbeitskonflikten und auch in der Zersplitterung der Wissenschaft zum Ausdruck. Allerdings ist diese anomische Arbeitsteilung eine krisenhafte Ausnahmeerscheinung, ist industrielle Pathologie und nicht notwendig mit der Industrialisierung verbunden.[5]

Auf dieser Basis differenzierte Seeman fünf Kriterien der Entfremdung: Machtlosigkeit, Sinnlosigkeit, Soziale Entfremdung, Selbst-Entfremdung, Normenlosigkeit.

Machtlosigkeit meint die Erwartung des Individuums, das Ergebnis seines Verhaltens nicht selbst bestimmen zu können. Hier spielt vor allem die Kontrolle, die die Arbeiter über die Beschäftigungsbedingungen und den unmittelbaren Arbeitsprozess ausüben können, eine wichtige Rolle.

Sinnlosigkeit ist die Erfahrung des Individuums, das das Funktionieren der Organisation, der es angehört, nicht mehr versteht. Die Zersplitterung und die Bürokratisierung der Arbeit fördern Gefühle der Sinnlosigkeit in Bezug auf das Produkt, den Arbeitsprozess und die Organisation der Arbeit.

Soziale Entfremdung: Das Individuum distanziert sich von den sozial erwünschten Zielen. Die Isolation der Arbeiter und der Mangel an Zugehörigkeitsgefühl zu einer Arbeitsgemeinschaft, wie sie früher oft hervorgehoben wurden, sind in der modernen Industrie nicht mehr dominierend.

Selbst-Entfremdung bedeutet die Erfahrung, dass Tätigkeit nicht mehr ein Ziel an sich ist. Arbeit wird nicht in Zusammenhang mit Persönlichkeit und Selbstbewusstsein gesehen. Die Arbeiter orientieren sich an extrinsischen Motiven, sehen die Arbeit als instrumental an.

Normenlosigkeit, d. h. die Erfahrung der Unfähigkeit, gesellschaftlich prestigereiche Ziele durch Mittel zu erreichen, die von der Gesellschaft oder Organisation gebilligt werden.

---

[4] Melvin Seeman, On the Meaning of Alienation, in: American Sociological Revue 24/1959, S. 783-790
[5] Siehe: Hermann May, Arbeitsteilung als Entfremdungssituation in der Industriegesellschaft von Emile Durkheim bis heute, Baden-Baden 1985, S. 78ff

Blauner reduzierte Seemans fünf Aspekte der subjektiven Erfahrung der Entfremdung durch Ausschluss des Kriteriums der Normenlosigkeit, weil sich dieses mehr auf gesellschaftliche Verhältnisse bezieht, als auf die technisch-industriellen Bedingungen der Arbeit. In seinen Untersuchungen wurde Entfremdung auf die technischen Bedingungen der Arbeit bezogen, während die Einstellungen zur Gesellschaft weitgehend ausgeklammert wurden. Wie William Form[6] in seiner Untersuchung über den Zusammenhang zwischen Sozialverhalten und technischen Bedingungen der Arbeit von Automobilarbeitern in vier Ländern herausfand, hängen Entfremdung bei der Arbeit und Einstellung zur Gesellschaft nicht zusammen. Arbeiter können hochmotiviert und zufrieden sein in Bezug auf ihre Arbeit, aber Gefühle der Machtlosigkeit, Desorientierung etc. mit Bezug auf die Gesellschaft zum Ausdruck bringen und umgekehrt. Entfremdung bei der Arbeit und Anomie in Bezug auf die Gesellschaft sind zwei verschiedene Sachverhalte, zwischen denen auch keine wechselseitigen Beziehungen bestehen müssen. Auch der Bezug auf die Produktionsverhältnisse im Kapitalismus wurde ausgeklammert.

Blauner befragte Arbeiter in verschiedenen Branchen und Berufen, und zwar Drucker, Textilarbeiter, Automobilarbeiter und Chemiearbeiter.[7] Die Ergebnisse der Befragungen wurden dann mit verschiedenen objektiven Faktoren wie Technologietyp, Ausmaß der Arbeitsteilung, Organisationsform und Wirtschaftsstruktur in Beziehung gesetzt. Dabei wurde festgestellt, dass die verschiedenen Industriezweige mit ihren durchaus unterschiedlichen Technologie- und Organisationstypen differente Bedingungen für die Genese von Einstellungen der Arbeiter bieten. Facharbeiter bei überwiegend traditioneller Technologie (Druckerei), angelernte Arbeiter bei mechanisierter Fertigung (Autoindustrie, Textilindustrie) und eine Kombination von Facharbeitern für Reparatur und Wartung und Arbeiter mit reiner Kontrolltätigkeit ohne manuelle Arbeit bei Automation (Chemie) haben auch jeweils andere Erfahrungen von Entfremdung. Blauner stellte eine Tendenz der abnehmenden Entfremdung mit zunehmendem Niveau der Technologie fest; d. h. die Entfremdung ist am höchsten bei mechanisierter Fertigung und nimmt bei automatisierter Produktion ab.

Kritik an der empirischen Erforschung von Entfremdung kam von zwei Seiten: einmal vom marxistischen Standpunkt der objektiven Begründung von Entfremdung, zum anderen von der tiefenpsychologischen Erkenntnis, dass es geradezu zum Wesensmerkmal von Entfremdung gehört, dass sie nicht bewusst ist und daher auch nicht in Befragungen bekundet werden kann. Harry Braverman als Vertreter der ersten Gruppe der Kritiker lehnte den sozialwissenschaftlichen Begriff der Entfremdung als Artefakt des Bewusstseins ab. Für ihn bedeutet der Übergang des Arbeitsprozesses in die Verantwortlichkeit des Kapitalisten das Grundfaktum der Entfremdung.

„Die Fähigkeit des Menschen, den Arbeitsprozess durch Maschinen zu kontrollieren, hat sich das Management angeeignet, und zwar als Mittel, die Herrschaft über die

---

[6] William H. Form, Technology and Social Behavior of Workers in Four Countries: A Sociotechnical Perspective, in: American Sociological Review 37/1972, S. 727-738

[7] Robert Blauner, Alienation and Freedom, Chicago 1964

1 Technik und Mensch: Kritik der industriellen Arbeitsweise

> *Produktion dem unmittelbaren Produzenten zu entreißen, und sie Besitzern und Repräsentanten des Kapitals zu übertragen. Somit hat die Maschinerie im kapitalistischen System, abgesehen von ihrer technischen Funktion der Steigerung der Arbeitsproduktivität [...] außerdem die Aufgabe, die Masse der Arbeiter der Herrschaft über ihre eigene Arbeit zu berauben."*[8]

Auf der anderen Seite ist Entfremdung unbewusst verhaltenswirksam. Während die meisten Untersuchungen über Entfremdung diese auf die Beziehung des Individuums zu seiner Arbeit abstellen, wies Kai Erikson[9] in seiner „Presidential Address" vor der American Sociological Association darauf hin, dass entfremdete Arbeit die ganze Persönlichkeit des Menschen verändert; die Entfremdung besteht gerade darin, dass das Individuum sich ihrer nicht bewusst ist. Befragungen können daher kaum Aufschluss geben über den Entfremdungszustand des Menschen. Erikson versteht Entfremdung als psychisches Phänomen, das in objektiven Gegebenheiten vor allem der Arbeit, aber auch der Lebensbedingungen als solchen begründet ist, aber den Menschen nicht bewusst wird und sich daher bevorzugt in gesundheitlichen Zuständen, sozialen Beziehungen, in der Lebensführung von Menschen, in Drogenabhängigkeit, Alkoholismus, Depression etc. äußert. Erikson ortet in der modernen Gesellschaft Erscheinungsformen von Brutalität, Grausamkeit, Indifferenz, Abgestumpftheit und Erschöpfung und fragt, welche Rolle die Entfremdung des Menschen dabei spielt.

Dequalifizierung und Degradation

Mitunter wurde betont, dass die höheren Anforderungen in Form wissenschaftlich-systematischen Wissens, das die moderne Technologie erfordert, zu einer durchschnittlichen Höherqualifizierung führen. Die These der tendenziellen Höherqualifikation geht davon aus, dass die moderne Technologie mehr schulische Ausbildung voraussetzt und höhere Kenntnisse erfordert. Eine Variante der Höherqualifizierungsthese besagt, dass die Tendenz zur besseren Ausbildung in erster Linie die para- oder extrafunktionalen Fertigkeiten betrifft. Während im eigentlichen Bereich der Produktion Arbeitsplätze eingespart werden, mithin auch jene monotonen, repetitiven Tätigkeiten verschwinden, die mit der mechanischen Fertigungsweise verbunden sind, kommt es zu einem Anwachsen des Bedarfs an sozialer Kompetenz und Lernfähigkeit. Diese Auffassung kehrte im Zuge der dritten industriellen Revolution wieder und verband sich mit den noch zu besprechenden Visionen einer Wissensgesellschaft.

Zunächst sah man jedoch die Ausbreitung der industriellen Technologie insbesondere in den Sektoren der fordistischen Massenproduktion kritisch als Dequalifizierung im Sinne der Entberuflichung. Durch die Zerteilung der Arbeit und die Ausbreitung der angelernten Arbeit in den Industriebetrieben kommt es zu einer Zerstörung der beruflichen Strukturen und ihrer Qualifikationsgrundlagen. Man verstand in diesem Zusammenhang Qualifikation im Sinne

---

[8] Harry Braverman, Die Arbeit im modernen Produktionsprozess, Frankfurt/Main-New York 1980, S. 151
[9] Kai Erikson, On Work and Alienation, in: American Sociological Review 51/1986, S. 1-8

von beruflichen Komplexen von Fähigkeiten und Fertigkeiten, die Ergebnis einer berufsorientierten Ausbildung darstellen.

Einer der bekanntesten Verfechter der Dequalifizierungsthese ist Harry Braverman, dessen Ansicht durch die Erfahrung mit den Auswirkungen der mikroelektronischen Revolution teilweise eine neue Bedeutung gefunden hat. Braverman stellte auf die Entwicklung der Organisationsformen der Arbeit im Zuge der Rationalisierung ab. Dadurch kommt es zu einer Umstrukturierung der Arbeiterschaft; statt qualifizierter Arbeit wird es in allen Arbeitsbereichen minimal Qualifizierte geben, während die höher Qualifizierten die Planung oder Kontrolle übernehmen, bis auch diese Funktion „rationalisiert" worden ist. Die Taylor-Prinzipien erstrecken sich nach Meinung Bravermans nicht nur auf den Produktionsbereich, sondern auch auf die eben durch die wissenschaftliche Betriebsführung geschaffenen Angestellten- und Verwaltungsbereiche und kulminieren und konzentrieren sich im Top-Management als der obersten Kontrollinstanz. Da dadurch auch im Angestelltenbereich immer mehr wenig-qualifizierte Arbeitsplätze mit rein ausführenden Tätigkeiten entstehen, breitet sich die Degradierung der Arbeit über den Bereich der Produktion hinaus weiter aus und führt zu einer Proletarisierung der Angestellten. Daraus zieht Braverman den Schluss, dass die Angestellten unabhängig von ihrer eigenen Einstellung zur Arbeiterklasse zu zählen seien. Die Rationalisierung führt zur Abschichtung immer neuer Gruppen von Beschäftigten und Braverman sieht darin eine inhärente Tendenz des industriellen Systems.

Eine weniger radikale Position ging von einer Polarisierung in Bezug auf die Auswirkungen des technischen Wandels auf die Qualifikationsstruktur aus. Auf der Basis von objektiven Fakten sowie den Einstellungen und Erwartungen der Arbeiter stellten Kern/Schumann fest, dass die Kluft eine Polarisierung zwischen den privilegierten Arbeitern im automatisierten Bereich und den repetitiven Teilarbeitern größer wird. Bei den Automationsarbeitern kam die Arbeitszufriedenheit durch den positiven Saldo von Entlohnung versus Belastung zustande, nicht so sehr durch ein neues Berufsbewusstsein.[10]

Wenn über ihre Einstellungen und Erwartungen in Bezug auf den technischen Fortschritt an ihrem Arbeitsplatz befragt, waren die meisten Arbeiter überzeugt, dass sie eine Reduktion körperlicher Belastungen, dafür aber einen Anstieg der psychischen Belastungen zu erwarten hätten. In der Regel erwarteten die Arbeiter aber weder eine Intellektualisierung der Industriearbeit noch eine Dequalifizierung, die meisten sahen auch in Zukunft die industrielle Arbeit als eine spezifische produktive Tätigkeit an.

Die überwiegende Mehrheit der Arbeiter sah jedoch in der Arbeitslosigkeit eine steigende Gefahr, und zwar insbesondere jene, die vom technischen Wandel die Verdrängung durch Automatisierung oder durch Produktionsstilllegung erwarteten. Von besonderer Bedeutung für die Einstellung zum technischen Wandel erwies sich die Erfahrung, und zwar sowohl die aktuelle Arbeitserfahrung als auch die Erfahrungen mit technischen Umstellungen. Die in

---

[10] Horst Kern/Michael Schumann, Industriearbeit und Arbeiterbewusstsein, Frankfurt 1970

ihrer Arbeit vom technischen Wandel begünstigten Arbeiter reagierten eher positiv, die schlechter gestellten Arbeiter hingegen negativ.

Die meisten Befunde aber ließen den Übergang von einem Verständnis von Qualifikation, das an beruflichen Fähigkeiten und Fertigkeiten orientiert ist, zu einem Begriff von Qualifikation als Anpassung der Fähigkeiten und Fertigkeiten der Arbeiter an die technischen Anforderungen der Betriebe und den technischen Wandel erkennen. Da dabei die Organisation der Arbeit in den Betrieben mitverändert wird, ist ein Blick auf die Ansätze angezeigt, die sich mit der Beziehung von Organisation und Technik befassen.

2 Technik und Organisation

In den Abschnitten dieses Kapitels beschäftigen wir uns mit Analysen der Beziehung von Technik und Organisation, d. h. wie Technik in Organisation umgesetzt wird. Sie beruhen auf empirischen Grundlagen, die zu Konzepten und Modellen synthetisiert wurden. Die Ansätze zeigen den Übergang von einem noch stark an der Technologie orientierten Organisationsdenken zu einer gedanklichen Differenzierung der beiden Bereiche und zum Verständnis von Organisation als einer teilweise eigenständigen Komponente eines Systems der Produktion.

Technische Kooperationsformen in der Industrie

Die industrielle Technik ist in erster Linie eine Produktionsform für die Erzeugung materieller Güter in großer Zahl; ihre Kennzeichen sind: die Arbeitsteilung mit spezialisierter Aufgabentrennung und die Verwendung von Maschinen in der Produktion selbst, vornehmlich von Spezialmaschinen. Diese Merkmale wurden lange Zeit als typisch für die industrielle Produktion im Gefolge von Taylorismus und Fordismus gesehen. Die Organisation ist in dieser Sicht einseitig durch die Technik und die Rationalisierung der Produktion bestimmt.

In den Industriebetrieben sind jedoch nicht alle Arbeiten in gleicher Weise organisiert. In klassischen Untersuchungen der durch die technische Organisation induzierten Arbeitsformen, die aber durchaus noch nicht obsolet sind, konnten etwa die folgenden Typen industrieller Kooperationsweisen in Großbetrieben festgestellt werden[11]:

- Arbeiten, die nichts mit Maschinen und Apparaten zu tun haben, die aber trotzdem arbeitsteilig in die umfassende Arbeitsorganisation einbezogen sind;
- Arbeiten, die eine Verfügung über die Maschine beinhalten (Vorbereiten, Kontrollieren, Reparieren etc.);

---

[11] Heinrich Popitz/Hans Paul Bahrdt/Ernst A. Jüres/Hanno Kesting, Technik und Industriearbeit, Tübingen 1957, S. 207ff

- Arbeiten, die zwar mit und an Maschinen und Apparaten erfolgen, aber den Arbeitern große Autonomie und gegenseitige Austauschprozesse erlauben (teamartige Kooperation);
- Arbeiten, die die Maschinenleistung ergänzen und solche, die ein Zusammenwirken mit der Maschine darstellen (gefügeartige Kooperation).

Die gefügeartige Kooperation kann kolonnenartig bei einfachen kollektiven Handarbeiten angeordnet sein oder sie kann eine linienartige (Fließ)arbeit sein.[12] Während im Zuge der Ausweitung der industriellen Produktionsweise eine Verschiebung hin zur gefügeartigen Kooperation festzustellen war, können in verschiedenen Produktionszweigen und auch mitunter innerhalb eines Betriebes unterschiedliche Formen bestehen. Die Fließbandarbeit, die zum Synonym der industriellen Arbeit in tayloristisch-fordistischen Sinn wurde, fand sich immer nur in bestimmten Branchen und auch in diesen nur in bestimmten Teilen der Produktion (Automobilmontage). Tatsächlich finden wir eine weite Bandbreite unterschiedlicher Arbeitsformen in der Industrie, was sich insbesondere durch die Einführung der neuen Technologien gezeigt hat. Die verschiedenen Arbeitsformen bedeuten für die Arbeitenden unterschiedliche Bedingungen in Bezug auf die Autonomie der Arbeit, die Qualifikation, die Belastung und die Interaktionen.

Menschen, Maschinen und Arbeitssysteme

Im Zuge der Entwicklung der industriellen Technologie hat sich insbesondere das Verhältnis des Arbeiters zur Maschine und die Bedeutung der Maschinenarbeit verändert. Wenn der industrielle Arbeiter zunächst als ein Anhängsel oder Bediener der Maschine erschien, der an die Maschine angepasst werden musste, so wandelte sich das Verständnis zu einem der gegenseitigen Abhängigkeit. Dazu trug auch die moderne Arbeitswissenschaft mit ihrer Konzeption von Mensch-Maschine-Systemen bei.

---

[12] Horst Kern/Michael Schumann, Industriearbeit und Arbeiterbewusstsein, Frankfurt/Main 1970, S. 63ff

2 Technik und Organisation

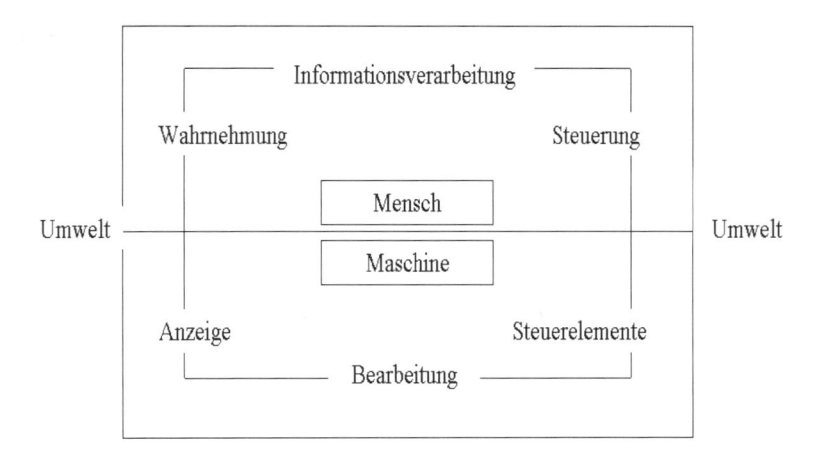

```
                    Informationsverarbeitung
         Wahrnehmung                    Steuerung
                        ┌─────────┐
                        │ Mensch  │
Umwelt ─────────────────┤         ├──────────────── Umwelt
                        │ Maschine│
                        └─────────┘
         Anzeige                        Steuerelemente
                         Bearbeitung
```

Diesem Wandel lag die Erkenntnis zugrunde, dass Maschinenarbeit rationeller zu gestalten ist, wenn man auch grundlegende Bedürfnisse und Eigenschaften des Menschen mit berücksichtigt. Daher fasst die Ergonomie bzw. Arbeitswissenschaft die Beziehung von Mensch und Maschine als System auf, bei dessen Analyse, Messung und Beurteilung gleichermaßen humane (physiologische, medizinische, psychische) und wirtschaftlich-technische Aspekte zu berücksichtigen sind. Im Gefolge der Humanisierungsbewegung der 60er und 70er Jahre des 20. Jahrhunderts definierte die deutsche Gesellschaft für Arbeitswissenschaften ihre Aufgabe sogar als primär am Menschen orientiert: Die „Gestaltung der Arbeit nach arbeitswissenschaftlichen Erkenntnissen umfasst [...] alle Maßnahmen, durch die System, Mensch und Arbeit menschengerecht, d. h. gemessen am Maßstab Mensch und seinen Eigengesetzen, beeinflusst werden kann."[13]

Der Ansatzpunkt der Arbeitswissenschaft/Ergonomie ist immer die Arbeitsleistung in ihrer Beziehung zur Arbeitsgestaltung. So wird die Arbeitswissenschaft auch definiert als „die Lehre von der durch die Leistungsforschung geklärten Arbeitsgestaltung oder von der durch die methodische Arbeitsgestaltung ermöglichten menschlichen Arbeitsleistung".[14] Die Teilgebiete der Ergonomie haben die Arbeitsgestaltung, die Arbeitsumgebung, die Arbeitssicherheit, die Arbeitsorganisation und -wirtschaft sowie die Mechanik und Physiologie des arbeitenden Menschen zum Inhalt.[15] Während die Ergonomie meist an den physiologischen und technologischen Aspekten ansetzt, wird die Arbeitswissenschaft oft auch weiter gefasst

---

[13] Zit. bei: Oswald Neuberger, Arbeit, Stuttgart 1985, S. 36; siehe auch: Ders., Soziologie, Ergonomie, Arbeitswissenschaft, in: Soziale Welt 32/1981, S. 312-324
[14] Zit. in: Jürgen Zerche, Arbeitsökonomik, Berlin-New York 1979, S. 11
[15] Oswald Neuberger, Arbeit, op. cit., S. 43

und umfasst dann auch soziologische, sozialpsychologische, ökonomische, rechtliche Aspekte.[16]

Mensch-Maschine Systeme können so einfach sein wie die Situation des Operators und seiner Maschine, sie können jedoch auch sehr komplex sein, viele Maschinen und Menschen umfassen wie Telefonnetze, Flugsicherungssysteme, computerisiertes Bankwesen etc. Heute spricht man bevorzugt von Mensch-Arbeitssystemen, da sich die Ergonomie auch mit den Beziehungen und Prozessen zwischen den Elementen von Arbeitssystemen, die keine Maschinen beinhalten, befasst. Das Arbeitssystem wird als Beziehung zwischen Arbeitsmittel (Maschine) und Mensch verstanden. Das System ist offen für „inputs" von der Umwelt wie Arbeitsaufgabe, Material, Energie, Information sowie darüber hinaus in der Umwelt vorhandene Umgebungseinflüsse und Rahmenbedingungen.

In den Analysen der Arbeitssysteme bleiben meist die subjektiven und interpretativen Aspekte unberücksichtigt.[17] Karg/Staehle führten den Begriff der Arbeitssituation in die Analyse des Arbeitssystems ein und gingen davon aus, dass die Arbeitssituation einmal objektiv gegeben ist und zum anderen als subjektive Wahrnehmung definiert ist; sie sprachen daher von der dualen Arbeitssituationsanalyse.[18] In diese gehen als objektive Bestimmungsgrößen nicht nur die Technik ein, sondern auch gesamtgesellschaftliche Bezüge, die die Ausformung des Arbeitssystems beeinflussen, etwa der technisch-wissenschaftliche Entwicklungsstand, arbeitsrechtliche Bedingungen, Aus- und Weiterbildungssystem, Beschäftigungslage, etc. Das Arbeitssystem wird als objektive Aufgabe Voraussetzung für das Arbeitshandeln. Allerdings tritt hier als notwendige Vermittlung die subjektive Wahrnehmung hinzu: diese ist bestimmt sowohl durch individuelle Motivation, Einstellung und Fähigkeiten, wie durch Gruppenprozesse. Die grundlegenden Elemente und Beziehungen können wie folgt dargestellt werden:

---

[16] Friedrich Fürstenberg, Konzeption einer interdisziplinär organisierten Arbeitswissenschaft, Göttingen 1975, S. 40ff

[17] Siehe dazu die Kritik von: Reiner Löffler, Die Definition der Arbeitssituation, Göttingen-Augsburg 1990. Einen Versuch der Weiterführung der phänomenologischen Arbeitssituationsanalyse in der Tradition der Sozialforschungsstelle Dortmund legte Gerd Peter, Theorie und Praxis der Arbeitsforschung, Frankfurt/Main-New York 1997, vor.

[18] Peter W. Karg/Wolfgang H. Staehle, Analyse der Arbeitssituation, Freiburg/B. 1982

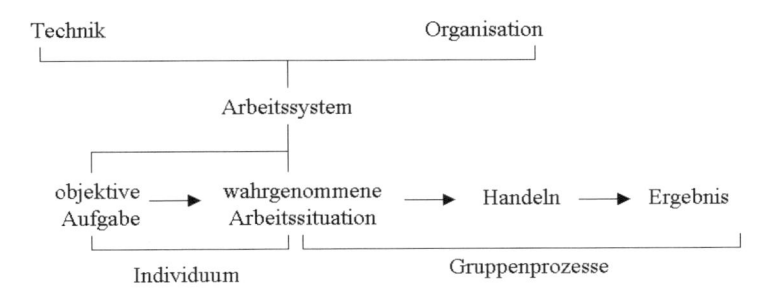

2 Technik und Organisation

```
Technik                    Organisation
  └──────────┬──────────────────┘
         Arbeitssystem
  ┌──────────┴──────────┐
 objektive  →  wahrgenommene  →  Handeln  →  Ergebnis
 Aufgabe       Arbeitssituation
  └────────────┘  └──────────────────────────────────┘
   Individuum              Gruppenprozesse
```

Erst die Konfrontation von objektiver und subjektiver Arbeitssituation macht den Bezugsrahmen und den Stellenwert der Wahrnehmung und Erfahrung in Bezug auf das Arbeitshandeln offenkundig. Diese duale Betrachtungsweise legt es nahe, dass bei der Einführung technischer Neuerungen und auch im bestehenden Arbeitsprozess die Arbeitenden in den Informations- und Gestaltungsprozess einbezogen werden im Sinne einer auf die Arbeitssituation bezogenen Partizipation.

Soziotechnische Systeme

Das Londoner „Tavistock Institute for Human Relations", das 1946 als Beratungsinstitut gegründet worden war und anfangs einer an der „human relations"-Bewegung orientierten Forschung und Beratung verpflichtet war, hatte als eines der ersten Projekte die Glacier-Studie (1951), die von Elliot Jacques geleitet wurde, durchgeführt. Sie war eine Feldstudie über die Entwicklung der sozialen Aspekte, insbesondere der Strukturen und Prozesse der Autorität und Partizipation in einem Unternehmen auf sozialpsychologischer und psychotherapeutischer Grundlage.[19] Allmählich entstand aber auch ein Interesse an Untersuchungen des Zusammenhangs von Technologie und Organisationsform. Joan Woodward stellte fest, dass bei Massenproduktion eine rigidere bürokratisch-hierarchische Struktur dominiert, während sich mit Prozessproduktion eher unbürokratische Formen verbinden.[20]

Ein anderes Projekt beschäftigte sich mit dem Arbeitsverhalten im englischen Kohlebergbau und führte zur Ausformulierung des sozio-technischen Ansatzes, der den einseitigen sozialen und sozialpsychologischen Tenor der „human relations" überwand, welcher der technologi-

---

[19] Elliot Jacques, The Changing Culture of a Factory, London 1951
[20] Joan Woodward, Management and Technology, London 1958; Dies., Industrial Organization: Theory and Practice, London 1965

schen Seite der Arbeit und Organisation nur Hintergrundbedeutung zugemessen hatte.[21] Der unmittelbare Anlass waren die schlechte Arbeitsmoral der Kohlebergleute, das egoistische Arbeitsverhalten, die hohen Absentismus- und Fluktuationsraten, Arbeitsunfälle und Konflikte; diese waren insbesondere nach der Einführung einer neuen Technologie des Kohleabbaus aufgetreten, welche auf halbmechanisierter Basis eine arbeitsteilige, rationelle Massenproduktion einführte. Diese neue Technologie hatte auch – wie jede technische Änderung – Konsequenzen für das soziale System der Arbeit: statt in relativ autonom arbeitenden kleinen Gruppen war die Arbeit nun in großen Gruppen und unter verstärkter Spezialisierung und Kontrolle organisiert. Die Forscher reorganisierten die Arbeit wieder in kleinen Gruppen mit relativer Autonomie und konnten eine Verbesserung der Arbeitszufriedenheit erreichen. Allerdings mussten die Versuche wegen der durch die Krise im Kohlebergbau erfolgenden Schließung der Gruben abgebrochen werden.

Trist fasste später die grundlegenden Erkenntnisse dieser ersten einer großen Zahl von Untersuchungen, die dem soziotechnischen Ansatz verpflichtet waren, folgendermaßen zusammen:

„Bei der ersten Tavistock-Untersuchung von Produktionssystemen im Kohlebergbau zeigte sich, dass die Beziehung zwischen diesen beiden Aspekten so eng war, dass der soziale und der psychologische Aspekt nur im Zusammenhang mit ausführlichen technischen Daten und der Arbeitsweise des gesamten technologischen Systems unter Tage verstanden werden konnte. Wir haben daher mit der damaligen Tradition der Sozialforschung in diesem Bereich gebrochen und uns hinfort systematisch um die Klärung der Beziehungen zwischen sozialem und technologischem System – beide jeweils als Ganzes betrachtet – bemüht, auf welcher Ebene auch immer die Untersuchung durchgeführt worden ist."[22]

Der soziotechnische Systemansatz wurde auf der Grundlage sozialwissenschaftlicher Einflüsse wie der Bürokratietheorie, den „human relations", dem Entfremdungsbegriff, der Arbeitszufriedenheitsforschung, den Motivationstheorien, der Gruppendynamik, der Job-Design-Forschung und der Allgemeinen Systemtheorie formuliert. Der Ausgangsgegenstand ist das primäre Arbeitssystem als ein operatives Subsystem der Organisation, das eine Kleingruppe von Arbeitenden („face-to-face-group") umfasst und selbst aus einem sozialen und einem technischen Subsystem besteht.[23]

---

[21] Eric L. Trist/K. W. Bamforth, Some Social and Psychosocial Consequences of the Longwall Method of Coal Getting, in: Human Relations 4/1951, S. 3-38

[22] Eric L. Trist, Sozio-technische Systeme, in: Warren O. Bennis/K. D. Benne/R. Chin, Änderung des Sozialverhaltens, Stuttgart 1975, S. 206

[23] Frei nach: Jörg Sydow, Der soziotechnische Ansatz der Arbeits- und Organisationsgestaltung, Frankfurt/Main 1985, S. 29

2 Technik und Organisation

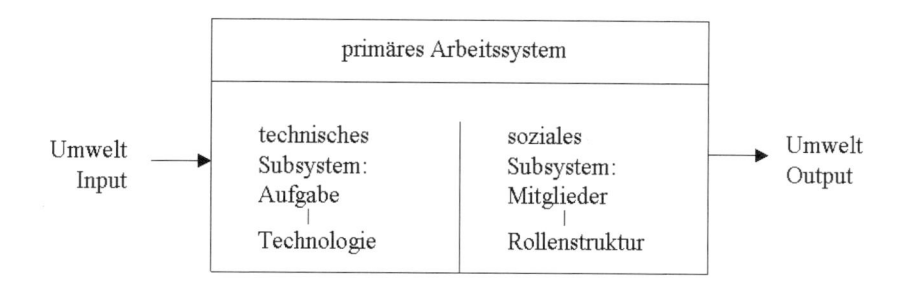

```
                    ┌─────────────────────────────────┐
                    │     primäres Arbeitssystem      │
                    ├───────────────┬─────────────────┤
  Umwelt            │ technisches   │ soziales        │   Umwelt
  Input      ──▶    │ Subsystem:    │ Subsystem:      │ ▶ Output
                    │ Aufgabe       │ Mitglieder      │
                    │    │          │    │            │
                    │ Technologie   │ Rollenstruktur  │
                    └───────────────┴─────────────────┘
```

Ausgehend vom primären Subsystem wird dann auch die Organisation als soziotechnisches System verstanden. Der zur Anwendung kommende Systembegriff ist der des offenen Systems, d. h. zwischen System und Umwelt bestehen Wechselwirkungen. Darin sehen die Begründer des Ansatzes einen wesentlichen Unterschied zum Begriff des sozialen Systems, wie er in den „human relations" verwendet wird; dieses ist ein geschlossenes System sozialer Beziehungen, d. h. nur die internen Wechselwirkungen im sozialen System finden Berücksichtigung. Demgegenüber geht es dem soziotechnischen Ansatz gerade um das Aufzeigen der Wechselwirkungen zwischen dem sozialen und dem technischen System, die jeweils als eigengesetzliche Systeme konstituiert sind. Darin unterscheidet sich der soziotechnische Ansatz auch von der arbeitswissenschaftlich-ergonomischen Konzeption des Mensch-Maschine-Systems, das beide Komponenten als Elemente eines Systems behandelt.

Das Ziel des Ansatzes ist die gemeinsame Optimierung des sozialen und des technischen Systems, wobei die ökonomischen Kriterien als Maßstab der Effektivität gelten, mit der menschliche und technische Ressourcen zur Bewältigung der Aufgabe eingesetzt wurden. Dabei werden einige Annahmen getroffen:

- Die Art und Form der Organisation wird nicht vollständig von der Technologie bestimmt, es besteht die Möglichkeit der „organizational choice", d. h. dass eine bestimmte Technologie nicht eine bestimmte soziale Organisation der Arbeit zwingend voraussetzt, sondern mit verschiedenen Organisationsformen verbunden werden kann. Das Ziel ist, jene Arbeitsorganisation bei gegebener Technologie zu suchen, die nicht nur dieser gerecht wird, sondern überdies noch den Bedürfnissen der Mitglieder der Organisation entspricht.
- Die Bedürfnisse der Organisationsmitglieder ortet der sozio-technische Ansatz nun nicht so wie die „human relations" im sozialemotionalen Bereich, sondern in der Aufgabenorientierung („work orientation"). Die Existenz eines Bedürfnisses nach interessanter, abwechslungsreicher Tätigkeit, nach Lernen am Arbeitsplatz, nach Verantwortung und Spielraum für eigene Entscheidungen, nach Anerkennung und Einbeziehung der Arbeit in das soziale Leben der Menschen und ein Streben nach persönlicher Entfaltung und Entwicklung, werden angenommen.
- Die dritte Annahme ist die, dass autonome Gruppenarbeit die beste Methode der Organisation der Arbeit ist; sie resultiert in der Zurücknahme der vertikalen Arbeitsteilung; Planung und Kontrolle der Arbeit sollen möglichst durch die Arbeitenden in Interaktion miteinander erfolgen. Dies gilt sowohl für die bereits bestehende technische Ausrüs-

tung, als auch bei Einführung neuer Technologien, welche unter Beteiligung der Betroffenen am Planungs- und Implementationsprozess erfolgen soll.

Durch diese partizipative Systemgestaltung kann durch Bewusstwerden und gemeinsame Lösung von Problemen die Akzeptanz der neuen Technologie, das „commitment" und dadurch die Zufriedenheit der Arbeiter mit ihrer Arbeit erhöht werden. Durch die gemeinsame Bewältigung von Problemen und die autonome Gruppenarbeit wird nicht nur die Entfremdung verhindert, sondern auch ein Qualifizierungseffekt erreicht. Außerdem wird die Flexibilität der Arbeitssysteme erhöht und der Bürokratisierung entgegengewirkt, meinten die Vertreter dieses Ansatzes.

Formen der Arbeitsorganisation

Im Anschluss an den soziotechnischen Systemansatz waren die so genannten „Neuen Formen der Arbeitsorganisation" zu einem der Standardthemen der Diskussion über die industrielle Arbeitswelt geworden. Darunter wurden vor allem „job rotation", der systematische Wechsel des Arbeiters zwischen mehreren Arbeitsplätzen derselben Qualifikationsstufe, „job enlargement", bei dem ein Arbeiter mehrere gleichrangige Arbeiten durchführt, „job enrichment", der Anreicherung des Arbeitsinhalts durch vor- und nachgelagerte Arbeiten, die auch Kontrollfunktionen umfassen, und „teilautonome Arbeitsgruppen" verstanden. Bei all diesen Formen handelt es sich nicht wirklich um neue Erscheinungen, da sie auch schon eingesetzt wurden, um Engpässe im Personaleinsatz zu überwinden.[24] Nun traten sie allerdings als Strategien der organisatorischen Gestaltung der Arbeit und einer am Zusammenhang von Technologie und Organisation orientierten Humanisierung der Arbeitswelt auf, die qualifikatorische, motivationale und partizipative Aspekte umfasst.

Vor allem das „job enlargement" kann auch als problematisch angesehen werden, weil der größte Vorteil der Methode in der Lohnersparnis für den Betrieb besteht, die dadurch zustande kommt, dass dieselbe Aufgabe von weniger Arbeitern durchgeführt wird. In einem Fall (Radiogerätefabrik) erklärte sich z. B. eine Arbeiterin bereit, die Arbeiten ihrer neun Kolleginnen mit zu übernehmen. Ihre Arbeit mag dadurch befriedigender geworden sein, der Betrieb erzielte jedoch trotz des höheren Lohnes für die eine Arbeiterin eine beträchtliche Kostenersparnis. Darüber hinaus ist auch der Freisetzungseffekt problematisch.

Im Zentrum des soziotechnischen Ansatzes stand das Konzept der teilautonomen Gruppen, bei denen die Verteilung und Gestaltung der Arbeiten in der Arbeitsgruppe erfolgt. Auch dies ist keine neue Erfindung, sondern hat eine ganze Reihe von Vorläufern. Zu nennen ist das System der autonomen Mannschaften des französischen Gewerkschafters Hyacinthe Dubreuil, das auch von Georges Friedmann erwähnt wird. Bei diesen „équipes autonomes" handelte es sich um die Integration genossenschaftlicher Ideen in die moderne industrielle Organisation. Ein anderes Beispiel war die Gruppenfabrikation bei Daimler, die Willy Hell-

---

[24] Friedrich Fürstenberg, Einführung in die Arbeitssoziologie, Darmstadt 1977, S. 137/138

pach zu einem systematischen Ansatz erweitert hatte.[25] Eugen Rosenstock hatte das Modell der „Werkstattaussiedlung" entwickelt[26], das er als eine sozialethisch konzipierte Lösung der sozialen Probleme der Arbeit ansah. Sie bestand in der Umwandlung von Betriebsabteilungen in teilweise autonome Teilbetriebe. Ein ganz ähnliches System autonomer Werkstätten hatte Thomas Bata 1922 in seiner Schuhfabrik in Zlin in der Tschechoslowakei eingeführt.

Während diese Ansätze jedoch neben den humanen und ökonomischen Beweggründen auch das Ziel verfolgten, die Gewerkschaften aus den Betrieben herauszuhalten, fiel dieses Motiv bei den teil-autonomen Arbeitsgruppen des soziotechnischen Ansatzes weg. Im Gegenteil, starke Gewerkschaften wirkten mit, um die Gruppen zu praktikablen Modellen der industriellen Demokratie auf Betriebsebene zu entwickeln.

Teil-autonome Arbeitsgruppen und industrielle Demokratie

In Norwegen forderten die Gewerkschaften mehr Demokratisierung der Industrie und vor dem Hintergrund einer Tradition der freiwilligen Vereinbarungen zwischen Arbeitgeberverbänden und Gewerkschaften wurde es möglich, dass zu diesem Problem nicht nur eine Reihe theoretischer Studien durchgeführt werden konnten, sondern auch Experimente und praktische Veränderungen in Betrieben begannen. In jedem Fall war man sich einig, dass eine institutionalisierte Mitbestimmung auf überbetrieblicher und Unternehmensebene nicht ausreiche, um die industrielle Demokratie zu verwirklichen. Man sah die Möglichkeit, durch die Anwendung des soziotechnischen Ansatzes, insbesondere das Konzept der (teil-)autonomen Arbeitsgruppen, die Demokratisierung auf der Ebene des Arbeitsplatzes und des Arbeitssystems zu fördern.[27] Mehr praktischen Erfolg hatte die Idee in Schweden, weil sie dort stärker vom Management getragen wurde; hier kam es auch zu den bekannten „neuen Organisationsformen" bei Volvo, Saab-Scania, Atlas Copco u. a.[28] Bei Volvo erfolgte die Reorganisation auf Grund der Probleme der Arbeitskräftebeschaffung und hoher Fluktuations- und Absentismusquoten. Man führte Gruppenarbeit, aber auch job enlargement in manchen Bereichen der Produktion ein, zeitweise arbeiteten in einem Volvo-Werk 50 % der Arbeiter in diesen Arbeitsformen. Insbesondere in neuen Werken erwies sich deren Einführung als leichter durchführbar, das Werk in Kalmar wurde auch baulich schon darauf ausgerichtet. Das Schicksal dieser Organisationsformen war, obwohl sich die Arbeiter für diese Arbeitsweise eindeutig aussprachen, jedoch an die strategischen Entscheidungen der Unternehmensleitung gebunden, so dass schließlich gerade jene Werke, in denen es Gruppenarbeit gab, geschlossen wurden. Es muss jedoch festgestellt werden, dass es nicht die mangelnde Effizienz auf Grund der neuen Arbeitsformen war, die diese Entscheidungen hervorrief, sondern der Druck sinkender Absatzzahlen.

---

[25] Willy Hellpach/R. Lang, Gruppenfabrikation, Berlin 1922
[26] Eugen Rosenstock, Werkstattaussiedlung, Berlin 1922
[27] Vgl.: Fred E. Emery/Einar Thorsrud, Industrielle Demokratie, Bern 1982
[28] Siehe u. a.: Norbert Maier, Teilautonome Arbeitsgruppen, Meisenheim/Glan 1977, S. 64-66

Ähnliche Ansätze entwickelten sich auch in Deutschland und waren eng mit der Diskussion um die Humanisierung der Arbeitswelt verbunden. Allerdings gab es ein breites Spektrum unterschiedlicher Interpretationen, was unter Humanisierung der Arbeit verstanden werden solle.

3 Die „Humanisierung der Arbeitswelt"

In den 1960er bis 1980er Jahren war das Hauptthema der Arbeits-, Technik- und Organisationsdiskurse in Wissenschaft und Politik die „Humanisierung der Arbeit". Je nach ideologisch/politischem Standort reichte der Spielraum in der Humanisierung der Arbeit-Diskussion von radikalen Konzepten einer Demokratisierung der Arbeitswelt bis zu effizienzorientierten Anwendungen ergonomischer Erkenntnisse am Arbeitsplatz. Letztere wurden auch in gewissem Ausmaß in den Betrieben implementiert und führten zu Verbesserungen der Arbeitsumwelt und der Arbeitsmittel. Ergonomische Erkenntnisse fanden auch Anwendung in Bezug auf die rasch um sich greifende Bildschirmarbeit. Eigentumsstrategien (Gewinnbeteiligung, Vermögensbildung „in Arbeitnehmerhand") und Demokratisierungsstrategien (Mitbestimmung, industrielle Demokratie, Partizipation) wurden zwar diskutiert und teilweise auch initiiert, beide verloren jedoch im Zuge des raschen technisch-organisatorischen Wandels und der Veränderungen in der wirtschaftlichen und politischen Situation an Bedeutung. Besondere Bedeutung aber kam den soziotechnischen Strategien der Verbesserung der Arbeitsgestaltung und der Arbeitsumwelt zu. Sie konnten am besten mit den in den Arbeitswissenschaften erhobenen Forderungen nach mehr Autonomie der Arbeit und nach neuen Organisationsformen verbunden werden.

In der wissenschaftlichen Diskussion über die Humanisierung der Arbeit wurde Autonomie allgemein als ein wichtiger Faktor der Zufriedenheit mit der Arbeit angesehen. Sie bezieht sich auf Gestaltungsspielräume und Handlungsalternativen, auf die Mitwirkung an Entscheidungen und Kontrolle sowie auf die sozialpsychologischen und individuellen Fähigkeiten, Bedürfnisse und Ansprüche, die diesen zugrunde liegen.[29] Die Verfechter der Humanisierung der Arbeit sahen die Möglichkeit echter Freiheitsräume als Voraussetzung dafür an, dass die Arbeit für die Menschen sinnvoll und befriedigend ist. Damit eng verbunden war die Forderung der Selbstbestimmtheit des Arbeitens gegenüber der durch die Fremdbestimmtheit erzeugten „Entfremdung". Dazu bedarf es aber nicht nur eines Überdenkens der Organisation der Arbeit, sondern auch das Aufgeben der Behandlung der Technik als Sachzwang, der nur eine Linie der Entwicklung zulässt. Dies muss bereits bei der Ausbildung erfolgen, Berufsausbildung soll nicht nur funktionale Fähigkeiten und Fertigkeiten, sondern auch die Autonomie und Selbstbestimmung bei der Arbeit vermitteln und wurde daher in enger Verbindung mit der Qualifikation gesehen.

---

[29] Christoph Nitschke, Autonomie in der Erwerbsarbeit, Berlin 1988

Qualifikation bedeutet eine Wechselwirkung zwischen technisch-organisatorischen Anforderungen und individuellem Wissen und Können.[30] Sie beruht auf der Unterscheidung von Berufsqualifikation als tätigkeitsgebundenes Merkmal und als personenspezifische Eigenschaft (= Summe aller durch Erziehung, Ausbildung, Erfahrung erworbenen Fähigkeiten und Fertigkeiten einer Person). Gefordert wurde daher schon lange vor der Diskussion um die Wissensgesellschaft, dass die Arbeit als Lernprozess organisiert werden sollte, „der die Anwendung und Entfaltung vorhandener sowie den Erwerb neuer Qualifikationen im Arbeitsprozess ermöglicht."[31] Dies kann auch der Organisation selbst wieder zugute kommen, denn Arbeit soll nicht nur als Erfüllung vorgegebener Aufgaben gesehen werden, sondern als Auseinandersetzung mit diesen, was dann auch zur Verbesserung der Arbeitsprozesse führen kann. Aus der solcherart weiter entwickelten Qualifikation und der Realisierung beruflicher Autonomie folgte für die meisten Verfechter der Humanisierung die aktive Teilnahme der Arbeitenden an der Planung und Realisierung arbeitsorganisatorischer Innovationen, wie überhaupt eine Enthierarchisierung und partizipative Orientierung der Entscheidungsprozesse im Betrieb.

Technik und organisatorische Ziele

Was die Diskussionen rund um die soziotechnischen Strategien und die Autonomie, Qualifikation und Partizipation bewirkt haben, ist die Erkenntnis, dass die Technik der Produktion nicht Sachzwang ist, sondern auf Entscheidungsprozessen beruht genauso wie die Organisation; in gewisser Weise ist die betriebliche Technik die vergegenständlichte Form arbeitsorganisatorischer Entscheidungen. Die Humanisierungsdiskurse hatten das Bewusstsein entstehen lassen, dass der rasche technologische Wandel nicht einseitig durch wirtschaftliche Interessen und technische Effizienzkriterien bestimmt werden darf, sondern auch humane und soziale Erwägungen in die Planung und Innovation neuer Technologien und Organisationen eingehen müssen („sozialverträgliche Technikgestaltung").[32]

Diese „Politisierung der Technik"[33] gewann allerdings primär auf Grund der Umweltdiskussion und nicht so sehr jener der Humanisierung der Arbeit Gewicht.[34] Von der Abschätzung der Folgen bestimmter technologischer Fortschritte (Atomkraft, Gentechnologie) gelangte man zur Erkenntnis, dass eine Technologiepolitik notwendig ist, die nicht erst bei den Folgen ansetzt, sondern schon bei der „Gestaltung" der Technologie.

---

[30] Burkart Lutz, Produktionsprozeß und Berufsqualifikation, in: Theodor W. Adorno (Hg.), Spätkapitalismus oder Industriegesellschaft? Stuttgart 1969, S. 227-252
[31] Werner Fricke, Arbeitsorganisation und Qualifikation, Bonn-Bad Godesberg 1975, S. 27ff
[32] Norbert Altmann/Klaus Düll/Burkart Lutz, Zukunftsaufgaben der Humanisierung des Arbeitslebens, Frankfurt/Main-New York 1987
[33] Renate Martinsen/Josef Melchior, Innovative Technologiepolitik, Pfaffenweiler 1994, S. 20ff
[34] Einen Überblick bietet: Georg Aichholzer/Gerd Schienstock (eds.), Technology Policy. Towards an Integration of Social and Ecological Concerns, Berlin-New York 1994

„Wenn wir neue technische Lösungen in die Welt setzen, verändern wir zugleich die menschlichen Handlungsformen und die gesellschaftlichen Verhältnisse, in denen die Menschen handeln."[35]

Technik als soziale Praxis und als Resultat von Entscheidungen impliziert auch mögliche Fehlentwicklungen; man muss sich von der Vorstellung lösen, dass die technische Entwicklung einen linear ansteigenden Fortschritt darstellt, sondern vielmehr einen Prozess des Versuchs und Irrtums sowie Vergessens und Findens.[36] Die Technik der Produktion ist durch Wahlprozesse und Rekursivität bestimmt und kontingent wie auch die Organisation, d. h. reflektiert nicht notwendig den einzig rationalen „one-best-way", sondern mitunter auch das Ergebnis eines „lock in", einer „Verriegelung" durch Zufallsprozesse, denn durch das jeweilige Handeln werden die „Pfade" des weiteren Handelns ermöglicht, aber auch eingeschränkt.[37] Das gilt auch für die technisch-organisatorischen Formen der Massenproduktion, das Fließband und für moderne Produktionsformen wie „lean production".[38] Sie sind Ergebnisse eines historischen Auswahlprozesses zwischen möglichen Pfaden der Entwicklung.

Durch den raschen Wandel der mikroelektronischen Technologien bzw. die immer raschere Entwicklung neuer technischer Produkte bzw. neuer Generationen derselben entsteht jedoch heute wieder verstärkt der Eindruck, dass die Technik eine Eigendynamik entfaltet und die gesellschaftlichen und betrieblichen Prozesse vorantreibt. Die Art dieser Technologie ermöglicht eine große Bandbreite von Organisationsformen, die allerdings vor allem eine Bedingungen erfüllen müssen: Sie müssen flexibel sein und sich rasch an sich ändernde technologische und wirtschaftliche Bedingungen anpassen.

Die Bedürfnisse der Arbeitenden sind jedoch nicht mehr primär dafür maßgebend, welche technisch-organisatorische Konstellation gewählt wird, sondern die Konkurrenzsituation und die Rentabilitätserwägungen des eingesetzten Kapitals. Die Motivation der Arbeitenden zu sichern, kann dem Druck durch die angespannte Beschäftigungslage und ihre Auswirkungen auf die existentiellen Ängste der Menschen überlassen werden. Beschäftigungsprobleme wurden daher vordringlich, die Verbesserung von Arbeitsgestaltung und -umwelt als nachrangig bzw. durch die neuen technisch-organisatorischen Folgen der Computerisierung und Automatisierung gelöst angesehen. Flexible und autonome Arbeit wurden zu Forderungen des Managements an die Arbeit.

---

[35] Günter Ropohl, Der Sinn der Technik und die gesellschaftliche Organisation der Arbeit, in: Ders. (Hg.), Arbeit im Wandel, Berlin 1985, S. 97ff, S. 112

[36] Günther Ortmann, Dark Stars – Institutionelles Vergessen in der Industriesoziologie, in: Niels Beckenbach/Werner van Treeck (Hg.), Umbrüche gesellschaftlicher Arbeit, in: Soziale Welt, Sonderband 9, Göttingen 1994, S. 85-118

[37] Günther Ortmann, Formen der Produktion. Organisation und Rekursivität, Opladen 1995, S. 90

[38] Siehe zur historischen Kontingenz der Massenproduktion: Charles F. Sabel/Jonathan Zeitlin, Historical Alternatives to Mass Production, in: Past & Present 108/1985, S. 133-176

4 Die Transformation der Arbeit in der Dritten Industriellen Revolution

Die Dritte Industrielle Revolution ist charakterisiert durch die Entwicklung der Mikroelektronik und darauf aufbauenden Produktions- und Kommunikationstechnologien sowie weiteren Bereichen, vor allem der Gentechnologie, der Raumfahrttechnologie, etc. Die „neuen" Technologien, insbesondere die Mikroelektronik, fanden in immer höherem Maße Eingang in die Arbeitsorganisationen und bewirkten dort einschneidende Veränderungen der Arbeitsformen und -anforderungen. Darüber hinaus führen sie zu organisatorischen Veränderungen und zu grundlegende Wandlungen des ganzen gesellschaftlichen Prozesses und aller Lebensbereiche.

Die Einführung neuer Informations- und Steuerungstechnologien, von Industrierobotern und flexibel automatisierten Montagesystemen, computergestützten Fertigungs- und Verwaltungsprozessen etc. sowie die systemische Rationalisierung durch Vernetzung führten in den Betrieben zur umfassenden Reorganisation, zum „reengineering", der Arbeitsabläufe und Interaktionen. Neue Konzeptionen der Leistungsbestimmung, -bewertung und -kontrolle, der Aus- und Weiterbildung im Hinblick auf Qualifikationen, die durch die neuen Technologien notwendig wurden, mussten entwickelt werden. Diese praktischen Probleme ließen die Humanisierungsaspekte zurücktreten, obwohl sich eine Fülle neuer Probleme für die Arbeitenden ergaben: Freisetzung durch Einsparungsmaßnahmen und technologische Umstellungen, Entwertung von Berufswissen, wirtschaftliche Probleme von Klein- und Mittelbetrieben, etc. Insbesondere rückte das Problem der Qualifikation durch die Veränderung der Anforderungen auf Grund der neuen Technologien ins Zentrum der Aufmerksamkeit. Die Erhöhung der organisatorischen Flexibilität der Betriebe bewirkte eine größere Unsicherheit in Bezug auf Arbeitsinhalt und Arbeitsaufgabe, aber auch in Bezug auf den Arbeitsplatz. Wenngleich die neuen Technologien ein höheres Maß an Autonomie implizieren, ergibt sich dieses als Aspekt einer geplanten Freiheit, die gleichzeitig eine verstärkte Kontrolle zur Folge hat.

In den Industriebetrieben verbinden sich die neuen Technologien mit den zwei Begriffen „Integration" und „Flexibilität", d. h. sie ermöglichen einerseits eine Verknüpfung und Vernetzung aller Unternehmensbereiche mit Hilfe der Computertechnologie, also das, was als „systemische Rationalisierung" bezeichnet wird, andererseits überwinden sie die Starrheit der traditionellen Großserien-/Großanlagenfertigung zugunsten erhöhter Anpassungsfähigkeit der Betriebe an schwankende Auftragslagen durch Produktdiversifikation und Dezentralisierung der Betriebsstrukturen. Dies ermöglicht Rationalisierung auch bei Kleinserienfertigung und stellt einen umwälzenden Innovationsschub für die Büro- und Verwaltungsrationalisierung dar. Die Organisation der Zukunft erscheint daher als ein integriertes System von Produktion und Verwaltung („Computer Integrated Manufacting"-CIM). Nicht nur Routinetätigkeiten, sondern auch die Rationalisierung der dispositiven Büroarbeit durch Datenbanksysteme, computergestützte bzw. -gesteuerte Sachbearbeitung und Managementinformationssysteme werden möglich.

In Bezug auf die Auswirkungen der neuen Produktions- bzw. Informationstechnologien auf die Industriearbeit wurde die Frage gestellt, ob es durch die neuen Technologien zu einem

„Ende der Arbeitsteilung"[39] und damit zu einer höheren Qualifizierung der Arbeit bzw. zum Ende tayloristischer Arbeitsgestaltung kommt.

Qualifizierung und Flexibilisierung der industriellen Arbeit

Der Einsatz der neuen Technologien und darauf aufbauenden Produktionskonzepten sieht in den verschiedenen Branchen und Betrieben sehr unterschiedlich aus. So gibt es branchenspezifische Differenzierungen etwa zwischen der Autoindustrie, dem Werkzeugmaschinenbau und der chemischen Industrie, die allerdings nicht erst mit den neuen Technologien entstanden sind, sondern bereits seit langem bestehen.

Die neuen Produktionskonzepte in der Autoindustrie sehen flexible Montagesysteme und den Übergang zur „flexiblen Automation" unter Nutzung der modernsten Technologien vor; dadurch kommt es zu einem Ansteigen der Anlagenkontrolltätigkeit anstelle repetitiver Teilarbeit, mehr Facharbeit und einer Erhöhung der Aufgabenintegration durch von den Arbeitern selbst durchgeführte Qualitätskontrolle nach dem Vorbild der japanischen Qualitätszirkel.

Im Werkzeugmaschinenbau hat der Einzug der Mikroelektronik tiefgreifende Veränderungen gebracht. Anders als in der Autoindustrie haben wir es hier nicht mit Großbetrieben, sondern mit einer großen Zahl von Klein- und Mittelbetrieben zu tun, in denen der Übergang zur computergesteuerten Fertigung den traditionell in dieser Branche hohen Facharbeiteranteil erhält bei gleichzeitigem Abbau der ungelernten Arbeiter. Allerdings setzt dies den Erwerb von Programmierkenntnissen voraus, was bedeutet, dass hier Höherqualifizierung von Teilen der Arbeiterschaft dieser Branche möglich und unerlässlich ist.

In der chemischen Industrie vollzog sich der letzte Schritt zur Vollautomation. Auch hier ist der Erwerb neuer Kenntnisse und Qualifikationen Voraussetzung für die qualifizierte Arbeit in dieser Industrie. Es kommt zur Aufgabenintegration durch Funktionsverschmelzung von Produktions- und Instandhaltungsarbeit und zur Vereinigung von Mechanikern und Elektronikern in einer Person; eine besondere Arbeitskategorie in dieser Industrie sind außerdem die Bildschirmmesswerte.

In allen Industriezweigen kommt es jedoch zu einer Verschärfung der Polarisierung zwischen den Rationalisierungsgewinnern unter den Arbeitern und jenen Teilen der Arbeiterschaft, die von diesen Entwicklungen nicht nur ausgeschlossen sind, sondern regelrecht abgesondert werden. Es sind dies vor allem jene Arbeiten, die keine besondere Ausbildung und Kompetenzen erfordern bzw. in den Bereichen vorherrschend waren, in denen angelernte Arbeiter noch nach mechanischen Prinzipien produziert hatten, und die auf Automation umgestellt wurden. Die Anteile an Arbeiten in den Industriebetrieben, die durch ungelernte oder angelernte Arbeiter erledigt werden können, sind im Zuge der Restrukturierungen massiv gesunken.

---

[39] Horst Kern/Michael Schumann, Ende der Arbeitsteilung? Frankfurt/Main 1984, S. 316

4 Die Transformation der Arbeit in der Dritten Industriellen Revolution

Aber auch die traditionelle Facharbeit hat im Verlauf der technischen Entwicklung der Produktion grundsätzliche Wandlungen durchgemacht, so dass man gegenwärtig von differenten sozialen Typen von qualifizierten Arbeitern sprechen kann: dem mit den neuen Technologien arbeitenden qualifizierten Arbeiter in der Produktion und dem „sekundären Facharbeiter".[40] Letztere bezeichnet qualifizierte Tätigkeiten, die jedoch nicht Produktionstätigkeiten sind, sondern Dienstleistungsfunktionen in Produktionsbetrieben darstellen wie etwa Vorbereitung (Einrichten der Maschinen, Herstellen der Betriebsmittel), Störungsbeseitigung (Reparatur, Instandhaltung, Wartung) und der Kontrolle (Qualitätskontrolle). Schlosser, Elektriker, Mechaniker und andere qualifizierte Arbeiter sind nicht mehr in der Produktion beschäftigt, sondern in diesen „technischen Diensten". Auch diese sekundären Bereiche machen einen Wandel in Richtung auf Spezialisierung und Intensivierung durch, werden von mehr oder weniger improvisierten Leistungen zu systematisch-geplanten Funktionen. Mit der Automatisierung kommt es zu einer Verlagerung der außerbetrieblich begründeten qualifizierten Arbeit in den Bereich der „sekundären Facharbeit", wobei zusätzlich eine Verdrängung der qualifizierten Arbeit aus dem unmittelbaren Produktionsbereich erfolgt. Durch die zentralisierte Prozesssteuerung kommt es auch zu einer zentralen Steuerung des Arbeitsprozesses. Aus diesem Grund bedeutet der Qualifikationsanstieg des neuen Facharbeiters nicht, wie dies bei traditioneller Facharbeit der Fall war, eine Erhöhung des Handlungs- und Gestaltungsspielraums und der universellen Verwendbarkeit der Qualifikation.[41]

Die Qualifikation selbst verändert sich dadurch, sie wird immer weniger zu einer beruflichen und damit universell vermarktbaren Fähigkeit, sondern wird stark auf die spezifischen Bedingungen der Arbeit im einzelnen Betrieb bezogen. Daher ist das „human resource development", also die Entwicklung des „Rohstoffs" menschlichen Arbeitsvermögens, auch zu einer wichtigen Funktion des Managements geworden. Dabei geht es allerdings nicht nur um fachliche Qualifikationen, sondern in vielen Fällen werden die Fähigkeit zum Lernen und zur Anpassung an Veränderungen bzw. fachübergreifende methodische Qualifikationen (Gedächtnis, Konzentrations- und Reaktionsfertigkeit) besonders wichtig. Sie werden daher als „Schlüsselqualifikationen" bezeichnet. Daneben kommt auch den sozialen Qualifikationen wie Teamfähigkeit, Kommunikationskompetenz, etc. große Bedeutung zu. Während Materialgefühl und andere sinnliche Wahrnehmungen, die mit der traditionellen Arbeit verbunden waren, zurücktreten, werden „geistige" und soziale Aspekte wichtiger. Man kann daher als generelle Tendenz feststellen, dass der Anteil psychomotorischer Anforderungen abnimmt und der kognitiver und sozial-kommunikativer Fähigkeiten ansteigt.

Auch kommt es zum Zurückdrängen des „subjektivierenden" Arbeitshandelns, das aus der Erfahrung stammt, zugunsten objektivierter Prozesse, die nicht mit Hilfe von Erfahrungswissen bewältigbar sind.[42] Generell muss die Kompetenz der Arbeitenden über den im normalen

---

[40] Otfried Mickler, Facharbeit im Wandel, Frankfurt/Main-New York 1981
[41] Fred Manske, Ende oder Wandel des Taylorismus. Von der punktuellen zur systemischen Kontrolle des Produktionsprozesses, in: Soziale Welt 38/1987, S. 166-180
[42] Fritz Böhle/Brigitte Milkau, Neue Technologien – Neue Risiken, in: Zeitschrift für Soziologie 18/1989, S. 249-262

Betrieb erforderlichen Fähigkeiten und Fertigkeiten liegen, denn gerade bei Automation und Computereinsatz ist diese Art von „tacit skills" bei zufällig auftretenden Störungen notwendig. Nicht bei jeder kleinen Störung können die Hot-lines oder Help-desks der zuständigen Experten in Anspruch genommen werden, sondern es kommt auf das Geschick und Knowhow des einzelnen an, sich in diesen Situationen selbst zu helfen.[43]

„Flexibler Taylorismus": Die technische Organisation der Produktion

Bei CNC-Einsatz kann es zu arbeitsteilig-kooperativen Organisationsformen kommen, bei denen qualifizierte Facharbeiter zuständig sind für Einrichten, Beschicken, Bedienen und Überwachen der Maschine bzw. Programmierer und Facharbeiter kooperativ zusammenwirken; es können aber auch arbeitsteilig-polarisierte bzw. hierarchisierte Strukturen bestehen, wo Programmierer sich scharf gegenüber Fach- wie angelernten Arbeitern abgrenzen, und schließlich kann es ganzheitliche Produktionsarbeit geben, bei der qualifizierte Maschinenführer, teilweise mit Hilfe von Systembetreuern das Programmieren, Einstellen und Bedienen besorgen. Dies kann in Form von Werkstattprogrammierung für Sonderfertigungen oder so genannten „Fertigungsinseln" geschehen, wo teilautonome Gruppen alles von der Voreinstellung über das Einrichten bis zur Kontrolle für bestimmte Bereiche des regulären Fertigungsablaufs durchführen.

Nach wie vor machen sich auch Unterschiede zwischen Konsumgüterindustrie und Investitionsgüterindustrie in Bezug auf die Produktionstechnik bemerkbar. Gruppenarbeit, Teilefamilienfertigung in Fertigungsinseln oder -zentren und flexible Fertigungssysteme bestimmen die Investitionsgüterindustrie, weil hier die Nachfrage nicht produziert werden kann und daher Flexibilität erforderlich ist. CIM (Computer integrated manufacturing) ist hingegen die typische technisch-organisatorische Form in der Konsumgüterindustrie, die Brödner als einen technozentrisch überhöhten, versteinerten Taylorismus bezeichnet.[44]

Generell kann man zwar eine wachsende Entkopplung der Systemelemente des tayloristisch-fordistischen Modells feststellen, insbesondere kommt es zu einer Entkoppelung von Arbeitszeit und Prozesszeit, d. h. die Anlagen laufen ohne menschliche Mitarbeit. Allerdings bedeuten „entkoppelte Arbeitsplätze" nicht zugleich erhöhte Autonomie oder Gestaltungsmöglichkeit und auch Gruppenarbeit ist nicht gleichzusetzen mit Abschwächung externer Kontrollen. Die Einführung der Computersteuerung bedeutet nicht per se das Ende des Taylorismus oder das Ende der Arbeitsteilung; zwar werden nicht die einzelnen Arbeitsprozesse genau geplant, dafür können aber die übergreifenden Prozessabläufe umso wirksamer kontrolliert werden. Will man zu einer allgemeinen Einschätzung kommen, so ist dies eine Verbindung von Gruppenarbeit mit einer Art von „flexiblem Taylorismus".

---

[43] William Cavestro, Automation, New Technology and Work Content, in: Stephen Wood, The Transformation of Work? London 1989, S. 219-234

[44] Peter Brödner, Fabrik 2000. Alternative Entwicklungspfade in die Zukunft der Fabrik, Berlin 1985

4 Die Transformation der Arbeit in der Dritten Industriellen Revolution

In Bezug auf die Lohnformen fördern die neuen Produktionstechnologien die Abkehr vom „Anforderungslohn" und den Übergang zum „Qualifikationslohn". Das impliziert auch eine Änderung des Systems der Arbeitsplatzbewertung in Richtung auf eine „Arbeitssystembewertung". Ein Arbeitssystem ist dabei ein Bereich gleichartiger Tätigkeiten, in dem die Arbeitenden einheitlich nach der höchstwertigen Tätigkeit bezahlt werden. Die Leistungskomponente des Lohnes wird überdies nicht durch quantitative Leistungslöhne, sondern durch qualitative Leistungsprämien, häufig Gruppenprämien, wahrgenommen. Die Tendenz zum Qualifikationslohn äußert sich aber nicht nur durch das Abstellen auf die persönlichen Fähigkeiten und Fertigkeiten, sondern durch die verstärkte Berücksichtigung betriebsspezifischer Qualifikationserfordernisse. Die ständige Weiterbildung spielt eine wesentliche Rolle. Sogar in kollektiven Vereinbarungen wurden Bestimmungen über die kontinuierliche Weiterbildung in der Dienstzeit und die qualifikationsgerechte Aufgabenzuteilung aufgenommen. Betriebsvereinbarungen werden zudem wichtiger als horizontale kollektive Regelungen, weil die betrieblichen Situationen sich stark unterscheiden. Es kann daher zu einer Heterogenisierung und Partikularisierung des bestehenden Kollektivvertragssystems kommen und damit zu einer „Syndikalisierung der Arbeitsbeziehungen". Die Entwicklung neuer Verhandlungsformen in den industriellen Beziehungen ist daher notwendig.[45] Auch Ausbildungssysteme können unter anderem die Entwicklung der Produktions- und Arbeitsorganisation in Unternehmen gleicher Technologie und Größe in verschiedenen Ländern beeinflussen, was etwa in Bezug auf die Autoindustrie aufgezeigt wurde.[46] Diese „gesellschaftlichen Effekte" bestimmen nicht nur über Standortentscheidungen, sondern auch darüber, welche Betriebsteile, welche Technologie und Organisation wo am besten eingesetzt werden kann. Auf Grund der Multinationalisierung der Unternehmen sind aber auch die Konzernstrategien hier insbesondere zu berücksichtigen. Diese können auf Technisierung (Automatisierung, technikbezogene Transformation von Organisation und Qualifizierung) oder Aufgabenintegration und Dezentralisierung setzen oder eine kombinierte Strategie (Automatisierung und Selbstregulierung auf Werkstattebene, technikbezogene Qualifizierung, aber Ansätze zu Gruppenarbeit) verfolgen. Man kann auch nicht wirklich davon ausgehen, dass es immer nur Effizienzerwägungen sind, die über die Einführung bestimmter Systeme entscheiden. Sehr oft sind es auch Machtverhältnisse und Gruppeninteressen im Betrieb selbst, die die Entscheidung zwischen verschiedenen Formen der Produktionsorganisation beeinflussen. Wenn sich die technokratischen Interessen durchsetzen, deren Präferenz meist in hoher Planbarkeit liegt, werden umfassende Steuerungssysteme eingeführt.[47]

---

[45] H. Dieter Mueller/Alfons Schmid, Arbeit, Betrieb und neue Technologien, Stuttgart 1989, S. 216
[46] Ulrich Jürgens/Thomas Malsch/Knut Dohse, Moderne Zeiten in der Automobilfabrik, Berlin 1989, S. 17
[47] Hartmut Hirsch-Kreinsen/Harald Wolf, Neue Produktionstechniken und Arbeitsorganisation, in: Soziale Welt 38/87, S. 181-197

Dezentralisierung und flexible Spezialisierung

Als Piore/Sabel ihre These vom „Ende der Massenproduktion"[48] und dem Übergang zu kleinbetrieblicher Handwerksproduktion mit Computerunterstützung (flexible Spezialisierung) entwickelten, meinten sie damit, dass diese Betriebe die großen fordistisch organisierten Produktionssysteme als Wachstumsmotoren der Wirtschaft ablösen würden. Sie meinten sogar, die wirtschaftlichen Krisentendenzen seien bedingt durch die Grenzen der auf Massenproduktion beruhenden industriellen Entwicklung.

In historischer Rückschau unterschieden Piore/Sabel Krisen von zweierlei Art: zum einen Krisen der Regulation, d. h. der Abstimmung von Produktion und Konsumtion, wie sie durch den Aufstieg der mechanisierten Produktion und der Großkonzerne im späten 19. Jahrhundert und dann wieder durch den keynesianischen Wohlfahrtsstaat bestimmt waren; und zum anderen Krisen der technologischen Entwicklung, die durch zwei Wegscheiden, die den Hintergrund für die späteren Regulationskrisen abgeben, charakterisiert sind: Die erste Wegscheide war im 19. Jahrhundert bestimmt durch die Entscheidung für Massenproduktionstechnologien: die zweite Wegscheide erfordert, wie die Autoren meinten, eine Entscheidung zwischen einer weiteren Multinationalisierung der Wirtschaft bei gleichzeitigem Festhalten an Massenproduktionstechnologien („world-car-strategy") oder aber den Übergang zur flexiblen Spezialisierung, d. h. zu Diversifikation und ständigen Innovation auf der Basis einer Verbindung der modernen Hochtechnologie, vor allem der Mikroelektronik, und handwerklichen Produktionsverfahren. Die besten Beispiele für flexible Spezialisierung fanden die Autoren in Europa, u. a. in Norditalien (Emilia Romagna, Veneto), wo sich Betriebe der Möbel- bzw. Einrichtungsbranche und der Bekleidungsindustrie entwickelt hatten, die eine neuartige, dezentralisierte Struktur aufwiesen („decentramento produttivo").[49] Die Vielfalt der beobachtbaren Formen flexibler Spezialisierung lässt jedoch in der Realität keine generelle Einschätzung zu: die Bandbreite reicht von subcontract-Imperien wie Benetton bis zu kooperativen Betrieben. Flexible Spezialisierung kann nicht mit ganzheitlich-humanisierten Arbeitsformen gleichgesetzt werden, denn es ist primär eine betrieblich-strategische Anpassung an sich rasch wandelnde Bedingungen des Marktes und der Technologie. In der Folge kam es durch die neuen Technologien zu einer starken Entwicklung der Informations- und Kommunikationsbereiche der Wirtschaft und zu einer Verbreiterung des Spektrums betrieblicher Strukturen und Arbeitsweisen, die nicht nur die technische Organisation betreffen, sondern Auswirkungen auf die Konzeption des Unternehmens und das Menschenbild der neuen Wirtschaftsgesellschaft haben.

Flexibilität ist eines der meist gebrauchten Vokabel der gegenwärtigen Diskussion über Arbeit und Wirtschaft. Der Begriff ist daher sehr vieldeutig geworden, eindeutig ist nur seine

---

[48] Michael J. Piore/Charles F. Sabel, Das Ende der Massenproduktion. Studie über die Requalifizierung der Arbeit und die Rückkehr der Ökonomie in die Gesellschaft, Berlin 1985 (urspr. am. „The Second Industrial Divide", 1984)

[49] Siehe: Charles F. Sabel, Arbeit und Politik, Wien 1986

Identifikation als „modern" und die implizite Negativbewertung anderer Formen als nichtflexibel, als „bürokratisch" und unbeweglich, ergo ineffizient.

V Flexible Unternehmen und das Management der Arbeit

Flexibilisierung ist in erster Linie eine Management-Strategie der Anpassung an sich ändernde Marktbedingungen und Technologien. Dafür wurde etwa vom britischen Institute of Manpower Studies das Modell der „flexible firm" entwickelt, dessen zentrales Anliegen die „pay flexibility" durch die Ersetzung von Arbeitsverträgen durch Geschäftsverträge (Zulieferverträge, Leiharbeitsverträge, Werkverträge etc.) ist. Als Vorbild für den flexiblen Betrieb gelten die japanischen Unternehmen, die jedoch von grundlegend anderen Voraussetzungen vor allem soziokultureller Art geprägt sind.

1 Flexible Personalstruktur: Modell Japan?

Das Personalmanagement und die Organisation japanischer Betriebe sind – wie auch das der westlichen Länder – durch eine Mischung aus Elementen, die ihre Wurzeln in Kultur und geschichtlicher Entwicklung der japanischen Gesellschaft und Wirtschaft haben, und rationalen Anpassungsstrategien zustande gekommen. Daher haben sowohl kulturspezifische wie universelle Rationalisierungserklärungen ihre Berechtigung, aber jede für sich ist zu wenig. In der Epoche des Wirtschaftsaufbaus und der protektionistischen Expansion waren Erklärungen erfolgreich, die auf die „Japanese uniqueness" verwiesen; in der Gegenwart stehen im Zuge der Notwendigkeit, sich Seite an Seite und gegen westliche Unternehmen in globalen Märkten zu behaupten, rational-ökonomische Erklärungen sowohl unter westlichen Beobachtern als auch bei japanischen Experten höher im Kurs, und „kulturelle" Theorien werden zurückgedrängt. Dennoch kommen wir um die Tatsache nicht herum, dass die jeweilige Praxis Neues zwangsläufig auf älteren Strukturen errichten muss, selbst in Zeiten des grundlegenden und auch zielstrebig verfolgten ständigen Wandels.

Obwohl dem japanischen „System" des Personalmanagements immer wieder, seitdem es als solches überhaupt definiert worden war, das baldige Ende prophezeit wurde, sind die wesentlichen Pfeiler desselben nach wie vor intakt. Gerade in den 90er Jahren wurde es im Westen Mode, das „Modell Japan" oder Elemente desselben in Managementrezepturen aufzumischen. Es ist jedoch Vorsicht geboten im Hinblick auf dessen Übertragbarkeit.

Das soziale System japanischer Großbetriebe: Kulturspezifische Argumente

Unternehmen sind Aspekte der sozialen Wirklichkeit unserer Gesellschaften und als solche in diese „eingebettet".[1] Die japanische Gesellschaft zeigt Züge einer außerordentlichen Aufgeschlossenheit gegenüber allem Neuen, insbesondere wenn es aus dem Westen kommt, und eine starke Begünstigung von „Neuheiten" um ihrer selbst willen. Gleichzeitig gibt es aber eine Beständigkeit in Verhaltensmustern und sozialen Formen als solchen, die keineswegs durch eine besondere und weit verbreitete Betonung „kultureller" Werte wie der eigenen Religion und Kunst unterstützt wird, sondern sich als soziale Regeln und Praktiken, die tief im Alltagsleben und -handeln, der „Praxis der Lebensführung" und des sozialen Verkehrs, verankert sind, darstellen. Sie lassen sich nur teilweise mit den „konfuzianischen", noch weniger mit den buddhistischen Traditionen des ostasiatischen Kulturkreises, modifiziert durch spezifische japanische Merkmale, die die Regeln einer bäuerlich-staatlichen Clangesellschaft bis in die moderne Zeit tradiert haben, erklären.[2]

Die japanische Gesellschaft wurde als „Tate no Shakai", als eine vertikale Gesellschaft, bezeichnet, deren Struktur durch die Beziehungen zwischen rangungleichen Personen bestimmt wird.[3] Wenngleich derartige Verallgemeinerungen immer problematisch sind, so bietet diese Theorie doch eine gute Ausgangsannahme für die Herausarbeitung von Differenzkriterien im Vergleich von „Kulturen". An die Stelle von Leistungskriterien treten askriptive Variablen, wie Alter und Dauer der Mitgliedschaft. Diese bestimmen den Status in der Gruppe. Insbesondere ist die Dauer der Gruppenzugehörigkeit ein allgemeines Rangordnungskriterium der zwischenmenschlichen Beziehungen in der vertikalen Gesellschaft. Die japanische Gesellschaft zerfällt daher in eine Unzahl von individuellen „Senpai-Kohai"- (Senior-Junior)-Beziehungen. Entwickelt sich zwischen den beiden rangungleichen Personen eine enge gefühlsbetonte Beziehung, die im Schutz des Rangniederen durch den Ranghöheren und dessen Loyalität diesem gegenüber („Shuju-no-jogi") Ausdruck findet, so entsteht eine so genannte „Oyabun-Kobun"-(Vater-Kind-Rollen-) Beziehung. Informelle Beziehungen im japanischen Betrieb sind geprägt durch die emotionalen Aspekte der vertikalen Beziehungen. Natürlich gibt es auch affektive horizontale Beziehungen, aber die vertikalen Beziehungen haben Priorität.

Die formelle Organisation des Betriebes und die informelle Organisation, die sich auf leistungs- und funktionsunabhängige Kriterien askriptiver Art stützt, sind beide vertikal strukturiert, weshalb im japanischen Betrieb nicht die für den „westlichen" Betrieb typische Spannung zwischen formeller vertikaler Hierarchie und informellen horizontalen Gruppie-

---

[1] Ich verwende den Begriff der „Einbettung" hier im Sinne von Mark Granovetter, Economic Action and Social Structure: The Problem of Embeddedness, in: American Journal of Sociology 91/1985, S. 481-510

[2] Ronald Dore, Taking Japan Seriously, A Confucian Perspective on Leading Economic Issues, Stanford, Cal., 1987

[3] Etwa bei: Chie Nakane, Japanese Society, Berkeley-Los Angeles 1970

1 Flexible Personalstruktur: Modell Japan?

rungen entsteht. Vielmehr kommt es zu einer Vermischung und Interdependenz von formeller und informeller Organisation. Die Rangungleichheit, die in der formellen Organisation durch die Aufstiegsordnung begründet wird, bestimmt auch die informelle Organisation, weil die „Senpai-Kohai"- oder „Oyabun-Kobun"- Beziehung nicht zwischen Ranggleichen bestehen kann. Die Senioritätsordnung ist also der Punkt, der formelle und informelle Organisation verbindet. Innerhalb der Arbeitsgruppe übernimmt der „Senpai", der Arbeiter mit der längeren Betriebszugehörigkeit, informell die Führung, ohne dazu einer formellen Position zu bedürfen. Diese Tatsache ist aber in der faktischen Betriebsorganisation von vornherein mitberücksichtigt.

In einem Vergleich zwischen britischen und japanischen Betrieben hat Ronald Dore die wesentlichsten Unterschiede auf „shopfloor"-Ebene herausgearbeitet.[4] Insbesondere hat er auf die Differenzen in Bezug auf Autorität, Funktion und Status hingewiesen. In den japanischen Betrieben war die Dichte der Kontrolle viel höher als in Großbritannien, d. h. weniger Arbeiter entfielen auf einen Meister und dieser war jeweils der einheitliche Bezugspunkt für seine Arbeiter. Es gab keine Divergenz der Führungsrollen zwischen formalen Vorgesetzten und informellen Führern – wie es in Großbritannien in der Regel die „shop stewards" sind. Die Beziehungen zwischen Meistern und Arbeitern waren persönliche Beziehungen, nicht die einer Gruppe von Arbeitern gegenüber dem Vorgesetzten. Auch wurde in den japanischen Betrieben mehr Gewicht auf das Arbeitsteam als einer kollektiv verantwortlichen Gruppe gelegt, in der der Meister als Mitglied integriert ist und nicht nur den Vorgesetzten darstellt. Häufig ist der Meister auch gleichzeitig der gewerkschaftliche Vertrauensmann. Er spielt aus all diesen Gründen eine ganz andere Rolle als in Großbritannien; so ist es im Allgemeinen seine Aufgabe, mit dem Management über Arbeitsvorgaben zu verhandeln. Auf der anderen Seite kann nicht bezweifelt werden, dass der Meister die Perspektive des Betriebes stärker übernimmt als dies die Arbeiter tun.

Dore wies darauf hin, dass der Vergleich zwei unterschiedliche Typen von Statushierarchien zum Ausdruck bringt: ein Klassensystem in Großbritannien und ein System feinster Abstufungen von funktionaler Autorität und Karriereschritten in Japan. Funktionale und positionale Differenzen werden in Japan betont, wobei diese Distinktionsmerkmale den Rangabzeichen in militärischen Organisationen ähneln. Andererseits sind klasseninduzierte Statusdifferenzen kaum vorhanden; d. h. es gibt kaum Statussymbole und Privilegien für Manager. Sie essen in derselben Kantine wie die Arbeiter, sitzen im Großraumbüro etc. Ganz allgemein sind die sozialen Unterschiede zwischen den einzelnen Ebenen der organisatorischen Hierarchie in Japan wesentlich geringer, dafür werden die innerbetrieblichen Abstufungen stärker betont, die aber als Ausweis des größeren Leistungsbeitrags bzw. Verdienstes um den Gemeinschaftserfolg des Unternehmens verstanden werden.

Die Verbindung von formeller und informeller vertikaler Organisation ist eine günstige Bedingung für die Entwicklung von Cliquen. Diese sind ebenfalls vertikal strukturiert und fol-

---

[4] Ronald Dore, British Factory – Japanese Factory, London 1973

gen dem Organisationsschema des Betriebes. Die Kommunikation zwischen den Mitgliedern der Clique („Habatsu") läuft über den Ranghöchsten, der gleichzeitig Zentrum und Einigungspunkt für die Mitglieder der Clique ist. Die Cliquen sind fast unvermeidlich, weil die verbreitete Übung von „Enko" (Protektion) sie begünstigt. Wenn durch Vermittlung eines Betriebsangehörigen ein junger Arbeitnehmer aufgenommen wird, besteht von diesem Zeitpunkt an eine besondere Bindung zwischen dem „Paten" und dem Schützling. In Großbetrieben spielt „Enko" zwar bei der Aufnahme von Arbeitskräften keine so große Rolle mehr, aber gerade die immer unübersichtlicher und anonymer werdende Großorganisation ist ein guter Nährboden für die Entstehung von Cliquen. Als cliquenbegründende Kriterien wirken dabei besonders ein gemeinsamer Geburtsort und der Besuch der gleichen Schule. Die Zugehörigkeit zu einer bestimmten Clique kann auch durch affektive Beziehungen zu einem ranghöheren Mitglied begründet sein. Die Cliquen werden häufig als das größte Problem der japanischen Betriebsorganisation bezeichnet, weil Spannungen und Konflikte zwischen den Cliquen die Leistung beeinflussen.

Prinzipien des Personalmanagements in Großbetrieben

Unternehmensführung bedeutet im japanischen Kontext in erster Linie Personalführung. Das ist eine der Grundlagen des „Keiei Kazoku Shugi", des „Unternehmensfamilienprinzips" (eigentlich: „Management-Familien-Prinzip"), das die spezifisch japanische Form der Unternehmensführung bezeichnet. Die Folge der starken Betonung des Personalmanagements ist, dass dieses zu einer Aufgabe der Unternehmungsspitze wird und die Personalreferate in den Unternehmen nur Stabsfunktionen des Top-Managements ausführen. Die Manager der japanischen Betriebe sind in ihrem Unternehmen aufgestiegen; interne Rekrutierung ist in Großbetrieben noch immer hoch. Die Folge davon ist, dass sich selbst die Direktoren als „Älteste" ihrer Betriebsgemeinschaft sehen und ihre Verantwortung den Kapitaleignern gegenüber nur wenig betonen, eine Tatsache, die die japanischen Unternehmen in Zeiten der Ausbreitung neoliberaler „shareholder value"-Prinzipien in Schwierigkeiten bringen musste.

Ein zweites Merkmal des „Keikei Kazoku Shugi" ist die Bewahrung der Harmonie der Gruppe. Wenn autoritäre Führung die Harmonie gefährdet, muss sie durch Maßnahmen, die dem „Hito no Wa" (Harmonie zwischen den Menschen) förderlich sind, ergänzt werden. In Großbetrieben, wo funktionale Elemente gegenüber persönlichen Elementen der Unternehmensführung stärker ausgeprägt sind als in Klein- und Mittelbetrieben, werden dafür Prinzipien wie Verantwortungsstreuung, Konsensentscheidung, Koordination und Autoritätsabgrenzung, Aufstiegsregelungen, Aufstiegssurrogate und ähnliche definiert.

Die Verantwortung für die Aufgabenerfüllung ist in japanischen Betrieben nicht mit einer spezifischen Position verbunden, sondern wird der Gruppe zugeschrieben. Die im Westen schon in den 70er Jahren als japanische Institution popularisierten Qualitätszirkel[5], in denen die Produktion ständig durch die Arbeiter selbst kontrolliert und verbessert wird, sind in

---

[5] Siehe z. B.: Peter Engel, Japanische Organisationsprinzipien, Zürich 1981

japanischen Betrieben nur ein Beispiel eines umfassenden Kommunikationsklimas. Mitunter hat man bei der Einrichtung derartiger Teams aber auch Ideen aus dem Westen genutzt[6], die hier in die betrieblichen Gegebenheiten besser passten als im Westen, wo zwar die Ideen da waren, aber die Nutzung als unnötiger Aufwand erschien. In Japan hingegen verbinden sich die gruppenzentrierten Strategien mit dem Charakter der sozialen Beziehungen, die mehr auf die Eigengruppe hin orientiert sind.

Der Vorgesetzte in Japan ist Mitglied seiner Gruppe und hat als solcher nicht nur rein funktionale Aufgaben, sondern auch soziale Beziehungen und Verpflichtungen den „Junior"-Mitgliedern seiner Gruppe gegenüber, die sehr weit in den Privatbereich hineinreichen. Eine genaue funktionale Abgrenzung der Kompetenz- und Verantwortungsbereiche gibt es im japanischen Betrieb nicht oder nur auf dem Papier, denn alle Aufgaben sollen durch gemeinsame Anstrengungen erledigt werden. Die japanischen Manager sind nicht so sehr daran interessiert festzulegen, wer ein bestimmtes Problem behandelt und wer dafür verantwortlich ist, sondern vielmehr daran, dass die einzelnen Personen in der Organisation harmonisch zusammenarbeiten, um die Ziele der Kollektivität zu verwirklichen. Der japanische Betrieb gründet nicht in der individuellen Leistung, sondern in der Gruppenleistung der ganzen Belegschaft. Die Aufrechterhaltung harmonischer Arbeitsbeziehungen im Betrieb ist daher eine der wichtigsten Aufgaben japanischer Manager, was große Anforderungen an Kenntnisse und Fähigkeiten der Manager in Bezug auf Menschenführung stellt.

Das System des japanischen Personalmanagements ist auf den Typus des „regulär permanenten" Arbeitnehmers abgestellt. Dabei handelt es sich nicht einfach um einen Arbeitnehmer, der schon lange Zeit in demselben Unternehmen tätig ist, sondern um eine von vornherein festgelegte Kategorie von Arbeitnehmern mit einem besonderen Anstellungsstatus. Diese Kategorie umfasst alle Beschäftigungsgruppen im Betrieb, sowohl jene Arbeitnehmer, die in Büro, Labor und Verkauf („Shokuin") beschäftigt sind, als auch die in Produktion und Instandhaltung („Koin") tätigen. Die rechtliche Unterscheidung zwischen Arbeitern und Angestellten gibt es in Japan nicht. Die Bezeichnung „regulär-permanent" bezieht sich auf die reguläre Einstellung und die permanente Anstellung.

Die regulär-permanenten Arbeitnehmer sind das „Humankapital" des Unternehmens, das bei allen technologischen oder organisatorischen Veränderungen im Laufe der Entwicklung des Unternehmens der feste Kern der Arbeitnehmerschaft ist, auf den sich das System von Personalmanagement und industriellen Arbeitsbeziehungen in Japan bezieht. Es ist durch drei Faktoren bestimmt: die Gewerkschaft im Unternehmen („Kigyonai kumiai")[7], das Senioritäts- Lohn- und Aufstiegssystem („Nenko joretsu chingin") und die Anstellung auf Lebenszeit („Shushin-koyo").

---

[6] Kazutoshi Koshiro, Produktionstechniken und Arbeitsorganisation in japanischen Betrieben, in: Willi Kraus (Hg.), Humanisierung der Arbeitswelt, Tübingen-Basel 1979, S. 126-162

[7] Siehe dazu insbesondere: Gertraude Horke, Arbeiter unter der roten Sonne, Wien 1976

Die Einstellung der regulär-permanenten Arbeitnehmer erfolgt en bloc einmal im Jahr am Ende des Schuljahres. Kriterien der Selektion bei der Personalaufnahme sind Ansehen und Status der Schule, von der der Kandidat kommt, und charakterliche Eigenschaften, die auf eine gute Anpassungsfähigkeit hinweisen. Daneben spielen noch andere persönliche Fähigkeiten eine Rolle, wobei aber der fachlichen Qualifikation eine untergeordnete Bedeutung zukommt.

Das Dienstverhältnis wird bei Eintritt des neuen Arbeitnehmers in das Unternehmen nicht durch Vertrag festgelegt, es erfolgt von Seiten des Arbeitgebers lediglich eine Verständigung, dass die Einstellung beschlossen wurde, und von Seiten des Arbeitnehmers eine eidesstattliche Erklärung, die ihn zu Treue und Eifer in Ausübung seines Dienstes verpflichtet, sowie die Angabe von Bürgen. Der Arbeitnehmer ist nun „Shain", Mitglied des Unternehmens, und gehört damit zu einer exklusiven Gruppe, deren Einfluss in viele Lebensbereiche des Mitgliedes eindringt, sein Leben bestimmt und prägt. Das japanische Unternehmen hat in Bezug auf die Kernarbeitnehmer daher gewissermaßen Züge eines Vereins mit exklusiver Mitgliedschaft, allerdings auch mit hohen Ansprüchen hinsichtlich Loyalität und Einsatzbereitschaft seiner Mitglieder. Der Austritt aus dieser Gruppe hat zahlreiche negative Folgen. Beim Übertritt in ein anderes Unternehmen wird der Arbeitnehmer für eine bestimmte Zeit schlechter gestellt als die anderen „Shain" des neuen Unternehmens, die dasselbe Alter und dieselbe Schulbildung aufweisen. Er ist ein „Chutosaiyosha", ein in der Mitte seiner Laufbahn eingestellter Arbeitnehmer, der damit ein gewisses Stigma hat.

Im Großbetrieb wird dem Arbeitnehmer nicht nur der Arbeitsplatz, sondern auch der Beruf zugewiesen. Spezifische berufliche Kenntnisse werden von den Betrieben nicht vorausgesetzt, die Berufsausbildung erfolgt im Unternehmen. Den Betrieben kam vor dem Zweiten Weltkrieg die Aufgabe der Anlernung und Ausbildung von Arbeitern in den modernen Techniken zu, und auch heute spielt die formelle und informelle Berufsausbildung im Betrieb eine große Rolle. Das qualitative Niveau der betrieblichen Ausbildungsstätten liegt in der Regel weit über dem der öffentlichen Berufsschulen, die nach dem Zweiten Weltkrieg gegründet wurden, deren Bedeutung aber mehr in der Umschulung für Arbeitslose als in der Berufsvorbereitung liegt. Die betriebliche Berufsausbildung der „Koin" in den Großbetrieben vermittelt die spezifischen technologischen Grundlagen des Betriebes, der junge Arbeiter wird nicht nur auf eine ganz bestimmte Tätigkeit vorbereitet, sondern in einem weiteren Fachbereich geschult. In der Arbeitsgruppe wird er dann permanent weiter ausgebildet, so dass er in seinen Fertigkeiten flexibel bleibt und sich den Bedürfnissen des Betriebes anzupassen vermag.

Der japanische „Shokuin" wird noch weniger als sein Kollege in der Produktion zu einem Spezialisten, denn jeder (männliche) „Shokuin" wird als „Managerlehrling" verstanden und möglichst vielseitig ausgebildet, damit er mit allen Aufgaben und Problemen des Unternehmens vertraut wird. Er erhält eine systematische Ausbildung, die ihn nach und nach durch alle Abteilungen des Unternehmens führt. Seine Ausbildung ist permanent und unternehmensspezifisch, was seine zwischenbetriebliche Mobilität stark einschränkt. Die Schulung, die der Arbeitnehmer im Betrieb erhält, beschränkt sich jedoch nicht auf die Berufsausbildung und -weiterbildung, das japanische Unternehmen kann auch als allgemeine Erziehungsanstalt angesprochen werden. Den Unternehmensangehörigen wird eine bestimm-

1 Flexible Personalstruktur: Modell Japan?

te Einstellung und existentielle Grundhaltung vermittelt, die die Mitglieder des Unternehmens über den materiell bedingten Zusammenhalt hinaus zu einer Art Lebens- und Kulturgemeinschaft mit einem eigenen „Shafu" (Klima) macht. Das Generationsgefälle, das sich weitgehend mit der betrieblichen Hierarchie deckt, fördert den Charakter des japanischen Betriebes als einer Erziehungsanstalt.

Der japanische Arbeitnehmer (im Großbetrieb) steigt nach Maßgabe der Dauer seiner Betriebszugehörigkeit im Aufzugsprinzip auf. In Großbetrieben gibt es das so genannte „Shikaku seido". Das ist ein System, bei dem Arbeitnehmer sich durch Ablegung von Prüfungen in regelmäßigen Abständen für höhere Positionsränge qualifizieren können. Das heißt jedoch nicht, dass diese Personen bei Bestehen der Prüfungen tatsächlich im Rang aufsteigen, sie kommen meistens nur in die nächsthöhere Lohnklasse und erhalten unter Umständen als Aufstiegssurrogat einen Titel oder eine Bescheinigung ihrer Qualifikationen.

Neben den Versetzungen, die Teil des Ausbildungs- und Beförderungssystems im Sinne einer „job-rotation" sind, ist die betriebliche Mobilität der Arbeitnehmer noch durch die Praxis des „Haichi tenkan" bestimmt. Das sind jene Versetzungen und Transfers (Überstellungen), die aufgrund innerbetrieblicher Rationalisierungsmaßnahmen und organisatorischer Erfordernisse vorgenommen werden. Der Transfer kann innerhalb eines Unternehmens stattfinden, es kann aber auch ein Transfer zwischen Unternehmen erfolgen, die in kapital-, produktions- oder absatzbedingten Beziehungen zueinander stehen. Personaltransferierung zwischen Unternehmen erfolgt vor allem in den höheren Managementrängen; Personen, die im Mutterunternehmen nicht weiter aufsteigen können, werden in ein Tochterunternehmen versetzt. Durch die Praxis der Versetzungen und Transfers wird auch der pyramidale Aufbau der Organisation erhalten, ohne den inneren Frieden durch konkurrenzierende Aufstiegsbestrebungen des Personals zu gefährden.

Die hohe innerbetriebliche Mobilität wirkt aber auch im Sinne eines Mechanismus der Anpassung an wirtschaftliche Schwankungen. So werden im Falle von Beschäftigungsschwierigkeiten des Unternehmens Arbeitskräfte aus Abteilungen, die unterbeschäftigt sind, abgezogen und anderweitig eingesetzt (zum Beispiel Techniker als Serviceleute im Außendienst). Mitunter kommt es auch zu „lay-offs", das heißt zu vorübergehende Freisetzung von Arbeitskräften aus wirtschaftlichen Gründen. Beim „lay off" behalten die Arbeitnehmer grundsätzlich das Recht, wieder eingestellt zu werden. Im Allgemeinen verfolgen die Unternehmen damit den Zweck, sich trotz Beschäftigungsrückgangs eine Personalreserve zu sichern, auf die sie nach Überwindung ihrer wirtschaftlichen Schwierigkeiten wieder zurückgreifen können. Häufig wurde der zeitweilige „lay off" jedoch stillschweigend zu einer verdeckten dauernden Freisetzung („japanese type lay-off"). Für die Dauer des „lay off" werden die Arbeitnehmer in anderen Unternehmen beschäftigt, mit denen das Unternehmen Beziehungen unterhält, was sich schließlich in einen dauernden Transfer verwandeln kann. In manchen Fällen wird der „lay off" im Kollektivvertrag geregelt und für die Dauer desselben eine reduzierte Lohnfortzahlung vereinbart.

Das Lebenseinkommen setzt sich bei den regulär-permanenten Arbeitnehmern aus drei Komponenten zusammen: dem monatlich zur Auszahlung gelangenden Lohn, dem „Bonus" (das sind zweimal jährlich erfolgende Zahlungen) und dem „Taishokukin", der Abfertigung bei Beendigung des Dienstverhältnisses. Der Grundlohn („Honkyu"), der für alle Arbeitnehmer nach gleichen Kriterien ermittelt wird, stellt nur einen Teil des monatlichen Einkommens des japanischen Arbeitnehmers dar. Diverse Zulagen und Beihilfen machen einen relativ großen Teil des Einkommens aus. Neben dem Grundlohn, der leistungsunabhängig ist, kann noch ein Leistungslohn gezahlt werden, der aber im Vergleich zum Anteil des leistungsabhängigen Entgelts am Gesamtlohn der Arbeiter in den westlichen Industrieländern gering ist. Leitende Tätigkeit wird durch Positionszulagen abgegolten. Daneben gibt es Zulagen für besondere Arbeitsbedingungen oder Fertigkeiten, Pendlerzulagen, „Anwesenheitszulage" als Anreiz zur Vermeidung von Fehlzeiten, sowie Beihilfen zu Lebenshaltungskosten: Familienbeihilfe, eventuell Wohnungsbeihilfe, regionale Beihilfe (zur Ausgleichung von Lebenskostenunterschieden), Beihilfe für Steuerzahlung, Beihilfe für Lebenshaltung.

Die zumindest in den Großbetrieben vorherrschenden Kriterien der Lohnfindung sind Dienstalter und Ausbildungsniveau. Der reine „Nenko"-Lohn, der auf Seniorität beruht, findet sich jedoch nur noch selten, da die meisten Betriebe das durch ein „merit-rating" abgewandelte „Nenko"-System, „Shokunokyo" genannt, verwenden. Es besteht aus einer Kombination von Senioritätskriterien und Einstufung auf Grund von Arbeitnehmerbeurteilung. „Shokunokyu" bedeutet nicht Lohn nach Maßgabe der Leistung, sondern aufgrund subjektiver Beurteilung der Arbeitnehmer. Ein „Shokumukyu", bei dem verschiedene Lohnsätze für die unterschiedlichen Funktionen festgelegt werden, ist unter den Bedingungen der Lebenszeitanstellung und der unternehmensinternen Gewerkschaft kaum sinnvoll. Ausländische Betriebe, die anfangs den „job-rate wage" eingeführt hatten, mussten bald zu einem mehr oder weniger modifizierten Senioritätslohnsystem übergehen, weil Arbeitnehmer und Gewerkschaften den „Shokumukuyu" ablehnten.

Der Anfangslohn wird auch beim „Nenko"-Lohn weitgehend durch die Arbeitsmarktlage bestimmt, ist aber für alle Arbeitnehmer desselben Ausbildungsniveaus gleich. Nach dem Ausbildungsniveau wird der junge Arbeitnehmer in eine Lohnklasse eingestuft, die Lohnentwicklung erfolgt dann nach der Dauer der Betriebszugehörigkeit, so dass der Lohn im Laufe des aktiven Lebens des regulär-permanenten Arbeitnehmers ständig ansteigt. Das japanische Lohnsystem hat auch sozialpolitische Aspekte, denn die effektive Lebenslohnkurve der Arbeitnehmer passt sich der angenommenen Lebensaufwandskurve an, so dass dieses Lohnsystem auch ein Bedürfnislohnsystem („Seikatsukyu", Lebenshaltungslohn) ist. Das zeigt sich auch beim saisonal ausgezahlten Bonus und der Abfertigung.

Der Bonus wurde anfänglich als freiwillige Leistung des Arbeitgebers, als eine Art Belohnung oder Anerkennung für Leistung und Treue der Arbeitnehmer gewährt und sollte die Moral der Arbeitnehmer stärken.[8] Von den Arbeitnehmern wurde der Bonus jedoch mehr

---

[8] Der Bonus leitet sich von traditionellen Zahlungen des Arbeitgebers an die Arbeitnehmer aus Anlass des buddhistischen Allerseelenfestes im Sommer („Obon") und des Neujahrsfestes („Oshogatsu") ab. Die erste derartige Zahlung in einem Großunternehmen erfolgte 1876/1877 an das Managementpersonal allein. Später erhielten auch die übrigen Angestellten Sonderremunerationen, während die Arbeiter bis zum Zweiten Weltkrieg nur ein so genanntes „Mochidai" erhielten, eine Art Trinkgeld zum Kauf von Reiskuchen, der traditionellerweise zu

1 Flexible Personalstruktur: Modell Japan? 177

und mehr als regelmäßige Einnahme angesehen, auf die sie angewiesen waren, wollten sie bei dem sonst niedrigen Lohnniveau der Nachkriegszeit größere Anschaffungen wie Kleidung oder Möbel machen. Die Gewerkschaften gingen daher dazu über, den Bonus als Lohnbestandteil anzusehen und einzufordern. Die Gewerkschaften sprechen daher auch nicht von Bonus, sondern von „Ichijikin" („Aufeinmal-Zahlung", Pauschalzahlung). Die Arbeitgeber hingegen bestehen auf der Freiwilligkeit der Bonuszahlung, weil dieser vom Geschäftserfolg abhänge.

Das „Taishokukin" wird sowohl an „Shokuin" als auch an „Koin" bei Austritt aus dem Dienstverhältnis gezahlt. Basis der Ermittlung der Zahlung ist der Grundlohn vor dem Ausscheiden. Das „Taishokukin" ist gestaffelt nach der Dauer der Betriebszugehörigkeit, Unterschiede im Betrag und in der Anstiegsrate bestehen je nach dem Grund des Ausscheidens. Die höchsten Sätze kommen zur Anwendung, wenn der Arbeitnehmer wegen Erreichung der Altersgrenze ausscheidet, der Satz ist geringer bei Arbeitgeberkündigung und am niedrigsten bei Arbeitnehmerkündigung. Wie der Bonus hat auch das Taishokukin keinerlei gesetzliche Absicherung, sondern stellt eine Konvention dar. Bonus und Abfertigung, „lebenslange" Beschäftigung, „Nenko"-Lohn und -Aufstieg sowie der Schutz durch die Unternehmensgewerkschaft kommen nur den permanent-regulären Arbeitnehmern der Großbetriebe zugute.

Das Prinzip der Lebenszeitanstellung beruht auf einer sozialen Konvention ohne formalrechtliche Basis: auf dem Grundsatz der gegenseitigen persönlichen Verpflichtung von Arbeitgeber und Arbeitnehmer, einem Grundsatz, der seinen Ursprung in der traditionellen Ethik des Feudalsystems hat und in der Zwischenkriegszeit, im besonderen aber nach dem Zweiten Weltkrieg, auf das Verhältnis der Arbeitsmarktparteien in der industriellen Gesellschaft übertragen worden ist. Die Verpflichtung zur Loyalität dem Arbeitgeber gegenüber lässt das langfristige Verbleiben in einem Unternehmen als Wert an sich erscheinen. Wie im Westen die hohe Bewertung individueller Leistung, so wurden auch in Japan traditionelle ethische Grundlagen im Dienste ökonomischer Rationalität instrumentalisiert, so dass sie beides zugleich repräsentieren: kulturelle Spezifizität und rationale Strategie.

Durch die Lebenszeitanstellung und die unternehmensinterne Qualifikationsentwicklung der Mitglieder des Unternehmens und durch die Betonung von Konsens, Harmonie und Partizipation bei gleichzeitig relativ geringen sozialen und einkommensmäßigen Distanzen zwischen Management und Arbeitnehmern wird eine hohe Motivation und Betriebsbindung erreicht. Das Unternehmen und sein Wachstum sind eng mit Existenzbedingungen und Lebenslauf der Mitarbeiter verbunden. Die ständige Verbesserung des Betriebsergebnisses ist daher durchaus im Interesse aller Mitglieder der Organisation und ein Anliegen jedes einzelnen. Vorschlagswesen und ständige Werkstatt- und Abteilungsgespräche sind wichtige Aspekte japanischer Betriebe und werden in großem Umfang wahrgenommen.

Neujahr gegessen wird. Erst nach dem Zweiten Weltkrieg wurde es üblich, den Bonus an alle Arbeitnehmer zu zahlen.

In der Wirtschaftskrise wurden immer wieder Meinungen geäußert, dass Japan nun von seinen typischen Personalführungsmerkmalen abgehen und funktional-horizontale Prinzipien einführen müsse. Insbesondere das „overstaffing" in vielen japanischen Unternehmen wurde kritisiert und die Notwendigkeit des Abgehens von der Lebenszeitanstellung gefordert. Doch der japanische Großbetrieb war immer schon sehr flexibel in Bezug auf das Abfedern von Beschäftigungskrisen, weil er eigentlich nur bedingt als ein „geschlossenes" Gebilde anzusehen ist, sondern vielmehr als Kern eines Kosmos von verschiedenen Beschäftigungslinien, die als Puffer fungierten.

Kern und Peripherie: Die Personalstruktur japanischer Betriebe

Das System der Lebenszeitanstellung hat daher eine durchaus ökonomisch-rationale Begründung in Hinblick auf die Anpassung an Beschäftigungsschwankungen, allerdings müssen einige Voraussetzungen gegeben sein, damit das System wirtschaftlich ist. Um die ökonomische Rationalität des Systems der Lebenszeitanstellung und die Flexibilität des Betriebes zu gewährleisten, sind damit gleichzeitig verbunden:

- Die Differenzierung unterschiedlicher Arbeitnehmerkategorien nach dem Anstellungsstatus,
- die Einführung einer relativ frühen Altersgrenze („Teinen seido"),
- die Ausgliederung eines Teils der Produktion oder damit verbundener Funktionen und die Vergabe von Aufträgen an Zulieferbetriebe („Shita uke").

Die regulär-permanenten Arbeitnehmer stellen den Kern der Personalstruktur in den Großunternehmen Japans dar. Sie sind typischerweise männlich, haben relativ hohe formale Bildung (Universitätsabschluss für „shokuin", „senior-highschool"-Abschluss für „koin" ist die Regel) und sind in Bezug auf Einkommenshöhe, Arbeitsplatzsicherheit und sozialen Status zweifellos privilegiert gegenüber dem Gros der Arbeitnehmer in den Klein- und Mittelbetrieben und den übrigen Arbeitnehmerkategorien in Großbetrieben.

Betrachtet man die gesamte Beschäftigtenstruktur japanischer Großunternehmen, dann erscheint diese wie ein differenziertes „employment portfolio"[9] mit den regulär beschäftigten Stammarbeitnehmern als Zentrum[10]:

---

[9] So charakterisierte Nikkeiren, der japanische Arbeitgeberverband, das Beschäftigungssystem und gab auch dem Terminus „diversity management" eine andere Bedeutung. Siehe: Japan Labor Bulletin October 2002, S. 14

[10] Siehe: Makoto Kumazawa/Jun Yamada, Jobs and Skills Under the Lifelong Nenko Employment Practice, in: Stephen Wood (ed.), The Transformation of Work? London 1989, S. 102-126

1 Flexible Personalstruktur: Modell Japan?

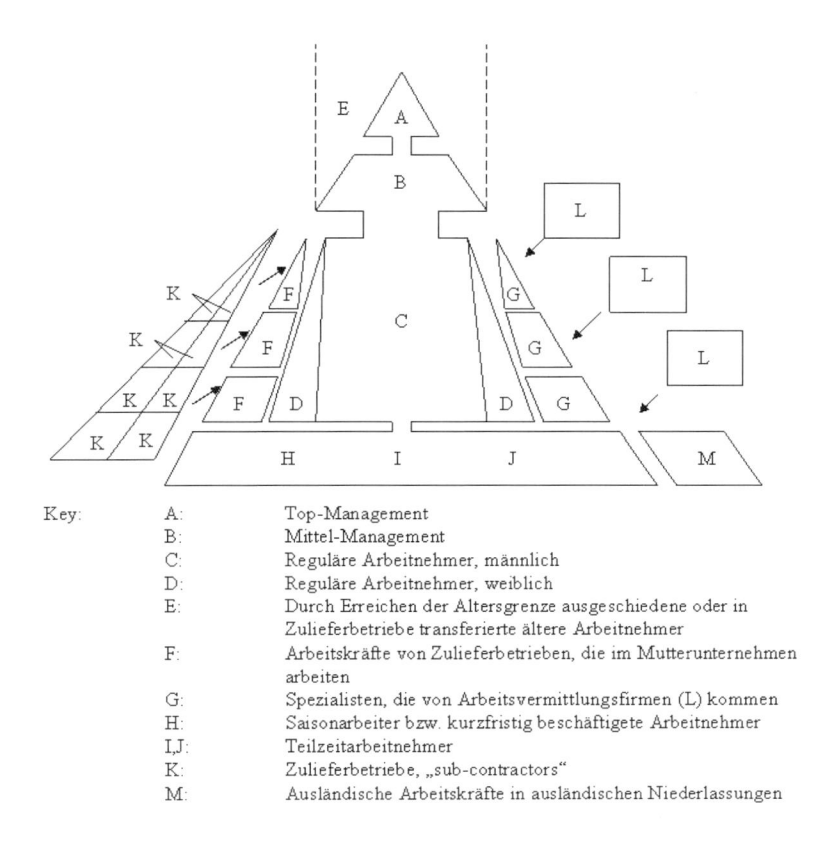

Key:
- A: Top-Management
- B: Mittel-Management
- C: Reguläre Arbeitnehmer, männlich
- D: Reguläre Arbeitnehmer, weiblich
- E: Durch Erreichen der Altersgrenze ausgeschiedene oder in Zulieferbetriebe transferierte ältere Arbeitnehmer
- F: Arbeitskräfte von Zulieferbetrieben, die im Mutterunternehmen arbeiten
- G: Spezialisten, die von Arbeitsvermittlungsfirmen (L) kommen
- H: Saisonarbeiter bzw. kurzfristig beschäftigte Arbeitnehmer
- I,J: Teilzeitarbeitnehmer
- K: Zulieferbetriebe, „sub-contractors"
- M: Ausländische Arbeitskräfte in ausländischen Niederlassungen

Neben den unbefristet angestellten regulär-permanenten Arbeitnehmern beschäftigen die Unternehmen auch Arbeitnehmer mit befristetem Dienstvertrag. Diese lassen sich in drei Gruppen einteilen:

- Arbeitnehmer mit Einjahresvertrag, der erneuert werden kann: Der Vertragsabschluss für die Dauer eines Jahres beruht auf den rechtlichen Bestimmungen des Arbeitsschutzgesetzes, wonach Arbeitsverträge nur für die Dauer eines Jahres abgeschlossen werden dürfen. Zu dieser Gruppe zählen viele ehemals regulär permanente Arbeitnehmer desselben Unternehmens, die nach Erreichen der Altersgrenze aus sozialen Gründen mit geändertem Anstellungsstatus weiterbeschäftigt werden, sowie für bestimmte Dienste verwendete Arbeitnehmer, wie Raumpflegerinnen und ähnliche;
- die „Rinji", deren Vertragsverhältnis kurzfristig ist und die vom Unternehmen eingestellt werden, um konjunkturelle und saisonale Beschäftigungsschwankungen auszugleichen. Im allgemeinen handelt es sich bei den „Rinji" nur um Arbeiter („Koin", daher „Rinjiko");
- Leiharbeiter („Shagaiko"), die kurzfristig im Arbeitsuntervertrag beschäftigt werden.

Die „Rinjiko" und die „Shagaiko" gehörten zu den unterprivilegierten Arbeitnehmergruppen, aber zunächst im Zuge der Arbeitskräfteverknappung der 60er Jahre stiegen die Löhne dieser Arbeitnehmer. Auf Grund des raschen Wandels der Technologie der letzten Zeit benötigen die Betriebe qualifizierte Kenntnisse, die nicht unter den regulären Beschäftigten vorhanden sind bzw. nicht so schnell entwickelt werden können. Für diesen Bedarf stellen die Unternehmen daher zunehmend externe Arbeitskräfte an, die hochqualifiziert und spezialisiert sind. Die irregulären Beschäftigten haben aber den Nachteil, dass sie von der Wirtschaftslage der Unternehmen abhängig sind, während die regulär-permanenten Arbeitnehmer weitgehend vor den Auswirkungen der Konjunkturentwicklung abgeschirmt sind. Die für die Wirtschaft bis zu einem gewissen Grad unerlässliche Arbeitsmobilität vollzog sich in der Zeit des hohen Wachstums innerhalb der Großbetriebe und zwischen den Unternehmen eines „Keiretsu", beziehungsweise zwischen Großbetrieb und Zulieferbetrieben.

- Indirekt mit dem Beschäftigungssystem des Großbetriebes verbinden sich auch die Zulieferbetriebe und deren Arbeitnehmer, von denen häufig eine gewisse Anzahl auch auf dem Gelände des Großbetriebes arbeitet.

Diese Struktur der Beschäftigten der Großunternehmen, die auch mit der dualen Struktur von Großbetrieben und Zulieferbetrieben verbunden ist, erlaubt den japanischen Unternehmen eine große Flexibilität bei der Anpassung an konjunkturelle Schwankungen; die „subcontract"-Firmen und die nicht-regulären Beschäftigten übernehmen die Funktion von Puffern. Sie fallen aus dem System des Personalmanagements und der Arbeitsbeziehungen heraus, ermöglichen aber andererseits dessen Erhaltung. Dies und die spezifische Eigenart des japanischen Personalmanagement in Bezug auf die regulären Arbeitnehmer, einer japanischen Form der partizipativen Systemgestaltung, wurden als zukunftsweisendes Modell für die Industriegesellschaft diskutiert[11], weil dadurch die Flexibilität der Produktion bei gleichzeitig hoher Motivation und Identifikation der Belegschaft ermöglicht wird.

Die Rezession der japanischen Wirtschaft hat den Druck auf bzw. die Diskussion über die Veränderung der Beschäftigungsstrukturen und der Prinzipien des Personalmanagements wieder verstärkt. Tatsächlich griffen die Unternehmen immer mehr auf befristet beschäftigte Arbeitnehmer, die sie aus dem Arbeitsmarkt rekrutieren, zurück, so dass die Statistiken einen relativen Rückgang der regulären Beschäftigten und einen beträchtlichen Anstieg der befristet Beschäftigten und der „Teilzeitarbeiter" (dabei handelt es sich in Japan allerdings in der Regel nicht um solche, die nur einen Teil der Vollarbeitszeit tatsächlich tätig sind, sondern um befristet Beschäftigte, die oft noch längere Arbeitszeiten als die regulär Beschäftigten haben), allerdings primär im Dienstleistungssektor, sowie auch eine für Japan hohe Arbeitslosenrate zwischen 5 und 6 % der Erwerbstätigen.[12] Auch die Zahl der Unternehmen insge-

---

[11] Vgl.: Friedrich Fürstenberg, Der sozialkulturelle Hintergrund betrieblicher Organisationsmuster die Übertragbarkeit des japanischen Modells der Gruppenorientierung, in: Paul Kellermann/Gertraude Mikl-Horke (Hg.), Betrieb, Wirtschaft und Gesellschaft, Klagenfurt 1994, S. 67-86

[12] Vgl. Japan Labor Review, diverse Ausgaben.

samt war rückläufig auf Grund zahlreicher Konkurse von Klein- und Mittelbetrieben. Viele der Gründungen konnten in der Statistik nicht berücksichtigt werden, weil sie innerhalb der Beobachtungsfrist entstanden und wieder geschlossen wurden. Einen Anstieg der Beschäftigung insgesamt konnten nur die Bereiche der Informationswirtschaft, der Meinungsforschung, der Versicherungsbranche und gewisser Gesundheitsberufe verzeichnen.

Im Zuge der Veränderungen wurden auch verstärkt Meinungen geäußert, dass die Arbeits- und Beschäftigungsbedingungen für befristet beschäftigte Arbeitnehmer an die der regulär Beschäftigten in Bezug auf Auszahlungszeitraum und Lohnhöhe angeglichen werden sollten. In vielen Fällen ist das Gehalt der regulär Beschäftigten zwei- bis dreimal so hoch wie das derjenigen, die die gleiche Arbeit bei ebenso langen Arbeitszeiten, aber auf irregulärer Basis verrichten. Das Arbeitsrecht in Japan, das dem westlicher Systeme nachempfunden ist, sieht eine solche Ungleichbehandlung nicht vor, sie ist aber nach wie vor gängige Praxis in japanischen Großunternehmen, die diese mit Unterschieden in den Anforderungen begründen. Obwohl daher das Gesetz gleichen Lohn für gleiche Leistung fordert, gibt es Auffassungen, wonach es nicht so sehr um Leistung oder Arbeit ginge, sondern um „Verpflichtungen und Verantwortung". Diese seien aber bei den regulär Beschäftigten auf Grund ihrer Bindung an das Unternehmen ungleich höher als bei den vom Markt für bestimmte Aufgaben und für beschränkte Zeit rekrutierten Arbeitnehmern. Regulär Beschäftigte sind insofern in Notsituationen des Unternehmens ungleich stärker gefordert, sie unterliegen einer systematischen Arbeitsplatzrotation und tragen generell höhere Verantwortung für das Unternehmen als Ganzes. Da auch Arbeitsrechtsexperten nicht einig sind, ob dies die Unterschiede rechtfertigt oder eine Diskriminierung darstellt, ist die Aussicht auf Erfolg im Klagsfall unsicher, zumal der Verfassungsgerichtshof das Prinzip der Freiheit der Personalrekrutierung für Arbeitgeber betont. Etwas besser sind die Chancen, wenn es sich um die Beschränkung des Zugangs zu regulären Beschäftigungspositionen für Frauen, ältere Arbeitnehmer oder Ausländer handelt. Der Großteil der sog. „Teilzeitarbeiter" ist weiblich, denn die Großunternehmen stellen zwar Frauen zunächst auch auf einer regulären Basis ein, diese haben aber keine den Männern vergleichbaren Karriereaussichten, sondern werden vielfach noch immer beim Erreichen einer „Altersgrenze" von 35 Jahren oder bei ihrer Verehelichung gekündigt. Allerdings sind auch die Chancen der regulär beschäftigten Männer nicht wirklich gleich, weil die Aufstiegschancen begrenzt sind und diverse Nebenleistungen sehr wohl an die „Leistung", mehr vielleicht noch an die bekundete Loyalität und die Teamfähigkeit, geknüpft werden. Zudem hat die rückläufige Wirtschaftsentwicklung dazu geführt, dass der Bereich der regulären Beschäftigung geschrumpft ist; die Arbeitgeber behalten nur die fähigsten und willigsten Arbeitenden auf einer regulären Basis.

Die Einschätzung hinsichtlich der Veränderungen des japanischen Personalsystems sind daher sehr unterschiedlich. Der bekannte Ökonom Koji Taira prophezeite schon 1999 eine Revolution in der Unternehmensführung und im Management:

> *„Major firms now openly advocate and increasingly practice a contractual diversification of their workforces. They retain only the best for lifetime employment. Many employees are terminated at various stages of their careers ... Specialized temps are used in increasing numbers. Compensation is tied increasingly to individual performance. Ultimately, work processes and job ranks are ‚reengineered' implying the fall*

of the Japanese icon of ringisei, a slow upward spiral of a strategic initiative originating at the ‚bottom' as a preferred decision-making process. All this further implies a more active, agile top management, which together with a newly found need for attention to the stockholder interest would spell a minor revolution in company governance and management style."[13]

Auch die Autoren einer jüngeren Beurteilung[14] der zukünftigen Strategien in Japan auf dem Arbeits- und Beschäftigungssektor betonen die Notwendigkeit von „diversity" im „employment management" der Firmen, meinen jedoch, dass das System als solches beibehalten werde, wobei sie allerdings die Bezeichnung „life-time employment" durch „long-term employment" ersetzen. Dieses soll sowohl durch leistungsabhängige „human resource policies" als auch durch eine stärkere Beachtung der „work-life balance" ergänzt werden, aber generell soll die „quality of employment" des japanischen Systems erhalten bleiben.

2 Das „Reengineering" der Arbeit im Zuge des technisch-ökonomischen Wandels

Die Rezession der japanischen Wirtschaft Ende des 20. Jahrhunderts ließ den Enthusiasmus für japanische Modelle im Westen zwar abklingen, aber inzwischen hatte der technisch-ökonomische Wandel hier selbst für Strukturen gesorgt, die denen der japanischen Großbetriebe rein äußerlich ähneln, ohne allerdings die kulturellen Grundlagen und damit die motivationalen Voraussetzungen zu haben.

Immer mehr wird es im Zuge der Restrukturierungsmaßnahmen sowie der wirtschaftlichen Konzentrations- und Dezentralisierungsstrategien offenkundig, dass die westlichen Unternehmen zu einer Differenzierung von Beschäftigtenkategorien übergehen, die ihnen ebenfalls eine bessere Anpassungsfähigkeit an Schwankungen der Auftragslage und Rezessionen ermöglichen. Allerdings ist dies in Europa und den USA nur eine der Maßnahmen der Flexibilisierung, die sehr stark auch auf der Anpassung der Arbeitszeit und auf Freisetzung und „outsourcing" als „downsizing"-Strategie beruhen.

In den 80er Jahren fanden Konzepte einer flexiblen Massenproduktion auch im Westen immer mehr Interesse. Dazu kam die zunehmende Globalisierung der Produktion, die dazu führte, dass japanische Unternehmungen Fabriken in anderen Ländern bauten und auch ihre Produktionssysteme installierten, so dass in zunehmendem Maße westliche Lieferanten,

---

[13] Koji Taira, Japan Faces the Twenty-First Century, in: William E. Halal/Kenneth B. Taylor, Twenty-First Century Economics. Perspectives of Socioeconomics for a Changing World, Basingstoke-London 1999, S. 275-300

[14] Koichi Fujii/A. Matsubuchi/T. Chiba, Employment Strategy for the Future, in: Japan Labor Review 3, Heft 4, 2006, S. 117-139

Kunden, Arbeiter und Konkurrenten mit diesen Prinzipien konfrontiert wurden. Japanische Automobilmontagewerke, die in den USA errichtet wurden, waren relativ erfolgreich darin, die neue Umgebung ihrem System und dessen Anforderungen anzupassen, d. h. das so genannte Toyota-System auch in den „transplants" einzurichten.[15]

Das Toyota-System

Bei Toyota begann man nach schwerer Krise in den 50er Jahren des 20. Jahrhunderts damit, die den Amerikanern abgeschaute Großserienfertigung von Automobilen zu verändern, weil der japanische Markt eine größere Produktdiversifikation benötigte.[16] So suchte man nach Wegen, dem vielfältigeren Bedarf ohne exorbitante Kostensteigerungen durch die Umrüstung der Maschinen zu entsprechen. Ein Weg dazu war die Reduktion des Lagerbestandes und der Lagerzeiten für die Teile, wobei sowohl der interne Flow derselben verbessert werden sollte, als auch die Zulieferer zu kurzfristigen Lieferzeiten gezwungen wurden. Dazu verwendete man Auftragskarten („Kanban"), die die benötigten Materialien und Teile für jeden Produktionsschritt festhielten, um sicherzustellen, dass jede interne und extern vorgelagerte Stufe des Produktionsprozesses genau jene Menge herstellte und lieferte, die für den nächsten Schritt benötigt wurde. Dieses im Westen „just-in-time" genannte System beruht auf einer sehr engen Beziehung zwischen den großen Produktionsfirmen und ihren Zulieferern, die nicht nur technische, sondern auch soziale Aspekte (vertikaler Transfer von Managementpersonal, Personalaustausch bzw. -überlassung etc.) umfasst. Jedes Großunternehmen schart eine ganze Zahl von Satelliten um sich, die meist nur für dieses eine Unternehmen arbeiten; wir haben hier von einem Unternehmen dominierte Gruppen, die sich auch auf dem Markt als solche in oft durchaus heftiger Konkurrenz gegenüberstehen.[17]

Ein anderer Aspekt betrifft den Einsatz der Arbeitskräfte in der Produktion. Diese werden grundsätzlich für die Bedienung mehrerer zunehmend hochflexibler und automatisierter Maschinen bzw. mehrerer Arbeitsschritte eingesetzt, was ihre vielseitige Anlernung voraussetzt. Darüber hinaus werden Teams gebildet, die vor und nach Arbeitsbeginn bzw. Fließbandstart, über Probleme und Verbesserungsmöglichkeiten laufend diskutieren. Jeder Arbeiter kann jederzeit das Band anhalten, wenn ein Problem auftaucht, das daher sofort vom Team gelöst wird, und nicht erst durch die Ausschusskontrolle beseitigt wird. Das Ziel ist dabei grundsätzlich auf „Null Fehler" gerichtet, auf Perfektion und Vollkommenheit („Kaizen").

---

[15] Siehe etwa: Richard Florida/Martin Kamey, Transplanted Organizations: The Transfer of Japanese Industrial Organization to the U. S., in: American Sociological Review 56/1991, S. 381-398

[16] Voraussetzung dafür ist ein repetitiver Produktionsplanungsvorgang, der erst kurz vor Anlaufen einer neuen Produktion gestoppt wird.

[17] James C. Abegglen/George Stalk jr., Kaisha. The Japanese Corporation, New York 1985, S. 67ff

Neben einer relativ hohen fachlichen Ausbildung der Arbeiter und Kenntnissen über den gesamten Produktionsprozess sind die Verantwortung des Teams und die starke Motivation seiner Mitglieder Voraussetzung für das Funktionieren dieses Produktionssystems. Sowohl die Ausrichtung der Fähigkeiten und Fertigkeiten auf vielfältige, aber betriebsspezifische Aufgaben und die Identifikation mit den Zielen des Unternehmens erklären sich aus dem System von Beschäftigung und Personalmanagement in den japanischen Großbetrieben. Als technisches System ist es ausgerichtet auf die Herstellung großer Produktmengen in enormer Vielfalt. Es involviert daher keine Abkehr von Massenproduktion und Fließband, nicht einmal von der tayloristischen Grundorientierung, da das Ingenieur-Know-How beim Planungsprozess die führende Rolle spielt. Vielmehr kombiniert das Toyota-System Massenproduktion, Taylorismus und Teamwork mit einer von ostasiatischer Kultur inspirierten Vervollkommnungs- und Gemeinschaftsphilosophie. Das Ziel ist die automatisierte Produktion, zu der das „kanban"-System hinführen soll. Toyota schaffte es, mit der Kombination einer Reihe von Prinzipien wie sorgfältige Entwicklung und Planung der Produkte mit starker Orientierung an Kundenwünschen, „Kanban"-Lieferkette, „Kaizen"-orientierter Qualifikation und Organisation der Produktion zum erfolgreichsten Automobilhersteller Japans zu werden. Das System als solches fand sich zunächst jedoch durchaus nicht in allen Großbetrieben Japans, nicht einmal in den Montagewerken der anderen Autoproduzenten, sondern jeweils nur einige Elemente davon, insbesondere jene, die mit Beschäftigungssystem und Personalmanagement zusammenhängen. Als soziotechnisches Produktionskonzept ist es aber in Japan keineswegs generell vorhanden und darf daher nicht als „japanische" Form der Arbeitsorganisation aufgefasst werden. Überdies ist zwischen Personalmanagementpraktiken japanischer Großbetriebe, dem bei Toyota und anderen installierten Produktionssystem und dem Konzept der „lean production" oder des „lean enterprise", das daraus als universell anwendbares Modell und als Verkaufsschlager von Unternehmensberatern geworden ist, zu unterscheiden. So ähnlich „kaizen" und „lean thinking" zu sein scheinen, so sehr sind sie doch auch wieder verschieden.

„Lean production" und „lean management"

Die Autoren einer großangelegten Studie des Massachusetts Institute of Technology (MIT), die 90 Montagewerke in 17 Ländern untersuchten, stellten Unterschiede der Produktionsorganisation fest.[18] Jene Prinzipien, die denen des Toyota-Systems entsprachen, fassten sie unter dem Begriff „lean production" zusammen und kennzeichneten dieses als zukunftsweisende Notwendigkeit für alle Industriebetriebe, darüber hinaus aber für alle Bereiche der produktiven Organisation. Sie zeichneten eine sehr optimistische Vision sowohl in Bezug auf die Wachstumsinteressen der Wirtschaft als auch die Verbesserung der Arbeitssituation und -bedingungen, denn für sie erschien „lean production" nicht einfach als eine neue Rationalisierungsstrategie, sondern als der Weg in eine bessere Welt für Unternehmen, Arbeitnehmer

---

[18] James P. Womack/Daniel T. Jones/D. Roos, Die zweite Revolution in der Autoindustrie, Frankfurt/Main-New York 1992

2 Das „Reengineering" der Arbeit im Zuge des technisch-ökonomischen Wandels 185

und Kunden. Letzteres wird besonders deutlich in dem zweiten Buch der Autoren der MIT-Studien, in denen die Prinzipien des „lean thinking", das überall anwendbar sein soll, entwickelt werden.[19] Das Konzept der „lean production" der MIT-Studie konstruiert die Elementkombination eines perfekten Unternehmens, das zwar einige Aspekte japanischer Verhältnisse enthält, aber nicht identisch mit einem „japanischen Modell" ist. Daher können die Autoren den Anspruch erheben, dass diese Elemente auf Managementstrategien überall auf der Welt „übertragbar" sein sollen.

Wie Heiner Minssen betonte, stellt „lean production" eine veränderte Leitlinie der Rationalisierung dar, nicht eigentlich ein soziales Modell der Fabriksorganisation.[20] Dem muss man die andere Bedeutung, die Gruppenarbeit, Qualitätskontrolle und permanente Verbesserungsinitiativen in Japan, oder der Gruppenarbeit im Modell etwa der industriellen Demokratie Einar Thorsruds zukommt, gegenüberstellen.

Grundprinzip von „lean production" ist die Ausmerzung jedweder Art von Verschwendung in Bezug auf Material, Umwelt, Kosten und Arbeitskraft. Die „Hälfte von allem" soll genügen. Das involviert eine gründliche Reorganisation von Produktionsabläufen, aber auch die Neudefinition von „Unternehmen" als organisatorischer Rahmen für alle Aktivitäten, die mit der Entwicklung, Herstellung und Vermarktung eines Produkts zusammenhängen. „Lean enterprise" meint die Neuordnung von zwischenbetrieblichen Beziehungen, die Dezentralisation und Ausgliederung von Aktivitäten aus dem bisherigen organisatorischen Rahmen des einzelnen Betriebes oder Unternehmens, das Überdenken der Beziehungen zu Kunden, Lieferanten, Arbeitenden. Deshalb muss schlankes Denken über das einzelne Unternehmen, die Standardbezugseinheit im Geschäftsleben auf der ganzen Welt, hinausgehen und die gesamte Reihe von Aktivitäten umfassen, die in der Entwicklung und Herstellung eines spezifischen Produkts enthalten ist, von der Gewinnung der Rohstoffe über die Produktionsplanung bis zur tatsächlichen Verfügbarkeit.

Die Autoren preisen ihr Konzept des „lean thinking" in der Art, wie Gurus ihre Lehre verkünden. Eine Effizienzreligion, die allerdings die Sinnfrage schuldig bleibt, wird entfaltet, mit dem Anspruch einer kanonischen Zielverwirklichung sowohl von Menschheits(=Organisations)fortschritt als auch Geschäftsrentabilität. Wie Günther Ortmann richtig feststellt, ist „lean" daher sowohl ein Interpretationsschema für Kommunikation und Diskussion, ein Komplex von Normen, die der Rechtfertigung dienen, sowie eine konkrete Kombination autoritativer und allokativer Ressourcen realisiert als Form der Produktion.[21]

Zunehmend wurden die Prinzipien der „lean production" und des „lean management" auch in Europa von den Unternehmen aufgegriffen, noch mehr aber in den Sozialwissenschaften

---

[19] James P. Womack/Daniel T. Jones, Auf dem Weg zum perfekten Unternehmen (Lean Thinking), Frankfurt/Main-New York 1997

[20] Heiner Minssen, Lean production – Herausforderung für die Industriesoziologie, in: Arbeit 1/1993, S. 36-52

[21] Günther Ortmann, Formen der Produktion. Organisation und Rekursivität, Opladen 1995, S. 368

diskutiert. Europäische Einschätzungen sind im Allgemeinen skeptischer und differenzierter. Multinationale „transplants" in wirtschaftlich schwachen Regionen mit hoher Arbeitslosigkeit können zwar relativ reibungslos neue flexiblere Arbeitsformen einführen[22], aber die stärkere Berufsorientierung und die horizontalen Gewerkschaften in den europäischen Ländern lassen diese Organisationsformen hier weniger naheliegend erscheinen und werden auch in der sozialwissenschaftlichen Diskussion etwas distanzierter beurteilt.

In der Praxis gab es gerade in Europa Beispiele, in denen flexible Produktionsformen schon vor der Popularisierung des „lean production"-Konzeptes eingeführt worden waren, vom Glacier-Projekt bis zu den norditalienischen Textilunternehmen, den „neuen Produktionskonzepten" und Reorganisationen in manchen Unternehmen wie etwa Cadbury.[23] Besonders im letzteren Fall wurden Besonderheiten der europäischen Situation, etwa die Durchsetzung der Organisationsänderungen auf der Basis einer langen Tradition von „joint consultation" betont, die jeden betrieblichen Wandel nicht als Geniestreich des Managements, sondern als Ergebnis ständiger Aushandlungsprozesse zwischen den beteiligten Gruppen von Menschen erscheinen lassen.

In Deutschland war die Montagearbeit schon in den 70er Jahren Gegenstand sozialwissenschaftlicher Untersuchungen, die auch im „Humanisierung der Arbeitswelt"-Programm der Bundesregierung ihren Niederschlag fanden. Dies wurde damals im Zeichen der Krise tayloristischer Arbeitsorganisation gesehen und führte unter anderem zur Betonung qualifizierter Gruppenarbeit anstelle standardisierter Arbeitsgänge. Die Diskussion um „lean production" belebte hier wieder das sozialwissenschaftliche Interesse an der Produktionsgestaltung. Dabei wird immer wieder deutlich, dass die „schlanken" oder straffen Prinzipien[24] zwar gewisse Arbeitsverbesserungen in Bezug auf monotone Arbeiten bringen, aber nicht als Humanisierung verstanden werden können, und auch nicht darauf abzielen, sondern vielmehr auf den Übergang zur Automatisierung und die für diesen Transitionsprozess erforderliche Verfügbarkeit von „multifunktionaler Arbeit auf vergleichsweise geringem Niveau bei niedrigem Beschäftigungsstatus".[25] In Bezug auf den Restrukturierungsprozess der deutschen Automobilindustrie sieht Leo Kißler zwei Linien: eine „japanische" (besser: die amerikanisierte Version japanischer Vorbilder) und eine „deutsche", charakterisiert durch Verberuflichung der Industriearbeit, qualifizierte Facharbeit und kooperative industrielle Beziehun-

---

[22] Z. B. Nissan in Sunderland siehe dazu: Philip Garrahan/Paul Stewart, The Nissan Enigma. Flexibility at Work in a Local Economy, London-New York 1992

[23] Chris Smith/John Child/Michael Rawlinson, Reshaping Work. The Cadbury Experience, Cambridge 1990

[24] Klaus Lang/Kay Ohl, Lean Production, 2. Aufl., Köln 1994

[25] Shigeyoshi Tokunaga/Norbert Altmann/Masami Nomura/Atsushi Hiramoto, Japanisches Personalmanagement – ein anderer Weg? Frankfurt/Main-New York 1991, S. 299

2 Das „Reengineering" der Arbeit im Zuge des technisch-ökonomischen Wandels 187

gen.²⁶ In der französischen Automobilindustrie wurden hingegen in starkem Umfang schlanke Prinzipien eingeführt, die allerdings stärker die Abnehmer-Zuliefererbeziehungen betreffen und hier auch teilweise zu spezifischen Formen einer „strategischen Partnerschaft" führten.²⁷ Hier aber entstand auch eine heftige Diskussion über ein europäisches Modell, das jenes der „lean production" überwinden könnte. Diesem wird zunehmend vorgeworfen, keineswegs einen Bruch mit dem Taylorismus darzustellen, sondern vielmehr eine Optimierung desselben zu sein. Zunehmend wurde Kritik an „lean production" laut, insbesondere auch deshalb, weil die durch die amerikanische Interpretation modifizierten Prinzipien in vielen Fällen nur im Sinne und zum Zweck des Personalabbaus eingesetzt wurden. Die Tendenz, deren Ausdruck der Boom der „lean production"-Konzepte war, verweist demnach auf die Verbindung von Massenproduktion, Flexibilisierung und Dezentralisierung mit dem Ziel des Übergangs zur vollautomatisierten Produktion und nicht einfach auf das Ende der Massenproduktion.

Als besonders wichtig wird aus europäischem Blickwinkel gesehen, dass die „straffe" Produktion eine umfassende Neuorientierung des gesamten Unternehmens und seiner Umwelt darstellt. Daher muss angesichts der großen Macht der Unternehmen sichergestellt sein, dass das Verhältnis des einzelnen Beschäftigten ein geregeltes Arbeitsverhältnis bleibt. Dies erfordert in der Sicht der Gewerkschaften externe Kontrollen und Regelungen durch Arbeitnehmerorganisationen und Staat genauso wie betriebliche Vereinbarungen.²⁸ Die stärker auf überbetriebliche Solidarität ausgerichteten Strukturen in Europa können allerdings durch betriebsspezifische Qualifikation, Mitwirkungsformen auf Betriebsebene und die zunehmende Segmentation der Beschäftigten in Kern- und Peripherie-Arbeitnehmer untergraben werden. Den Gewerkschaften und Betriebsräten kommt unter Bedingungen des Unternehmensreengineering erhöhte Bedeutung für die Regelung der Arbeitsbedingungen und die Mitsprache in betriebsspezifischen Situationen zu, soll dieses System, in dem die Managementprärogative der Arbeitsgestaltung besonders stark betont wird, und das auf maximale Ausschöpfung des Leistungsvermögens der Arbeitnehmer ausgerichtet ist, nicht zu Lasten der Arbeitenden bzw. der dadurch aus der Beschäftigung gedrängten Menschen wirken. Daher wird von Seite der Arbeitnehmervertreter betont, dass für europäische Verhältnisse die Konsequenzen der straffen Produktion erst durch Verhandlungen und Vereinbarungen der Organisation der beiden Seiten des Arbeitsmarktes sozialverträglich gemacht werden müssen, ebenso wird die Verantwortung des Staates den Arbeitskräften gegenüber eingefordert.

Wenn Konzepte, die die Bedürfnisse, Interessen und Fähigkeiten der Arbeitnehmer stärker betonen, und effektive Durchsetzungsorgane fehlen, gehen die Konzepte wie „lean production" und „lean management" in ein rein an „downsizing" und Effizienzsteigerung orientiertes

---

²⁶ Leo Kißler, „Schlanke Produktion" – Königsweg oder Sackgasse der Produktionsmodernisierung? In: Ders. (Hg.), Toyotismus in Europa, Frankfurt/Main-New York 1996, S. 13

²⁷ Jean-Jacques Chanaron, Die Umstrukturierung der Beziehungen zwischen Produktion und Distribution: Das neue Partnerschaftskonzept in der französischen Automobilindustrie, in: Leo Kißler (Hg.), op. cit., S. 143-162

²⁸ Siehe: Klaus Lang/Kay Ohl, op. cit., S. 26/27

permanentes „reengineering" der Betriebe über. Die Frage ist allerdings, ob dabei nicht um kurzfristiger Kosteneinsparungen wegen Vertrauensverluste entstehen, die für den langfristigen Bestand und für die Verwirklichung echter Innovationen des Unternehmens wichtigen gegenseitigen Bindungen aufs Spiel gesetzt werden.

Restrukturierung der Unternehmen durch „outsourcing"

In den 90er Jahren kam es zu einer „revitalization" der großen Unternehmen, einer „concentration without centralization".[29] Die Flexibilisierung der Unternehmen kann unter gleichzeitiger Beibehaltung der Großunternehmensform erfolgen, etwa durch Dezentralisierung in „profit centers" oder „project teams" oder auf Unternehmensebene durch die Schaffung einer Konzernstruktur selbständiger Betriebe oder auch im Zuge von Fusionen durch die Auflösung und den Verkauf ganzer Betriebe und Unternehmensteile. In Bezug auf die „downsizing"-Strategien spielt die Ausgliederung von nicht als Kernaufgabe des Unternehmens betrachteten Funktionen („outsourcing") eine große Rolle. Vielfach gilt diese Maßnahme an sich schon als Ausweis von wirtschaftlichem Effizienzdenken, auch wenn die tatsächliche Kosteneinsparung nicht so groß ist bzw. auch schwer längerfristig abzuschätzen ist. Probleme der Koordination und Kooperation zwischen den Betrieben im „supply chain" treten häufig auf, was nicht nur die Markttransaktionskosten ansteigen lässt, sondern auch auf längere Sicht Imageschäden bei den Kunden zur Folge haben kann.

Das „outsourcing" kann sehr unterschiedliche Funktionsbereiche von der Systemverwaltung über ein Callcenter bis zu Reinigungsdiensten betreffen. Diese Funktionen werden an andere Unternehmen ausgelagert, indem Teilaufgaben durch Geschäftsverträge an Zulieferbetriebe oder externe Dienstleister abgegeben werden. In der industriellen Produktion etwa durch ein System der Teilezulieferung, das produktionssynchron im just-in-time- oder Kanban-Prinzip funktioniert und dem Großbetrieb die Lagerhaltung weitgehend erspart.

Die Unternehmen restrukturieren ihre diversen Funktionen und Organisationsteile auch dadurch, dass ehemalige Mitarbeiter, die man kündigt, dann als Selbständige mit dem, was sie bisher als Arbeitnehmer des Betriebes getan haben, beauftragt. Dies soll Kosteneinsparungen und Risikoreduktion für den Großbetrieb bringen, weil es sich um den Ersatz eines Arbeitsvertragsverhältnisses durch einen Geschäfts- oder Werkvertrag handelt. Die Auslagerung an Zeitarbeitsfirmen ist eine andere Form der flexiblen Anpassung an Beschäftigungsschwankungen durch die temporäre Beschäftigung von Leiharbeitnehmern. Auch Teleheimarbeit ist eine Form, in der der Betrieb Funktionen organisatorisch auslagert.

Nicht nur verlieren die Betriebe als physisch-räumliche Gebilde ihre festgefügten Grenzen, sie werden zu „lernenden Systemen" aus projektbezogenen Telekommunikations- und Com-

---

[29] Vgl.: Bennet Harrison, Lean and Mean. The Changing Landscape of Corporate Power in the Age of Flexibility, New York 1994, S. 125ff

puternetzen.[30] Die elektronischen Möglichkeiten, die Computer, Internet und Telekommunikation bieten, führen zur Veränderung der Organisation von Arbeit, denn Telearbeit, die von überall geleistet werden kann, virtuelle Teams und Einheiten, ja virtuelle Unternehmen, bedeuten die Auflösung des Sozialraums Betrieb. Zwar werden wohl nicht alle Organisationsgebilde verschwinden und sich global in elektronisch-kommunikativ vernetzter mobiler Telearbeit, Telezentren und Technologieparks verstreuen, aber es besteht eine Tendenz dazu, weil die Technologie dies ermöglicht. Die Bedeutung des Unternehmens als Arbeitsorganisation wird damit zunehmend von der physischen Zusammenarbeit in einem Betriebsraum zu Begegnungen im Cyberspace hin verschoben.

„New Economy"-Unternehmen als Gegenmodell zur Bürokratie?

Die Veränderung in den Unternehmens- und Organisationsstrukturen führte in den 90er Jahren zu einer weitergehenden Diskussion über die Polarisierung von „old economy" und „new economy", wobei man letztere vor allem auf die Informations- und Kommunikations-Firmen bezog, die neue Softwareprodukte bzw. Expertenwissen im Bereich der mikroelektronischen Technologie Internetanbieter für diverse Waren und Dienste anbieten. Die Paradebetriebe der „new economy" wurden als Vorreiter des technologischen Fortschritts gesehen, als Entwickler innovativer Produkte und Dienste (berühmt wurden die Firmen im Silicon-Valley). Sie wurden meist von jungen kreativen Personen gemeinsam gegründet, die ohne bürokratische Struktur und autoritäre Beziehungen kooperieren.

Diese kleinbetrieblich organisierten Unternehmungen wurden zum einen zu einem Gegenmodell gegen die „bürokratischen" Großbetriebe, zum anderen wurden darüber hinaus mit der „new economy" Veränderungen in Bezug auf die grundlegenden Prinzipien der Ökonomie verbunden: Das Abgehen von Knappheit als Begründung für ökonomische Nutzenbewertung, weil Informationsprodukte nicht nur nicht mit ihrer weiten Verbreitung an Wert verlieren, sondern diese geradezu die Grundlage ihres Nutzens ausmacht; die Durchcomputerisierung und Vernetzung der Betriebe, Organisationen und Haushalte, die weite, möglichst globale Verbreitung von mobile phones, etc. macht sie erst wirklich wirksam und nutzbar. Die Güter der „new economy" stellen daher vor allem Kommunikationsmittel dar, aber die generelle Nutzung von Internet und Telekommunikationsmedien setzt einerseits die Produktion entsprechender Geräte voraus und macht andererseits „e-commerce" mit allen möglichen anderen Gütern, aber auch Zahlungen mit „e-money" möglich, und das weltweit. Die Auffassung, dass es sich dabei um eine andere – womöglich „demokratischere" – Wirtschaftsform handelt, die die Gesetze des Marktes außer Kraft setzt, ist daher sehr problematisch. Was die „new economy" ermöglicht hat, war jedoch sicherlich die Förderung der Globalisierung der Wirtschaft, insbesondere der raschen globalen Geld- und Kapitalflüsse.

Aber auch die Organisation und die Arbeit in der „new economy" sind nicht wirklich ein fundamentales Gegenmodell gegen die tayloristischen und bürokratischen Formen der „old

---

[30] Vgl.: Andreas Brill/Michael de Vries (Hg.), Virtuelle Wirtschaft, Opladen 1998

economy". Dies zum einen deshalb, weil ja auch die Großbetriebe der „old economy" immer mehr zum Computereinsatz und zur Vernetzung der Produktionsabläufe und aller Prozesse im Unternehmen übergegangen sind, so dass sich auch hier dezentralere und flexible Formen der Organisation, wenn auch unter dem Dach des Großunternehmens, durchgesetzt haben. Zum anderen deshalb, weil zwar die neuen „start-ups" zunächst sehr häufig aus Gruppen von jungen kreativen Leuten, meist Universitätsabsolventen, bestand, die gemeinsam ein Unternehmen gründeten, und bewusst informell und ohne hierarchisch-bürokratische Strukturen zusammenarbeiten, aber die neuen Betriebe eine Entwicklung durchlaufen, in der sie gewisse Elemente der Hierarchie und Bürokratie wieder einführen müssen, weil jede Zusammenarbeit auch einer gewissen Regelung der Abläufe und der Kompetenzen und Zuständigkeiten bedarf, soll sie auf Dauer und mit wechselnden Mitgliedern bestehen. Auch die innovativen Unternehmen der IT-Produktionsbranche verändern sich über die Situation in ihrer Gründungsphase hinaus. Überdies darf daraus nicht der Schluss gezogen werden, dass die Arbeit und Beschäftigung in den „new economy"-Bereichen immer so angenehm ist, wie das manchmal klingt.

Viele der neugegründeten Betriebe gingen auch sehr schnell wieder zugrunde, weil ihre Finanzkraft eher schwach ist und sie auf Finanzierung von Seiten des Großkapitals und der Banken angewiesen sind. Wenngleich es tatsächlich auf Grund der neuen Technologien und des starken Interesses der jungen Bevölkerung für diese zu vielen Initiativen von solchen Unternehmensgründungen der „neuen Selbständigen" kommt, sind die optimistischen Einschätzungen in Bezug auf ihre finanzielle und wirtschaftliche Lebensfähigkeit ein wenig zurückgedrängt worden durch die Erkenntnis, dass viele dieser Unternehmen nur auf Grund des Venturekapitals, das von Großunternehmen oder Finanzinstitutionen kommt, finanziell überleben können und dann von diesen wiederum abhängig werden. Die Arbeitsplatzsicherheit ist eher gering; auch wird die wirtschaftliche Prekarisierung dadurch erhöht, dass viele der Mitarbeiter dieser Betriebe auch Miteigentümer sind und damit auch das Unternehmerrisiko tragen. Zudem treten die Bedürfnisse der Mitarbeiter hinter den Erfordernissen des Betriebes, der Auftragslage und der Kundenorientierung weitgehend zurück, so dass lange und unregelmäßige Arbeitszeiten damit verbunden sind. Auch sind diese Betriebe, zum einen weil es sich um Kleinbetriebe handelt, zum anderen weil sie meist (Miteigentum, assoziative Kooperation) auf einer anderen Auffassung von Arbeitsbeziehungen beruhen, in aller Regel nicht gewerkschaftlich organisiert, es gibt keinen Betriebsrat, und der Schutz und die Interessen der Arbeitnehmer können daher nicht durch diese unterstützt werden.

3 Managementtheorien und die Folgen für die MitarbeiterInnen

Die strukturellen Veränderungen der Arbeitsorganisationen im Zuge der Verbreitung von IuK-Technologien, der Globalisierung und der Deregulierung der Kapitalmärkte wurden auf der Grundlage von Managemententscheidungen durchgeführt. Die Konzepte und Strategien, die dabei als Grundlage dienen, weisen eine bemerkenswerte Veränderung auf, die auch Auswirkungen darauf hat, welche gesellschaftliche Bedeutung mit Unternehmen verbunden wird. Managementtheorien wurden teils auf der Basis des Handelns von einigen einflussreichen Großunternehmen, teils auf Konzepten von Managementexperten („management gurus") und Anbietern von Beratungsleistungen (Unternehmensberatern) entwickelt und verbreitet.[31]

Die neuen Konzepte und die Moral des Managements

Stephen Waring unterscheidet zwei historische Stränge der Managementtheorie[32] und bezeichnet sie als „bürokratisch" und „korporativ", wobei er die Gleichungen: Taylorismus = Bürokratie und „human relations" etc. = Korporatismus zugrunde legte.[33] Unter die korporativen Varianten zählt er neben dem „human relations"-Ansatz das „management by objectives" von Peter Drucker, die demokratische Führung Chris Argyris', das „sensitivity training", die „quality-control"-Zirkel und die verschiedenen „job enrichment"-Ansätze von Herzberg bis zum soziotechnischen System und Thorsruds industrieller Demokratie. Abgesehen von den soziotechnischen Ansätzen setzten sie bei der Führungskonzeption an und veränderten nicht die Produktionsorganisation. Sie verbanden Rationalisierungsbestrebungen mit dem Anspruch einer Humanisierung der Arbeitswelt und einer sozialverträglichen Arbeitsgestaltung. Allerdings ist auch die Gruppenkonzeption nicht unproblematisch, weil Konflikte und Belastungen in und zwischen Gruppen steigen.[34] In Bezug auf die Beziehungen zwischen den Gruppen im Betrieb gewann die „behavioral theory of the firm", die Sicht des Unternehmens als Koalition konkurrierender Individuen und konfligierender Interessengruppen an Bedeutung.[35] Mikropolitische Prozesse bestimmen in dieser Vorstellung die Realität innerbetrieblicher Entscheidungen und Verhaltensweisen.[36] Allerdings darf man nicht übersehen, dass bestimmte strukturelle Bedingungen gegeben sein müssen, die „politische" Prozesse des Aushandelns begünstigen. Die dafür notwendigen Freiheitsräume und demokrati-

---

[31] Gertraude Mikl-Horke, Die Diffusion von Unternehmens- und Managementkonzepten als Aspekt der Globalisierung, in: Wolfgang Mayrhofer/Alexander Iellatchitch (Hg.), Globalisierung und Diffusion, Frankfurt-London 2005, S. 7-58

[32] Stephen P. Waring, Taylorism Transformed. Scientific Management Theory since 1945, Chapel Hill-London 1991. Vgl. auch: Charles Perrow, The Short and Glorious History of Organization Theory, in: Gareth Morgan, Creative Organization Theory, Newbury Park-London-New Delhi 1989, S. 41-48

[33] Waring muss zugeben, dass Taylor selbst korporative Vorstellungen verfolgte, da sein Ziel auf verbesserte Kooperation gerichtet war. Stephen P. Waring, op. cit., S. 18

[34] Siehe dazu z. B.: Heiner Minssen, Spannungen in teilautonomen Fertigungsgruppen, in: Kölner Zeitschrift für Soziologie und Sozialpsychologie 47/1995, S. 338-353

[35] Richard M. Cyert/James G. March, A Behavioral Theory of the Firm, Englewood Cliffs-New York 1963

[36] Vgl.: Gerd Schienstock, Die betriebliche Organisation von Arbeit als politischer Prozess, in: Paul Kellermann/Gertraude Mikl-Horke (Hg.), Betrieb, Wirtschaft und Gesellschaft, Klagenfurt 1994, S. 193-208

schen Strukturen werden jedoch durch mikropolitische Prozesse leicht in taktisch-manipulativer Weise pervertiert.

In der Folge gewannen auf Grund der Verbreitung des Computers und der Vernetzung in den Unternehmen Vorstellungen die Oberhand, wonach man das Management als Führung durch Techniken der Planung und Steuerung ersetzen könne. Operations Research-Spezialisten und Systemanalytiker lieferten dem Management Instrumente, wie sie die Rationalität und Effizienz ihres Unternehmens als ganzes, nicht nur einzelner Teile steigern können. In dieser Sicht wurde auch das Management als „feedback system" verstanden. Daher gewannen doch wieder Theorien größere Beliebtheit, die der persönlichen Fähigkeit und der Aktionsmacht der Manager mehr Bedeutung zuerkannten.[37] Allerdings spielt generell die Verwendung von Kennzahlensystemen (z. B. benchmarking, balanced scorecard) im Management eine große Rolle, sie sollen Instrumente für die Ausrichtung der Bereiche Finanzen, Kunden, Prozesse und Mitarbeiter an strategischen Zielen darstellen. Das führt zu neuen Steuerungs- und Kontrollstrukturen, die durch neue Institutionen der „Accountancy" – Wirtschaftsprüfer, Controller, Unternehmensberater, etc. – repräsentiert werden, die die „gesellschaftliche Herrschaft der Zahlen"[38] sowohl durch als auch über die Unternehmen belegen.

Im Gefolge der wirtschaftlichen Veränderungen und des neoliberalen „neuen" Geistes des Kapitalismus sowie den zahlreichen neuen Unternehmensgründungen kam es seit den 90er Jahren insbesondere zu einer starken Betonung des „entrepreneurship", also der unternehmerischen Elemente, auf allen Ebenen des Managements; der Manager wurde zum „internen Unternehmer" oder wie es Dirk Baecker ausdrückt, „zum Wiedereintritt des Unternehmens in die Organisation."[39]

Konzentrierten sich die Managementkonzepte seit der „Entdeckung" des „human factor" und der Entwicklung der modernen Betriebe als technisch-finanzielle Produktionseinheiten mit durchgängigen Organisations-, Führungs- und Planungsstrukturen, also des „managerial capitalism"[40] in erster Linie auf die Binnenstruktur der Organisation und die Mitarbeiterführung, so kam es nunmehr zu einer Wendung der Managementtheorien hin zu den Außenbeziehungen, zu einer spezifischen „Kundenorientierung" und zu einer verstärkten Orientierung an den Kapitalinteressen auf der Grundlage des „shareholder value"-Prinzips. Das hängt selbstverständlich mit Veränderungen der wirtschaftlichen Situation und der Umwelt der Betriebe zusammen, vor allem den verschärften Konkurrenzbedingungen und der neoliberalen Politik in den meisten Staaten und in der Europäischen Union. Die Orientierung des Managements richtete sich stärker auf die Außenwelt, das Verhalten der Kunden und Kon-

---

[37] Stephen Waring, Taylorism Transformed, op. cit.

[38] Das war der Titel einer Tagung, die vom Institut für Sozialforschung Frankfurt zusammen mit dem Institut für Sozialwissenschaftliche Forschung München im November 2006 in Frankfurt veranstaltet worden war. Siehe auch: Uwe Vormbusch, Accounting. Die Macht der Zahlen im gegenwärtigen Kapitalismus, in: Berliner Journal für Soziologie 1/2004, S. 33-50

[39] Dirk Baecker, Die Form des Unternehmens, Frankfurt/Main 1993, S. 20

[40] Alfred D. Chandler, jr., The Visible Hand: The Managerial Revolution in American Business, Cambridge, MA, 1977

kurrenten, die sozial- und wirtschaftspolitischen Vorgaben, die Reaktionen der Finanzinstitutionen und der Aktionäre. Das „shareholder value"-Prinzip, der Verweis auf die Zwänge der globalisierten Konkurrenzsituation und die Schnelligkeit, mit der man sich an technische Innovationen anpassen muss, um nicht zurück zu bleiben, wird immer wieder als defensive Begründung von Managern gebraucht, wenn unpopuläre Maßnahmen notwendig werden.

Der rasche technische Wandel, der von den Unternehmen mitbetrieben wird, zwingt diese einerseits dazu, sich organisatorisch anzupassen, gleichzeitig werden Veränderungen an sich als Zeichen hoher Managementeffektivität gewertet, so dass die Unternehmen von sich aus bemüht sind, nicht nur in Bezug auf ihr Angebot innovativ zu sein, sondern auch im Hinblick auf die organisatorischen Prozesse und Strukturen. „Change management" ist angesagt. Doch auch wenn Manager sich gerne als jene sehen, die bewegen, so ist es vor allem der Druck der lokalen und globalen Konkurrenz, aber auch vom Kapitalmarkt, die die Bedingungen für das Handeln des Managements bestimmen, während die Organisation, die Beschäftigung und die Arbeitsformen angepasst werden müssen. Die radikale Restrukturierung der Organisation und der Arbeit gilt angesichts der sich rasch wandelnden technisch-ökonomischen Bedingungen als notwendiger Sachzwang.

Da dies auch Maßnahmen umfasst, die negative Auswirkungen auf die Arbeitenden, etwa durch Kündigungen, Versetzungen, Intensivierung des Arbeitsdrucks und der Belastung, etc. bedeuten, benötigen die Manager eine „moralische" Rechtfertigung ihres Handelns. Boltanski/Chiapello wiesen darauf hin, dass die Bürokratiekritik und die Kritik an der Monotonie der fordistischen Massenproduktion, wie sie in der Vorperiode thematisiert worden war, nunmehr der Rechtfertigung von Flexibilisierungsmaßnahmen dienen konnte. Demzufolge ermöglichen die neuen Bedingungen mehr Autonomie und Verantwortung bei der Arbeit, betonen die Rolle der Qualifikation und der Kreativität, so dass damit eigentlich die negativen Aspekte, die vordem Gegenstand der Kritik waren, in der Gegenwart ausgeräumt erscheinen. Die flexiblen Strukturen konnten auf Grund der Kritik an den früheren Bedingungen als gerechtfertigt gelten, so dass die Manager ihr Handeln als „moralisch" empfinden konnten. Die Autoren nannten die gegenwärtigen Legitimierungen frei nach Max Weber den „neuen Geist des Kapitalismus".[41]

Die durch die verstärkte Konkurrenz gebotene Kundenorientierung lässt die „Qualität" als Kriterium des Wettbewerbsvorteils erscheinen, nicht mehr den Preis wie bei massenproduzierten Gütern. „Total Quality"-Management-Programme zielen darauf ab, die Wettbewerbsposition der Unternehmen durch ein qualitativ differenziertes Angebot zu steigern. Total Quality Management beruht darüber hinaus darauf, Qualität als Unternehmensziel zu etablieren. Wie schon angeführt, stammen die grundlegenden Ideen zwar aus den USA, fanden ihre Anwendung zunächst aber in der japanischen Autoindustrie. In Europa wurde ein eigenes Modell durch die „European Foundation for Quality Management", gegründet 1988 auf Initiative einer Reihe von großen Unternehmen, entwickelt. Oberstes Ziel ist die Kundenzufriedenheit, ein wichtiges Instrument dafür ist die Einbindung der Mitarbeiter im

---

[41] Luc Boltanski/Eve Chiapello, Le nouvel ésprit du capitalisme, Paris 1999

Dienste dieses Zieles. Die Partizipation in Bezug auf das Einbringen von Vorschlägen für die Fehlerausmerzung, die Verbesserung der Qualität des Produkts und die Entwicklung neuer Ideen erhält einen neuen Stellenwert.

Noch mehr macht das Wissensmanagement als wichtiger Unternehmensbereich von sich reden. Das „Wissen", das sowohl in den menschlichen als auch in den nicht-humanen Akteuren inkorporiert ist, soll dabei nutzbar gemacht werden. Dies beruht weitgehend auf der Sammlung von Informationswissen und findet seinen Niederschlag sowohl in Kennziffern, in Trainings, in Workshops, in Simulationen, in Analysen, in Wissensbilanzen, u. dgl. Die flexible Unternehmung beschränkt sich nicht mehr auf Kostenflexibilität, sondern wird zur „lernenden Organisation"; die Organisation, die Maschinen und die Produkte werden immer „intelligenter", das Wissen der Menschen jedoch reduziert sich auf das für Unternehmen und Wirtschaft nützliche.

Die Menschen können nur soweit „intelligent" sein als es die Organisation ist, in der sie arbeiten, gleichzeitig wird ihre Expertise, ihr Talent, ihr Wissen systemisch integriert und digitalisiert und zum Wissen der Organisation, des Systems, das sich damit auch kontinuierlich kontrolliert durch den Aufbau von Datenbanken, Expertensystemen, etc. Die Organisation hat damit Wissen, das in personenunabhängigen, anonymisierten Regelsystemen, in „autopoietischen" Systemen, integriert ist. Wissensarbeit in diesen intelligenten Organisationen beruht auf der Zusammenarbeit von Person und System, um die Organisation noch „intelligenter" zu machen, meint also den Einbau des personalen Wissens in systemische Wissensstrukturen, die dann unabhängig von Personen als eine Art „kollektives Gedächtnis", um einen Begriff von Maurice Halbwachs zu strapazieren, existieren.

Diese technokratische Sichtweise wird oft in der Managementtheorie auch „vermenschlicht" etwa in der Art, wie Ikujiro Nonaka, einer der gurus der organisationalen Wissensgenerierung dies mit seiner Einbeziehung des impliziten Wissens der Organisationsmitglieder tut. Nicht nur das explizite Wissen der Mitarbeiter, sondern auch ihr implizites Wissen, ihr „tacit knowledge", das sie auf Grund ihrer Erfahrung bei der Arbeit angesammelt haben, soll aktiviert werden. Seine Auffassung beruht auf den spezifischen Grundlagen japanischer Gesellschafts- und Organisationskultur und enthält damit Elemente, die keine Entsprechung in der westlichen Tradition haben.[42] Seine Ideen verweisen jedoch darauf, dass die wissensfundierte Organisation auf einer Unternehmenskultur beruht; diese aufzubauen oder zu ändern, ist wesentlich schwieriger als Informationstechnologien zu installieren.

Managementkonzepte haben nicht nur die Funktion, das praktische Geschäft der Unternehmensführung zu verbessern, sie wirken vielfach als Legitimations- und Motivationsinstrumente oder dienen als Ausweis der Genialität neuer Top-Manager bzw. sind Gegenstand eines Beratungsmarktes. Sie zielen auf die Erzeugung von Glauben und Werten ganz in der Art eines instrumentell eingesetzten Religionsersatzes. Wie Schoenberger[43] aufzeigt, liegen

---

[42] Ikujiro Nonaka, The Knowledge-Creating Company, in: Harvard Business Review, Nov./Dec. 1991, S. 96-104

[43] Erica Schoenberger, The Cultural Crisis of the Firm, Cambridge, Mass.-Oxford 1997

den Managementtheorien z. B. über „Unternehmenskultur", idealistische Konzeptionen zugrunde, da Ziele und Ideen als die Faktoren des Kulturwandels gesehen werden. Macht spielt darin keine erkennbare Rolle und doch geht es sehr massiv gerade bei der Durchsetzung und Veränderung von Kultur und Organisationsstrukturen um Macht und Kontrolle.

Die neuen Anforderungen: Autonomie und Kontrolle

Die neuen Managementkonzepte verändern die Erwartungen an die Mitarbeiter grundlegend. Es wird eine ganz andere Haltung gefordert als sie die Masse der Arbeitnehmer bisher dem industriell-kapitalistischen Komplex gegenüber einzunehmen gewillt war. Sie sollen – was einer paradoxen Aufforderung gleichkommt – aktive, eigenverantwortliche und willige Mitarbeiter der Organisation sein, nicht nur passiv und restriktiv ihre Arbeitskraft zur Verfügung stellen. Unter den Bedingungen der durch die weite Verbreitung von Computer und Telekommunikation möglichen systemischen Vernetzung der Arbeitsprozesse einerseits und der konstant hohen Arbeitslosigkeit andererseits tritt das Problem der Arbeitsmotivation in den Hintergrund. Demgegenüber treten die Sicherung der permanenten Qualifizierung der Arbeitskräfte und die Kontrolle der Qualität ihres Arbeitsbeitrages in den Vordergrund. Das bedeutet nicht nur ständigen Erfolgsdruck, nicht nur die permanente Anpassung an die neuesten strategischen Indikatoren, es macht den ganzen Menschen zur „human resource" des Unternehmens mit seiner Persönlichkeit, seinen Vorstellungen, Einstellungen und Werten, sowie seinen Erfahrungen. Zugleich aber bedeutet dies für das Unternehmen auch die Notwendigkeit zur Verstärkung der Kontrolle über die Arbeit dadurch, dass die Arbeitenden verantwortlich gemacht werden für Inhalt und Qualität ihrer Leistung und überdies noch ihr Erfahrungswissen systematisch einbringen sollen. Erfolgskontrolle, Konkurrenz und Partizipation werden zu Eckpunkten der Beziehungen im Unternehmen.[44] All das verlangt neue persönliche, soziale und kognitive Fähigkeiten von den Mitarbeitern, die über die normale Arbeitsleistung hinausgehen. Von ihnen wird daher ständiges Mitdenken im Sinne der Qualitätssicherung und -erhöhung verlangt. Unternehmen investieren dafür auch in „human resource development" und das „empowerment" der Mitarbeiter, deren Verantwortung, Autonomie und Einsatzbereitschaft gefördert werden sollen.[45]

Sainsaulien/Segrestin verweisen auf einen Aspekt des modernen Managements der Unternehmen, der durch die Logik der systemischen Vernetzung die formale Organisation wieder stärker in den Vordergrund treten lässt, wenngleich sie sich mit der Erweiterung von Autonomie und mit dezentralen Strukturen verbindet, weil die gleichzeitige Betonung der zentralen Lenkung im versachlichten Sinn der Vernetzung der Funktionsbereiche erfolgt. Während die zentrale Autorität früher trotz bürokratischer Versachlichung an das konkrete Verhalten von Positionsinhabern geknüpft war, liegt sie in der modernen Organisation im System be-

---

[44] Siehe zu einer Kritik der Partizipation: Bill Cooke/Uma Kothari (eds.), Participation: The New Tyranny? London-New York 2001

[45] Stephen Taylor, „Empowerment" or „Degradation"? Total Quality Management and the Service Sector, in: Richard Brown (ed.), The Changing Shape of Work, London-New York 1997, S. 171-202

gründet.⁴⁶ Damit verlieren „Autonomie", „Demokratie", „Partizipation" aber auch ihren eigentlichen Inhalt, meinen nicht Freiheit und Selbstbestimmung der Arbeitenden, sondern systemrationale Beurteilung von Qualifikation und Erfolg, was in aller Regel und ganz gegen die Versprechungen der flexiblen und wissensbasierten Organisation die Kontrolle erhöht statt sie zu vermindern.

Darin liegt ein fundamentaler Widerspruch in den Leistungsgesellschaften der Gegenwart: Sie beruhen auf ständigen Innovationen, reduzieren jedoch die Kreativität und Diversität der Talente nach Maßgabe bestimmter, darüber hinaus auch noch ständig wechselnder Kriterien des Erfolgs. Kreativität lässt sich schwer nach Standardverfahren vergleichen, aber die Vergleichbarkeit an Hand von Messungen, die ihrerseits problematisch sein können, ist ein wesentlicher Impuls für die ständig erforderliche Restrukturierung nach Effizienzkriterien. Vergleichbarmachen erhöht den Druck, den Kriterien der „rankings" zu entsprechen und nicht der vernünftigen Problemlösung. In gewisser Weise ähneln diese Verfahren durchaus den Arbeitsplatzbewertungen im Taylorismus. Da die Kriterien niemals vom handelnden Individuum bestimmt werden können, entsteht eine Kontrollhierarchie neben oder über den Arbeitenden, die ihnen, wenn auch indirekt, vorgeben, was nützlich und wertvoll ist.

Robert Castel meint, dass die Unternehmen ihre integrative Funktion verlieren und zunehmend als Ausgrenzungsmaschine funktionieren.⁴⁷ Sie dequalifizieren die an die neuen Anforderungen vor allem auch des partizipativen Managements mit seiner Betonung der sozialen und kulturellen Kompetenzen am wenigsten Angepassten und sie begründen einen prinzipiellen Mangel an Beschäftigungsfähigkeit auch der Qualifizierten durch die ständige Anhebung der Qualifikationsniveaus, die auch die Kompetenzen der Schulabsolventen bereits entwertet, bevor diese überhaupt anfangen können zu arbeiten. Ständige existentielle Bedrohung, Prekarität und Exklusion der „Überzähligen" sind die Folge für die Menschen.⁴⁸

Zu einer Soziologie des Unternehmens in der neuen Phase des Kapitalismus

Die Verschärfung der innerbetrieblichen Konkurrenz und des Erfolgsdrucks durch den „Wiedereintritt des Unternehmens in die Organisation"⁴⁹ bedeutet, dass Erfolgskriterien, nach denen das Unternehmen auf dem Markt bewertet wird, in die Organisation hinein wirken und auf die Leistungen innerhalb des Betriebes angewandt werden. Das führt allerdings auch zu einer Änderung der gesellschaftlichen Bedeutung der Unternehmen in der Gegenwart.

---

⁴⁶ Renaud Sainsaulien/Denis Segrestin, Vers une théorie sociologique d l'entreprise, in: Sociologie du Travail XXVIII/1986, S. 335ff

⁴⁷ Robert Castel, Die Metamorphosen der sozialen Frage, Konstanz 2000, S. 352

⁴⁸ Ebenda, S. 359

⁴⁹ Dirk Baecker, op. cit., S. 20

3 Managementtheorien und die Folgen für die MitarbeiterInnen

Die Aktivitäten von Unternehmen und auch der strukturelle Wandel von Unternehmen sind Aspekte des sozialen Veränderungsprozesses der Gesellschaft, sie sind nicht nur effizienzorientierte strategische Alternativen zwischen „Markt" und „Hierarchie".[50] Eine soziologische Sicht der Unternehmen als nicht allein kontrakttheoretisch begründete Institutionen der Gesellschaft darf nicht nur die Strukturen und Vorstellungen, die von außen Handeln und Verfasstheit der Unternehmen bestimmen, erforschen, sondern auch die Folgen der Unternehmensaktivitäten für die Gesellschaft.[51] In der Gegenwart kommt den Unternehmen eine starke, weit über ihre wirtschaftliche Bedeutung hinausgehende Funktion zu, was viele Top-Manager auch sehen und sich mit Fragen und Projekten beschäftigen, die nicht in ihren engeren Aufgabenbereich gehören. „Corporate Social Responsibility", „Corporate Citizenship" sind Begriffe, die auf die gesellschaftliche Verantwortung und Integration von Unternehmen hinweisen sollen. Die Diskurse darüber entspringen zum Teil Public Relations-Interessen der Unternehmenswirtschaft selbst, um die Reputation des Unternehmens in der Öffentlichkeit zu erhöhen, ist aber auch durch die Erfahrung von Top-Managern in Bezug auf ihre Macht und ihren Einfluss auf Gesellschaft, Politik, ja, selbst auf die Zukunft der Staatengemeinschaft in der globalisierten Welt bestimmt. Besonders letzteres erfordert in der Gegenwart erhöhte Aufmerksamkeit, weil große Unternehmen in vielen Fällen auch als Konkurrenten, Kontrahenten oder Partner von Staaten auftreten.

Die Welt der Unternehmen ist höchst hierarchisch strukturiert, denn neue Entwicklungen und Sichtweisen setzen sich in Großunternehmen meist von oben nach unten, von großen in kleine Betriebe – mit Ausnahme – von Mutterunternehmen zu Töchtern, vom Marktleader bis hinunter zum Konsumenten durch. Dies vor allem durch den Zugang zu den Medien und durch Druck auf die politischen Repräsentanten. Die „Entdeckung" des innovativen Potentials kleiner Unternehmen und erfindungsreicher Persönlichkeiten ist in ihrer Breitenwirkung abhängig von dem Interesse, das sie bei den Definitionsagenten der modernen Gesellschaft finden. Ein neuer Dualismus entstand nicht nur im Bereich der Beschäftigung und des Arbeitsmarktes, sondern auch – und damit eng verbunden – zwischen den großen Konzernen und transnationalen Unternehmen und den Klein- und Mittelbetrieben.

Großer Beachtung in sozialwissenschaftlichen Untersuchungen, die sich mit Unternehmen befassen, erfreuen sich Netzwerkanalysen, die die Beziehungen zwischen Unternehmen bzw. ihren Managern zum Gegenstand haben.[52] Sie sind nicht immer solche, die kleinere Firmen kooperativ und gleichberechtigt miteinander verbinden, sondern wesentlich häufiger jene, in denen kleinere Unternehmen vom „outsourcing" der Großen abhängig sind oder mehrere große sich durch Partnerschaften gegenseitig absichern. Dazu kommt, dass durch die elektronischen Möglichkeiten einerseits, durch Fusionen, Übernahmen und Netzwerkbildungen

---

[50] Siehe auch: Reinhard Pirker, Die Unternehmung als soziale Institution, Eine Kritik der Transaktionskostenerklärung der Firma, in: Günther Ortmann/Jörg Sydow/Klaus Türk, op. cit., S. 67-80

[51] Günther Ortmann/Jörg Sydow/Klaus Türk (Hg.), Theorien der Organisation, Opladen 1997

[52] Siehe etwa: Ronald S. Burt, Structural Holes. The Social Structure of Competition, Cambridge, MA, 1992; Harrison C. White, Markets from Networks. Socioeconomic Models of Production, Princeton-Oxford 2002

die Grenzen der Betriebe und Unternehmen selbst flexibel werden. War das Unternehmen vordem als ein festgefügtes Gebilde vergleichbar einem Herrschafts- und Funktionsterritorium gesehen worden, bei dem es primär auf die internen Beziehungen ankam, so weitet sich der Blick heute auf eine sich über staatliche und organisatorische Grenzen hinweg ständig verändernde Unternehmenslandschaft. Das Problem für Gesellschaft und Staat ist in dieser Situation „how to regulate businesses whose organizational boundaries are becoming increasingly fuzzy".[53] Für das Ausmaß der Beschäftigung und Gestaltung der Arbeit bedeutet all dies, dass man nicht mehr nur Technologie und Arbeitsorganisation als wichtige Einflussfaktoren sehen kann, sondern darüber hinaus die Vernetzung der Unternehmen, die „interfirm relations" und die globalen Gegebenheiten und Strategien mit berücksichtigen muss. Nicht nur die Produktion von Waren und Dienstleistungen, sondern auch die Veränderung des Unternehmens, seiner Struktur, Größe und Funktion selbst durch Entscheidungen, Verträge und Geschäftsabwicklungen haben Auswirkungen auf die Arbeit im Unternehmen und die Beschäftigten.[54]

„Entrepreneurship" ist ein Schlagwort, das von großer Bedeutung in den Gesellschaften der Gegenwart geworden ist, ja es wird als Grundlage der wirtschaftlichen Entwicklung und der Sicherung des Wachstums gesehen. Allerdings kontrastiert dies wieder stark mit dem raschen Umschlag von Unternehmensgründungen und -konkursen. Viele neugegründete Unternehmen verschwinden nach kurzer Zeit wieder vom Markt. Dennoch ist dies ganz im Sinne dessen, was Joseph Schumpeter in Bezug auf die innovative Kraft des Unternehmertums als Motor der wirtschaftlichen Entwicklung schon 1911 meinte.[55] Die österreichische Schule der Nationalökonomie und ihre Epigonen der „Austrian Economics" in den USA, die nicht unerheblich auch zum Aufschwung des Neoliberalismus beigetragen haben, beschränken das Unternehmerische nicht auf die Unternehmen als wirtschaftliche Akteure; jeder kann potentiell unternehmerisch agieren, wenn er Risiko und Konkurrenz zu nutzen sucht. Gegenwärtig wird dies auch von den MitarbeiterInnen in Unternehmen erwartet, auch sie sollen „unternehmerisch" denken und handeln. Vor allem aber sollen Arbeitnehmer, die von ihren Betrieben gekündigt wurden, in der Selbständigkeit eine Chance sehen, wieder erwerbstätig zu sein. Desgleichen aber sollen auch öffentliche Organisationen und non-profit-Organisationen „unternehmerische" Orientierungen entwickeln; Bereiche, die vordem nicht marktmäßigen Effizienzkriterien unterworfen waren, sollen ihre ökonomische Effizienz unter Beweis stellen, Bildungsinstitutionen, Gesundheitsorganisationen ihre „accountability" in wirtschaftlichem Sinn zeigen. Gegen eine kostensparende und effiziente wirtschaftliche Gebarung auch im öffentlichen Sektor ist sicherlich nichts einzuwenden, aber tatsächlich kommt es zur Veränderung der Zielsetzungen durch den wirtschaftlichen Druck und den Zwang zu unternehmensähnlicher Berechenbarkeit.

---

[53] Ebenda, S. 34

[54] Dirk Baecker, op. cit., S. 27ff

[55] Joseph A. Schumpeter, Theorie der wirtschaftlichen Entwicklung, Berlin 1911

3 Managementtheorien und die Folgen für die MitarbeiterInnen

Anthony Giddens meint, der Kapitalismus und mit ihm sein Hauptakteur – das große Unternehmen – seien in eine neue Phase eingetreten, die man als „institutional capitalism" bezeichnen kann.[56] Für ihn ist kennzeichnend, dass sich ein Netzwerk von personellen und finanziellen Beziehungen über die Unternehmen hinweg entwickelt hat, das dazu führt, dass die Macht des Managements innerhalb eines Unternehmens verringert wird und sich auf „business groups" und Finanzinstitutionen verlagert. Deren Macht weitet sich daher in Bezug auf die Gesellschaft und die staatliche Sozial- und Arbeitsmarktpolitik aus, und zwar in größerem Ausmaß als bisher. Das kapitalistische Unternehmen und seine Vernetzung mit anderen Unternehmen, Politik, Medien, etc. sind daher zu den zentralen Institutionen der Gesellschaft geworden, eine Entwicklung, die in der Soziologie noch viel zu wenig beachtet worden ist. Der „Geist des Kapitalismus" durchflutet erst jetzt die ganze Gesellschaft und Kultur.

---

[56] Anthony Giddens, Sociology, Cambridge-Oxford 1989, S. 502

# Dritter Teil:
Gesellschaft und Arbeit

VI Von der Industriegesellschaft zur Wissensgesellschaft?

Die gegenwärtigen Gesellschaften sind in einer tiefgreifenden Transformation begriffen, die sie in etwas anderes zu verwandeln scheint, etwas, das mit dem Begriff der Industriegesellschaft nicht mehr adäquat zu benennen ist, weil die diese konstituierenden großdimensionierten technischen Produktionsorganisationen und die gesellschaftlichen Gruppen der industriellen Arbeiterschaft und des Kapitals einer Vielzahl von heterogenen Beziehungen gewichen sind, die selbst den grundlegenden Konflikt der industriellen Gesellschaft zwischen Kapital und Arbeit aufzulösen scheint. Die Rede vom Ende der Industriegesellschaft begann allerdings schon vor etwa einem halben Jahrhundert, die Entwicklung selbst setzte noch früher ein auf Grund der ständigen Expansion der Dienstleistungsarbeit.[1]

1 Die Diskussion um die „postindustrielle Gesellschaft"

Die ökonomische und technologische Entwicklung und die sozialen Veränderungen und Prozesse der 60er und frühen 70er Jahre hatten einen Wandel der Beschäftigungsstruktur in den modernen Gesellschaften bewirkt, d. h. eine Verschiebung der Beschäftigtenzahlen von der industriellen Produktion hin zu Dienstleistungen und Verwaltung. Daran knüpfte sich die Erwartung einer grundlegenden Transformation der Gesellschaft und der Wirtschaftskultur. So schrieben Miller/Form in ihrem klassischen Text der Industriesoziologie[2]:

> *„It is now apparent that the era of manufacturing - the era of factory domination over the economy and society - is ended. It is ended not only in the sense that the majority*

---

[1] Für einen Überblick über und eine Analyse der Entwicklung der Dienstleistungen: Dieter Bögenhold, Das Dienstleistungsjahrhundert. Kontinuitäten und Diskontinuitäten in Wirtschaft und Gesellschaft, Stuttgart 1996.

[2] Delbert C. Miller/William Form, Industrial Sociology, New York-London 1967, S. 813

of urban workers are not engaged in manufacturing but in the sense that the ethos of manufacturing is disappearing."

Dies wurde mit der Beobachtung der Expansion des Dienstleistungssektors verbunden, die als typisch für ein „nachindustrielles" Stadium interpretiert wurde, weil damit die Wachstumsimpulse der Wirtschaft nicht mehr von der Industrie bzw. ihrem Kern der industriellen Produktion ausgingen. Unter Zugrundelegung der von Colin Clark und dann von Jean Fourastié aufgegriffenen Drei-Sektoren-Einteilung der Wirtschaft in den primären (landwirtschaftlichen), den sekundären oder industriellen und den tertiären oder Dienstleistungssektor wurden die empirischen Entwicklungen in den einzelnen Gesellschaften untersucht.[3] Dabei wurden zwar merkliche Unterschiede zwischen den einzelnen Gesellschaften offenbar, aber diese konnten als technisch-ökonomische Verzögerungen und nicht als grundsätzliche Abweichungen vom epochalen Wandel gesehen werden, der durch die Weiterentwicklung der Automatisierung, die Expansion des Dienstleistungssektors und der Angestelltenberufe und durch zunehmende staatliche Steuerungsinterventionen charakterisiert war.

Die Entwicklungen wurden in verschiedener Art und Weise – je nach dem ideologischen und theoretischen Standpunkt der Autoren – auf den Begriff gebracht: als postindustrielle Gesellschaft, Spätkapitalismus, programmierte Gesellschaft, technokratische Gesellschaft etc. charakterisiert. Der technische Wandel selbst schien die Industriegesellschaft zu untergraben und in eine soziale Ordnung umzuwandeln, in der der Industrie nicht mehr zentrale Bedeutung für die weitere Entwicklung zuzukommen schien.

Den neuen Gesellschaftstyp, den er heraufziehen sah, charakterisierte Alain Touraine als zugleich postindustriell, technokratisch und geplant:

„*Vor unseren Augen entstehen Gesellschaften eines neuen Typs. Man wird sie postindustrielle Gesellschaften nennen, wenn man die Entfernung kennzeichnen möchte, die sie von den Industriegesellschaften trennt, die ihnen vorausgegangen sind und sich noch heute sowohl in ihrer kapitalistischen wie in ihrer sozialistischen Form mit ihnen vermischen. Man wird sie technokratische Gesellschaften nennen, wenn man ihnen den Namen der Macht geben möchte, die sie beherrscht. Man wird sie programmierte Gesellschaften nennen, wenn man versucht, sie zunächst durch die Natur ihrer Produktionsweise und ihrer Wirtschaftsorganisation zu definieren.*"[4]

Zur selben Zeit sprachen andere vom „Spätkapitalismus", in dem verfügbares Kapital im Dienstleistungssektor eingesetzt werde. Dadurch, so meinte etwa Ernest Mandel, komme es jedoch nicht zu einem Abdanken des Industrialismus, sondern vielmehr zur Durchindustrialisierung aller Wirtschaftszweige.[5] Vielmehr setze sich das Prinzip der Warenproduktion im

---

[3] Jean Fourastié, Die große Hoffnung des 20. Jahrhunderts, Köln 1954; Colin Clark, Conditions of Economic Progress, London-New York 1940

[4] Alain Touraine, Die postindustrielle Gesellschaft, Frankfurt/Main 1972, S. 7

[5] Ernest Mandel, Der Spätkapitalismus, Frankfurt/Main 1973

Dienstleistungsbereich fort, so etwa in der Energieversorgung, der Gastronomie, den durch die Technisierung der Haushalte notwendigen Dienstleistungen, im Bereich der Freizeitaktivitäten, im Gesundheitswesen, etc. Das Mehrwertinteresse des Kapitals bedinge einen permanenten Druck zur Beschleunigung der technologischen Erneuerung, um für den einzelnen Großbetrieb bzw. die Branche die „technologische Rente" zu erwirtschaften. Das Produktivitätsgefälle zwischen Betrieben und Sektoren werde damit zur Hauptquelle der Mehrwertrealisierung.

Die bekannteste Analyse zur postindustriellen Gesellschaft wurde von Daniel Bell formuliert, der die folgenden Grundmerkmale hervorhob[6]:

- In der Wirtschaft gewinnt der Dienstleistungssektor auf Kosten des sekundären Sektors an Bedeutung.
- Die Berufestruktur verschiebt sich in Richtung auf Höherqualifikation, insbesondere im Bereich der technischen Berufe.
- Das theoretische Wissen gewinnt überdimensional an Bedeutung, es wird Ausgangspunkt und Grundlage von Innovationen, aber auch von politischer Programmatik. Die Organisation der Wissenschaft wird zu einem Hauptproblem.
- Alternative technologische Entwicklungsmöglichkeiten werden untersucht; es kommt zu einer Neuorientierung der Steuerung des technischen Fortschritts.
- Die Problemlösung mittels rechenhafter, wiederholbarer und möglichst rationaler Vorgänge ersetzt intuitive Lösungsansätze, und damit tritt die Informationstechnologie als neue „intellektuelle Technologie" neben die Maschinentechnologie.

In den Industrieunternehmen selbst war es zu einer Verlagerung des Schwergewichts der Beschäftigung von der Produktion hin zur Verwaltung, zum Management, zu Forschung und Entwicklung, gekommen. Damit wurden die „white collar workers" und unter ihnen die hochqualifizierten Universitätsabsolventen zahlreicher, und verwandelten die ganze Kultur der Unternehmen. Durch das Wachstum der großen Unternehmen und ihre Integration von Funktionen hatte auch gleichzeitig die Zahl der Selbständigen abgenommen. Die Arbeitnehmergesellschaft entstand, die überwiegend aus unselbständig Beschäftigten bestand und in der die Arbeiter aufgingen in einer diffusen Arbeitnehmerschaft.

Bell sah die USA der 60er und 70er Jahre bereits als postindustrielle Gesellschaft, in der Informationstechnologie, professionelle und technische Kompetenz, theoretisches Wissen und Systemanalyse die dominanten Kräfte darstellen. Daher meinte er, dass der Dienstleistungssektor nicht nur sehr heterogen ist, sondern dass etwa Bereiche wie Verkehr, persönliche Dienstleistungen etc. andere Bedeutung haben als der Bildungs-, Kultur- und Gesundheitssektor. Er unterteilte den Dienstleistungssektor in Transport und Freizeit als dem tertiären Sektor, Handel, Finanz-, Versicherungs- und Maklerwesen als dem quartären und Gesundheit, Bildung, Forschung und öffentliche Verwaltung als quinärem Sektor. Insbeson-

---

[6] Daniel Bell, The Coming of Post-Industrial Society, New York 1973

dere der letztere steht für die wachsende Bedeutung wissenschaftlich-theoretischen Wissens und professioneller Kompetenz in der modernen Gesellschaft.

Die Theorie von Bell verwies nicht einfach auf die Tertiarisierung der Wirtschaftsstruktur, sondern auf die differenzierte Entwicklung auch des Dienstleistungssektors. In dieser Hinsicht stützen die empirisch erfassbaren Strukturveränderungen, die seither empirisch untersucht wurden, die Analyse Bells, denn der Strukturwandel vollzieht sich weitgehend innerhalb des tertiären Sektors, vor allem jenen, auf die auch er schon hingewiesen hatte, in Forschung und Entwicklung, Gesundheitswesen, Kulturwirtschaft und im Kommunikationsbereich. Vor allem letzterer bestimmt im Zuge der Entwicklung und Verbreitung der Informations- und Kommunikationstechnologien die modernen Gesellschaften.

Argumente und Befunde lassen sich für die folgenden Jahrzehnte sowohl für eine Deindustrialisierung wie für die Durchindustrialisierung finden.[7] So stellten Bluestone/Harrison zwar tatsächlich in Amerika nicht eine zwangsläufige Entwicklung, sondern eine bewusste Strategie der „Deindustrialisierung" als „widespread, systematic disinvestment in the nation's basic productive capacity"[8] fest, bewerteten diese Entwicklung jedoch durchaus nicht positiv. Sie sahen sie vielmehr als Grund für die Krise der 70er Jahre und warnten vor den „social costs of disinvestment".

Mit dem Einsatz der IuK-Technologie verbanden sich aber auch Hoffnungen des Übergangs zu kleinen Wirtschaftseinheiten und flexibler Spezialisierung.[9] Das, so hoffte man, würde nicht nur Umweltprobleme der Hochindustrialisierung beseitigen, sondern darüber hinaus zu einer Umorientierung von quantitativem zu qualitativem Wachstum und zur Förderung regionaler Strukturen führen.[10] Eduard Pestel sprach in seinem zweiten Bericht an den Club of Rome von „organischer Entwicklung", bei der monetär gemessenes Wirtschaftswachstum eine ganz untergeordnete oder keine Rolle spielen soll.[11] Das stärkere Wachstum von Dienstleistungen und der Informationsübermittlung und -verarbeitung erwiesen sich jedoch nicht als Instrumente einer humaneren Gesellschaft, weil sie die gesellschaftlichen Grundlagen der Wirtschaft nicht veränderten.

Die These vom „Postfordismus" der so genannten Regulationstheoretiker begründete den Fordismus als Folge der Regulationskrise der extensiven Akkumulationsphase des Kapitalismus, die das 19. Jahrhundert bis hinein in die 20er Jahre kennzeichnete. Der Anpassungsprozess endete nach dem Zweiten Weltkrieg mit der Durchsetzung der fordistischen Forma-

---

[7] Vgl.: Lucian Kern (Hg.), Probleme der postindustriellen Gesellschaft, Köln 1976

[8] Barry Bluestone/Bennett Harrison, The Deindustrialization of America, New York 1982, S. 6

[9] Michael Piore/Charles F. Sabel, The Second Industrial Divide, New York 1984

[10] Martin Jänicke, Staatsversagen, München-Zürich 1986, S. 135

[11] Eduard Pestel, Jenseits der Grenzen des Wachstums, Stuttgart 1988

1 Die Diskussion um die „postindustrielle Gesellschaft"

tion und der Entstehung des keynesianischen Korporatismus und des Wohlfahrtsstaates. Mitte der 70er Jahre geriet der Fordismus in die Krise durch das Erlahmen der Produktivität, die Finanzkrise des Staates und die Natur- und Umweltschäden. Auch die korporativen Politikstrukturen, die auf der teilweisen Ersetzung von Marktmechanismen durch politische und organisatorische Macht beruhten, erwiesen sich vielfach als gescheitert.[12] Politischer Ausdruck dafür war die Ablösung der sozialistischen Regierungen durch konservative Parteien vor allem in Großbritannien und den USA. Dieser Neokonservatismus setzte auf das Zurückdrängen von organisatorischer und politischer Macht zugunsten von Marktprozessen. Reprivatisierung, Abbau des Wohlfahrtsstaates und das Reengineering der Unternehmen kennzeichnen diese Entwicklung.

Die globale Informationsgesellschaft als nachindustrielle Gesellschaft?

Die technologische Basis sowohl in der Industrie als auch im Dienstleistungsbereich wurden die Mikroelektronik und die Computersteuerung und -vernetzung. Im Zentrum der wirtschaftlichen Expansion steht damit eigentlich wieder eine Technologie, die zwar zunehmend immer kleiner dimensionierte Maschinen mit flexibler Funktionsweise ermöglicht, aber dennoch auf der Produktion und ständigen Weiterentwicklung von Maschinen beruht. Für ihre Herstellung sind kaum mehr typisch industrielle Arbeitsschritte von angelernten Arbeitern notwendig – zumindest nicht in den westlichen entwickelten Gesellschaften, denn diese Arbeiten werden in anderen Ländern mit geringem Lohnniveau erledigt. Auch werden in anderen Industrien die einfachen Fertigungsarbeiten etwa in der Textilindustrie im Zuge der Globalisierung der Wirtschaftsaktivitäten irgendwo auf der Welt durchgeführt. Die Globalisierung der Produktion, des Handels und der Finanzdienste beruht auf den Möglichkeiten, die die IuK-Technologien eröffnet haben, sie bedeuten aber nicht, dass überall die typischen industriellen Arbeiten verschwunden sind. Man muss die globalen Verschiebungen insbesondere in der industriellen Produktion mit berücksichtigen und kann nicht von isolierten nationalen oder westlichen Wirtschaftsgesellschaften allein ausgehen.

In anderen Regionen der Welt werden nach wie vor in stark arbeitsteiliger Art und Weise „traditionelle" Industrieprodukte erzeugt oder „Massen"dienstleistungen (Call-Centers) erstellt. Zwar gibt es auch Inseln der Hochtechnologisierung in Entwicklungsländern, die aber weitgehend von den multinationalen Konzernen der reichen Nationen abhängig sind. Zudem muss man feststellen, dass vor allem in China, Indien, Südostasien so rasche Entwicklungsprozesse vor sich gehen, dass diese eine ungeheure Dynamik entwickeln. Sie schlagen sich in disparaten Entwicklungen nieder, d. h. neben global gesehen modernsten Regionen und Bereichen wird auch die Industrialisierung und Arbeitsteilung in ihren für die Arbeitenden härtesten Formen vorangetrieben.

---

[12] Siehe: Joachim Hirsch/Roland Roth, Das neue Gesicht des Kapitalismus. Vom Fordismus zum Post-Fordismus, Hamburg 1986

Versteht man unter Industrie nur mechanisierte Großanlagen, die noch unter großer Beteiligung manueller Arbeit standardisierte Massengüter erzeugen, so mag man von einer Ablösung des Industrialismus oder von Postfordismus sprechen. Versteht man darunter aber die Domäne von Maschinen, die Güter und Dienstleistungen erzeugen, so ist dieser Befund nicht zutreffend. Statt mit Deindustrialisierung haben wir es mit einer neuen Industrialisierung zu tun.[13] Sie verbindet dezentrale Produktion und diversifizierte Produkte mit einem hohen Niveau der Technologie, Verwissenschaftlichung und dem Einsatz von Maschinen auf breitester Basis.

Computer und Telekommunikation werden in großem Umfang für Dienstleistungen genutzt; sie ersetzen bisher durch Menschen erstellte Leistungen. Man kann daher, wie das Mandel schon vor Jahrzehnten getan hat, von einer Industrialisierung im Bereich vieler Dienstleistungen sprechen, zumindest wenn man das Kriterium des Maschineneinsatzes anlegt. Das hat zur Folge, dass auch viele Dienstleistungs-Bereiche im Hinblick auf die Beschäftigung rückläufig sind. Die größten Beschäftigungsanstiege sind bei den wissensintensiven Dienstleistungen (EDV-Bereiche, Telekommunikation, Forschung und Entwicklung), in der Kulturwirtschaft und bei den unternehmensbezogenen Dienstleistungen zu verzeichnen.

Dienstleistungen, die durch Maschinen erstellt werden, verändern auch das Produkt selbst, denn die Maschinenbedienung wird nun nicht mehr von einem Arbeiter, sondern vom Konsumenten durchgeführt. Dieser muss Arbeit einsetzen, um die Dienstleistung – von der Maschine – zu erhalten. Damit bezieht der Arbeitsprozess in der industrialisierten Dienstleistungsbranche auch den Konsumenten als Arbeitenden mit ein. Darüber hinaus bedingt die Tatsache, dass die neuen Maschinen dadurch, dass ihre Beherrschung zu einer Kulturtechnik und damit zur Voraussetzung der Integration in die Gesellschaft überhaupt wurde, auch in die Haushalte vorgedrungen sind, eine Industrialisierung auch des Privatbereichs im Sinne der Integration in ein neues zunehmend alle Lebens- und Handlungsbereiche erfassendes Industriesystem mit weltweiter Ausdehnung.

Die Begriffe Hyper- oder Post-Industrialisierung, die ursprünglich Gegensätze darstellten, werden damit nahezu bedeutungsgleich. Produktion, Dienstleistung, aber auch der Alltag werden durch „technologisiert". Die „Maschine" selbst scheint dabei zurück zu treten bzw. wird als Inkorporation eines technologischen Wissens interpretiert, das auf neuen Grundlagen beruht und von dem man weitere ständige Veränderung und Wissenszuwachs erwartet.

Lyotard wies darauf hin, dass in der Informationsgesellschaft die herrschende Klasse ihre Macht durch die Verfügung über Informationen ausübt. Wissen wird daher immer mehr politisch relevant und mithin auch Sache der Förderung durch den Staat und die Regierungspolitik, weil es über die Wettbewerbsfähigkeit der einzelnen Länder entscheidet.

---

[13] Walther Müller-Jentsch/Michael Stahlmann, Management und Arbeitspolitik im Prozess fortschreitender Industrialisierung, in: Österreichische Zeitschrift für Soziologie 13/1988, S. 5-31

1 Die Diskussion um die „postindustrielle Gesellschaft"

„Es ist denkbar, dass die Nationalstaaten in Zukunft ebenso um die Beherrschung von Informationen kämpfen werden, wie sie um die Beherrschung der Territorien und dann um die Verfügung und Ausbeutung der Rohstoffe und billigen Arbeitskräfte einander bekämpft haben."[14]

Der Zugang zu den Informationen bestimmt in der Informationsgesellschaft die Machtverteilung und den wirtschaftlichen Erfolg. Lyotard betont insbesondere diesen Charakter der „Performativität", der Ausrichtung auf den wirtschaftlichen Nutzen der Informationen und über sie der Arbeit in der neuen Gesellschaft. In Demokratien sollte der Zugang zu Informationen, soweit sie nicht dem Datenschutz unterliegen, nicht beschränkt sein, weshalb die Verbreitung der neuen Wissensgrundlagen der Informationsgesellschaft auch ein Anliegen der Politik ist; allerdings steigt damit auch der Einfluss, der über die IuK-Medien auf die Menschen ausgeübt werden kann. Gleichzeitig verschärfen sich die Probleme der unterschiedlichen Lern- und Anpassungsfähigkeiten der Menschen, der Beschäftigungsfähigkeit und lassen die Ungleichheit der Chancen steigen.

Die Wissensgesellschaft als post-kapitalistische Gesellschaft?

Es ist unbestreitbar richtig, dass die Transformation der ökonomischen (und auf deren Basis der technischen) Strukturen die Grundlage für gesellschaftliche Transformationen darstellt. In diesem Sinn muss daher auch die Diskussion über die Wissensgesellschaft gesehen werden. Die Bedeutung des Wissens als Grundlage der Wirtschaft wird hervorgehoben; es erscheint als der neue dominante Produktionsfaktor, der das Kapital in dieser Funktion ablöst. Peter Drucker sprach vom Wissen als der Quelle allen wirtschaftlichen Werts und folglich der Notwendigkeit einer neuen Wertetheorie der Ökonomie[15] und sogar von der Entwicklung zur „post-kapitalistischen Gesellschaft"[16], deren Wachstumsfaktor nicht mehr das Geldkapital, sondern das Wissen ist. Das muss zur Folge haben, so meinte Drucker, dass die in der zweiten Hälfte des 19. Jahrhunderts formulierten Doktrinen und politischen Richtlinien, die mit der Industriegesellschaft begründet wurden, neuen Realitäten weichen müssen.[17] Er nahm damit eine inhärente Logik der Entwicklung hin zur Wissensgesellschaft an, die genauso wie die der Industriegesellschaft zu einer Konvergenz der Gesellschaftssysteme führen muss, die nicht mehr als „kapitalistisch" oder „sozialistisch" bezeichnet werden können.

---

[14] Jean-François Lyotard, Das postmoderne Wissen, Graz-Wien 1986, S. 26

[15] Peter F. Drucker, Auf dem Wege zur nächsten Wirtschaftstheorie, in: Daniel Bell/Irving Kristol (Hg.), Die Krise in der Wirtschaftstheorie, Berlin 1984, S. 1-19

[16] Peter F. Drucker, Post-Capitalist Society, New York 1993

[17] Peter F. Drucker, Neue Realitäten. Wertewandel in Politik, Wirtschaft und Gesellschaft, Düsseldorf-Wien-New York 1989

In der „knowlegde society" liegt demnach das Schwergewicht auf Wissenschaft und Technik als den produktiven Kräften[18], was sich – so die Auffassung – in der Verwissenschaftlichung aller Lebensbereiche ausdrückt, aber die angeführt wird von dem zentralen Sektor, in dem die Voraussetzungen für die neue Maschinerie der Wissensgenerierung geschaffen wird, dem IuK-Sektor.

Dieses „Informationswissen", das mit Hilfe von Computern ungeheure Mengen von Daten prozessiert, unterscheidet sich von dem „Bildungswissen" dadurch, dass es ständig entwertet und erneuert wird und erst nach Bedarf aus der großen Menge redundanter Informationen selegiert werden muss. Die Speicherkapazitäten der Computer sind die Grenze dieses Informationswissens und diese werden daher ständig erweitert. Das Wissen hängt damit direkt von den technologischen Grundlagen und ihren Fortschritten ab, so dass ein systemisch-eigendynamischer Zusammenhang zwischen technischer Ausrüstung und Wissensproduktion besteht.

Die grundlegende Bedeutung der IuK-Technologie verweist auf die Art und Weise, wie Wissen generiert, verbreitet und genutzt wird. Wissen gibt es nur durch den Zugang zu Computern und Internet und die Fähigkeiten, diese zu nutzen. Die Schulung in IuK-Techniken und der Bedienung der Wissensmaschinen sind daher die wichtigsten Kompetenzen, über die Individuen in der Informationsgesellschaft verfügen müssen. Es ist die Grundbedingung dafür, dass sie überhaupt Beschäftigung finden können, es ist aber auch für die privaten Bereiche sowie für die Anbindung an und den Zugang zu Informationen und die Sicherung von Rechten und Chancen in den modernen Gesellschaften unentbehrlich. Daraus folgt die Notwendigkeit, die einmal erworbenen Kompetenzen in diesen Technologien immer wieder zu ergänzen und zu erneuern und die der Anschaffung immer neuer Generationen von Computern, Software und Web-Leistungen. Einkommen der privaten Haushalte müssen dafür verfügbar gemacht werden, so dass die Verbreitung und Vermarktung von Computern, Internet, Telekommunikation, gegen die sich heute kaum jemand wehren kann – soviel zur Konsumentensouveränität – große wirtschaftliche Bedeutung hat. Dies hat zur Akkumulation enormer Kapitalien geführt, hat Teile des Arbeitsmarkts globalisiert und daher einer weit schärferen Konkurrenz unterworfen, als dies im nationalen Arbeitsmarkt der Fall wäre, hat die ökonomischen Grundlagen der Unternehmen verändert dadurch, dass ein global deregulierter Kapitalmarkt als massiver Einflussfaktor ihrer Entscheidungen wirkt.

Die moderne Gesellschaft verwandelt sich nicht in eine post-kapitalistische Gesellschaft, wenn dieser Begriff im Sinne des Endes der Orientierung an den Interessen des Kapitals verstanden wird. Vielmehr sind diese der Motor für die Forschung und Entwicklung und die Entstehung von Wissen, das für wirtschaftliche Innovationen nutzbar ist. Darüber hinaus darf nicht vergessen werden, dass sehr große Geldmittel für die Schaffung von immateriellem Kapital in Form von Wissen erforderlich sind. Die hohen Kosten des gegenwärtigen For-

---

[18] Gernot Böhme/Nico Stehr (eds.), The Knowledge Society, Dordrecht 1986

1 Die Diskussion um die „postindustrielle Gesellschaft"

schungs- und Wissenschaftsbetriebs belegen die Tatsache, dass Wissen und Geldkapital besonders eng verbunden sind und einander wechselseitig bedingen.

Wissen als Wirtschaftsfaktor, der über die Chancen der Unternehmen auf Marktanteile und Gewinne und die der Staaten auf Wachstum des BIP entscheidet, bedeutet nicht die Dominanz des Wissens über die Wirtschaft, sondern umgekehrt die zunehmende Ökonomisierung des Wissens, oder besser: Alles Wissen, das in dieser Gesellschaft als wichtig und nützlich angesehen wird, ist dies je nach seiner Fähigkeit, sich in Geldkapitalzuwächsen niederzuschlagen. Das sind in einer Gesellschaft, die mit materiellen Gütern weitgehend gesättigt erscheint, vor allem jene Sektoren, die immaterielle Produkte anbieten; nur in diesem Sinn der Kulturwirtschaft, deren Wachstumsraten weit über dem Durchschnitt der anderen Sektoren liegen, wird die moderne Gesellschaft zur „Kulturgesellschaft".[19] In den USA sind daher folgerichtig die „cultural economics" eine eigene Teildisziplin der Ökonomie.

Noch weniger bedeutet Wissensgesellschaft den Übergang von einer „weitgehend ‚materiell' orientierten und gesteuerten Wirtschaft hin zu einer ‚symbolischen' und wissensfundierten Ökonomie."[20] Zu diesem Zweck müsste man nur die Mülldeponien und die Abfallversorgungsprobleme der Gegenwart in Erinnerung rufen. Möglicherweise werden Teile der „materiellen" Produktion in andere Regionen der Erde verlagert, aber das macht sie nicht „immateriell". Richtig ist allerdings die Aussage, dass die Gewinne der Unternehmen immer weniger aus der materialintensiven Produktion, sondern aus der „software"-Produktion kommen, aber das ist etwas ganz anderes als die Beschwörung einer immateriellen Wirtschaft der Zukunft. Nicht nur sind die wissensfundierten Sektoren wie Forschung und Entwicklung, Beratung, Finanzdienstleistungen die am raschesten wachsenden Bereiche, auch in der Industrie selbst verschiebt sich das Schwergewicht auf diese Funktionen, was sich auch in den Ausgaben für Investitionen in Informationstechnologie, Organisationsrestrukturierung, Forschung und Entwicklung niederschlägt.

In der „Wissensgesellschaft", in der das Wissen zum Produktionsfaktor geworden ist, kommt den Bildungsinvestitionen in Menschen große Bedeutung zu, allerdings nur unter der Voraussetzung, dass diese Investitionen dann wieder als Inputs in die Produktion fließen und Kapitalzuwächse erwirtschaften.[21] Die Unternehmen legen großes Gewicht auf die Entwicklung und die Nutzung der „human resources", aber auch die Einzelnen müssen immer wieder neue Qualifikationen erwerben, müssen in ihre Ausbildung investieren. Die große Bedeutung und der rasche Umschlag des Wissens lässt das Ausbildungswesen zunehmend zu einem wachsenden Wirtschaftssektors werden, in welchem die für die Beschäftigung in der modernen Wirtschaft notwendigen Techniken und Kompetenzen durch kommerzielle Anbieter

---

[19] Karla Fohrbeck/Andreas Wiesand, Von der Industriegesellschaft zur Kulturgesellschaft? München 1989, S. 44/45

[20] Nico Stehr, Arbeit, Eigentum und Wissen. Zur Theorie von Wissensgesellschaften, Frankfurt-New York 1994, S. 295

[21] Theodore Schultz, In Menschen investieren, Tübingen 1986; Gary S. Becker, Human Capital, New York 1964

vermittelt werden und auch die öffentlichen Bildungseinrichtungen müssen sich flexibel auf den Bedarf der Wirtschaft einstellen.

Die erwerbswirtschaftliche Anwendungsorientierung des Wissens drückt sich in einer Bedeutungsausweitung des Begriffs „Kapital" aus, der zunehmend auf immaterielle – dann jedoch keineswegs „ungeldliche" – Werte bezogen wird: Humankapital, Sozialkapital, symbolisches Kapital, kulturelles Kapital etc. Diese ursprünglich von Soziologen geprägten Begriffe erfreuen sich gegenwärtig einer weitgestreuten Beliebtheit und sind zu Vokabeln der gehobenen Konversation geworden. Der Kapitalbegriff ist also verallgemeinert worden, was eher für eine Durchkapitalisierung der Gesellschaft statt für den Übergang zu einer postkapitalistischen Gesellschaft spricht.

Das Wissen, um das es in der Wissensgesellschaft geht, ist nicht unabhängig, ist nicht autonomes Wissen von Menschen, in ihnen „inkorporiert", sondern es ist vielmehr „inkorporiert" in Systemen, die Menschen, Informationen und Maschinen und deren Organisierung umfassen. Bei Helmut Willke klingt das so:

> *„Die Wissensgesellschaft beruht auf ‚embedded intelligence' in dem Sinne, dass ihre Infrastrukturen (Telekommunikationssysteme, Telematik- und Verkehrssystemsteuerung, Energiesysteme) mit eingebauter, kontextsensitiver Expertise arbeiten, ihre Suprastrukturen (Institutionen, Regelsysteme, ‚governance regimes') lernfähig organisiert sind und aktiv Wissensbasierung betreiben, und dass die Operationsweise ihrer Funktionssysteme Schritt für Schritt ihre Eigenlogik mit der neuen Metadifferenz von Expertise und Risiko koppeln."*[22]

---

[22] Helmut Willke, Organisierte Wissensarbeit, in: Zeitschrift für Soziologie 27, 1998, S. 164

VII Der Wandel der sozialen und beruflichen Strukturen

Die neuen technologischen Grundlagen und ihre Nutzung in Wirtschaft und Gesellschaft verändern auch die sozialen und beruflichen Strukturen. Der die Industriegesellschaft quasi repräsentierende soziale Typus war der des Industriearbeiters. Die sozialen Strukturen der kapitalistischen Industriegesellschaft wurden kollektiv und universalistisch gedeutet; sie sind durch die Gegenüberstellung von Kapital und Arbeit geprägt. Die sich herausbildenden Formen der Wissensgesellschaft hingegen sind durch Individualisierung und Heterogenität gekennzeichnet.

1 Die soziale Differenzierung der Arbeitsgesellschaft

Wie oben ausgeführt, veränderte sich durch das Anwachsen der Beschäftigung in Dienstleistungen und Verwaltung die zahlenmäßige Zusammensetzung der Arbeitnehmerschaft, insbesondere aber reduzierte sich der Anteil der industriellen Arbeiter an der Gesamtzahl der unselbständig Erwerbstätigen. Aber nicht nur die quantitativen Strukturen wandelten sich, auch die Einheit und die Rolle der „Arbeiterklasse", die in der Theorie der kapitalistischen Industriegesellschaft als zentrale Gruppierung angesehen wurde, nahmen entscheidend ab.

Die Arbeiterklasse

Wie schon in Teil I aufgezeigt, war die Einheit der Arbeiterklasse immer mehr eine Fiktion als Realität; sie beruhte auf der Annahme eines kollektiven Bewusstseins, weniger auf der der tatsächlichen Bedingungen der immer sehr unterschiedlich situierten Arbeitergruppen. Auch war es nie so ganz klar, wer denn überhaupt zur Arbeiterklasse zu zählen ist; der Bogen spannte sich von der Kerngruppe der Produktionsarbeiter in den Industriebetrieben bis hin zur umfassenden Einbeziehung aller „Lohnarbeiter" im Sinne von unselbständig Erwerbstätigen. Sowohl die interne Differenzierung in der Arbeiterschaft als auch die Grenzen der Arbeiterklasse waren und sind nicht eindeutig. In der Gegenwart ist überdies die Rede von der „Arbeiterklasse" aus der Mode gekommen. Was ist aus dem vordem so oft beschworenen Klassenbewusstsein der Arbeiter geworden? Worin bestand es, wenn es so etwas jenseits der Ideologie überhaupt gegeben hatte?

Wir hatten schon auf die Rolle der Arbeiterkultur in der frühen Phase der Industriegesellschaft hingewiesen, die ein gemeinsames Bewusstsein, ja sogar einen gewissen Stolz begründete. Untersuchungen über „Das Gesellschaftsbild der Arbeiter"[1] kamen schon in den 50er Jahren zu dem Schluss, dass das proletarische Selbstbewusstsein kaum mehr vorhanden war, allerdings noch ein gewisser Stolz über die kollektive Leistung der Arbeiterklasse, aber auch die Vorstellung von der gesellschaftlichen Dichotomie zwischen „Oben" und „Unten" vorhanden waren, die als ökonomisch-soziale Unterschiede interpretiert wurden. Schon in den 60er Jahren des letzten Jahrhunderts zeigte sich dann verstärkt die Auswirkung des technologischen Wandels auf die Beurteilung ihrer gesellschaftlichen Lage durch die Industriearbeiter.[2] Sie fiel mehrheitlich positiv aus, man erwartete sich ein Ansteigen des sozialen Ansehens der Arbeiterschaft, die tendenzielle Angleichung von Arbeitern und Angestellten, bessere Aufstiegschancen und einen höheren Lebensstandard. Die Reduktion der Körperlichkeit der Industriearbeit und die höheren Qualifikationsanforderungen, ließen Erwartungen einer Verbesserung der Stellung der Arbeiterschaft in der sozialen Schichtung entstehen. Allerdings wurden auch die objektiven Bedingungen der Arbeit immer differenzierter und trafen auf ein Schwächerwerden der kollektiven Orientierung an gesellschaftlichen Ideologien, was die Autoren so kommentierten: „In dieser Situation bleibt zu fragen, ob überhaupt inhaltlich gemeinsame, für die Arbeiterschaft insgesamt geltende Bewusstseinsstrukturen vorhanden sind."[3]

Das Wirtschaftswachstum und die Entstehung des Wohlfahrtsstaates hatte auch die These von der „Verbürgerlichung" der Arbeiterklasse und ihrer Integration in einer Mittelschichtgesellschaft aufkommen lassen. Sie wurde mitunter auch mit der „Logik" des industriellen Prozesses im Sinne der Konvergenztheorie in Verbindung gebracht. Ihre Vertreter sahen die Arbeiter als in sich differenzierte Großgruppe, deren obere Schichten zusammen mit den Angestellten und Beamten, den kleinen Gewerbetreibenden und den freiberuflich Tätigen eine breite Mittelklasse bilden. Die Theorie der Mittelschichtgesellschaft wurde zu einer dominanten Gesellschaftsauffassung.

Andere Studien kamen zu weniger weitläufigen Schlüssen, stellten jedoch eine instrumentelle Orientierung an der Arbeit als Mittel des Geldverdienens vor allem bei den „gutverdienenden Arbeitern" fest. Bei diesen traten die Gruppensolidarität und auch die intrinsische Arbeitsmotivation zurück hinter einer Einstellung, die die Arbeit nicht mehr als zentrales Lebensinteresse verstand, sondern Befriedigung und Selbstbewusstsein in Freizeit, Konsum und Privatsphäre suchte. Dennoch kam es, wie die britische Untersuchung von Golthorpe et al. herausfand, nicht zu einer „Verbürgerlichung" in dem Sinne, dass die Arbeiter die Perspekti-

---

[1] Heinrich Popitz/Hans Paul Bahrdt/Ernst A. Jüres/Hanno Kesting, Das Gesellschaftsbild der Arbeiter, Tübingen 1957, S. 240
[2] Horst Kern/Michael Schumann, Industriearbeit und Arbeiterbewusstsein, Frankfurt/Main 1970
[3] Ebenda, S. 275

1 Die soziale Differenzierung der Arbeitsgesellschaft

ve der Unternehmen übernehmen oder dass sich die gesellschaftliche Stratifikation in Richtung auf eine Mittelschichtgesellschaft verändere. Sogar der Konflikt zwischen Kapital und Arbeit würde sich verschärfen, weil die Arbeiter ein großes Interesse an ihrer Kaufkraft haben und die Erwerbsarbeit als Mittel zum Zweck, um materielle, rechtliche und sonstige Vorteile zu erlangen, sehen.

> „*A factory worker can double his living standards and still remain a man who sells his labour to an employer in return for wages; he can work at a control panel rather then on an assembly line without changing his subordinate position in the organisation of production; he can live in his own house in a „middle class" estate or suburb and still remain little involved in white-collar social worlds. In short, class and status relationships do not change entirely pari passu with changes in the economic, technological and ecological infrastructure of social life: they have rather an important degree of autonomy, and can thus accomodate considerable change in this infrastructure without themselves changing in any fundamental way.*"[4]

Die Konsumorientierung der Arbeiterschaft wurde von anderen Kommentatoren als Zeichen der Entfremdung der Arbeiter in der Warengesellschaft interpretiert. Herbert Marcuse bezeichnete die Konsumgesellschaft als eine Gesellschaft eindimensionaler Menschen, die das Opfer eines falschen Bewusstseins und falscher, von Kapitalinteressen suggerierter Bedürfnisse geworden sind. Dies würde auch die Beherrschung und Ausbeutung einer Klasse durch die andere nicht aufheben, sondern würde durch die staatliche Politik weitgehend verrechtlicht und legitimiert.[5] Demnach wäre die instrumentelle Orientierung der Arbeiter selbst ein Produkt der Kapitalinteressen.

Große Bedeutung kam dem Verständnis der Arbeiterklasse als „communauté sociologique" in französischen Untersuchungen zu, weil hier der „Mythos der Arbeiterklasse" in Bezug auf deren historische Rolle noch lange überdauerte.[6] Touraine sah die Arbeiterklasse als durch das Gefühl der Zu- und Zusammengehörigkeit begründet, das in kollektiven Attitüden und Vorstellungen bestehe, sich aber nicht notwendig in Aktionen äußern muss, und differenzierte das Klassenbewusstsein in diesem Sinn vom Gewerkschaftsbewusstsein, das eine Orientierung am kollektiven Handeln bedeute.[7]

Allerdings konnten auch hier die Einflüsse der technischen und ökonomischen Entwicklungen der reifen Industriegesellschaft auf die Einstellungen und das Verhalten der Arbeiter nicht übersehen werden. Während manche, wie Jean-René Tréanton, der Instrumentalisie-

---

[4] John Goldthorpe/David Lockwood/F. Bechhofer/J. Platt, The Affluent Worker: Industrial Attitudes and Behaviour, Cambridge 1968, S. 162/163
[5] Herbert Marcuse, Der eindimensionale Mensch, Darmstadt-Neuwied 1967
[6] Klaus Düll, Industriesoziologie in Frankreich, Frankfurt/Main 1975, S. 46ff; siehe auch: Maurice Bolle de Bal, Problèmes de Sociologie du Travail, Bruxelles 1969
[7] Alain Touraine, La conscience ouvrière, Paris 1966

rungsthese Goldthorpes et al. nahestanden[8], sahen andere wie Serge Mallet die Evolution einer neuen Arbeiterklasse, deren Avantgarde die Techniker und qualifizierten Arbeiter in den technisch fortgeschrittensten Produktionsbetrieben seien.[9]

Technische Intelligenz, Verantwortung, Selbständigkeit und Initiative sind demnach die neuen Anforderungen und sie bringen ihrerseits neue Einstellungen zur Arbeit mit sich, für die besonders die Autonomie der Arbeit wichtig wird. Die „Arbeitertechniker" suchen ihre aufgabenbezogenen Interessen daher durch die Demokratisierung der betrieblichen Entscheidungen und durch aktive Partizipation und Kontrolle zu verwirklichen. Allerdings geraten sie damit in Konflikt mit den bürokratischen Strukturen der Unternehmungen und der Kapitalorientierung der Unternehmensführung.

Mallet und andere folgerten daraus ein Interesse der technisch hochqualifizierten Arbeiter am technischen Fortschritt und seiner Implementierung im Betrieb, die sie als Voraussetzung für Lohnerhöhungen, die Verkürzung der Arbeitszeit, die Aufwertung beruflicher Qualifikation und für autonome Arbeitsgestaltung sehen. Diese Arbeiter weisen daher sowohl einen starken Optimismus in Bezug auf die technische Entwicklung auf als auch Elemente einer syndikalistischen Tradition, die in Frankreich historisch starke Wurzeln hat. Daher entsteht eine „disposition à l'action", eine Bereitschaft, sich diese Partizipation zu erkämpfen, und sie wird durch die Gewerkschaften als der „incarnation de la classe ouvrière" exekutiert.[10] Aber dies begründet kollektive Auseinandersetzungen nicht auf Gesellschaftsebene, sondern auf der Ebene des einzelnen Unternehmens, was Mallet als Entwicklung zu einem Betriebssyndikalismus interpretierte.

André Gorz hingegen nahm „Abschied vom Proletariat"[11] als Klasse, die darauf abziele, der Macht und der Herrschaft der bürgerlichen Klasse ein Ende zu setzen. In dieser revolutionären Rolle habe das Proletariat abgedankt; die Arbeiterbewegung vollende als „Kopie des Kapitals" dessen Strategie, während die einzigen potentiell revolutionären Elemente schwach, zersplittert und unorganisiert seien: Die Randgruppen der Gesellschaft und die neuen sozialen Bewegungen. Sie sind jedoch eine Nicht-Klasse von nachindustriellen Proletariern oder von ephemeren Gruppierungen, die meist nach der gemeinsamen Aktion zerfallen. Demgegenüber setzte Alain Touraine die Hoffnung auf die Veränderung der Gesellschaft gerade auf die neuen sozialen Bewegungen, während auch er die Arbeiterklasse nicht mehr als den historischen Akteur der Zukunftsgesellschaft sah, da der Klassenkampf in eine Vielzahl einzelner Konflikte zerfalle.[12]

Ganz anders die Auffassung von Harry Braverman in Bezug auf die Arbeiterklasse, ihre Konstitution und ihr Bewusstsein. Für ihn sind die objektiven Bedingungen der Klassenlage

---

[8] Jean-René Tréanton, Progrès des études empiriques sur la classe ouvrière, in: Revue française de Sociologie XVI/1975, S. 335-358

[9] Serge Mallet, Die neue Arbeiterklasse, Neuwied-Berlin 1972 (urspr. frz. 1963), S. 26

[10] Claude Durand, Conscience ouvrière et action syndicale, Paris 1971

[11] André Gorz, Abschied vom Proletariat, Frankfurt/Main 1988

[12] Alain Touraine, Les nouveaux conflicts sociaux, in: Sociologie du Travail 17/1975, S. 1-17

ausschlaggebend und nicht die subjektiven Einstellungen. „Klasse" ist für Braverman ein relationaler Begriff; Klassen, Klassenstruktur und Gesellschaftsstruktur sind keine festen Einheiten mit genauen Zuordnungskriterien. Sie sind gesellschaftliche Prozesse, und es kommt auf das Verständnis der inneren Beziehungen und Vorgänge an, die diesen Prozess bestimmen, ihm seine Richtung verleihen. „Klasse" in diesem Sinn ist ein Verhältnisausdruck und kein substantieller Begriff, sie ist kein „Ding", sondern ein Prozess. Im Sinne dieser „labor process theory" sah Harry Braverman eine immer weitere Kreise der arbeitenden Bevölkerung erfassende „Taylorisierung" und eine daraus resultierende objektive Degradation und Dequalifizierung der Arbeit, die den Umfang der Arbeiterklasse auf vordem nicht zu ihr zählende Gruppen (Angestellte, Manager, Ingenieure, Lehrer, Wissenschaftler, Kleingewerbetreibende etc.) ausweitet.[13]

Angestellte, Manager und Beamte

Für Marx waren die Angestellten „kommerzielle Lohnarbeiter", die zwar zu den besser bezahlten und qualifizierten Arbeitern zählen, aber genauso lohnabhängig sind und daher ebenfalls in einem grundsätzlichen Gegensatz zum Kapital stehen. Während Marx noch erwartete, dass diese kommerziellen Lohnarbeiter eine Klasse mit den manuellen Arbeitern bilden würden, musste man schon bald erkennen, dass sich viele Angestellte nicht nur nicht dem Proletariat verbunden fühlten, sondern sich dem Bürgertum zurechneten. Sie lösten die kleinen Handwerker und Gewerbetreibenden als Kern des „Kleinbürgertums" ab.

Emil Lederer bezeichnete die Büroangestellten als „kapitalistische Zwischenschichten" und stellte einen besonderen sozialpsychologischen Habitus bei ihnen fest:

„Ganz fundamental aber ist der Unterschied zwischen den Arbeitern des Betriebs und den Angestellten des Büros. Die Verschiedenheit der Herkunft, Vorbildung und damit auch des ganzen menschlichen Habitus bis zu den Unterschieden der Kleidung und der Lebensgewohnheiten, die räumliche Trennung, die Andersartigkeit der Arbeitsbedingungen, die Unterschiede der Rechtslage sind Tatsachen, welche durch die Gleichheit des Einkommens nicht kompensiert werden."[14]

Hinsichtlich ihres politischen und sozialen Bewusstseins meinte Lederer, sie stellten eine „politisch flottante Schicht" zwischen Lohnarbeitern und Bürgertum dar.[15] Und Siegfried Kracauer kam zu dem Schluss: „Die Masse der Angestellten unterscheidet sich vom Arbeiter-Proletariat darin, dass sie geistig obdachlos ist."[16] In einer 1929 von Erich Fromm durchgeführten Umfrage unter Arbeitern und Angestellten zeigte sich jedoch, dass beide Gruppen

---

[13] Harry Braverman, Die Arbeit im modernen Produktionsprozeß, Frankfurt/Main 1977
[14] Ebenda, S. 180
[15] Emil Lederer, Die Angestellten im Wilhelminischen Reich (1912), in: Ders., Kapitalismus, Klassenstruktur und Probleme der Demokratie in Deutschland 1910-1940, Göttingen 1979, S. 51-82
[16] Siegfried Kracauer, Die Angestellten, Allensbach-Bonn 1959 (urspr. 1930), S. 85 und 61 resp.

zwar kulturell starke Unterschiede aufwiesen, im Hinblick auf Bewusstsein und politische Orientierung aber gleichermaßen wenig eindeutige und einheitliche Züge aufwiesen.[17]

Theodor Geiger sprach vom „neuen Mittelstand", der in den ersten Jahrzehnten des 20. Jahrhunderts entstanden sei, und hob die große aber durchaus differenzierte Bedeutung der unselbständig Berufstätigen für die soziale Schichtung der Gesellschaft hervor.[18] Er unterschied die „kapitalistische", die mittlere und die „proletarische" Lage und ordnete die Lohn- und Gehaltsbezieher teils der mittleren, teils der proletarischen Lage zu, sah sie demnach nicht als eindeutig einzuordnende Gruppe innerhalb der sozialen Schichtung.

Die Angestelltenschaft war tatsächlich in sich sehr heterogen, was ihre soziale Lage und ihr Ansehen betraf, und auch in Bezug auf ihre Einstellung zu ihrer Arbeit, zur Organisation, in der sie beschäftigt waren, und zur Gesellschaft gab es unter ihnen große Differenzen. Aber trotz dieser Unterschiede war die Differenzierung von den Arbeitern sowohl objektiv als auch subjektiv sehr stark. Einkommen, Aufstiegschancen, Art der Tätigkeit und Stellung in der Organisation differierten stark. Vielfach waren Angestellte Vorgesetzte von Arbeitern bzw. anderen Angestellten und die Identifikation mit der Arbeiterklasse war schon von der sozialen Herkunft her nicht vorhanden. Sie wiesen zunächst auch eine nur geringe Neigung auf, sich in Gewerkschaften zu organisieren, sondern bildeten eigene Angestelltenorganisationen, die ihre Sonderstellung betonten. Ihre arbeitsrechtlichen und sozialrechtlichen Forderungen, die sie von den Arbeitern unterscheiden sollten, führten zur Verrechtlichung der unterschiedlichen Behandlung von Arbeitern und Angestellten.

Nach dem zweiten Weltkrieg kam es zu einer neuen Welle der Angestelltenforschung, die sich insbesondere mit der Sonderstellung der Angestellten befasste (Fritz Croner, Ralf Dahrendorf, Hand Paul Bahrdt, David Lockwood, C. Wright Mills und Michel Crozier). Fritz Croner sah die Unterschiede im Bewusstsein von Arbeitern und Angestellten zunächst begründet in der Herkunft der Angestellten, dann aber in ihrer spezifischen wirtschaftlichen Funktion.[19] Diese „Funktionstheorie" beruht auf der Feststellung der von der Tätigkeit der Arbeiter verschiedenen Angestelltenarbeit, wobei es Croner allerdings weniger um die Art der Arbeit in Fabrik und Büro ging, sondern um die Funktion der Angestellten in der Betriebsorganisation und die daraus folgende abgestufte Sozialstruktur von hierarchisch angeordneten Positionen. Das begründet vertikal gestufte Karrieremöglichkeiten und daher ein Statusbewusstsein der Angestellten, das sich an der Hierarchie der Positionen orientiert und nicht an horizontaler Solidarität. Auch Hans Paul Bahrdt meinte, die Angestellten würden keine eigene Schicht darstellen, denn Angestellter zu sein bedeutet nicht eine bestimmte Stellung in der Gesellschaft, sondern sich entlang eines vertikalen hierarchischen Kontinuums zu bewegen.[20]

---

[17] Erich Fromm, Arbeiter und Angestellte am Vorabend des Dritten Reiches. Gesamtausgabe III, München 1989
[18] Theodor Geiger, Die soziale Schichtung des deutschen Volkes, Stuttgart 1967 (urspr. 1932), S. 24
[19] Fritz Croner, Soziologie der Angestellten, Köln-Opladen 1962
[20] Hans Paul Bahrdt, Industriebürokratie, Stuttgart 1972, S. 127ff

1 Die soziale Differenzierung der Arbeitsgesellschaft

Die Delegationstheorie begründet daran anschließend den Unterschied zwischen Arbeitern und Angestellten damit, dass letztere Arbeiten verrichten, die von oben an sie delegiert werden. Sie nehmen damit teil an der wirtschaftlichen Funktion des Unternehmers. Es handelt sich bei der Delegationstheorie auch um eine Funktionstheorie, die die Angestelltentätigkeiten als delegierte Unternehmerfunktion definiert.

Schon Max Weber hatte das Vordringen der Angestellten mit der Bürokratisierung der Betriebe begründet. Er nannte sie deshalb auch „Privatbeamte" und sah in ihnen den Prototyp des modernen „Fachmenschentums". Er verwies vor allem auf die Formalisierung der Abläufe in den Unternehmen durch allgemeine Regeln und die Rolle des fachlichen Expertenwissens. Dadurch wurde der Privatangestellte vom persönlichen Vertrauten des Unternehmers zum „Amtsträger", der eine Position in einer funktionalen Hierarchie innehat, die mit Kompetenzen, Rechten und Pflichten verbunden ist; sie verleiht dem „Amtsinhaber" Autorität im Rahmen seines Amtes, bindet ihn aber ein in einen vorweg geregelten Instanzenzug.[21]

Dahrendorf verwies auf die interne Spaltung innerhalb der Angestelltenschaft. Da nicht mehr das Eigentum für die Klassenunterschiede bestimmend sei, sondern die Herrschaft in der modernen Gesellschaft, kommt jenen Gruppen, die eng mit der Herrschaft in Staat und Wirtschaft verbunden sind, das sind die leitenden Angestellten im privaten und die höheren Beamten öffentlichen Bereich, große Bedeutung zu; sie bilden die „Dienstklasse" (ein Begriff, den er von Karl Renner übernahm). Ihre Stellung begründet ein Sonderbewusstsein, das insbesondere auf den Dienst an der Organisation bzw. an der Gesellschaft verweist.[22] Dies gilt jedoch nur für jene Angestellten, die Anteil an der Herrschaftsfunktion haben. Die Masse der nur Angestellten hingegen hat dieselben Bedingungen wie die Arbeiter, ihr Festhalten an der Sonderstellung gegenüber den Arbeitern beruht auf Tradition oder Illusionen über ihre realen Chancen. Dahrendorf betonte die Polarisierung innerhalb der Angestelltenschaft in die „Dienstklasse" einerseits, die Büro- und Handelsangestellten andererseits. Letztere hatte David Lockwood „black-coated workers" genannt und festgestellt, dass ihr Bewusstsein Reflex ihrer sozialen Lage ist.[23] Auch Michel Crozier wies darauf hin, dass nicht nur der Abgrenzung gegenüber den Arbeitern Bedeutung zukomme, sondern auch jener zu den freien Berufen, den Managern und Ingenieuren, die die Angestelltenschaft nach oben hin begrenzen.[24]

C. Wright Mills untersuchte die „white collar workers" als die die amerikanische Mittelklasse konstituierenden Gruppen. Sie erwiesen sich als stark differenziert und zwar im Hinblick auf Arbeitstätigkeit, Macht, Prestige und ökonomische Lage. Was ihnen gemeinsam zu sein scheint, ist eine starke Orientierung an Status und Prestige, die besondere Involviertheit in persönlicher und sozialer Hinsicht in großen Organisationen und die politische Unbestimmtheit, damit verbunden ihre mangelnde kollektive Organisierung. Dies alles lässt sie

---

[21] Max Weber, Wirtschaft und Gesellschaft, Tübingen 1985, S. 124ff
[22] Ralf Dahrendorf, Konflikt und Freiheit, München 1972
[23] David Lockwood, The Blackcoated Worker, London 1958
[24] Michel Crozier, Le monde des employés de bureau, Paris 1965

für Mills als ohnmächtige Objekte gesellschaftlicher Gruppen, von übermächtigen Organisationen, Verbänden und Machteliten erscheinen.[25]

„Die Angestellten" setzen sich aus einer Vielzahl von Gruppen mit stark differierenden wirtschaftlichen, technischen und beruflichen Situationen zusammen: Angestellte im Verwaltungsbereich von Industriebetrieben, Handelsangestellte, Angestellte in Banken, Versicherungen, Makler, Rechtsanwaltsbüros etc., Angestellte im Hotel- und Gastgewerbe und in persönlichen Dienstleistungen (Friseure etc.). Sie alle haben sehr unterschiedliche Bedingungen und sind nur mehr schwer als eine eigene Gruppe zu begreifen.

Der technisch-organisatorische Wandel im Zuge der Computerisierung der Büros veränderte die Arbeit sowohl in Bezug auf ihren Inhalt als auch in Bezug auf die sozialen Aspekte. Die Angestellten in der Industrie verloren schon vor der Ausbreitung der IuK-Technologien, soweit es sich nicht um Manager oder Ingenieure handelte, an sozialem Ansehen im Zuge der Rationalisierungsmaßnahmen in der Verwaltung, die das Büro zu einer Domäne der Frauenbeschäftigung gemacht hatten. Die „Bildschirmarbeit" warf nicht nur neue ergonomische Probleme auf, sie bedeutete nun auch für die Angestelltentätigkeiten, dass es auf Geschwindigkeit und Genauigkeit ankommt. Damit wurde es auch möglich, arbeitswissenschaftliche Analysen und Methoden auf die Angestelltentätigkeiten anzuwenden. Die Büroautomatisierung unterwarf die Arbeit der Angestellten der maschinellen Kontrolle, objektivierte sie und machte sie transparent und vergleichbar, in der Folge kam es auch zur Freisetzung einerseits, zur Arbeitsintensivierung durch die technische Rationalisierung andererseits. Durch Technisierung, Standardisierung und den Einsatz von Computern wurde „das Büro zur Fabrik der Zukunft", wie Barbara Garson an verschiedenen Beispielen zeigte.[26]

In Bezug auf den Arbeitsinhalt der Angestelltentätigkeiten, insbesondere der einfachen Bürotätigkeiten, kam es zu einer Entindividualisierung durch den Computer, gleichzeitig stiegen Zeitdruck und Arbeitsablaufkontrolle, damit auch Stress und Hektik, während Dispositionsspielraum und soziale Kommunikation abnehmen. Die Durch-Computerisierung der Arbeitsbereiche resultiert in vielen Fällen in einer Veränderung der sozialen Strukturen der Arbeit in der Weise, dass zwischenmenschliche Kontakte reduziert werden. Die Arbeitstätigkeit selbst nimmt dabei einen anderen Charakter an als sie früher hatte, etwa wenn die Chef-Sekretärin-Beziehung ersetzt wird durch die Dienstleistung eines Zentralbüros für das Management oder Sozialarbeit zur Datenverarbeitung von Sozialhilfeempfängern wird, der Kontakt der Bankangestellten mit dem Kunden durch Bankomat und andere Maschinen ersetzt wird, usw. Es besteht eine Tendenz zur Zerstörung der primären Arbeitssysteme im Sektor der Verwaltung und der Dienstleistungen und der Ersetzung durch „kontrollierte Dezentralisierung", eine Mischung aus zentraler Planung und Datenspeicherung einerseits und lokaler Autonomie und Selbstregulierung andererseits. Auch kommt es bei der Art und Weise der Nutzung der Mikroelektronik, insbesondere durch die Vernetzung in zentralen Verwaltungssystemen zu einer

---

[25] C. Wright Mills, White Collar. The American Middle Classes, New York 1951
[26] Barbara Garson, Schöne neue Arbeitswelt, Frankfurt/Main-New York 1990

1 Die soziale Differenzierung der Arbeitsgesellschaft

Verstärkung der Kontrolle von ganz oben, d. h. von der Unternehmensleitung, während die Bedeutung der mittleren Führungsebene abnimmt.

Mit dem Einzug der Mikroelektronik im Büro kam es zu einer grundlegenden Veränderung im Prinzip der Rationalisierung; diese ist nicht mehr punktuell, sondern „systemisch", d. h. es kommt zu einer Rationalisierung des gesamten Prozesses, sowohl der operativen wie der dispositiven Tätigkeiten; die Rationalisierung bewirkt eine Zurücknahme der Funktionszerteilung, auch der vertikalen Arbeitsteilung. Die neuen Technologien förderten die Differenzierung innerhalb der Angestellten durch die Entstehung spezifischer IuK-Arbeiten und Arbeitskräften mit spezifischen Qualifikations- und Funktionsmerkmalen.[27]

Damit war zwar in manchen Fällen ein Ansteigen des Qualifikationsniveaus verbunden, das aber durch die betriebsspezifische Orientierung von einer Verengung der Berufsperspektiven begleitet wird. Auf Grund der unterschiedlichen Qualifikationsniveaus kommt es zudem zu einer Verringerung der Aufstiegschancen der Angestellten im Betrieb. Erhöhte Bedeutung gewinnt auch im Angestelltenbereich die Weiterbildung, die sowohl für die Qualifizierung wie für die Selektion wichtig wird. Die „Qualifizierungskonkurrenz" zwischen den Angestellten führt zu einer Abschichtung der einfachen Sachbearbeiter und Schreibkräfte, die ohne zusätzliche Qualifikationen keine Chance auf Aufstieg in der zukünftigen „Qualifikationsmeritokratie" haben.[28]

Auch im Dienstleistungsbereich im engeren Sinn kam es zunehmend zu Arbeitsteilung und Mechanisierung, so etwa im Bereich der Gaststätten („McDonaldisierung") oder im Handel, wo die Tätigkeit des Verkäufers im Supermarkt verschwand und durch Lagerarbeiten und das Beladen der Regale ersetzt wurden; auch das Kassieren wird immer stärker rationalisiert. Die Ausbildungsanforderungen bei diesen Arbeiten sind in der Regel gering, und es werden überwiegend Frauen beschäftigt.

Das Anwachsen der Angestelltenzahlen und ihre stark differenzierenden Arbeitsbedingungen, Tätigkeiten, sozialen und organisatorischen Positionen, sowie die Auswirkungen des technischen Wandels auf die Arbeitstätigkeit der Angestellten, ließen die Differenzierung zwischen Arbeitern und Angestellten immer mehr als unbegründet erscheinen und führten zur Reduktion bzw. Beseitigung der Unterschiede. Das ließ auch soziologische Untersuchungen, die auf Bewusstsein und Stellung der Angestellten als eine eigene Gruppe abstellen, als obsolet erscheinen.[29] Als bedeutsamer wurde die Distanz zwischen den leitenden Angestellten und der Masse der Büroangestellten erkannt.

Von den „einfachen" Angestellten müssen die „leitenden" oder „höheren" Angestellten, die Führungskräfte, differenziert werden. Waren in der Frühzeit der Industriegesellschaft diese

---

[27] Urs Jaeggi/Herbert Wiedemann, Der Angestellte im automatisierten Büro, Stuttgart 1963
[28] Martin Baethge/Herbert Oberbeck, Zukunft der Angestellten, Frankfurt/Main 1986
[29] Ulf Kadritzke, Angestellte als Lohnarbeiter. Kritischer Nachruf auf die deutsche Kragenlinie, in: Gert Schmidt/Hans-Joachim Braczyk/Jost von dem Knesebeck, Materialien zur Industriesoziologie, Opladen 1982, S. 219-249

zwischen Unternehmer und Belegschaft stehenden Gruppen in den Betrieben weitgehend deckungsgleich mit den Angestellten, so schuf die fortschreitende Bürokratisierung und Hierarchisierung der Organisationen in der Folge ausführende Tätigkeiten in der Verwaltung in großer Zahl, die ein Heer von Angestellten, von „Industriebeamten" oder „Büroarbeitern" entstehen ließ; auf der anderen Seite aber entwickelten sich Funktionen der Leitung und Kontrolle einerseits, der höheren technisch-ökonomischen Kompetenz andererseits. Die Integration von Produktion und Verwaltung, das im Zuge der „wissenschaftlichen Betriebsführung" entstandene Management der Arbeit, die Übernahme der Marketing- und Absatzfunktion etc. ließen die leitenden, dispositiven Positionen in den Unternehmen anwachsen. Führungskräfte und technische Experten wurden eine von den Angestellten abgehobene Schicht.

Diese Entwicklung wurde durch die Mechanisierung des Büros noch ausgeprägter, wodurch die einfachen Angestelltentätigkeiten zu einem Großteil zu mit geringer Qualifikation, niedrigem Status und Einkommen verbundenen typischen Frauenberufen wurden. Die Führungskräfte aber waren in der Regel Männer, die zunächst noch im Betrieb selbst aufgestiegen waren; später aber wurden in immer höherem Maße Universitätsabsolventen für diese Funktionen, vor allem aber auch für Stabsfunktionen, herangezogen. Das bedeutet, dass das Durchschnittsalter der Führungskräfte und Experten sank und es zu Generations- und Kompetenzkonflikten zu den im Betrieb aufgestiegenen Praktikern kam. Die Computerisierung brachte hingegen eine gewisse Gegenbewegung, weil dadurch Funktion, Zahl und Ansehen der Leitenden vor allem der mittleren und unteren Ebene wieder abnahmen.

Der Begriff des „leitenden Angestellten" in Deutschland und Österreich knüpft an die sozialrechtliche Unterscheidung in Angestellte und Arbeiter an und fügt zur weiteren Abgrenzung das Adjektiv „leitend" hinzu, wenn die berufliche Tätigkeit mit der Leitung anderer Personen und der Verantwortung für die Arbeit anderer verbunden ist.[30] Doch nicht jeder, der leitet, ist ein „Leitender"; ausschlaggebend ist die Tatsache, ob bei unselbständiger Tätigkeit ein individuelles Sondervertragsverhältnis besteht oder nicht. Die Gruppe der Leitenden unterliegt zwar denselben arbeitsrechtlichen Bedingungen wie die übrigen Angestellten, allerdings mit partiellen Ausnahmen der Art, dass sie sozialpolitisch weniger geschützt sind (in Bezug auf Arbeitszeitschutz, keine Abgeltung von Mehrarbeit etc.) und ihre Arbeitsbedingungen individuell ausgehandelt sind. Sie verdienen daher wesentlich mehr als die übrigen Angestellten. Wenn man dieses Kriterium unterstellt, dann zählen zur Kategorie „leitende Angestellte" Abteilungsleiter, Betriebsleiter, Chefingenieure, Direktoren, Prokuristen etc. Unter der Bezeichnung „leitende Angestellte" werden aber Personen in leitender Angestelltentätigkeit subsumiert, die nicht dem Vorstand (im Fall der AG) bzw. der Geschäftsführung (im Fall der

---

[30] Eberhard Witte/Rolf Bronner, Die Leitenden Angestellten, München 1974

1 Die soziale Differenzierung der Arbeitsgesellschaft

GesmbH) angehören.[31] Auszuschließen sind auch alle Personen, die faktisch Eigentümer sind, aber auf Grund der Rechtsform des Unternehmens Arbeitnehmerstatus haben.[32]

Der französische Begriff der „cadres" schließt die Angestellten mit Vorgesetztenfunktion und Spezialistenfunktion ein; jedoch ist dieser Begriff kaum zu übersetzen: er bedeutet wörtlich „Rahmen-Personal" („personnel d'encadrement"), bezeichnet aber nicht nur eine Kategorie mit bestimmter Stellung („Führungskraft") oder Funktion („Manager") in Organisationen, sondern auch eine spezifische gesellschaftliche Gruppe, die arbeits- und tarifrechtlich abgegrenzt ist. Demgegenüber ist das Management in den USA durch seine Stellung und Funktion in den Unternehmen bestimmt. Der US-amerikanische Begriff des „Management" hat große Verbreitung gefunden, zumindest was die ubiquitäre Verwendung des Wortes „Manager" betrifft. Während das „management" ein sehr breit zu verstehender Begriff ist, der auf alle planerischen und organisierenden Tätigkeiten in einer Vielzahl von Bereichen Anwendung findet, umfasst der Begriff des „managers" in Bezug auf die Unternehmen im allgemeinen die drei Ebenen des Top-, Middle-, Lower Management.

In allen Ländern, besonders ausgeprägt in den USA, besteht eine große Kluft in Bezug auf Macht und Einkommen zwischen den „corporate executive officers" (CEO) und den Managementebenen darunter. Das Einkommen der CEOs ist in jedem Unternehmen und für jede Person auf Grund individueller Verträge unterschiedlich. Grundsätzlich kann es sich aus drei Bestandteilen in diversen Kombinationen zusammensetzen: Gehalt, Bonus, Optionen auf Aktien des Unternehmens. Dazu kommen je nach Unternehmen und individueller Verhandlungsmacht spezielle Gratifikationen und Aufwandsentschädigungen. Die meisten CEOs haben daher durchaus selbst Gewinninteressen, da die Höhe des Gewinns auch ihr Einkommen – und ihren Erfolgsnachweis und damit ihre Zukunftschancen bestimmt. Sie sind auch von den Eigentümern gewählt und haben daher die Gewinninteressen der Eigentümer zu vertreten. Sie taten das nicht immer in dem Ausmaß, wie sie in der Gegenwart den Kapitalinteressen dienen, denn in der Phase des „managerial capitalism", als die Verwalter-Unternehmer gegenüber dem Kapitalinteresse dominierten, waren sie oftmals mehr an der Expansion des Unternehmens interessiert als an der Dividendenausschüttung. Unter der Dominanz des Prinzips des „shareholder value" hingegen und der Verschiebung der Macht weg von den internen Managern hin zu den Kapitaleignern und Finanzinstitutionen stehen die Gewinninteressen wieder im Vordergrund. Die Loyalität den Kapitaleignern gegenüber lassen sich die CEOs auch mit Hinweis auf ihren Marktwert durch exorbitante Einkommen belohnen.

Diese Aspekte lassen den Schluss zu, dass es sich beim Top-Management um eine Gruppe handelt, die – wie Theo Nichols argumentiert[33] – nur unwesentlich von den selbständigen

---

[31] Zur Problematik der Abgrenzung der leitenden Angestellten siehe Gertraude Horke, Leitende Angestellte – Diagnose des Gruppenbildungsprozesses, Berichte des Instituts für Allgemeine Soziologie und Wirtschaftssoziologie, Heft 11/Jänner 1976

[32] Anton Burghardt, Kompendium der Sozialpolitik, Berlin 1979, S. 182

[33] Theo Nichols, Ownership, Control and Ideology, London 1970, S. 134ff

Unternehmern differiert (zumal sie selbst häufig Aktionäre sind), aber sehr wesentliche Unterschiede zu den anderen Führungskräften, die nicht dem Vorstand angehören, aufweist. Auf Grund der im Zuge der Globalisierung stark angewachsenen Bedeutung der multinationalen Unternehmen ist für die Top-Manager immer mehr ein globaler Arbeitsmarkt maßgebend, auf dem sich die Gehälter und Einkommen bilden. Allerdings zeigen Untersuchungen, dass für Top-Manager eine selektive Rekrutierung maßgebend ist, wobei Kriterien der sozialen Herkunft, der elitären Ausbildung und der sozialen Beziehungen eine große Rolle spielen, so dass es sich zu einem großen Teil um eine klassen- bzw. schichtspezifische Reproduktion handelt. Wenngleich dies auch im internationalen Vergleich zutrifft, kann man auf Grund der starken nationalen Kontinuität der Karrierepfade dennoch nicht von der Entstehung einer „globalen Weltklasse" von Top-Managern sprechen.[34]

Top-Manager von multinationalen Großunternehmen genießen ein hohes Ansehen auch in der Öffentlichkeit; sie sind Symbole für Fortschritt und Erfolg durch Leistung. Leistung, Initiative, Durchsetzungskraft sind die Tugenden des Managers. Er ist Aushängeschild einer globalen Leistungselite, die allerdings auch beträchtliche Macht und Einfluss entfalten kann, vor allem wenn es sich bei dem Unternehmen um einen großen „global player" handelt. Dieser Einfluss kann noch erhöht werden, wenn die Top-Manager Netzwerke von Beziehungen zu anderen Firmen, Organisationen, politischen Instanzen, Medien aufbauen. Manch ein solcher Top-CEO lässt auch Staatsoberhäupter klein aussehen, wenn es um die Frage der Standortwahl von Niederlassungen und den Bedingungen geht, die das jeweilige Land zu bieten hat.

Ein Teil dieses Ansehens wirkt auf die unteren Ebenen des Managements, so dass sich auch deren Vertreter als Mitglieder einer Leistungselite sehen können. Das anspruchsvolle Image des Managers ist zumindest zum Teil Produkt der Imagepflege durch die großen Unternehmen, deren Erhaltung, Entwicklung und Expansion auf der Motivation ihrer Führungskräfte beruht. Allerdings sind die Bedingungen für die mittleren und unteren Ebenen der Manager bei weitem nicht so gut, wie die für die Top-Ebene, zumindest nicht für alle. Auch gibt es große Unterschiede zwischen den Managern, so etwa nach ihrer faktischen Rolle, etwa als „nouveau managers", die frisch von der Hochschule kommen; als „old guard", ältere Leitende, die die Tradition des Unternehmens verkörpern, obgleich sie selbst über Positionen im „middle management" nicht hinauskamen; als „ideas men", die mit großen finanziellen Zugeständnissen in der Mitte ihrer Karriere von anderen Unternehmen abgeworben worden sind; als „lumpen management", das die tagtäglich anfallende Arbeit tut; und als „hatchet men", jüngere Leute, meist Akademiker, die durch totale Identifikation mit der Organisation möglichst rasch an die Spitze kommen wollen.[35] Die Führungskräfte sind in Bezug auf ihre Rolle und ihr Ansehen sehr heterogen und das nicht nur durch die Position im Unternehmen, sondern auch auf Grund der Größe, der Branche und der Reputation des Unternehmens.

---

[34] Michael Hartmann, Top-Manager. Die Rekrutierung einer Elite, Frankfurt-New York 1996; Ders., Die Spitzenmanager der internationalen Großkonzerne als Kern einer neuen „Weltklasse"? In: Rudi Schmidt/H.-J. Gergs/M. Pohlmann (Hg.), Managementsoziologie, München-Mering 2002, S. 184-208

[35] Colin Fletcher, The End of Management, in: John Child, Man and Organization, London 1973, S. 135-157

1 Die soziale Differenzierung der Arbeitsgesellschaft

Davon hängt ihr eigenes Ansehen, ihr Einfluss, ihre Aufstiegschancen und ihr Einkommen ganz entscheidend ab. Auch innerhalb eines Unternehmens gibt es unterschiedliche ökonomische und soziale Bedingungen und Chancen, etwa nach der Bedeutung der Abteilung, die sie leiten, nach der Zahl der Untergebenen etc.

Manager sind Beschäftigte mit bestimmten Arbeitsbedingungen, Karrierechancen und Einkommenssituation.[36] Für viele leitende Angestellte haben sich die Arbeitsbedingungen und vor allem auch die Sicherheit ihrer Arbeitsplätze verschlechtert, weil die neuen technisch-organisatorischen Systeme nicht so viele Ebenen und Funktionen der Leitung erfordern bzw. sie mehr oder weniger Tätigkeiten verrichten, wie sie auch die anderen Gruppen von Angestellten tun. Die oft unter Managern beobachtete Karriereorientierung und Einsatzfreude für das Unternehmen hat bei manchen von ihnen daher nachgelassen und veranlasste sie zu einem Umdenken in Bezug auf die Präferenzen. Der Arbeit für die Organisation wird von den „reluctant managers" nicht mehr unangefochten die Priorität gegenüber Familie und Freizeit eingeräumt.[37] Die Veränderungen der Anforderungen und die Verunsicherung in Bezug auf die Strategien der Unternehmensführung führen zu steigender Frustration und zu Existenzängsten.[38] Dies vor allem deshalb, weil die verschärften Konkurrenz- und Kapitalorientierungen der Unternehmensspitze einen starken Druck auf die Leistung und den Erfolg der Manager darstellen, die diese nur bedingt nach unten weitergeben können. Und wenn sie das tun, ist das für sie auch nicht immer die Lösung aller Probleme, denn sie spüren dann den Gegendruck von unten; das mittlere und untere Management kommt daher als „man-in-the-middle" zwischen die Fronten und muss diesen Rollenkonflikt lösen. Dies erweist sich als schwieriger als bisher, weil sich auch die Autoritätsgrundlagen und die sozialen Beziehungen in der Organisation geändert haben. Allerdings gibt es hier Unterschiede je nachdem, ob die fachliche Autorität der Manager durch den Organisationswandel gestärkt wurde oder die Manager zu reinen Mittlern und Moderatoren wurden und ob es sich um generalistische Managementfunktionen mit erhöhter persönlicher Autorität handelt. Besonders letzterer entwickelt sich zum „intrapreneur", der unternehmerische Funktionen schon unterhalb der Ebene der Unternehmensleitung wahrnimmt und sich als Unternehmer im Unternehmen sieht.[39]

Da Manager einseitig an der Organisation, für die sie arbeiten, orientiert sind und kaum an ihrer Berufsgruppe, gehören die leitenden Angestellten zu den Gruppen in der Arbeitswelt, die nur in geringem Umfang in Interessenverbänden organisiert sind. Das Image und das Selbstbild von Managern sind durch individuelle Interessendurchsetzung, nicht durch kollek-

---

[36] Einen Überblick über die Situation in verschiedenen Ländern bietet: Myron J. Roomkin (ed.), Managers as Employees. An International Comparison of the Changing Character of Managerial Employment, New York-Oxford 1989

[37] Richard Scase/Robert Goffee, Reluctant Managers, London 1989

[38] Eine umfassende Untersuchung der Probleme der Führungskräfte findet sich in: Martin Baethge/J. Denkinger/U. Kadritzke, Das Führungskräfte-Dilemma. Manager und industrielle Experten zwischen Unternehmen und Lebenswelt, Frankfurt-New York 1995

[39] Michael Faust/Peter Jauch/Petra Notz, Befreit und entwurzelt: Führungskräfte auf dem Weg zum „internen Unternehmer", München-Mering 2000, S. 172ff

tive Vertretung charakterisiert. In Frankreich, Großbritannien und Holland kam es aber doch, etwas später auch in Deutschland zur kollektiven Interessenorganisierung der Leitenden, allerdings nicht in den Gewerkschaften, sondern in eigenen Organisationen („managerial unions", „professional unions").[40] Ein Grund dafür ist die Tatsache, dass die großen Unternehmen und Konzerne Hunderte, wenn nicht Tausende von Managern beschäftigen, so dass das typischerweise individuelle Vertragsverhältnis zwischen den Leitenden und ihren Arbeitgebern sich allmählich verändert und kollektive Verhandlungen und Organisierung sinnvoll werden. Dies vor allem dann, wenn sie ihre relative Besserstellung gegenüber den gewerkschaftlich vertretenen Angestellten oder Arbeitern mehr und mehr eingebüßt hatten.[41] Daneben können Führungskräfte und Spezialisten wohl auch Mitglieder von Gewerkschaften sein, was häufig allerdings Resultat eines früheren Beitritts ist, so dass die Mitgliedschaft noch weiter besteht, es kann aber auch spezielle Sektionen für Leitende in den Gewerkschaften geben.[42] Technische Manager und Spezialisten, also die „technisch-naturwissenschaftliche Intelligenz", zeigen eine wesentlich größere Neigung zur Organisation ihrer Interessen als jene, die in kommerziellen Verwendungen sind.[43] Das hat mit der Identifizierung mit der Berufsgruppe bzw. mit dem Unternehmen zu tun.[44] Bei den „cosmopolitans" ist die Orientierung an den Standards der Berufsgruppe stärker, sie sind nicht so ausschließlich an der Organisation ausgerichtet, wie die „localists".[45]

Eine besondere Situation weisen auch die Beamten auf. Als eine relativ große Gruppe von Berufstätigen waren und sind die Beamten sozial stark differenziert, ihr Status und ihr Einfluss wie ihr Einkommen richten sich nach den gesetzlich festgelegten Abstufungen. Darüber hinaus sind sie sozialgeschichtlich durch die unterschiedliche Herkunft geprägt, denn die obersten Positionen in der Bürokratie hatten im Jahrhundert des Beamtentums in der Regel Adelige inne. Da sich gewisse generationenübergreifende Berufstraditionen etablierten, wirkten diese askriptiven Merkmale bis weit in das 20. Jahrhundert hinein.[46]

Wenngleich die Beamten eine sehr lange Geschichte haben, die bis ins späte Mittelalter zurückreicht[47], entstand die moderne Beamtenschaft im Zuge der Umwandlung des dynastischen Staates in den Rechtsstaat, der auch bei monarchischer Verfassung dem Fürsten die

---

[40] Günter Witt, Leitende Angestellte und Einheitsgewerkschaft, Frankfurt/Main-Köln 1975

[41] Ed Snape/Greg Bamber, Managerial and Professional Employees: Conceptualising Union Strategies and Structures, in: British Journal of Industrial Relations 27/1989, S. 93-110

[42] Greg Bamber, Militant Managers, Aldershot 1986

[43] Siehe dazu auch: Gert Hortleder, Ingenieure in der Industriegesellschaft, Frankfurt/Main 1973; George Strauss, Professional or Employee-oriented: Dilemma for Engineering Unions, in: Industrial and Labor Relations Review 17/1964, S. 519-533

[44] J. E. Hebden, Patterns of Work Identification, in: Sociology of Work and Occupations, Vol. 2/2/1975, S. 107-132

[45] Alvin W. Gouldner, Cosmopolitans and Locals. Towards an Analysis of Latent Social Roles, in: Administrative Science Quarterly 12/1957, S. 281-306 und 3/1958, S. 444-480

[46] Siehe: Gernot Stummer, Eliten in Österreich 1840-1970, 2 Bde., Wien-Köln-Graz 1997, S. 851ff

[47] Alfred Hoffmann, Die Beamten, in: Erich Zöllner (Hg.), Österreichs Sozialstrukturen in historischer Sicht, Wien 1980, S. 83-88

1 Die soziale Differenzierung der Arbeitsgesellschaft 227

Funktion als Staatsoberhaupt bzw. damit als oberstem Beamten des Staates zuwies. Die hohen Positionen der Staatsbürokratie repräsentierten daher die Herrschaftsgewalt im Sinne von Webers rational-legaler Herrschaftsform. Beispiele bzw. Stationen auf diesem Weg waren in Deutschland vor allem das Allgemeine Preußische Landrecht 1794 und die Stein-Hardenbergsche Reform 1807/1808. In Österreich hatte der Josephinismus eine eigene Kultur der Beamten begründet.[48] Erst ab 1873 verselbständigte sich die Bürokratie vom Hof und wurde zu einem eigenen Stand. Mit der Entstehung der Parteiendemokratie politisierte sich die Herrschaft im Staat und die Beamten stellten den stabilen Funktionsapparat bei wechselnder politischer Führung dar. „Die funktionale Kontinuität des Beamtentums der letzten dreihundert Jahre besteht in seinem Dienst am bürgerlichen Staat, über den Klassen stehend und doch in ihre Konstellation eingebunden, dienstleistend und herrschaftsausübend zugleich", meinte Gerhard Armanski.[49] In diesem ganzen Prozess war die Sonderstellung der Beamten durch die Dienstpragmatik, also ihre prinzipielle Unkündbarkeit und der Aufstieg nach dem Dienstalter, eine wesentliche Sicherstellung ihrer Unabhängigkeit vom Herrscher bzw. der politischen Führung.[50]

Im Zuge der Bürokratisierung auch der Unternehmensorganisationen mit genau festgelegten Instanzenwegen und Kompetenzverteilung wurden die Beamten und die öffentliche Verwaltung Vorbilder für die Organisierung der Betriebe; man sprach daher von den Angestellten in den Industriebetrieben als „Industriebeamte".[51] In allen Bereichen schien sich diese Art von rationaler Organisierung mit den dafür notwendigen fachlichen Qualifikationen und der formalen Über- und Unterordnung durchzusetzen.[52]

Durch die Ausweitung des Staates als Produktions- und Dienstleistungsunternehmer und die Übernahme vielfältiger Funktionen differenzierten sich die Beamten in die unmittelbaren Staatsbeamten und die der nachgeordneten Dienststellen der öffentlichen Körperschaften und Unternehmen der Kommunalverwaltung, etc. Aus der Sonderstellung der Beamten in arbeits- und besoldungsrechtlicher Hinsicht wie in sozialer Hinsicht ergab sich eine Distanz zur übrigen Arbeitnehmerschaft. Rechtlich ist dies auch dadurch ausgedrückt, dass die Beamten sich zwar verbandlich organisieren durften, aber ihnen das Streikrecht dort, wo es gesetzlich verankert ist, vorenthalten wird bzw. Beamtenstreiks als illegal erachtet werden.

Die Ära des Wohlfahrtsstaates brachte eine neue Hoch-zeit des Beamtentums, wenngleich sich die Dienstleistungsaspekte ihrer Funktion und Stellung verstärkten. Durch den Ausbau des Sozialstaates kam es zu einer vermehrten Beschäftigung im öffentlichen Sektor und zwar vor allem bei den Vertragsbediensteten. Das führte auch dazu, dass es zu einer stärkeren

---

[48] Waltraud Heindl, Gehorsame Rebellen. Bürokratie und Beamte in Österreich 1780 bis 1848, Wien-Köln-Graz 1991

[49] Gerhard Armanski, Das gewöhnliche Auge der Macht. Sozialgeschichte der Beamten, Berlin 1983, S. 10

[50] Ernst Bruckmüller, Sozialgeschichte Österreichs, Wien-München 1985, S. 397

[51] So sprach Otto Hintze 1911 von „Privatbeamten" und fasste überdies den „Beamtenstand" sehr weit: Otto Hintze, Beamtentum und Bürokratie, Göttingen 1981, S. 16ff; Hans-Paul Bahrdt, Industriebürokratie, Stuttgart 1958

[52] Siehe: Henry Jacoby, Die Bürokratisierung der Welt, Neuwied-Berlin 1969

Durchdringung von Angestelltennormen und Beamtenrecht kam. Während die allgemeinen Staatsdienste noch eine Domäne der Beamten blieben, wurde ihr Anteil in den Dienstleistungsbereichen und in der kommunalen Verwaltung, noch mehr in den Staatsbetrieben, gering. Der Bereich des öffentlichen Sektors umfasst daher einen weit größeren Teil von Beschäftigten, deren Kerngruppe die Beamten bilden.

Durch den technischen Wandel setzten schon bald notwendige Rationalisierungsprozesse auch in der öffentlichen Verwaltung ein. Dies verstärkte sich im Zuge des Vordringens der Mikroelektronik. Durch die hohen Kosten des stark gewachsenen öffentlichen Sektors in der Ära des Ausbaus des Wohlfahrtsstaates wurde bald Kritik laut, die sich verstärkte, nachdem sich auch im Zuge des Neoliberalismus eine teilweise Abkehr von der bisherigen wohlfahrtsstaatlichen Politik manifestierte. Der Ruf nach der Berücksichtigung marktwirtschaftlicher und kostenökonomischer Prinzipen in öffentlicher Verwaltung und öffentlichen Diensten wurde erhoben. Dies bewirkte, dass in diesen Bereichen privatwirtschaftliche Grundsätze zunehmend berücksichtigt werden müssen. Die Prinzipien des „New Public Management" sollen eine „schlanke" Verwaltung mit Betonung von Effizienz und Kunden- bzw. Marktadäquanz der Leistungen bewirken.[53] Dies wird begleitet von den Rationalisierungsprozessen, die durch die technische Entwicklung auch im öffentlichen Sektor Einzug hielten.

Die Beamten werden daher in weiten Bereichen neuen Bedingungen durch die Kontrolle der Qualitätssicherung und der Effizienz unterworfen. Das geht zum einen mit einer allmählichen Aushöhlung ihrer Sonderstellung, die zumal in einer Zeit hoher Arbeitslosigkeit als ungerechtfertigte Privilegierung interpretiert und kritisiert wird, zum anderen mit ihrem Abbau und ihrer teilweisen Ersetzung durch Privatangestellte einher. Leistungsgerechte Personalstrukturen sollen aufgebaut werden, was wieder neue Formen der Organisation und der Personalbeurteilung bedingt.[54] Besonders große Aufmerksamkeit hat hierbei die Evaluierung im Bereich der höheren Bildung auf sich gezogen. Es scheint also, dass die Beamten als eine große Gruppe der Gesellschaft in Zukunft verschwinden und sich auf einen relativ kleinen Bereich der ministeriellen Bürokratie beschränken werden.

Selbständige und unselbständige Arbeitskraftunternehmer?

Im Zuge der Betonung von Innovation, Kreativität und Risikofreudigkeit, die als Ausdruck der veränderten Wertebasis der Gesellschaften durch die Wende zur neoliberalen Politik und die Öffnung der Märkte in der Globalisierung entstanden ist, wird viel von „entrepreneurship" gesprochen. Sozialwissenschaftlich wird dabei häufig an Schumpeter und seine Betonung der innovativen Funktion von Unternehmern für die wirtschaftliche Entwicklung angeknüpft, aber auch an die österreichischen Neoliberalen Ludwig Mises und Friedrich A. Hayek, die seit den 30er Jahren des vergangenen Jahrhunderts unermüdlich und kompromisslos

---

[53] Vgl.: John Clarke/Janet Newman, The Managerial State, London u. a. 1997
[54] Siehe dazu u. a.: Gertrud Kühnlein/Norbert Wohlfahrt, Zwischen Mobilität und Modernisierung. Personalentwicklungs- und Qualifizierungsstrategien in der Kommunalverwaltung, Berlin 1994

1 Die soziale Differenzierung der Arbeitsgesellschaft

das Hohelied des Unternehmers sangen.[55] Im Zuge des Neoliberalismus der Gegenwart wurden diese Ansätze verallgemeinert und popularisiert. Die Politik der Staaten und der Europäischen Union nahm diese Ideen auf. Dabei geht es vor allem um die Förderung der Unternehmensgründungen durch politische Maßnahmen, durch die Entstehung von Initiativen zur Netzwerkbildung, durch Informationsverbreitung über die Voraussetzungen und Folgen von Unternehmensgründungen bis hin zur Einrichtung von Universitätslehrstühlen für „entrepreneurship".

Insbesondere galten die Gründungen in der „new economy" als ein besonderes Hoffnungsgebiet, also in Softwarebereichen der Computerbranche, in der Kommunikationsindustrie, in Medienbranchen, aber auch in allen „wissensbasierten" Bereichen von der Unternehmensberatung über Wissenschaft und Forschung bis zu diversen Freizeitdienstleistungen. Neugründungen von Unternehmen sind auch durch Universitäts- oder Fachhochschulabsolventen erfolgt, was insofern als optimal angesehen wird, da diese gleich auch das neueste Wissen mitbringen, dafür aber nicht vorgeprägt sind durch bürokratische Erfahrungen. In den Naturwissenschaften und in den Informatikbereichen bestehen enge Verbindungen zwischen Universität und Unternehmen, so dass die Gründungen von Seiten der Universitätsangehörigen naheliegen, eine Tendenz, die begrüßt wird, weil man sich davon den stärksten Impuls für Innovationen erwartet.

Wenngleich Neugründungen in den „wissensbasierten" und hochqualifizierten Bereichen erfolgten, so muss man auch sehen, dass ein Großteil der neuen Unternehmensgründungen nicht in diesen Sektoren angesiedelt war, sondern in Kurierdiensten, Sicherheitsdiensten, Imbissbuden, etc. Insgesamt gesehen weisen die Statistiken überdies keine spektakulären Anstiege der Selbständigkeit auf, selbst wenn man die Landwirtschaft, die seit langem stark degressiv ist, ausklammert. Sie bewegt sich in etwa um 10 % der Erwerbstätigen, in Österreich stieg die Selbständigenquote (ohne Landwirtschaft) zwischen 1980 und 2005 von 7,7 % auf 8,2 %.[56] In den meisten anderen Ländern ist die Situation nicht anders. Dieser geringe Anstieg ist allerdings in vielen Fällen darauf zurückzuführen, dass die Dynamik der Gründungen sehr hoch ist, d. h. in einem Jahr gehen annähernd so viele Betriebe zugrunde wie neue gegründet werden.[57]

Vielfach wird „entrepreneurship" in der Gegenwart sehr positiv gesehen, nicht nur als eine Möglichkeit der Existenzgründung, sondern auch als eine autonome, selbstbestimmte Tätigkeit, die der Selbstverwirklichung und der Integration von Arbeit und Leben förderlich ist. Dabei wird mitunter vergessen, dass es sich ja um keine neue Erscheinung handelt. Klein- und Mittelbetriebe bilden den Großteil der Unternehmenslandschaft in den meisten Ländern. Ihre wirtschaftliche Lage ist sehr unterschiedlich, aber häufig gilt der Ausspruch: „Selbstän-

---

[55] Siehe dazu: Richard Swedberg, Entrepreneurship. The Social Science View, Oxford-New York 2000.
[56] Wirtschaftskammer Österreich (wko.at/statistik/jahrbuch/am-selbstaendige.pdf)
[57] Siehe zu Unternehmensgründungen in der Gegenwart: Dieter Bögenhold/Dorothea Schmidt (Hg.), Eine neue Gründerzeit? Amsterdam 1999; Dieter Bögenhold (Hg.), Unternehmensgründung und Dezentralität: Renaissance der beruflichen Selbständigkeit in Europa? Opladen 1999

dige sind Personen, die selbst und ständig arbeiten." Die existentielle Situation vieler der „neuen" Selbständigen ist prekär und risikoreich und auch die Selbstbestimmtheit entspricht weitgehend nicht der Realität. Großunternehmen gliedern Funktionsbereiche, die sie nicht als Kerngeschäft erachteten, aus, um sie dann vom Markt zuzukaufen („outsourcing"), vielfach von ehemaligen Mitarbeitern, die dann als Selbständige zu Zulieferern oder Partnern des Großunternehmens werden. Sie tun weitgehend dieselbe Arbeit, nun aber in Form eines Geschäftsvertrags, was sie zwingt, die Preise dem Markt entsprechend anzupassen, und auf eigenes Risiko. Viele dieser Neugründungen sind Ein-Mann-Betriebe („Solo-Selbständigkeit") und ihre Selbständigkeit ist mehr oder weniger fiktiv, weil sie oft von einem großen Unternehmen in Bezug auf die Aufträge abhängig sind („Scheinselbständigkeit"). Die Zwänge und Abhängigkeiten „des Marktes" sind nicht geringer als jene, die den Herrschaftsverband des Unternehmens auszeichnen. Sergio Bologna hat darauf hingewiesen, dass diese neuen Selbständigen daher eher als eine gefährdete Mittelschicht anzusehen sind, die überdies ihre Lage nicht durch kollektive Forderungen, wie die Arbeitnehmer über die Gewerkschaften und die betrieblichen Interessenvertretungen verbessern können.[58]

Die Entwicklung verweist auch auf die Grenzverschiebung zwischen abhängiger und selbständiger Erwerbstätigkeit, die Grenzen werden unscharf, der Übergang zwischen Solo-Selbständigen und Arbeitnehmern wird fließend. Nicht nur in dem Sinn, dass die neuen Selbständigen oft genug scheitern und wieder in prekären abhängigen Arbeitsverhältnissen Beschäftigung suchen müssen, sondern auch insofern als die Anforderungen an die Arbeitnehmer in den Unternehmen sich gewandelt haben. Auch sie sollen „unternehmerisch" denken, was bedeutet, dass sie aus eigenem Antrieb im Interesse des Unternehmens handeln sollen. Der Partizipationsgedanke, der schon im Zuge der Diskussionen über die Demokratisierung der Betriebe aufkam, wird von einer Forderung der Arbeitnehmer zu einer Anforderung an diese.

Aber noch in einem anderen Sinn verwischen sich die Grenzen zwischen selbständigen und unselbständigen Arbeitenden, und zwar durch die Hervorhebung der Vermarktungschancen des eigenen Humankapital der hochqualifizierten Arbeitnehmer. Dies sahen Voß/Pongratz als eine Tendenz zu einer neuen Grundform der Ware Arbeitskraft und bezeichneten sie mit dem Begriff „Arbeitskraftunternehmer".[59] Die Autoren verstehen dies als einen neuen Leittypus von Arbeitskraft posttayloristischer und verstärkt marktorientierter Betriebsorganisation, der auf den proletarischen Lohnarbeiter und den verberuflichten Arbeitnehmer in früheren Phasen der Industriegesellschaft folgt. Allerdings konzedieren die Autoren, dass in der Gegenwart eine Pluralität von Arbeitsformen besteht, insbesondere der „Arbeitnehmertypus" in der Arbeiterschaft eine hohe Persistenz aufweist. Dennoch entspricht der postfordistischen Formation der „Arbeitskraftunternehmer", der sich vor allem unter den hochqualifizierten

---

[58] Sergio Bologna, Die Zerstörung der Mittelschichten. Thesen zur neuen Selbständigkeit, Graz-Wien 2006
[59] G. Günter Voß/Hans J. Pongratz, Der Arbeitskraftunternehmer, in: Kölner Zeitschrift für Soziologie und Sozialpsychologie 50, 1/1998, S. 131-158

Angestellten, den Spezialisten der „new economy" und den „Wissensarbeitern", den in Projektarbeit Beschäftigten und den Solo-Selbständigen findet.[60]

Die Grenzen zwischen selbständig und unselbständig gehen in diesem neuen Typus ineinander über. Die Arbeitenden betreiben typischerweise eine aktive Produktion und Vermarktung ihrer Arbeitskraft auf der Basis individualisierter Qualifikationen, systematischer Selbst-Kontrolle der Arbeit und Selbstausbeutung. Auch wenn die meisten dieser Arbeitskräfte formal unselbständig erwerbstätig sind, zeigen sie alle Anzeichen von Selbständigen. Sie planen und kontrollieren ihre Arbeit selbst, weisen eine berufsbiographische Orientierung auf, die die Autoren als „Selbst-Ökonomisierung" bezeichnen und weisen eine Haltung der Selbst-Rationalisierung in Bezug auf die Organisation von Arbeits- und Privatleben auf.[61]

Damit schließt sich der Kreis zum Beginn dieses Kapitels, wir sind bei einer neuen Arbeiterklasse angelangt, die eine „Nicht-Klasse" ist, weil sie neben Restbeständen aus früheren Phasen aus lauter individuellen Selbstorganisatoren und Selbstvermarktern besteht. Diese Individualisierung repräsentiert eine neue Form der Vergesellschaftung und verändert die Struktur der Arbeitsbeziehungen, weil sie schwerwiegende Folgen für die Organisierung der Interessen und die kollektive Austragung von Interessenkonflikten nach sich zieht. Sie hat auch Folgen für Begriff und Wirklichkeit der Berufe.

2 Zur Soziologie der Berufe

„Beruf soll jene Spezifizierung, Spezialisierung und Kombination von Leistungen einer Person heißen, welche für sie Grundlage einer kontinuierlichen Versorgungs- oder Erwerbschance ist."[62]

Wesentlichen Anteil an der Prägung des Begriffs des Berufs hatten das Römische Recht, die Praxis der römischen „collegia", später der hochmittelalterlichen Zünfte sowie die Entwicklung der klassischen Professionen der Medizin, des Militärs und der Priester. Die Zusammenschlüsse der Handwerker und Kaufleute in Zünften und Gilden ließen fest umrissene Arbeitsformen, Sitten und Gebräuche, Berufsstolz und Berufsehre entstehen. In den alten Dokumenten der Zünfte und Professionen kommt zum Ausdruck, dass die Berufe nicht nur Komplexe von Leistungen, nicht nur bestimmte ökonomisch relevante Handlungsweisen und Tätigkeiten, sondern untrennbar mit Lebensweise und Lebenswelt der Menschen verbunden waren.

---

[60] Siehe verschiedene empirische Ergebnisse für diverse Gruppen: Hans J. Pongratz/G. Günter Voß (Hg.), Typisch Arbeitskraftunternehmer? Berlin 2004
[61] Hans J. Pongratz/G. Günter Voß, Arbeitskraftunternehmer. Erwerbsorientierungen in entgrenzten Arbeitsformen, Berlin 2003, S. 21ff
[62] Max Weber, Wirtschaft und Gesellschaft, 1. Halbbd., Tübingen 1972, S. 80

Einen Wendepunkt in der Geschichte des Berufsbegriffs stellte die Reformation dar. Bei Luther wird der Beruf geradezu zur Hauptthese seiner Lehre. Der asketische Protestantismus wiederum betonte besonders die sittliche Leistung der Arbeit, da die calvinistische Prädestinationslehre rastlose Berufsarbeit als hervorragendes Mittel zur Erlangung der Gnade betrachtete. Der Merkantilismus mit seinem Streben nach Vermehrung des Staatsreichtums trug zu einer Verstärkung der ökonomischen Orientierung der Berufe bei. Der Geist der Aufklärung bewirkte eine Individualisierung, Rationalisierung und auch eine Säkularisierung der bisher sozial, traditional und religiös gebundenen Berufsideen. Eine weittragende Bedeutung kam der französischen Revolution zu, da in ihrem Gefolge die Freiheit der Berufswahl als Menschenrecht verfassungsmäßig verankert wurde. Nun sollte, zumindest in der Theorie, jeder Mensch seiner Neigung gemäß seinen Beruf wählen und erlernen können.

Sozialstruktur der Berufe

Die funktionale Differenzierung der Gesellschaft, wie sie durch die Entwicklung von Märkten und Geldwirtschaft entstanden ist, ist die sozialstrukturelle Basis für die Bedeutung der beruflichen Arbeitsteilung in der modernen Gesellschaft. In einem sehr allgemeinen Sinn werden alle Positionen in der modernen Gesellschaft durch Leistung im Gegensatz zu „Privilegierung" bestimmt. Der Beruf ist in der modernen Gesellschaft daher nicht nur eine spezialisierte Tätigkeit, die dem Individuum Erwerbschancen verschafft, sondern ist als „Leistungsbeitrag" des Einzelnen auf Gesellschaft bezogen und vollzieht sich in Interdependenz mit anderen Berufsfunktionen. Der Beruf, die soziale Organisationsform der Arbeit mit ausdifferenzierter Rollenstruktur[63] begründet soziale Erwartungen, die von besonderer Bedeutung in der modernen Gesellschaft sind. Die relevanten Bezugsgruppen der Berufsrolle sind die Berufskollegen, die Klienten und in den meisten Fällen die Organisation, in der die Berufsangehörigen beschäftigt sind. Für viele Berufe fallen die Klientenbeziehungen weg, bei anderen werden diese zu Rollensegmenten der organisatorischen Rolle. Auch die Berufskollegenorientierung ist bei vielen Berufen auf ein Rollensegment der organisatorischen Rolle beschränkt. Für professionalisierte Berufe aber sind Klienten- und Kollegenbeziehungen über die Organisation, für die sie arbeiten, hinaus eigenständige Bezugsgruppen, deren Erwartungen durchaus in Konflikt stehen können mit den organisatorischen Anforderungen.

Der Beruf wurde zum bedeutendsten Faktor für den Status, den Personen in der Industriegesellschaft haben, für die soziale Wertschätzung, die eine Person genießt. Der Beruf steht in der modernen Gesellschaft insbesondere auch für die Leistung des Individuums, mit dem es sich diese Wertschätzung erworben hat. Das Ansehen der beruflichen Tätigkeit, der Berufsposition, bestimmt die Einordnung in die soziale Schichtung von Personen und Gruppen. Die Berufsschichtung ist daher auch Ausweis der Tatsache, dass wir es mit einer modernen Industriegesellschaft zu tun haben, in der die gesellschaftliche Stellung durch Leistung erworben wird („achieved status") und nicht durch Zuschreibung („ascription") von Merkmalen wie soziale Herkunft, Rasse, Geschlecht, Alter. Das heißt allerdings nicht notwendig, dass

---

[63] Thomas Luckmann/Walter M. Sprondel, Berufssoziologie, Köln 1972, S. 11ff

2 Zur Soziologie der Berufe 233

diese Kriterien nicht auch in modernen Gesellschaften einige Bedeutung im Arbeitsalltag haben können. Keineswegs klar ist auch, ob bestimmte hochangesehene Berufe auf Grund rein „beruflicher", d. h. tätigkeits- und fähigkeitsbezogener Kriterien ein solches Ansehen genießen, oder aber deshalb, weil sie traditionell von Mitgliedern der Oberschicht ausgeübt wurden. So etwa galten die Professionen der Ärzte, Advokaten, Richter vor einem Jahrhundert als „bürgerliche Berufe", während hohe Beamte, Offiziere und mitunter auch Bankiers als Beschäftigungen des Adels galten und deshalb besonders hoch angesehen waren.[64] Die stratifikatorische und die funktionale Differenzierung und Schichtung stützen einander in vielen Fällen. In modernen Gesellschaften kommt es zu einer Juvenilgraduierung durch den raschen technischen Wandel, so dass ältere Arbeitnehmer in vielen Berufen nicht nur geringe Arbeitsmarktchancen, sondern auch ein geringeres Ansehen haben. Werden Berufe überwiegend von Frauen ausgeübt, so rangieren sie im Allgemeinen nicht besonders hoch in der Werteskala des Ansehens. Evelyn Sullerot hat darauf hingewiesen, dass Berufe, in die Frauen verstärkt eindringen, einen Statusabfall erleiden bzw. Frauen überhaupt erst bestimmte Positionen erreichen können, wenn diese nicht mehr so geachtet sind.

> *„In vielen Fällen lässt sich sagen, dass eine Tätigkeit dann auf die Frauen übergeht, wenn sie an Wert verliert. Ein Beruf, bei dem Einkommen und Prestige aus irgendeinem Grund abnehmen, etwa weil er automatisiert oder unmodern geworden ist, wird mehr oder weniger bald von Frauen ausgeübt. Umgekehrt hat der massive Eintritt der Frauen in die Lehrberufe [...] sich so ausgewirkt, dass die besten männlichen Anwärter davon Abstand nahmen, diesen Beruf zu wählen."*[65]

Auch rassische, ethnische und religiöse Zugehörigkeit wirkt in ähnlicher Weise auf das Ansehen eines Berufs mit Unterschieden je nach Gesellschaft und dem Anteil bestimmter Gruppen in der Bevölkerung.

Da mit dem Beruf auch eine bestimmte Ausbildung verbunden ist und eine Nachfrage nach dieser speziellen Befähigung, wird meist mit dem Status des Berufs auch das Niveau der Ausbildung und des Einkommens mitgedacht, wenngleich beide ihrerseits selbst statusbegründend wirken können. Ein Doktortitel bringt in jedem Fall einen Statusgewinn, auch wenn er sich nicht mit einem entsprechenden Beruf verbindet, aber auf Dauer ist es doch der Beruf, auf den es ankommt. Über Einkommen spricht man zwar außerhalb der USA nicht gerne, dort aber ist die Höhe des Einkommens von primärer Wichtigkeit für die Einschätzung einer Person. Dies wird auch damit begründet, dass die Nachfrage bei begrenztem Angebot zu entsprechend hohen „Preisen" für die knappen Fähigkeiten führt.

In vielen Fällen verstärken einander mehrere statusbegründende Merkmale (Ausbildungsniveau, Art des Berufs, Titel, Reputation der Schule, Rollenattribute, Beschäftigungsstatus, Prestige des Unternehmens, organisatorischer Rang, Einkommen), es liegt Statuskonsistenz vor; divergieren sie, muss etwa ein ausgebildeter Akademiker einen Job als Taxifahrer ma-

---

[64] Hannes Siegrist (Hg.), Bürgerliche Berufe, Göttingen 1988
[65] Evelyn Sullerot, Die emanzipierte Sklavin, Wien-Köln-Graz 1972

chen, so liegt Statusinkonsistenz vor. Allerdings ist das auch abhängig davon, in welcher Kultur wir uns befinden. So rangierten akademische Berufe in den ehemals sozialistischen Ländern Osteuropas keineswegs so hoch wie im „Westen" und wurden auch niedrig entlohnt. In Gesellschaften, in denen die Verwendung von Titeln allgemein gebräuchlich ist, bestimmen diese stärker die soziale Wertschätzung, schaffen als Distinktionsmittel auch soziale Distanz, als in anderen, in denen dies nicht üblich ist.

Die Wahrnehmung und Einschätzung des Prestiges von Berufen ist davon abhängig, welche Stellung man selbst einnimmt. In empirischen Untersuchungen zeigte sich, dass Angehörige der oberen Berufsschichten eine detaillierte Wahrnehmung der Statusabstufungen zwischen höherrangigen Berufen vornehmlich der eigenen Fachrichtung haben (Ärzte über Ärzte, akademische Berufstätige über akademische Berufe etc.), während ihre Wahrnehmung der anderen Berufsgruppen nur grob ist. Umgekehrt nehmen die Angehörigen niederer Ränge feinere Abstufungen in ihren eigenen Bereichen wahr, finden auch immer noch Gruppen, auf die sie „hinunterschauen" können, während alle „höheren Berufe" nicht mehr differenziert bewertet werden können. Trotz der damit verbundenen Schwierigkeiten in Bezug auf die empirische Feststellbarkeit der Vorstellungen, die in einer Gesellschaft hinsichtlich des Ansehens von Berufen existieren, ist es ganz unbestritten, dass es weit verbreitete Eindrücke über unterschiedliche Berufsprestigeränge in unserem Bewusstsein gibt.

Der Beruf ist das primäre Instrument und Medium des sozialen Aufstiegs. Als Maßstab für die soziale Mobilität in der modernen Gesellschaft dient häufig der Vergleich zwischen den Generationen („Intergenerationenmobilität"), wobei in der Regel die Berufe der Väter und der Söhne verglichen werden. Dieser Vergleich ist in vieler Hinsicht problematisch, weil sich Berufsinhalte, -bezeichnungen, -ränge und Berufsstrukturen zwischen den Generationen verändern. Trotz der Annahme der „offenen" Leistungsgesellschaft zeigten empirische Studien immer wieder, wie relativ gering die intergenerationelle Mobilität ist. Die Korrelation von Schulbildung und Beruf der Söhne mit Beruf und Bildung der Väter ist immer noch hoch. Vor allem ist sowohl bei Untersuchungen von Inter- und Intragenerationenmobilität der Wechsel in höhere soziale Schichten („Inter-Schichtenmobilität") gering, d. h. sozialer Aufstieg erfolgt meist nur innerhalb einer sozialen Schicht.

Professionen und Professionalisierung

In der Gesellschaft vollziehen sich ständig Prozesse der Verberuflichung und der Entberuflichung. Besondere Aufmerksamkeit haben Verwissenschaftlichungs- und Organisierungsprozesse der Berufe auf sich gezogen. In seinem Vergleich der Begriffe Arbeit, Beruf und Profession unterschied Heinz Hartmann daher zwei Dimensionen, die funktionale und die gesellschaftliche Dimension, in Bezug auf die Übergänge von Arbeit zu Beruf („Verberuflichung") und von Beruf zu Profession („Professionalisierung").[66] Die Prozesse der Systematisierung von Wissen und der Kombination von Arbeitsverrichtungen einerseits und die gesell-

---

[66] Heinz Hartmann, Arbeit, Beruf, Profession, in: Thomas Luckmann/Walter M. Sprondel, Berufssoziologie, op. cit., S. 36-52

2 Zur Soziologie der Berufe

schaftliche Orientierung der Berufsangehörigen, die mit steigendem Prestige des Berufs einhergeht andererseits, kennzeichnen die Verberuflichung und Professionalisierung der Arbeit.

Verberuflichung bedeutet dementsprechend eine stärkere Systematisierung des Erfahrungswissens und die Verbindung mehrerer Tätigkeiten zu integrierten Tätigkeitskomplexen. Dies verweist darauf, dass der Beruf eine bestimmte Ausbildung voraussetzt; außerdem entsteht eine allgemeine Auffassung über seine Abgrenzung gegenüber anderen Tätigkeiten. Vorstellungen über das Verhalten und die Einstellungen der Berufsangehörigen, die als Gruppe wahrgenommen und definiert werden, bilden sich; die Berufsgruppe entwickelt ein spezifisches Selbstverständnis. Das bedeutet eine verstärkte soziale Orientierung der Berufsangehörigen, d. h. sie sehen sich selbst in größeren Zusammenhängen und in Beziehung zu anderen (Berufs-)Gruppen der Gesellschaft, interpretieren ihre Leistung mit Bezug auf die Gesellschaft und legitimieren ihren Anspruch bzw. ihre Stellung in Bezug auf Einkommen, Einfluss und Ansehen mit ihrer Leistung für die Gesellschaft.

Harold Wilensky hat die Entstehungsphasen der Professionen in der Sozialgeschichte der Berufe aufgezeigt.[67] Seit dem Ende des Mittelalters haben sich Richter und Rechtsgelehrte, Geistliche, Universitätsprofessoren und Ärzte als voll professionalisierte Berufe etabliert. Etwa von der Renaissance weg entstanden professionellen Karrieren im Militär; das Offizierskorps kann wie die oben genannten als eine der „klassischen" Professionsgruppen angesprochen werden. Relativ spät, erst zu Beginn des 20. Jahrhunderts, professionalisierten sich die Zahnärzte, Architekten, Ingenieure; in den letzten Jahrzehnten kamen die Wirtschaftsprüfer und eine Reihe wissenschaftlicher und technischer Disziplinen hinzu. Die Verwaltungsberufe, die Sozialberater, die Tierärzte und andere machen in der Gegenwart Anstrengungen, als Professionen anerkannt zu werden. Grenzfälle stellen Volksschullehrer, Krankenschwestern, Pharmazeuten etc. dar. Da es in Europa auch eine Tradition der Professionalisierung „von oben", also die durch den Staat verliehene Stellung als Profession („Amtsprofession") gab, differenziert Hannes Siegrist drei ineinander greifende historische Formen der Professionen: die traditionellen Berufskorporationen, die Amtsprofessionen und die „freien" Professionen.[68]

Die vordringende Marktwirtschaft wirkte im Sinne einer Begünstigung der freien Berufe, die auch das soziale, ökonomisch-politische Selbstverständnis des Bürgertums am besten repräsentierten. Die akademischen Berufe und Professionen differenzierten sich in Beamten-, Angestellten- und freie Berufe. Die freien Berufe entwickelten ein neues Selbstverständnis als leistungsorientierte Berufe, die sich jedoch mit ethischen Prinzipien und dem Schutz und der Kontrolle des Berufszugangs und der Berufsausübung durch Berufsverbände verknüpfte. In engerer Verbindung zu den ständischen Korporationen standen die Kammern, z. B.: Ärz-

---

[67] Harold Wilensky, The Professionalization of Everyone? In: American Journal of Sociology LXX/1964, S. 137-158
[68] Hannes Siegrist, Bürgerliche Berufe. Die Professionen und das Bürgertum, in: Ders. (Hg.), Bürgerliche Berufe, Göttingen 1988, S. 11-50

tekammer, Rechtsanwaltskammern. Diese waren staatliche Zwangsorganisationen mit obligatorischer Mitgliedschaft, die allerdings einen inneren Demokratisierungs- und Entstaatlichungsprozess durchmachten, wo sie sich, wie in Österreich, bis in die Gegenwart erhielten. Der moderne Professionalismus ist daher eine Mischung aus Elementen unterschiedlicher Epochen und Entwicklungen, vereinigt nicht ohne Widersprüche liberalmarktorientierte Elemente, ein staatliches Ausbildungs- und Berechtigungssystem, meritokratische Prinzipien und korporatistische Bestrebungen.

Die Kombinationen differenter Elemente ließen ganz unterschiedliche Berufsformen selbst innerhalb einer einzelnen Disziplin, etwa bei den Juristen entstehen: die freie, ungeregelte Tätigkeit, den staatlich konzessionierten, aber sonst freien Experten, den korporatistisch Organisierten, die Amtsprofession und den vollständig verbeamteten Professional. Auch bestanden große Unterschiede zwischen den einzelnen Ländern: in England behielten die traditionellen Berufskorporationen mehr Bedeutung, in Deutschland überwog die Verbeamtung, in Frankreich die freien Berufe bei politischer Ämterpatronage.

In der Professionalisierungsdiskussion in den USA wird hingegen vor allem auf die Verhaltensmerkmale und Gruppenstrategien in Bezug auf die Bestimmung des Professionsbegriffs eingegangen.[69] Dies begründete ein Verständnis von Professionalisierung als „von unten" vor sich gehender Prozess, der darauf abzielte, Merkmale für Professionalisierung aus dem Handeln selbst abzuleiten. Als Ergebnis einer Untersuchung der Einstellungen der Berufsangehörigen, die beanspruchen, „professionals" zu sein, differenzierte Hall einige Kriterien für Professionalismus und entwarf eine „Professionalismus-Skala". Ein Beruf ist demzufolge mehr oder weniger professionalisiert, je nachdem wie stark der Berufsverband als primäre Bezugsgruppe der Professionsmitglieder und alleinige Instanz in berufsbezogenen Entscheidungen wirkt, wie sehr Service-Ideal und Berufsethik betont werden, wie weit ausschließlich Berufskollegen als zuständig und kompetent für die Beurteilung berufsbezogener Probleme angesehen werden.[70]

Professionalisierung bedeutet die zunehmende Systematisierung des Berufswissens, wobei allerdings gleichzeitig die enge Verknüpfung zwischen Ausbildung und anwendungsorientiertem Wissen gelockert wird. Die Ausbildung ist nur mehr in einem allgemeinen Sinn Vorbereitung auf den Beruf; sie umfasst in großem Maße theoretisches Wissen, weshalb die akademische Ausbildung als typisch für professionalisierte Berufe gilt. Zugleich wird die Berufsausübung nicht auf die Kombination von Tätigkeiten reduzierbar und enthält immer Elemente der Unwägbarkeit, eine Art „Geheimwissen" der Profession. Um dieses zu erhalten und den hohen Status der Profession zu begründen, schließen sich Mitglieder professionalisierter Berufe in Berufsverbänden zusammen, die das Tätigkeitsfeld definieren und abgrenzen gegenüber Nachbarberufen und Außenseitern (z. B. schulmedizinische Ärzte gegen Homöopathen). Sie kontrollieren auch den Berufszugang, erstellen Standards für die Berufsaus-

---

[69] Vgl.: Keith M. MacDonald, The Sociology of the Professions, London 1995, S. 66ff
[70] Richard H. Hall, Professionalization und Bureaucratization, in: American Sociological Review 33/1968, S. 92-103

übung mit disziplinierender Funktion, setzen Maßnahmen zum Schutz und zum Prestigegewinn für den Beruf wie staatliche Lizenzen, Konzessionen, Titel etc. Vielfach kommt es sogar zur Formulierung einer speziellen Berufsethik, in der der Dienst an der Gesellschaft oder an den Menschen betont wird. Die Gruppe kontrolliert das berufliche Handeln der Mitglieder, die Ausbildung und Sozialisation der nachfolgenden Generation, übt Kontrolle über den Zugang zum Beruf, die Exklusivität des Berufswissens und das Recht der Berufsausübung aus. William J. Goode sprach daher von der „Zunftstruktur" professioneller Berufe und bezeichnete sie auch als „berufliche Primärgruppe".[71] Das Service-Ideal, die Betonung des Dienstes an der Gesellschaft und der Ehrenkodex der Profession legitimieren den beanspruchten und in der Regel zugestandenen hohen Status der Profession, den Einfluss sowie das ebenfalls in der Regel überdurchschnittliche Einkommen der Berufsangehörigen.

Die Professionsmitglieder teilen ein Gefühl gemeinsamer beruflicher Identität, haben eine gemeinsame Berufssprache und übereinstimmende Rollendefinitionen. Die starke Berufskollegenorientierung der professionalisierten Berufe trifft in vielen Fällen, wo eine unselbständige Erwerbstätigkeit vorliegt („quasi-professionals"), auf die Organisationsanforderungen der Unternehmung. Dies kann zu widersprüchlichen Rollenerwartungen und daher zu Rollenkonflikten führen, die das Individuum vor Entscheidungsprobleme stellt, etwa wenn der Arzt im Krankenhaus sich zwischen der kostenschonenden oder der medizinisch besten Behandlung entscheiden muss.

Es gibt auch Organisationen, die selbst professionalisiert sind (z. B. Ingenieur- oder Architekturbüro) oder in denen der Anteil an Professionsangehörigen hoch ist oder bei denen die Organisation selbst eine Dienstleistung für die Gesellschaft erbringt (Universität, Kirche, Krankenhaus etc.). Dennoch können hier organisatorische Anforderungen mit professionellen Idealen konfligieren. Liegt auch eine spezifische Klientenorientierung vor, etwa bei den „helfenden" Berufen, bei Ärzten, Krankenschwestern, Sozialarbeitern, kann diese sowohl mit der Organisations- als auch mit der Berufsorientierung in Konflikt geraten. Wenn Karriere und Leistungsbeurteilung von organisatorischen und/oder professionellen Kriterien abhängig sind, kann das Eingehen auf Klienteninteressen mitunter hinderlich für den beruflich-organisatorischen Erfolg (etwa ein starkes Engagement in der Lehre beim akademischen Mittelbau, ein Denken im Kundeninteresse bei verschiedenen Dienstleistungsberufen, etc.) sein.

Entberuflichung und Qualifizierung in der Wissensgesellschaft

Die eine Zeitlang heftig diskutierte These der allgemeinen Tendenz zur Professionalisierung beruhte auf der Annahme, der technische Wandel erfordere eine hohe, möglichst wissenschaftliche Ausbildung und spezialisierte Qualifikationen vieler Arbeitnehmergruppen, die auch längere Ausbildungszeiten für viele Berufseinsteiger zur Folge hat. Wenngleich sich manche Berufsgruppen um eine professionelle Anerkennung bemühen, geht die Tendenz

---

[71] William J. Goode, Professionen und die Gesellschaft. Die Struktur ihrer Beziehungen, in: Thomas Luckmann/Walter M. Sprondel, Berufssoziologie, op. cit., S. 157-168

jedoch heute nicht in Richtung Professionalisierung, wenn man darunter die weitgehende Autonomie und die stabile Spezialisierung der Berufsgruppen meint. Vielmehr wirken gegensätzliche Kräfte in Form der Erhöhung betriebsspezifischer Qualifikationen, der Orientierung der Ausbildungssysteme am Bedarf der Unternehmenswirtschaft und das rasche Veralten von beruflichem Wissen durch den technisch-wissenschaftlichen Wandel. Man kann daher eher eine grundlegende Tendenz der Entberuflichung feststellen, die auch den Begriff des Berufs auflöst. Zwei Merkmale zeichneten diesen in der Vergangenheit aus: fachliches Berufswissen über welches der Mensch selbständig verfügen kann, und lebenslange Ausübung des einmal erlernten Berufs („Lebensberuf"); der Beruf war daher der primär prägende Faktor der Lebensweise, er stellte eine spezifische Lebensform dar.

In den modernen Gesellschaften hat sich in Bezug auf diese Merkmale ein Wandel insofern ereignet, als die in der „Wissensgesellschaft" erforderlichen Kenntnisse durch den raschen technischen und sozialen Wandel nicht nur während einer Generation, sondern innerhalb weniger Jahre veralten, ja dass ständiges Weiter- und Umlernen erforderlich ist, will man überhaupt an die Arbeitswelt noch Anschluss finden. Das führt im obigen Sinn dazu, dass Berufe verschwinden, aber eine große Zahl von neuen Tätigkeitskomplexen mit oft sehr unklaren Ausbildungs- und Anforderungsprofilen entstehen. Dies vor allem in den expandierenden Sektoren der Freizeit- und Gesundheits„industrie", dem Beratungswesen, im Ausbildungsbereich im weiteren Sinn und selbstverständlich in der IuK-Branche. Für viele dieser neuen „Berufe" gibt es keine genau festgelegten Ausbildungswege und -inhalte, keine sozialen Strukturen im Sinne von Berufsorganisationen und auch keine Traditionen, die Standards begründen könnten. Der globale Kapitalismus und die internationale Integration beschneiden weiterhin die Autonomie der Professionen. Diese werden sogar als Hindernisse des Wirtschaftsfortschritts gesehen wegen ihres Exklusivanspruchs in Bezug auf Wissen und Kompetenz.[72]

Der Begriff des „Humankapitals" beschreibt diese berufliche Dynamik, denn er bezieht sich auf Investitionen in menschliche Fähigkeiten und Fertigkeiten, die sich in Form von Einkommen „bezahlt" machen sollen. Dahinter steht das Verständnis von Kapital, wie es in der Ökonomie üblich ist, als Einsatz von Vermögen zur Gewinn- bzw. Nutzenerzielung. Dies unterscheidet sich von dem Berufswissen durch die Dauer seiner Nutzbarkeit und die generelle Verfügungsmacht über dieses Wissen. Der traditionelle Handwerker und auch noch der industrielle Facharbeiter lernten ihren Beruf und konnten ihn dann in verschiedenen Organisationen einsetzen. Sie nahmen ihr Wissen, ihre Fertigkeiten, sozusagen mit, wenn sie den Betrieb wechselten. Das ist in der Gegenwart kaum mehr der Fall mit Ausnahme jener, deren Erfolg eine Reputation begründet, die überlokal wirksam wird (Künstler, Top-Manager, etc.). Im Allgemeinen muss das „Humankapital" an die beruflichen und betrieblichen Erfordernisse, die sich auf Grund des technischen Wandels, des wissenschaftlichen Fortschritts, der Restrukturierung der Betriebe und der wechselnden Strategien der Unternehmen immer rascher verändern, laufend angepasst werden.

---

[72] Vgl.: Elliott A. Krause, Death of the Guilds, New Haven-London 1996

2 Zur Soziologie der Berufe

Das hat zur Folge, dass „Beruf" nicht mehr bedeutet, dass es sich um fest gefügte Tätigkeitskomplexe handelt, sondern um Qualifikationen und Kompetenzen, deren „Marktgängigkeit" gerade gegeben ist. Der moderne Arbeitsmarkt macht flexible, anpassungsfähige Qualifikationen, nicht bewährtes exklusives Berufswissen erforderlich. Unter Qualifikation versteht man im engeren Sinn einfach die Fähigkeiten und Fertigkeiten, die auf die Bewältigung konkreter Arbeitssituationen zielen, im weiteren Sinn jene, die die Erfüllung von Bündelungen von Arbeitsanforderungen ermöglichen. Sie beruht auf einer Reihe von Kompetenzen. Grundsätzlich können funktionale, extrafunktionale, insbesondere soziale Kompetenzen sowie kognitive Kompetenzen unterschieden werden. Den IuK-Kompetenzen kommt als Grundtechniken die Bedeutung allgemeiner Erfordernisse wie Schreiben und Lesen zu. Da sie vom technischen Fortschritt immer rascher verändert werden, macht dies wieder kognitive Fähigkeiten des „Lernens des Lernens" erforderlich. Darüber hinaus greifen die Managementkonzepte, die Qualität, Wissen und Veränderung zu umfassenden Zielen der Unternehmen erheben, auf psychische und persönliche Ressourcen der Mitarbeiter zu.

Für den Arbeitenden bedeutet dies, dass die universelle fachspezifische Qualifikation hinter anderen Kriterien, wie Lernfähigkeit, Anpassungsfähigkeit, Teamfähigkeit, Akquisition von Informationen, Aufbau von „Beziehungskapital" in ihrer Bedeutung für die „Beschäftigungsfähigkeit" zurücktritt. Im Laufe eines Arbeitslebens muss der Mensch daher ständig weiterlernen, nicht nur in fachlicher und Hinsicht, sondern auch in Bezug auf die jeweiligen Anforderungen, die insbesondere an seine Persönlichkeit und sein Verhalten gestellt werden.[73]
In gewisser Weise bedeutet dies, wie Voß/Pongratz meinen, eine stärkere „ganzheitliche", an der Persönlichkeit ausgerichtete Qualifikation[74], die durch die wirtschaftlich-technisch begründeten Bedürfnisse der Organisationen bestimmt wird. Wenn man nicht von der Annahme ausgeht, dass die derzeitige Wirtschaftsweise zu einer Harmonisierung von Organisations- und Individualbedürfnissen führt, erscheint diese starke Abhängigkeit der Persönlichkeitsformung der Individuen durch die Arbeitsorganisationen problematisch.[75]

Die Veränderungen in den Organisationen und Berufen führen auch zu einem Wandel der Berufsausbildung. Die Berufsausbildung, oder allgemeiner: die berufliche Sozialisation, erfolgt grundsätzlich auf zwei Wegen: durch „Lehre", bei der der Sozialisator gleichzeitig die Zielrolle des Sozialisanden verkörpert, und „Schule", wo der Sozialisator in einer eigenen Berufsrolle, „Lehrer", auftritt. Häufig mischen sich die Formen wie bei dualer Berufsausbildung. In der Regel dominiert eine Form (akademische Berufe, Lehrberufe). Wenn das berufliche Wissen rasch obsolet wird, tritt die herkömmliche „Lehre", bei der praktisch bewährte Fähigkeiten und Fertigkeiten generationenübergreifend vermittelt werden, in den Hintergrund.

---

[73] Manfred Moldaschl, Herrschaft durch Autonomie – Dezentralisierung und widersprüchliche Arbeitsanforderungen, in: Burkart Lutz (Hg.), Entwicklungsperspektiven von Arbeit, Berlin 2001, S. 132-164
[74] G. Günter Voß/Hans J. Pongratz, Der Arbeitskraftunternehmer, op. cit., S. 155
[75] Martin Baethge, Arbeit, Vergesellschaftung, Identität – Zur zunehmenden normativen Subjektivierung der Arbeit, in: Soziale Welt 42, 1991, S. 6-20

Die Bildungsexpansion der letzten Jahrzehnte, mitunter auch als „Bildungsrevolution" apostrophiert, führte zu einer Meritokratisierung der Gesellschaft. Formale Bildung wurde zur eigentlichen Grundlage der sozialen Klassifikation, es kam zur Abschichtung derjenigen, die nicht über ein möglichst hohes formalschulisches Niveau verfügten, welches aber dennoch nur ein Eintrittsbillett in die Arbeitswelt darstellt. Pierre Bourdieu sah ein Bildungskapital neuer Art entstehen, das ökonomie- und politikbezogen ist.[76]

In der schulischen Ausbildung werden allgemeine Kenntnisse vermittelt, die erst in der Organisation betriebsspezifisch verwertet und ergänzt werden. Anpassungsformen des Bildungssystems sind etwa die Stufenausbildung, die auf der Grundlage breiter Kenntnisse den Aufbau von variierenden Spezialkenntnissen ermöglicht. Auch die Bildungsangebote der Schulen müssen sich daher verstärkt der Dynamik des technisch-wissenschaftlichen Wandels und dem Bedarf „der Wirtschaft" anpassen. Das bedeutet in erster Linie die Konzentration auf die Vermittlung von Kulturtechniken, zu denen insbesondere die IuK-Techniken zählen, sowie zu den für die moderne Berufswelt wichtigen Kompetenzen. „Allgemeinbildung", aber auch spezialisierte Fachausbildung erfolgt nur mehr als flexible Grundlage, auf der dann die Kompetenzen und „skills" und deren rasches Erlernen bzw. Umlernen aufbauen können.[77] Bildung als Bereicherung der Persönlichkeit tritt zurück hinter der Ausrichtung der Bildungssysteme auf die Anforderungen von Seiten der Wirtschaft. Die Schule wird zum Basislieferanten „der Wirtschaft", die die eigentlichen Standards der Qualifikation festlegt.[78] Sie dient zwar noch zur Entwicklung einer gewissen Statusqualifikation, die aber oft unerfüllbare Erwartungen auf die Beschäftigung in einem „akademischen Beruf" erwecken. Über die Funktionsqualifikation wird jedoch durch und in Unternehmen und auf Grund der sich wandelnden Bedürfnisse derselben entschieden.[79] Die Transformation der Bildungssysteme wird dabei dadurch gefördert, dass diese als ein wichtiger Faktor der wirtschaftlichen Entwicklung und des globalen Wettbewerbs erkannt wurden. Die Orientierung an „rankings" und „standards" steht dabei in einem merkwürdigen Widerspruch zur Rhetorik der Kreativität und Innovation und des Wissens.[80]

Dienstleistungsarbeit und Wissensarbeit

Der Rückgang der Beschäftigung im primären und sekundären Sektor hat die Bedeutung des wachsenden tertiären Sektors unterstrichen. Die Tendenz zur Dienstleistungsgesellschaft wurde zum einen mit der Tatsache des relativen Anwachsens der Beschäftigten im Dienst-

---

[76] Pierre Bourdieu et al., Titel und Stelle. Über die Reproduktion sozialer Macht, Frankfurt 1981

[77] David Ashton/Francis Green, Education, Training and the Global Economy, Cheltenham, UK-Northampton, MA, 1996

[78] Hermann Strasser, Klassenstrukturen und Klassentheorien: Neue Entwicklungstendenzen in westlichen Gesellschaften, in: Österreichische Zeitschrift für Soziologie 13/1988, S. 20-33

[79] Zur Unterscheidung von Funktions- und Statusqualifikation: Friedrich Fürstenberg, Wirtschaftsbürger in der Berufsgesellschaft? Zürich-Osnabrück 1997, S. 88

[80] Vgl. auch: Phillip Brown/Anthony Hesketh, The Mismanagement of Talent. Employability and Jobs in the Knowledge Economy, Oxford-New York 2004

leistungssektor[81], zum anderen mit der Erhöhung der Nachfrage nach konsumentenorientierten und unternehmensbezogenen Dienstleistungen begründet.

Der Sektor ist an sich durch die Dominanz der klein- und mittelbetrieblichen Struktur geprägt, in einzelnen Subsektoren dominieren aber Großbetriebe (Gesundheitswesen, Banken und Versicherungen). Gerade hier ist der Arbeitgeber auch oft eine öffentliche Körperschaft oder der Staat. Hinsichtlich der Größe ist hinzuzufügen, dass dezentralisierte Betriebsstrukturen in manchen Subsektoren (Handel, Verkehr, Bildungswesen etc.) geradezu typisch sind, so dass zwar Großunternehmen, aber kleinbetriebliche Organisation in der Dienstleistungsproduktion vorherrschen. Ein weiteres Kennzeichen der Dienstleistungsarbeit ist ihr unregelmäßiges Anfallen. Das hat zur Folge, dass Kapazität an Arbeitskraft und Sachinvestitionen bereitgestellt werden müssen, die nur einen Teil der Zeit ausgelastet sind. Die Kapazität wird auf Spitzenbedarf ausgerichtet, die übrige Zeit arbeitet das Unternehmen mit geringer Kapazitätsauslastung. In einigen Fällen muss sogar Überkapazität bereitgestellt werden, wie etwa im Krankenhaus oder im Theater. Die Überkapazität gehört zur Qualität der Dienste, und die Kosten müssen über den Preis ausgeglichen werden.

In Bezug auf die Qualifikation der Arbeitskräfte zeigt sich, dass der Anteil von Hilfstätigkeiten und einfachen Tätigkeiten in Angestelltenberufen im Dienstleistungssektor im Vergleich zur Industrie relativ hoch ist. Aber auch qualifizierte und leitende Tätigkeiten in Angestelltenberufen sind im Dienstleistungssektor in wesentlich höherem Maße zu finden als in der Industrie, wobei allerdings große Unterschiede der einzelnen Subsektoren bestehen (z. B. Unterricht und Forschung gegenüber Handel und Lagerung). Freie Berufe finden sich vornehmlich im Dienstleistungssektor. Im Dienstleistungssektor arbeitet auch eine große Zahl von Arbeitnehmern, die der unteren Mittelschicht zuzurechnen sind wie Verkaufspersonal, gastgewerbliche Arbeitnehmer und Angehörige der Verkehrsberufe. Der Dienstleistungssektor stellt aber auch einen beträchtlichen Teil derjenigen Arbeitenden, die die untersten Gruppen in der sozialen Schichtung darstellen (Straßenkehrer, Raumpfleger, Hausbesorger, Abwäscher etc.). Bemerkenswert ist der hohe Anteil der Frauen unter den Arbeitskräften des Dienstleistungssektors; er beträgt etwa die Hälfte aller unselbständig Beschäftigten.

Der Begriff „Dienstleistung" bezeichnet eine besondere Art von „Ware" in der industriellen Marktgesellschaft, die zwischen Anbietern und Nachfragern gegen Geld getauscht wird, aber kein dinghaftes „Gut", sondern eine Tätigkeit darstellt. Die Arbeitssoziologie hatte den Industriebetrieb und die industrielle Arbeit ins Zentrum ihrer Aufmerksamkeit gerückt. Daher befasste sie sich kaum mit Dienstleistungsarbeit, obwohl gerade die personenbezogene Dienstleistungsarbeit von großer soziologischer Relevanz ist, weil dabei die Beziehung und Kooperation zwischen Dienstleistungsgeber und -nehmer den Kern des „Produkts" darstellt,

---

[81] Wenn wir der Einteilung österreichische Verhältnisse zugrunde legen, gehören dazu etwa: Handel und Lagerung, Beherbergungs- und Gaststättenwesen, Verkehr und Nachrichtenübermittlung, Geld- und Kreditwesen, Privatversicherung, Realitätenwesen, Rechts- und Wirtschaftsdienste, Körperpflege, Reinigungs- und Bestattungsberufe, Kunst, Unterhaltung und Sport, Gesundheits- und Fürsorgewesen, Unterrichts- und Forschungswesen, Einrichtungen der Gebietskörperschaften, Sozialversicherungsträger, Interessenvertretungen, Haushalt und Hauswartung.

das ver- und gekauft wird.[82] Wenn wir von den professionalisierten Dienstleistungen, die im freiberuflichen Bereich erstellt werden (etwa in der Praxis des Arztes) absehen, so involviert die Dienstleistung eine Dreierbeziehung:

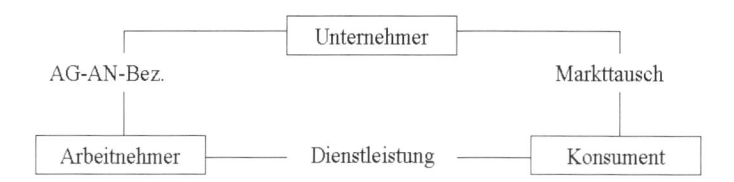

```
                    ┌─── Unternehmer ───┐
AG-AN-Bez.          │                   │         Markttausch
          ┌─────────┴──┐             ┌──┴──────┐
          │ Arbeitnehmer│── Dienstleistung ──│ Konsument│
          └─────────────┘                    └─────────┘
```

Bei jenen Dienstleistungen, für die das „uno-actu"-Prinzip typisch ist, d. h. wo Produktion = Absatz = Konsum, ist der Dienstleistungsproduzent auch gleichzeitig Verkäufer der Dienstleistung und tritt damit als Repräsentant des Anbieters, des Dienstleistungsunternehmens, auf. Als Konsumenten kommen Unternehmen und private Haushalte bzw. Individuen in Frage.

Der unselbständige Dienstleistungsgeber arbeitet im Rahmen einer dualen Beziehungssituation: der Beziehung zum Arbeitgeber und der arbeitgebenden Organisation (Organisationsbezug) und der Beziehung zum Konsumenten, für den und vielfach mit dem zusammen er die Leistung erst erstellen kann (Klientenbezug). Bei professionalisierten Dienstleistungen kommt noch als wesentliche Orientierung der Berufskollegen bzw. –verbandsbezug hinzu.

```
Orientierung an der                Orientierung an der
   Organisation                       Berufsgruppe
   └──────┬──────┘                   └──────┬──────┘
              dienstleistungserstellender
                      Arbeitnehmer
                           │
                      Klientenbezug
```

Alle diese Bezüge differieren bei verschiedenen Dienstleistungen im Hinblick auf die Form und die Bedingungen, unter denen diese Dienstleistungen erstellt werden. Die Dienstleistung ist im Gegensatz zur Sachgüterproduktion aber jedenfalls an die Person des Arbeitenden gebunden, weil sie immateriell ist und sich nicht in einem Sachgut verkörpert. Dienstleistung ist Verhalten und Interaktion. Der verpersönlichte Charakter der Dienstleistungsarbeit bedingt die Inhomogenität des Produkts der Arbeit auf Grund des geringen Grades der Standardisierung und Mechanisierung der Dienstleistungsarbeit.

---

[82] Peter Gross, Die Verheißungen der Dienstleistungsgesellschaft. Soziale Befreiung oder Sozialherrschaft? Opladen 1983, S. 51

Die Kundenpräsenz in einer oder mehreren Phasen des Dienstleistungsprozesses und die bei einer Reihe von Dienstleistungen erforderliche Mitarbeit des Konsumenten sind weitere Merkmale. Die Marktentnahme (Kauf) fällt mit dem Ge- bzw. Verbrauch, also der Nutzung zusammen. Merkmale des Dienstleistungskonsums sind seine zeitliche und örtliche Bindung. Beim Dienstleistungskonsum kommt es – im Besonderen bei den Dienstleistungen i. e. S. – zu einer Interaktion zwischen Produzent und Konsument sowohl im Bereich der Produktion der Dienstleistung wie auch beim Absatz. Die Beteiligten treten einander als Produzent und Mit-Produzent und als Verkäufer und Käufer gegenüber. Die sozialen Beziehungen der Arbeit können bei Dienstleistungen sehr vielfältig sein. Die Art der Dienstleistungsbeziehung ist zunächst durch den Inhalt der Tätigkeit bestimmt: Arzt-Patient, Steuerberater-Kunde, Handelsangestellte-Käufer, Sozialarbeiter-zu betreuende Person, Künstler-Kunst-Konsument, Kellner-Gast, Lehrer-Schüler etc. Dienstleistungen involvieren eine Vielzahl von spezifischen Beziehungen.

„Dienst-Leisten" involviert Interaktion und Kommunikation, wenn auch in unterschiedlicher Art und Intensität. Es hat als eine Form der zwischenmenschlichen Kommunikation daher immer einen Inhalts- und einen Beziehungsaspekt. Dienstleistungen stellen zentrierte Interaktionen dar, d. h. sie kommen nicht zufällig, sondern geplant und zielstrebig zustande, wobei die Initiative dazu in der Regel vom Konsumenten ausgeht, der sich dem in der Dienstleistungsorganisation befindlichen oder sonst durch expressive Symbole (z. B. Uniform) erkennbaren Dienstleistungsgeber zuwendet, Kontakt aufnimmt oder Bereitschaft dazu signalisiert. Er tut dies verbal und nonverbal: jede Kommunikation involviert beide Ausdrucksmöglichkeiten. Ziel, Inhalt und Beziehung der Dienstleistungsinteraktion sind durch allgemeines Wissen, durch gesellschaftliche und organisatorische Strukturen und Normen, durch vorgeprägte typische Situationen geregelt, die Beteiligten bringen vorweg ganz bestimmte Erwartungen ein und wissen um die Spielregeln.

Die Dienstleistungsinteraktion und -kommunikation ist nicht nur durch den wirtschaftlichen und organisatorischen Kontext (Dienstleistungsproduktion und -konsum) geprägt, sondern ebenso durch gesellschaftliche, kulturelle und persönliche Elemente. Die soziale Rolle des Dienstleistenden ist bestimmt durch die Erwartungen der Kunden, des Arbeitgebers, das Verhalten der Kollegen sowohl in Bezug auf Arbeitgeber wie Kunden; bei professionalisierten Dienstleistungen auch durch die Orientierung an der außerbetrieblichen Berufskollegenschaft oder dem -verband. Die Erwartungen der Dienstleistungskonsumenten stehen häufig in einem Widerspruch zu denen des Arbeitgebers, so dass es zu einem Intra-Rollenkonflikt für den dienstleistenden Arbeitnehmer kommt (etwa Zahl der zu betreuenden Kunden in bestimmter Zeit versus Zuwendungs- und Aufmerksamkeitserwartungen der Konsumenten bei „persönlichen" Diensten, „helfenden" Berufen, beratenden Dienstleistungsarbeiten etc). Der Klientenbezug kann die Dienstleistungsrolle sehr entscheidend bestimmen, weil die Erbringung der Dienstleistung selbst die direkte, „face-to-face"-Interaktion mit den Dienstleistungskonsumenten erfordert. Auch sind die Klientenerwartungen von einer Reihe von Faktoren bestimmt, die vom Dienstleistenden in der Regel nachzuvollziehen sind, weil er selbst in anderen Situationen die Konsumentenrolle spielt.

Besondere Aufmerksamkeit haben Sozialwissenschaftler einer spezifischen Dienstleistungsbeziehung gewidmet: der zwischen Arzt und Patient. Talcott Parsons hat sie als

Rollenbeziehung im Subsystem „Gesundheitswesen" mit Hilfe der „pattern variables" analysiert.[83] Die Orientierung der Arztrolle ist universalistisch-leistungsorientiert durch die Tatsache, dass sich die moderne Medizin auf wissenschaftliches Wissen und technische Kompetenz beruft. Die universalistische Haltung ist auch funktional insoweit, als sie es dem Arzt erleichtert, nicht in persönliche Beziehungen zu den Patienten auf Grund seiner Hilfeleistung zu geraten, sondern seinen Beruf für alle Kranken ohne Ansehen der Person des Kranken durchführen zu können. Die Hilfe des Arztes wird nicht von Person zu Person, sondern als Ausübung eines Berufs geleistet: der Arzt reagiert nur auf eine bestimmte Situation (Krankheit), in der sich die Patienten befinden. Dies impliziert auch die funktionale Spezifizität und affektive Neutralität des Verhaltens in der Arztrolle. Die Orientierung an der gesellschaftlichen Gemeinschaft schließlich ist typisch für professionalisierte Berufe (Service-Ideal). Dies ist insbesondere funktional auf Grund der Asymmetrie der Arzt-Patient-Beziehung und der besonderen Not-Situation des Kranken, dessen Ausbeutung im Selbstinteresse des Arztes dadurch verhindert und eine Vertrauensbeziehung begründet wird, die die effektive Hilfe ermöglicht.

In größerem oder geringerem Umfang können bei Dienstleistungen die Momente der subjektiven Rollenauslegung und der persönlichen Beziehung zum Tragen kommen. Viele Dienstleistungsrollen sind das, was Goffman expressive Rollen nennt; sie erlauben, ja erfordern geradezu Ausdrucksverhalten und ermöglichen dadurch einen großen Spielraum für die subjektive Deutung der eigenen Rolle, der Situation und der Erwartungen des Gegenüber und deren Wiedergabe in Sprache, Gestik, Mimik. Sie involvieren daher nicht nur ein großes Maß an „social skills", sondern auch an Techniken und Routinen des differenzierten Einsatzes von Ausdrucksverhalten (etwa dem, was Goffman „impression management" nennt). Diese Routine geht jedoch nicht wie bei den Alltagsinteraktionen sonst im Rahmen von „face-to-face"-Kontakten mit bestimmten gleichbleibenden Personen, sondern bei ständig wechselnder Besetzung vor sich. Dienstleistungskontakte sind meist kurzfristig, ephemer und ständig wechselnd; zudem sind Dienstleistungskunden häufig nicht „regular performers", so dass sich eine Asymmetrie dadurch entwickelt, dass die eine Seite in hohes Maß an dramaturgischen Techniken und Routinen zur Verfügung hat, die andere aber demgegenüber geringe Erfahrung mitbringt. Ritualisierung als eines der Grundmerkmale jeder Interaktion findet sich in differenzierten Formen und Variationen in Dienstleistungssituationen. Für diese ist auch die Berücksichtigung des Teilnehmerrahmens von einiger Bedeutung, da sich die Dienstleistungs-Situation nicht notwendig nur auf Dienstleistende und Konsumenten beschränkt; es gibt Zuhörer, zufällig Anwesende, Publikum etc. Auch das von Goffman „embedding" genannte Phänomen ist von Relevanz für Dienstleistungssituationen; so „spricht" häufig der Arbeitgeber des Dienstleistenden aus diesem.[84]

Die Dienstleistung ist überdies ein Prozess, d. h. sie ist ein Verhalten mit einer bestimmten Zeitdauer, in der dieses eine Veränderung erfährt, so etwa bei Verkaufsgesprächen, wo Ein-

---

[83] Talcott Parsons, The Social System, Glencoe, Ill., 1951, S. 428ff
[84] Erving Goffman, Forms of Talk, Philadelphia 1983, S. 2/3

führungs- bzw. „Aufwärm"phase, Informations-, Aushandlungs- und Durchführungsphase aufeinander folgen. Zunächst muss Kommunikation in Gang gesetzt werden durch signifikante Gesten, die bewirken, dass sich die Beteiligten als legitime Partner anerkennen. Im Gesprächszustand befinden sich die Partner auf Grund eines Prozesses gegenseitiger Bestätigung, in dessen Verlauf auch Redefluss, -dauer, -wechsel von einem zum anderen, Themenwechsel durch Zeichen geregelt werden. In jeder Phase geht ein intensiver gegenseitiger Interpretationsprozess vor sich, der das weitere Verhalten bestimmt. Die Kommunikation ist also durch die wechselseitige Kontingenz des Verhaltens der beteiligten Personen bestimmt, die Interaktionseffekte zur Folge hat und so das Zustandekommen der Dienstleistung bewirkt. Die Art und Weise dieser „Produktion" wird durch die Interpunktion der Ereignisfolgen, also die Verkettung der aufeinander folgenden Aktionen und Reaktionen bestimmt.

Im Verlauf der Dienstleistungskommunikation spielen stets nicht nur inhaltliche Elemente eine Rolle, sondern in jedem Schritt erfolgt auch ein begleitender Definitionsprozess in Bezug auf die Beziehung. Dabei geht es immer auch um Macht und Interessen; ein latenter Konflikt ist impliziert. Dienstleistung ist eine auf beiden Seiten mehr oder weniger betonte strategische Kommunikation. Eine gewisse Ausnahme stellen die „helfenden" Berufe und Lehrberufe dar, zumindest in ihrem idealen Selbstverständnis. Die Solidarisierungsneigung beim dienstleistenden Arbeitnehmer mit den Konsumenten ist hier relativ groß. Die strategische Komponente des angestellten Dienstleistenden muss daher in der Regel durch bestimmte Anreize von Seiten des Arbeitgebers sichergestellt werden, so etwa über Umsatzbeteiligung, Leistungsbeurteilung etc. Wenngleich Dienst-Leisten strategische Kommunikation ist, muss diese Tatsache auch häufig verborgen werden, weil eine allzu offenkundige Verfolgung der Ziele gegenteilige Reaktionen von Seiten des Konsumenten hervorrufen kann.

Die symbolische Interaktion im Kontext der Dienstleistung involviert auch Kommunikationsprobleme bei sozialer und kultureller Distanz, Kenntnis, Auslegung und Umsetzung allgemeiner gesellschaftlicher Normen, wie etwa Anstandsregeln, Gerechtigkeitsvorstellungen u. ä. differieren im Sinne soziokultureller Schicht- und Klassenlagen. Unterschiedliche Lebensstile und Habitusformen treffen aufeinander und werden durch Verhalten, Sprache und Dinge symbolisiert. Sehr große Bedeutung kommt der Sprache zu, der „Gepflegtheit" der Aussprache, Wortwahl etc.[85], da Dienstleisten oft mit sprachlicher Kommunikation in hohem Maße verbunden, wenn nicht sogar ident ist. Dienstleistungsinteraktion ist also nicht nur das Aufeinandertreffen von Marktkontrahenten, sondern auch das verschiedener sozialer Schichten und kultureller Milieus, unterschiedlicher Habitusformen, verschiedener Generationen, ungleicher Sprachkompetenzen etc.; die Dienstleistung ist einer der Bereiche, in dem diese Differenzen sichtbar und erfahrbar werden. Hier muss es daher auch zur Überwindung sprachlicher, kultureller Barrieren und von Schicht- und Klassenunterschieden kommen, damit die Dienstleistung überhaupt zustande kommt bzw. erfolgreich erbracht werden kann.

---

[85] Pierre Bourdieu, Zur Soziologie der symbolischen Formen, Frankfurt/Main 1974

Missverständnisse, Fehldeutungen und Täuschungen spielen in Interaktionssituationen eine große Rolle, sie werden, wie Goffman aufzeigte, oft durch kaum bewusst gesetzte „Nebensächlichkeiten" erzeugt:

„Die menschliche Neigung, Zeichen und Symbole zu benutzen, bedeutet, dass die Bestätigung sozialen Wertes und gegenseitiger Wertschätzung durch Nebensächlichkeiten geliefert wird, und diese Dinge werden ebenso beachtet wie die Tatsache, dass sie beachtet wurden. Ein unbeobachteter Blick, ein momentaner Wechsel im Tonfall, eine Pose, eingenommen oder nicht, können ein Gespräch mit weitsetzender Bedeutung durchdringen. So gibt es keinen Gesprächsanlass, bei dem nicht unangemessene Eindrücke absichtlich oder unabsichtlich entstehen können, wie es genauso keinen Gesprächsanlass gibt, der so trivial ist, nicht von jedem Teilnehmer ein ernstes Interesse daran zu fordern, wie er sich selbst und die anderen Anwesenden behandelt."[86]

Diese „unangemessenen" Eindrücke, die auf der Beziehungsebene hervorgerufen werden, können, gerade etwa bei Verkaufsgesprächen, einen positiven Verlauf verhindern, denn kein Kunde wird durch Wahrnehmungen der Missachtung der eigenen Person, also durch die Verletzung seines „Images", zum Kauf animiert werden. Beide Parteien werden in aller Regel die gegenseitige Anerkennung und damit das rituelle Gleichgewicht aufrechterhalten wollen, um nicht selbst Gefahr zu laufen, das Image zu verlieren.

Vergegenwärtigen wir uns die spezifischen Merkmale der Dienstleistungsarbeit zusammenfassend: persönliche Interaktion mit Verlaufscharakter, die eine Mehrzahl von Bezugspersonen und -gruppen involvieren und komplexe gegenseitige Wahrnehmungs- und Deutungsprozesse darstellen. Dabei wird klar, welch tiefe Veränderungen durch technische Rationalisierungsprozesse ausgelöst werden, die die Dienstleistungsarbeit sowohl in Bezug auf die Quantität und Struktur der Beschäftigten (Qualifikation, Geschlecht, soziale Schicht etc.) wie in Bezug auf die Arbeitssituation (Arbeitsinhalt, -gestaltungsmöglichkeiten, -umfeld etc.) einem grundlegenden Wandel unterziehen. Als Beispiele können stichwortartig insbesondere angeführt werden: Die Rationalisierungsprozesse im Einzelhandel (Verschwinden des „Greißlers", Ausbreitung von Supermärkten und Einkaufszentren, Einführung von computergesteuerten Systemen in der Lagerhaltung, im Einkauf, die Ablesegeräte der Kassierinnen etc.) sowie die Einführung der Mikroelektronik im Bank- und Versicherungswesen oder insbesondere bei den Sozialdiensten der öffentlichen Verwaltung. Dabei verändert sich auch das Produkt der Dienstleistung selbst und zwar in viel grundlegenderer Art und Weise, als dies bei Industrieproduktion der Fall ist[87]; denn die Veränderung von Technik und Organisation der Dienstleistung bedeutet immer gleichzeitig die Veränderung der Dienstleistungsbeziehungen zwischen Konsument und Dienstleistungsgeber bis hin zum Ver-

---

[86] Erving Goffman, Interaktionsrituale, Frankfurt/Main 1978, S. 40
[87] Eileen Appelbaum/Peter Albin, Computer Rationalization and the Transformation of Work: Lessons from Insurance Industry, in: Stephen Wood, The Transformation of Work? London 1989, S. 247-265

schwinden dieser Beziehung und der Selbsterstellung der Dienstleistung durch den Kunden mit Hilfe des Computers.[88]

Ein großer Teil derer, die in der Gegenwart als „Wissensarbeiter" bezeichnet werden, sind in Dienstleistungsberufen beschäftigt. Fritz Machlup hat schon nach dem Zweiten Weltkrieg auf die Bedeutung der Wissensproduktion für die wirtschaftliche Entwicklung hingewiesen und den Anteil der Wissensarbeiter an der US-amerikanischen Wirtschaft zu ermitteln versucht.[89] Er schätzte damals den Anteil mit 32 % der Beschäftigten sehr hoch ein und in späteren Untersuchungen zeigte er, dass dieser Anteil noch weiter gestiegen war.[90] Schon in diesen Analysen zeigte sich, dass die Definition, Abgrenzung und Bestimmung von Wissensarbeitern sehr schwierig ist, weil sie keine berufliche Kategorie darstellen und daher in Statistiken nicht gesondert erfasst werden. Machlup hatte unter Wissensarbeiter alle subsumiert, die in irgendeiner Weise im Produktions- oder Dienstleistungssektor beruflich mit der Produktion und Vermittlung von Wissen zu tun haben. Seine Definition des Wissens war sehr weit gefasst und umfasste im Prinzip alle Berufe, die eine spezielle Ausbildung voraussetzten. Damit koinzidiert seine Argumentation mit der Aussage, dass der Anteil der manuellen und ungelernten Arbeit rückläufig ist, eine Feststellung, die dann auch Daniel Bell getroffen hat. Auch er hob die Tendenz zur Höherqualifizierung hervor, die vor allem mit der Technisierung und Verwissenschaftlichung zusammenhängt.

Peter Drucker sah dann die Wissensarbeiter dadurch charakterisiert, dass sie die ständige Ausweitung und Anwendung des technologischen Fortschritts gewährleisten. Im Anschluss wurde auch von einer Differenzierung in „knowledge workers" und „service workers" gesprochen. Diese Zweiteilung lässt allerdings die doch weiter bestehenden Gruppen der in vielen Branchen noch immer vorhandenen Produktionsarbeiter traditionellen Zuschnitts außer Betracht. Drucker sah die „knowledge workers" der wissensbasierten Sektoren und Berufe und die „nur" der Konsumnachfrage dienenden Beschäftigten, die „service workers", als die beiden Klassen, die die post-industrielle bzw. post-kapitalistische Gesellschaft charakterisieren.[91] Die Wissensarbeiter sind die in der Sicht der Theorie der Wissensgesellschaft führende Gruppe von Arbeitenden, sie ersetzen in dieser historischen Rolle die Industriearbeiter.

Mit dem Einsatz und der weiten Verbreitung der Informationstechnologie, des Computers und des Internets wurden die Wissensarbeiter vor allem durch ihre Arbeit an, mit und für diese als Basis der „new economy" definiert. Sie bestehen zum einen aus den Beschäftigten in den Dienstleistungssektoren, in denen der technische Wandel zur Entstehung und Nutzung von Informationssystemen geführt hat und in denen aktiv Wissen generiert wird, also For-

---

[88] Vgl. etwa: Wolfgang Littek/U. Heisig/H.-D. Gondek (Hg.), Organisation von Dienstleistungsarbeit, Berlin 1992; Jahrbuch sozialwissenschaftliche Technikberichterstattung 1997: Moderne Dienstleistungswelten, Berlin 1998

[89] Fritz Machlup, The Production and Distribution of Knowledge in the United States, Princeton 1962

[90] Fritz Machlup/T. Kronwinkler, Workers Who Produce Knowledge: A Steady Increase 1900-1970, in: Weltwirtschaftliches Archiv 3/1975, S. 752-759

[91] Peter Drucker, The Post-Capitalist Society, op. cit.

schung und Entwicklung, Finanzdienstleistungen, unternehmensorientierte Dienste, insbesondere der Beratung, des Controlling; zum anderen aus jenen Arbeitenden im Produktionssektor, die mit wissensfundierter Arbeit in Industriebetrieben befasst sind: Programmierer, „software"-Entwickler, Datenverwalter, etc.

Soweit sich die Analysen vornehmlich am Einsatz der neuen Technologien und deren Möglichkeiten orientieren, wird Wissensarbeit eng mit der Entstehung von systemischem Wissen von Organisationen bzw. Kommunikationsnetzen verbunden, d. h. Wissen, das für Organisationen wichtig ist, und in Datenbanken, Expertensystemen, etc. besteht.[92] Da in den Visionen der Wissensgesellschaft die technologische Basis eine große Rolle spielt und von ihr – vermittelt über die ökonomische Umsetzung – der Impuls für die Transformation der sozialen Strukturen abgeleitet wird, dominiert diese Sicht in vielen Analysen.

In Bezug auf die beruflichen und sozialen Aspekte der Wissensarbeit weist diese einige Besonderheiten auf. Wenn Wissensarbeit eng an Organisationen und Systeme gebunden wird, ist der Beitrag der Person schwer aus diesen herauszulösen, sie bestehen dann mehr in Kompetenzen, mit den Systemen umzugehen, sie mit Daten zu füttern, Informationen abzurufen, zu selegieren und zu kombinieren, nicht in Wissen als solchem. Das Wissen selbst ist vielmehr inkorporiert in Systemen, Maschinen, Organisationen, die als „intelligent" oder „lernend" bezeichnet werden. Daraus folgt eine starke Abhängigkeit der Kompetenzen der Menschen von diesen nicht-menschlichen Akteuren, deren Veränderung Kompetenzen in Frage stellt oder vernichtet. Darüber hinaus ist dieses Wissen immer mit Nicht-Wissen in dem Sinn untrennbar verbunden, dass der Ausfall der Wissensmaschine die Unfähigkeit zu agieren zur Folge hat. Die sozialen Interaktionen erfolgen primär mit den nichtmenschlichen Akteuren, die auch die Kommunikation mit den menschlichen Akteuren vermitteln. Das bedeutet eine wesentliche Veränderung der Strukturen, aber auch der Art und Weise der Kommunikation und Interaktion in der modernen Arbeitswelt. Man spricht nur mehr selten von Angesicht zu Angesicht, sondern kommuniziert auf elektronischem Wege, was zwar Täuschungen und Missverständnisse, die sich aus den nonverbalen Bestandteilen der persönlichen Kommunikation ergeben können, beseitigt, aber neue Probleme der Verständigung durch die schriftliche oder telefonische Kommunikation erzeugt.

Grundsätzlich arbeitet der Wissensarbeiter aber überhaupt nicht „mit" anderen, sondern mit der Maschine, dem System, den Daten, etc. Er kann dazu zwar rasch und relativ problemlos auf ein riesiges Reservoir sich ständig erweiternder und erneuernder Informationen „aus aller Welt" zurückgreifen, aber das bedeutet auch, dass er das, was er wirklich braucht, daraus selegieren muss. Das erweist sich mitunter als eine schwierige Entscheidung. Was auch in den meisten Fällen nicht wirklich bewirkt wird, ist die Entbürokratisierung durch Reduktion von Papierbergen, Datensammlungen, etc., denn die Möglichkeiten des Computers verleiten zum Erstellen aller möglichen Kompilationen, Berechnungen und Aussendungen in großer Zahl.

---

[92] Helmut Willke, Organisierte Wissensarbeit, op. cit.

Man kann Wissensarbeit jedoch auch weiter fassen und sie eng an personales Wissen der einzelnen Menschen knüpfen. Dabei kann es sich um das Wissen von Experten handeln oder um das implizite Wissen, das die Arbeitenden als subjektive Ausstattung auf Grund ihrer Sozialisation und Erziehung, ihrer Talente und Erfahrungen, ihrer Interessen und Wertvorstellungen mitbringen, das sie bei der Arbeit mit einbringen und durch die Arbeit erweitern, ergänzen, verändern. In dieser Sicht wird der Begriff der Wissensarbeit sehr weit, er liegt manchen „humanistischen" Managementkonzepten zugrunde.[93]

Wissen kann sich auf das beziehen, was man bisher unter „Bildung" verstand oder kann das implizite Wissen, das wir auf Grund unserer Lebens- und Arbeitserfahrung haben, sowie die Informationsverarbeitung und Wissensgenerierung mittels der neuen Technologien bezeichnen. Damit Wissen für die Wirtschaft wichtig, aber nicht entpersönlicht und nicht „entgeistigt" wird, muss die Bezeichnung wohl alle drei Formen des Wissens verbinden. Auch Wissensarbeit, wenn sie gesellschaftlich, wirtschaftlich und individuell sinnvoll sein soll, beruht auf Informationen und deren technisch vermitteltes „handling" genauso wie auf personalem Wissen, das individuell und sozial begründet ist, sowie auf Wissen, das kulturell tradiert wird.

---

[93] Siehe etwa: Ikujiro Nonaka, The knowledge-creating company, op. cit.

VIII Arbeitsmarkt und Arbeitslosigkeit

Entsprechend der Marktorientierung des modernen Berufsbegriffs ist die „Berufsform der Arbeit" die „Form", in der inhaltlich besondere Fähigkeiten als Ware angeboten werden, kurz die „Warenform von Arbeitskraft".[1] Abgesehen davon, dass damit alle Leistungen, die sich nicht unmittelbar auf dem Arbeitsmarkt als „Qualifikationsbündel" anbieten, sondern in ein zu vermarktendes Produkt oder eine Dienstleistung fließen, wie die selbständige berufliche Tätigkeit des Handwerkers, Freiberuflers, Kaufmanns etc. aus dem Berufsbegriff ausgeschlossen werden, fällt bei dieser Definition sofort die Diskrepanz auf zwischen dem, was als „Beruf" auf den Markt kommt, und dem was eigentlich nachgefragt wird. Die Abstimmung zwischen Angebot und Nachfrage auf dem Arbeitsmarkt wird zur dominanten Problemperspektive. Von einem Tätigkeitsverständnis der Berufe kommt man zu einem Verständnis der Berufe als „strukturelle Formen des Angebots von Arbeitsfähigkeit".[2]

1 Theorien und Strukturen des Arbeitsmarktes

Der Begriff des Arbeitsmarktes kennzeichnet das Verhältnis der aggregierten Angebots- und Nachfragewerte in Bezug auf Arbeit und Beruf. Dies kann für spezifische Arbeitsmärkte nach Sektoren, Branchen, Berufen differenziert werden, aber es bezieht sich stets auf die Angebots- und Nachfragesituation zu einer bestimmten Zeit und für einen bestimmten Raum. Während das Ziel der Ökonomie die Bestimmung des Preises der Arbeit ist, sind die Besonderheiten des Arbeitsmarktes, die sozialen Strukturen und das Handeln von Gruppen auf dem Arbeitsmarkt die Bezugspunkte einer soziologischen Betrachtung.

---

[1] Ulrich Beck/Michael Brater/Hansjürgen Daheim, Soziologie der Arbeit und der Berufe, Reinbek b. Hamburg 1980, S. 35ff

[2] Ulrich Beck/Michael Brater, Die soziale Konstitution der Berufe, Frankfurt/Main 1977, S. 27

Zur Ökonomie des Arbeitsmarktes

In der Ökonomie gibt es zwei Theorietypen, die Arbeitsmarktfunktionen bzw. Beschäftigungslagen zu erklären suchen: In neoklassischen Gleichgewichtstheorien wird angenommen, dass der Arbeitsmarkt am Gleichgewichtspunkt von Angebot und Nachfrage geräumt wird, so dass „unfreiwillige" Arbeitslosigkeit eigentlich nicht vorkommen dürfte. Die so genannten Ungleichgewichtstheorien halten an der Gleichgewichtsannahme fest, suchen aber nach Erklärungen für die Existenz von Unterbeschäftigung. Man erkannte auch die Bedeutung der Nachfragesituation auf Gütermärkten für den Arbeitsmarkt und die Löhne, so dass sich Ungleichgewichte auf den verschiedenen Märkten gegenseitig aufschaukeln können. Die Ungleichgewichtstheorien waren eine Reaktion auf die keynesianischen Theorien, die von realen Annahmen ausgehen und daher die Markträumung nicht als normales Ergebnis des Marktprozesses ansehen; für sie ist Unterbeschäftigung das real Gegebene, wobei vor allem die Nachfrageschwäche auf dem Gütermarkt dafür verantwortlich gemacht wird; der Marktprozess bedarf daher der ergänzenden politischen Maßnahmen, um Arbeitslosigkeit zu reduzieren.[3]

Den neoklassischen Ansätzen zufolge gibt es im Normalfall nur die auf temporären Anpassungsdisparitäten beruhende friktionelle oder Such-Arbeitslosigkeit. Darüber hinaus mussten die Ökonomen akzeptieren, dass eine gewisse Rigidität der Löhne herrscht, d. h. die Lohnhöhe ändert sich nicht gemäß Angebot und Nachfrage, sondern bleibt auf einem höheren oder niedrigeren Niveau. Das ist auf die Wirkung des Gewerkschaftshandelns und der Kollektivverhandlungen zurückzuführen, aber auch einzelwirtschaftlich begründbar durch Senioritätslöhne oder Anreizsysteme. Arbeitnehmer akzeptieren niedrigere Löhne in der Gegenwart für die Aussicht steigender Einkommen in Zukunft (Kontrakttheorie). Unternehmen zahlen Effizienzlöhne, die über dem Gleichgewichtspreis liegen, weil sie sich damit Gewinnsteigerungen erwarten; gesamtwirtschaftlich gesehen erhöht dies aber – der ökonomischen Theorie zufolge – die Arbeitslosigkeitsrate.

Im Mittelpunkt der Markttheorien steht der Zusammenhang zwischen Lohnhöhe und Beschäftigung. Im Allgemeinen wird angenommen, dass hohe Löhne direkt und über die dadurch begründete Nachfrage nach Gütern und Dienstleistungen die Preise in die Höhe treiben. Die einzelwirtschaftliche Reaktion auf hohe Löhne ist hingegen die Rationalisierung, die wieder zur Reduktion der Nachfrage nach Arbeitskräften und damit zu einem Ansteigen der Arbeitslosigkeit führt. Die Phillips-Kurven, die auf der Beobachtung langfristiger statistischer Zusammenhänge zwischen Lohnsteigerung und Beschäftigung beruhen, zeigten jedoch in vielen Fällen, dass Lohnwachstum mit niedriger Arbeitslosigkeit korrelierte, während eine Reduktion der Lohnzuwächse mit hoher Arbeitslosigkeit einherging. Daraus folgte, dass mangelnde Preisstabilität und hohe Arbeitslosenraten nicht direkt zusammenhängen, sondern vielmehr eine politische Entscheidung zwischen Preisstabilität oder Beschäftigung als Ziel

---

[3] Für eine Übersicht über die ökonomischen Beschäftigungstheorien siehe: Kurt Rothschild, Theorien der Arbeitslosigkeit, München-Wien 1988; Jürgen Zerche, Arbeitsökonomik, Berlin-New York 1979

1 Theorien und Strukturen des Arbeitsmarktes

der wirtschaftspolitischen Maßnahmen voraussetzen. Während in den Jahrzehnten, die auf das Ende des Zweiten Weltkriegs folgten, das wirtschaftspolitische Ziel auf die Erreichung der Vollbeschäftigung gerichtet war, bahnte sich in den 70er Jahren des 20. Jahrhunderts der Übergang zum Primat der Preisstabilität an. In den folgenden Jahrzehnten kam es daher zu sehr geringen Inflationsraten, dafür jedoch zu einer auch in den Industrieländern dauerhaft hoch bleibenden Arbeitslosenrate.

Eine andere Beziehung, die in diesem Zusammenhang Beachtung fand, ist die zwischen Bildungsinvestitionen und Beschäftigung. Die Qualifikation als wirtschaftliche Investition zur Verbesserung der Verwertungschancen der Arbeitskraft ist der Ausgangspunkt der Humankapitaltheorie. Diese argumentiert teilweise als volkswirtschaftstheoretischer (Theodore W. Schultz), teilweise als entscheidungstheoretischer Ansatz (Gary S. Becker).

Gary S. Becker betrachtet die Arbeitskraft selbst kapitaltheoretisch und fragt nach dem „rate of return on education", d. h. Kapital wird nicht nur als materiell-monetäres verstanden, sondern auch als Kapital an „human resources". Der Erwerb von Leistungsqualifikationen durch überbetriebliche und betriebliche, teilweise auch über den gegenwärtigen Bedarf der Wirtschaft hinausgehende berufliche Kompetenzen ist eine Strategie zur Verbesserung der Arbeitsmarktchancen der Arbeitnehmer als Individuen bzw. Gruppen. Der Arbeitnehmer verfährt im Wesentlichen wie der Unternehmer, er sucht sein „Kapital" durch Schulabschlüsse, „on-the-job training", Mobilität, Informationen über die besten Arbeitsbedingungen und Einkommenschancen, Vorsorge für die Erhaltung der Gesundheit, Fitness etc. zu erhalten und zu vermehren. Er investiert daher in sein Arbeitsvermögen, um einen Wettbewerbsvorteil auf Grund seiner Qualifikation zu erlangen.[4] Für die Arbeitsmarkttheorie bedeutet das, dass Arbeitskräfte nicht mehr als homogen und substituierbar, sondern als qualitativ differenziert verstanden werden.

Theodore W. Schultz fasst den Humankapitalansatz als entwicklungspolitische Strategie; neben materiellen Kapitalinvestitionen tritt er für Investitionen in die „Bevölkerungsqualität" (Gesundheit, Bildung, Forschung etc.) ein, um die Armut in den Entwicklungsländern zu überwinden.[5] In entwickelten Industriegesellschaften stellt sich die Humankapitaltheorie als bildungsökonomischer Ansatz der Arbeitsmarktpolitik dar. Die Arbeitsplätze in der modernen, wachstumsorientierten bzw. produktivitätsorientierten Wirtschaft haben zwei Merkmale: sie sind kapitalintensiv und immer häufiger auch ausbildungsintensiv. Ausbildungs- und Kapitalintensität von Arbeitsplätzen sind in der Regel das Ergebnis eines umfassenden Rationalisierungsprozesses, der in Arbeitslosigkeit der Minderqualifizierten resultiert. Arbeitsmarktpolitische Maßnahmen, die auf dem Humankapitalansatz aufbauen, zielen auf die Erhöhung der Bildungschancen und der Mobilität der Arbeitnehmer.

---

[4] So zeigen Lebenseinkommenskurven einen signifikant anderen Verlauf je nach Länge der Schulbildung. Siehe: Gary S. Becker, Human Capital, New York 1964

[5] Theodore W. Schultz, In Menschen investieren, Tübingen 1986

Bildungsökonomen haben im Rahmen der so genannten „Manpower-Forschung" die Planung und Vorausschätzung des Bedarfes an Arbeitskräften mit bestimmten Qualifikationen nach Maßgabe der Entwicklung der Wirtschaft betrieben. Dabei wird Bildung in erster Linie als Berufsausbildung verstanden; ausgehend von wirtschaftspolitischen Zielsetzungen wird an das Bildungswesen die Forderung gestellt, die notwendigen Arbeitskräfte für die Wirtschaft in qualitativer und quantitativer Hinsicht bereitzustellen, zu „produzieren". Im Allgemeinen gründet sich der „Manpower"-Ansatz auf die Vorstellung eines Gleichgewichts zwischen „Humankapitalvermögen", also dem – ökonomisch verwertbaren – Wissensstand einer Volkswirtschaft, und dem Produktionsvolumen. Dieses Gleichgewicht muss erhalten werden, d. h. Erhöhungen der Produktion sind nur dann möglich, wenn eine entsprechende Erhöhung des Humankapitalvermögens damit einhergeht und umgekehrt. Da ein Steigen des Produktionsvolumens durch eine Nachfrageänderung induziert wird, ist somit diese Änderung letztlich der Antrieb für eine entsprechende Netto-Bildungsinvestition. Die fundamentale Regel des „Manpower"-Ansatzes lautet somit: Die Wachstumsrate der Endnachfrage bestimmt die Höhe der induzierten Bildungsinvestition. Daraus folgt, dass für die ständige Verbreiterung des Wissens in einer Volkswirtschaft ein fortgesetztes Wachstum der Produktion eine zwingend notwendige Voraussetzung darstellt.

Die absolute Dominanz und Priorität des Kapitals, das somit auch auf die in Menschen investierte Ausbildung ausgedehnt wird, lässt alle Versuche, der Arbeit gegenüber dem Kapital Subjektcharakter beizumessen, theoretisch problematisch und politisch illusionär erscheinen, kritisiert Elmar Altvater.[6] Arbeit ist unter ökonomischen Gesichtspunkten die abhängige Variable in der Entwicklung der Kapitalverwertung im produktiven Bereich der kapitalistischen Wirtschaft. Der produktiv eingesetzte Wandel der technisch-wissenschaftlichen Grundlagen bestimmt mithin die marktwirtschaftlich notwendigen und nützlichen Qualifikationen der Arbeitskräfte, definiert den Inhalt des „Humankapitals".

Arbeitsmarktsegmentation und -dualismus: arbeitsmarktbedingte soziale Ungleichheit

„Der" Arbeitsmarkt besteht nur als Wirkprinzip von Angebot und Nachfrage; als empirischer Tatbestand ist der Arbeitsmarkt durch den räumlichen und zeitlichen Bereich begrenzt, innerhalb dessen es zu Austausch- und Konkurrenzbeziehungen kommt; er ist national, regional und örtlich begrenzt und auch zeitlich eingeschränkt, etwa in Branchen mit Saisonbetrieb. Unter den Bedingungen der wirtschaftlichen Globalisierung und der globalen Vernetzung durch Internet und Telekommunikation entsteht potentiell ein globaler Arbeitsmarkt, der auch real in einer Reihe von Tätigkeitsbereichen und Industrien entstanden ist (Callcenter, Verlagerung von Produktionsteilen in Billiglohnländer, etc.). Dies stellt einen starken Druck auf die Angebotsseite des Arbeitsmarktes dar, der sich in Diskussionen über Lohnniveau, Lohnnebenkosten, Sozialstandards, Arbeitsschutzgesetze, etc. niederschlägt.

---

[6] Elmar Altvater, Arbeitsmarkt und Krise, in: Michael Bolle (Hg.), Arbeitsmarkttheorie und Arbeitsmarktpolitik, Opladen 1976, S. 48-67

1 Theorien und Strukturen des Arbeitsmarktes

Die berufliche Gliederung der Angebotsseite spaltet den Arbeitsmarkt in eine große Zahl von Teilmärkten und reduziert den Wettbewerb innerhalb der Arbeitnehmerschaft durch die Differenzierung in „non-competing-groups". Diese berufliche Segmentierung des Arbeitsmarktes erfüllt Funktionen in Bezug auf die inhaltliche Abstimmung von Angebot und Nachfrage und die Möglichkeit für die Arbeiter, den Einsatz ihrer Arbeitskraft durch überbetriebliche Qualifizierungsprozesse und -standards zu kontrollieren.

Das „primäre Machtgefälle" zwischen Angebot und Nachfrage, das durch die unterschiedlichen Widerstandsmöglichkeiten der physischen Arbeitskraft und des Kapitals auf dem Arbeitsmarkt begründet ist, kann durch Qualifizierung und Spezialisierung gemildert werden und die Marktposition der Arbeitnehmer stärken. Die berufliche Qualifizierung und die Leistungsspezialisierung sind demnach Anbieterstrategien, die dem grundsätzlichen Interesse der Nachfrager nach Austauschbarkeit bzw. betriebsspezifischer Qualifizierung entgegenstehen. Die Aufweichung der Berufe durch einen stärkeren Übergang zur Betonung von Qualifikationen und Kompetenzen, die durch die Forderungen der Unternehmenswirtschaft bestimmt sind, und die Reduktion der Kontrolle der Berufsgruppen und -verbände über den Berufszugang und die Berufsstandards, führen zu einer Schwächung der Marktposition auch der qualifizierten Arbeit. Die berufliche Segmentierung des Arbeitsmarktes führt zu einem „sekundären Machtgefälle", das zwischen Anbietergruppen (zwischen qualifizierten oder unqualifizierten Arbeitern) entsteht. Tatsächlich zeigen etwa Vergleiche der Lohnstruktur verschiedener Branchen und Berufe eine hohe Beständigkeit der Unterschiede, z. B. zwischen dem Lohnniveau in der Metallindustrie und jener in der Textilindustrie oder zwischen Facharbeitern und ungelernten Arbeitern innerhalb der einzelnen Branchen.

Die Segmentation der Arbeitsmärkte kann auch andere Gründe haben, wie etwa die Theorie des dualen Arbeitsmarktes aufgezeigt hatte. Diese geht von der Annahme einer Polarisierung der Arbeitsmärkte in zwei Typen mit guten (bevorzugten) Arbeitsplätzen einerseits sowie instabilen (sekundären) Beschäftigungsmöglichkeiten andererseits aus. Doeringer/Piore[7] setzen beim Zusammenhang zwischen dem Wachsen der Warenmärkte, der Standardisierung der Produkte und der Einführung spezialisierter Maschinen an. Die Märkte bestehen nachfrageseitig aus einem stabilen Teil der Nachfrage und einem labilen, fluktuierenden. Für den Bereich der Nachfrage, der langfristig stabil ist (z. B. Weißbrot), entstehen Großbetriebe, die mit Massenproduktionstechnologie ausgerüstet sind, um den stetigen Massenbedarf an standardisierten Gütern zu befriedigen. Im Sinne der „fordistischen" Strategie der Industrialisierung ist dies der Primärsektor der technisch fortschrittlichen Großbetriebe, in denen eine große Zahl von Arbeitnehmern mit relativ hohen Löhnen und hoher Arbeitsplatzsicherheit beschäftigt ist. Im sekundären Sektor, der die Abdeckung der labilen Nachfrage betreibt, herrschen kleinbetriebliche, kompetitive und prekäre Bedingungen vor; mit handwerklichgewerblicher Technologie werden nicht oder gering standardisierte Güter erzeugt. Vielfach

---

[7] Paul B. Doeringer/Michael J. Piore, Internal Labor Markets and Manpower Analysis, Lexington-Mass., 1971. Für Deutschland siehe: Hubert Krieger et al., Arbeitsmarktkrise und Arbeitnehmerbewusstsein, Frankfurt/Main-New York 1989

dient der sekundäre Bereich dort, wo dieselben Produkte hergestellt werden wie im primären, auch als Konjunkturpuffer. Diese sektorale Spaltung der Märkte gibt es in allen Branchen und sie wird durch politische Strategien gestützt, die den Großbetrieben Vorteile verschaffen.

Der bevorzugte Marktsektor wird charakterisiert durch das Vorherrschen unternehmensinterner Arbeitsmärkte mit hierarchischer Arbeitsplatzstruktur. Aus dem externen Arbeitsmarkt werden lediglich bestimmte Positionen („entry jobs") besetzt, die übrigen Arbeitsplätze dagegen vorzugsweise durch Transfers innerhalb des Betriebes vergeben. Im internen Arbeitsmarkt besteht eine hohe Arbeitsplatzmobilität, während die externe Mobilitätsneigung der Arbeitnehmer mit längerer Zugehörigkeit zum Unternehmen sehr stark sinkt. Senioritätsregeln begünstigen das; die Arbeitnehmer mit langer Beschäftigungsdauer genießen Vorteile (Aufstiegsmöglichkeiten, Einkommensvorteile, relativen Schutz vor Entlassungen) gegenüber Neueinstellungen. Die geringe Mobilitätsneigung ist für die Unternehmer vorteilhaft, weil sie hohe Investitionen in die „human resources" getätigt haben.

In der Theorie des Dualismus spielt die Unterscheidung zwischen internen und externen Arbeitsmärkten eine große Rolle. Das Konzept des internen Arbeitsmarktes bietet sich überall dort an, wo relativ geschlossene betriebliche Arbeitsorganisationen bestehen und ein geringer Austausch mit betriebsexternen Arbeitsmärkten besteht. Dies kann der Fall sein bei der Heranbildung einer Stammbelegschaft, wie Pierenkemper bereits für Krupp oder Homburg für Siemens[8] aufgezeigt haben. Auch die japanischen Großbetriebe mit ihren regulärpermanenten Arbeitskräften sind gute Beispiele für interne Arbeitsmärkte, wo Arbeitnehmer um Arbeitsplätze innerhalb eines Betriebes konkurrieren. Berndt Keller wies darauf hin, dass sich vor allem der öffentliche Sektor für das Konzept des internen Arbeitsmarktes anbietet.[9] Die Existenz von Betriebs- bzw. Unternehmensgewerkschaften (USA, Japan) fördert sowohl die Abschließung der internen Arbeitsmärkte wie den Dualismus.

Piore modifizierte die Theorie des dualen Arbeitsmarktes später durch Aufspaltung des primären Marktsektors in einen oberen und unteren Teilsektor, wobei sich im oberen jene Arbeitsplätze befinden, die vornehmlich Kreativität, Selbstbestimmung und gute ökonomische Chancen zulassen, während im unteren Teilsektor jene Arbeitsplätze lokalisiert sind, die vor allem Genauigkeit und Disziplin erfordern. Der sekundäre Sektor ist demgegenüber durch eine Kumulation verschiedener Nachteile gekennzeichnet. Es handelt sich um Arbeitsplätze mit vergleichsweise niedrigen Löhnen, schlechten Arbeitsbedingungen, geringen Karrierechancen und instabiler Beschäftigung. Löhne und Arbeitsbedingungen bieten den Arbeitern wenig Anreiz, so dass die Fluktuationsrate relativ hoch ist. Die Erwerbsphase wird häufig

---

[8] Toni Pierenkemper, Interne Arbeitsmärkte in frühen Industrieunternehmen, in: Soziale Welt 32/1981, S. 3-18; Heidrun Homburg, Externer und interner Arbeitsmarkt: Zur Entstehung und Funktion des Siemens-Werkvereins 1906-1918, in: Toni Pierenkemper/Richard Tilly, Historische Arbeitsmarktforschung, Göttingen 1982, S. 215-248

[9] Berndt Keller, Zur Soziologie von Arbeitsmärkten, Segmentationstheorien und die Arbeitsmärkte des öffentlichen Sektors, in: Kölner Zeitschrift für Soziologie und Sozialpsychologie 37/1985, S. 648-676

unterbrochen. Auch das Risiko von Kündigungen ist hoch, da die Unternehmen nach dem Prinzip „last in – first out" verfahren. Im sekundären Sektor herrscht deshalb eine hohe Fluktuation verbunden mit relativ hoher Arbeitslosigkeit.

Im primären Sektor gibt es geregelte Aufstiegswege in den Organisationen, so dass sich innerbetriebliche Mobilitätsketten entwickeln, im sekundären Bereich gibt es dies nicht. Diese Mobilitätsketten sind durch ökonomisch-technologische Charakteristika der betrieblichen Organisation und durch sozialstrukturelle Merkmale der Arbeiter gekennzeichnet. Piore stellte mit Bezug auf die konkrete Situation in den USA fest, dass ein Zusammenhang zwischen Arbeitsplätzen und sozialen Merkmalen der Arbeitnehmer in der Weise besteht, dass im sekundären Sektor des Marktes vornehmlich Unterschichtangehörige und Jugendliche aus der Arbeiter- und der unteren Mittelschicht Beschäftigung fanden; im primären Sektor rekrutierten sich die Arbeitskräfte hingegen aus den mittleren Arbeiterschichten.

Die Theorie der dualen Arbeitsmärkte entstand auf Grund der spezifischen Situation in den USA in den 60er Jahren, als die großen Massenkonsumgüterbetriebe als die Wachstumsmotoren der amerikanischen Wirtschaft betrachtet wurden. Eine gewisse Dualität der Struktur ist aber in allen Ländern und allen Perioden der industriellen Entwicklung zu beobachten, ihre Bedeutung schwankt jedoch nach den jeweiligen historischen und ökonomisch-sozialen Bedingungen.

Arbeitsmärkte können auch nach der Qualifikation geteilt sein entsprechend den Qualifikationsstrukturen, in die die Arbeiterschaft auf Grund der gegebenen industriellen Entwicklung zerfiel: in qualifizierte Arbeiter, deren Fähigkeiten betriebsübergreifend konstituiert werden; in intermediäre Qualifikationen, die im „on-the-job-training" in (Groß-)Betrieben erlernt werden, weil es sich in der Hauptsache um betriebsspezifische Fertigkeiten (Messwerte, Einrichter etc.) handelt, und in die unqualifizierten Jedermannsarbeiten.[10] Da zu dieser Zeit Frauen in bestimmten Beschäftigungen mit geringem Status, geringer Lohnhöhe und Arbeitsplatzsicherheit zahlenmäßig überwogen, konnte man und kann man zum Teil noch heute auch geschlechtsspezifische Arbeitsmärkte differenzieren.[11] Sie sind zwar in allen Staaten, die effektive Gleichbehandlungsinitiativen gesetzt haben, am Verschwinden, aber in vielen außereuropäischen Ländern gibt es sie nicht nur in den traditionalen Sektoren, sondern gerade auf Grund der Verlagerung der industriellen Produktion in diese Gebiete.

In der Gegenwart hat der Begriff der Dualität des Arbeitsmarktes durch die größere Bedeutung von atypischen Beschäftigungsverhältnissen (Teilzeit, Zeitarbeit, geringfügige Beschäftigung) eine neue Bedeutung erfahren. Man kann als primären Arbeitsmarkt jenen verstehen, in dem Normalarbeitsverhältnisse vorherrschen, während ein sekundärer Arbeitsmarkt durch diese atypischen Formen bestimmt ist. Allerdings sind nicht alle in atypischen Beschäfti-

---

[10] Burkart Lutz/Werner Sengenberger, Arbeitsmarktstrukturen und öffentliche Arbeitsmarktpolitik, Göttingen 1974

[11] Elisabeth Beck-Gernsheim, Der geschlechtsspezifische Arbeitsmarkt, Frankfurt/Main 1976

gungsformen Arbeitenden als benachteiligt zu bezeichnen und noch weniger garantiert ein Vollzeitarbeitsverhältnis an sich Arbeitsplatz- und Einkommenssicherheit. Eine Dualität entsteht jedoch durch die Differenzierung in „Kernbelegschaften" in Großunternehmen einerseits und die „flexiblen" Arbeitskräfte andererseits.

Arbeitsmarkt und Mobilität

Die Anpassung von Angebot und Nachfrage auf dem Arbeitsmarkt wirft auch das Problem der Mobilität der Arbeitskräfte auf. Vielfach wird die Ursache für Ungleichgewichte auf dem Arbeitsmarkt der mangelnden Mobilitätsbereitschaft und -fähigkeit der Arbeitnehmer zugeschrieben. Darunter kann verschiedenes verstanden werden: Die geographische Mobilität bezieht sich auf die räumliche Anpassung an die Nachfragebedingungen, also die Übersiedlung in andere Regionen mit besserer wirtschaftlicher Lage und entsprechendem Arbeitsangebot; allerdings ist auch das tägliche oder wöchentliche Auspendeln in andere Bezirke und Gemeinden, das vor allem im Einzugsbereich von Großstädten bzw. Industriegemeinden sehr hoch ist, inkludiert. Rein statistisch gesehen ist der Anteil der Pendler an der arbeitenden Bevölkerung in der modernen (auto)mobilen Gesellschaft sehr hoch, fast die Hälfte der Erwerbsbevölkerung pendelt in diesem Sinn. Anders ist die Mobilität über längere Strecken zu beurteilen, bei der die Arbeitnehmer in eine andere Stadt, eine andere Region oder auch in ein anderes Land übersiedeln müssen. Für eine Reihe von Karriereberufen wird die Bereitschaft zur Mobilität zunehmend zur Voraussetzung für Berufschancen. Die Forderung nach größerer Mobilitätsbereitschaft lässt in ihrer ökonomischen Einseitigkeit jede Berücksichtigung der schwerwiegenden sozialen und familiären Probleme außer Acht, die daraus für die Individuen erwachsen.

In Zeiten der Globalisierung muss in Bezug auf die geographische Mobilität auch die Arbeitsmigration erwähnt werden und die Erhöhung der Mobilität der Arbeitskräfte über Staatsgrenzen hinaus. Dabei handelt es sich vor allem um das Streben von Menschen, sich aus schlechten wirtschaftlichen Bedingungen zu befreien, indem sie Arbeit in den reichen Ländern suchen – mit all den politisch-institutionellen, soziokulturellen und menschlichen Problemen, die damit entstehen bzw. gegenwärtig zu lebhaften Auseinandersetzungen führen. Grenzüberschreitende Mobilität kann aber auch Resultat einer gewollten Förderung der Integration etwa in den Ländern der Europäischen Union sein.

Die räumliche Anpassung kann auch Begleitumstand der beruflichen Mobilität sein. Diese ist zu differenzieren je nachdem, ob es sich um den Wechsel des Arbeitsplatzes in der Organisation, den Wechsel des Betriebes bzw. Arbeitgebers oder einen Berufswechsel im sachlich-funktionalen Sinn handelt. Der Wechsel des Arbeitsplatzes im internen Arbeitsmarkt kann mit oder ohne Veränderung des Ranges der betrieblichen Position erfolgen, etwa einfach durch Versetzung in eine andere Abteilung. Soweit damit eine größere funktionale Veränderung verbunden ist, dienen entsprechende An- und Umlernprozesse der Anpassung, aber nicht der Erhöhung der Qualifikation. Eine höhere Qualifikation ist aber in aller Regel Voraussetzung für den Aufstieg in der Organisation. Diese kann innerhalb und außerhalb des Betriebes, etwa in Berufsschulen, Weiterbildungsinstitutionen, Hochschulen etc. erworben werden und kann – muss aber nicht – zu einem innerbetrieblichen Aufstieg führen.

1 Theorien und Strukturen des Arbeitsmarktes

Der Wechsel des Betriebes bzw. Arbeitgebers (Fluktuation) kann aus Gründen erfolgen, die entweder beim Arbeitgeber (Reorganisationsprozesse, Rationalisierung, Personalabbau, Betriebsstilllegung etc.) oder beim Arbeitnehmer (bessere Bedingungen oder Chancen in anderen Betrieben, Konflikte und Unzufriedenheit, familiäre Bedingungen etc.) liegen können. Die Fluktuationsrate, d. h. der im Normalfall von Arbeitnehmerseite initiierte Anteil der Abgänge pro Zeiteinheit ist in vielen Fällen eine kritische Kennzahl, die zur Erforschung möglicher Gründe Anlass gibt ("Betriebsklima", Arbeitsinhalt etc.), weil durch hohe Fluktuationsraten immer die Kontinuität und Ordnung der Arbeitsablauforganisation gestört wird und zusätzliche Kosten durch Anlernen der Neulinge entstehen.

Als Berufswechsel wird jede Veränderung bezeichnet, die auf der Grundlage des Erwerbs einer berufsinstitutionellen neuen Qualifikation einen Wechsel von einem Berufskontext in einen anderen beinhaltet. Die Abgrenzung zwischen Berufswechsel und Arbeitsplatzwechsel ohne Berufsänderung ist nicht immer leicht zu ziehen; je höher der Professionalisierungsgrad eines Tätigkeitskomplexes und je spezifischer und institutionalisierter die dafür notwendige Ausbildung ist, um so eher kann man von einem Berufswechsel sprechen. In der Regel bezeichnet man als Berufswechsel jene Änderungen der Qualifikation und der Funktion, die einen länger dauernden speziellen Berufsausbildungsprozess voraussetzen und dann in entsprechenden neuen Tätigkeitsbereichen resultieren. Der Berufswechsel kann durch arbeitsmarktbedingte Gründe notwendig werden (keine Chancen auf Beschäftigung oder Aufstieg im bisherigen Beruf) oder durch individuelle Ziele und Ansprüche (Aufstiegsorientierung, Enttäuschung über die bisherige Berufstätigkeit, gesundheitliche Gründe etc.) bestimmt sein. Er kann mit einem sozialen Aufstieg verbunden sein, z. B. durch Erwerb eines akademischen Diploms oder Titels und/oder durch eine höherrangige organisatorische Position.

Da der Beruf zusammen mit Rang und Funktion in der Organisation und dem formalen Ausbildungsniveau der wichtigste Faktor für die Bestimmung des sozialen Status und der Schichtzugehörigkeit ist, hängt die berufliche Mobilität auch eng mit der sozialen Mobilität, d. h. mit Veränderungen innerhalb der sozialen Schichtung, zusammen. Das beginnt schon im intergenerationalen Vergleich als Berufs- und Statuswechsel zwischen den Generationen und setzt sich fort als Auf- und Abstieg im Lauf des Lebens einer Generation. Die soziale Mobilität setzt allerdings nicht unbedingt eine Bewegung von Seiten der Arbeitskräfte voraus, da Verschiebungen innerhalb der Berufsstrukturen durch die Entstehung neuer Qualifikationsbereiche und das Verschwinden alter Branchen und Berufe bzw. Veränderungen in der sozialen Wertschätzung von Tätigkeitskomplexen (Strukturwandel der Berufe) die Ursachen für den Auf- oder Abstieg bestimmter Gruppen sein können.

Durch die Dynamik der technischen Veränderungsprozesse kommt es zur Umdeutung des Berufswechsels von einem Einschnitt in der Berufsbiographie in ein „normales" erwartbares Ereignis; Weiterlernen, Umlernen, Berufswechsel werden allgemeine Bedingungen, unter denen die berufliche Laufbahn der Menschen in der modernen Gesellschaft steht. In diesem Sinne wird man besser von der Bereitschaft und Fähigkeit zum Qualifikationserwerb bzw. von der permanenten Qualifizierung sprechen als von Berufswechsel, um den permanenten, fortlaufenden Charakter und die zunehmende Verwischung der Grenzen zwischen einzelnen Berufen zum Ausdruck zu bringen.

Im Zuge der Flexibilisierung der betrieblichen Strukturen und der strukturellen Veränderungen der Wirtschaft in den verschiedenen Regionen werden Betriebswechsel und Qualifikationsanpassung zu den normalen Berufsgrundlagen. Der Druck in Richtung Mobilität wird für die Arbeitenden in Zukunft noch steigen und mit eine wichtige Voraussetzung für soziale Mobilität sein. Die räumliche Mobilität nimmt immer weitere Ausdehnung an auf Grund der zunehmenden Globalisierung. Allerdings beschränkt sie sich auf bestimmte Fachkräfte und das höhere Management, weil die elektronische Vernetzung die physische Translokation überflüssig macht. Auch wächst das „human resource"-Potential in den Schwellenländern, so dass qualifizierte Arbeit mehr und mehr durch indigene Kräfte erbracht werden kann, ja Arbeiten aus den Industrieländern in diese verlagert werden.

Gerade in Zeiten erhöhter Mobilität erhält die soziologische Analyse der Beziehungen und Prozesse, die dabei eine Rolle spielen, besondere Bedeutung. Nicht nur ökonomische und technisch-organisatorische Veränderungen als Verursachungsfaktoren und individuelle Entscheidungen sind zu beachten, sondern auch die bisherigen Erfahrungen, die Lebensläufe und die sozialen Umweltbedingungen und Beziehungen. Mark Granovetter hebt die Einbettung der Mobilität in soziale Netzwerkbeziehungen hervor. Die geographischen und beruflichen Veränderungen bei professionellem, technischem und Management-Personal erwiesen sich in empirischen Untersuchungen als vermittelt durch persönliche Kontakte. Frühere Mobilitätserfahrung erleichterte die Entscheidung, sich zu verändern. Daneben spielten auch einerseits die Wahrnehmung besserer Chancen, also ökonomisch-rationale Motive, eine Rolle, sowie andererseits Firmenloyalität und die Berücksichtigung von Faktoren wie Vertrauen, Aufstiegserwartungen auf Grund von sozialen oder kulturellen Gepflogenheiten etc. Diese Erkenntnisse in Bezug auf Mobilitätsentscheidungen und ihre Bestimmungsgründe verweisen allgemein auf die Tatsache, dass auch das Verhalten von „Wirtschaftssubjekten" in den sozialen und kulturellen Kontext eingebettet ist. Ob es sich um die Suche nach einem Arbeitsplatz, die berufliche Veränderung, die Entscheidung für den Erwerb zusätzlicher Qualifikationen etc. handelt, in allen diesen Fällen sind die Individuen von den sozialen Kontakten und Beziehungen beeinflusst.[12] Diese sozialstrukturellen Bedingungen schlagen sich dann auch in dem Zusammenhang zwischen sozialer Herkunft der Belegschaft und Art und Größe des Betriebes im Sinne der schon erwähnten Mobilitätsketten nieder.

Diese Aspekte sowie die allgemeine Einsicht, dass auch Arbeitsmärkte Interaktionsmuster und Rollenbeziehungen darstellen und einer institutionellen Ordnung bedürfen, vor allem aber die Tatsache, dass „Märkte" immer nur lokale oder gedachte Handlungszusammenhänge von Personen, Gruppen und Organisationen sind, machen die Legitimität einer Soziologie der Arbeitsmärkte aus.[13] Diese folgt auch aus der Tatsache, dass Arbeitsmärkte in ver-

---

[12] Mark Granovetter, The Sociological and Economic Approaches to Labor Market Analysis. A Social Structural View, in: George Farkas/Paula England (eds.), Industries, Firms, and Jobs. Sociological and Economic Approaches, New York-London 1988, S. 187-216; Ders., Getting a Job: A Study of Contacts and Careers, Cambridge, Mass., 1974

[13] Vgl. auch: Ralph Fevre, The Sociology of Labour Markets, New York 1992

1 Theorien und Strukturen des Arbeitsmarktes

schiedenen Gesellschaften, Regionen, Branchen etc. unterschiedliche kulturelle Merkmale in Bezug auf Verhaltens- und Denkweisen der in ihnen agierenden Anbieter und Nachfrager aufweisen. Es gibt so etwas wie Arbeitsmarkt-Kulturen. Deutlich wird dies etwa bei einem Vergleich US-amerikanischer Arbeitsmärkte mit deutschen bzw. mitteleuropäischen. Mentalität, Einstellungen, Verhaltensmuster in Bezug auf Fluktuation, Berufsmobilität, Bereitschaft zur Selbständigkeit etc. auf der einen Seite und in Bezug auf Personalpolitik, Mitarbeiterbehandlung, Kündigungen, „out-sourcing" etc. bei den Unternehmen auf der anderen Seite erweisen sich dabei als sehr unterschiedlich. Dies aber ist zu einem guten Teil institutionell vorgeformt, so dass man Arbeitsmärkte insbesondere aus soziologischer Sicht besser als „erwerbsstrukturierende Institutionen" bezeichnen kann.[14]

Inklusion und Exklusion durch Beschäftigungsfähigkeit und Bildungskonzepte

Die Kenntnis und der Umgang mit den jeweils neuesten Technologien werden als neue Kulturtechnik generell zur Voraussetzung für die Teilhabe an der industriellen Arbeitsgesellschaft. Auch für diese Stufe der industriellen Entwicklung gilt, dass die technische Fähigkeit des Einzelnen zur sozialen Verpflichtung wird:

> *„Der Mangel an der notwendigen technischen Fähigkeit wirkt sozial diskriminierend – und zwar nicht nur im Sinne eines relativen Verlustes an sozialem Prestige, sondern grundlegend und unwiderruflich mit der Konsequenz des Entzuges der sozialen Anerkennung und des Verlustes der Gleichwertigkeit."*[15]

Diese Folgerung zogen die Autoren der klassischen Studie „Technik und Industriearbeit" und sie ist heute im Gefolge der Mikroelektronik und der computermäßigen Vernetzung erneut sehr aktuell geworden, allerdings nicht nur und nicht einmal primär für die Industriearbeiter, sondern mehr noch für die Büroangestellten, die Manager, Wissenschaftler und alle Erwerbstätigen, die mit Computern und Informationstechnologie direkt oder indirekt zu tun haben – und das sind wir alle.

Der Qualifikation in den neuen Fähigkeiten und Fertigkeiten kommt daher in der Gegenwart eine besonders hohe Bedeutung zu. In den meisten Tätigkeitsbereichen auch außerhalb der eigentlichen EDV-Berufe kommt IuK-Kenntnissen grundlegende Bedeutung als Voraussetzungen für die Arbeitsmarktintegration zu. Wer nicht über sie verfügt, hat somit fast keine Chance auf Beschäftigung mehr, was insbesondere bei älteren Arbeitnehmern zutreffen kann. Für Personen ohne diese Kompetenzen bleiben nur mehr bestimmte, meist weit unten in der Berufsschichtung angesiedelte Tätigkeiten, vornehmlich im Sektor persönlicher und

---

[14] Ludger Pries, „Arbeitsmarkt" oder „erwerbsstrukturierende Institutionen"? Theoretische Überlegungen zu einer Erwerbssoziologie, in: Kölner Zeitschrift für Soziologie und Sozialpsychologie 50/1998, S. 159-175

[15] Heinrich Popitz/Hans Paul Bahrdt/Ernst A. Jüres/Hanno Kesting, Technik und Industriearbeit, Tübingen 1957, S. 213.

konsumbezogener Dienste, wo die Löhne niedrig, die Aufstiegschancen gleich Null und die Arbeitsplatzunsicherheit hoch sind.

Die ständige Anpassung der Qualifikation an die sich rasch wandelnden technischen Grundlagen macht permanentes Weiterlernen zur selbstverständlichen Anforderung. Die Bereitschaft und die Fähigkeit dazu und das Niveau des Wissens bestimmen die Chancen auf dem Arbeitsmarkt und die Aufstiegschancen. Auch diese in der Persönlichkeit, in kognitiven Fähigkeiten liegende Eigenschaften der Menschen werden daher zunehmend wichtig für die „Beschäftigungsfähigkeit".[16]

Dieser Begriff der „Beschäftigungsfähigkeit" („employability"), der gegenwärtig viel gebraucht wird, impliziert eine Akzentverschiebung. Der Einzelne kann sein „Humankapital" unter den neuen Bedingungen nur mehr zum Teil durch autonome Investitionen in Bildung erhöhen, vielmehr wird die Beschäftigungsfähigkeit von Politik und Wirtschaft bestimmt und auch definiert, welche Qualifikationen und Kompetenzen Voraussetzung dafür sind, dass Arbeitsuchende überhaupt Beschäftigung finden können. Der Begriff impliziert daher den Ausschluss aller jener, die nicht diese Voraussetzungen aufweisen. Damit ist angedeutet, dass die Menschen nicht mehr einen Beruf wählen können, sondern dass sie erst „befähigt" werden müssen, um überhaupt „beschäftigbar" zu sein. Das impliziert eine Zweiteilung der Gesellschaft in Beschäftigbare und Nicht-Beschäftigbare. Die letzteren sind nicht identisch mit Arbeitslosen, sondern werden zu Randgruppen der Gesellschaft, die keinen „Einlass" mehr bekommen in das Erwerbssystem. Charles Sabel sprach diesbezüglich von der Ersetzung der Problematik der Ausbeutung durch die des „abandonment":

„...exploitation...suggests that the losers in the new economy are insufficiently compensated for their contribution to production, whereas we have seen that what they are losing is the possibility to make any contribution to the economy."[17]

Man kann daher geradezu von einer Exklusion in Bezug auf die nicht über diese Fähigkeiten verfügenden Arbeitskräfte sprechen. Diese Exklusion vom Arbeitsmarkt hat beträchtliche Folgewirkungen auf alle Bereiche des Lebens, führt also nicht nur zu einer erwerbswirtschaftlichen Ausschließung, sondern zu einer gesellschaftlichen Exklusion der Betroffenen. Die der Beschäftigungsfähigkeit zugrunde liegenden Kompetenzen ermöglichen über die Teilnahme an der Arbeitswelt hinaus auch jene an Kultur und Gesellschaft, die Integration in den modernen Lebens- und Konsumstil, in die Kommunikationsgemeinschaft der Mediengesellschaft, die Existenz oder das Fehlen von sozialen Beziehungen.[18]

---

[16] P. Weinert et al. (Hg.), Beschäftigungsfähigkeit: Von der Theorie zur Praxis, Bern et al. 2001

[17] Charles Sabel, Moebius-Strip Organizations and Open Labor Markets: Some Consequences of the Reintegration of Conception and Execution in a Volatile Economy, in: Pierre Bourdieu/James S. Coleman (eds.), Social Theory for a Changing Society, Boulder-New York 1991, S. 45

[18] Rudolf Stichweh, Systemtheorie der Exklusion, in: Ders. (Hg.), Die Weltgesellschaft, Frankfurt 2000, S. 85-102; Robert Castel, Die Metamorphosen der sozialen Frage, Konstanz 2000

Die Begriffe von Inklusion und Exklusion haben sich in der Gegenwart sowohl in sozialwissenschaftlichen Diskursen als auch in politischen Dokumenten eingebürgert. Ursprünglich war Exklusion definiert als Deprivation bestimmter Randgruppen in Bezug auf den Anteil an Wirtschaftswachstum und -entwicklung und wurde mit Bezug auf das Problem der Integration der Menschen am Rande der Wohlfahrtsgesellschaft verstanden.[19] In der Informationsgesellschaft jedoch nahm der Begriff eine andere Bedeutung an und wurde eng mit den Voraussetzungen der Beschäftigungsfähigkeit verbunden. Boltanski/Chiapello sehen Inklusion und Exklusion nicht mehr in Verbindung mit Problemgruppen, sondern erblicken in dieser Zweiteilung ein pragmatisches Substitut der Klassengesellschaft.[20]

Arbeitsmarktpolitische Maßnahmen sollen die von Exklusion bedrohten Personengruppen wieder „beschäftigungsfähig" machen. Dabei spielen Ausbildungsmaßnahmen in einem weiteren Sinn eine dominierende Rolle. Das hat auch in bildungspolitischen Bemühungen seinen Niederschlag gefunden, wie man aus den Beschlüssen des „Education Councils" der Europäischen Union entnehmen kann.[21] Die Bildungspolitik versucht, neue Konzeptionen von Bildung oder besser: von Qualifikation bzw. Kompetenzen als Voraussetzung der Beschäftigung umzusetzen, die auch das Bildungssystem grundlegend verändern.

Die Ausbildungssysteme sind in der Gegenwart zu einem wesentlichen Faktor des Wettbewerbs bzw. der Konkurrenzfähigkeit von Gesellschaften geworden. Neben dem verständlichen Ziel der Erhöhung der „employability" und damit der Reduktion von Arbeitslosigkeit sowie allgemein von Exklusion führt dies zu Bestrebungen einer „Objektivierung" der Ausbildungssysteme, man will sie nach Standards vergleichbar machen und an dem Kriterium ihrer wirtschaftlichen Verwertbarkeit messen. Standardisierung und „accountability" sind daher Schlagworte, die gegenwärtig die Diskussionen um die Bildungssysteme, vor allem auf den höheren Stufen, beherrschen.[22] Damit geht eine stärkere Ausrichtung der Ausbildung am Bedarf „der Wirtschaft", vor allem der großen Unternehmen, einher, die im Gegenzug auch zunehmend für einen Teil der Kosten des Ausbildungssystems aufkommen sollen, teils über direkte Finanzierung, teils über Projektfinanzierung und „sponsoring".

Höhere Bildung ist jedoch auch keineswegs eine Garantie für entsprechende Arbeitsplätze in einer Gesellschaft, der zunehmend die Arbeit ausgeht, zumindest die Erwerbsarbeit im Sinne der Industriegesellschaft. Die Forderung nach Ausbau der Bildung meint daher eigentlich mehr die permanente Ausrichtung und Anpassung von Qualifikationen und Kompetenzen an die jeweiligen wirtschaftlich-technischen Anforderungen, was nur mehr bedingt im traditionellen Bildungssystem geleistet werden kann. Der kurzfristig realisierbare Erwerb von Kompetenzen muss daher diese langfristigen Ausbildungswege der Schulen ergänzen und die Menschen müssen in ständiger Weiterbildung ihre Qualifikation zu erhöhen oder zu verän-

---

[19] René Lenoir, Les Exclus. Un Français sur dix, Paris 1974
[20] Luc Boltanski/Eve Chiapello, Le nouvel èsprit du capitalisme, Paris 1999, S. 383
[21] Council of the European Union, Report from the Education Council to the European Council: „The concrete future objectives of education and training systems", Brussels, 14 February 2001.
[22] A. Hargreaves, Teaching in the Knowledge Society: Education in the Age of Insecurity, Maidenhead 2003

dern suchen. Allerdings garantiert auch all das nicht, dass man einen entsprechenden Arbeitsplatz im Erwerbssystem bekommt. Denn es wird ja immer weniger für bestimmte Berufe ausgebildet, da sich diese sehr schnell ändern und alte Berufe teilweise verschwinden, neue „Berufe" entstehen. Neue Berufsbilder orientieren für kurze Zeit die Ausbildungs- und Stellenangebote, um bald wieder durch neue ersetzt zu werden. In dieser Situation greifen manche auch zur Selbsthilfe und „erfinden" selbst Tätigkeitsprofile und Marktangebote von Dienstleistungen. Vielfach ist dies nur auf dem Weg in die Selbständigkeit oder in die freiberufliche Aktivität möglich, die allerdings nicht im Sinne einer Professionalisierung auftritt, sondern im Gewand des „freien Mitarbeiters", der auf Werkvertragsbasis arbeitet. Das erfordert eine beträchtliche Risikofreudigkeit, Zuversicht und Vorstellungskraft hinsichtlich der Gestaltung des eigenen Lebens, was sicherlich für manche Menschen und für eine gewisse Zeitspanne durchaus verlockend sein mag. Ein Modell für die Zukunft der Arbeit für die Masse der Menschen kann es jedoch nicht darstellen.

2 Arbeitslosigkeit als gesellschaftliches Problem

Besitz- bzw. Erwerbslosigkeit kam und kommt in allen Gesellschaften vor, „Arbeitslosigkeit" ist hingegen ein historisches Phänomen, das mit der Entwicklung der Industriegesellschaften verbunden ist und die Situation von erwerbslosen Lohnarbeitern, also unselbständig Arbeitenden meint. Es kommt in der uns bekannten Form in früheren Gesellschaften mit ihren agrarischen und handwerklichen Strukturen nicht vor, wo es zwar Unterbeschäftigung geben konnte, aber nicht das Erscheinungsbild der Arbeitslosigkeit. Daher war Arbeitslosigkeit auch lange kein gesellschaftliches Problem, ihre Ursachen wurden nicht in ökonomischen und strukturellen Bedingungen gesehen, sondern in individuellen Merkmalen oder lokalen Bedingungen. Sie war bestenfalls das Problem der Selbstverwaltung einzelner Gruppen, wie der Zünfte und ihrer Unterstützung für beschäftigungslose Handwerksgesellen. Erst als sie als „soziale Frage" allmählich ins Bewusstsein der Öffentlichkeit drang, wurde sie auch als ein Problem der ganzen Gesellschaft begreifbar. Voraussetzung dafür war das Vordringen der Lohnarbeit als alleiniger und weithin verbreiteter Form der Beschäftigung und ihre Akzeptanz als soziale Tatsache und Lebensform. Nachdem die Arbeiterklasse zu einer sozialen Bewegung geworden war, definierte der Staat Arbeitslosigkeit als ordnungs- und sozialpolitisches Problem.

Die Erfahrung der Massenarbeitslosigkeit in den 30er Jahren des 20. Jahrhunderts erschütterte schließlich auch den Glauben an die Selbstheilungskräfte des Marktes und Sozialpolitik wurde als ökonomisch rational begründbarer staatlicher Maßnahmenkatalog akzeptabel. Die Interpretation des Staates als Sozialstaat bedeutete, dass dieser durch eine ökonomisch fundierte Sozialpolitik Garantien für die Wohlfahrt der Nation übernahm. Dazu gehörte auch das Anliegen, mittels Arbeitsbeschaffungspolitik für Vollbeschäftigung zu sorgen. Die günstige ökonomische und soziopolitische Situation nach dem Ende des Zweiten Weltkrieges sowie

2 Arbeitslosigkeit als gesellschaftliches Problem

die deutlichen Steuerungsinterventionen der Staaten ließen die Arbeitslosenraten in den 50er und 60er Jahren so stark sinken, so dass Vollbeschäftigung bis auf einen Bodensatz von Restarbeitslosigkeit[23] erreicht zu sein schien.

Ab den 70er Jahren veränderten die weltweite Rezession als Folge der Ölkrise und der nachfolgende Übergang von einer beschäftigungsorientierten zu einer preisstabilitätsdominierten Wirtschaftspolitik in den führenden Industriestaaten sowie die Globalisierung der Finanzmärkte und der Produktion zusammen mit dem „Reengineering" in den Organisationen der großen Unternehmen die Situation nachhaltig. Arbeitslosigkeit in relativ hohem Ausmaß wurde auch in den Industriegesellschaften zur Dauererscheinung. War vordem das Ziel der Vollbeschäftigung vorrangig gewesen, so blieben die Arbeitslosenraten nun über Jahrzehnte konstant hoch, ohne dass ein Umschwung zu einer beschäftigungsdominierten Politik erfolgte.

Arbeitslosenraten sind somit keineswegs nur Resultate ökonomischer Sachzwänge, sondern werden auch durch die dominante Politikorientierung der Regierungen und die strategischen Entscheidungen der Spitzen der großen Unternehmen und Konzerne mit produziert. Die zu stellende Frage ist zweigeteilt: Zum einen nach der Möglichkeit oder Wahrscheinlichkeit, dass das gegenwärtige Problem der Arbeitslosigkeit durch politische Zielsetzungen und Maßnahmen beeinflusst werden kann, zum anderen die Frage, ob unselbständige Arbeit in ihren historisch gewordenen Formen eines Normalarbeitsverhältnisses mit rigider Differenzierung zwischen selbständiger und unselbständiger Arbeit beibehalten werden kann und soll. In Bezug auf letztere Frage zeichnen sich bereits in der Gegenwart Entwicklungen ab, die die Struktur unserer Gesellschaften und die Art und Weise unseres tätigen Lebens verändern werden.

Zur Erklärung von Arbeitslosigkeit

Die Nachfrage nach Arbeit ist beeinflusst durch den konjunkturellen Zyklus, die technische Entwicklung und durch strukturelle Verschiebungen in Branchen, Berufen und Regionen. Die Arbeitsökonomen unterscheiden im Allgemeinen einige Formen der Arbeitslosigkeit auf Grund ihrer Ursachen: Die friktionelle Arbeitslosigkeit entsteht als normale Folge der Anpassungsverzögerungen auf dem Arbeitsmarkt. Die saisonale Arbeitslosigkeit ist begründet durch den jahreszeitlich oder kulturell bedingten Arbeitsanfall in bestimmten Branchen und Regionen und die damit gegebenen Schwankungen der Nachfrage (Landwirtschaft, Baugewerbe, Fremdenverkehr, Weihnachtsgeschäft etc.). Für die konjunkturelle Arbeitslosigkeit werden die zyklischen Schwankungen der Wirtschaft verantwortlich gemacht, die eine allgemeine Schwächung der Nachfrage in der Rezessionsphase begründen. Die strukturelle Arbeitslosigkeit hingegen betrifft nur bestimmte Berufe, Sektoren oder Regionen als Folge von Veränderungen im Angebots-Nachfrageverhältnis bestimmter Güter und Dienstleistungen.

---

[23] Vgl. zu dieser Problematik: Anton Burghardt/Gertraude Horke, Restarbeitslosigkeit bei Vollbeschäftigung, in: Berichte des Instituts für Allgemeine Soziologie und Wirtschaftssoziologie Nr. 5, Wien 1973

Dies kann sich auch auf bestimmte Personengruppen beziehen (Jugend-, Alters-, Frauen-, Ausländerarbeitslosigkeit). Bei struktureller Arbeitslosigkeit muss dennoch kein genereller Mangel an Arbeitsplätzen vorliegen, sondern Art, Qualifikation und geographische Lage von Arbeitsplätzen und Arbeitsuchenden entsprechen einander nicht. Allerdings haben natürlich auch Konjunkturen immer strukturell differierende Auswirkungen und umgekehrt können Strukturschwächen in wichtigen Bereichen auch einen allgemeinen Konjunktureinbruch einleiten.

In der Gegenwart herrscht die Meinung vor, die Qualifikationen der Arbeitskräfte bzw. der Output des Bildungssystems seien unzulänglich in Bezug auf die „Anforderungen der Wirtschaft". Die Leistung der Unternehmen in Bezug auf die „employability" der Arbeitnehmer wird demgegenüber betont, d. h. die Betriebe vermitteln erst jene „skills", die die Arbeitenden „beschäftigbar" machen.[24] Auch die mangelnde geographische und berufliche Mobilität der Arbeitskräfte wird immer wieder als eine wesentliche Ursache struktureller Arbeitslosigkeit angesehen bzw. das Argument vorgebracht, die Qualifikation entspräche nicht dem Bedarf. Während sich Nachfragebedingungen auf dem Arbeitsmarkt entsprechend der sich ändernden Nachfrage auf den Gütermärkten sehr rasch verändern können, folgt das Angebot an Arbeitskräften langfristigen Entwicklungstendenzen, die mit der Bevölkerungsstruktur und den Ausbildungswegen zusammenhängen. Die kurzfristige Bewegung der Arbeitsnachfrage und die langfristige Produktion von Qualifikationen im Bildungssystem stehen in einem nicht aufhebbaren Widerspruch zueinander. Daran ändern auch die Einführung markt- und effizienzorientierter Zielvorgaben in das Bildungssystem nicht viel. Zwar kann man möglicherweise erreichen, dass nach einer gewissen Grundbildung eine flexible und raschem Um- und Weiterlernen förderliche allgemeine Qualifizierung erreicht werden kann. Dies geht aber zu Lasten einer fundierten fachlichen Ausbildung, die vom Arbeitnehmer selbst zur Förderung seiner Berufschancen eingesetzt werden kann.

Als eine generelle Ursache struktureller Arbeitslosigkeit wird meist der technische Wandel angeführt; man spricht dann auch von technologischer Arbeitslosigkeit. Der Wandel der Produktionstechnologie in seiner bisherigen Form stellt sich als ein Übergang von arbeitsintensiven zu kapitalintensiven Herstellungsweisen dar. Für die Entwicklung der Beschäftigung menschlicher Arbeit in der Produktion bedeutete dies eine zunehmende Verdrängung durch maschinelle Fertigung bei nur mehr peripherer Hilfestellung durch den Faktor Arbeit. Die Vision, die in manchen Branchen beinahe verwirklicht wurde und durch Computersteuerung und Roboter endgültig Realität zu werden verspricht, ist die voll automatisierte Fabrik, die „Fabrik ohne Menschen". Die technologische Arbeitslosigkeit ist daher seit dem Einsetzen des modernen Industrialisierungsprozesses eine ständige Bedrohung für die Arbeiter. So sah Karl Marx die „Freisetzung" von Arbeitskraft als ein Resultat der kapitalistischen Produktionsweise und der Konkurrenz auf den Warenmärkten an, die zu einem steigenden Anteil des konstanten Kapitals (Maschinen, Anlagen) zu Lasten des variablen Kapitals (Arbeit)

---

[24] Siehe: Chris Tilly/Charles Tilly, Work Under Capitalism, Boulder, Oxford 1998

2 Arbeitslosigkeit als gesellschaftliches Problem

führt. Auch Marx sah, wie viele nach ihm, die Vollautomation als logisches Ziel der Entwicklung der industriellen Technik.

Inzwischen und nach mehr als einem Jahrhundert des technischen Wandels in der Industrie hat sich diese Tendenz zwar keinesfalls als falsch herausgestellt, aber der Verlauf des technischen Wandels wie auch seine Beschäftigungswirkungen waren doch viel differenzierter. In manchen Branchen sowie Phasen der industriellen Entwicklung kam es zu einem massiven Freisetzungseffekt, in anderen zeigte sich eine Umschichtung der Arbeitsplätzestruktur, so dass auf der einen Seite Arbeiter abgebaut wurden, auf der anderen offene Stellen vor allem für höher qualifizierte Arbeiter geschaffen wurden; mitunter sprach man daher von der Kompensation der Freisetzungseffekte im Bereich der ungelernten bzw. angelernten Arbeiter durch die Schaffung neuer Beschäftigungsmöglichkeiten für Facharbeiter.

Zweifellos kam es zu einer Reduktion von Arbeitsplätzen durch die elektronischen Möglichkeiten der Automatisierung in der Produktion und dem Ersatz von Routinetätigkeiten in der Verwaltung. Andererseits entstanden aber auch – wie bei jedem technologischen Quantensprung – neue Berufe und Arbeitsmöglichkeiten im Informations- und High-Tech-Bereich, die allerdings eine besondere Ausbildung und Qualifikation bedingen. Auch im so genannten dritten Sektor der Non-Profit-Organisationen, die vielfach staatliche Wohlfahrtsleistungen ersetzen oder ergänzen, sowie im Bereich der Konsum- und unternehmensbezogenen Dienstleistungen gibt es eine Expansion der Arbeitsplätze.

Die Argumentation, die dritte industrielle Revolution bedeute das Ende der Arbeit[25], ist daher nicht ganz zutreffend. Wenn und solange der technische Wandel von einem Anstieg der Produktivität und der Nachfrage nach Arbeit in neuen Bereichen begleitet wird, sind die Beschäftigungswirkungen des technischen Wandels nicht notwendig die einer massiven Arbeitsplätzereduktion. Erst wenn sich die technischen Neuerungen nicht in einem Wachstum der Produktivität und der Güter- und Arbeitsnachfrage niederschlagen, kommt es zu einem massiven Anstieg der Arbeitslosigkeit. Genau das ist allerdings eingetreten: Die Industrieländer verzeichnen seit den 70er Jahren sehr geringe Wachstumsraten, was mit eine Folge der monetären Stabilitätspolitik ist. Während die Geschwindigkeit der Kapital- und Finanzbewegungen rund um den Globus enorm angestiegen ist, zeigt das Produktionssystem eine Stagnation. Die Erklärung der Arbeitslosenrate kann sich jedoch nicht mehr auf die konventionellen technologischen oder strukturellen Begründungen allein stützen.

Eine Trennung vollzog sich auch zwischen Kapital und Arbeit, es kam zu einer Entkoppelung von Produktions- und Beschäftigungssystem[26] durch die chronische Wachstumskrise, die Flexibilisierung der Kapitalströme und die persistente Stabilitätspolitik. Wol-

---

[25] Vgl.: Jeremy Rifkin, The End of Work. The Decline of the Global Labor Force and the Dawn of the Post-Market Era, New York 1996

[26] Wolfgang Bonß/Rolf Heinze, Arbeit, Lohnarbeit, ohne Arbeit. Zur Soziologie der Arbeitslosigkeit, in: Dies. (Hg.), Arbeitslosigkeit in der Arbeitsgesellschaft, Frankfurt/Main 1984, S. 7-49

man/Colamosca sehen darin einen „Verrat des Kapitals an der Arbeit".[27] Zudem kam es durch die Globalisierung, die Deregulierung der Kapitalmärkte und das „shareholder value-Prinzip" der Unternehmensstrategien zu einer Entkoppelung von Kapitalwachstum und Beschäftigungswachstum. In dieser Situation ist auch die noch immer gebrauchte Argumentation von der Förderung der Beschäftigung durch Wirtschaftswachstum nicht mehr stichhaltig, weil wohl das Kapital wachsen kann, obwohl die Beschäftigung sinkt. Das führte zum Paradoxon, dass es zu einer Erhöhung von Arbeitslosigkeit bei gleichzeitiger Hochkonjunktur kommen kann.

Arbeitslosigkeit ist in der Gegenwart nicht mehr nur als ein nationales Problem zu sehen. Die Ausbreitung der Marktwirtschaft auf fast alle Länder der Welt nach dem Zerfall der Sowjetunion hat weltweit – unterstützt durch die Politik der Regierung und die Deregulierung der Finanzmärkte – eine Globalisierung der Unternehmensfunktionen („outsourcing") und der Direkt- und Portofolioinvestitionen bewirkt. Damit sei es, so Wolman/Colamosca, zu einer Trennung der vordem bestehenden Bindung zwischen Kapital und nationalem Arbeitskräftepotential gekommen. Kapitalglobalisierung und weltweite Computervernetzung machen es möglich, nicht nur bestimmte Arbeitsbereiche an Arbeitskräfte bzw. Betriebe in anderen Teilen der Welt zu vergeben, sondern sogar einzelne Teilaufgaben weltweit zu streuen. Die billigeren Löhne und das rasch anwachsende Ausbildungsniveau der Arbeitskräfte in den Entwicklungs- und den Schwellenländern machen diese Ausgliederung attraktiv. Selbst die Wissensproduktion verlagert sich zunehmend in Schwellenländer.

Die niedrigen Produktivitätszuwächse und die vielen neuen lukrativen Anlagemöglichkeiten für die riesigen flottierenden Kapitalströme zwingen die Unternehmen zur Produktions- und Organisationsstraffung, zu Reengineeringmaßnahmen, zu Fusionen und Übernahmen, die unweigerlich in Personalabbau resultieren. Die internationale Finanzwelt sah dies als Signal, dass diese Unternehmen ihre Wachstumschancen wahrzunehmen gewillt waren, und die Aktienkurse dieser Konzerne stiegen. In dieser Situation muss sich gegenwärtig kein Multi als „unsozial" fühlen, der zielstrebig die Maximierung der Gewinne und die Reduktion von Lohnkosten, Sozialleistungen und Arbeitsbedingungen verfolgt. Im Sinne einer Art selbsttragender Kapitalisierung werden, da das Wirtschaftswachstum gering ist, die Gewinne weniger durch Expansion als durch Kosteneinsparung erzielt. Auch spielt sich der Wettbewerb auf dem Markt gegenwärtig weniger über Preise als über andere Indikatoren ab, wobei den Aktienwerten eine große Rolle zukommt. Das Kapital reproduziert sich in einem gewissen Umfang selbst und braucht in diesem Bereich die Produktion nicht. Damit kommt es zu einer kapitalmarktinduzierten Arbeitslosigkeit.

Die geläufige Einteilung der Arbeitslosigkeit nach den Ursachen wirkt nach diesen Einsichten ziemlich „akademisch", da dabei Arbeitslosenraten nach wie vor auf nicht weiter hinterfragbare Sachzwänge ökonomischer und technologischer Art bzw. auf individuelle Entschei-

---

[27] William Wolman/Anne Colamosca, Der Verrat an der Arbeit. Ist der Kapitalismus noch vor sich selbst zu retten? Bern-München-Wien 1998

dungen der Arbeitnehmer zurückgeführt werden. Seltsamerweise scheinen die Bereiche, in denen die tatsächlichen Entscheidungen über die Arbeitsplätze fallen, die Wirtschaftsunternehmen und Arbeitsorganisationen einerseits, die Wirtschaftspolitik andererseits, nicht als Einflussfaktoren auf. Das ist teilweise ein Reflex unseres Verständnisses von Ökonomie, wodurch „die Wirtschaft" als eigendynamische Bewegung des Marktes verstanden wird. Die Schwachstellen können dieser Auffassung zufolge nur im Bereich der Individuen oder in Hemmnissen der effizienten Funktion des Marktes liegen. Marktökonomen gehen daher noch immer implizit davon aus, dass Arbeitslosigkeit vom Individuum her gesehen „freiwillig" ist. Der Arbeitsuchende wägt demnach als rationales Wirtschaftssubjekt Kosten und Nutzen eines bestimmten Arbeitsplatzes gegeneinander ab und berücksichtigt auch die Opportunitätskosten einer alternativen Betätigung. Insbesondere unter den Bedingungen des Wohlfahrtsstaates sinken die Kosten der Arbeitslosigkeit für die Individuen, für die daher dieser Zustand als rationale Wahl erscheint, was von neoliberalen Kommentatoren umgehend als Argument für den Abbau des Sozialstaates verwendet wird.

In vieler Hinsicht gibt es große Unterschiede zwischen den Arbeitslosen der 30er Jahre und denen der Gegenwart. Die Arbeitslosigkeit der 30er Jahre war wesentlich bedrückender in ökonomischer Hinsicht, das sozialpolitische Netz weniger absichernd als heute. Arbeitslosigkeit bedrohte die Existenz, zumal sie häufig ganzen Familien den Lebensunterhalt entzog, und die Aussichten und Erwartungen waren düster. Man war daher bereit, fast jede Arbeit zu tun. Diese Bereitschaft ist heute geringer; eine Arbeit, die keinen Spaß macht, wird mitunter als unangenehmer empfunden als eine Zeitlang arbeitslos zu sein. Junge Menschen zeigen eine Neigung, Arbeitslosigkeit von begrenzter Dauer als „normale" Unterbrechung des Berufslebens anzusehen, was Noelle-Neumann mit dem kontroversiellen Ausdruck „freiwillige Arbeitslosigkeit" bezeichnete.[28] Die Gründe, warum Personen zwar arbeitslos gemeldet sind, aber keine Arbeit annehmen, liegen allerdings nur zum Teil in solchen Veränderungen der Haltung gegenüber Arbeitslosigkeit, in vielen Fällen sind sie eine Reaktion auf institutionelle Regelungen. Man sollte daher besser zunächst die sozialrechtlichen, versicherungsrechtlichen und sonstigen normativen Regelungen des Sozialstaates durchforsten und schauen, wo diese selbst Vermittlungsprobleme generieren. Wenn sich Menschen weigern, eine Arbeit mit niedriger Entlohnung, geringerem Status als eine frühere oder ohne Entsprechung zu Ausbildungsniveau und -richtung anzunehmen, ist diese Arbeitslosigkeit nicht „freiwillig", da man es nicht als selbstverständlich ansehen kann, dass der Arbeitsuchende sich selbst schädigen muss, nur um im Status des Erwerbstätigen zu sein. Mitunter sind die Gründe für die Arbeitslosigkeit bei den Normen und Institutionen zu suchen („institutionelle Arbeitslosigkeit").

Im Allgemeinen wird die Politik nur als zuständig für die Bekämpfung der Arbeitslosigkeit gesehen, tatsächlich wirkt sie auch an ihrer Entstehung oder Veränderung mit. Und auch die Interessen und die entsprechenden Theorien über effektives Management der Betriebe, die in den Unternehmen verfolgt werden, haben ihre Auswirkungen auf die Beschäftigung. Arbeits-

---

[28] Elisabeth Noelle-Neumann/Peter Gillies, Arbeitslos. Report aus einer Tabuzone, Frankfurt/Main 1987

losigkeit ist darüber hinaus das Ergebnis einer sozialen Konstruktion, so dass ökonomische Gründe als Erklärung allein nicht ausreichen. In der Gegenwart könnte man daher auch von einer politikinduzierten Arbeitslosigkeit sprechen, denn Arbeitslosigkeit als gesellschaftliches Phänomen ist keine unvermeidliche Folge von Sachzwängen, sondern durch politisch-ideologische und strategisch-interessenbedingte Entscheidungen beeinflusst.

Die getrennte Analyse von „Beschäftigung" einerseits und „Arbeitslosigkeit" andererseits erscheint heute nicht mehr zielführend. Beschäftigung und Arbeitslosigkeit gehören zusammen und können nicht getrennt behandelt werden, denn die „Beschäftigung" ist in der Gegenwart ein strukturell-qualitatives Problem geworden, so dass die übliche Betrachtung im Sinne abstrakter, makroökonomischer Kategorien der Berücksichtigung der komplexen sozialen Realität des Arbeit-Habens oder Nicht-Habens weichen muss.[29] Daher wenden wir uns zunächst der empirischen Erfassung der Arbeitslosigkeit und der sozialen Differenzierung der Arbeitslosen zu.

Sozialstruktur der Arbeitslosen

Arbeitslosigkeit wird mit Hilfe von zwei möglichen Verfahren erfasst: Zum einen durch Stichprobenerhebungen in der Gesamtbevölkerung, die in vielen Ländern, in denen das Netz der Arbeitslosenunterstützung nicht flächendeckend und verlässlich ist, eine wichtige Methode der Arbeitsloserfassung darstellen. Darüber hinaus bietet diese Methode den Vorteil, dass tatsächlich die Arbeitsuchenden ermittelt werden können. Der Nachteil besteht, wie bei allen Fragebogenerhebungen, in der Angewiesenheit auf die richtige Beantwortung durch die Befragten. So können entmutigte Arbeitslose, die resigniert haben, aus der Erhebung herausfallen. Die andere Methode, die in den meisten europäischen Ländern den Arbeitslosenziffern zugrunde liegt, ist die Arbeitsamtmethode. Dabei wird auf die Daten über registrierte Arbeitslose bei den Arbeitsämtern zurückgegriffen, was ein weitreichendes System der Arbeitslosenunterstützung voraussetzt. Fehler, die bei dieser Methode auftreten, beziehen sich auf die Divergenz zwischen Arbeitsuchenden und Arbeitslosengeldbeziehern. Zum einen betrifft dies Personen, die als arbeitslos gemeldet sind, aber keine Absicht haben, eine Arbeit anzunehmen (was allerdings mit Vorsicht zu betrachten ist), zum anderen jene Arbeitsuchenden, die keinen Anspruch auf Arbeitslosenunterstützung haben, und daher nicht als „arbeitslos" gelten. Die zweite Gruppe umfasst Jugendliche und Frauen, die noch nicht im Arbeitsprozess standen. Wenn sie sich an das Arbeitsamt wenden, werden sie wohl erfasst, allerdings in der Kategorie „arbeitsuchend". Viele Personen wenden sich aber nicht an das Arbeitsamt, weil sie andere Wege der Arbeitsplatzsuche (Inserate, persönliche Beziehungen etc.) einschlagen oder auch resigniert haben. Diese verdeckte Arbeitslosigkeit kann in der offiziellen Arbeitslosenstatistik nicht erfasst werden.

---

[29] Vgl. dazu: Sabine Erbès-Seguin (Hg.), Beschäftigung und Arbeit. Eine Diskussion zwischen Ökonomie und Soziologie, Berlin 1995

2 Arbeitslosigkeit als gesellschaftliches Problem

Mit dem Anstieg der Arbeitslosenziffern hat insbesondere innerhalb Europas die Bedeutung der Vergleichbarkeit der Daten seit den 80er Jahren stark zugenommen. Dabei wird den Umfrageergebnissen erhöhte Bedeutung gegenüber den Arbeitsamtdaten zugemessen. Innerhalb der Europäischen Union sind die Mitgliedsländer verpflichtet, auf Empfehlungen der Internationalen Arbeitsorganisation (ILO) beruhende, mit Hilfe gleichartig standardisierter Umfragen ermittelte Arbeitslosenquoten zur Verfügung zu stellen (Eurostat). Die Bezugsbasis stellt dabei die gesamte zivile Erwerbsbevölkerung inklusive der Arbeitslosen dar.

Arbeitslosigkeit zeigt unterschiedliche Betroffenheit in unterschiedlichen Personengruppen. Diese strukturellen Unterschiede können sich auf Alter, Geschlecht, Ausländer/Inländerstatus oder auch auf Branchen, Berufe, Ausbildungsniveaus, Regionen, Betriebsgröße etc. beziehen. Die Arbeitsmarktforscher ermitteln dafür eigene Betroffenheitsquoten. Hier ist insbesondere auf die Altersarbeitslosigkeit zu verweisen, die in einer sich rasch wandelnden Arbeitswelt besonders hoch ist, aber darüber hinaus können auch institutionelle Faktoren des Pensionsrechtes mitspielen. Generell zeigt sich ein Anstieg der Arbeitslosigkeitsdauer mit dem Lebensalter.

Von besonderer Brisanz ist gesellschaftspolitisch betrachtet die Jugendarbeitslosigkeit. Sie ist in manchen Ländern wie etwa in Spanien sehr hoch, was insbesondere dann ein großes Problem darstellt, wenn auch die Dauer der Arbeitslosigkeit eine hohe ist. Im Allgemeinen sind auch die Unterschiede nach der Ausbildung deutlich, wobei geringes Ausbildungsniveau und hohe Arbeitslosigkeit koinzidieren. Was dabei jedoch als hoch oder niedrig bewertet ist, hängt auch mit dem Verhältnis von Angebot und Nachfrage zusammen. Besteht ein langfristiges Arbeitskräfteüberangebot, so verschiebt sich das Einstellungsniveau der Betriebe meist nach oben. Für Aufgaben, für die vordem Pflichtschulabsolventen genügten, werden bei entsprechendem Angebot Maturanten eingestellt usw.

In Bezug auf die Dauer der Arbeitslosigkeit zeigt sich, dass manche Gruppen wesentlich länger/öfter arbeitslos sind als andere, etwa ältere Arbeitnehmer oder Geringqualifizierte aus bestimmten Branchen oder Berufen. Die Langzeitarbeitslosigkeit ist seit den 80er Jahren stark angestiegen, wobei es zum so genannten Hysteresis-Effekt kommt, zu einer zunehmenden Entmischung des von Arbeitslosigkeit betroffenen Personenkreises in der Art, dass bei einer bestimmten Gruppe die Abgangswahrscheinlichkeit mit der Dauer der Arbeitslosigkeit sinkt bzw. eine Konzentration von Personen mit großem Wiederholungsfaktor entsteht.[30]

Arbeitslosigkeit ist kein rein ökonomisches Phänomen und trifft auch nicht alle in gleichem Maße, sondern erweist sich als sozialstrukturelles Problem, als stets in bestimmter Weise strukturiert. Man kann Arbeitslosigkeit daher als einen sozialen Verteilungs- und Selektionsprozess verstehen. Die Arbeitslosenstatistiken zeigen über eine gewisse Dauer hinweg eine Konzentration von Arbeitslosigkeitsfällen bei einer relativ kleinen Gruppe von Arbeitnehmern. Während die „Nicht-Betroffenen" meist höher qualifiziert, in Interessenverbänden organisiert und in Großbetrieben in stabilen oder Wachstumsbranchen beschäftigt sind, sind

---
[30] Michael Wagner, Arbeitslosenkarrieren, in: Journal für Sozialforschung 30/1990, S. 5-23

die von Arbeitslosigkeit Betroffenen in strukturschwachen Regionen und Branchen, in gewerkschaftlich unorganisierten Beschäftigungsgruppen oder schwach organisierten Klein- und Mittelbetrieben zu finden und mit wenig verwertbarer Qualifikation ausgestattet. Soziale Schließungsprozesse durch überbetriebliche Verbände und betriebliche Strategien (Schaffung einer Stammbelegschaft, Kündigungsschutzregelungen, Senioritätsregeln etc.) sind ebenfalls als Strukturierungsmechanismen zu nennen.

Bei den Betroffenen bestimmt eine Kumulation sozialer Risiken (Schrumpfungsbranche, konjunkturell oder saisonal fluktuationsanfällige Branchen und Betriebe, geringes Ausbildungsniveau, Gesundheitsrisiken etc.) die Ausgangsbedingungen. Das Arbeitsloswerden ist daher kein notwendig singuläres Ereignis, sondern Bestandteil eines Verlaufsprozesses mit bestimmten Voraussetzungen und Konsequenzen für das weitere Berufsschicksal. Berufsbiographische Forschungen zeigen, dass Arbeitslosigkeit auf der individuellen Ebene ein Ereignis im Rahmen des Verlaufs einer „negativen Berufskarriere" ist.[31]

Negative Berufskarrieren beruhen nicht auf bestimmten Merkmalen der Arbeitsuchenden, für die sie selbst „schuld" sind, sondern es ist die Macht der Nachfrage, also das starke primäre Machtgefälle, das dafür verantwortlich ist. Die Arbeitslosigkeit ist in den letzten Jahrzehnten keine Randerscheinung mehr, sondern gut ein Drittel der Erwerbstätigen kann irgendwann im Laufe des Lebens ein oder mehrere Male diese Erfahrung machen. Die nach den Filterungsprozessen des Arbeitsmarktes übrigbleibenden Langzeitarbeitslosen bzw. jene Personen, die immer wieder arbeitslos werden, sind ein Zeichen dafür, dass die Bedingungen der Erwerbsarbeit heute einseitig durch ein Diktat der Nachfrage auf dem Arbeitsmarkt bestimmt werden. Das war nicht immer so, denn über weite Strecken in der Entwicklung der modernen Industriegesellschaften waren die Arbeitgeber ihrerseits von den Kenntnissen und Fertigkeiten und den Strukturmerkmalen des Arbeitskräftepotentials abhängig. In der Gegenwart hat sich dieses Verhältnis vielleicht zum ersten Mal in der Geschichte grundlegend verändert. Seinen Niederschlag findet dieser Wandel vor allem auch in der Krise des Bildungssystems. Schwerfällige Bildungsinstitutionen alten Typs sind nicht mehr die Quelle dieses Wissens, sondern die Vermittlung der relevanten Kenntnisse erfolgt in rein nachfrageorientierter Ausbildung.

Im Beschäftigungssystem kommt es zu einer Polarisierung von Lebenschancen und entsprechenden Erwartungen und Einstellungen zwischen jenen, die Arbeit haben und innerhalb dieser wieder jenen, die gute Aussichten in Bezug auf Einkommen, Karriere und sichere Arbeitsplätze haben, und jenen, die den Anforderungen der Nachfrage nicht entsprechen, weil sie zu alt oder zu wenig qualifiziert sind, im „falschen" Beruf und der „falschen" Branche tätig waren. Besonders gute Aussichten werden den „knowledge workers" und Branchen wie Telekommunikation und EDV-Bereichen zugeschrieben.[32] Allerdings wird meist über-

---

[31] Christoph F. Büchtemann, Der Arbeitslosigkeitsprozeß. Theorie und Empirie strukturierter Arbeitslosigkeit in der Bundesrepublik Deutschland, in: Wolfgang Bonß/Rolf G. Heinze, Arbeitslosigkeit ..., op. cit., S. 53-105

[32] Siehe: Peter F. Drucker, Post-Capitalist Society, New York 1993

sehen, dass die „knowledge workers" gerade dort eingesetzt werden, wo sie ihrerseits die Aufgabe haben, andere Arbeitsplätze wegzurationalisieren oder die Voraussetzungen dafür zu schaffen.

Ein Charakteristikum der neuen Beschäftigungssituation ist allerdings, dass nicht nur die schlecht qualifizierten Arbeiter, die Arbeitskräfte im sekundären Sektor und die Problemgruppen von wachsender Arbeitsplatzunsicherheit bedroht sind, sondern auch das mittlere Management, höhere Positionen in öffentlichen und para-öffentlichen Bereichen, und sogar höchst qualifizierte Gruppen wie Universitäts- und Collegelehrer.[33] Die von vielen Kommentatoren konstatierte Spaltung in die Gewinner und Verlierer der technologisch-organisatorischen Umwälzungen und die wachsende Ungleichheit in Einkommens- und Karrierechancen und Arbeitsplatzsicherheit beschränkt sich auch keineswegs auf die unselbständig Erwerbstätigen, sondern betrifft ebenso die Selbständigen, denn bei den Unternehmen gilt heute in der Regel wieder „big is beautiful".

3 Beschäftigungskrise oder neue Arbeitsgesellschaft?

Am Beginn der Phase langanhaltender hoher Arbeitslosenquoten in den 70er und 80er Jahren war es noch möglich, Arbeitslosigkeit auch als eine Chance der Abkehr von einer nicht wirklich verbesserungsfähigen „Lohnarbeitsmonokultur"[34] zu verstehen. Unter der Voraussetzung eines Abrückens von der Lohnarbeit als der sinngebenden statusvermittelnden Tätigkeit schlechthin durch einen fundamentalen Wertewandel vermeinten manche, dass eine Befreiung von der Zentralität der Arbeit durch „schöpferische Arbeitslosigkeit", wie sie Ivan Illich verstand, eintreten könnte. Zwischenzeitlich sind diese Stimmen verstummt, wie auch alle jene Tendenzen, die im Sinne humanistischer Ansätze auf eine Vermenschlichung der Arbeitswelt drängten. Arbeitslosigkeit in beträchtlichem Ausmaß scheint uns hartnäckig zu begleiten und ist offenbar auch im Kern unabhängig von konjunkturellen Auf- und Abschwüngen. Die paradoxe Situation hoher Arbeitslosigkeit bei gleichzeitigem Steigen der Unternehmensgewinne und der Kapitalprofite wird zur Normalsituation. Wenn die Gewinne einmal nicht steigen, so wird fusioniert, übernommen, spekuliert und Personal abgebaut, bis sie wieder hoch genug sind. Die Personalstruktur wird sozusagen zur Manövriermasse der

---

[33] Vgl.: Cary Nelson (ed.), Will Teach for Food, Minneapolis-London 1997. Zunächst bezieht sich dies auf die USA, aber da amerikanische Zustände auch in Europa als erstrebenswert gelten, werden wir sie auch hierzulande bald haben.

[34] Wolfgang Bonß/Heiner Keupp/E. Koenen, Das Ende des Belastungsdiskurses? Zur subjektiven und gesellschaftlichen Bedeutung von Arbeitslosigkeit, in: Wolfgang Bonß/Rolf G. Heinze, op. cit., S. 143-188

Großunternehmen, zu einem der strategischen Instrumente, um die Gewinne und Kurse hoch zu halten. Die Kapital- und Gewinnentwicklung der Unternehmen hat sich von der Einkommensentwicklung der Massen entkoppelt und wurde zum alleinigen Indikator wirtschaftlichen Erfolgs. Das aber vollzieht sich gleichzeitig mit einem Abbau des Sozialstaates und einer Schwächung der Staatseinnahmen durch Privilegierung von Unternehmen, die man ins Land locken oder im Land halten will, „damit sie Arbeitsplätze schaffen".

Nach Jahrzehnten konstant hoher Arbeitslosigkeit hat sich daher die Überzeugung durchgesetzt, dass es zu einem Umbau der Arbeitsgesellschaft kommt; dieser ist gekennzeichnet durch die Kapitalorientierung der Wirtschaft und der Politik, durch die Art der Technologie, die weniger Arbeitskräfte benötigt, und durch die Globalisierung, die auch einen globalen Arbeitsmarkt entstehen ließ und zur Schwächung der nationalen Interessenvertretungen der Arbeitnehmer führt. Zwar hat Europa traditionell noch immer eine gegenüber den USA stärkere sozialinstitutionelle Orientierung, so dass man sich bemüht, den Entwicklungen des Arbeitsmarktes auf supranationaler und auf nationaler Ebene gegenzusteuern. Beschäftigungsinitiativen, „Bündnisse für Arbeit", Ausbildungsmaßnahmen, etc. zielen direkt auf die Senkung der Arbeitslosenziffern, wirtschaftspolitische Maßnahmen der Geld-, Finanz- und Steuerpolitik, der Subventionierung von Unternehmensgründungen, von Investitionen und von Betrieben, die Arbeitslose einstellen bis zu bildungspolitischen Neuorientierungen und gesellschaftspolitischen Innovationen werden eingesetzt.

In verschiedenen Ländern wurden unterschiedliche Wege beschritten, die Arbeitslosigkeit zu bekämpfen. In den Niederlanden setzte man mit einigem Erfolg in den 80er Jahren vor allem auf eine Reduktion der Arbeitszeit und damit auf eine Aufteilung der Arbeit. Dänemark setzte in den 90er Jahren verstärkt auf Bildungskarenz und Frühpensionierung, also auf Maßnahmen, die die Lebensarbeitszeit betreffen, sowie auf Qualifizierungsmaßnahmen. Die stark gewachsene Wirtschaft Irlands suchte durch niedrige Steuern und hohe Förderungen für ausländische Investoren die hohen Arbeitslosenraten zu senken. Eine Analyse der Strukturen der Beschäftigung ergibt das Bild einer erhöhten Dynamik bei gleichzeitiger Abnahme der Vollzeit- und Normalarbeitsverhältnisse, der Flexibilisierung der Arbeitszeiten sowie dem Wandel der Beschäftigungsformen.

Arbeitszeitverkürzung, -flexibilisierung und Teilzeitarbeit

Das Hauptargument für die Reduktion der langen Arbeitszeiten und für die Einführung des „Normalarbeitstages", d. h. der gesetzlichen Beschränkung der täglichen und wöchentlichen Arbeitszeit, war die Verteilung der Arbeit auf mehr Arbeiter, um das Heer der Arbeitslosen zu vermindern. International begann die Bewegung für die Verkürzung der Arbeitszeit, letztlich für die Durchsetzung des 8-Stunden-Tags auf dem Internationalen Arbeiterkongress 1889 in Paris. Die Konferenz der Gesellschaft für Internationalen Arbeiterschutz, die im Juni

3 Beschäftigungskrise oder neue Arbeitsgesellschaft?

1912 in London stattfand, propagierte die 8-Stunden-Schicht und nach dem Ersten Weltkrieg kam es dann in den meisten Ländern zur gesetzlichen Einführung des 8-Stunden-Tages.[35]

Die Initiative zur Einführung des Normalarbeitstages sollte ein „job-sharing" zwischen den Arbeitnehmern bewirken. Arbeitszeitverkürzung wurde seitdem immer wieder auch als beschäftigungspolitische Maßnahme eingesetzt. Gleichzeitig sollten dadurch die Reproduktionsbedingungen der Arbeitskraft durch Tageshöchstarbeitszeiten verbessert werden, sollte der Arbeitnehmer vor der Ausbeutung seiner Arbeitskraft durch Arbeitszeitschutz bewahrt werden, was allerdings häufig eine Intensivierung der Arbeit zur Folge hatte.[36] Die Pfeiler des Systems der Arbeitszeitregelungen durch Staat, Arbeitsmarktverbände und Betriebe implizierten den Schutzgedanken, die generelle kollektive Regelung der Arbeitszeit durch die Verhandlungsmaschinerie der Wirtschaftsverbände und ihre Umwandlung in – zum Teil – gesetzlich verankerte Rechte und Pflichten; die Transformation von Zeiteinheiten in Lohn- bzw. Kosteneinheiten bestimmte die Argumentation um die Arbeitszeitverkürzung.

Die kollektive Aushandlung der Arbeitszeit neben jener des Lohnes wurde zu einem Systemmerkmal der organisierten Industriegesellschaft[37] und stellte einen wesentlichen Faktor der Legitimität der Verbandsmacht dar, weshalb die „freie Arbeitszeitgestaltung" das Risiko der Gefährdung der erkämpften Rechte birgt. Wohl können betriebliche und auch individuelle Zeitvereinbarungen getroffen werden, aber nur soweit die kollektiven Vereinbarungen dies zulassen und unter Beachtung des Günstigkeitsprinzips. Die Präferenz der Gewerkschaften liegt auch aus diesem Grund bei der generellen Arbeitszeitverkürzung, die Argumentation verweist auf die Aufteilung des vorhandenen Arbeitsvolumens auf mehr Personen, um den Freisetzungseffekt von Rationalisierungsmaßnahmen und technischem Wandel auszugleichen bzw. der Freizeitpräferenz der Arbeitnehmer Rechnung zu tragen. Gegenargumente verweisen darauf, dass es durch die Verkürzung der Arbeitszeit wieder zur Intensivierung der Arbeit und zur Rationalisierung und damit Freisetzung von Arbeitskräften kommen würde.

Die Arbeitszeitschutzgesetzgebung (maximale Dauer der täglichen und wöchentlichen Arbeitszeit, Schutzbestimmungen für Frauen und Jugendliche, Mutterschutz, etc.) beschränkt die freie Gestaltung der Arbeitszeit, die Möglichkeit mehr, aber auch weniger oder diskontinuierlich zu arbeiten. Sie stellt eine wesentliche Errungenschaft zum Schutz der Arbeitenden dar, gleichzeitig in der dynamischen Arbeitswelt von heute sowohl für Betriebe als auch für Arbeitnehmer eine Einschränkung. Darüber hinaus wird die diskontinuierliche Erwerbstätigkeit, die Unterbrechung der Lebensarbeitszeit durch arbeitsfreie Zeiten, durch die sozialversicherungsrechtlichen Gegebenheiten erschwert.

In der Gegenwart werden zwar von Gewerkschaftsseite wieder Forderungen nach Arbeitszeitverkürzung laut, aber trotz der anhaltenden hohen Arbeitslosigkeit in den Industrieländern

---

[35] Siehe: Julius Ofner, Die Arbeit in kontinuierlichen Betrieben, in: Dokumente des Fortschritts, Nov. 1912, S. 723ff

[36] Dieter Kramer, Freizeit und Reproduktion der Arbeitskraft, Köln 1975, S. 43ff

[37] Siehe dazu: Claus Offe/Karl Hinrichs/Helmut Wiesenthal (Hg.), Arbeitszeitpolitik, Frankfurt/Main-New York 1982

wird die allgemeine Senkung der Arbeitszeit von Arbeitgebern und Staat nicht begrüßt, und zwar aus zwei Gründen: Zum einen erhebt sich die Frage des Lohnausgleichs, d. h. ob trotz Verkürzung der Arbeitszeit der Lohn in vollem oder partiellem Maße weitergezahlt werden soll, oder ob kein Lohnausgleich erfolgen soll. Hierbei gehen die Vorstellungen von Unternehmern und Gewerkschaften stark auseinander und von Arbeitergeberseite werden eher Forderungen nach einer Verlängerung der Arbeitszeiten laut. Zum anderen verliert die Vorstellung vom Normalarbeitsverhältnis mit Vollzeitbeschäftigung, die uniform zu regeln ist, an Relevanz und damit auch an Legitimität, weil erfahrungsgemäß die wirklichen Arbeitsverhältnisse stärker zu divergieren beginnen.[38]

Flexibilisierung kommt den Betrieben als Möglichkeit der Anpassung an Beschäftigungsschwankungen entgegen, entspricht aber auch in vielen Fällen den Wünschen und Bedürfnissen der Arbeitnehmer und wird heute als Forderung „moderner" Arbeitsgestaltung auch von den Arbeitnehmerorganisationen positiv gesehen, wobei Arbeitszeitverkürzung und Flexibilisierung nicht mehr Gegenstrategien darstellen, sondern gemeinsam zu realisierende Forderungen:

„Verkürzung der Arbeitszeit ist als Arbeitszeit- und gesellschaftspolitische Rahmensetzung unerlässlich [...]. Erst durch die generelle Verknappung des Angebots an Arbeitskraft lässt sich sicherstellen, dass Arbeitszeitflexibilität im Sinne vermehrter individueller Handlungschancen, nicht aber als betriebswirtschaftliche Rationalisierungs- und arbeitsmarktpolitische Abdrängungsstrategie wirksam wird."[39]

Flexibilisierung der Arbeitszeit umfasst ein weites Spektrum an Möglichkeiten. Grundsätzlich kann sie sich auf unterschiedliche Zeithorizonte beziehen, d. h. etwa flexiblere Einteilung der Tages- und Wochenarbeitszeit wie Gleitzeit, die rollierende Wochenarbeitszeit, Turnusteilzeiten, Bandbreitenmodelle etc. Sie kann sich aber auch auf die Jahresarbeitszeit (z. B. Sabbaticals, Bildungskarenz, „job-sharing", kapazitätsorientierte variable Arbeitszeit etc.) oder die Lebensarbeitszeit bzw. flexiblere Zeiten in verschiedenen Lebensalterphasen (gleitende Altersruhe etc.) beziehen. Mittlerweile gibt es eine große Zahl von Ideen dazu, die teilweise auch in einzelnen Betrieben zu konkreten Programmen geführt haben. Selbst der Gesetzgeber lässt mehr Spielraum für die Arbeitszeitregelung.[40] Kollektivverträge und Betriebsvereinbarungen können auf dieser Basis Einzelregelungen für flexiblere Einteilungen festschreiben.

---

[38] Vgl.: Karl Hinrichs, Motive und Interessen im Arbeitszeitkonflikt. Eine Analyse der Entwicklung von Normalarbeitszeitstandards, Frankfurt/Main-New York 1988, S. 297

[39] Georg Vobruba, Arbeiten und Essen, Wien 1989, S. 94/95

[40] In Österreich etwa im novellierten Arbeitszeitgesetz von 1997, das unterschiedliche Arbeitszeitausmaße der Tages- und Wochenarbeitszeit zulässt, sofern diese sich innerhalb von acht Wochen auf die Normalarbeitszeit ausgleichen.

3 Beschäftigungskrise oder neue Arbeitsgesellschaft?

Die markanteste Aufwärtsentwicklung hat die Teilzeitarbeit in ganz Europa zu verzeichnen. Sie zeigt seit den 70er Jahren des 20. Jahrhunderts einen merklichen Anstieg, der gleichzeitig mit dem Auftreten dauerhafter relativ hoher Arbeitslosigkeit erfolgte. Sie kann daher als eine Reaktion auf die angespannte Arbeitsmarktlage gesehen werden, wobei die Teilzeitquote der Frauen ein Vielfaches der der Männer beträgt. Den höchsten Anteil an Teilzeitarbeit haben die Niederlande, hohe Teilzeitquoten haben auch Schweden und das Vereinigte Königreich, während etwa Griechenland eine sehr niedrige Teilzeitquote aufweist. Österreich lag einer älteren Untersuchung zufolge im mittleren Bereich.[41] Die Teilzeitarbeit ist eine relativ erfolgreiche Alternative zu Vollzeitbeschäftigung vor allem in Gesellschaften mit einer hohen Erwerbsquote der Frauen und steigt möglicherweise auch mit dem Einkommensniveau der Länder, denn dann kann die Förderung von Teilzeitarbeit ein effektives Mittel zur Reduktion der Arbeitslosigkeit ohne generelle Verkürzung der Normalarbeitszeitregelung sein. Sie hilft das Arbeitskräfteangebot den reduzierten Beschäftigungsvolumen anzupassen, ohne die „wachstumsgefährdende" Forderung nach Lohnausgleich erfüllen zu müssen. Gleichzeitig kann es allerdings zu einem Rückgang der Konsumnachfrage durch sinkende Einkommen der Haushalte kommen.

Teilzeitbeschäftigung liegt vor, wenn die vereinbarte Wochenarbeitszeit die gesetzliche Normalarbeitszeit oder eine durch Normen der kollektiven Rechtsgestaltung festgelegte kürzere Normalarbeitszeit im Durchschnitt unterschreitet. Die Bandbreite der Teilzeitbeschäftigten umfasst nach dem Lebensunterhaltskonzept zwei Gruppen (zwischen 12 und 24 Wochenstunden und zwischen 25 und 35 Wochenstunden, nach dem dem EU-Standard zugrunde gelegten „labor force"-Konzept zählen auch die geringfügig Beschäftigten (1-12 Stunden pro Woche) zu den Teilzeitarbeitern). Teilzeitarbeit ist nach dem Gesetz grundsätzlich freiwillig, unbefristet (daher von Kurzarbeit zu unterscheiden) und kürzer als die Normalarbeitszeit. Es kann sich dabei ebenso um fixe wie um flexibel gelagerte Arbeitszeit handeln.[42]

Teilzeitarbeit ist nicht nur für Arbeitgeber aus Kostengründen günstig, sie entspricht auch den Bedürfnissen einer großen Zahl von Arbeitnehmern, vor allem Frauen mit Kindern. Dies koinzidiert mit dem hohen Anteil der Frauenteilzeitarbeit. Allerdings kann man daraus nicht notwendig schließen, dass es sich in allen Fällen um „freiwillige" Teilzeitarbeit handelt. Auch das Anwachsen der Teilzeitarbeit bei den Männern lässt doch die Frage offen, ob es sich dabei nicht um Notlösungen handelt. Bei den Frauen liegt insbesondere auf Grund ihrer steigenden Arbeitsmarktbeteiligung die Vermutung nahe, dass eine größere Zahl von ihnen Teilzeitarbeit angenommen hat, weil ihnen keine Vollzeitarbeitsplätze zur Verfügung standen. Das Argument der „Familienfreundlichkeit" der Teilzeitarbeit wird daher von Frauenpo-

---

[41] Ewald Bartunek, Teilzeitbeschäftigung in Österreich, 2. Teil: 1990-1995, Bundesministerium für Arbeit, Gesundheit und Soziales, Wien 1997

[42] Siehe auch: Ruth Finder, Teilzeitarbeit. Bedeutung und Konsequenzen für eine flexiblere Arbeitszeitorganisation, Bundesministerium für Arbeit und Soziales, Wien 1995

litikerInnen kritisch gesehen, weil sie die Fixierung alter Rollenmuster und die Tendenz zur Gleichsetzung von Frauenarbeit und Teilzeitbeschäftigung befürchten.

Ein Problem stellt generell die noch immer vorhandene soziale Differenzierung zwischen Vollzeit- und Teilzeitarbeit dar. Teilzeitarbeitnehmer sind zwar gesetzlich Vollzeitarbeitnehmern gleichgestellt, aber es besteht dennoch die Gefahr, dass sie als Zusatzkräfte, als nicht „normal" Arbeitende angesehen und gering geschätzt werden. Besonders bei professionalisierten Berufen, mehr noch bei Managern, bei denen das Image auf der quasi Rund-um-die-Uhr-Verfügbarkeit beruht, ist Teilzeitarbeit eine Abweichung, die geradezu ein Stigma darstellt. Es kann dadurch sogar zu einer Abwertung der Berufe kommen.[43] Das zeigt, dass die meisten sozialen Rollen mit kulturell geprägten Zeiterwartungen verbunden werden, die auch Normvorstellungen bezüglich des Verhältnisses von Arbeit und Leben implizieren. Dennoch kommt es auch in den professionalisierten Berufen zu Änderungen in Bezug auf die Zeiterwartungen, die durch die allgemeine Flexibilisierung der Beschäftigungsformen bedingt ist. Der Teilzeitprofessor, der in Teilzeit arbeitende Spitalsarzt, Manager, etc. sind Kategorien, bei denen die faktische Flexibilität der Arbeit standardmäßig geregelt wird. Damit wird signalisiert, dass auch Lehre und Forschung sowie die Leistung des Managers auf Zeitquanten reduziert werden kann.

Während Teilzeitformalisierungen für höher qualifizierte Berufe zwar einen Statusabfall implizieren können, ist ihre Einkommenssituation deshalb nicht notwendig prekär, soweit sie entweder aus der Teilzeitbeschäftigung ein noch für die Lebenshaltung ausreichendes Einkommen beziehen oder sie die Möglichkeit haben, daneben zusätzliche freiberufliche Beschäftigung zu finden. Hingegen kann die Teilzeitarbeit, mehr noch die geringfügige Beschäftigung bei den nicht-professionalisierten Berufen zur Folge haben, dass die Arbeitenden tatsächlich ihren Lebensunterhalt nicht bestreiten können. Viele suchen sich daher mehrere Teilzeit- oder geringfügige Erwerbstätigkeiten, um über die Runden zu kommen, was erhebliche Belastungen der Zeitkoordination und Einschränkungen der Privatsphäre bedeuten kann. Insbesondere in diesen Fällen kann es zu dem kommen, was Beck/Beck-Gernsheim „Bastelbiographien" nannten.[44] Sie sahen dies als eine Konsequenz aus den Tendenzen zur Individualisierung, als Auflösung und Ablösung industriegesellschaftlicher Lebensformen durch solche, in denen die Individuen ihr Leben, ihre sozialen Beziehungen, ihre Erwerbstätigkeit selbst herstellen, aus verschiedenen Puzzleteilen zusammenfügen müssen.

Atypische Beschäftigung und neue Arbeitsformen

In der Gegenwart mehren sich Beschäftigungsformen, die von den gewohnten „normalen" Arbeitsverhältnissen abweichen. Hybride Formen der Beschäftigung zwischen abhängig Erwerbstätigen und Selbständigen sind ein Beispiel dafür, ein anderes betrifft Arbeitsver-

---

[43] Vgl.: Cynthia Fuchs Epstein et al., The Part-Time Paradox, New York-London 1999

[44] Ulrich Beck/Elisabeth Beck-Gernsheim, Nicht Autonomie, sondern Bastelbiographie, in: Zeitschrift für Soziologie 22, 1993, S. 178-187

tragsverhältnisse, die durch zeitliche Befristung und durch Arbeitsüberlassung („Leiharbeit") charakterisiert sind. Insbesondere die Möglichkeiten, die die Telearbeit eröffnet, führen zu atypischen Arbeits- und Beschäftigungsweisen. Und schließlich muss man hier noch die Einbeziehung von informeller Arbeit sowohl in Form der Freiwilligenarbeit („Ehrenamt") als auch in Form der Schwarzarbeit nennen.

Zeit- oder Leiharbeit

Während das unbefristete Arbeitsvertragsverhältnis noch immer für zwei Drittel bis drei Viertel aller abhängig Beschäftigten in den einzelnen Ländern üblich ist, kommt es verstärkt zu befristeten Arbeitsverträgen auf Grund des Wunsches der Unternehmer, Arbeitnehmer nur für bestimmte Zeit zu verpflichten, um die Flexibilität zu erhöhen. Während die klassischen Zeitarbeiter saisonal Beschäftigte und Gelegenheitsarbeiter sind, stellt die Zielsetzung einer höheren Flexibilität in der Personalstruktur der Unternehmen eine relativ neuere Entwicklung dar.[45] Insbesondere zeigt sich, dass die Zeitarbeit keine auf bestimmte Phasen, etwa auf die Probezeit, beschränkte Form der Beschäftigung ist, sondern zu einer Dauerform wird, so dass eine wachsende Gruppe von Zeitarbeitern entsteht. Dadurch kommt es zu einer sozialen Segmentierung des Arbeitsmarktes zwischen den unbefristet und den befristet beschäftigten Arbeitnehmern, die sich in den einzelnen Betrieben als soziale Differenzierung der Belegschaft niederschlägt.[46] Zeitarbeit ist in der Gegenwart auch nicht mehr auf die niederen Positionsränge in den Organisationen und die wenig qualifizierten Berufe beschränkt, wenngleich die Maschinen- und Stahlbauindustrie, die Elektronikindustrie und das Baugewerbe nach wie vor die Masse der Zeitarbeiter stellen, sondern dehnt sich auf Manager, Universitätsprofessoren und Fachkräfte aus. Manager auf Zeit werken oft als „trouble-shooters", mitunter auch auf eigene Rechnung. In vielen Fällen wird eine kontinuierliche Beschäftigung durch die Verlängerung bzw. Erneuerung der Zeitverträge nicht angestrebt, sondern sogar vorweg ausgeschlossen, da rechtlich nur bedingt zulässig. Die Gründe für die Befristung sind sehr vielfältig; von Ferialjobs über Vertretung von Arbeitskräften, Aus- und Weiterbildung, Verträge von Sportlern, Künstlern etc. Vorstandsmitglieder, Projekte, Drittmittelfinanzierung bis zur Abdeckung von zeitlich begrenztem Bedarf reicht der Bogen. Die Gründe für die Befristung liegen daher keineswegs nur in dem Bestreben der Unternehmen, keine unbegrenzten Verpflichtungen einzugehen oder Spitzenzeiten abzudecken, sondern ergeben sich auch aus beruflichen und sachlichen Bedingungen und persönlichen Umständen.[47]

---

[45] Richard K. Brown, A Flexible Future in Europa? Changing Patterns of Employment in the United Kingdom, in: The British Journal of Sociology 41/1990, S. 301-307

[46] Danielle Garritsen, Jenseits des „Normalarbeitsverhältnisses". Ansätze zu einer Sozialanthropologie der Beschäftigung, in: Sabine Erbès-Seguin (Hg.), Arbeit und Beschäftigung, Berlin 1995, S. 101-121

[47] Robert Singer, Befristete Arbeitsverhältnisse in Österreich und im EU-Bereich, Wien 1997, S. 6ff

Die massive Steigerung der existentiellen Unsicherheit, diskontinuierliche berufliche Lebensläufe und steigende saisonale und Sucharbeitslosigkeit werden durch eine neue höchst erfolgreiche Sparte von Wirtschaftsunternehmen als Betätigungsfeld wahrgenommen, die sich der Arbeitskräfteüberlassung widmen. Die Arbeitskräfteverleiher sind entweder spezialisierte reine Zeitarbeitsunternehmen, worunter auch eine Reihe international tätig sind, oder sie verleihen Arbeitskräfte, ohne dass dies ihr eigentlicher Betriebszweck ist. Von Seiten der Wirtschaft besteht große Nachfrage nach Zeitarbeitern, so dass die Branche weiter stark expandieren wird. Die Leiharbeitsunternehmen beschäftigen Arbeitskräfte im Prinzip unbefristet, um sie anderen Unternehmen befristet zu überlassen. Zwischen dem Verleiher und dem Entleiher wird zu diesem Zweck ein Überlassungsvertrag geschlossen. Der Arbeitnehmer steht zu dem Leihunternehmen in einem Beschäftigungsverhältnis und zum Entleiher in einem Arbeitsverhältnis.[48] Das Merkmal der Leiharbeit ist daher das Auseinanderfallen von Beschäftigungs- und Arbeitsverhältnis.

```
                    Überlassungsvertrag
   Verleiher ─────────────────────────── Entleiher


 Beschäftigungs-                          Arbeitsverhältnis
  verhältnis                                 (befristet)
  (unbefristet)
                       Arbeitnehmer
```

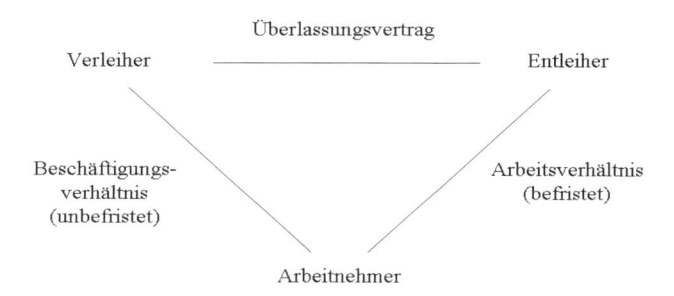

In der letzten Zeit ist die Leiharbeit durch gesetzliche und tarifvertragliche Vereinbarungen und andere Einrichtungen in sozialer Hinsicht verbessert worden, weil man darin zunehmend eine Chance sieht, für Arbeitslose Beschäftigungsmöglichkeiten zu schaffen. Tatsächlich waren viele Zeitarbeitnehmer vorher arbeitslos oder noch nie beschäftigt. Manche Unternehmen übernehmen die Leiharbeiter, wenn sie sich bewährt haben, in ein Normalarbeitsverhältnis. Daher dient die Leiharbeitsphase für viele Arbeitnehmer als ein Übergangsstadium für die Erlangung einer dauerhaften Beschäftigung in einem Unternehmen. Dennoch bleibt eine gewisse Unsicherheit, die Diskontinuität der Laufbahn in beruflicher und sozialintegrativer Hinsicht und vor allem beim qualifizierten Personal der Druck, sich auf immer Neues einzulassen, immer auf dem letzten Stand des Wissens zu sein, sich gut zu verkaufen etc. Mitunter wird die Zeitarbeit als ein neues Modell für die Arbeitswelt der Zukunft gesehen; die noch immer eher geringen Zahlen der so Arbeitenden und die Tendenz, die Leiharbeit als Übergang in ein dauerhaftes Arbeitsverhältnis zu sehen, geben dazu allerdings wenig Anlass. Dennoch sieht Garhammer in der Leiharbeit „ein Muster für die Deinstitutionalisierung der Arbeit, für die Auflösung der normativen Verbindlichkeit des Normalarbeitsver-

---

[48] Hanns-Georg Brose/Matthias Schulze-Böning/Werner Meyer, Arbeit auf Zeit. Zur Karriere eines „neuen" Beschäftigungsverhältnisses, Opladen 1990

hältnisses".⁴⁹ Das flexible Unternehmen differenziert seine Beschäftigten in eine kleine Kernbelegschaft und in periphere Beschäftigte als Puffer. Die Zeitarbeit ist damit nicht ein neues Modell, sondern eine Facette der Flexibilisierung der Arbeit und der Unternehmen.

Telearbeit und Beschäftigung

Die Arbeit am und mit dem Computer ist für einen großen Teil der Arbeitnehmer schon selbstverständliche Realität. Hier geht es jedoch nicht um die technischen oder ergonomischen Aspekte, sondern darum, dass diese nicht an einen bestimmten physischen Ort gebunden ist, nicht im Betrieb erfüllt werden muss, sondern auch zu Hause oder unterwegs. Die Europäische Kommission definiert Telearbeit daher mit Bezug auf die räumlichen Veränderungen als „the use of computers and telecommunications to change the accepted geography of work".⁵⁰

Telearbeit kann zur Gänze als Tele-Heimarbeit verrichtet werden, als alternierende Telearbeit, wobei nur ein Teil der Arbeiten zu Hause und ein Teil im Büro erledigt wird, als mobile Telearbeit an unterschiedlichen Orten, als Computerarbeit in Nachbarschaftsbüros oder Telezentren nahe dem Wohnort der Arbeitenden. Auch virtuelle Büros, wobei die Arbeitenden örtlich getrennt sind, stellen ein Erscheinungsbild der Telearbeit dar.⁵¹

Telearbeit kann sich mit unterschiedlichem Beschäftigungsstatus verbinden, die TelearbeiterInnen können im Rahmen eines Voll- oder Teilzeit-Arbeitsvertrages oder befristet beschäftigt sein, sie können freiberuflich bzw. im Werkvertrag arbeiten⁵², oder selbständig sein. Telearbeit stellt nicht notwendig eine Abkehr vom Normalarbeitsverhältnis dar, aber es ist in diesem Fall verstärkt möglich, Beschäftigungsverhältnisse von Heimarbeit, Werkvertrag, Geschäftsvertrag zu nutzen, so dass sie unter diesen Gesichtspunkten unter die atypischen Beschäftigungsformen subsumiert werden muss. Telearbeit verstärkt die Tendenz zur Auflösung des Normalarbeitsverhältnisses und zu hybriden Beschäftigungsformen. Telearbeit ist nicht durch bestimmte Tätigkeiten oder Berufe bestimmt, sondern kann mit Hilfe von Computern und Telekommunikationseinrichtungen in jedem Beruf vorkommen, allerdings über-

---

[49] Manfred Garhammer, Zeitarbeit – ein Muster für die Arbeits- und Betriebsorganisation der Zukunft ? In: Berliner Journal für Soziologie 12, 2002, S. 109-126

[50] European Commission, Status Report on European Telework, 1997

[51] Klaus Rapf, Die European Telework Week 1997 – Was ist Telearbeit? In: Stichwort Telearbeit. Neue Arbeitsformen bestimmen die Zukunft, Bundesministerium für Arbeit, Gesundheit und Soziales, Wien 1997, S. 23-33; Claudia Bremer, Formen und Voraussetzungen der Telearbeit, in: Andreas Bull/Michael de Vries (Hg.), Virtuelle Wirtschaft, Opladen 1998, S. 120-136

[52] Hier besteht die Möglichkeit, Telearbeiter rechtlich als „arbeitnehmerähnliche Personen" (freie Mitarbeiter) zu klassifizieren oder auch Hybridformen zu schaffen (etwa eine Kombination von unselbständiger Teilzeitarbeit und selbständiger Tätigkeit). Siehe: Gerhard Kilz/Dirk A. Reh, Einführung in die Telearbeit, Berlin 1997, S. 18/19

wiegen Verwaltungs-, Management- und Dienstleistungstätigkeiten, vor allem in den Bereichen neuer Internet-Funktionen.[53] Telearbeit wird überwiegend von Männern und in höher qualifizierten Berufen (technische Berufe, Gesundheits-, Lehr-, Kulturberufe etc., Selbständige und Freiberufler) geleistet. Das Bild von der „weiblichen" Heimarbeit am Computer als gering qualifizierte Arbeit trifft somit nur auf eine Minderheit zu.[54]

Telearbeiter sind gegenwärtig in Europa noch nicht so weit verbreitet wie in den USA, am stärksten in Schweden, Finnland und dem United Kingdom, aber auch in anderen Ländern werden die in Zukunft zu erwartenden neuen Beschäftigungen vor allem im Telearbeitsbereich angesiedelt sein. Diese Form des Arbeitens wird daher stark zunehmen und umwälzende Veränderungen sowohl für Arbeitende als auch für Unternehmen mit sich bringen.[55]

Telearbeit wirft, da die Anwesenheit im Betrieb nicht erforderlich ist, Probleme vor allem in Bezug auf die Arbeitszeit auf. Diese kann trotz möglicher Regelung vom Unternehmen nicht mehr direkt kontrolliert werden und bleibt weitgehend den Dispositionen der Arbeitenden überlassen. Die Kontrolle kann daher nur mehr über den Erfolg gewährleistet werden, was aber einen massiven Druck für die Arbeitenden darstellen kann, wenn die Leistungsstandards hoch angesetzt werden. Vielfach kommt es daher zu einer „vorbeugenden Selbstausbeutung", die noch durch die Vermischung von Arbeits- und Privatsphäre bei Heimarbeit verstärkt wird. Eine gewisse Möglichkeit, dies zu reduzieren, sind die Nachbarschaftsbüros, Telezentren, die auch den Nachteil der sozialen Isolation beseitigen. Allerdings ist es auch in diesem Fall nicht die Einbindung in den Sozialverband desjenigen Betriebes, für den die Leistungen erbracht werden. Dies bringt Probleme der Motivation, Identifikation und der Qualifizierung mit sich, die der soziale Austausch im Betrieb normalerweise von selbst löst. Auch die Desinformation in Bezug auf den internen Arbeitsmarkt im Unternehmen, der Wegfall der Mitbestimmungsmöglichkeiten und die Reduktion des Kontaktes zu den Arbeitnehmervertretungen stellen Probleme dar und verändern auch die Arbeitsbeziehungen wesentlich.

Telearbeit verweist auf die durch die Reduktion des Betriebes als Sozialraum bestimmte Tendenz der Arbeit der Zukunft. Die organisatorische Flexibilität, die durch Telearbeit ermöglicht wird, lässt auch virtuelle Unternehmen, die ihre Funktionen durch räumliche dissoziierte, mitunter global gestreute Mitarbeiter erfüllen, entstehen. Das beinhaltet nicht nur eine soziale und kulturelle Problematik, sondern auch ein beschäftigungspolitisches Problem der Verlagerung von Arbeit in andere Weltgegenden sowie arbeits- und sozialrechtliche Probleme der Regulierung von Arbeit und Lebenssicherung.

Die Globalisierung wird für eine weite Streuung der verfügbaren Arbeitskräfte sorgen, so dass Telearbeit auch dann ein Faktor der Beschäftigung sein wird, wenn ihr Anteil im eige-

---

[53] Ruth Finder/Herbert Walther, Telearbeit, Wien 1998, S. 57

[54] Siehe auch: Josef Hochgerner/Andrea Höglinger, Nutzung der Möglichkeiten von Telearbeit, Wien 1998

[55] Gerald Hammer „Telearbeit" – Alltag oder Rarität? Wien 1998, S. 20ff

nen Land gering bleibt. Die Beschäftigungswirkungen der Telearbeit erhalten ihre Bedeutung neben der Gefahr des globalen „outsourcing" dieser Tätigkeiten vor allem dadurch, dass viele der neu zu schaffenden Arbeitsmöglichkeiten im Bereich der informationsverarbeitenden Berufe angesiedelt sein werden. Auch werden neue technische Möglichkeiten eine weitere Vergrößerung der Bereiche Datenverarbeitung, Kommunikationstechnologie etc. mit anschließender Diffusion in den Dienstleistungen bringen. Die sinkenden Kosten der Telekommunikation werden diesen Prozess beschleunigen. Die zeitlichen, räumlichen und statusbedingten Merkmale der Telearbeit werden daher unsere Arbeitswirklichkeit, und darüber hinaus auch unsere Lebensweise, in Zukunft in allen Bereichen des Arbeitens und Lebens wesentlich bestimmen.

Zwischen Selbständigkeit und Abhängigkeit

In der Gegenwart kommt der selbständigen Erwerbstätigkeit und der Unternehmensgründung eine gesteigerte Aufmerksamkeit zu (siehe oben Kapitel VII). Bei einer großen Zahl von Neugründungen von Wirtschaftsbetrieben kommt es zur sog. Solo-Selbständigkeit von „self-employed", d. h. der Firmengründer hat keine Mitarbeiter[56], und auch die Kapitalbasis der meist in der Rechtsform der Einzelunternehmung gegründeten Betriebe ist sehr gering. Vielfach konstatierte man, dass viele dieser Selbständigen von großen Unternehmen abhängig sind („Scheinselbständigkeit"). Die Unternehmen haben vielfach in der Gegenwart die Tendenz, ihr fest angestelltes Personal zu reduzieren und die Funktion aus der eigenen Organisation auszulagern und externen, auf eigene Rechnung arbeitenden Personen zu übertragen.

Andere periphere Formen abhängiger Selbständigkeit sind jene „Auftragnehmer", die nur für die Erstellung eines bestimmten „Werkes" beschäftigt werden („Werkvertrag") oder auch die freiberufliche Tätigkeit. Während die Situation der letzteren teilweise sehr gut ist durch die steigende Nachfrage vor allem nach bestimmten unternehmensnahen Diensten, wie Wirtschaftsprüfer, Steuerberater, Controller, Rechtsberufe, etc., sind die im Werkvertrag Beschäftigten insofern nicht so gut dran, als sie immer nur auf kurze Sicht und für einen bestimmten Auftrag Arbeit haben. Sie müssen daher ständig nach neuen Aufträgen Ausschau halten, was einen hohen Informationsaufwand nach sich zieht und eine große existentielle Unsicherheit.

Zwischen den typischen unselbständigen Arbeitnehmer und den selbständig Erwerbstätigen entstehen Misch- oder Übergangsformen, die man unterschiedlich beurteilen kann. Auf der einen Seite kann man Vorteile in einer stärkeren Übernahme der Initiative durch die eigenverantwortlichen „mündigen" Individuen mit hohem Motivations- und Innovationspotential sehen, die zu einer Befreiung von organisatorisch-bürokratischen Zwängen führt. Auf der anderen Seite werden die wachsende existentielle Verunsicherung, die soziale Isolierung und die Selbstausbeutung sowohl der neuen Selbständigen als auch vieler Arbeitnehmer, die ihre

---

[56] Im Englischen ist der Ausdruck „self-employment" für diese Personengruppe allgemein üblich. Vgl. auch: Peter Fischer, Die Selbständigen von morgen „Unternehmer oder Tagelöhner?", Frankfurt/Main 1997, S. 105ff

persönlichen Investitionen in die Arbeit erhöhen müssen, hervorgehoben. Autonomie und Verantwortung in der Arbeitswelt begründen einen „Zwang zur Selbstverwirklichung"[57].

Die Politik versprach sich von der Förderung der neuen Selbständigen ein Gegengewicht gegen die langfristige ständige Abnahme der Beschäftigungsmöglichkeiten im sekundären Sektor und in einer Reihe von traditionellen Dienstleistungen; also die Schaffung von „Arbeitsplätzen" für Selbständige anstelle derer für unselbständig Erwerbstätige. Bereits Arbeitslose erwiesen sich allerdings aus einsichtigen Gründen trotz mancher Initiativen nicht als besonders der Entwicklung von „entrepreneurship" zugeneigt. Die „neuen Selbständigen" sind noch immer nicht so zahlreich, was auch mit ihrer meist eher kurzen Lebensdauer zu tun hat. Die Beschäftigungswirkung der „neuen" Selbständigen ist jedenfalls eher gering zu veranschlagen, weil es sich dabei vielfach nur um eine Verschiebung von unselbständig zu formal selbständig und vielfach um einen Bereich mit hoher Dynamik des Markteintritts und -austritts handelt, der in vielen Fällen prekäre Existenzbedingungen bedeutet.

Eine Vielzahl von Faktoren ist in jedem einzelnen Fall dafür verantwortlich, ob sich die neue Selbständigkeit und Autonomie als positiv oder negativ für die Betroffenen herausstellt. Handelt es sich um eine gerade in großer Nachfrage befindliche Tätigkeit, vornehmlich in den boomenden Branchen der Wirtschaft, in Telekommunikation, Computertechnologie oder Unternehmensberatung, so sind die Aussichten günstig. Sind es hingegen Bereiche, die von Unternehmen als unwirtschaftlich ausgegliedert wurden, oder die stark von der konsumbedingten Nachfrage abhängen, so können die Chancen, in diesen Tätigkeiten auf selbständiger Basis zu reüssieren, gering sein. Dazu kommen aber eine Reihe von anderen Bedingungen, die in jedem Fall für Erfolg und Misserfolg verantwortlich sind und die von der finanziellen Basis über die familiäre und sonstige soziale Situation bis zur Persönlichkeitsstruktur der Betreffenden reichen, die sich mehr oder weniger dem Idealbild vom „entrepreneur" annähert.

Freiwillige Arbeit und Dritter Sektor

In der Diskussion um die „Arbeitsgesellschaft, der die Arbeit ausgehe", wird immer häufiger darauf verwiesen, dass dabei eine Verwechslung von Arbeits- und Arbeitnehmergesellschaft vorliege.[58] Die Arbeitsplätze, vornehmlich die mit Normalarbeitsverhältnissen verbundenen, würden zwar knapp, aber der Gesellschaft gehe keineswegs die Arbeit aus, wenn man darunter die in der und für die Gemeinschaft zu leistenden notwendigen Tätigkeiten meint.[59] Dabei ist vor allem an Leistungen zu denken, die im Gesundheits- und Sozialbereich, also in jenen

---

[57] Martin Heidenreich, Die subjektive Modernisierung fortgeschrittener Arbeitsgesellschaften, in: Soziale Welt 47/1996, S. 24-43

[58] Siehe etwa: Joseph Huber, Die zwei Gesichter der Arbeit. Ungenutzte Möglichkeiten der Dualwirtschaft, Frankfurt/Main 1982, S. 109ff

[59] Vgl.: Meinolf Dierkes/Burkhard Strümpel (Hg.), Wenig Arbeit, aber viel zu tun, Opladen 1985

3 Beschäftigungskrise oder neue Arbeitsgesellschaft?

Bereichen, die die Lebenswelt der Menschen betreffen, notwendig oder wünschenswert sind, um ein gutes Leben und Zusammenleben in der Gemeinschaft zu ermöglichen, Menschen in Notlagen oder jenen, die am Rand der Gesellschaft leben, zu helfen, Tier-, Natur- und Umweltschutz zu gewährleisten etc. Hier ist an freiwillige Arbeit gedacht, die man auf Grund ihrer Inhalte und deren Bedeutung in drei Gruppen unterteilen kann: Da sind zum einen die fallweise zum Einsatz kommenden Notfalldienste wie freiwillige Feuerwehr, Katastrophenhilfsdienste, Bergrettung. Sie beruhen auf freiwilligen, unentgeltlichen und nur im Ereignisfall, dann aber unabdingbar notwendigen und mit größtmöglicher Effektivität in der Zusammenarbeit verbundenen Leistungen. Allen bürokratischen Diensten sind sie gerade auf Grund der Freiwilligkeit und der geringen Reibungsverluste durch den Wegfall von Befehls- und Kontrollwegen überlegen. Die Menschen, die diese Dienste erbringen, engagieren sich aus Gründen der Solidarität oft im Rahmen lokaler Gemeinschaften. Eine andere Gruppe stellen die prosozialen Dienste dar wie Hilfen für Obdachlose, Jugendliche, Alte und Behinderte, Tier- und Umweltschutz etc. Sie können auf Initiativen und Leistungen engagierter Personen, auf Selbsthilfe der Betroffenen oder beidem (etwa wenn Mitarbeit der Betroffenen vorgesehen ist) beruhen. Die staatlichen, kommunalen oder gewinnorientiert privatwirtschaftlichen Einrichtungen sind vielfach nicht in der Lage oder nicht gewillt, diese Dinge zu leisten. Gleichzeitig gibt es vor allem im Zusammenhang mit der so genannten sozialen Frage des 19. Jahrhunderts eine lange Tradition der sozialkaritativen Hilfe von kirchlicher Seite, von bürgerlichen Wohltätigkeitsveranstaltungen und Selbsthilfegruppen.

Eine etwas anders zu sehende Gruppe von Freiwilligenarbeit ist jene, die im Rahmen von Sport- und Kulturgruppen von Gemeinden, Schulen, Organisationen etc. geleistet wird. Hier ergibt sich der Grund für den Aufbau und die Pflege solcher Aktivitäten aus dem Wunsch nach sozialen Kontakten über die sachlichen Beziehungen hinaus, aber auch aus individuellem Interesse an der Sache selbst. Auch prosoziale Motive können eine Rolle spielen, etwa wenn Jugendlichen und auch Arbeitslosen sinnvolle Beschäftigungsmöglichkeiten geboten werden sollen.

In der Gegenwart ist es zu einer Wiederentdeckung dieser freiwilligen Leistungen gekommen. Die auf privater Initiative beruhenden Hilfsdienste und -einrichtungen, die Betreuung Behinderter und Betagter, die Ausspeisung Obdachloser, die Hilfen für vergewaltigte Frauen, die Organisierung von Kinderbetreuung etc. werden durch die unentgeltliche Arbeit engagierter Personen ermöglicht und getragen. Sie erbringen diese Dienste meist freiwillig und ohne Entgelt, für die Bezahlung von Aufwendungen werden mitunter Spenden der Öffentlichkeit und/oder von Sponsoren eingesetzt. Insbesondere im Zusammenhang mit der Kritik an den teuren und schwerfällig-bürokratischen öffentlichen Gesundheits- und Sozialeinrichtungen wurde bewusst, dass die freiwilligen Dienste wichtige Arbeiten für die Allgemeinheit leisten, ohne die öffentlichen Haushalte finanziell zu belasten. Der Gedanke, diese Privatinitiativen auf eine regelmäßige Basis zu stellen und das Spektrum der Dienstleistungen durch ihre Integration systematisch zu erweitern, liegt nahe. Man versucht daher, durch verschiedene Formen der Anerkennung, der Förderung und der Motivation zur Freiwilligenarbeit dahin zu wirken, dass diese Leistungen kontinuierlich erstellt werden. Es werden Sozialpreise überreicht, Spesenersatz übernommen, Weiterbildungskurse angeboten, die Freiwilligen mit einem sozial(rechtlich)en Status ("Ehrenamt") versehen u. ä. Diese Anerkennung und Integration der Freiwilligenarbeit ist sicherlich mehr als gerechtfertigt, doch birgt sie ein Problem: Wenn sie ein gewisses Ausmaß überschreitet, besteht die Gefahr, dass die konstitutiven Merkmale der Freiwilligkeit und Unentgeltlichkeit schwinden. Das ist dann gegeben, wenn Anforderungsstandards an diese Freiwilligenarbeiten vorgegeben und mit Förderungen verknüpft werden. Die Freiwilligenarbeit weist daher Entwicklungsgesetzmäßigkeiten auf, wie sie auch soziale Bewegungen, die ebenfalls auf Initiativen „von unten" beruhen im Zuge ihrer gesellschaftlichen Anerkennung und dauerhaften Organisierung zeigen.

Da für die Spendenaufbringung und -verwaltung, die Abrechnung öffentlicher Förderungsbeiträge und andere Funktionen der Aufbau einer Organisation notwendig wird, ist es in der Gegenwart zu einem starken Anwachsen des Sektors der so genannten Non-Profit-Organisationen gekommen. In diesen kommt es durch die Zunahme ihrer Funktionen zur Beschäftigung bezahlter Arbeitskräfte im Verwaltungsbereich. Es entstehen solcherart „Tendenzbetriebe" bzw. gemeinnützige Vereine und Verbände. In diesen, manchmal auch Dritter Sektor[60] (weder dem Staat noch der Marktwirtschaft zugehörig) genannten Bereich, setzen viele Kommentatoren große Hoffnungen in Bezug sowohl auf neue Beschäftigungsmöglichkeiten als auch den Umbau des Systems der gesellschaftlichen Wohlfahrtsleistungen. Im Hinblick auf die Beschäftigungswirkungen ist zum einen auf das in „normalen" oder flexiblen Arbeitsverhältnissen angestellte Verwaltungspersonal, zum anderen auf die ehrenamtlichen Tätigkeiten und die Selbst- oder Mithilfeaktivitäten Betroffener hinzuweisen.

Indem sich die Aktivitäten des Dritten Sektors oder der „Economie Sociale" einen rechtlich-organisatorischen Rahmen und eine finanzielle Gebarung geben, treten sie aus dem weiten Feld des informellen Bereichs heraus. Andere Tätigkeiten der Schattenwirtschaft bleiben zwar informell, erhalten gegenwärtig aber auch erhöhte Aufmerksamkeit insbesondere in Bezug auf ihre Beschäftigungsaspekte. Veränderungen in der Industrie und in den Dienstleistungsbranchen der offiziellen Wirtschaft haben Wirkungen auf die informellen Wirtschaftsaktivitäten. Während sich Rationalisierung und technischer Wandel in der Industrie meist in einer Reduktion der Eigenleistungen der Haushalte niederschlagen, da Reparaturen in Eigenregie an Geräten und Ausstattungsgegenständen nicht mehr möglich sind, haben Rationalisierungen im offiziellen Dienstleistungsbereich in der Regel eine Erhöhung der Eigenarbeit der Haushalte und Individuen zur Folge (z. B. in persönlichen und sozialen Dienstleistungen, Konsumarbeit, im Einzelhandel und im Bankbereich). Auch Preis- und Lohnentwicklungen in Industrie und Gewerbe schlagen sich genauso wie das Ausmaß der Lohnnebenkostenbelastungen auf die Beschäftigung in den schwarzen und grauen Arbeitsmärkten nieder. Aus diesen Wechselwirkungen wird in der Gegenwart verstärkt der Schluss gezogen, dass man Beschäftigung nicht mehr einseitig auf den formellen Teil der Wirtschaft beschränkt sehen darf. Das bedeutet auch eine stärkere Berücksichtigung der Arbeit in den privaten Haushalten („Eigenarbeit"), in denen in der modernen Industriegesellschaft zwar andere Leistungen als in traditionalen Gesellschaften erbracht werden; diese sind jedoch auch heute von großer Bedeutung für die gesamten für das Leben der Bevölkerung wichtigen Leistungen. Aus die-

---

[60] Etwa von: Jeremy Rifkin, The End of Work, New York 1996

ser Sicht erscheint auch die oft in Zusammenhang mit dem Umbau des Sozialstaates vorgebrachte allgemeine Grundsicherung legitim insofern, als dadurch den Eigenleistungen der privaten Haushalte Rechnung getragen wird.

Neben der Eigenarbeit kommt auch dem weiten Bereich der irregulären Beschäftigungsverhältnisse ein zwar in entwickelten Staaten im Vergleich zu den Entwicklungsländern und -regionen geringeres, aber doch nicht zu unterschätzendes Gewicht zu, das über das Problem der Schwarzarbeit hinausgeht. In den weniger entwickelten Gesellschaften mit ihrem großen Anteil an irregulär Beschäftigten stellt dieser einen wichtigen Teil der Wirtschaft dar, aber auch in den Industriestaaten fasste angesichts der hohen Arbeitslosigkeit der Gedanke Fuß, dass diese Bereiche nicht nur negativ aufzufassen seien, wie dies aus Steueraufkommensgründen etc. bisher gesehen wurde. Aus der Beschäftigungsperspektive kann man dem Argument, dass es besser ist, überhaupt Arbeit zu haben, als zu wenig formelle, reguläre Arbeit, einiges abgewinnen, was allenthalben zu der Forderung der Entkriminalisierung der Schwarzarbeit führte.

Aus diesen Erwägungen heraus erscheint die einseitige Konzentration auf die Beschäftigung in der offiziellen Wirtschaft, insbesondere auf die in der Marktwirtschaft, und auf die Normalarbeitsverhältnisse nicht mehr zielführend, denn sie lässt weite Bereiche von Beschäftigung und Arbeit außer Betracht. Mitunter wird daher vorgeschlagen, nicht mehr nur Staat, Betrieb, Beruf und Markt als die erwerbsstrukturierenden Institutionen zu sehen, sondern darüber hinaus auch die sozialen Netze und die privaten Gemeinschaften mit zu berücksichtigen. Bezogen auf individuelle Erwerbs- und Lebensläufe können sie unterschiedliches Gewicht und Bedeutung haben.[61] Das hat insbesondere für die soziologische Betrachtung des Beschäftigungsproblems aus der Perspektive der Betroffenen zur Folge, dass man Arbeit nicht mehr nur als marktgängige Ware, als Arbeitsplatz und als ökonomisches Messdatum auffassen kann.

Das Janusgesicht der Flexibilisierung

Kapitalbeschaffungsmaßnahmen und die Globalisierung der Wirtschaft wirken zusammen mit den neuen technologischen Möglichkeiten dahin, dass Arbeits- und Beschäftigungsstrukturen vielgestaltiger und auch die Betriebsgrenzen dezentralisiert oder virtualisiert werden. Der Impuls zur Flexibilisierung kommt also von außerhalb der Betriebsorganisation als solcher und er kommt auch nicht primär von der Nachfrage auf dem Güter- oder Dienstleistungsmarkt, auch wenn dieser immer eine Bedeutung hat. Er hat aber Auswirkungen auf die Organisation der Arbeit und auf die Arbeitsteilung zwischen Betrieben. Beschäftigungsbezogen heißt das, dass Aufträge und Aufgaben im Unternehmen durchgeführt oder an Betriebe oder Individuen außerhalb vergeben werden können, durch Arbeitnehmer oder Selbständige, durch Vollzeit-, Teilzeit oder befristet Beschäftigte im Inland oder weltweit erbracht werden.

---

[61] Ludger Pries, „Arbeitsmarkt" oder „erwerbsstrukturierende Institutionen", in: Kölner Zeitschrift für Soziologie und Sozialpsychologie 50/1998, S. 159-175

In jedem Fall bedeutet es eine Reduktion der vollzeitbeschäftigten Kernbelegschaft und das Anwachsen atypischer Formen der Beschäftigung. Trifft diese Umorientierung der Unternehmen in Richtung Kosten- und Personalflexibilisierung auf ein geringes Niveau staatlicher Interventionen und sozialinstitutioneller Regelung durch starke Gewerkschaften, so können daraus, wenn auch die Unternehmen nur eine geringe sozialpolitische Verantwortung übernehmen, negative Effekte für die arbeitende Bevölkerung entstehen. Existenzielle Unsicherheit, Ausbeutung und ein Sinken der Einkommen großer Teile der Arbeitenden werden die Folge sein.

Treffen die Interessen an Flexibilisierung der Unternehmen hingegen auf ein Klima sozialer Kooperation auf festverwurzelter institutioneller Grundlage, so können diese Initiativen durchaus auch für die Arbeitenden von Vorteil sein, ihnen mehr und vielfältigere Chancen der Erwerbsbeteiligung und auch der Abstimmung zwischen Beruf und Privatsphäre ermöglichen. Allerdings sind dazu ständige politisch-institutionelle Begleitprozesse notwendig, in denen Staat, Gewerkschaften und Unternehmen gemeinsam im Sinne der positiven Wirtschaftsentwicklung und der Bedürfnisse und Interessen der Menschen kooperieren. In Mitteleuropa und Skandinavien bestehen dafür an sich sehr gute Bedingungen, die Frage ist allerdings die, wieweit die globale Verflechtung und die Macht der „global players" diese nur auf nationalstaatlicher oder regional-supranationaler Ebene realisierbare „sozialverträgliche" Wirtschaftsgestaltung zulassen. Eine weitere mögliche Schwierigkeit liegt in uns selbst, und zwar in der Frage, wieweit „wir", d. h. alle wirtschaftlichen Akteure, uns von Sachzwanglogik und Modernitätseuphorie beeindrucken lassen und vergessen, dass Entscheidungen zu treffen Prioritäten setzen bedeutet.

Die Flexibilisierung der Arbeitsverhältnisse, der Arbeitszeit und der betrieblichen Strukturen verlangt insbesondere eine Veränderung und Neudefinition der Arbeitsbeziehungen, sowohl der individuellen als auch der kollektiven. Der industrielle Konflikt und seine Regelung erfahren eine Transformation, und die Gewerkschaften müssen sich auf die neuen Bedingungen einstellen.

IX Industrielle Arbeitsbeziehungen und die neue Arbeitswelt

Die Arbeitsbeziehungen im Industriekapitalismus gründen auf der Trennung von Produktion und Konsum und auf dem Eigentum an den Produktionsmitteln in Händen der Kapitalbesitzer. Ihre Voraussetzung ist der Warencharakter der Arbeitskraft; sie sind also Beziehungen zwischen Anbietern und Nachfragern auf dem Arbeitsmarkt. Sie beruhen weiters auf der Institution des Arbeitsvertrags als einer Vereinbarung zwischen rechtlich Freien und Gleichen, wobei die Rechte und Pflichten beider Parteien festgelegt werden. Das Arbeitsverhältnis ist jedoch ein Herrschaftsverhältnis, das charakterisiert ist durch die auf dem Arbeitsvertrag beruhende Verfügungsgewalt über die Arbeitskraft für eine bestimmte Verwendung und Zeit durch den Arbeitgeber gegen Lohn bzw. Gehalt.

Die Arbeitsbeziehungen sind zunächst individuelle Marktbeziehungen, die allerdings eine faktische Asymmetrie enthalten, weil die Ware „Arbeitskraft" und der Verkäufer dieser Ware ident sind. Die Arbeitskraft ist daher nur eine fiktive Ware; sie kann nicht von der Person des Verkäufers losgelöst, sie kann nicht wirklich getauscht und damit weggegeben und sie kann nicht gehortet werden, ohne den Verkäufer selbst physisch zu gefährden (unter der Annahme der reinen Marktbeziehung ohne Sozialstaat oder Eigenvermögen des Anbieters von Arbeitskraft). Während der einzelne Anbieter von Arbeitskraft kaum unter einander konkurrierenden Betrieben wählen kann, sieht sich der Arbeitgeber einer Masse von Einzelnen, weitgehend austauschbaren Arbeitskräften gegenüber – zumindest der Annahme zufolge, die auf den Bedingungen der Frühzeit der Industriegesellschaft beruht. Um dieser Asymmetrie entgegenzuwirken kam es zur Organisierung der Arbeiter in Verbänden, den Gewerkschaften, und zu kollektivem Handeln, durch das die Macht der Anbieter gesteigert werden sollte, dem Streik und anderen Kampfmaßnahmen. Gleichzeitig ist die Arbeitsbeziehung aber auch eine vertikale Relation zwischen Vorgesetzten und Untergebenen durch die im Arbeitsvertrag begründete Verfügungsmacht über die Arbeitskraft. Daraus ergibt sich eine latente Problematik in Bezug auf Definition und Verwendung dieser Macht.

1 Der industrielle Konflikt und die Gewerkschaften

Der industrielle Konflikt ist der typische gesellschaftliche Konflikt der Industriegesellschaft, der in dieser auch seine Ordnung und Regelung erfahren hat: Er ist zugleich ein ökonomischer Interessenkonflikt über den Lohn als dem Preis der Arbeit, ein Normenkonflikt über Rechte und Pflichten und ein Machtkonflikt in Bezug auf die Kontrolle über die Arbeit. Die Regelung dieser Konflikte kann grundsätzlich auf individueller oder kollektiver Basis erfolgen; dementsprechend wird auch in Bezug auf die Gesetzeslage zwischen dem individuellen und dem kollektiven Arbeitsrecht unterschieden. Aus soziologischer Perspektive beschäftigen wir uns hier mit verallgemeinerten sozialen Konflikten und daher hauptsächlich mit den kollektiven Beziehungen. Auch können wir nicht auf die Bestimmungen des Arbeitsrechts im Einzelnen eingehen.[1]

Der industrielle Konflikt: Formen und Funktionen im gesellschaftlichen Wandel

Arbeitskonflikte sind so alt wie die Geschichte der Hochkulturen, denn sie entstehen immer dann, wenn Organisation, Durchführung und Verwertung der Arbeit auf verschiedene Personen aufgeteilt sind. Die präindustriellen Arbeitskonflikte aber waren unorganisierte, lokal begrenzte Auseinandersetzungen und verbanden sich meist mit sozialen oder religiösen Zielen bzw. Ausdrucksformen. Der industrielle Konflikt entstand jedoch erst in der sich entwickelnden Industriegesellschaft durch die Konfrontation zwischen einer Gruppe der Gesellschaft, die durch Eigentumsrechte und Verwaltungsfunktionen über die Produktionsmittel bzw. das „Kapital" verfügt und einer anderen Großgruppe der Gesellschaft, die der ersten Gruppe ihre Arbeitskraft zur Verfügung stellt. Die Kapitaleigner oder -verwalter haben Interesse daran, das Kapital zu vergrößern oder zumindest zu erhalten, d. h. die Kosten der Produktion niedrig zu halten. Die Interessen der Arbeitenden zielen darauf ab, ihr Arbeitseinkommen zu erhöhen und gleichzeitig ihren Input, d. h. die Verausgabung ihrer Arbeitskraft zu begrenzen. Gleichzeitig geht es immer auch um die Abgrenzung von Rechten und Pflichten aus dem Arbeitsverhältnis und um die Kontrolle über die Organisation der Arbeit und der Produktion im Industriebetrieb.

Industrielle Konflikte können individuell oder kollektiv ausgetragen werden; sofern sie in der Tatsache der Zweiteilung der Wirtschaftsgesellschaft in „Kapital" und „Arbeit" als einem grundlegenden Antagonismus begründet sind, handelt es sich um einen gesellschaftlichen Konflikt. Seine Formen können verschieden sein, insbesondere deshalb, weil die vereinzelten und spontanen Konflikte der früheren Epochen kollektiv organisierten Konflikten gewichen

---

[1] Der Vollständigkeit halber sei erwähnt, dass die Regelung des Arbeitsverhältnisses und des Arbeitsvertrages durch Einrichtungen zum Schutz der Arbeitnehmer wie etwa das Arbeitsinspektorat und Institutionen für die individuelle Konfliktlösung wie das Arbeitsgericht ergänzt wird. Kollektivvertrag und Betriebsrat sind Gegenstand des kollektiven Arbeitsrechts.

1 Der industrielle Konflikt und die Gewerkschaften

sind als den typischen Formen der Industriegesellschaft. Der industrielle Konflikt ist, soweit er manifest wird, in den modernen Gesellschaften ein organisierter Konflikt, der das Potential der vielen individuellen Arbeitnehmer bündelt. Wenngleich die typischen und anerkannten Konfliktmanifestationen von Gewerkschaften organisiert sind, kommt es dennoch auch zu von den Arbeitern initiierten spontanen Protesten oder Arbeitsniederlegungen (spontane bzw. „wilde" Streiks, die nicht von der Gewerkschaft anerkannt sind).

Die Konfliktformen von Seiten der Arbeitenden können Protestdemonstrationen, Sabotage, Arbeitsniederlegungen, „Bremsen", Dienst nach Vorschrift, Fabriksbesetzungen, etc. umfassen; auf Seiten der Arbeitgeber können ebenfalls Konfliktmaßnahmen gesetzt werden, etwa die Aussperrung, „blacklisting" etc. Die wichtigste und im Allgemeinen rechtlich oder faktisch anerkannte Form des industriellen Konflikts ist der Streik, die koordinierte Arbeitsniederlegung, die im allgemeinen durch die Gewerkschaft als Instrument in der Verhandlung um Löhne und Arbeitsbedingungen als ein rationales Mittel eingesetzt wird, wenn die Verhandlungen selbst nicht zu einer Einigung führen.

Industrielle Konflikte können Protestcharakter haben oder als Instrumente für die Durchsetzung von Forderungen eingesetzt werden. Kerr/Siegel unterscheiden zwischen Streiks mit Revoltecharakter, denen ein „sense of a mass grievance against society" zugrunde liegt und Streiks als „bargaining tactics".[2] Ähnlich ist auch die Unterscheidung in Protest- und Anpassungsstreiks; der Proteststreik ist ein Abwehrstreik gegen die Verschlechterung der Arbeitsbedingungen oder der Soziallage, der Anpassungsstreik hingegen ein konjunkturbewusst eingesetztes Mittel im Kampf um einen angemessenen Anteil am Sozialprodukt und daher ein Angriffsstreik. Neben ihren manifesten Funktionen haben sie auch latente Funktionen in Bezug auf die Förderung des gewerkschaftlichen Zusammenhalts, der „Solidarität" und der gemeinsamen Erfahrung des Arbeitskampfes.

Die Unterscheidung in politische und ökonomische Streiks ist zunehmend problematisch geworden, weil sich politische und ökonomische Momente in konkreten Streikfällen sehr leicht vermischen und weil die Bedeutung dessen, was als „politisch" im jeweiligen Zusammenhang zu verstehen ist, mitunter sehr eng oder auch wieder sehr weit ausgelegt wird. Die Problematik dieser vereinfachenden Unterscheidung wird in Fällen von Sympathiestreiks oder von Beamtenstreiks offenbar. Streiks können zwar ökonomische Ziele verfolgen, aber politische Nebeneffekte haben; oder aber politische Momente überlagern in späteren Streikphasen die ursprüngliche ökonomische Orientierung des Streiks. Im Allgemeinen gelten „ökonomische Streiks" als legitim und mit der marktwirtschaftlichen Ordnung vereinbar, politische Streiks jedoch werden als illegitim bzw., wo es eine rechtliche Regelung des Streiks gibt, als illegal aufgefasst. Das beste Beispiel für einen politischen Streik ist der Generalstreik, wie er von der anarcho-syndikalistischen Arbeiterbewegung beschworen, allerdings nie realisiert wurde.

---

[2] Clark Kerr/A. Siegel, The Interindustry Propensity to Strike, in: Arthur Kornhauser/Robert Dubin/Arthur M. Ross, Industrial Conflict, New York 1954, S. 189-212

Die Formen und Funktionen des Streiks änderten sich im Wandel der Gesellschaftsordnung. Wenn man Hobsbawms Unterscheidung von Entwicklungsphasen der kapitalistischen Wirtschaft[3] zugrunde legt, kommt man zu folgender Entwicklung: Für die Vorbereitungsphase der Industrialisierung ist das Überwiegen von spontanen Protesten und Unruhen charakteristisch; für die Phase des klassischen Wettbewerbs wird die zunehmend rationellere Verwendung des Streiks als Druckmittel der Organisationen der Arbeiter typisch; und für die Phase des organisierten Kapitalismus die Verbandlichung und Institutionalisierung des industriellen Konflikts. Auch Kaelble/Volkmann stellen einen Form- und Funktionswandel des Streiks im Verlauf der industriellen Entwicklung fest: von langzeitigen, beteiligungsschwachen zu kurzen, beteiligungsstarken Streiks und schließlich zum Ersatz des Streiks durch die Streikdrohung.[4]

Mit der Anerkennung der Gewerkschaften und der Kollektivverhandlungen erfolgte auch eine zumindest implizite Anerkennung bzw. Tolerierung des Streiks und die Entstehung eines Systems, in welchem die Arbeiter nicht nur über stabile Organisationen verfügen, sondern diese auch ein anerkannter Bestandteil des Gesellschaftssystems sind. Die „Tarifautonomie" begründete die Berechtigung der Gewerkschaften als Verbände zu Verhandlungen für ihre Mitglieder. Damit trafen Kollektivverhandlungen als Verhandlungen von Marktparteien mit entgegen gesetzten Interessen als „funktionales Äquivalent" an die Stelle der früheren gesetzlichen, behördlichen oder zünftischen Regelungen der Arbeitsbeziehungen und Arbeitsbedingungen. Die Klassenkonflikte wurden in Interessenkonflikte umgewandelt. Der Konflikt wird damit zum legitimen Aspekt einer Vertragsbeziehung zwischen den Organisationen von Nachfragern und Anbietern auf dem Arbeitsmarkt; in manchen Ländern ist dies rechtlich festgeschrieben („Streikrecht"), in anderen zwar nicht gesetzlich verankert, aber pragmatisch legitimiert. Die Aussperrung durch die Arbeitgeber wird in weit geringerem Maße als ein legitimes Kampfmittel angesehen.

Diese Regelung der Konflikte bei gleichzeitiger Beibehaltung der Konfliktbeziehung wird als „Institutionalisierung des Konflikts" bezeichnet. Das Tarif- (bzw. Kollektiv-)vertragssystem wurde zum „zentralen Stabilisierungsfaktor industriekapitalistischer Gesellschaften".[5] Über Wahlrecht und Tarifautonomie erfolgte die Integration der Arbeiterklasse in Gesellschaft und Staat. Die Konfliktbeziehung als Interessengegensätzlichkeit wurde in die gesellschaftliche Ordnung eingebaut und ein institutionelles Rahmenwerk darum herum errichtet.

Kollektivverhandlungen werden jedoch nicht einfach als Verhandlungsprozesse aufgefasst, sondern als Vorbereitungen für ein Vertragswerk, den Kollektivvertrag, durch den die Rechte und Pflichten der Vertragspartner geregelt werden, sowie gemeinsame Normen hinsichtlich der Arbeitsbedingungen, vor allem der Löhne, gesetzt werden. Kollektivverhandlungen ha-

---

[3] Eric Hobsbawm, Labouring Men, London 1964

[4] Hartmut Kaelble/Heinrich Volkmann, Konjunktur und Streik während des Übergangs zum Organisierten Kapitalismus in Deutschland, in: Zeitschrift für Wirtschafts- und Sozialwissenschaften 5/1972, S. 513-542

[5] Rolf G. Heinze/Walther Müller-Jentsch, Stabilitätsleistungen und Abgrenzungseffekte des Tarifvertragssystems, in: Joachim Matthes (Hg.), Krise der Arbeitsgesellschaft? Frankfurt/Main-New York 1983, S. 554-569

1 Der industrielle Konflikt und die Gewerkschaften

ben zum Ziel, einen Kollektivvertrag abzuschließen, sind Kollektivvertragsverhandlungen. Der Kollektivvertrag ist eine Institution der gesellschaftlichen Ordnung, die auf dem Marktprinzip und den daraus resultierenden Interessenkonflikten beruht. Die Gewerkschaft ist auf der einen Seite Verband von Arbeitnehmern, der mit einer Autonomie ausgestattet ist, weil er sich seine Ziele im Rahmen eines kollektiven Willensbildungsprozesses aller Mitglieder selbst gibt, auf der anderen Seite aber Vertragspartner in einem institutionalisierten System der Normensetzung im Bereich der Arbeitsbeziehungen.

Durch die Institutionalisierung des industriellen Konflikts wird eine geringe Streikneigung begünstigt: „conflict, when articulated in an organized manner, becomes selfregulating".[6] Konflikthandlungen werden durch die Spielregeln des Systems geordnet, die durchaus auf einem unausgesprochenen Konsens hinsichtlich der Bedingungen, unter denen Streiks legitim sind, beruhen können. In den „mature industrial relations" wird der Konflikt daher zu einer Art Ritus, manifeste Konflikte werden äußerst selten. Dies auch dadurch, dass die Gewerkschaften durch das, was sie erreicht haben, die Gründe für soziale Konflikte weitgehend beseitigt haben. Die Auseinandersetzung wird zu einer nach bestimmten „Spielregeln" ablaufenden Routine.[7]

Es zeigte sich[8], dass sich neben branchenspezifischen Faktoren insbesondere ein hoher gewerkschaftlicher Organisationsgrad und die Einheit der Gewerkschaft als günstig für den industriellen Frieden auswirkten. Schon 1960 formulierten Ross/Hartman ihre These vom „withering away of the strike" durch sinkende Streikneigung.[9] Die dafür relevanten Faktoren sahen sie in der organisatorischen Stabilität der Gewerkschaftsbewegung, im Gleichgewicht der Macht zwischen Gewerkschaft und Management, in der Absenz militanter ideologischer Strömungen in der Arbeiterschaft und in der starken Rolle des Staates in Bezug auf die Verrechtlichung des Kollektivverhandlungssystems und in Bezug auf die Sozialpolitik.

Als ein gutes Beispiel für das „withering away of the strike" kann Österreich gelten, weil hier die Streikquote traditionell extrem niedrig ist und im Wesentlichen alle genannten Faktoren erfüllt sind. Auch der hohe Konzentrationsgrad der skandinavischen Wirtschaft hat stark zentralisierte Verhandlungsstrukturen und einen hohen Grad der normativen Regelung begünstigt. In Großbritannien hingegen führten der niedrige Konzentrationsgrad der Wirtschaft, die Zersplitterung der gewerkschaftlichen Organisation und die relative Autonomie der lokalen Vertretungen zu stark fragmentierten Verhandlungsstrukturen und einem niedrigen Grad der Institutionalisierung, was die Streikneigung bis in die 70er Jahre hinein förderte.

---

[6] Geoffrey K. Ingham, Strikes and Industrial Conflict, London-Basingstoke 1974, S. 27
[7] Robert Dubin, Power and Union-Management Relations, in: William Faunce (ed.), Readings in Industrial Sociology, New York 1967, S. 465-481
[8] Clark Kerr, Industrial Peace and the Collective Bargaining Environment, in: Allan Flanders, Collective Bargaining, Harmondsworth 1971, S. 121-137
[9] Arthur M. Ross/P.T. Hartman, Changing Patterns of Industrial Conflict, New York 1960

Die Institutionalisierung des industriellen Konflikts kann jedoch auch die Entstehung von Protestmanifestationen begünstigen. In vielen Industrieländern kam es am Ende der 60er Jahre zu einem bemerkenswerten Ansteigen spontaner Streiks, die sich in Streikwellen manifestierten. Sie nahmen ihren Ausgang in den Mai-Juni-Unruhen in Frankreich im Jahre 1968, setzten sich fort im „heißen Herbst" 1969 in Italien und führten auch in Deutschland, das als Land mit geringer Streiktätigkeit galt, zu einer Welle spontaner Streiks im Jahre 1973. In Großbritannien, wo ohnehin fast alle Streiks „unofficial strikes" waren, ließ sich diese Spaltung weniger erkennen. Die Haltung der Gewerkschaften diesen spontanen Streiks gegenüber war unterschiedlich, in vielen Fällen erkannten die Gewerkschaften die spontan begonnenen und nicht von der Gewerkschaftshierarchie getragenen und organisierten Streiks im Laufe der Streikaktionen oder im nachhinein an, oder unterstützten sie zumindest inoffiziell. Daher sind diese Streiks auch nicht als „wilde Streiks" („wildcat strikes") zu bezeichnen.

Sehr oft sind es betriebsspezifische Konfliktursachen, die zu spontanen Streiks führen. Der Streik ist aus der Natur der Sache immer ein Gruppenhandeln, bei dem es auf die Kohäsion, das Wir-Gefühl und die spontane Solidarisierung ankommt, damit er artikuliert werden kann. Die Tendenz zum Absterben des Streiks ist daher auch kein irreversibler Prozess. Sie entsprach der Logik der Integration der kollektiven Arbeitnehmerinteressen in die Grundstruktur der industriellen Gesellschaft und des massendemokratisch begründeten Staates, der sich dadurch in manchen Ländern zum Wohlfahrtsstaat entwickelte. Grundsätzlich aber sind Konflikte immer dann möglich, wenn Arbeitende ihre Situation als ungerecht empfinden, sie eine Verschlechterung ihrer Arbeitsbedingungen und eine Intensivierung der Anforderungen erfahren. Von der Erkenntnis dieser Probleme bis zu kollektiven Konfliktmanifestation ist es jedoch ein weiter Weg.

Die moderne Gesellschaft wird oft als plurale Gesellschaft bezeichnet, die durch eine Zersplitterung der sozialen Konflikte in eine Vielzahl von konfligierenden Interessen charakterisiert ist. Für den industriellen Konflikt zeigt sich dies in einer Umwandlung des Lohnkonflikts in einen Lohnstrukturkonflikt im Rahmen einer Arbeitnehmergesellschaft, der sich nicht nur zwischen zwei Kontrahenten abspielt, sondern zwischen einer Mehrzahl von Arbeitnehmergruppen, die miteinander in Konkurrenz um Lohn- und Statusränge treten. Auch die wachsende Spezialisierung der Berufe und die betriebsspezifischen Gegebenheiten haben zur Pluralität des industriellen Konflikts beigetragen.

Auch stellte Alain Touraine bereits vor längerem einen Zerfall der Konfliktgründe und eine Verschiebung hin zu einer Vielzahl von Problemen, wie Umwelt, Gleichbehandlung, Integration, Inklusion, etc. fest.[10] Diese Konflikte, die sich in den „neuen sozialen Bewegungen" niederschlagen, haben daher eine Mehrzahl von Begründungen, sie sind nicht mehr durch den zentralen Konflikt zwischen Arbeit und Kapital allein bestimmt. Inzwischen haben sich die Bedingungen wieder insofern geändert, als zunehmend die Disparität zwischen den hohen Gewinnen der großen Konzerne und den Masseneinkommen, die exorbitanten Bezüge der Top-Manager der Großunternehmen und der Rückzug des Staates aus der Wirtschaft

---

[10] Alain Touraine, Les nouveaux conflicts sociaux, in: Sociologie du Travail 17/1975, S. 1-17

einer breiten Öffentlichkeit bewusst wird. Mit dem Abbau des Sozialstaates, der anhaltend hohen Arbeitslosigkeit und den steigenden Anforderungen der Arbeit wächst allmählich auch wieder das Gefühl der Ungerechtigkeit und damit die Wahrscheinlichkeit von Konfrontation und Konflikten in der Gesellschaft.

Strukturen und Funktionen gewerkschaftlicher Organisationen

Die Gewerkschaften vollzogen mit ihrer Anerkennung und der Institutionalisierung des industriellen Konflikts einen Prozess der „Befestigung" oder der „Reifung", wie Kommentatoren feststellten.[11] In der integrativen Phase der gewerkschaftlichen Entwicklung kam es auch in den Betrieben zur gegenseitigen Anerkennung von Gewerkschaft und Management.[12] Die Stabilität der Organisation[13] als Voraussetzung der Anerkennung und Befestigung brachte jedoch die Zentralisierung und Bürokratisierung der Gewerkschaften. Diese waren als Schutz- und Protestbewegungen mit hoher Solidarität und Sendungsbewusstsein entstanden, veränderten sich jedoch im Zuge der Institutionalisierung des industriellen Konflikts mehr und mehr in Organisationen mit einer Funktionärselite an der Spitze, die eigene Karriereinteressen entwickelt, und ihre Interessenvertretungsfunktion professionell wahrnimmt.

Gewerkschaften als historische Erscheinungen weisen ein großes Spektrum unterschiedlicher organisatorischer Formen und Handlungsstrukturen auf.[14] Hinsichtlich der Mitgliedschaft ist festzuhalten, dass Gewerkschaften in demokratischen Systemen Organisationen mit freiwilliger Mitgliedschaft sind. Nach dem Organisationsprinzip werden Industriegewerkschaften, Berufsgewerkschaften und allgemeine Gewerkschaften differenziert. Industriegewerkschaften organisieren die Arbeitnehmer der einzelnen Industriezweige, wobei es reine Arbeitergewerkschaften oder Verbände der Arbeiter und Angestellten geben kann. Daneben gibt es branchenübergreifende Organisationen der Angestellten und auch der Beamten (z. B. die Gewerkschaft der Privatangestellten in Österreich innerhalb des ÖGB, der Deutsche Angestellten-Bund, der Deutsche Beamten-Bund, beide außerhalb des DGB). Berufsverbände können die traditionellen Handwerker- und Facharbeitergewerkschaften (etwa die „trade unions" in Großbritannien) oder aber „professional unions" wie die Berufsverbände der Ingenieure, Ziviltechniker, des Pflegepersonals der Krankenhäuser etc. sein. Auch „Managergewerkschaften", wie sie in den USA und in Großbritannien. bestehen oder etwa in Form der „ULA" (Union Leitender Angestellter) in Deutschland, gehören dazu. Sowohl bei den „professional unions" wie bei den „managerial unions" findet sich jedoch eine gewisse Distanzierung einem vollen Selbstverständnis als Gewerkschaft gegenüber. Die – selten gewordenen – allgemeinen Gewerkschaften („general unions") organisieren Beschäftigte aller Berufe und Branchen. Eine besondere Form stellen die britischen „amalgamated unions" dar, die aus

---

[11] Götz Briefs, Gewerkschaften (I), in: Handwörterbuch der Sozialwissenschaften, Bd. 4, Tübingen-Göttingen 1965, S. 545ff; Richard A. Lester, As Unions Mature, Princeton-New York 1958
[12] William F. Whyte, Pattern for Industrial Peace, New York 1951
[13] Norbert Eickhof, Eine Theorie der Gewerkschaftsentwicklung, Tübingen 1973
[14] Siehe auch: Gertraude Horke, Soziologie der Gewerkschaften, Wien 1977, insbes. S. 185ff

Zusammenschlüssen von Gewerkschaften entstanden. Auf Grund der hohen Konzentration des Kapitals kommt es in der Gegenwart auch in vielen Ländern zu Zusammenschlüssen von Einzelgewerkschaften zu größeren Einheiten.

In Bezug auf die interne Struktur der Gewerkschaftsorganisation ist der Zentralisierungs- und Hierarchisierungsgrad zu beachten, d. h. das Verhältnis zwischen Dachorganisation, Fachorganisation und lokaler Organisation. Während etwa bei den meisten britischen Gewerkschaften die Autonomie der unteren Ebenen relativ hoch und der TUC („Trades' Union Congress") weitgehend ein reines Kommunikationsgremium ist, kann man Österreich als ein Beispiel für zentralistische Gewerkschaftsstrukturen nennen; der ÖGB repräsentiert eine hohe Machtkonzentration an der Spitze der gewerkschaftlichen Organisation. Die amerikanischen Gewerkschaften weisen eine Art „Doppeldecker"-Struktur auf, wobei der Dachverband politische „lobby"-Funktionen hat, während die Kollektivvertragsverhandlungen auf Betriebsebene erfolgen. Vielfach korreliert der Organisationsgrad der Gewerkschaften in den einzelnen Ländern mit dem Zentralisationsgrad ihrer Struktur; in zentralistischen Systemen ist er in der Regel hoch – in Österreich war er lange Zeit etwa um 60 Prozent – während er in funktional oder ideologisch zersplitterten Systemen mit geringer zentraler Macht weit niedriger liegt: in den USA oder in Frankreich etwa bei 20 bis 25 Prozent der Arbeitnehmer.

In Bezug auf die ideologische Orientierung kann man sozialistische, sozialdemokratische, kommunistische, christlich-soziale, liberale, anarcho-syndikalistische Bewegungen unterscheiden. Von „Einheitsgewerkschaft" spricht man dann, wenn eine Organisation alle ideologisch differenzierten Fraktionen umfasst (z. B. ÖGB in Österreich, DGB in Deutschland); ist dies nicht der Fall, so bestehen „Richtungsgewerkschaften" (wie etwa in Frankreich und Italien. Dabei handelt es sich um strukturelle Ausdifferenzierung auf Grund unterschiedlicher ideologischer Orientierung, wobei meist auch eine starke Nahebeziehung zur entsprechenden politischen Partei gegeben ist.

Wichtiges Kriterium für „echte" Gewerkschaften ist die Gegnerfreiheit, die finanzielle und personelle Unabhängigkeit von der Arbeitgeberseite, die auch bei kooperativen Beziehungen zur Arbeitgeberseite gegeben sein muss. Die Bezeichnung „gelbe" Gewerkschaften bezieht sich auf jene historischen Formen von Arbeitnehmerverbänden, die vom Arbeitgeber meist zur Abwehr „echter" Gewerkschaften unterstützt, oft auch initiiert wurden, wie die „company unions" in den USA der Zwischenkriegszeit. Allgemein versteht man darunter nichtgegnerfreie Organisationen, d. h. solche, die mit Billigung des angeblichen Gegners bestehen und von diesem in verschiedener Weise abhängig sind.

Wenngleich auch in den einzelnen Gesellschaften eine Vielfalt von Gewerkschaftsformen, Zielorientierungen und Handlungsstilen bestehen kann, so zeigen die nationalen Gewerkschaftssysteme doch gewisse typische Züge. So etwa wird mit den US-Gewerkschaften noch immer der „business unionism" assoziiert. Die Merkmale desselben sind die Beschränkung der Leistungen auf die Mitglieder, die Akzeptierung des kapitalistischen Systems und die Distanzierung von politischen Bewegungen. Aber auch das Arbeitsverhältnis selbst wird anders als im europäischen Kontext definiert; nämlich als „property right in a job", das der Arbeitnehmer durch die Aufnahme in eine bestimmte Stelle eines Betrieben und je nach Dauer der Betriebszugehörigkeit („seniority rights") erwirbt. Nicht Klassenbewusstsein, sondern Arbeitsplatzbewusstsein zeichnet den amerikanischen Arbeiter aus, und die Gewerk-

1 Der industrielle Konflikt und die Gewerkschaften

schaft organisiert ein bestimmtes Territorium von „jobs". Die „management prerogatives" und die „union rights" sind nicht vorweg feststehend, sondern Gegenstand von Verhandlungen. Auch das ist ein Aspekt der amerikanischen „industrial democracy". Daher besitzen die meisten größeren Betriebe eigene „industrial relations departments".

Die britische Gewerkschaftsbewegung zeichnete sich durch traditionell starke berufsständische Strukturen aus, was vor 1970 zu zahlreichen „demarcation conflicts" um die Zuständigkeit für bestimmte Tätigkeitsgruppen und das Interesse an der Festlegung der Aufgaben führte. Von der lokalen Basisorganisation sind die ziemlich selbständig agierenden „shop stewards" in den Betrieben zu unterscheiden, die aber keine eigene rechtliche Basis wie in Deutschland oder Österreich haben. Die Gewerkschaften halten an der voluntaristischen Tradition fest, die im Wesentlichen die Priorität von Kollektivverhandlungen gegenüber staatlicher, gesetzlicher Regelung von Arbeitsbedingungen und -verhältnissen bedeutet. Auf Grund der syndikalistischen und gildensozialistischen Elemente ist ein starkes Interesse an der Arbeiterkontrolle über die Produktion vorhanden, gleichzeitig steht der Voluntarismus einer institutionalisierten Mitbestimmung entgegen.

Die französische Arbeiterbewegung ist durch ihre revolutionäre und kämpferische Tradition und die daraus folgende ideologische Spaltung der Gewerkschaften geprägt. Pragmatische Gewerkschaften gibt es dennoch; sie sind in eigenen Verbänden organisiert und gehören zu keinem der Dachverbände. Die deutschen Gewerkschaften agieren primär als wirtschaftliche Interessenvertretungen mit Bereitschaft zur Übernahme von Mitwirkung und Mitverantwortung im Rahmen des sozialen Rechtsstaates. Die deutschen Industriegewerkschaften, die einheitsgewerkschaftliche Zentralisation der Verbände in Österreich, Schweden oder Israel sind Beispiele für zentralisierte, „stromlinienförmige" Organisationsstrukturen. Der Organisationsgrad war traditionell in diesen Ländern hoch, die Gewerkschaften verhandeln Ergebnisse nicht nur für die eingeschriebenen Mitglieder, sondern für die gesamte unselbständig arbeitende Bevölkerung, und die von ihnen mit den Arbeitgeberverbänden ausgehandelten Lohnsätze, Arbeitszeitregelungen etc. werden für jeweils alle Arbeitnehmer des Industriezweigs im Sinne der gewerkschaftlichen Solidarität gültig. Kollektivverhandelte Arbeitszeitregelungen und andere Bedingungen werden darüber hinaus in der Regel auch gesetzlich festgeschrieben, was auch eine Folge der engen Verflechtung der Verbände mit den staatlichen Institutionen ist. Die Gewerkschaften wirken in diesen Ländern an allen wirtschafts- und sozialpolitischen Entscheidungen mit.

Es gibt große Unterschiede in den Strukturen und auch den Organisationskulturen der Gewerkschaften, wie unser kurzer Überblick über einige länderspezifische Systeme zeigte. Diese strukturellen Unterschiede stehen in engem Zusammenhang mit dem gewerkschaftlichen Handeln, das man idealtypisch in drei in konkreten Zusammenhängen jedoch vermischte Perspektiven unterteilen kann:

Die Integrationsperspektive: Die Gewerkschaft ist Teil eines nationalstaatlichen, gesellschaftlichen Systems der Regelung von Arbeitsbeziehungen und -bedingungen, das die jeweilige gesellschaftliche Ordnung reflektiert; die Gewerkschaft erfüllt Funktionen in der und für die Gesellschaft. Die gewerkschaftlichen Funktionen sind auf die jeweilige Gesellschaft und ihre Ziele bezogen, die Gewerkschaft selbst ist in Struktur und Funktion, aber auch in ihrem Selbstverständnis Ausdruck und wesentlicher Teil dieser Gesellschaft, selbst dann, wenn sie in einem Gegensatz zu dieser gesellschaftlichen oder staatlichen Ordnung steht. Diese Perspektive wird in Europa gegenwärtig auf die Union hin erweitert, woraus sich mitunter Konflikte in Bezug auf Ziele ergeben können, wenn die nationalstaatlichen und die supranationalen Ziele divergieren. Probleme entstehen auch in Zusammenhang mit der Globalisierung der Wirtschaftsstrukturen und mit multi- bzw. transnationalen Unternehmen.

Die Mitgliederperspektive: Die Gewerkschaft ist Vereinigung von unselbständig Erwerbstätigen zur Vertretung und Durchsetzung von Interessen der Mitglieder, wobei die historischen Gewerkschaften in Europa sich als soziale Bewegungen und Kampforganisationen entwickelten. Die Gewerkschaft ist also eine auf Mitgliedschaft beruhende Organisation und hat als solche bestimmte interne Charakteristika und Probleme der demokratischen Willensbildung. Organisations- und Mitgliederinteressen dürfen daher nicht zu stark oder auf Dauer auseinander fallen. Ein Problem für die solidarischen Gewerkschaften in Europa war und ist das Verhältnis zu Mitgliedern und Nicht-Mitgliedern, die auch von den Erfolgen der Gewerkschaften profitieren. In der letzten Zeit stellen die Arbeitslosen und die Flexibilisierung der Arbeits- und Beschäftigungsformen ein Problem für die Gewerkschaften dar.

Die Veränderungs- und Gestaltungsperspektive: Die Gewerkschaft ist ein gesellschaftspolitischer Akteur, der den gesellschaftlichen Wandel und die Gestaltung der Arbeitsbeziehungen mitbestimmt und damit wesentlichen Einfluss auf die Zukunft von Gesellschaft und Wirtschaft hat. Sie kann dies durch militante Aktionen, durch wirtschaftliche Machtdemonstration oder durch Einfluss auf Staat und Regierung tun. In der Gegenwart ist sie mehr und mehr dazu aufgerufen, ihre Beschränkung auf die unmittelbaren Interessen ihrer Mitglieder zu erweitern und sich auch mit jenen Themen zu befassen, für die sie vordem die Arbeitgeberseite in deren Funktion als Unternehmensführer, Manager zuständig sah bzw. die sie der Politik überließ.

2 Arbeitsbeziehungen, Staat und Verbände

Die Gewerkschaften in der Epoche des Wohlfahrtsstaates

Die Integration der Gewerkschaften in das gesellschaftliche System der Regelung der Arbeitsbeziehungen und -bedingungen und ihre Übernahme von gesellschaftlicher Verantwortung bedeutete auch einen Wandel in der Auffassung von der Rolle des Staates und der Sozialpolitik. Nach Eduard Heimann ist die Sozialpolitik als Kompromissgleichgewicht zwischen den zwei „Sozialgestalten" Bürgertum und Arbeiterklasse und den zwei Sozialideen dieser Gruppen entstanden, woraus er den „konservativ-revolutionären Doppelcharakter" der So-

2 Arbeitsbeziehungen, Staat und Verbände

zialpolitik ableitet.[15] Sie ist einerseits Anpassungsnotwendigkeit des Kapitalismus, der sich andererseits durch sie aber mehr und mehr transformierte.

In den europäischen Staaten wurde in differenzierter Form und unterschiedlichem Ausmaß das Prinzip des Sozialstaats zur Grundlage der gesellschaftlichen Ordnung. Dieses betont die sozialen Aufgaben des Staates. Dem Begriff des „welfare state" kam vor allem in der Zeit der Labour-Regierung in Großbritannien 1945-1951 und auf der Grundlage des so genannten Beveridge-Planes, der eine Neuordnung des Systems der sozialen Sicherheit beinhaltete, eine besondere Bedeutung zu. Von Großbritannien aus verbreitete sich der Begriff international, erhielt aber sehr unterschiedliche Interpretationen und Ausformungen. In Deutschland ist hingegen der Begriff des Sozialstaates gebräuchlich, der an die Interpretationen des sozialen Rechtsstaates, wie sie bereits von Lorenz von Stein ausformuliert wurde, anschließt.

Die Aufgaben des Sozial- oder Wohlfahrtsstaates gehen über die der Sozialversicherung, aber auch die des sozialen Sicherheitssystems (Garantie des Mindestlebensstandards für alle durch Maßnahmen der Einkommenssicherung, Gesundheitsfürsorge etc.) hinaus. Sie umfassen auch die Schaffung von möglichst gleichen Chancen durch das Bildungssystem, die teilweise Einkommensumverteilung durch die Steuerpolitik, Arbeitsmarktförderung im Sinne des Zieles der Vollbeschäftigung, Arbeitsschutz, Mitbestimmung und Arbeits- bzw. Betriebsverfassung etc. Im Hinblick darauf, ob und wie der Staat diese Funktionen erfüllt, gibt es Unterschiede in den einzelnen Ländern sowie deren jeweiligen Regierungen. Während etwa für den US-Staat kaum die Bezeichnung Sozial- oder Wohlfahrtsstaat zutrifft, variiert der Begriffsinhalt des Wohlfahrtsstaates etwa zwischen Großbritannien und Schweden oder auch Österreich stark. Ein Kriterium dabei ist vor allem, wieweit das Ideal der materiellen Gleichheit, nicht nur das der Chancengleichheit, zur Grundlage genommen wird.

Die zentrale Grundlage des Sozialstaats ist das Arbeitsverhältnis, auch wenn die wesentlichen Schutz- und Sicherheitsgarantien allen Staatsbürgern gewährt werden. Der Anteil der unselbständig Beschäftigten stieg auf 80-90 Prozent aller Beschäftigten an und die bürgerliche Gesellschaft transformierte sich zur Arbeitnehmergesellschaft; der Staat wurde zum Arbeitsplätzebeschafferstaat, der „auf Arbeit gründet" (z. B. italienische Verfassung). Die Deklaration der Menschenrechte und die europäische Sozialcharta enthalten das Recht auf Arbeit als ein soziales Grundrecht. Dieses verpflichtet einerseits den Staat zur Sorge für die Sicherung der Beschäftigung und andererseits das Individuum, eine Funktion nach seinen Fähigkeiten und seiner Wahl zu erfüllen, die den materiellen oder geistigen Fortschritt der Gesellschaft fördert.

Das soziale Engagement des Staates, das die Arbeitsmarktverbände mitgeprägt haben, bedeutet, dass diese alle jene Anliegen, die sie nicht im Verhandlungsweg mit- oder gegeneinander durchsetzen können, durch die Beeinflussung der staatlichen Politik zu erreichen suchen. Walther Müller-Jentsch differenziert fünf Funktionen des Staates, die für die (industriellen) Arbeitsbeziehungen relevant sind[16]: Arbeitsgesetzgebung und Arbeitsrechts-

---

[15] Eduard Heimann, Soziale Theorie des Kapitalismus, Tübingen 1929
[16] Walther Müller-Jentsch, Soziologie der industriellen Arbeitsbeziehungen, Frankfurt/Main-New York 1986

sprechung, Sozialpolitik und Sozialversicherung, Arbeitsverwaltung und Arbeitsmarktpolitik, Einkommenspolitik und Sozialkontrakt (zur Kontrolle der Preis-Lohn-Spirale: Konzentrierte Aktion; „social contract") und die Funktion des Staates als Arbeitgeber. Die Intensität, mit der sich der Staat dieser Funktionen annimmt, variiert von Land zu Land. So ist der Grad der Verrechtlichung in Deutschland und Österreich hoch, d. h. es erfolgt in hohem Maße eine Umwandlung von Interessen in Rechte; dieser Verrechtlichungstendenz hierzulande steht in Großbritannien eine voluntaristische Tradition gegenüber, die mehr Wert auf autonome Verhandlungen als auf institutionalisierte Rechte legte.

Der Wohlfahrtsstaat entstand nicht allein als Resultat der Kämpfe der Arbeiterbewegung, sondern auch weil es einer Entwicklungsphase des industriellen Kapitalismus entsprach. Einerseits wurde der Rechtsstaat als über den partiellen Gruppeninteressen stehend und daher ohne eigene Interessen gedacht, zum anderen brachten die sozialpolitischen Aufgaben des Staates in Zuge der stärkeren Interventionen des Staates unter dem Einfluss des Keynesianismus in den USA und in Europa und der Idee des „welfare state" in Großbritannien zwischen etwa 1935 und 1975 die charakteristische „fordistische Formation" hervor.

Die Entwicklung des Wohlfahrtsstaates und des regulierten Kapitalismus hatte die Stellung und Funktion der Gewerkschaften verändert, weil sie zu Vermittlern zwischen Kapital und Arbeit wurden.[17] Diese intermediäre Funktion der Gewerkschaften gründete darin, dass wirtschaftliches Wachstum zur Voraussetzung für den Erfolg der Gewerkschaften und für die Ansprüche an den Sozialstaat wurde und daher auch zum Gewerkschaftsziel geworden war, so dass es nur mehr um die Verteilung des Zuwachses ging. Die wachsende Größe, Zentralisierung und Bürokratisierung der Gewerkschaften sowie ihre Stellung als Teil des politisch-ökonomischen Systems führte jedoch zu einer gewissen Distanz zwischen Organisation und Mitgliedern. Die Organisation entwickelte eigene Ziele und die Funktionäre begannen die Gewerkschaft als Instrument ihrer spezifischen Interessen zu betrachten. Damit aber handelte sie sich auch Probleme ein, denn die Gewerkschaft ist eine freiwillige Assoziation von Mitgliedern, die zudem in Bezug auf ihre innerverbandliche Legitimität auf der Tradition als soziale Bewegung aufgebaut ist. Von vielen Beobachtern ist daher diese Distanz zwischen der Organisation als Selbstzweck und den Mitgliederbedürfnissen sehr kritisch gesehen worden.

Die Regulierung der Arbeitsbeziehungen

In der Epoche der verstärkten Wahrnehmung der sozialen Aufgaben des Staates formierte sich auch das System der kollektiven Arbeitsbeziehungen. Im US-amerikanischen Kontext mit seinen starken betriebsorientierten Strukturen werden drei Gruppen von Beziehungen unterschieden: die „human relations" als die Beziehungen am Arbeitsplatz, die „industrial relations" als Beziehung zwischen Arbeitgeber und Arbeitnehmern im Betrieb und die „labor relations" als Beziehung zwischen organisierten Gruppen von Verbänden von Arbeitgebern

---

[17] Walther Müller-Jentsch, Gewerkschaften als intermediäre Organisationen, in: Gert Schmidt/Hans-Joachim Braczyk/Jost von dem Knesebeck, Materialien zur Industriesoziologie, Kölner Zeitschrift für Soziologie und Sozialpsychologie 24/1982, Opladen 1982, S. 408-432

2 Arbeitsbeziehungen, Staat und Verbände

und Arbeitnehmern („organized labor"). Das „Dictionary of Industrial Relations" hingegen gibt folgende Definition der „industrial relations"[18]:

> *„The practice, or the study, of relationships within and between workers, working groups and their organizations, and managers, employers and their organization. Thus defined, industrial relations is an allinclusive term covering all aspects of the employment relationship and its associated institutions and social and economic environment whatever its nature."*

In dieser Definition wird eine ganze Reihe von Beziehungen mit dem Terminus „industrial relations" umschrieben: die Beziehungen der Arbeitnehmer untereinander, die Beziehungen zwischen Vorgesetzten und Untergebenen, zwischen Arbeitnehmern und Betriebsleitung, zwischen Arbeitnehmern und Arbeitgebern, zwischen Gewerkschaften und Arbeitgeberverbänden. Diese weite Definition, in der die labor relations in den industrial relations inkludiert werden, hat sich auch im internationalen Sprachgebrauch durchgesetzt.

In den USA entstand ein eigener Forschungsbereich der „industrial relations", dessen zentraler Aspekt die Regelung der Beziehungen durch Normensetzung im Prozess des „collective bargaining" ist. Demnach steht im Kern der „industrial relations" das Kollektivverhandlungssystem. Das Konzept des „industrial relations system", das John T. Dunlop unter Verwendung Parsonsscher Begriffsstrukturen als selbststeuernden Prozess von Wechselbeziehungen zwischen „actors' systems" und Umweltbedingungen definierte, verweist auf die Dominanz der Ordnungsperspektive.[19] Die Akteure sind die Manager und die Arbeitgeberorganisationen, die Arbeitnehmer und ihre Vertreter, ergänzt durch die Regierungs- und Staatsorgane, die sich mit Arbeitnehmern, Unternehmen und deren Beziehungen befassen. Das Handeln der Akteure ist bestimmt durch einen Komplex von Regeln („web of rules"), die die Stellung der Akteure zueinander und deren Verhalten regeln; Umweltbedingungen bestehend aus technologischen Merkmalen der Arbeit, Markt- und Budgetrestriktionen, sowie Machtpotentialen der einzelnen Akteure; und einem gemeinsamen Wertsystem der Akteure.[20] Der „Output" des Systems sind wiederum Regeln, die die Arbeitsbeziehungen und Arbeitsbedingungen bestimmen, das „industrial relations system" kann daher auch definiert werden als ein „rule-making system".

Etwas anders ist das europäische Verständnis der „Arbeitsbeziehungen". Das „Handbuch der Arbeitsbeziehungen" subsumiert darunter individuelle arbeitsrechtliche Aspekte (Rechte und Pflichten aus dem Arbeitsverhältnis, Arbeitsschutz, Kündigungsschutz, Entgeltfortzahlung im Krankheitsfall, Arbeitsgerichtsbarkeit etc.), kollektiv-arbeitsrechtliche Bereiche (Mitbestimmung, Kollektivvertragssystem etc.) sowie Streik und Aussperrung.[21] Insbesondere in Deutschland und Österreich stehen die rechtlichen Aspekte, d. h. die gesetzliche Regelung

---

[18] Arthur J. Marsh/E. O. Evans, The Dictionary of Industrial Relations, London 1973, S. 155/156
[19] Gerd Schienstock, Industrielle Arbeitsbeziehungen, in: Journal für Sozialforschung 21/1981, S. 231-248
[20] John T. Dunlop, Industrial Relations Systems, New York 1958
[21] Günter Endruweit et al. (Hg.), Handbuch der Arbeitsbeziehungen, Berlin 1985

der Arbeitsbedingungen als Ergebnis der Interessendurchsetzung der Arbeitnehmerschaft im Vordergrund. „Arbeitsbeziehungen" werden daher als ein Feld verstanden, das in den Bereichen „Sozialpolitik", „Arbeitsrecht", „Gewerkschaftspolitik" angesiedelt ist; es stellt daher keinen spezifischen Forschungsbereich dar, sondern wird in die Kompetenz des Sozialstaates, der Juristen und der Gewerkschafter selbst verwiesen. Nur rudimentäre Ansätze einer wissenschaftlichen Beschäftigung mit den „industriellen Arbeitsbeziehungen" sind gegeben und dies vor allem unter dem Einfluss der amerikanischen und britischen Diskussionen.[22]

Im Zentrum stehen in Europa nicht so sehr die Beziehungen als solche, sondern die Handlungsstrategien der Gewerkschaften.[23] Die industriellen Beziehungen selbst werden grundsätzlich jedoch durch den Gegensatz zwischen „Kapital" und „Arbeit" bestimmt verstanden, weil die Sichtweise der meist sozialistisch dominierten Gewerkschaften vorherrscht. Sie sind Konfliktbeziehungen, teilweise ökonomische Interessengegensätze und politische Auseinandersetzungen um Regulierungsmacht, sind also zugleich soziale, wirtschaftliche und politische Beziehungen.[24] Dies ist begründet in den in Europa wesentlich stärkeren staatsinterventionistischen und legistischen Traditionen.[25]

Das Konzept des „industrial relations system" wurde in Europa daher kritisch gesehen, da es zu stark auf gemeinsamer Regelung auf der Basis eines einheitlichen Wertesystems abstellt.[26] Auch wenn man es durch Indikatoren der Verteilung des Eigentums bzw. der Kontrolle über die Produktionsmittel ergänzt, passt es nicht auf die europäischen Verhältnisse.[27] Flanders differenzierte die Regelsetzungsprozesse nach der Beteiligung am Entscheidungsproceß in einseitig festgesetzte Regeln, zweiseitig und dreiseitig festgesetzte Regeln, in gesetzliche Regelung und soziale Regelung durch Sitten und Gebräuche. Kollektivverhandlungen wurden von ihm als durch Machtbeziehungen zwischen Organisationen bestimmte Normsetzungsprozesse verstanden.[28]

In verschiedenen gesellschaftlichen Kontexten können die Arbeitsbeziehungen daher unterschiedliche Formen zeigen je nach dem Ausmaß des seitens des Staates gewährten Spielraumes für eine autonome Regelung der Arbeitsbeziehungen durch die Organisationen der Arbeitgeber und der Arbeitnehmer; die Art und Weise der Regelung der Beziehungen durch die

---

[22] Siehe: Walther Müller-Jentsch, Soziologie der industriellen Beziehungen, Frankfurt/Main 1986; Wolfgang Streeck, Industrielle Beziehungen in einer internationalen Wirtschaft, in: Ulrich Beck (Hg.), Politik der Globalisierung, Frankfurt/Main 1998, S. 169-202; Colin Crouch, Industrial Relations and European State Traditions, Oxford 1993

[23] V. L. Allen, The Sociology of Industrial Relations, London 1971, S. 21f

[24] Walther Müller-Jentsch, Soziologie der industriellen Beziehungen, Frankfurt/Main 1986, S. 9

[25] Colin Crouch, Industrial Relations and European State Traditions, Oxford 1993

[26] Vgl. zur Diskussion des Systemansatzes: Manfred Groser/Berndt Keller, Theorien der Arbeitsbeziehungen: Entwicklung und Aktualität, in: Joachim Matthes (Hg.), Sozialer Wandel in Westeuropa, Frankfurt/Main 1979, S. 227-246

[27] Joseph A. Banks, Trade Unionism, London 1974, S. 11ff

[28] Allan Flanders, Industrial Relations – What is Wrong With the System? London 1965

beteiligten Parteien sowie die institutionellen Vorkehrungen im Falle eines Konflikts.[29] Demnach können drei Typen oder Modelle industrieller Beziehungen für analytische Zwecke differenziert werden:

- das Vertragsmodell (Marktprozesse und Kollektivverhandlungen stehen im Mittelpunkt);
- das Mitwirkungsmodell (demokratische und paritätische Formen der Regelung herrschen vor),
- das Regelungsmodell im Sinne eines autoritativ gesetzten Rahmens von erzwingbaren Rechtsnormen (staatlich-gesetzliche Regelung dominiert).[30]

Auch hierfür gilt allerdings, dass die realen Systeme der Arbeitsbeziehungen in den einzelnen Gesellschaften in unterschiedlicher Mischung Züge aller drei Modelle aufweisen und die nationalen Systeme zu spezifischen Problemlösungsmöglichkeiten für ihre jeweiligen Gegebenheiten gelangen.[31]

Die Rolle von Verbänden im Staat

Der Typus der Arbeitsbeziehungen ist auch bestimmt durch das Verhältnis von Staat und Verbänden in einer Gesellschaft. Wo die Autonomie der letzteren groß ist, spricht man im Allgemeinen von Pluralismus. Dieser kann definiert werden als ein System der Interessenvermittlung, dessen wesentliche Bestandteile freiwillige, miteinander im Wettbewerb stehende, nicht-hierarchische und autonome Gruppen sind. Diese Gruppen besitzen weder eine besondere staatliche Legitimation, Anerkennung oder Unterstützung, noch sind sie auf staatliche Initiative hin gebildet worden oder unterliegen staatlicher Kontrolle hinsichtlich der Rekrutierung von Führungspersonal oder der Interessenartikulation. Außerdem können sie kein Repräsentationsmonopol innerhalb der von ihnen vertretenen Bereiche in Anspruch nehmen. Der Staat übt zwar eine Reihe von Funktionen in Wirtschaft und Gesellschaft aus, er tut dies aber innerhalb einer dezentralisierten und fragmentierten politökonomischen Struktur. Die Stabilität der gesellschaftlichen Ordnung wird vor allem durch eine Tendenz zur Entstehung von „countervailing powers" gesichert.[32] Dieser Begriff bezeichnet die Entstehung von Gegenmachtbildung als Reaktion auf den Machtzuwachs eines Teiles der gesellschaftlichen Gruppierungen, wodurch deren Einfluss begrenzt und kontrolliert wird. Als Reaktion auf die Machtentfaltung der Arbeitgeber entstanden Arbeitnehmerorganisationen, auf jene der großen Produzenten die Konsumentenorganisationen etc. Dadurch erhält sich das System im Gleichgewicht und Ungerechtigkeiten durch einseitige Machtkonzentrationen werden verhindert. Der Staat hat dabei die Aufgabe, die Regeln festzusetzen, nach denen der

---

[29] Friedrich Fürstenberg, Industrielle Arbeitsbeziehungen, Wien 1975, S. 8/9
[30] Friedrich Fürstenberg, Kulturelle und traditionale Faktoren der Arbeitsbeziehungen aufgrund der Sozialstruktur, in: Günter Endruweit et al. (Hg.), Handbuch der Arbeitsbeziehungen, Berlin 1985, S. 3-12
[31] Michael Poole, Industrial Relations, London-New York 1986
[32] John K. Galbraith, American Capitalism, Boston 1952

Konflikt der Machtgruppen ausgetragen wird, so dass die Überbetonung von Sonderinteressen ausgeglichen wird.

Eine Alternative zu pluralistischen Systemen ist der Syndikalismus, als ein System der Interessenvermittlung durch eine Anzahl nicht miteinander im Wettbewerb stehender Vereinigungen, die nicht hierarchisch organisiert oder nach funktionalen Aspekten abgegrenzt sind. Der Syndikalismus ist durch vom Staat völlig autonome Verbände charakterisiert: Sie lösen ihre Konflikte autonom, ohne Einmischung des Staates. Einige Ansätze der industriellen Demokratie, der Arbeiterkontrolle, enthalten syndikalistische Elemente, wie auch Strömungen der Arbeiterbewegungen Frankreichs und Italiens, in geringerem Maße in Großbritannien.

Seit Beginn des Jahrhunderts machten sich Konzentrations- und Zentralisationstendenzen der Industriegesellschaft bemerkbar, sowie starke interventionistische Bestrebungen des Staates, die zur Formulierung des Begriffs des „corporate capitalism", den Maurice Dobb zur Charakterisierung der Kriegswirtschaft in den 40er Jahren verwendete, führte. Korporatismus kann definiert werden als ein System der Interessenvermittlung auf Grund einer Anzahl von Zwangsverbänden, die nicht miteinander in Wettbewerb stehen, über eine hierarchische Struktur verfügen und nach funktionalen Aspekten voneinander abgegrenzt sind. Sie werden vom Staat anerkannt oder berechtigt, wenn sie nicht sogar auf Betreiben des Staates hin gebildet worden sind (z. B. Kammern). Innerhalb des von ihnen vertretenen Bereiches wird ihnen ausdrücklich ein Repräsentationsmonopol zugestanden. Die Verbände sind dabei weitgehend monopolistisch und hierarchisch aufgebaut, sie sind Zwangsverbände und sie übernehmen staatstragende Funktionen. Kollektivverhandlungen werden auf hoher Ebene zentralisiert durchgeführt und die Ergebnisse finden sich meist bald als gesetzliche Bestimmungen wieder.

In der Diskussion wurde zwischen „state corporatism" und „societal corporatism" unterschieden. Während Staatskorporatismus das ist, was als autoritärer Ständestaat im faschistischen Italien der 30er Jahre, in Dollfuß-Österreich, in Hitler-Deutschland und Portugal bestand, ist der gesellschaftliche Korporatismus (Neokorporatismus) eine Form der soziopolitischen Struktur, in der ein demokratischer Staat und stark zentralisierte und einflussmächtige Verbände zusammenwirken in der Gestaltung der Arbeitsbeziehungen und der Lösung der gesellschaftlichen und wirtschaftlichen Probleme. Korporatistische Entwicklungen wurden in der Ära des fordistischen Wohlfahrtsstaates in allen Industriegesellschaften gesehen, allerdings am stärksten ausgeprägt in Österreich, in Schweden und in Norwegen.[33] In der Folge begann im englischen Sprachraum und von diesem ausgehend auch in Deutschland die Diskussion über den gesellschaftlichen Korporatismus und seine Beziehung zur liberalen Demokratie und die Möglichkeit eines „liberal corporatism".[34]

---

[33] Walter Korpi, Political Democracy as a Threat to Capitalism, in: Joachim Matthes (Hg.), Krise der Arbeitsgesellschaft? op. cit., S. 66-81

[34] Philippe C. Schmitter, Still the Century of Corporatism, in: Philippe C. Schmitter/Gerhard Lehmbruch (Hg.), Trends Towards Corporatist Intermediation, London 1979, S. 7-52

Die Sozialpartnerschaft in Österreich

In Österreich hat sich in der „Sozialpartnerschaft" eine spezifische Form des gesellschaftlichen Zusammenwirkens der Verbände und des Staates herausgebildet, die man als eine Spielart des Neokorporatismus sehen kann.[35] Sie stellt jedoch auch eine formelle und informelle Regelungen und Prozesse umfassende Form der industriellen Demokratie dar. 1957 wurde nach einer Phase, die durch Lohn- und Preisabkommen der Verbände und durch zentrale konzertierte Institutionen charakterisiert war, die Paritätische Kommission für Preis- und Lohnfragen errichtet. Sie umfasst die Präsidenten der drei Kammerorganisationen (Bundeswirtschaftskammer, Kammer für Arbeiter und Angestellte, Landwirtschaftskammer) und des Österreichischen Gewerkschaftsbundes sowie den Bundeskanzler, den Innenminister, den Wirtschaftsminister und den Sozialminister. Die Regierungsvertreter sind allerdings nicht stimmberechtigt. Voraussetzung ist überdies, dass die Beschlüsse Konsensentscheidungen, also einstimmig, sein müssen.

Die zentrale und autonome Funktion der Paritätischen Kommission ist die Kontrolle über Preise und Löhne, bei den Preisen direkt über Entscheidungen bezüglich Preis(erhöhungs)anträge, bei den Löhnen indirekt über die Freigabe für den Eintritt in Kollektivverhandlungen. Die Kommission hat drei Unterausschüsse: den Ausschuss für Preisfragen, den Lohnunterausschuss und den Beirat für Wirtschafts- und Sozialfragen. Die beiden ersteren sind erweiterte Gremien, im Beirat sitzen von den Sozialpartnern nominierte Experten, die Analysen und Empfehlungen ausarbeiten. Die Paritätische Kommission ist eine nichtinstitutionalisierte Form der Einkommenspolitik, da sie nicht auf gesetzlicher Basis beruht. Sie ist in jedem Fall – und wird auch so gesehen – ein Instrument der Akkomodation, sie soll Konflikte und Auseinandersetzungen, wie sie die Zwischenkriegszeit prägten, verhindern. Das Resultat ist in Bezug auf die Löhne eine quasi indexgebundene Formulierung der Lohnforderungen auf höchster Ebene, die sich an makroökonomischen Entwicklungen orientiert.

Die Paritätische Kommission ist nur ein Teil der Sozial- oder Wirtschaftspartnerschaft (der ÖGB präferenziert die Bezeichnung „Wirtschaftspartnerschaft", weil darin eher ein Anklang an Konzepte der Wirtschaftsdemokratie zum Ausdruck kommt). Im nicht-autonomen Bereich ist die Beteiligung bzw. der Einfluss der Sozialpartner auf die Gesetzgebung und Gesetzesdurchführung zu nennen. Die enge Verflechtung der Verbände mit den politischen Großparteien führt zu einer Dominanz der Verbände im Parlament. Darüber hinaus sind alle wichtigen Institutionen der Staatsverwaltung und deren entscheidende Gremien paritätisch besetzt. Von den Verbänden nominierte Personen sitzen in den obersten Organen der Sozialversicherungsinstitutionen, der Landwirtschaftsfonds, der Postsparkasse, der Nationalbank, dem Statistischen Zentralamt, der Wirtschaftskommission (Schlichtungsorgan). Die Sozialpartnerschaft bedeutet daher ein vieldimensionales System der kooperativen Steuerung und Verwaltung, wobei unterschiedliche Interessenlagen und Gesichtspunkte nicht vorweg verhindert, sondern von den basisnäheren Formen der Austragung in die Entscheidungsgremien

---

[35] Vgl.: Bernd Marin, Die paritätische Kommission. Aufgeklärter Technokorporatismus in Österreich, Wien 1982, S. 48

des Staates selbst verlagert werden. Die Sozialpartnerschaft ist durch ihre Instanzen und Institutionen allein nicht zu erfassen, da sie auch auf einer besonderen Art der Gesprächs- und Verhandlungskultur beruht, die den laufenden Informationsaustausch und eine Bereitschaft zur Kommunikation voraussetzt.

Nachdem die Sozialpartnerschaft in Österreich in der Phase der keynesianischen Regulation als Modell und Vorbild für konfliktminimierende korporatistische Arbeitsbeziehungen betrachtet worden war, wandelte sich die Einschätzung unter dem Eindruck von Wirtschaftskrise und Deregulierungsbestrebungen. Liberalistische Kommentatoren entdeckten die angeblich sklerotisierenden Wirkungen sozialpartnerschaftlicher Arrangements[36], wie überhaupt kollektiver Regelungen. Aus dieser Sicht behindern die Arbeitsmarktregulierungen den Wettbewerb und bedingen bürokratische Hemmnisse und Verzögerungen der Anpassung durch die Akkomodationsprozesse. Allerdings hat sich auch gezeigt, dass gerade in schwierigen Zeiten die sozialpartnerschaftlichen Strukturen die Auswirkungen der Deregulierung und Globalisierung mildern bzw. filtern können. Gerade unter den Bedingungen der Gegenwart empfiehlt es sich daher, die Sozialpartnerschaft eher im Sinne der industriellen Demokratie zu sehen und gegebenenfalls entsprechend zu modifizieren.

3 Industrielle Demokratie

Die Beziehungen zwischen Kapital und Arbeit beruhen auf einem Grundkonflikt. Im System der Kollektivvertragsverhandlungen wurde dieser institutionalisiert, aber nicht aufgehoben. Die Gestaltung der sozialen und wirtschaftlichen Grundlagen des Lebens erfordert aber das Mitwirken aller Kräfte der Gesellschaft, eine Vorstellung, die Konzepte und Institutionen der „industriellen Demokratie" motiviert hat. Teuteberg vermutet die Forderung nach Mitsprache als eigentliche Ursache aller sozialen Konflikte:

> „[...] das Ringen um ein angemessenes Mitspracherecht der Arbeiter und damit die Forderung nach einer gesellschaftlichen Gleichberechtigung (hat) immer im Hintergrund aller sozialen Konflikte im industriellen Arbeitsbereich gestanden [...] – wenn auch dies den Beteiligten nicht immer bewusst gewesen ist."[37]

Begriff und Formen industrieller Demokratie

Idee und Begriff der industriellen Demokratie haben eine lange Tradition und verschiedene Wurzeln. Sie gehen auf syndikalistische, gildensozialistische, revisionistische und liberalisti-

---

[36] Manfred Prisching, Die Sozialpartnerschaft. Modell der Vergangenheit oder Modell für Europa? Wien 1996, S. 39

[37] Hans Teuteberg, Geschichte der industriellen Mitbestimmung in Deutschland, Tübingen 1961, S. 534

3 Industrielle Demokratie

sche Einflüsse zurück. Sehr unterschiedliche Vorstellungen wurden daher mit dem Begriff der industriellen Demokratie verbunden. Mitunter werden auch andere Bezeichnungen dafür verwendet wie etwa Mitbestimmung, Partizipation, Arbeiterkontrolle. Der Begriff der industriellen Demokratie erscheint jedoch als der breiteste und umfassendste, so dass alle jene Formen, die mit den anderen Denotationen verbunden sind, darunter subsumiert werden können.

Der Begriff „industrial democracy" wurde von Sidney und Beatrice Webb geprägt und bezog sich auf die der Demokratisierung des Staates und seiner Politik folgende Notwendigkeit der Entwicklung demokratischer Verhältnisse auch in der Industrie.[38] Ähnliche Vorstellungen finden sich im kontinentalen Sozialismus, etwa bei Karl Kautsky und Otto Bauer sowie in den späteren Ansätzen einer „Wirtschaftsdemokratie", die von den deutschen Gewerkschaften entwickelt wurden. Eine andere Bedeutung hat der Begriff der „industrial democracy" im US-amerikanischen Kontext, wo er die Übertragung der liberaldemokratischen Strukturen des Staatswesens, insbesondere das Zwei-Parteiensystem, auf die Beziehungen zwischen den Verbänden zum Inhalt hat. Gleich ist bei allen diesen Ansätzen jedoch die Übertragung politischer Vorstellungen von Demokratie auf die Wirtschaftsbeziehungen. Die Unterschiede im Verständnis des Demokratiebegriffs bedingen daher auch differente Vorstellungen von „industrieller Demokratie".[39]

Sturmthal unterschied drei Formen der industriellen Demokratie, und zwar kann sie auftreten als Kollektivverhandlungsbeziehung wie im US-amerikanischen System; als Kooperation von Arbeitgeber und Arbeitnehmern bzw. deren Vertretern in Bezug auf gemeinsame Interessen bei gleichzeitiger Beibehaltung des Über- und Unterordnungsverhältnisses von Arbeitgeber und Arbeitnehmer wie im deutschen Modell der Mitbestimmung; oder als gesellschafts- und wirtschaftspolitisches System der Arbeiterkontrolle wie im ehemaligen jugoslawischen System der Arbeiterselbstverwaltung.[40] Der Begriff der „Arbeiterkontrolle" ist der radikalste, da hierbei Demokratisierung durch Übergang der Entscheidungsmacht auf die Arbeiter erreicht werden soll.

Sowohl revolutionärsozialistische Gewerkschaften mit „Kontestationscharakter" wie reine „bargaining unions" (Sturmthal) lehnen die Mitbestimmung ab, die einen, weil sie einen antagonistischen Konflikt zwischen Kapital und Arbeit sehen, der gemeinsame Entscheidungen unmöglich macht, die anderen meinen in Anlehnung an „business transactions": „the union cannot sit on both sides of the bargaining table". Hingegen stehen Gewerkschaften, die stärker auf die Beeinflussung der staatlichen Sozial- und Wirtschaftspolitik ausgerichtet sind, der Mitbestimmung positiv gegenüber. Aber auch diese „administrative unions" (Sturmthal) sehen die jeweils institutionalisierten Formen als Kompromiss an.

---

[38] Sidney Webb/Beatrice Webb, Industrial Democracy, New York 1965 (urspr. 1897)
[39] Adolph Sturmthal, Industrial Democracy in the Affluent Society, Univ. of Illinois Bulletin 63/1965, S. 3
[40] Ders., Workers' Councils, Cambridge, Mass., 1964

Ein Begriff, der eng mit industrieller Demokratie verbunden und oft mit dieser identifiziert wird, ist der der Partizipation, der nicht mit der Vorstellung institutionalisierter, also verrechtlichter Demokratie oder Mitbestimmung einhergeht, sondern alle möglichen Formen faktischer Beteiligung und Mitwirkung der Arbeitnehmer auf Betriebs- oder Arbeitsplatzebene umfasst. Häufig wird von „partizipativer Systemgestaltung" gesprochen, also der Teilnahme und Einbeziehung der von technisch-organisatorischen Veränderungen betroffenen Arbeitnehmer in die Prozesse der Planung und Installation des technischen und organisatorischen Wandels. Der Begriff der Partizipation setzt noch weniger eine konfliktäre Ausgangslage voraus als Mitbestimmung, denn Partizipation kann auch vom Management selbst in Prozessen der Organisationsentwicklung initiiert bzw. gefördert werden.

Strukturelle Partizipation bezieht die Verankerung der Mitbestimmung in der formalen Organisation mit ein, wohingegen informelle Partizipation im Rahmen der Tätigkeit des Management stattfindet, z. B. durch die Annahme eines partizipativen Führungsstils. Ein Beispiel disjunktiver Partizipation ist das Kollektivverhandlungsmodell, während die Beteiligung und Mitsprache an technisch-organisatorischen Veränderungen integrative Partizipation darstellt.[41]

Demokratie/Mitbestimmung/Partizipation kann auf verschiedenen Ebenen angestrebt werden: Sie kann sich auf die Beteiligung des einzelnen Arbeiters an der Gestaltung seines Arbeitsplatzes und seiner Arbeitsumgebung, die Autonomie und den Spielraum bei der Durchführung der Arbeit richten. Diese „Mitbestimmung am Arbeitsplatz" wurde im Zusammenhang mit der Diskussion um die Humanisierung der Arbeitswelt gefordert und sollte entweder durch partizipative Führung und/oder Gruppenarbeit verwirklicht werden. Hierher gehört auch das norwegische Industriedemokratieprojekt der 60er Jahre, bei dem sich Gewerkschaften, Arbeitgeberverbände und Staat in einem Projekt zur Förderung der Partizipation am Arbeitsplatz durch teil-autonome Gruppen und soziotechnische Systeme in der Industrie engagierten.[42]

Diese soziotechnische Strategie der industriellen Demokratie erfreute sich eine Zeitlang großer Popularität, ließ aber unter dem Eindruck von zwei Entwicklungen merklich nach, und zwar einerseits der steigenden Arbeitslosigkeit in den europäischen Ländern im Verlauf der Wirtschaftskrise seit der zweiten Hälfte der 70er Jahre und andererseits durch die tiefgreifenden Wirkungen der neuen Technologien auf die Arbeits- und Organisationsgestaltung. Sie ließen eine Flexibilisierung von Arbeitsstrukturen und Organisation sowie die Beteiligung der Arbeitnehmer an der Implementation der neuen Technologien vom technisch-organisatorischen Standpunkt aus und im Interesse einer reibungslosen Durchcomputerisierung und Vernetzung der Organisationen zwar geboten erscheinen, gleichzeitig trat aber der direkt-demokratische Charakter der partizipativen Systemgestaltung zurück und diese wurde

---

[41] Kenneth F. Walker, Mitbestimmung im Management im internationalen Vergleich, in: Soziale Welt 2/1975, S. 150-173

[42] Fred Emery/Einar Thorsrud, Industrielle Demokratie, Bern-Stuttgart-Wien 1982; Aake Anker-Ording, Betriebsdemokratie, Frankfurt 1972

3 Industrielle Demokratie

zur Managementstrategie, die Partizipation als Beteiligung jedes einzelnen Mitarbeiters an der Effizienzsteigerung des Betriebes und der durch Evaluation geförderten Verantwortlichkeit für die eigene Leistung umdefinierte.

Die eigentliche Ebene, auf die sich vor allem institutionalisierte Formen der industriellen Demokratie beziehen, ist die Mitbestimmung im Betrieb. Davon zu unterscheiden ist die Mitbestimmung auf Unternehmensebene, die formale Regelungen der Besetzung der obersten Entscheidungs-, Kontroll- und Repräsentationsgremien der Unternehmen (Aufsichtsrat, Vorstand) betrifft. Auf gesamtgesellschaftlicher Ebene angesiedelt sind die Vorstellungen von „industrial democracy", wie sie Sidney und Beatrice Webb in Großbritannien zu Beginn dieses Jahrhunderts anvisierten oder die Entwürfe der Wirtschaftsdemokratie und das System der Arbeiterselbstverwaltung.

Mitbestimmung in Betrieb und Unternehmen

Der Gedanke der Mitbestimmung ist in Deutschland wahrscheinlich älter als der Gewerkschaftsgedanke; er entwickelte sich zumindest unabhängig davon, und es kam daher auch zu einer getrennten Institutionalisierung von Mitbestimmung einerseits, des Kollektivverhandlungssystems andererseits. Dies unterscheidet die deutsche Situation von der „industrial democracy" in den USA und Großbritannien, wo diese untrennbar mit den Gewerkschaften und ihrem Handeln verbunden ist.

Schon im Vormärz hatte es paritätisch besetzte Fabriksausschüsse gegeben; die Frankfurt/Mainer Nationalversammlung von 1848 hatte diese freiwilligen Einrichtungen durch gesetzliche Verankerung der Arbeitervertretungen zu ersetzen versucht. Die Gewerbeordnung von 1850 sah Gewerberäte aus Arbeitgeber- und Arbeitnehmervertretern vor, die Arbeitszeiten, Wohlfahrtsprogramme etc. beschließen sollten. Die Gewerkschaften standen diesen Einrichtungen skeptisch gegenüber. Das zeigte sich auch in Bezug auf die Rätebewegung 1918/1919, die den Gewerkschaften insbesondere deshalb suspekt war, weil sie durch die Betonung der Betriebsautonomie ihre Basis zu verlieren drohten. Sie stimmten dem Betriebsrätegesetz von 1920, das die Rätebewegung disziplinierte, auch aus diesem Grund zu, obwohl es von den Gewerkschaften formal unabhängige Betriebsräte institutionalisierte. Auf höchster Ebene wurde die Zusammenarbeit von Arbeitgeberverbänden und Gewerkschaften durch die Gründung der Zentralen Arbeitsgemeinschaft vorgesehen. Dazu kam es allerdings nicht mehr, denn 1933 wurden die Gewerkschaften aufgelöst und die Kooperation zwischen Arbeitgebern und Arbeitnehmern durch die Deutsche Arbeitsfront im Rahmen des totalitären Staates sichergestellt. Nach dem Ende des Zweiten Weltkriegs wurde die Institution des Betriebsrates (Betriebsrätegesetz 1946, dann Betriebsverfassungsgesetz 1972; in Österreich Betriebsrätegesetz 1919, 1947, Arbeitsverfassungsgesetz 1974) wieder zur Grundlage der betrieblichen Mitbestimmung.

In Deutschland und in Österreich beruht der Betriebsrat auf einer eigenen gesetzlichen Grundlage und ist zum festen Bestandteil der betrieblichen Arbeitsbeziehungen geworden. Seine Wurzeln gehen teilweise weit zurück und sind sehr verschiedenen Ursprungs; dementsprechend unterschiedlich sind auch die Interpretationen dieser Institution. Die einen sehen den Betriebsrat primär als Kommunikationsorgan zwischen Arbeitgeber und Belegschaft, als

Nachfolger der Belegschaftssprecher in den frühen Fabriken, die anderen sehen ihn als basisdemokratische Einrichtung im Sinne des Rätegedankens der unmittelbaren Nachkriegszeit nach dem Ersten Weltkrieg, die dritten sehen ihn als Instrument einer sachlich orientierten Mitbestimmung auf Betriebsebene. Tatsächlich enthält er alle diese Elemente.

Die gesetzliche Verankerung des Betriebsrates verleiht ihm gegenüber der Gewerkschaft eine selbständige Basis; darin drückt sich auch ein gewisses aus dem Rätegedanken entspringendes syndikalistisches Element aus: die Betonung einer „unmittelbar auf dem Volkswillen begründeten dezentralisierten Ordnung"[43] und damit der organisatorischen Unabhängigkeit von den horizontal organisierten und besonders in Österreich stark zentralisierten Gewerkschaften. Allerdings besteht in Österreich in der Praxis eine weitgehende Personalunion zwischen Betriebsratsfunktionären und gewerkschaftlichen Vertrauensleuten. Im Folgenden orientieren wir uns an den österreichischen Bestimmungen: Betriebsräte gibt es laut Gesetz (§ 50 ArbVG) in Betrieben mit mindestens fünf Arbeitnehmern, die Zahl der Betriebsratsmitglieder steigt mit wachsender Betriebsgröße. Gibt es mindestens fünf Arbeiter und fünf Angestellte im Betrieb, so sind getrennte Betriebsräte für Arbeiter und für Angestellte einzurichten, außer die Gruppenversammlung beschließt einen gemeinsamen Betriebsrat. Außerdem sind Jugendvertretungen vorzusehen, wenn in einem Betrieb dauernd mindestens fünf Jugendliche beschäftigt sind. Umfasst ein Unternehmen mehrere Betriebe, so ist ein Zentralbetriebsrat zu wählen. Grundlage des Wirkens des Betriebsrates ist die Betriebsversammlung (Betriebshauptversammlung und Gruppenversammlungen bei getrennten Organen, Betriebsräteversammlung bei Mehrbetriebsunternehmen); außerdem gibt es die Wahlvorstände für die Betriebsratswahl, die Rechnungsprüfer und bei getrennten Betriebsräten auch den Betriebsausschuss. Die gesetzliche Verankerung des Betriebsrates hat nicht nur die Sicherstellung seiner Rechte zur Folge, sondern durch die institutionelle Integration und die dadurch betonte Verantwortlichkeit der Betriebsräte werden auch die Manifestationen der Belegschaftsinteressen kanalisiert; die Beziehung zwischen Arbeitgeber und Betriebsrat ist die der Kooperation, nicht des Konflikts. Dies wird gesetzlich abgesichert durch die dem Betriebsrat auferlegte Friedenspflicht.

Innerhalb der institutionell verbrieften Rechte der Mitwirkung kommt der Mitwirkung des Betriebsrates im Bereich der Wohlfahrtseinrichtungen der breiteste Raum zu, bereits abgeschwächt sind die Befugnisse im Bereich der personellen Angelegenheiten (Aufnahme, Kündigung, Versetzung etc.); im Bereich der wirtschaftlichen Belange bestehen sie nur mehr in Informationsrechten. Eine Reihe von betrieblichen Maßnahmen bedarf in Österreich zu ihrer Rechtswirksamkeit der Zustimmung des Betriebsrates („zwingende Mitbestimmung"), im besonderen etwa die Einführung einer betrieblichen Disziplinarordnung, die Einführung und Regelung von Akkord-, Stück- und Gedinglöhnen etc.; in Bezug auf andere Belange müssen Betriebsvereinbarungen auf Verlangen des Betriebsrates abgeschlossen werden („erzwingbare Mitbestimmung"): Beginn und Ende der täglichen Arbeitszeit, Art und Weise der Abrechnung und Auszahlung etc. Sie können in anderen Fällen abgeschlossen werden, wenn beide Seiten dies beschließen („fakultative Mitbestimmung"), z. B. Maßnahmen zur

---

[43] Hans Floretta/Rudolf Strasser, Einleitung zum Arbeitsverfassungsgesetz, Wien 1974, S. 5

menschengerechten Arbeitsgestaltung, betriebliches Vorschlagswesen, betriebliche Pensionsleistungen etc. Bei Betriebsänderungen (Stilllegung etc.) können Betriebsvereinbarungen zur Vermeidung von Härten gegen Arbeitnehmer abgeschlossen werden; Sozialpläne sind erzwingbar, allerdings über Anrufung der Schlichtungsstelle.

Die Mitglieder des Betriebsrates müssen ihre Funktion im Interessenfeld von Betriebsleitung, Belegschaft und Gewerkschaft erfüllen. Man kann ihre soziale Rolle daher als bestehend aus zumindest drei Segmenten auffassen, die durch die drei Bezugsgruppen bestimmt sind: Betriebsleitung, Arbeitnehmer, Gewerkschaft. Aus der Beziehung zur Betriebsleitung stammen Erwartungen in Richtung auf die Nutzbarmachung des Betriebsrates als Informationsquelle, als zusätzliche Kontrollinstanz der Belegschaft und als Vermittler in Konfliktfällen mit einzelnen Arbeitnehmern oder -gruppen. Die Arbeitnehmer-Erwartungen umfassen die Vertretung ihrer Anliegen und Interessen, die Funktion der Betriebsmitglieder als Kontaktmann oder -frau und die Informationsweitergabe. Für die Gewerkschaften ist es aber von äußerster Wichtigkeit, dass die Betriebsräte keine eigene unabhängige Machtbasis darstellen, sondern faktisch die Betriebsvertretung der Gewerkschaften sind. Das ist allerdings nicht ganz unproblematisch, da die Rechte des Betriebsrates im Konfliktfall durch die Friedenspflicht stark beschränkt sind und er andererseits häufig auch aus betriebsinternen Gründen sehr eng mit dem Arbeitgeber kooperiert.

Zwischen den verschiedenen Erwartungen, die auf die Betriebsratsmitglieder gerichtet sind, kann es mitunter zu Widersprüchen, Unvereinbarkeiten und Konflikten kommen. Die Lösung derselben hängt sehr wesentlich von der Bedeutung der einzelnen Erwartungen für die Betriebsratsmitglieder in Bezug auf die Erhaltung und Erfüllung ihrer Funktion ab. Während sie mit dem Arbeitgeber täglich zusammenarbeiten müssen, die Gewerkschaft als wichtige Rückversicherung und Karriereleiter dient, reduziert sich die Bedeutung der Belegschaft auf die Sicherung der Wiederwahl. Diese schwache Position der Wählerschaft des Betriebsrates wird allerdings dadurch gemildert, dass der Betriebsrat als Organ in sich nicht homogen, sondern hierarchisch strukturiert ist. Während sich die einzelnen Betriebsratsmitglieder besonders, wenn sie nicht freigestellt sind, stärker den Interessen ihrer Arbeitskollegen oder „ihrer" Wähler verpflichtet fühlen, trifft dies nicht mehr im gleichen Ausmaß für den Betriebsratsobmann zu, für den vielfach diese Funktion zum neuen, karrierefähigen Beruf geworden ist; tatsächlich wechseln die Betriebsratsobleute, vor allem die Zentralbetriebsratsobleute in den großen Mehrbetriebsunternehmen der verstaatlichten Industrie in Österreich äußerst selten; die mächtigsten unter ihnen sitzen auch im Nationalrat. Hier ist die Verflechtung zwischen Unternehmensinteressen, Gewerkschaftsinteressen, individuellem Karrierestreben und politischer Parteilinie am stärksten. Die Rolle und Bedeutung des Betriebsrates kann nicht einheitlich beurteilt werden, da Betriebsgröße, Eigentümerstruktur, Branchenzugehörigkeit, Arbeitnehmerstruktur und politische und gewerkschaftliche Affiliation einen entscheidenden Einfluss auf das Verhalten und die Einstellung des Betriebsrates und seiner Mitglieder haben.

Begriff und Praxis der Mitbestimmung in Deutschland und in Österreich umfassen neben dem Betriebsrat, der berufen ist, die Mitbestimmung/Mitwirkung auf Betriebsebene wahrzunehmen, auch (in Österreich § 110 ArbVG) die Mitwirkung der Arbeitnehmervertreter auf Unternehmensebene durch Drittelparität im Aufsichtsrat von Aktiengesellschaften, Gesellschaften m. b. H., Genossenschaften mit mindestens 40 Arbeitnehmern sowie einer Reihe anderer Unternehmungen. Darüber hinaus gibt es keine gesetzliche Regelung der Mitbestimmung im Unternehmen und zwar nicht, weil die Gewerkschaften eine solche nicht wünschten oder nicht durchsetzen könnten, sondern eher deshalb, weil die Mitbestimmung via Aufsichtsratsbeschickung angesichts der Eigentümerstrukturen nicht als effektiv genug angesehen wird und eher auf eine Reform des Gesellschaftsrechts abgezielt wird.

In Deutschland gibt es mit dem Montan-Mitbestimmungsgesetz von 1951/1956 und dem Mitbestimmungsgesetz von 1976 über die im Betriebsverfassungsgesetz vorgesehene Mitbestimmung hinausgehende Regelungen. Diese Gesetze beziehen sich auf großbetriebliche Kapitalgesellschaften, zunächst im Montansektor ab 1000 Arbeitnehmern („Montan-Mitbestimmung") und dann 1976 erweitert auf alle Kapitalgesellschaften mit mehr als 2000 Arbeitnehmern. Dabei wird eine qualifizierte paritätische Besetzung des Aufsichtsrates vorgesehen, wobei Anteilseigner und Arbeitnehmer-Vertreter je zehn Positionen besetzen (mit einem neutralen Mitglied im Montanbereich). Die Arbeitnehmer-Vertreter kommen aus dem Konzern (sechs) und der Gewerkschaft (drei; im Montanbereich vier). Im Gesetz von 1976 ist ein Vertreter der leitenden Angestellten als Arbeitnehmer-Vertreter vorgesehen. Im Vorstand wird ein Arbeitsdirektor bestellt, dessen Wahl bzw. Abwahl aber auch gegen die Stimmen der Arbeitnehmer-Vertreter erfolgen kann (im ursprünglichen Montan-Mitbestimmungsgesetz 1951 war das nicht möglich). Die gesetzliche Mitbestimmung wurde daher in Bezug auf den Geltungsbereich erweitert, allerdings trifft dies nicht in gleicher Weise für die tatsächliche Mitentscheidung zu.

Wirtschaftsdemokratie und Arbeiterkontrolle

Die Gewerkschaften selbst haben mitunter eigene Konzepte der „Wirtschaftsdemokratie" entwickelt, die umfassendere Regelungen enthielten: so das Konzept der Wirtschaftsdemokratie von Fritz Naphtali im Deutschen Reich der Zwischenkriegszeit und das Konzept der Wirtschaftsneuordnung, das Viktor Agartz für den Deutschen Gewerkschaftsbund 1954 vorlegte.[44] Beide sahen mit der Wirtschaftsdemokratie auch einen grundlegenden Wandel des Charakters der Gesellschaft von einer kapitalistischen in eine sozialistische vor, wobei aber von Naphtali nicht die Abschaffung des Privateigentums, sondern die Kontrolle der Verfügungsgewalt gefordert wurde. Die „Wirtschaftsdemokratie" sollte Mitbestimmung durch Betriebsräte im Betrieb, im Unternehmen und auf Branchenebene umfassen. Agartz ging insofern darüber hinaus, als er die Aufhebung des Privateigentums in monopolistischen und Schlüsselbetrieben forderte. Beide Konzepte sahen die Mitbestimmung der Arbeitnehmer in den Betrieben nur als begrenzte Möglichkeit der Demokratisierung der Wirtschaft und forderten die Beteiligung der Gewerkschaften an der Gestaltung der sozialwirtschaftlichen Ordnung. Mitbestimmung wurde in diesen Konzepten als eine gesellschaftspolitische Angelegenheit mit systemtranszendierender Bedeutung verstanden.

---

[44] Vgl.: Hans Willi Weinzen, Gewerkschaften und Sozialismus, Frankfurt/Main-New York 1982

Auch die Arbeiterkontrolle, deren historisch-ideologische Wurzeln im Syndikalismus, im Gildensozialismus und in der Rätebewegung, aber auch in handwerklich-genossenschaftlichen Traditionen, liegen, implizierte die Transformation der gesellschaftlichen Ordnung, zumindest wenn darunter die Kontrolle der Arbeiter über die Produktion verstanden wird.[45] Auch in sozialistischen Gesellschaften kann das Konzept der Arbeiterkontrolle vorkommen, es wird dann zum System der Arbeiterselbstverwaltung, wie sie in Jugoslawien bestand.[46]

André Gorz sah in der Arbeiterkontrolle das eigentliche Ziel der Gewerkschaftsbewegung.[47] Friedmann/Tréanton sahen hingegen die Arbeiterkontrolle auch als ein betriebspolitisches Konzept, das ohne revolutionäre gesellschaftspolitische Ziele auskommt.[48] So kann es zur Übernahme durch die Belegschaft in Zeiten der Wirtschaftskrise kommen, um die durch den Bankrott des Unternehmens gefährdeten Arbeitsplätze zu erhalten. Auch die Beteiligung der Arbeitnehmer am Kapital ihrer Unternehmen wird in der Gegenwart wieder stärker diskutiert. Die staatliche Förderung von selbstverwalteten Betrieben – meist Kleinbetrieben – wird auch unter arbeitsmarktpolitischen Gesichtspunkten gesehen und zeugt von der Flexibilität der gesellschaftlichen Ordnung in Bezug auf neue Formen der wirtschaftlichen Organisation, die nicht mehr mit dem dualen Begriffspaar kapitalistisch-sozialistisch beschreibbar sind.

4 Die Zukunft der Arbeitsbeziehungen

Schon in den 80er Jahren des 20. Jahrhunderts zeichneten sich Veränderungen in den Arbeitsbeziehungen und die Abnahme der Machtposition der Gewerkschaften ab, die eine Folge einer ganzen Reihe von Faktoren waren: der Umstellungen der Produktions- und Verwaltungsstrukturen im Zuge der dritten industriellen Revolution, der Ökologiebewegung und des Wandels der Wertvorstellungen, der Krise der 70er Jahre und der nachfolgenden wirtschaftspolitischen Umorientierungen und der aggressiveren Kapital- und Managementstrategien angesichts der Globalisierung der Wirtschaftsstrukturen sowie der europäischen Integration. Dazu kam dann in den 90er Jahren die generelle Akzeptanz der Marktwirtschaft als der einzigen Form wirtschaftlicher Organisation nach dem Zusammenbruch des realen Sozialismus in Osteuropa. Die dadurch gestärkte ideologische Position des Kapitals machte sich in zunehmenden Bestrebungen in Richtung Reengineering der Organisationsstrukturen im privatwirtschaftlichen wie im öffentlichen Sektor und der Stärkung der Macht transnationaler Unternehmen und ihrer globalen Kapital- und Finanzstrategien gegenüber den staatlichen

---

[45] Ken Coates/Tony Topham, Workers' Control, London 1979, insbes. S. 368ff
[46] Ernest Mandel, Arbeiterkontrolle, Arbeiterräte, Arbeiterselbstverwaltung, Frankfurt/Main 1971, S. 440
[47] André Gorz, Stratégie ouvrière et néocapitalisme, Paris 1964
[48] Georges Friedmann/Jean-René Tréanton, Sociologie du syndicalism, de l'auto-gestion ouvrière et des conflicts du travail, in: Georges Gurvitch, Traité de Sociologie, Bd. 1, Paris 1967, S. 481-500

sozial- und wirtschaftspolitischen Positionen und den nationalen „industrial relations"-Systemen bemerkbar. Die andauernd hohe Arbeitslosigkeit bei niedrigen Wachstumsraten und gleichzeitig teilweise hohen Kapitalgewinnen charakterisieren die ökonomische Situation. Die geringen Lohnsteigerungsraten die angesichts der vehement verfochtenen Stabilitätspolitik durchgesetzt werden konnten, führen zur sinkenden Anerkennung der Legitimität und Bedeutung der Gewerkschaften, die sich auch in fallenden Mitgliederzahlen in fast allen Industriestaaten ausdrückt, sowie zur Unterminierung der Rolle der zentralen nationalen Kollektivverhandlungen zugunsten von Vereinbarungen auf Betriebsebene.[49] Insbesondere in Großbritannien und den USA resultierte dies auch in einer massiven Reduktion des Anteils der Arbeitnehmer, die überhaupt durch Kollektivverträge gedeckt waren.[50] Viele Kommentatoren schlossen daraus auf die Notwendigkeit einer fundamental anderen Strategie und Ideologie der Arbeitsbeziehungen, „einen anderen Typ des gewerkschaftlichen und politischen Handelns als klassische Industriekonflikte wie Lohnauseinandersetzungen oder etwa die Verteidigung des beruflichen Status oder der Gesundheit am Arbeitsplatz".[51]

Dem strukturellen Wandel der Arbeitsbeziehung liegt eine zunehmende Heterogenität der Arbeitnehmerschaft hinsichtlich Soziallage und Interessen zugrunde, die durch die stärkere betriebliche Differenzierung der Arbeitsbedingungen, die steigende Bedeutung von atypischen Arbeits- und Beschäftigungsformen und durch die Spaltung in Beschäftigte und Arbeitslose in der Gesellschaft charakterisiert ist. Dies und die durch Managementstrategien verfolgte Flexibilisierung der Unternehmens- und Betriebsorganisationen und der damit verbundenen Arbeitsstrukturen und -formen führen nicht nur zu einer Dezentralisierung und gegebenenfalls Verbetrieblichung der Arbeitsbeziehungen, sondern auch zu einem Verlust der Solidarisierung innerhalb der Arbeiterbewegung.

Die Deregulierung, die Zurücknahme staatlicher Regelungen, die sich vor allem in den USA und in Großbritannien in den 80er Jahren mit neokonservativer/neoliberaler Orientierung der Wirtschaftspolitik verband, und sich in einer mehr oder weniger ausgeprägten Reduktion sozialstaatlicher Strukturen ausdrückt, und die Globalisierung der Unternehmens- und Kapitalstrukturen lassen die nationalen Gewerkschafts- und Arbeitsbeziehungsstrukturen zunehmend ineffektiv erscheinen und führen überdies zum Verlust der politisch-progressiven Rolle der Gewerkschaften.[52]

---

[49] Die Befunde dazu sind zahlreich: Vgl. etwa die Beiträge in: Guido Baglione/Colin Crouch (eds.), European Industrial Relations. The Challenge of Flexibility, London-Newbury Park-New Delhi 1990; Georg Aichholzer/Gerd Schienstock (Hg.), Arbeitsbeziehungen im technischen Wandel, Berlin 1989; Colin Crouch/Franz Traxler (eds.), Organized Industrial Relations in Europe. What Future? Aldershot u. a. 1995; Roderick Martin et al. (eds.), Workers, Firms and Unions. Industrial Relations in Transition, Frankfurt/Main 1998

[50] Laut „The Economist" (July 12th, 1997, S. 78) sanken die Anteile (bezogen auf die unselbständig erwerbstätige Bevölkerung) für Großbritannien und die USA von ca. 70 Prozent bzw. 25 Prozent auf knapp 50 Prozent bzw. unter 20 Prozent.

[51] Niels Beckenbach, Umbruch gesellschaftlicher Arbeit als Problem der westeuropäischen Gewerkschaften, in: Georg Aichholzer/Gerd Schienstock, Arbeitsbeziehungen im technischen Wandel, op. cit., S. 215-232

[52] Walther Müller-Jentsch, Flexibler Kapitalismus und kollektive Interessenvertretung. Gewerkschaften in der dritten industriellen Revolution, in: Ders. (Hg.), Zukunft der Gewerkschaften, Frankfurt/Main-New York 1988,

4 Die Zukunft der Arbeitsbeziehungen

In gewisser Weise lassen sich diese Veränderungen in allen Industriestaaten aufzeigen, so dass die Frage auftaucht, ob es zu einer konvergenten Entwicklung der Arbeitsbeziehungen kommt. Die Genese eines „disorganisierten Kapitalismus", der den seit der zweiten industriellen Revolution entwickelten „organisierten Kapitalismus" charakterisiert durch Bürokratisierung der Wirtschaft, Organisierung der Interessengruppen und nationalstaatliche Regulierung hinter sich lässt, wurde konstatiert.[53] Aber wenn auch die grundlegenden Entwicklungen in allen Ländern spürbar sind, so sind die Auswirkungen in Bezug auf die Gewerkschaften und die Arbeitsbeziehungssysteme nicht überall gleich. Die dabei feststellbaren Unterschiede in Bezug auf Gewerkschaftsmacht und -einfluss, Kollektivverhandlungsstärke und -geltung, Mitbestimmungsrechte etc. zwischen den einzelnen Staaten sind zu einem großen Teil durch die differenten Pfade der historisch gewordenen Strukturen und Institutionen bestimmt. So meint etwa Lowell Turner:

> *„Contrasting cross-national variations in the stability and extent of workers' interest representation are accounted for by variations in the institutions of industrial relations."*[54]

Während jene institutionalisierten Systeme, die auf weitgehend integrativen Beziehungen zwischen Kapital und Arbeit beruhen, und überdies korporatistische Strukturen der Beziehungen zwischen Verbänden und Staat aufweisen, wie etwa in Norwegen, Deutschland und Österreich, sich auch unter den neuen Bedingungen als eher stabil erwiesen, erlitten die Gewerkschaften in den durch konfliktäre Beziehungen und bereits vorher stark fragmentierte Strukturen charakterisierten Systemen etwa in den USA, in Großbritannien oder Italien starke Einbußen. Schweden ist hingegen ein Beispiel dafür, dass durch eine auf Dezentralisierung gerichtete Gesetzgebung ein vordem stabiles System stark verändert werden kann.[55] Die Instabilität von Arbeitsbeziehungssystemen und der Niedergang der Gewerkschaften erscheinen solcherart durch die Absenz von integrativen Strukturen der industriellen Demokratie und den Mangel eines entsprechenden rechtlichen und politischen Rahmens bedingt, so dass man ganz allgemein sagen kann, dass Institutionen die Auswirkungen verschärften wirtschaftlichen Wettbewerbs konditionieren.

Zu ähnlich divergenten Befunden gelangen auch andere Kommentatoren auf Grund der empirischen Tatbestände in den einzelnen Ländern. Mit besonderem Augenmerk auf die Dezentralisierungstendenzen kann man auch gegenläufige Entwicklungen feststellen. Während sich die Ebene der kollektiven Verhandlungsstrukturen in den meisten Ländern nach unten

---

S. 9-17; siehe auch: Ders., Soziologie der industriellen Beziehungen, op. cit., S. 266ff; Wolfgang Streeck, Industrielle Beziehungen in einer internationalen Wirtschaft, in: Ulrich Beck (Hg.), Politik der Globalisierung, Frankfurt/Main 1998, S. 169-202

[53] Vgl.: Scott Lash/John Urry, The End of Organized Capitalism, Oxford 1987; Scott Lash/Paul Bagguley, Arbeitsbeziehungen im disorganisierten Kapitalismus: Ein Vergleich von fünf Nationen, in: Soziale Welt 39/1988, S. 239-259

[54] Lowell Turner, Democracy at Work, Ithaca-London 1991, S. 223

[55] Vgl. etwa: Arthur Gould, The Erosion of the Welfare State: Swedish Social Policy and the EU, in: Journal of European Social Policy 9/1999, S. 165-174

hin verschiebt, ist es in Norwegen, Portugal und Australien zu einer Zentralisierung der Verhandlungsstrukturen gekommen. Während sich in den USA und in Großbritannien tatsächlich eine Disorganisation der „industrial relations"-Systeme feststellen lässt, kann die Tendenz zur Dezentralisierung, d. h. zur Abnahme von landesweiten Vereinbarungen hin zu Branchen-, Gruppen- und Betriebsverhandlungen auch mit einem hohen Grad der Koordination verbunden sein. In Österreich etwa hat sich die „Sozialpartnerschaft" trotz Privatisierungsmaßnahmen und Abnahme der zentralen Verhandlungen behaupten können, auch wenn die Bedeutung der Paritätischen Kommission für Lohn- und Preisfragen abgenommen hat.[56] Durch den Einbau von Flexibilitätselementen in kollektivvertragliche und gesetzliche Bestimmungen konnte der Übergang zu einem „supply-side corporatism" geschafft werden. Voraussetzung dafür ist, dass die nationalstaatliche Regulierungskompetenz erhalten bleibt, die Interessen sich als vereinbar und korporatistische Lösungen sich als allen anderen überlegen erweisen.[57] Für Deutschland wurden ähnliche Kommentare abgegeben. Die Bewältigung der wirtschaftlichen Umbrüche gelang vor allem deshalb, weil das duale System von Tarifautonomie und Mitbestimmung als „prozessbegleitende" Umsetzung und Gestaltung wirtschaftlicher Entscheidungsprozesse auf der operativen Ebene konzipiert ist.[58]

Die europäische Integration ist im Bereich der Arbeitsbeziehungen einerseits durch die Errichtung übernationaler Institutionen wie den Europäischen Betriebsräten charakterisiert, andererseits geht es auch darum, Spielraum für die Aufrechterhaltung nationalstaatlicher Eigenständigkeit zu schaffen. Das umso mehr als die Europäischen Betriebsräte, wie sie laut der EBR-Richtlinie der EU von 1994 vorgesehen und durch Überführung in nationale Rechtsinstitute geschaffen werden, nicht die Angleichung der nationalen Interessenvertretungen und noch weniger Mitbestimmung im deutschen oder österreichischen Sinn bedeuten. Die EBR sind nur Arbeitnehmerausschüsse mit reinen Konsultations- und Informationsrechten in gemeinschaftsweit operierenden Unternehmen oder Unternehmensgruppen. Wenn Entscheidungen, die außerhalb des jeweiligen Mitgliedsstaates getroffen werden, sich auf die Arbeitnehmer in diesem auswirken, sind sie zu informieren und zu befragen. Die EBR haben daher die Funktion von Integrationsinstanzen in europaweiten Unternehmen oder in „transplants" außereuropäischer Konzerne, die auch von den Arbeitgebern durchaus positiv bewertet werden.[59] Gewerkschaften werden in dieser Richtlinie nicht erwähnt. Das ist zum einen darauf zurückzuführen, dass Gewerkschaften freiwillige Vereinigungen sind, die als solche nicht der gesetzlichen Regelung unterliegen, zum anderen darauf, weil es keine supranationalen Gewerkschaften mit Verhandlungsmacht gibt. Die supranationalen Gewerk-

---

[56] Siehe dazu auch: Manfred Prisching, Die Sozialpartnerschaft. Modell der Vergangenheit oder Modell für Europa? Wien 1996

[57] Franz Traxler, From Demand-side to Supply-side Corporatism? Austria's Labour Relations and Public Policy, in: Colin Crouch/Franz Traxler (eds.), op. cit., S. 271-286

[58] Helmut Martens, Auslaufmodell oder Reformkonzept für die moderne Teilhabegesellschaft? In: Soziale Welt 50/1999, S. 67-85

[59] Siehe: Roger Blanpain/Paul Windey, European Works Councils, Leuven 1994; Joachim Deppe/Reiner Hoffmann/Wieland Stützel (Hg.), Europäische Betriebsräte. Wege in ein soziales Europa, Frankfurt/Main-New York 1997

4 Die Zukunft der Arbeitsbeziehungen

schaftsverbände, die bestehen, haben daher mangels funktionaler Ermächtigung wenig Bedeutung.

Die Globalisierung übt einen starken Druck auf die „industrial relations"-Systeme aus, denn sie reduziert die Effektivität der nationalen Regulierungen und Verhandlungen durch den zwischenstaatlichen Wettbewerb um Investitionen. Internationale Abkommen wie das MAI (Multilaterales Abkommen über Investitionen) der OECD sind stärker darauf gerichtet, die Investoren zu schützen als die sozialen Errungenschaften der Arbeitnehmer in den Empfängerstaaten.[60] Die stark konzernbestimmten Strategien der „transplants" aus Ländern mit differenten „industrial relations"-Kulturen wie Japan oder den USA lassen häufig wenig Raum für gewerkschaftliche Repräsentation. Der Druck in Richtung auf integrierende und kooperative Arbeitgeber-Arbeitnehmerbeziehungen in diesen Betrieben wirkt dem Einfluss der Gewerkschaften entgegen. Auch hier zeigt sich allerdings, dass institutionelle Differenzen Unterschiede in den Auswirkungen dieser Entwicklungen bedingen. Wo die Gewerkschaften schon schwach waren, werden sie durch die Globalisierung der Produktion weiter geschwächt, und die Management-Initiativen in Richtung auf Partizipation und Human Resource Development werden als bedeutsamer für die Arbeitnehmerinteressen wahrgenommen. Auf Grund der geringen administrativen Interventionsmacht des US-Staates wurden auch die Gesetzesinitiativen im Arbeits- und Beschäftigungsbereich der 70er Jahre im Sinne der Ideologie staatsfreier Unternehmen als Neuerungen des Managements umgedeutet.[61] Neue unternehmensspezifische Formen der Arbeitnehmervertretung und der Partizipation entstehen vor allem unter den Bedingungen schwacher Gewerkschaften.[62] Starke Gewerkschaften mit guter Repräsentation in den Betrieben konnten hingegen ihre Stärke weitgehend beibehalten.[63] In wenigen Fällen kam es auch zur Entwicklung von durch Management und Gewerkschaften gemeinsam eingerichteten konzernweiten globalen Konsultationsorganen.

Die kooperativen Arbeitsbeziehungen in den Betrieben gehen bemerkenswerterweise oft mit Bemühungen des Managements in Richtung „downsizing" und Kapitalwachstum durch Reengineering und Flexibilisierung von Arbeitsorganisation und Arbeitszeit einher, wenngleich die Unterschiede zwischen den Ländern, aber auch den Branchen und Betrieben groß sind.[64] Diese Managementstrategien führen zu einem Anwachsen atypischer Beschäftigungsformen und Arbeitszeiten sowie immer wieder zu Personalabbaumaßnahmen. Sie lassen zusammen mit den partizipativen Mitarbeiterkonzepten eine verstärkte Dualität zwischen den Arbeitnehmern, die beschäftigt bleiben, und denen, die den Effizienz- und Gewinnstrategien

---

[60] Fritz Glunk (Hg.), Das MAI und die Herrschaft der Konzerne, München 1998
[61] Frank Dobbin/John R. Sutton, The Strength of a Weak State: The Rights Revolution and the Rise of Human Resources Management Divisions, in: American Journal of Sociology 104/1998, S. 441-476
[62] Vgl. dazu: Berndt K. Keller, Rapporteur's Report: Emerging Models of Worker Participation and Representation, in: British Journal of Industrial Relations 33/1995, S. 317-328
[63] Csaba Makó, Conclusion: Some Implications for Trade Unions, in: Roderick Martin et al. (eds.), op. cit., S. 271-282
[64] Richard Locke/Thomas Kochan/Michael Piore (eds.), Employment Relations in a Changing World Economy, Cambridge, Mass.-London 1995

zum Opfer fallen, entstehen, erhöhen also das tertiäre Machtgefälle, während das primäre durch Managementstrategien bestimmt wird. Das partizipative Management und die Heterogenität der Beschäftigten stellen insbesondere die Betriebsräte vor neue Probleme der Definition ihrer Funktion und Rolle als „Moderatoren", „Co-Manager" oder als Kontroll- bzw. Schutzorgan.[65]

Die Gewerkschaften zielen in ihrem Handeln traditionell auf allgemeine Regelungen für ihre Mitglieder; in vielen europäischen Systemen kommt es zur Ausweitung der Ergebnisse der Kollektivverhandlungen auf alle Arbeitnehmer durch gesetzliche Regelung. Die geänderten Bedingungen zwingen die Gewerkschaften, sich mehr mit den betriebs- und gruppenspezifischen und den individuellen Interessen der Arbeitenden zu befassen. Das Abgehen von allgemeinen Regelungen hat jedoch eine größere Differenzierung der Löhne und sonstigen Arbeitsbedingungen und damit ein Ansteigen der sozialen Ungleichheit zur Folge. Das ist für Gewerkschaften nicht nur ein strukturelles Kontrollproblem, sondern aus ihrer Tradition der Arbeiterbewegung heraus auch ein ideologisches. Innerorganisatorisch bedeutet dies für die Gewerkschaften eine stärkere Differenzierung in Bezug auf Strukturen und Funktionen, denn die Schutzfunktion der Gewerkschaften gegenüber den Arbeitnehmern in ihren diversifizierten Arbeitsumwelten und Beschäftigungsbedingungen muss in entsprechend unterschiedlicher Weise wahrgenommen und vertreten werden. Das macht in Hinblick auf die Zunahme atypischer Beschäftigung auch eine Neudefinition des Arbeitnehmerbegriffs notwendig bzw. jenes Personenkreises, den Gewerkschaften organisieren und vertreten. Darüber hinaus darf jedoch die stärkere Vertretung auf Betriebsebene nicht zu einer Vernachlässigung der zentralen Ebene des Gewerkschaftshandelns führen, da sonst die organisatorische Einheit und die zentralen Verhandlungs- und Einflussfaktoren geschwächt werden. Hier muss es vielmehr zu einer Funktionsverbreiterung kommen, die sich neben der herkömmlichen Rolle der Gewerkschaften in der Ausformung der Sozialpolitik auch auf Fragen der Technologie- und Innovationspolitik, der Umweltpolitik, der Wirtschaftspolitik sowohl auf nationaler als auch europäischer Ebene erstreckt.

Ein besonders schwerwiegendes Problem stellen die Arbeitslosen dar, die in irgendeiner Weise in die gewerkschaftliche Struktur und Politik integriert werden müssen, wenn die Legitimität der Gewerkschaften innerhalb der arbeitenden Bevölkerung nicht beeinträchtigt werden soll. Die Interessen der Arbeitslosen stehen jedoch in einem gewissen Gegensatz zu den existentiellen Anliegen der Beschäftigten, damit auch den Mitgliedern der Gewerkschaften, was diese vor schwere Probleme stellt. Fraglich ist, ob diese durch die Entwicklung der Gewerkschaften zu „Diskursorganisationen" lösbar sind.[66]

Die Bedrohung durch hohe Arbeitslosigkeit, die niedrigen Lohnsteigerungsraten bei den traditionellen Trägerschichten der gewerkschaftlichen Organisation, der wachsende Effi-

---

[65] Siehe dazu insbesondere: Hermann Kotthoff, Betriebsräte und Bürgerstatus. Wandel und Kontinuität betrieblicher Mitbestimmung, München-Mering 1994; Hermann Kotthof, Betriebsräte und betriebliche Reorganisation, in: Arbeit, 4/1995, S. 425-447

[66] Oskar Negt, Die Herausforderung der Gewerkschaften, Frankfurt/Main-New York 1989, S. 31

zienz- und Qualifizierungsdruck auf die Arbeitnehmer können, wenn sie eine Betroffenheitsschwelle übersteigen, zur Entstehung eines neuen Protestpotentials und zur Verschärfung der kollektiven Konflikte führen. Die Gewerkschaften sind nicht nur Organisationen, die Arbeitnehmerinteressen verwalten und Serviceleistungen erbringen, sondern haben noch immer, wenn auch in unterschiedlichem Ausmaß, ihren Bewegungscharakter beibehalten. Es könnte daher sein, dass sie in Zukunft nicht mehr nur intermediäre Funktionen erfüllen, sondern sich auch wieder als Kräfte der Veränderung erweisen müssen, besonders wenn es zu keiner wirtschaftspolitischen Umorientierung kommt bzw. die sozialinstitutionellen Netze zum Schutz und zur Gewährleistung der Interessen der Menschen, die auf Arbeit als Grundlage ihrer Existenz angewiesen sind, schwächer werden.

X Die Probleme der neuen Beschäftigungsgesellschaft

Die Gesellschaften der Gegenwart bieten ein sich rasch wandelndes Bild, dessen Dynamik durchaus positive Aspekte enthält. In einer Übergangsepoche mit neuen Impulsen zu leben, ist anregend und soweit man in den wohlhabenden Gegenden der Welt zu Hause ist und in diesen auch nicht zu den von Exklusion bedrohten Gruppen zählt, auch nicht bedrohlich. Immerhin haben wir einen weiten Weg zurückgelegt, der im Rückblick unsere Gesellschaft zweifellos als Fortschritt erscheinen lässt. Von einer stratifizierten bürgerlich-aristokratischen Struktur haben sich die sozialen Ordnungen in Richtung auf Chancengleichheit und zunehmende Gleichbehandlung gewandelt. Die Sicherheits- und Wohlstandsbedürfnisse der Menschen wurden zu einem großen Teil befriedigt und wenn es auch ständiger Kämpfe bedurfte, so ermöglichen Rechtsstaat und soziale Sicherheitsnetze doch eine für die meisten Menschen in unseren Gesellschaften beträchtliche existentielle Sicherheit bei bemerkenswertem Wohlstand.

Allerdings kam es innerhalb der letzten drei Jahrzehnte zu einer Veränderung nicht nur in technisch-ökonomischer, sondern vor allem in gesellschaftspolitischer und in kultureller Hinsicht. Für die meisten Menschen hat sich zwar ihr Leben nicht dramatisch verändert, aber es kam zu einer Akzentverschiebung und zu einer Neuorientierung der gesellschaftlichen Werte.

In Bezug auf die Arbeitnehmer kam es zu einer Umorientierung von einem umworbenen Objekt für Managementstrategien und sozialpolitische Maßnahmen zu einem Anpassungsfaktor, während die Richtung der Entwicklung durch die globalen Bewegungen des Kapitals bestimmt wird. Das hat auch eine Parallele auf der Konsumseite und kommt in dem Begriff der „supply side economics" zum Ausdruck, der die Nachfrage durch den ständigen technischen Wandel der Produkte als mehr oder weniger mitproduzierte Folge des Angebots erscheinen lässt. Nicht die Bedürfnisse der Menschen sind – aller Beschwörungen der „Kundenorientierung" und des „Qualitätsmanagements" zum Trotz – die Leitmotive der Wirtschaft, sondern die Gewinne der Unternehmen oder besser: der Kapitaleigner, denn die Unternehmen und ihr Management sind oft genug auch nur Getriebene. „Die Wirtschaft", d. h. die großen Unternehmen und ihre wechselnden Kapitaleigner können – bei gleichzeitiger hoher Unsicherheit in Bezug auf die Kapitalbewegungen – zumindest diesbezüglich zuversichtlich sein: Arbeitskräfte gibt es überall auf der Welt in reichlichem, zunehmend auch gut ausgebildetem Angebot und die Chancen durch die Entwicklung der bisher nachhinkenden

Regionen der Erde lässt auch die Absatzmärkte stark wachsen – trotz der Konkurrenz aus diesen Weltgegenden selbst.

Erstaunlich ist angesichts dieser Situation die Absenz jeder wirklich greifenden Kritik und/oder von alternativen Visionen. Erst nach einer beträchtlichen Schreckperiode kam es zu vereinzelten kritischen Kommentaren, die aber in ihrer essayistischen Verbindlichkeit bestenfalls wohlige Schauer hervorrufen, wie bei der Lektüre eines Horrorromans. Allgemein gilt: Nur nicht vorgestrig erscheinen, Dynamik und Modernem nicht im Wege stehen. Im Folgenden wird kurz die Entwicklung der Arbeitsgesellschaften resümiert, um dann zu fragen: Wie ist es auch innerhalb der Sozialwissenschaften zu diesem Verschwinden des kritischen Denkens gekommen?

1 Transformation und Spaltung der Arbeits- und Erwerbsgesellschaft

In der öffentlichen Diskussion und auch im sozialwissenschaftlichen Sprachgebrauch wurde der Begriff „Arbeitsgesellschaft" in den letzten Jahrzehnten oft verwendet, um einerseits die Bedeutung der Erwerbsarbeit für die gesellschaftliche Stellung und die materielle Sicherung auszudrücken, andererseits die Tatsache hervorzuheben, dass gerade diese Erwerbsarbeit gegenwärtig zum Problem geworden ist.[1] Die große Bedeutung der Erwerbsarbeit drückt sich auch alltagssprachlich aus: Zum einen werden alle anderen Lebensbereiche mit Bezug auf die Arbeitswelt definiert: Bildung ist Ausbildung für Erwerbsbeschäftigung, Freizeit ist Nicht-Erwerbsarbeit, die Familie dient der Reproduktion der Arbeitskraft bzw. als Repräsentationshintergrund des Berufs, Ruhestand ist Nicht-Mehr-Teilnahme am offiziellen Erwerbsleben.

Die bisherige Arbeitsgesellschaft, die auf der Differenzierung in eine breite Arbeitnehmerschaft und eine kleine Gruppe von Unternehmern beruhte, scheint gleichwohl eine Gesellschaft von Wirtschaftsbürgern zu werden, bei denen es von nachrangiger Bedeutung ist, ob sie ihr Einkommen aus selbständiger, unselbständiger Arbeit oder aus Kapitalerträgen erzielen. Die Arbeitsgesellschaft transformiert sich in die Erwerbsgesellschaft.

Die Spaltung der Erwerbsgesellschaft

Der Begriff der Arbeitsgesellschaft wurde bereits seit Beginn der Transformation mit den Vorzeichen der Krise versehen, insofern,

---

[1] Joachim Matthes (Hg.), Krise der Arbeitsgesellschaft? Verhandlungen des 21. Deutschen Soziologentages im Bamberg 1982, Frankfurt/Main-New York 1983

1 Transformation und Spaltung der Arbeits- und Erwerbsgesellschaft

> *„als sich die Anzeichen dafür häufen, dass die förmliche Erwerbsarbeit die subjektive Qualität verliert, organisierendes Zentrum der Selbständigkeit, der sozialen Fremd- und Selbsteinschätzung und der moralischen Orientierung zu sein".*[2]

Eine „innere Dynamik der Arbeitsgesellschaft" führt dazu, dass „der Arbeitsgesellschaft die Arbeit ausgeht".[3] Dies wird vor allem dem technischen Wandel angelastet, denn „high tech is low on jobs".[4] Zwar werden Beschäftigungsrückgänge in den Bereichen der geringer qualifizierten Arbeit und in einigen Sektoren durch den Anstieg in anderen Bereichen, wie etwa den neuen technologisch fundierten Sektoren oder gewissen Sparten der Dienstleistungsarbeit begleitet. Sie führen allerdings nicht zu einem Ausgleich durch den Wegfall vieler standardisierter Massenarbeitsplätze der traditionellen Industrieproduktion.

Die Globalisierung wird als weitere Begründung für die Arbeitsmarktprobleme gesehen, weil dadurch die internationale Konkurrenz stark gestiegen ist, der Wettbewerb härter geworden ist. Das hatte zwei Wirkungen: Zum einen die Verlagerung von Produktionen oder Dienstleistungen in Länder mit niedrigerem Lohnniveau und geringen Sozialabgaben, niedrigeren Arbeitsschutzstandards und geringeren Steuerleistungen, zum anderen die Restrukturierung der Unternehmen und die Flexibilisierung der Beschäftigung in den entwickelten Staaten. Die letztere Strategie hat Auswirkungen auf die zunehmende Heterogenisierung der Beschäftigung und der Arbeitsbedingungen, die Anforderungen an die Qualifikation und an die Bildungssysteme, was sich wiederum im Sinne einer Schwächung der Gewerkschaften und der Abnahme der traditionellen Strukturen der Berufe, der Normalarbeitsverhältnisse und der Schutz- und Sicherungsbestimmungen der Arbeit auswirkt.

Diese Entwicklungen haben zu Spaltungen innerhalb der Beschäftigten geführt, zum einen in die Arbeitnehmer der globalisierten Produktion, die über die Erde verstreut sind, wenig Schutz und Sicherheit und meist keine Interessenvertretung besitzen – wieder mit Ausnahme jener, die in den Hochtechnologie-Enklaven arbeiten – und in die in den Mutterunternehmen in den entwickelten Gesellschaften Beschäftigten, die über gute Standards verfügen. Die Flexibilisierung der Betriebe hat zum anderen zu einer merkbaren Differenzierung der Beschäftigten nach ihrem Beschäftigungsstatus in Kernbelegschaften mit Normal- und Vollzeitarbeit einerseits und diverse Formen der Pufferbeschäftigung von Leiharbeit, Scheinselbständigkeit, freie Mitarbeit, Heimarbeit, etc. andererseits geführt.

Das Phänomen der Scheinselbständigkeit verweist auf eine neue Dualisierung der Betriebsstruktur, wobei viele Klein- und Kleinstunternehmer, die meist Solo-Selbständige sind, von den großen Unternehmen abhängig sind. Zwar gibt es auch hier Bewegungen zur Netzwerk-

---

[2] Claus Offe, Vorwort, in: Ders. (Hg.), „Arbeitsgesellschaft". Strukturprobleme und Zukunftsperspektiven, Frankfurt/Main 1984, S. 7
[3] Ralf Dahrendorf, Wenn der Arbeitsgesellschaft die Arbeit ausgeht, in: Joachim Matthes (Hg.), Krise der Arbeitsgesellschaft, op. cit., S. 25-37
[4] Tom Forester, High-Tech Society, Oxford 1987, insbes. S. 241ff

bildung der Klein- und Mittelbetriebe, aber das ist jeweils sehr differenziert zu beurteilen. Weltweit gesehen entsteht jedenfalls eine starke Differenzierung zwischen den „global players", den großen transnationalen Konzerne und den Kapitalmarkt- und Finanzinstitutionen und den für den lokalen Markt arbeitenden Betrieben. Auch sind viele der Klein- und Mittelbetriebe nicht nur von Großunternehmen und deren Aufträgen abhängig, sondern sie sind es auch von anderen Gruppen, die sie selbst beschäftigen (z. B. Anlageberatern, Fondsmanagern, Steuerberatern etc.).

Die bekannte Differenzierung von „Wissensarbeitern" und „service workers" suggeriert eine neue Zweiteilung in die „Unternehmenswirtschaft" und in die „haushaltsorientierte Wirtschaft". Die in der „Unternehmenswirtschaft" Tätigen, egal ob selbständig oder ob sie eine Beschäftigung in der modernen, offiziellen Wirtschaft der großen Konzerne und multinationalen Unternehmen haben, sind eine ganz andere Gruppe als jene, die vor allem für den Bedarf der privaten Haushalte arbeiten. Innerhalb der ersteren Gruppe gibt es wieder große Distanzen zwischen den Top-Managern und Spitzenexperten, deren Einkommen sich auf einem globalen Markt für internationales Spitzenpersonal bildet, und der großen Zahl der anderen hochqualifizierten Beschäftigten, die nach landesüblichen Einkommensniveaus entlohnt werden. Personen in leitender Stellung oder in den technologisch und/oder ökonomisch führenden Bereichen erhalten spezielle Bonifikationen in Form von Unternehmensaktien (z. B. „stock options") oder Gratifikationen aus erfolgreichen Geschäftstransaktionen und entwickeln daher „vested interests" an der neoliberalen Kapitalglobalisierung. Auf Grund ihrer hohen Einkommen können sie überdies die neuen Möglichkeiten der Wertpapier- und Kapitalmärkte selbst nutzen, was zwar auch vielen besser verdienenden Personen durch die Verbreitung von Investmentfonds und ähnlichen Anlagemöglichkeiten offen steht, aber bei der Masse doch nur eine andere Sparform darstellt.

Auf Grund ihres Wohlstands und der durch die Orientierung am Beruf bedingten Rationalisierung auch der Familien und Haushalte lassen die Spitzenverdiener all die „Arbeit", die im Privatbereich anfällt, von der Kindererziehung und Krankenpflege, Raumpflege und Einkaufsdiensten, Lebensberatung und Fitnesserhaltung etc. durch andere erledigen. Damit ist eine neue Differenzierung entstanden, die sich nicht mehr nur auf die Beschäftigungsstruktur bezieht, sondern auch eine Ökonomisierung des Privatbereichs und die Schaffung neuer Arbeitsmöglichkeiten in diesem impliziert, die jedoch zu einem Großteil in den Bereich informeller und irregulärer Beschäftigung fallen.

Neue Strukturen der Wirtschaftsgesellschaft

Seit einiger Zeit haben auch Formen der Arbeit und Wirtschaft Beachtung gefunden, die nicht im Rahmen des offiziellen Erwerbssystems stattfinden. Dies bezog sich zunächst auf die informelle Wirtschaft der Entwicklungsländer, deren moderne industrielle Sektoren auf einer breiten Basis der traditionellen Wirtschaft beruhen, die keiner formalen Regelung unterliegen. Aber auch in den Industrieländern, gehäuft in den weniger entwickelten Regionen derselben, bestehen noch solche Enklaven, wie etwa im Mezzogiorno. Darüber hinaus gibt es jedoch auch und insbesondere in den modernen Gesellschaften eine Reihe von wirtschaftlich relevanten Aktivitäten, die sich der Subsumierung unter die offizielle Wirtschaft entziehen. Sie sind zum Teil Reste der traditionellen Wirtschaftsweisen, die auf die Tatsache verweisen, dass Wirtschaft mehr ist als Marktwirtschaft. Darüber hinaus umfasst die Schattenwirtschaft oder informelle Wirtschaft von der Nachbarschaftshilfe bis zu Schwarzmarktaktivitäten und Wirtschaftskriminalität ein breites Spektrum von ökonomisch relevanten Handlungsweisen.

Die Begriffe „informeller Sektor, „autonomer Sektor", „Schattenwirtschaft", „Alternativökonomie" wurden geprägt, um diese unterschiedlichen Formen zu beschreiben. Der Begriff „informeller Sektor" ist ein Hilfsausdruck und bezeichnet zunächst einfach den „Rest" an wirtschaftlichen Aktivitäten; der nicht in die volkswirtschaftliche Gesamtrechnung eingeht. Dabei handelt es sich um durchaus heterogene Aktivitäten, der informelle Sektor umfasst einen erwerbswirtschaftlichen Bereich (Untergrund- oder Ausweichwirtschaft) und einen bedarfs- und selbstversorgungswirtschaftlichen Sektor, das sind jene ebenfalls nicht deklarierten Arbeiten und Austauschprozesse, die auf sozialen Reziprozitätsbeziehungen beruhen (Nachbarschaftshilfe, Selbsthilfe, Alternativökonomie).[5] Die Bezeichnung „autonomer Sektor" legt das Schwergewicht auf die Kriterien der Selbstbestimmtheit und Eigenständigkeit der Arbeit und der Unabhängigkeit von Markt und Wirtschaftsorganisationen.[6] Als Merkmal des autonomen Sektors sieht Matzner unter dem Einfluss von Gesellschaftstheoretikern wie Illich und Gorz die Selbstbestimmung durch die Arbeitenden/Produzenten, die gleichzeitig auch die Nutznießer sind.

Die informelle Ökonomie umfasst aber auch Schwarzmarktaktivitäten, Schwarzhandel, Schwarzarbeit, darüber hinaus auch Eigentumsdelikte, Einkommen aus Prostitution, Drogenhandel, Menschenschmuggel, Schlepperwesen, illegale Finanztransaktionen wie „Geldwäsche", diverse Machinationen an der Grenze der Legalität via Briefkastenfirmen, off-shore-Bankenzentren, etc. Mit der internationalen Zunahme der organisierten Kriminalität ist die illegale Ökonomie zu einem Sektor der globalen Wirtschaft geworden. Allerdings ist diese „schwarze" Wirtschaft zunehmend mit den Aktivitäten der offiziellen Wirtschaft vermischt, was etwa durch die Verwicklung selbst großer Konzernmanager in illegale Geschäfte den Sog der internationalen „informellen Wirtschaft" belegt. Die Möglichkeiten der Bereicherung und der Druck von Seiten der Profitinteressen von Investoren mit unterschiedlichem legalem bis illegalem Hintergrund haben die Durchmischung von regulären und irregulären Praktiken gefördert sowie die Intransparenz der globalen Finanzgeschäfte.

Große Aufmerksamkeit im Zuge der Kritik am Wohlfahrtsstaat haben aber auch die freiwilligen Leistungen der „Zivilgesellschaft" auf sich gezogen, die dort ansetzen, wo die staatlichen bzw. öffentlichen Sozialeinrichtungen versagen oder zu teuer sind: Die Hilfe für Obdachlose, misshandelte Frauen, Kinder, für Kranke und Behinderte etc. und die Selbsthilfegruppen, die von freiwilligen, unbezahlten Helfern organisiert und geleistet wird. Andererseits erscheint der informelle Sektor auch im Zusammenhang mit den hohen Arbeitslosenzahlen interessant, da hier irregulär oder „schwarz" immerhin Beschäftigungschancen bestehen, während sie in der offiziellen Wirtschaft immer knapper werden.

---

[5] Jonathan Gershuny, After Industrial Society? The Emerging Self-Service Economy, London-Basingstoke 1978; Klaus Gretschmann, Wirtschaft im Schatten von Markt und Staat, Frankfurt/Main 1983

[6] Egon Matzner, Der Wohlfahrtsstaat von morgen, Wien 1982, S. 165

Ein Bereich, der sich aus Wurzeln, die in informellen Aktivitäten, sozialen Bewegungen, Bürgerinitiativen, Selbsthilfegruppen etc. lagen, zu einem Dritten Sektor der offiziellen Wirtschaft neben dem öffentlichen und dem privatwirtschaftlichen Bereich entwickelt hat, umfasst die so genannten Non-Profit-Organisationen. Auch die Arbeits- und Beschäftigungsmöglichkeiten dieses Sektors haben in der letzten Zeit stark an Bedeutung gewonnen.[7] Sie weisen gewisse Besonderheiten auf wie etwa ein großes soziales Engagement bei den Beschäftigten, das auch vergleichsweise niedrigere Arbeitseinkommen akzeptabel macht; mitunter eine Mischung aus angestelltem und freiwilligem Personal; eine starke öffentliche Verpflichtung zu Widmungsgemäßheit und Sparsamkeit bei der Verwendung der aus staatlichen Subventionen oder Spenden stammenden Finanzmittel.

Die Tatsache, dass der informelle Sektor bzw. die nicht gewinnorientierten Organisationen in der Gegenwart so große Beachtung finden, weist darauf hin, dass sich die gesellschaftlichen Strukturen der Wirtschaft heute stark differenzieren. Der eigentlich „kapitalistische" Bereich macht zwar nur einen Teil der Wirtschaft aus, aber er übt einen großen Druck auf Staat und Zivilgesellschaft aus. Viele Leistungen, darunter gerade jene, die für die Wohlfahrt und das Leben der Menschen von ungeheurer Wichtigkeit sind, werden nicht durch den kapitalistischen Bereich angeboten. Im Gegenteil, vielen Schäden, die durch eine betonte Markt- und Gewinnorientierung entstehen, müssen durch den Staat – und da auch der staatliche Bereich auf Grund seiner hohen Kosten und bürokratischen Ineffizienz reduziert wird – durch freiwillige Hilfen, Selbsthilfe und Organisation des Dritten Sektors entgegengewirkt werden.

Auch die offizielle Wirtschaft in den modernen Gesellschaften weist gegenwärtig eine differenzierte Struktur auf, und zwar

- in einen kapitalistischen Sektor, der global operiert, in dem die Ziele eindeutig an Kapitalgewinn orientiert sind, der lokal immer weniger Menschen und diese „flexibel" beschäftigt, seinen Personalstand aber weltweit rekrutiert, und der seine Ansprüche in Bezug auf Qualifikation, Kontrolle und Engagement zunehmend einseitig definiert;
- in einen Sektor, der meist durch kleinbetriebliche Struktur gekennzeichnet ist; er ist teils in spezifisch hochtechnologischen Bereichen, teils in konventionelleren Funktionen angesiedelt; auch die Kapitalabhängigkeit ist sehr unterschiedlich, aber generell ist auch die Mitarbeiterorientierung hoch;
- in einen öffentlichen Sektor, der sich mehr und mehr aus der bürokratisch-industriellen Wohlfahrtsstaatlichkeit zurückzieht, und sich differenziert in Kernbereiche der staatlichen Verwaltung einerseits und Bereiche, die zunehmend markt- und effizienzwirtschaftlichen Prinzipien unterworfen sind und sich zwischen Privatisierung und „Autonomisierung" jedenfalls auf Entbeamtung und „new public management"-Prinzipien stützen;
- in einen stark diversifizierten Sektor, der Bereiche umfasst, die vordem „informell" waren, aber sich zu einem sog. dritten Sektor von Organisationen der formellen Wirtschaft mit informellen Elementen herausgebildet haben. Dieser dehnt seine Leistungen

---

[7] Siehe dazu: Sigrid Betzelt, The Third Sector as a Job Machine? Frankfurt 2001

1 Transformation und Spaltung der Arbeits- und Erwerbsgesellschaft

und sein Beschäftigungspotential immer weiter aus, aber für seine Finanzierung ist er weitgehend auf freiwillige Beiträge und Spenden bzw. Subventionen des Staates angewiesen.

In jedem dieser Bereiche bestehen unterschiedliche Formen der Arbeit und der Beschäftigung, der Arbeitsbedingungen und der Arbeitsbeziehungen, so dass die Bedeutung dessen, was unter „Arbeit" zu verstehen ist, sehr verschiedene Inhalte aufweist.

In der Gegenwart kommt es über die durch Industrialisierung und Konsum bestimmte Durchökonomisierung der Gesellschaft hinaus in gewisser Weise zu einem Eintreten der (Zivil-)Gesellschaft in die Funktion der Wirtschaft, denn die kapitalistische Ökonomie überlässt zunehmend die Besorgung wichtiger gesellschaftlich notwendiger, aber nicht gewinnträchtiger Arbeit den einzelnen und ihrer organisatorischen Phantasie und der Bereitstellung privater Mittel der Haushalte in personeller und monetärer Hinsicht. Auch der Staat tritt Teile seiner Aktivitäten an die Unternehmen einerseits und die Gesellschaft andererseits ab, um durch Markt und Privatinitiative für größere Effizienz zu sorgen bzw. „die Gesellschaft" zu erhöhten freiwilligen Leistungen oder unentgeltlichen Diensten heran zu ziehen.

Man kann sicherlich davon ausgehen, dass in Gesellschaften mit hohem Wohlstand, hohem Bildungsniveau und einer nicht zu hohen zeitlichen Belastung der Einzelnen durch die Erwerbstätigkeit die allgemeine Versorgungs- und Arbeitsbeschaffungsfunktion des Staates zurücktreten kann. Aber in der Gegenwart hat sich die wirtschaftliche und soziale Situation für eine relativ große Gruppe von Menschen auch wieder verschlechtert, und zu dieser Gruppe kann auf Grund des raschen Wandels im Erwerbssektor jeder Einzelne einmal gehören. Durch die prekären Existenzbedingungen, die Häufung von atypischen Beschäftigungsverhältnissen und oftmaligen Zeiten von Arbeits- bzw. Beschäftigungslosigkeit sowie die beträchtliche Vergrößerung der sozialen Ungleichheit zeichnet sich auch wieder die Möglichkeit der Entstehung eines neuen Proletariats ab, das sich nicht so sehr durch materielle Besitzlosigkeit als vielmehr durch das Nicht-Besitzen der relevanten neuen Kenntnisse und Einstellungen auszeichnet, die im Sinne der verbreiteten Vision von der Wissensgesellschaft als wichtig charakterisiert werden. Diese neue Reservearmee der Wissensgesellschaft stellt einen fließenden Übergang her zu jenen, die zu Dauerarbeitslosen, Randgruppen oder auch Aussteigern werden. Dazu gehören nicht nur jene, die aus welchen Gründen auch immer nicht mehr integrierbar erscheinen, sondern auch die Menschen, die die „schöne neue Arbeitswelt"[8] nicht als erstrebenswert ansehen. Ob sich daraus eine „Zweidrittelgesellschaft" herausbildet oder das, was Clark Kerr schon vor Jahrzehnten in der amerikanischen Gesellschaft sich entwickeln sah, die Spaltung in eine „inner society" und eine „underclass"[9] ist fraglich, eine prägnante exklusive Differenzierung scheint aber wahrscheinlich, was die Theorie der Industriegesellschaft als einer offenen Leistungsgesellschaft, deren vertikale Gliederung in Schichten auf Beruf und Ansehen beruht und in der Aufstieg im Prinzip jedem möglich ist, obsolet macht.

---

[8] Ulrich Beck, Schöne neue Arbeitswelt, Frankfurt-New York 1999
[9] Clark Kerr, Marshall, Marx and Modern Times, Cambridge 1969

2 Von der Kritik zur Pragmatik?

Die Diskurse über die Wirtschaftsgesellschaft waren in der Vergangenheit durch die Tatsache bestimmt, dass sich die affirmativen Feststellungen der „modernen" Wirtschafts- und Arbeitsweise und ihres Niederschlags in den Strukturen und Konflikten der Industriegesellschaft immer kritischen Stellungnahmen gegenüber sahen. Diese waren zunächst im Anschluss an Karl Marx auf die Kritik am Kapitalismus oder vielmehr an der kapitalistischen Gesellschaft gerichtet gewesen, hatten sich dann jedoch im Verlauf der Entwicklung der modernen Gesellschaften zu „managerial capitalism", Konsumgesellschaft und Wohlfahrtsstaat mehr und mehr in eine Kulturkritik transformiert. Ein anderer Ansatzpunkt der Kritik war dann in Zusammenhang mit der Ressourcen- und Umweltproblematik der am Industrialismus selbst bzw. am industriekapitalistischen Wachstum. Dies ging auch einher mit kritischer Beleuchtung der Probleme der Arbeit in der tayloristisch-fordistischen Massenproduktion im Rahmen großer bürokratischer Organisationen.

Von der kapitalistischen Gesellschaftskritik zur Systemkritik als Kulturanalyse

Die sich an Marx orientierende Kritik der kapitalistischen Gesellschaft begegnete bald einem massiven Problem. Dieses lag weniger in dem Nichteintreten der von Marx vorhergesehenen Selbstzerstörung des Kapitalismus, der in den ersten Jahrzehnten des 20. Jahrhunderts immerhin in der Krise gesehen wurde. Es lag vielmehr darin, dass in Marx' Denken die Verbesserung der Lebenslage durch die Arbeiterschaft selbst und ihre Integration in die kapitalistische Gesellschaft nicht vorgesehen war. Tatsächlich aber entstanden mit den politischen und wirtschaftlichen Arbeiterbewegungen gegenmächtige Kräfte, die an der Transformation des Kapitalismus mitwirkten. Dieser wandelte sich daher durch den Verlust eines personalen Gegners, der „bourgeousie", und die Entstehung der staatlichen Sozialpolitik, der organisierten Interessengruppen und dem Massenkonsum, der sich nach dem Zweiten Weltkrieg auch in Europa entwickelte, in eine fast nicht mehr „kapitalistisch" anmutende Form.

Die Gesellschaftskritik wandte sich daher der Konsumgesellschaft und den symbolischen Herrschaftsstrukturen und deren Auswirkungen auf die menschliche Existenzweise und die Verdinglichung sozialer Beziehungen in allen Bereichen des Lebens zu. Auch die Wissenschaft wurde als Ausdruck dieser Entwicklung gesehen und der Objektcharakter, den die positivistische Wissenschaft den Menschen zuweist, kritisiert. Georg Lukács sah, dass selbst der Marxismus einer Transformation durch die Veränderung der gesellschaftlichen Bedingungen unterliegt, indem die Wirtschaft ihr eigenes Recht, ihre eigene Sprache, ihr eigenes (bürokratisches) Verwaltungssystem, ihre eigene Wissenschaft erzeugt, die alle die Warenbeziehungen reflektieren, auf deren Grundlage sie entstanden sind. Die kapitalistische Produktionsweise hat sich ihre eigene Welt und zugleich die Interpretation dieser Welt als selbstverständlich und gegeben erschaffen.[10]

---

[10] Georg Lukács, Geschichte und Klassenbewußtsein, Berlin 1923

2 Von der Kritik zur Pragmatik?

Der Verdinglichung des Lebens widmeten im besonderen die Vertreter der so genannten Kritischen Theorie der Frankfurter Schule, vor allem Max Horkheimer und Theodor W. Adorno, bereits in den 30er Jahren dieses Jahrhunderts besondere Aufmerksamkeit. Sie entwickelten eine Kulturkritik auf hegelianisch-marxistischer Basis. Adorno beschäftigte sich etwa mit dem Niedergang von Musik und Kunst durch deren Warencharakter in der kapitalistischen Gesellschaft.

Herbert Marcuse, der eine Zeit hindurch der Kritischen Theorie nahe stand, verband Elemente des Marxismus mit der Freud'schen Interpretation der Zivilisation als Produkt der Unterdrückung und Sublimation des Lustprinzips; demnach kommt es bei steigendem zivilisatorischen Niveau zur Regression einerseits, zur Selbstzweckhaftigkeit der Arbeit und der Produktivität andererseits. Marcuse verwandelte den Freud'schen Kulturpessimismus in eine utopische Vision, die besagt, dass nach Erreichen eines bestimmten technischen Niveaus die Arbeit aufhört, dominanter Faktor zu sein; die unterdrückte, entfremdete Arbeit kann dann auf ein Minimum reduziert werden, die Menschen müssen ihre Triebe nicht mehr unterdrücken, sondern können diese in einer libidinösen Zivilisation ausleben, in der die Lust als ein Ziel an sich anerkannt wird. Die Konsumgesellschaft prangerte er als eine Gesellschaft eindimensionaler Menschen an, die das Opfer eines falschen Bewusstseins und falscher, von Ausbeutern aufoktroyierter Bedürfnisse sind. Menschen und Dinge werden auf ihre Funktion reduziert, erstere manipuliert und ihrer Freiheit durch die Indoktrination durch Massenmedien, Werbung und Konsumwelt beraubt. In dieser Gesellschaft gibt es auch keine echte Opposition, denn sie hat diese wieder zur Funktion gemacht und damit dem System einverleibt. Die Beherrschung und Ausbeutung einer Klasse durch eine andere wird durch die staatliche Lenkung mehr und mehr ersetzt, je „rationaler" die technologischen Grundlagen der gesellschaftlichen Produktion werden. In dieser gegen jede Ideologiekritik immun gewordenen Gesellschaft identifiziert sich der Mensch mit seiner entfremdeten Existenz und findet in ihr seine Befriedigung. Das ist jedoch nicht das „Ende der Ideologie", sondern vielmehr die Ideologisierung der Produktion und ihrer Technologie.[11] Marcuse prangerte die dadurch bewirkte Beherrschung des Denkens und Wollens der Menschen, die Technokratie, an.

Diese Technokratiekritik der kritischen Theorie und des Neomarxismus löste die eigentliche Kapitalismuskritik ab. Technikkritik gab es zwar immer und von verschiedenen Seiten, aber sie war entweder an den sozialen Rationalisierungseffekten des technischen Wandels, insbesondere der Freisetzung orientiert, oder stammte aus einer geistesaristokratisch-konservativen Haltung (Gehlen, Freyer, Schelsky etc.). Nun jedoch wurden das ideologische Potential der Technik und der Wissenschaft und die strukturelle Affinität zwischen Technik, Wissenschaft und Kapital betont, die den technischen Wandel als Sachzwang erscheinen lässt, der nicht hinterfragt wird.[12]

---

[11] Herbert Marcuse, Triebstrukturen und Gesellschaft, Frankfurt/Main 1980; Ders., Der eindimensionale Mensch, Darmstadt-Neuwied 1967
[12] Otto Ullrich, Technik und Herrschaft, Frankfurt/Main 1979, S. 116ff

Jürgen Habermas erkannte, dass Arbeit nicht mehr die einzige strukturierende Grundlage der Gesellschaft ist; der wissenschaftlich-technische Wandel wurde vielmehr zur primären Produktivkraft und das in einem Maße, dass die faktische Macht der Technokratie die demokratische Willensbildung problematisch werden lässt. Die Annahme der Arbeitswertlehre, wonach die Arbeit als alleinig wertschaffend angenommen wird, muss durch die enorme Produktivkraft von Technik und Wissenschaft als überholt angesehen werden. Habermas hob insbesondere hervor, dass Wissenschaft und Technik nicht nur als materiell-produktive Faktoren anzusehen sind; sie haben darüber hinaus eine starke bewusstseinsbildende Wirkung, sind die Sinnlieferanten unserer Zeit, denn sie erzeugen nicht nur Dinge, sondern auch Vorstellungen, Bilder, Sinn. Sie sind mit anderen Worten technokratische Ideologien, die darin bestehen, dass sie implizit unterstellen, alle menschlichen Probleme seien technisch-organisatorischer Art und daher mit wissenschaftlich-technischen Mitteln zu lösen.

Die Verdinglichung und Entfremdung des Menschen ist daher nicht nur durch den Warencharakter der Arbeit im Kapitalismus bestimmt, sondern auch durch die Internalisierung der technokratischen Ideologie. Der zur Systemrationalität erhobenen und nicht mehr hinterfragten technokratischen Denkweise in der modernen Gesellschaft wirft Habermas vor, herrschaftslegitimierende Ideologie für ein System der Verwaltung von Menschen zu sein. Damit verschob sich das Herrschaftskriterium von den materiellen Produktionsverhältnissen hin zu Sprache und Kommunikationsstrukturen, die der Manipulation des Denkens und Handelns der Menschen dienen.[13]

Habermas verwies bereits in seiner Auseinandersetzung mit Hegel auf die in dessen „Philosophie des Geistes" enthaltenen drei dialektischen Muster für den Bildungsprozess des Geistes: Sprache, Werkzeug, Familie, oder allgemeiner: symbolische Darstellung, Arbeitsprozess und Interaktion. Ihnen entsprechen je verschiedene Vermittlungen von Subjekt und Objekt, ihr Zusammenhang aber bestimmt erst den geistigen Prozess.[14] In der „Theorie des kommunikativen Handelns" versuchte Habermas dann die Grundlegung einer kritischen Theorie auf der Basis der Analyse der Kommunikationsstrukturen und -prozesse.[15] Nicht die Produktionsverhältnisse, sondern die gesellschaftlichen Kommunikationsformen werden zum Ziel veränderungsorientierter Reflexion. Die Entfremdung des Menschen ist durch gestörte Kommunikation und asymmetrische Beziehungen begründet, denn neben die monologischen Beziehungen zur materiellen Umwelt (instrumentales Handeln) und an die Stelle der dialogischen Beziehungen zwischen Menschen (kommunikatives Handeln) treten monologische Beziehungsmuster zwischen Menschen (strategisches Handeln) und verzerrte zwischenmenschliche Prozesse (asymmetrische Kommunikationsstrukturen).

Die Gesellschaftstheorie, die sich nicht nur um die Analyse der gesellschaftlichen Situation, sondern um Kritik bemüht, muss Kategorien und Bezüge einführen, die über die reine Fest-

---

[13] Jürgen Habermas, Technik und Wissenschaft als „Ideologie", Frankfurt/Main 1969
[14] Jürgen Habermas, Arbeit und Interaktion. Bemerkungen zu Hegels Jenenser „Philosophie des Geistes", in: Ders., Technik und Wissenschaft als „Ideologie", Frankfurt/Main 1969, S. 9-47
[15] Jürgen Habermas, Theorie des kommunikativen Handelns, 2 Bde., Frankfurt/Main 1981

2 Von der Kritik zur Pragmatik?

stellung des Gegebenen hinausführen. Kategorien der Arbeit bzw. Produktion eignen sich in der Sicht der kritischen Theorie dazu nicht, weil sich daraus keine Alternativentwürfe zum Erwerbssystem ableiten lassen. Habermas stellt daher dem Erwerbssystem die Lebenswelt gegenüber. Anliegen einer kritischen Gesellschaftstheorie ist die Wiedervereinigung der rationalisierten Kultur mit der Alltagskommunikation; damit würde auch die für die Moderne charakteristische Form und Auffassung von Gesellschaft überwunden.

Unter dem Einfluss des Systembegriffs, der mehr und mehr in die Sozialwissenschaften Eingang fand, meinte Habermas, dass sich das „System" von der Lebenswelt entkoppelt habe. Das System hat sich aus der Lebenswelt ausdifferenziert und verselbständigt, so dass es eigene Medien, Geld im Bereich der Wirtschaft, und Macht in dem des Staates, ausgebildet habe. Systemkommunikation basiert daher nicht mehr auf den lebensweltlichen Medien von Sprache und Interaktion, sondern hat ihrerseits die Lebenswelt unterwandert; es sei zur Kolonisierung der Lebenswelt durch die Umorientierung derselben auf die Medien Geld und Macht des in Wirtschaft und Staat ausdifferenzierten Gesellschaftssystems gekommen.

Der Dualismus von System und Lebenswelt fand weite Verbreitung in der Analyse der Gegenwartsgesellschaft; so etwa, wenn John Friedmann den „Lebensraum" und den „Wirtschaftsraum" als die zwei für die Erhaltung der modernen Gesellschaften grundlegenden Dimensionen, die eine Einheit aus Gegensätzen darstellen, unterscheidet: den abstrakten ökonomische Prozess einerseits und die konkrete „community" andererseits. Auch er konstatiert eine Invasion des Lebensraumes durch den Wirtschaftsraum.

„Over the last two centuries, economic space has been subverting, invading, and fragmenting the life spaces of individuals and communities."[16]

Das duale Begriffspaar erinnert aber auch an die altehrwürdige Unterscheidung, die Ferdinand Tönnies, einer der Begründer der Soziologie in Deutschland, zwischen „Gemeinschaft" und „Gesellschaft" traf. In der kritischen Theorie wird sie allerdings im Sinne eines Gegensatzes zwischen dem rationalen und eigendynamischen Wirtschaftssystem und der Lebenswelt formuliert.

Die Menschen selbst weisen unterschiedliche Orientierungen an Erwerbssystem und Lebenswelt auf, die vielfach durch ihre Einstellung zur Technik bestimmt sind. Joseph Huber hat darauf hingewiesen, dass ein Zusammenhang besteht zwischen mehr system- oder mehr lebensweltorientierten Weltbildern einerseits und eutopen (positiven) bzw. dystopen (negativen) Technikbildern andererseits.[17]

Eine besonders radikale Sicht vertrat André Gorz; auch er ging von der Annahme der Zentralität der Arbeit für die Gesellschaft ab und konstatierte sogar die Sinnlosigkeit aller Arbeit, die aus der Tatsache folge, dass in der Gesellschaft produziert wird, um zu arbeiten statt

---

[16] John Friedmann, Life Space and Economic Space: Contradictions in Regional Development, Los Angeles 1981
[17] Joseph Huber, Technikbilder. Weltanschauliche Weichenstellungen der Technologie- und Umweltpolitik, Opladen 1989

umgekehrt. Er plädierte daher für eine Minimierung der gesellschaftlichen Arbeit und für die „Befreiung der Zeit". Wie Ivan Illich differenzierte Gorz zwischen der autonomen Sphäre und der heteronomen Sphäre und verstand sie in der Art zweier unterschiedlicher Wirtschaftsformen: für die heteronome Sphäre sind Marktsystem, Lohnarbeit und Fremdbestimmtheit kennzeichnend, für die autonome Sphäre Selbstverwaltung, Versorgungsorientierung, Selbstbestimmtheit. Aber auch wenn die Autonomisierung der heteronomen Sphäre wichtig ist, sah Gorz das eigentliche Ziel in der Überwindung des Produktivismus; diese aber, so meinte er, ist weder von der Kapitalisten- noch von der Arbeiterklasse zu erwarten.[18]

Dieser kurze Rückblick auf die Gesellschaftskritik zeigt, dass sich diese immer mehr zu einer Kulturkritik wandelte, in deren Mittelpunkt die Kritik an Technokratie, Konsumkultur und der Ideologisierung der Wissenschaft stehen. An die Stelle der Kritik am Kapitalismus als von den Interessen einer Klasse getriebenes System trat die Kritik von Kommunikationsstrukturen und Lebens- und Denkformen.

Wachstums- und Industrialismuskritik

Nach dem raschen Wachstum der Wirtschaften der entwickelten Industrieländer in den 60er Jahren begannen sich erste warnende Stimmen zu erheben, die die Probleme einer sich ständig ausweitenden industriellen Produktion aufzeigten. Der Bericht des Club of Rome über die „Grenzen des Wachstums" erregte über die akademische Welt hinaus Aufsehen und löste Diskussionen über die Folgen ungebremsten Wachstums aus. Nicolas Georgescu-Roegen wies 1972 auf die Bedeutung des zweiten Hauptsatzes der Thermodynamik, des Entropieprinzips, hin und wandte dieses Gesetz auf die Wirtschaft an; d. h. die Wirtschaftswissenschaft muss die grundsätzliche Erschöpfbarkeit der Ressourcen berücksichtigen. Auch der Club of Rome-Bericht hatte die Endlichkeit der Energievorräte der Erde als restriktive Bedingung des weiteren Wachstums aufgezeigt. Die die Neuzeit beherrschende und begründende Metapher von der Entfaltung der Energie und der Bewegung, beruhend auf dem ersten Hauptsatz der Thermodynamik, ist in die Krise geraten.

> „Der zweite Hauptsatz der Thermodynamik, dass unsere Systeme endlich sind und dass Dekadenz wahrscheinlicher ist als Erhaltung, ist das dominante Prinzip der Nachneuzeit[...]."[19]

In der Folge wurde die Entropiemetapher auch auf nicht-materielle Bereiche angewandt; so wurde sie von Fred Hirsch als die „sozialen Grenzen des Wachstums" oder von Gunther Remmling als „Weg in den Zweifel" verstanden.[20]

---

[18] André Gorz, Abschied vom Proletariat, Frankfurt/Main 1988, S. 68
[19] Peter Koslowski, Die postmoderne Kultur, München 1987, S. 13
[20] Fred Hirsch, Die sozialen Grenzen des Wachstums, Reinbek b. Hamburg 1980; Gunther Remmling, Der Weg in den Zweifel, Stuttgart 1975

2 Von der Kritik zur Pragmatik?

Wachstum und Wachstumskritik wurden in den 70er Jahren allgemein diskutiert; letztere schloss auch eine Kritik an der vorherrschenden, an quantitativen Zuwächsen orientierten Verwendung von Wissenschaft und Technik ein.[21] Neben den Weltmodellen, die der Club of Rome-Studie folgten und deren Pessimismus zum Teil zu widerlegen beabsichtigten[22], traf vor allem die Diskussion über die „kleinen Einheiten" über Dezentralisierung und Regionalisierung der industriellen Strukturen auf Interesse. Schließlich wurde dann die ökologische Bedrohung der Menschheit durch die Umweltzerstörung im Interesse des industriellen Wachstums, das dem Konsum bzw. der Rüstung dient, das dominante Thema. Nicht nur werden nunmehr die Energiequellen und Rohstoffe für das weitere Wachstum der Industrieproduktion und der Konsumgesellschaft als erschöpfbar angesehen, sondern die Bedrohung des Lebens durch die als „Nebenprodukt" des Wachstums sterbenden Wälder und Tiere und die Vergiftung der Lufthülle der Erde und des Wassers wurden erkannt. Die engen Wechselbeziehungen zwischen Natur, Technik und menschlichen Überlebenschancen werden als Systemzusammenhang, als „Ökosystem" begriffen.

Die Kritik am Industriesystem knüpfte an den wirtschaftstheoretischen Begriff der „external costs" oder „externalities" an, wie ihn schon Alfred Marshall und Arthur C. Pigou entwickelten. Dieser Begriff problematisiert das Verhältnis und die Abgrenzung der „Wirtschaft" bzw. der Wirtschaftsunternehmen zur gesellschaftlichen Umwelt. Besondere Betonung hat William K. Kapp auf die „social costs" der Wirtschaftsbetriebe gelegt, d. h. die Kosten, die zwar durch den Betrieb entstehen, die aber die Gesellschaft tragen muss.[23] Auch die Erkenntnis, dass das Wirtschaftswachstum selbst Nachteile, „Kosten" des Wachstums, produziert, machte das Produktivitätswachstum als solches fragwürdig.[24] Arbeit in diesem System der wachsenden Produktion, ist daher nicht nur belastend, monoton und entfremdend, sondern sie hat sogar destruktive Folgen.[25]

Die „ökologische Kommunikation" prägte den nachmodernen Diskurs, konkrete Maßnahmen aber erwiesen sich auf Grund des Widerstands der Wirtschaft und teilweise auch der Politik als schwer realisierbar. Engagierte Naturwissenschaftler weisen immer wieder eindringlich auf die Gefahren hin, doch stellen die politischen und sozialen Veränderungsmöglichkeiten das eigentliche Problem dar, weil diese Schäden und Gefahren zum Großteil durch menschliches Handeln verursacht sind. Während die Mahner uns die Gefahren vor Augen halten und Messungen etwa der Luft- und Wasserqualität alarmierende Werte ergeben, laufen eingefahrene Verhaltenswiesen, bürokratische Routinehandlungen und interessenbedingte Entscheidungen weiter in die falsche Richtung, weil zwischen Bewusstsein und Handeln eine Kluft besteht und der Zusammenhang zwischen den Handlungen der Einzelnen und den Gesamtkonsequenzen vage und „trattabile" erscheint. Dem Umwelt-Systemzusammenhang

---

[21] Siehe: Ezra J. Mishan, Die Wachstumsdebatte, Stuttgart 1980
[22] Jay W. Forrester, Der teuflische Regelkreis, Stuttgart 1972; Eduard Pestel/M. Meserovic, Menschheit am Wendepunkt, Stuttgart 1974
[23] William K. Kapp, Social Costs of Private Enterprise, New York 1971
[24] Ezra J. Mishan, The Costs of Economic Growth, Harmondsworth 1967
[25] Lars Clausen, Produktive Arbeit – destruktive Arbeit, Berlin-New York 1988

steht ein System ökonomischer, politischer und sozialstruktureller Elemente gegenüber, das gleichzeitig real und eine gedankliche Konstruktion ist, so dass ihm Eigendynamik zugeschrieben wird.

Die sich darauf richtende Kritik prangerte nicht mehr den gesellschaftlichen Grundwiderspruch zwischen wirtschaftlich und soziopolitisch unterschiedenen Klassen an, sondern den Industrialismus, den Glauben an wachsende Massenproduktion als Grundlage für Wohlstand und Wachstum. Strasser/Traube kritisierten das weltweite Dogma von der positiven Wirkung und Wertneutralität des technischen Fortschritts. Und sie fragen: Ist es nicht eine sonderbare Art von Wirtschaft, welche nur dadurch existiert, dass Menschen gegen Entgelt Güter und Dienstleistungen kaufen? Ist es selbstverständlich, dass alle Bedürfnisse durch diese Form des Wirtschaftens gedeckt werden, und die nicht über Geld vermittelte Bedürfnisdeckung – durch Tätigkeit im Bereich einer überschaubaren Gemeinschaft – der Wirtschaft von vornherein gar nicht zugerechnet wird?[26] „Das industrialistische Paradigma" beruht auf folgenden Vorurteilen: Der Mensch wird psychologisch auf den rational handelnden Hedonisten reduziert, wobei Erwerb und Konsum von Waren die Rolle der Lust, Arbeit die Rolle der Unlust spielen (utilitaristische Voraussetzung). Sodann wird stillschweigend nur das unter bedürfnisbefriedigendem Konsum rubriziert, was sich der „homo oeconomicus" für den Lohn seiner Arbeit kauft bzw. was er gegen die abgeführten Steuern als öffentliche Leistung angeboten bekommt, was also monetisierbar ist und in das Sozialprodukt eingeht. Dieses selbst wird als in Geld ausgedrückte Summe subjektiver Bedürfnis-Befriedigung verstanden.

Als treibende Kraft des Industrialismus sahen Strasser/Traube nicht „ die Kapitalisten", sondern die Interessen technokratischer Eliten, die Einfluss im Rahmen des anonymen Produktions- und Verteilungssystems ausüben. Nach Johan Galtung werden sie auch als BKI's (Bürokraten, Kapitalisten, Intelligenz) bezeichnet, d. h. nicht mehr die Kapitalisten allein wurden als verantwortlich gesehen. Das System funktioniert auch ohne K's, ja sogar in sozialistischen Systemen mit ähnlich schädlichen Wirkungen. Die Industrialismuskritik erwies sich daher als eine Gesellschafts- und Wirtschaftssystem übergreifende Kritik, die ähnlich argumentiert wie die Konvergenzthese, wonach der industriell-technische Fortschritt eine eigendynamische Wirkung entfaltet, die kapitalistische und sozialistische Ordnungen in einander immer ähnlicher werdende Systeme transformiert.

Von der Wachstums- zur Sozialstaats- und Bürokratiekritik

Die Verheißungen des Industrialismus, die sich um den Massenkonsum drehen, können nicht eingelöst werden; im realen Sozialismus konnten sie es ganz offenkundig nicht, aber auch im kapitalistischen Westen kommt es trotz Überfülle an Waren zu mannigfaltigen Frustrationen.[27] Viele der Massengüter sind so genannte „defensive Güter", d. h. sie finden Absatz, weil das industrielle System die Probleme und Bedürfnisse geschaffen hat, für die diese

---

[26] Johano Strasser/Klaus Traube, Die Zukunft des Fortschritts. Der Sozialismus und die Krise des Industrialismus, Bonn 1981, S. 62
[27] Lester C. Thurow, The Zero-Sum Society, New York 1980

Güter eine Lösung/Befriedigung darstellen, so kann etwa das Auto nicht nur als Transportmittel, Statussymbol, Lebensstilfaktor gesehen werden, sondern seine Verbreitung hat in der Autogesellschaft die Umwelt geschaffen, die es selbst wieder zur Notwendigkeit macht.

Das Wirtschaftswachstum löst auch das Problem der „positionellen Güter" nicht, das sind alle jene Güter, die nicht beliebig vermehrbar und „demokratisierbar" sind, weil sie sonst ihren Wert verlieren: Wenn alle jungen Menschen studieren, ist der „Status-Wert" der akademischen Bildung dahin sowie auch die Berufsaussichten für die Einzelnen, ganz zu schweigen von der Qualität und Sinnhaftigkeit der „Bildung"; wenn Edelsteine beliebig vermehrt werden, sind sie keine mehr; wenn alle auf die Seychellen fahren können, ist es aus mit Status- und auch Erholungswert dieser Inseln. Diese sozial knappen Güter können gerade durch Wirtschaftswachstum nicht vermehrt und verteilt werden: nur die Güter des materiellen Sektors, deren quantitative Steigerung keine Qualitätseinbuße bedeutet, sind durch Wirtschaftswachstum vermehrbar. Aber zunehmendes Wachstum verschiebt das Schwergewicht immer mehr in Richtung auf den positionellen Bereich, und löst damit eine sich immer weiter nach oben drehende Spirale von Nivellierung und Differenzierung aus. Trotz Wirtschaftswachstum kommt es nicht zu einem wirklichen gesellschaftlichen Fortschritt, denn jedes neue Gut schafft gleichzeitig wieder Deprivationen einerseits, soziale Kosten andererseits. Je schneller die Autos sind, umso besser müssen die Straßen sein, umso höher werden die Kosten auf Grund von Umweltschäden, was wieder zu einer Kostenexplosion des öffentlichen Sektors führt, der durch Steuererhöhungen abgedeckt werden muss usw.

Mit wachsender Wirtschaft wachsen unter den Bedingungen des Wohlfahrtsstaates auch die Staatsausgaben. Das Bildungssystem muss ausgebaut werden, denn höhere Bildung wird zur Notwendigkeit für früher durchschnittliche Positionen; die Medizin repariert Krankheiten, die durch die Entwicklung der Medizin erst erkannt werden; das Gesundheitssystem explodiert kostenmäßig und schafft Bedürfnisse, um sich selbst zu erhalten. Der Wohlfahrtsstaat erhält eine kostenbedingte Wachstumsdynamik und eine verselbständigte, sich selbst legitimierende und auf ihre ständige Erweiterung wirkende Bürokratie, er wurde zum „Sozialindustrialismus". Die Sozialpolitik dient als Motor und Stabilisator des Wachstums, ganz entgegen ihren ursprünglichen Zielen, die dehumanisierenden Züge des industriell-kapitalistischen Systems auszugleichen. Der Staat selbst und die Aufgaben, die er sich auferlegt hat, werden vom Wirtschaftswachstum abhängig und damit zusammen mit den Verbänden der großen Industrie auf Arbeitgeber- und Arbeitnehmerseite zum Förderer industriellen Wachstums. Er wird zusammen mit der Verbandsmacht zu einem Koloss, „der mit dem Gewicht eines Dinosauriers auf dem gesellschaftlichen Leben lastet".[28] Der Staat wird zum „idealen Gesamtkapitalisten"[29] in seiner Form als Sozial- oder Wohlfahrtstaat; sein Hang zu Kontrolle und Regelung wird umso größer, je komplexer die Gesellschaft wird. Jänicke ortet die Entstehung „bürokratisch-industrieller Komplexe", die eine Verflechtung von Staat und Industriesystem darstellen, weil ganze Wirtschaftszweige entstehen, die sich auf die Durch-

---

[28] Martin Jänicke, Umweltpolitik, Opladen 1978, S. 206
[29] Claus Offe, Strukturprobleme des kapitalistischen Staates, Frankfurt/Main 1980, S. 63

führung der Staatsaufgaben konzentrieren, so etwa der militärisch-industrielle Komplex, die Bauwirtschaft, der medizin-industrielle Komplex, der fiskalisch-kreditorische Komplex, der Wissenschaftskomplex, der Energiesektor, der Verkehrssektor, der Sicherheitssektor etc. und auch der öko-industrielle Komplex.[30] Letzterer entsteht durch die Industrialisierung der Behebung oder Verhütung von Umweltschäden; dadurch kommt es zu der grotesken Entwicklung, dass ein immer größerer Teil der Einkommensbezieher kapitalistischer Industriegesellschaften von strukturellen Problemen lebt, die das Industriesystem systematisch hervorruft. Immer neue Umweltprobleme schaffen immer neue Einkommen.[31]

Die Sogkraft des Marktsystems bewirkt, dass selbst die Kritik, die Probleme, die Krisen, die das System hervorruft, in dieses wieder als wirtschaftliche Geld- und Güterströme inkorporiert werden und damit das Sozialprodukt wachsen lassen. Es kommt zu einer Bürokratisierung bzw. zu einer Industrialisierung von Problemlösungen, indem man diese entweder dem Staat aufträgt oder über den Markt anbietet. Das lässt den Staat sich weiter aufblähen und schafft auch in der Wirtschaft große bürokratische Organisationen und damit wieder Probleme, die ihrerseits gelöst werden müssen. Dies jedoch ist wieder im Interesse sowohl von Industrie, staatlicher Bürokratie, Fiskus und sogar der Gewerkschaften, denn dadurch werden Gewinne, Regulierungsmacht, Geldumlauf und Arbeitsplätze gefördert. Die Argumentation verweist auf eine Art Eigendynamik und Selbsterhaltung, die in Richtung auf mehr Bürokratie und mehr Industrie geht, aber tatsächlich die Kostenträchtigkeit und Ineffektivität erhöht.[32]

Die Kritik am – quantitativen – Wachstum und am Industrialismus wurde damit zu einer Kritik am Wohlfahrtsstaat und dem mit ihm mitgedachten System von Interessenverbänden. Sie ebnete der neoliberalen Kritik des Staatsversagens den Weg. Darüber hinaus verband sie sich mit der Kritik an der fordistischen Massenproduktion und dem Wachstum der großen gesellschaftlichen und wirtschaftlichen Organisationen, wurde zur Bürokratiekritik (siehe Teil II.). Die kritischen Stellungnahmen resultierten daher in der Identifikation von „Autonomie", „Dezentralisierung", „Entbürokratisierung" als den wünschenswerten Dingen, die die Wirtschaft und die Arbeit menschenwürdiger, selbstbestimmter, innovativer machen würden.

Pragmatismus statt Kritik?

Die rasant fortschreitende Entwicklung der mikroelektronischen Technologien schien allen diesen Zielen entgegen zu kommen, indem sie kleine Einheiten, damit auch Enthierarchisierung und Entbürokratisierung, eine größere Flexibilität der Arbeit, die auch die Wünsche nach größerer Gestaltungsfreiheit bedienen kann, ja sogar eine teilweise Aufhebung des

---

[30] Martin Jänicke, Staatsversagen. Die Ohnmacht der Politik in der Industriegesellschaft, München-Zürich 1986, S. 28ff
[31] Ders., Wie das Industriesystem von seinen Mißständen profitiert, Opladen 1979, S. 7
[32] Siehe: Ursula Feist et al., Wandel der Industriegesellschaft und Arbeitnehmerbewußtsein, Frankfurt/Main-New York 1989, S. 86

2 Von der Kritik zur Pragmatik?

Herrschaftscharakters der Lohnarbeit mit sich zu bringen versprach. Die technologische Entwicklung und die organisatorische Restrukturierung der Unternehmen, der Übergang zu einer Betonung der fließenden Übergänge zwischen Markt und Organisation sowie die neoliberalen politischen Tendenzen nahmen der Kritik den Wind aus den Segeln.

Die Deregulierung der Geld- und Kapitalmärkte, die Dominanz individualistischer Marktprinzipien und der Übergang zu flexibler Spezialisierung führte zur Auflösung der Strukturen des „organisierten Kapitalismus" und zum Übergang zum „disorganisierten Kapitalismus"[33], der sich durch die Tendenz zur Umwandlung von Lohnarbeitsverträgen in Werk- und Lieferverträge, die Indienstnahme des informellen Sektors, die Schwächung der Gewerkschaften bzw. eine Schwerpunktverlagerung auf die betrieblichen Organisationen und die Präferenz für den „informal sector of industrial relations" auszeichnet.[34] Lash/Urry argumentieren, dass durch die Internationalisierung der Weltwirtschaft, die sich wandelnden Klassenstrukturen der Gesellschaften und das Vordringen von sektoralen, speziellen Interessen und Konflikten und neuen sozialen Bewegungen die Desorganisation der auf Nationalstaat, Klassenkonflikt und organisierten Arbeitsbeziehungen beruhenden historischen Form des Kapitalismus erfolge. Der Neokonservatismus, die Deregulierung und der Zusammenbruch des Sozialismus im Osten Europas leiteten eine neue Phase des Kapitalismus ein, der durch weltweit agierende Großinvestoren, globale Finanztransaktionen, Fusionen und Übernahmen und die Dominanz der „shareholder-value"-Orientierung charakterisiert sind.

Aber gleichzeitig erhöhte sich die Flexibilität der Arbeitszeiten, der Arbeitsgestaltung, der Organisationen, die Partizipation der Mitarbeiter wurde betont, monotone, repetitive Arbeiten nahmen ab, Hierarchien wurden abgebaut, neue Möglichkeiten für junge, hochqualifizierte und –motivierte Individuen eröffneten sich durch die neuen Technologien und die Nachfrage der Unternehmen. Das führte dazu, dass die eindeutige Verstärkung des Kapitalismus im globalen Maßstab, gleichzeitig mit Entwicklungen einherging, die viele der Forderungen, die in der Vorperiode von Seiten der Arbeitenden oder ihrer Repräsentanten und von Seiten der kritischen Intellektuellen erhoben worden waren, erfüllt schienen. Das Management der großen Unternehmen konnte sein Handeln legitimieren bzw. sich selbst ein moralisches Selbstverständnis verschaffen, indem es Elemente der vormaligen Kritik aufnahm und in pragmatische Problemlösungen und Strukturformen überführte.[35] Managementtheorien, -konzepte, die von solchen, die gleichsam den Charakter von Sozialphilosophien haben, bis zu Techniken und Praktiken reichen, haben – zunächst schien es zumindest so – die Kritik überflüssig gemacht. Erst seitdem die Nachteile auch dieser neuen Formation des Kapitalismus sichtbar werden, erhebt sich auch wieder Kritik, die allerdings weitgehend orientierungslos ist, da es nach dem Niedergang der sozialistischen Ideologien keine sie begründen-

---

[33] Scott Lash/John Urry, The End of Organized Capitalism, London 1987; Scott Lash/Paul Bagguley, Arbeitsbeziehungen im disorganisierten Kapitalismus: ein Vergleich von fünf Nationen, in: Soziale Welt 39/1988, S. 239-259

[34] Wolfgang Lecher, Deregulierung der Arbeitsbeziehungen. Gesellschaftliche und gewerkschaftliche Entwicklungen in Großbritannien, den USA, Japan und Frankreich, in: Soziale Welt 38/1987, S. 148-167

[35] Siehe dazu auch: Luc Boltanski/Eve Chiapello, Le nouveau ésprit du capitalisme, Paris 1999

de und der gegenwärtigen Situation auch in ihren Grundzügen entsprechende Theorie zu geben scheint. Gelegentliche Rückbesinnungen auf Sozialideologien der Vergangenheit, die Indienstnahme religiöser Inhalte oder die Suche nach Ausdruck in kulturellen Formen können zwar einzelne Proteste mit Diskursformeln versehen, aber sie können angesichts der Diversität und Vieldeutigkeit der gegenwärtigen Verhältnisse kaum zu einer allgemeinen Kritik werden.

Vierter Teil:
Mensch und Arbeit

XI Probleme der Menschen in der Arbeitswelt

Probleme haben ihre konkrete Grundlage in der Situation von Individuen oder Gruppen und deren Reaktion auf diese. Sie werden aber zu öffentlich wahrgenommenen Problemen erst durch einen sozialen Definitionsprozess. Diejenigen, die ein Problem „haben", müssen nicht notwendig identisch sein mit denen, die es artikulieren, definieren, verbreiten und interpretieren: in der Regel ist dies auch nicht der Fall, denn Massenmedien, Politiker und Wissenschaftler sind meist diejenigen, welche mit ihrer „Definitionsmacht" die Karriere sozialer Probleme bestimmen. Manche der konkreten Schwierigkeiten, die Menschen haben, machen eine „Karriere" durch und werden durch ihre Diskussion und Interpretation in der Öffentlichkeit zu sozialen Problemen. Die Definition dieser Probleme hängt weitgehend davon ab, ob sie Gegenstand politischer Diskussionen oder sozialwissenschaftlicher Forschungsarbeiten oder industrieller Reportagen mit entsprechender Öffentlichkeitswirksamkeit geworden sind.

Im Folgenden geht es um einige Problembereiche, die zum Teil auch Gegenstand politischer, medialer und wissenschaftlicher Diskussion und Definition sind, aber jedenfalls mit den Lebensinteressen der arbeitenden Menschen zu tun haben. Sie betreffen die körperliche und seelische Gesundheit, die Folgen der Arbeitslosigkeit, die Probleme der Zeiteinteilung und Zeitknappheit in den Versuchen der Menschen, Leben und (Erwerbs-)Arbeit zu verbinden, schließlich die Arbeiten jenseits von Beruf und Betrieb, die den Arbeitsbegriff über seine Reduktion auf die Erwerbsarbeit hinaus erweitern und wieder auf die konkrete Wirklichkeit der Menschen beziehen.

> *„Das letztliche Ziel besteht darin, mit möglichst wenig allgemeinen Gesetzen möglichst viel konkretes soziales Leben zu erklären. Da aber das konkrete soziale Leben nur dann konkret ist, wenn es mit dem individuellen Leben zusammen gesehen wird, das unter den sozialen Ereignissen liegt, kann die Sozialwissenschaft nicht auf der Oberfläche des sozialen Geschehens bleiben, wie dies manche Theorien gern tun würden, sondern muss in die Tiefen der wirklichen menschlichen Erfahrungen und Einstellungen reichen, welche die volle, lebendige und aktive soziale Wirklichkeit unterhalb der formalen Organisation sozialer Phänomene darstellen."*[1]

---

[1] William S. Thomas, Person und Sozialverhalten, Neuwied-Berlin 1965, S. 20

1 Macht Arbeit krank?

Arbeitsbelastungen im Wandel

Die hauptsächlich durch körperliche Schwerarbeit geprägte Arbeitssituation der Industriearbeiter in der Frühzeit des Kapitalismus vor Augen, richtete man die Aufmerksamkeit zunächst vorwiegend auf die direkten Auswirkungen industrieller Arbeit auf die physische Gesundheit der Arbeiter. Weitgehende Einigkeit herrscht darüber, dass es im Verlauf des technisch-organisatorischen Wandels zu einer tendenziellen Reduktion schwerer körperlicher Arbeit und einem Ansteigen der nervlich-psychischen Beanspruchung gekommen ist.

Allerdings hat sich die Bandbreite der Industriearbeit im Prozess der technischen Entwicklung entscheidend erweitert. Körperlich anstrengende Arbeit ist nicht nur auf die niedrigen Mechanisierungsstufen beschränkt, sondern tritt auch auf höherem technologischem Niveau auf. Beispielsweise zeigt sich am Arbeitstyp der Automatenkontrolle, dass infolge der Weiterentwicklung der Eigenfähigkeit des Automaten die dadurch ermöglichte Entlastung häufig durch arbeitsorganisatorische Maßnahmen – vor allem durch Mehrstellenarbeit – verhindert oder sogar wieder rückgängig gemacht wird.

Auch die Arbeitsinhalte müssen differenziert werden je nachdem, ob es sich um vorwiegend muskuläre, sensomotorische, reaktive, informatorische, kreative Arbeit handelt.[2] Die Konsequenzen jahre- und jahrzehntelangen Verschleißes der Arbeitskraft unter den Bedingungen restriktiver, vor allem gering qualifizierter, physisch und psychisch belastender, repetitiver, mit geringen Kooperations- und Interaktionschancen ausgestatteter Arbeit wurden erst sehr spät untersucht. Auch hinsichtlich der psychischen Belastungen ist keine einheitliche Tendenz festzustellen: zwar kann als sicher angenommen werden, dass die nervlichen Belastungen für einen Großteil der Arbeitenden zugenommen haben, das Ausmaß dieser Zunahme ist jedoch unterschiedlich. Vor allem für die repetitive Teilarbeit, insbesondere vom Typ der motorischen und sensorischen Bandarbeit sowie für die Automatenkontrolle sind nervlich-psychische Belastungen, teilweise in Verbindung mit hohen körperlichen Anforderungen, fast für das gesamte Arbeitsgeschehen typisch; meist bedeuten sie eine ohne gesundheitliche Schäden nur schwer zu bewältigende Dauerbeanspruchung.

Die Angestelltentätigkeiten in Industrie und Dienstleistungsbereichen wurden hinsichtlich ihrer Belastungsstruktur lange Zeit nur beiläufig untersucht. Dies liegt vornehmlich daran, dass sich die Belastungssituation für die Angestellten kaum je in der Weise als Produktivitätsproblem gestellt hat wie für die Arbeiter. Gleichwohl gewinnen die Arbeitsbelastungen durch die Computerarbeit hier an Bedeutung, da sie besondere körperliche Beanspruchungen auslösen, insbesondere im Bereich der Probleme mit Wirbelsäule, Schulter- und Handgelenken sowie der Augen. Darüber hinaus kommt es zu einer Verstärkung vegetativer und nervlicher Probleme. Mit der Einführung der EDV in Organisationen ist zwar ein Wegfall

---

[2] Walter Rohmert, Aufgaben der Ergonomie, in: Günter Ropohl (Hg.), Arbeit im Wandel, Berlin 1985, S. 37-58

1 Macht Arbeit krank?

zeitraubender, repetitiv-mechanischer Arbeiten verbunden, dafür kommt es aber zu einer Arbeitsintensivierung, die sich in erhöhtem Termin- und Zeitdruck niederschlägt, so dass gleichzeitig ein Anwachsen nervlicher Beanspruchungen zu beobachten ist.

Die Auswirkungen des Einsatzes der Mikroelektronik auf die Arbeitsbeanspruchung und -belastung hat zunehmend wieder das Interesse an den nervlich-psychischen Problemen erwachen lassen. Darüber hinaus hat die Beanspruchung durch die neuen Formen der Arbeit und die systemische Rationalisierung die Aufmerksamkeit auf die extrafunktionalen Aspekte der Arbeit verlagert, die ihrerseits Belastungen darstellen.

Stress und individuelle Beanspruchung

Die tatsächliche Beanspruchung durch spezifische Anforderungen oder durch die Konsequenzen verschärfter Rationalisierungsmaßnahmen, die Steigerung des Arbeitstempos, die Vergrößerung des Aufgabenbereichs, die Steigerung der Leistungsanforderungen oder die Erhöhung des Verantwortungsdrucks auf Arbeitende für Anlagen, Menschen und Arbeitsgegenstände, lässt sich nicht so leicht feststellen, weil die individuellen Merkmale, Fähigkeiten und die psycho-physiologische Resistenz gegen Belastungen und damit die tatsächliche individuelle Beanspruchung stark differieren.

Die Erkenntnis, dass sich objektive Merkmale der Arbeit nicht in gleicher Weise auf alle Betroffenen auswirken, hat zur Differenzierung zwischen „Belastungen" einerseits und „Beanspruchungen" andererseits, dem sog. Belastungs-Beanspruchungs-Konzept, geführt.

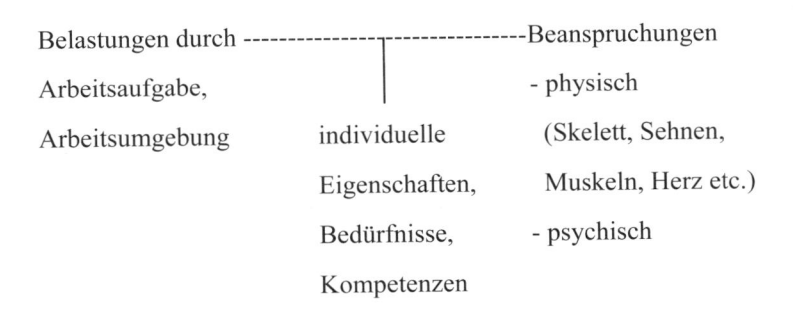

Belastungen durch ----------------------------- Beanspruchungen

Arbeitsaufgabe,

Arbeitsumgebung   individuelle   - physisch

                               Eigenschaften,   (Skelett, Sehnen,

                               Bedürfnisse,   Muskeln, Herz etc.)

                               Kompetenzen   - psychisch

Wenn man die Anforderungen und Belastungen in der modernen Arbeitswelt, welche Stress verursachen und zu psychosomatischen oder somatischen Beschwerden führen können, auflisten will, so lassen sich u. a. folgende Faktoren anführen: Lärm, Überlastung und Unterforderung, Arbeitshetze und Zeitdruck, einseitige körperliche Belastung, Arbeitslosigkeit und Benachteiligung älterer Arbeitnehmer, Ambiguität der Rollenerwartungen und Rollenstress, unvollendete, partialisierte Handlungen und Monotonie, Schicht- und Nachtarbeit, spezifische Belastung durch die Arbeit mit Datensichtgeräten (Bildschirmarbeit). Über- bzw. Unterforderung kann in quantitativer Überforderung durch Zeitdruck, Akkordarbeit, Überstundenarbeit, in qualitativer Überforderung durch zu schwierige Anforderungen im Vergleich zur

Ausbildung und Eignung, in quantitativer Unterforderung, etwa bei Überwachungstätigkeiten (Vigilanzproblem) und in qualitativer Unterforderung im Vergleich zu Ausbildung und Eignung bestehen.

Objektiv messbare Belastungen reichen nicht aus als Grundlage für die Beurteilung der Pathogenität der Arbeit; diese lassen sich meist auch nur analytisch getrennt darstellen, während in den konkreten Situationen Wechselbeziehungen wirken. Der Arbeiter steht überdies einem Belastungs- und Beanspruchungsfeld gegenüber, das durch Arbeitsplatzunsicherheit, Leistungskonflikt (Anspruch versus Realität), Arbeitsinhalt, Arbeitsintensität, Konflikt aus sozialen Beziehungen und den oft widersprüchlichen Beziehungen zwischen den Anforderungen und Bedingungen bestimmt ist.[3]

Systematisch nach Verursachergruppen von Belastungen kann man differenzieren zwischen[4]:

- Stressoren, die durch soziale und organisationale Bedingungen verursacht werden, etwa durch schlecht ausgebildete Vorgesetzte, widersprüchliche Erwartungen, unklare Anordnungen, schlechtes Betriebsklima.
- Belastungen, die aus Arbeitsinhalt und -tätigkeit erwachsen.
- Bedrohung durch die existentielle und berufliche Abhängigkeit und Unsicherheit (Transfer, Kündigung, Betriebsjustiz, Verdrängungskonkurrenz mit anderen Arbeitnehmern).

Kommt es zu Erkrankungen, so ist es daher schwer feststellbar, ob dies auf die Arbeitsbelastung zurückzuführen ist, d. h. ob eine Berufskrankheit vorliegt. Da dies anhand der objektiven Faktoren der Belastung allein nicht immer möglich ist, wird die Erweiterung des Konzepts auf „arbeitsbedingte Erkrankungen" gefordert, wobei ein breites Spektrum von Belastungen mit differenzierten Beanspruchungsfolgen zur Grundlage genommen wird.[5]

„Soziale" Belastungen und Beanspruchungen

Neben der Pathogenität des Aufgabeninhalts und -vollzugs (Aufgabenpathologie) sind auch die pathogenen Sozialbeziehungen in Arbeitsorganisationen (Beziehungspathologie) zu berücksichtigen. Bisher sind diese nur als Umweltbedingungen angesehen worden; mit zunehmenden Anteilen sozialkommunikativer Komponenten der Arbeitsaufgabe, kommt diesen Belastungen in Zukunft verstärkte Bedeutung zu.

Die Anforderung, extrafunktionale Fertigkeiten, „social skills", einzusetzen, stellt grundsätzlich eine Belastung dar, die individuell unterschiedliche Beanspruchung entstehen lässt. Soziale und kommunikative Elemente der Arbeitsorganisationen und der Arbeitsgestaltung

---

[3] Hans Dieter Seibel/Horst Lühringer, Arbeitsbelastungen und psychische Gesundheit, in: Friedrich Heckmann/Peter Winter (Hg.), 21. Deutscher Soziologentag 1982, Opladen 1983, S. 160-164

[4] Michael Frese, Industrielle Psychopathologie, in: Peter Großkurth (Hg.), Arbeit und Persönlichkeit, Reinbek b. Hamburg 1979, S. 47-72

[5] Frieder Naschold, Zu einigen Grundproblemen der gegenwärtigen Belastungsforschung, in: Franz Friczewski et al., Arbeitsbelastung und Krankheit bei Industriearbeitern, Frankfurt/Main 1982, S. 9-24

sind daher nicht nur positiv zu sehen, sondern können auch sehr belastend sein bzw. bei längerem Andauern der Belastungen auch zu psychosomatischen Erkrankungen führen. Auch Gruppenarbeit ist nicht immer nur befriedigender und „menschlicher", denn Arbeitsvollzüge werden dadurch langwieriger, umständlicher, weil viel Kommunikationsarbeit geleistet werden muss. Darüber hinaus werden Entscheidungen die Gestaltung der Arbeit betreffend der Autonomie des Individuums entzogen und der Gruppe übertragen; zusätzliche Kontrolle wird durch die Gruppe auf das Individuum ausgeübt. Der Gruppenprozess entfaltet seine eigene Dynamik, die vom Einzelnen nicht beherrscht werden kann; komplexe, vielschichtige Einflüsse wirken in diesem Prozess zusammen, in dem sich auch Persönlichkeitsunterschiede geltend machen. Die Bewertung und Einschätzung des Einzelnen als Mitglied der Gruppe, die soziale Akzeptanz seiner Person, seines Handelns durch die Umwelt bestimmt zudem auch seine Leistung und seine Identifikation mit Arbeit und Betrieb.

Besondere Beachtung haben diskriminierende oder verletzende Handlungen in Bezug auf die sozialemotionalen Prozesse in Organisationen und deren Folgen für die betroffenen Individuen gefunden. Sie werden unter der Bezeichnung Mobbing diskutiert, können aber auch Elemente sexueller Belästigung enthalten oder mit der Diskriminierung – bis hin zur Stigmatisierung – von Personen auf der Grundlage bestimmter Merkmale zusammenhängen. Mobbing (Schikanieren) umfasst Verhaltensweisen von Kollegen, Vorgesetzten, Untergebenen, die auf das Individuum verletzend, beleidigend, ausgrenzend, belästigend wirken. Dabei handelt es sich allerdings um einen länger dauernden Prozess mit einer eigenen Dynamik, die schlussendlich zum „Ausschluss" der betroffenen Person führt und in schwerwiegenden Erkrankungen körperlicher oder seelischer Art resultieren kann. Die verstärkte Beachtung dieses Phänomens in der Gegenwart hängt mit den geänderten Bedingungen der Arbeitswelt zusammen, mit den wachsenden Existenzängsten und der Konkurrenz unter den Arbeitenden um die Erhaltung von Arbeitsplätzen und die Chancen in Bezug auf Aufstieg oder bessere Arbeitsbedingungen. Sie können aber einfach auch in einem Klima von Feindseligkeit oder in persönlichen Defiziten der Mobbenden begründet sein.

Psychosomatische und neurotische Erkrankungen haben ihre Ursachen häufig in den Beziehungen zu Vorgesetzten, Untergebenen oder Kollegen. Dabei spielen Prozesse, die als Konfliktumleitung über Krankheit bezeichnet werden, eine große Rolle. Probleme oder Konflikte von Individuen, die ihre Begründung innerhalb oder außerhalb des Arbeitsbereiches haben, können zu somatischen Beschwerden und Erkrankungen führen, wenn sie nicht oder nicht in adäquater Weise ausgetragen und gelöst werden. Fortdauernde Konflikte mit Vorgesetzten oder Kollegen, welche unter Umständen nicht einmal sich selbst gegenüber eingestanden, geschweige denn offen ausgetragen werden, desgleichen latente Unzufriedenheit mit der Arbeit oder dem Erfolg im Beruf, die Erfahrung von Grenzen für den beruflichen Aufstieg, Konflikte zwischen Arbeitsanforderungen und Erwartungen der Familie sowie eigene Bedürfnisse etc., alle diese latenten Frustrationen und Konflikte können zu psychosomatischen Erkrankungen führen.

Leistungsdruck, Verunsicherung und Krankheit

Die übertriebene Orientierung an der Leistungsorientierung, das übersteigerte Gefühl des Leistungsdrucks, kann ebenfalls somatische, aber mehr noch seelische Probleme auslösen.

Das nicht eingestandene Scheitern im Beruf, das sich selbst eingeredete Versagen den eigenen Karriereansprüchen oder den vermuteten Erwartungen nahe stehender Personen gegenüber, können zur Entstehung von Symptomen der „mid-life-crisis" beitragen. Die übersteigerte Konzentration auf den Erfolg im Beruf oder in der Organisation lässt Panik entstehen, wenn einmal der weitere Erfolg ausbleibt, wenn man urplötzlich nicht mehr der „Karrieretyp" ist, die Grenzen offenbar werden. Diese Probleme erfassen in der Gegenwart immer breitere Schichten von Arbeitnehmern auf Grund des Ansteigens der Arbeitsplatzunsicherheit und der dadurch bedingten wachsenden Existenzangst. Der hohe Lebensstandard – oder besser ausgedrückt: die vielen Dinge, die man haben oder tun muss, um „dazuzugehören" – verschärfen die Ängste vor dem Jobverlust. Auch wird in der Gegenwart dieser für den Einzelnen durch die Qualifizierungsanforderungen in der modernen Arbeitswelt wieder verstärkt als eigenes Versagen bewusst. Andauernde hohe Beanspruchung durch verschiedene Stressoren können zu dem heute gehäuft beobachtbaren „burnout syndrom" führen.

Der hohe Wert, der der „Leistung" in der Gegenwart beigemessen wird, fördert als solcher die Entstehung von Problemen für die Individuen, mehr allerdings noch dadurch, dass er einer gewissen Ambivalenz unterliegt. In der industriell-bürokratischen Arbeitswelt wurde die kontinuierliche Qualifikationsstruktur immer mehr verändert in Richtung auf eine diskontinuierliche Statusorganisation[6], d. h. die Über- und Unterordnung in den Arbeitsorganisationen ist nicht mehr auf der Grundlage derselben Qualifikation bestimmt, die Aufgaben werden von den Übergeordneten nicht mehr besser oder in einem höheren Maß erfüllt als von den Untergebenen; immer mehr werden heterogene Qualifikationen über- und untergeordnet, was eine größere sachliche Autonomie auch der untergeordneten Positionen bedingt. Dadurch ist aber auch eine Feststellbarkeit der Leistung nur mehr bedingt gegeben. Dennoch wird die Leistung nach wie vor beschworen, auch wenn sie schon unter fordistischen Bedingungen fraglich war und zur Legitimierung von Ungleichheit diente.[7] Die „Leistungsgesellschaft" ist nach wie vor die Ideologie der Elite in der modernen Gesellschaft, denn diese ist keine Mußeklasse, sondern die „new busy class" der Karrieristen in Politiker- und Managerpositionen. Sie ist allerdings keine sehr stabile Elite, weil der Absturz auch aus den höheren Positionen sehr leicht möglich ist.

Die Ambivalenz der Leistungsorientierung in der Gegenwart ist dadurch gekennzeichnet, dass an die Stelle der Leistung im Sinne der Bereitschaft des Individuums, seine Fähigkeiten und Fertigkeiten einzusetzen, das ständig in Bezug auf seine Erfüllung oder auf mögliche Effizienzlücken hin zu evaluierende Systemerfordernis tritt. Die Effizienzorientierung des neuen Denkens im Management ist auf die Kontrolle und Sicherung der „Qualität" des Ergebnisses gerichtet, allein der Erfolg in dieser Hinsicht zählt. Den Individuen wird zunehmend das Risiko übertragen, trotz Arbeitseinsatz und Übernahme von Verantwortung, Selbstkontrolle und Selbstvermarktung nicht als „Erfolg" gewertet zu werden. Diese Ambi-

---

[6] Claus Offe, Leistungsprinzip und industrielle Arbeit, Frankfurt/Main 1977
[7] Hans Dieter Seibel, Gesellschaft im Leistungskonflikt, Düsseldorf 1973, S. 153/154

valenz zwischen geforderter Leistungsbereitschaft, die weit mehr als nur das Einbringen von sachlichen Fähigkeiten und Fertigkeiten betrifft, und der Unsicherheit in Bezug auf das Ergebnis, den Erfolg, kann für Individuen zu Frustration und Verunsicherung führen.

2 Wenn die Arbeit fehlt: Die Erfahrung der Arbeitslosigkeit einst und jetzt

Da Arbeitslosigkeit bzw. Erwerbslosigkeit zu den beinahe schon normalen Erfahrungen eines Teils der Beschäftigten gehört und jeder diese ein- oder mehrmals in seiner Laufbahn erleben kann, ist es wichtig zu untersuchen, was dies für die Betroffenen bedeutet. Dafür wird auch heute noch die klassische Studie über die „Arbeitslosen von Marienthal" von Marie Jahoda und Hans Zeisel aus dem Jahr 1933, die unter der Leitung von Paul F. Lazarsfeld entstand, herangezogen.[8] Diese Studie nimmt nicht nur in Bezug auf die Erforschung der Folgen langdauernder Arbeitslosigkeit einen hohen Rang ein, sondern hat auch eine bedeutende Stellung im Rahmen der Geschichte der empirischen Sozialforschung, insbesondere der Soziographie. Die Zielsetzung war die Erforschung der psychosozialen Wirkungen der Arbeitslosigkeit auf Dorfgemeinschaft und die sozialen und politischen Aktivitäten. Ihr Beitrag wurde oft verkürzt wiedergegeben, denn die Untersuchung war insofern vielschichtig, als sie Empirie und Praxis miteinander verband; die Forscher traten nicht als solche, sondern als Organisatoren von Hilfsprogrammen, Freizeitaktivitäten etc. auf. Sie verbanden objektive Zahlen und Faktenerhebungen (Statistiken, historische Angaben, Umsatzzahlen, Inventare etc.) mit subjektiven Materialien (Lebensgeschichten, Gesprächsprotokolle über Erziehungsprobleme, Familiensituation etc.). Insofern stellt sie auch heute für die Arbeitslosenforschung wie für qualitative und quantitative Untersuchungen immer wieder einen aktuellen Bezugspunkt dar.

Marienthal

Während Arbeitslosigkeit als kollektive Tatsache in der Regel eher ein städtisches Phänomen ist, war es hier in den sozialen Kontext eines Industriedorfes, das durch die in der ersten Hälfte des 19. Jahrhunderts gegründete Textil-Fabrik überhaupt erst entstanden war, eingebunden. Es gab in Marienthal keine andere Arbeitsmöglichkeit als in diesem Textilbetrieb, die notwendigen Gemeindeverwaltungsfunktionen und ähnliches ausgenommen. Als der Betrieb 1929/1930 zusperrte, brach damit auch das Gemeindeleben wie die ganze soziale und ökonomische Grundstruktur des Lebens in diesem Dorf zusammen. Drei Viertel der Familien waren auf Arbeitslosenunterstützung angewiesen, der Lebensstandard der meisten sank unter das, war früher als lebensnotwendig angesehen wurde; die Stimmung war hoffnungslos.

---

[8] Marie Jahoda/Paul F. Lazarsfeld/Hans Zeisel, Die Arbeitslosen von Marienthal, Allensbach-Bonn 1960 (urspr. 1933)

Die Hauptfragen der Untersuchung bezogen sich auf die Stellung zur Arbeitslosigkeit (Reaktionen auf Arbeitslosigkeit, Arbeitssucheaktivitäten, Arbeitsersatzhandlungen, Auswanderungs-, Abwanderungsabsichten, sonstige Pläne, Verlauf der Reaktionen mit zunehmender Dauer der Arbeitslosigkeit etc.) und die Wirkungen der Arbeitslosigkeit (auf Gesundheit, Schulleistungen der Kinder, Kriminalität, Religion, politische Gegensätze und Aktivitäten, Zeitbewertung, soziale Beziehungen im Dorf und in der Familie etc.).

Die Untersuchung zeigte die schlechte ökonomische Versorgung anhand der Speisezettel und Budgets der Familien, die prekäre Geldeinteilung und die Auswirkung auf den Gesundheitszustand. Die Außenaktivitäten, sozialen Beziehungen, politischen und sonstigen Aktivitäten veränderten sich: politische Organisationen und Aktivitäten stagnierten, Vereinsmitgliedschaften wurden vorwiegend aus materiellen Interessen wahrgenommen, die politische Auseinandersetzung degenerierte zu persönlichen Gehässigkeiten. Andererseits zeigte sich in den sozialen Beziehungen aber auch eine stärkere Tendenz zu gegenseitiger Hilfsbereitschaft. Das Gemeinschaftsleben aber war weitgehend apathisch und vom Niedergang der aktiven Lebensäußerungen gezeichnet.

Die ökonomische Situation drückte sich in der Haltung und Stimmung aus. Die Forscher teilten die Familien in vier Gruppen je nach ihrer Grundstimmung, die sie als „ungebrochen", „resigniert", „verzweifelt" und „apathisch" bezeichneten. Resignation prägte das Stimmungsbild des Ortes, selbst bei den jungen Leuten. Auch die unbegrenzte freie Zeit erwies sich als negativ, die festen durch die Arbeit festgelegten Zeitstrukturen zerbröckelten, „die Zeit geriet aus den Fugen". Während die Familien-Beziehungen sich noch am wenigsten verschlechterten, wurden alle Außenaktivitäten, wie etwa das politische Leben reduziert; das Leben verarmte mit schwindender Strukturierung der Zeit.

Die langfristige Wirkung der Arbeitslosigkeit auf die Persönlichkeitsentwicklung wurde von den Forschern besonders hervorgehoben. Die Stimmungsbefunde wurden nicht als Momentaufnahme, sondern als Prozess interpretiert; die Forscher vermuteten, dass über kurz oder lang die Wirkungen der Arbeitslosigkeit in allen Fällen über Resignation, zu Verzweiflung und Apathie führen würden. Allerdings wurde dieser Prozess nicht als ein notwendiger gesehen: er hängt ab von der inneren Dynamik der gemeinschaftlichen und individuellen Notsituation, die sowohl Ausbrüche, Revolten wie individuelle Rettungsaktionen möglich macht, und von der Widerstandskraft der Einzelnen, die durch ihr Lebensschicksal und ihre früheren Erfahrungen bestimmt wird. Resignation der Arbeitslosigkeit gegenüber war meist schon durch resignative Züge im früheren Leben vorgezeichnet; hohe Ansprüche und Erwartungen führten dagegen häufig zu Absturz in Verzweiflungsreaktionen, mitunter erhielt sich aber auch eine ungebrochene Haltung.

Die Erfahrung der Arbeitslosigkeit heute

Jahoda wiederholte ihre Untersuchung ein halbes Jahrhundert später und fand die Erkenntnisse der Marienthal-Studie im Wesentlichen auch bei den Arbeitslosen der 80er Jahre bestätigt. Auch diese litten vor allem am Wegfall der geregelten Zeitstruktur, an der Reduktion der sozialen Kontakte, am Rückzug aus dem öffentlichen Leben (politische Apathie), am Fehlen eines anerkannten Status. All dies wird als besonders unangenehm empfunden, weil diese Gegebenheiten, wie Jahoda meint, bereits zu psychischen Notwendigkeiten gewordene Merkmale der Berufsarbeit sind.[9] Der Arbeitslose leidet gerade unter dem, was sich die in rigorosen Zeitkorsetten arbeitenden und lebenden Menschen, die Arbeit haben, erträumen, nämlich: frei verfügbare Zeit. In ähnlicher Weise meint Negt:

> *„Wo Arbeit in der Versteinerungsform von Berufsarbeit eine Kulturbedeutsamkeit angenommen hat, die weit über den Zustand der materiellen Sicherung hinausgeht, hat Arbeitslosigkeit zwangsläufig zerstörerische Folgen für die einzelnen Individuen."*[10]

Die Erwerbstätigkeit in der Form, wie sie sich heute darstellt, und damit auch die zeitliche Fremdbestimmtheit ist soweit internalisiert, dass sie zur psychischen Notwendigkeit geworden ist, die fremdbestimmte, vorgegebene Zeiteinteilung, die versachlichten sozialen Kontakte und das Immer-Etwas-Tun-Müssen sind zum Bestandteil der psychischen Struktur der Menschen in den modernen Gesellschaften geworden.[11] Fehlen sie, so besteht die Gefahr des Verlustes des Realitätssinns. Selbst eine entfremdende Tätigkeit im Lohnarbeitsverhältnis erscheint aus dieser Sicht besser als Arbeitslosigkeit unter der Voraussetzung, dass Berufsarbeit die einzig mögliche Form der sinnhaften Tätigkeit und des Erwerbs des Lebensunterhalts ist.

Arbeitslosigkeit ist weniger ein ökonomisches Problem als vielmehr ein psychisches und soziales Problem. Auch die Tatsache, dass man über weniger Geld verfügt, wird als relative soziale Deprivation empfunden, besonders schmerzhaft ist jedoch das Gefühl des „Nicht-mehr-gebraucht-werdens", des „Draußen seins". Auch der Wegfall der Zeitstrukturierung und der sozialen Kontakte am Arbeitsplatz führen zu psychosozialen Problemen. Mit der Dauer der Arbeitslosigkeit erhöht sich die Neigung zu Depression und Resignation; die „Schuld" wird zunehmend bei sich selbst gesucht.[12] Diese Wirkungen sind in ihren psychischen Konsequenzen nicht bei allen Betroffenen gleich, sondern abhängig von einer Vielzahl von Faktoren und der Situation und dem Bewusstsein der Menschen. Insbesondere sind es die Dauer der Arbeitslosigkeit, die Zugehörigkeit zu bestimmten sozialen Gruppen, die Bedeutung primärer sozialer Netze, die individuellen Dispositionen und die materiellen Rahmenbedingungen, die als ausschlaggebend für die unterschiedliche Belastung angeführt werden.[13]

---

[9] Marie Jahoda, Wieviel Arbeit braucht der Mensch? Weinheim-Basel 1983
[10] Oskar Negt, Lebendige Arbeit, enteignete Zeit, Frankfurt/Main-New York 1984, S. 47
[11] Marie Jahoda, Wieviel Arbeit braucht der Mensch? op. cit.
[12] Vgl.: Elisabeth Noelle-Neumann/Burkhard Strümpel, Macht Arbeit krank? Macht Arbeit glücklich? München 1984
[13] Thomas Kieselbach/Ali Wacker (Hg.), Individuelle und gesellschaftliche Kosten der Massenarbeitslosigkeit, Weinheim 1985; Siehe zu den Folgen langdauernder Arbeitslosigkeit: Susanne Edlinger, Arbeitsplatzverlust durch Rationalisierung im Betrieb – eine empirische Studie über die (psycho-)sozialen Auswirkungen der Arbeitslosigkeit im gegenwärtigen Restrukturierungsprozess, Diss. Wien 2003

Besonders ältere Arbeitnehmer leiden am meisten sowohl an den ökonomischen wie psychosozialen Folgen von Arbeitslosigkeit und Ersatzarbeit. Letzteres verweist darauf, dass die Aussicht, wieder im eigenen Beruf zu arbeiten, nicht irgendeine Arbeit als Ersatztätigkeit tun zu müssen, sehr wichtig ist. Gerade die Erkenntnis, einen Beruf gelernt und ausgeübt zu haben, der obsolet, „nutzlos" geworden ist, erweist sich als belastend. Diese Tatsache der „Berufslosigkeit" und das „Verstecken" von Arbeitslosigkeit in „Not-Berufen" bzw. in Ausbildungsprogrammen ist ein Problem für die Betroffenen, denn es kommt nicht einfach auf das Arbeit-Haben oder Nicht-Haben an. Als sinnvoll, nützlich und persönlich befriedigend empfundene Tätigkeit, ob Berufsarbeit oder eine andere Tätigkeit, ist wichtig dafür, wie der Mensch sein Leben einschätzt. Arbeiten ist „moralisches Handeln", wird als sinnvoller Beitrag zur Gesellschaft und damit als Anrecht auf eine bestimmte Stellung in dieser, auf Achtung und Anerkennung verstanden.

Die Sicht der Arbeitslosigkeit als Abweichung und ihre letztliche Zurückführung auf individuelle Gründe hat eine lange Geschichte, mit Wurzeln in der christlichen Ethik. Sie wurde durch die puritanische Wende enorm verstärkt und durch den Liberalismus verweltlicht. Die Verpflichtung zum Tätigsein, zur Arbeit, die die Kehrseite des „Rechts auf Arbeit" ist, wurde von Arbeitenden aller Generationen seither verinnerlicht und macht sie im Falle der Arbeitslosigkeit anfällig dafür, sich selbst als schuldig bzw. als gesellschaftlich gering geachtet, als Außenseiter zu sehen. Diese Sicht reproduzieren auch viele Forschungsarbeiten zur psychosozialen Situation der Arbeitslosen und je mehr die Betroffenen, aber auch der Forscher selbst das Leistungsethos internalisiert haben, umso negativer werden die Konsequenzen von Arbeitslosigkeit eingeschätzt und umso höher der Wert des Arbeit-Habens. Noch immer wird Arbeitslosigkeit daher von „der Gesellschaft" als abweichende, defizitäre Rolle definiert und Personen damit „als solche" etikettiert.[14] Das kann zur Stigmatisierung führen, wenn diese gesellschaftliche Definition „verpersönlicht" wird, zum „Brandmal", zum „Stigma" von Personen wird, und die „Beschädigung" der Identität zur Folge haben; die Person fühlt sich minderwertig, defekt, ausgestoßen.[15] Der Standpunkt, nur irgendeine Lohnarbeitstätigkeit müsse gegeben sein, entspricht dennoch nicht wirklich den Problemen der Menschen, außer in Situationen wie zur Zeit der großen Krise in den 30er Jahren.

Zweifellos hat Arbeitslosigkeit an sich auch heute psychische Folgen für die betroffenen Individuen, der Direktschluss auf die psychischen Aspekte führt jedoch zu einer Psychologisierung, wenn nicht Psychiatrisierung der Arbeitslosigkeit, die diese letztlich auf das individuelle Problem reduziert und davon ablenkt, dass die Ursachen für die Arbeitslosigkeit in außerhalb der Kontrolle der Menschen liegenden Gegebenheiten, in Unternehmensentscheidungen und politischen Strategien liegen. Die psychischen Folgen vor allem bei Dauerarbeitslosigkeit sind eine Konsequenz des Strukturwandels der Wirtschaft und der raschen Veränderungen der Berufe und Qualifikationen im Zuge der gegenwärtigen hohen Dynamik

---

[14] Thomas Kutsch/Günter Wiswede, Arbeitslosigkeit im Spiegel der Sozialwissenschaft II: Arbeitslosigkeit als psychosoziales Problem, in: Dies. (Hg.), Arbeitslosigkeit II: Psychosoziale Belastungen, Königstein/Ts. 1978, S. 1-13

[15] Erving Goffman, Stigma. Über Techniken der Bewältigung beschädigter Identität, Frankfurt/Main 1967

des technisch-ökonomischen Wandels. Sie führen zu einer Beschleunigung der Veränderungen, mit denen sogar das Berufs- und Bildungssystem nicht mehr mithalten kann, noch weniger die Menschen selbst.

Die Arbeitslosigkeit wird immer mehr zu einer normal erwartbaren Phase im Erwerbsleben, allerdings ohne dadurch ihre Folgen für die Menschen zu verlieren. Vielmehr wirft sie in der Gegenwart schon ihre Schatten weit voraus, die Verunsicherung beginnt lange vor dem Eintritt des faktischen Ereignisses des Jobverlustes. Das Miterleben von Kündigungen anderer, Informationen über Personalabbau, die Einführung von Maßnahmen der Evaluation und Selektion in den Organisationen lässt Verunsicherung auch bei denen entstehen, die noch Arbeit haben. Diese veranlasst die Arbeitenden, Verschlechterungen ihrer Arbeitsbedingungen, neue Kontroll- und Überwachungseinrichtungen, Methoden zur Steigerung von Effizienz sowie eine ständige Beurteilung ihrer Leistung und der Adäquanz ihrer Qualifikation in Kauf zu nehmen und deren Legitimationen als Hilfen zur Selbstkontrolle und zur Verbesserung der Chancen zu akzeptieren. Sie sind auch bereit, in mehreren Jobs zu arbeiten, um den Lebensunterhalt zu sichern, und diese prekären Bedingungen des Lebens zum Teil noch als Freiheit und Selbstbestimmung zu sehen. Die immer latente Arbeitslosigkeit und Bedrohung durch die Erfahrung der Berufslosigkeit verbinden sich in den Bedingungen, die die neue Arbeitswelt dem Menschen bietet.

Was hier erfolgt, ist die Erzeugung eines Klimas, in dem den Arbeitnehmern die Schuld an der Ineffizienz des Systems zugeschoben wird.[16] Statt Ziele und Zwecke desselben zu hinterfragen, wird als selbstverständlich hingestellt, dass die Leistungen der Arbeitenden ständig kontrolliert, evaluiert und verbessert werden müssen; seine Fähigkeiten, Kenntnisse und Fertigkeiten erscheinen immer nur als vorübergehend brauchbare Qualifikation. Damit wird verhindert, dass der Einzelne ein Gefühl der Sicherheit in Bezug auf seine Kompetenz und sein Gebrauchtwerden entwickeln kann; er wird zur Manipulationsmasse. Auf diese Art und Weise kann der Arbeitende kein „Humankapital" erwerben, wie es die Marktökonomen bezeichnen, denn er gleicht nicht dem rationalen Wirtschaftssubjekt der neoliberalen Ideologie, sondern einem ständig in Frage gestellten flexiblen Instrument des Kapitalprozesses.

3 Arbeit und Leben

Die Beziehungen zwischen Arbeitswelt und Lebenswelt, zwischen Arbeitszeit und Lebenszeit werden entweder ignoriert oder die Lebenswelt wird zu einem Rest bzw. einem Anhängsel der Arbeitswelt, zu Freizeit. Die Wahrnehmung der „Lebenswelt" ist reduziert auf die Reproduktion der Arbeitskraft, auf sozialpolitische Schutzbestimmungen und Rechtsansprüche, auf die Forderungen in Bezug auf das, was Menschen wissen und können sollen, um

---

[16] William Wolman/Anne Colamosca, Der Verrat an der Arbeit, Bern-München-Wien 1998

nützliche Mitglieder der Gesellschaft, sprich: der Erwerbsgesellschaft, zu sein. Der Mensch wird Arbeitskraft, Stellenbewerber, Mitarbeiter, Arbeitsloser, den Zusammenhang mit seinem Leben muss das Individuum selbst herstellen und damit die Verbindung von Leben und Arbeiten leisten.

Die „Arbeitswelt" als Ergebnis der sozialen Konstruktion der modernen Gesellschaft tritt der „Lebenswelt" der Menschen mit dem Anspruch einer autonomen Versachlichung gegenüber, von der die Wirklichkeit des Lebens ausgeschlossen wird. In ihr schlägt Krankheit nur als Kostenfaktor zu Buch, Tod als Freiwerden eines Arbeitsplatzes, Geburt als ökonomisches Risiko der Beschäftigung von Frauen, etc.

Umgekehrt lässt sich erkennen, dass sehr oft Beziehungsmuster aus anderen Lebensbereichen in die Arbeitsbeziehungen und die Betriebe hinein getragen werden, so dass diese mit subjektiv relevanten moralischen Kategorien und emotionaler Erlebnisqualität ausgestattet werden. So kann die Wirksamkeit der Autorität von Vorgesetzten etwa darin begründet sein, dass familiale Muster auf die Vorgesetzten-Untergebenen-Beziehung übertragen werden, wie dies in ostasiatischen Betrieben der Fall ist; im kulturellen Kontext Japans geht dies sogar in das explizite Verständnis der Vorgesetzten-Untergebenen-Beziehung ein.

In der westlichen Industriegesellschaft wird die praktische tatsächliche Wechselwirkung zwischen Öffentlichkeit und Privatsphäre, Arbeit und Familie, verdrängt, und die Privatsphäre wird aus der „Öffentlichkeit" herausgehalten. Die Rationalität letzterer hat einen hohen Wert, gleichzeitig spielt sich aber das „eigentliche" Leben in der Privatsphäre, in der Freizeit ab. Der Begriff der Lebenswelt erfährt daher mitunter eine charakteristische Einschränkung und wird als „informell" definiert oder auf Elemente der Alltagskommunikation beschränkt, und erst in dieser Form kann sie in Bezug auf Arbeit und Betrieb erfasst werden.[17]

Die Zeit der Industriegesellschaft oder: Die Entstehung der Arbeitszeit

„Aber Zeit ist Leben und das Leben wohnt im Herzen."[18]

Für vorindustrielle Menschen war der Begriff von Zeit ein zirkulärer, bedingt durch die Anpassung der agrarischen Lebensweise an die zyklischen Abläufe in der Natur, wie Ebbe/Flut, Jahreszeit, Tag/Nacht-Wechsel, Mondphasen etc. In der abendländischen Inkubationsperiode der Industriegesellschaft ist dieses Verständnis allmählich einer zukunftsorientierten „linearen Zeit" gewichen.[19] Mit Hilfe der Uhr, des Kalenders und der Jahreszahlen wurde die Zeit in Quanten einteilbar, die eine lineare Abfolge darstellen; sie wurde damit auch zur Grundlage der Entstehung von „Geschichtlichkeit".

Die industrielle Arbeit förderte die Präzision der mechanischen Zeit; Pünktlichkeit, Genauigkeit, Geschwindigkeit wurden in immer kleineren Einheiten gemessen. Die industrielle Pro-

---

[17] Birgit Volmerg/E. Senghaas-Knobloch/Thomas Leithäuser, Betriebliche Lebenswelt, Opladen 1986, S. 256
[18] Michael Ende, Momo, Wien 1973, S. 72
[19] Rudolf Wendorf, Zeit und Kultur. Geschichte des Zeitbewußtseins in Europa, Opladen 1980

3 Arbeit und Leben

duktionsweise als solche bedingte zudem eine starke Zukunftorientiertheit, sie ist auf ständiges Wachstum und auf Zukunft ohne Ende ausgerichtet. Damit aber transzendiert und ignoriert sie die Zeitlichkeit des Menschen, der Zeit als Lebensspanne erlebt bzw. dessen subjektive Zeit durch den Tod begrenzt ist. Die „industrielle" Zeit zwingt dem Menschen ihre lineare Endlosigkeitsperspektive auf und mediatisiert ihn. Norbert Elias verstand diese Unterwerfung des Menschen unter die Zeit als Resultat der Gesellschaft:

> *„Dies ist eine der Wurzeln der zwingenden Kraft, die die „Zeit" in Bezug auf einen einzelnen Menschen besitzt. Er muss sein eigenes Verhalten auf die etablierte „Zeit" der jeweiligen Gruppe abstimmen, der er angehört; und je länger und differenzierter die Ketten funktionaler Interdependenzen werden, die Menschen aneinander binden, desto strenger wird das Regiment der Uhren."*[20]

In den vorindustriellen Gesellschaften, die primär agrarisch bestimmt waren, gab es keinen streng abgegrenzten Arbeitstag, der von der Nicht-Arbeitszeit getrennt war. Als die „Arbeitszeit" entstand und die Trennung von Wohn- und Arbeitsort faktisch vollzogen wurde, kam es zunächst als „Übergangserscheinung" zu den berüchtigten langen Arbeitstagen, die zwar durchaus den traditionellen Gepflogenheiten entsprachen, wobei aber nun die Arbeitskraft in dieser Zeit nicht mehr extensiv, sondern intensiv auf der Grundlage rationaler Kapitalrechnung genutzt wurde. Darin bestand die Ausbeutung der Arbeiter in den „sweated trades" der Frühindustrialisierung. Die Zeit wurde in der Industriegesellschaft zum Kostenfaktor, in Geldgrößen umgerechnet und in Bezug auf die Arbeit auf Personenkategorien bezogen; sie ist umso knapper, je höher die Fähigkeiten der betreffenden Personengruppe bewertet werden.

> *„Arbeitskraft lässt sich überhaupt nur in Arbeitszeit quantifizieren. Nur in Zeitmaßen kann sie Gegenstand von Verhandlungen und Verträgen werden. Lohnarbeitsverhältnisse sind zuvorderst das Ergebnis von Abmachungen über Zeitverwendung."*[21]

Der Arbeiter verkauft nicht eigentlich seine Arbeitskraft, sondern die Verfügungsrechte über einen bestimmten Teil seiner Zeit; der Zeithorizont dabei ist jedoch sehr kurz: der Tag oder die Woche, denn nicht die subjektiv unterschiedliche Zeit aus dem Zusammenhang des individuellen Lebenslaufs („lebendige Arbeit" im Sinne von Marx) interessiert den Käufer, sondern die austauschbaren Quanten an Arbeitszeit, die die Arbeiter untereinander gleichmachen bis auf ihre ökonomisch bewerteten Qualifikationsunterschiede. In dieser Mikroorganisation von Raum und Zeit besteht die Herrschaft in der industriellen Gesellschaft.[22]

Die Tatsache, dass Zeit als Dauer in unserer Gesellschaft so geringe Beachtung findet, und die Transformation der Zeit in monetäre oder technische Einheiten spiegeln die im Laufe der Entwicklung unserer Gesellschaften zu „Industriegesellschaften" vollzogene Ausdifferenzierung der ökonomisch-technischen Funktionen aus dem Lebenszusammenhang und die domi-

---

[20] Norbert Elias, Über die Zeit, Frankfurt/Main 1984, S. 99
[21] Georg Vobruba, Arbeiten und Essen, Wien 1989, S. 75
[22] Oskar Negt, Lebendige Arbeit, enteignete Zeit, Frankfurt/Main-New York 1984

nierende Rolle, die dieses Subsystem „Wirtschaft"[23] im Vergleich zu anderen Bereichen der Gesellschaft erlangt hat, wider. Die Arbeitszeit erscheint dadurch als etwas vom Lebenszusammenhang der Menschen Isolierbares und Verselbständigtes, dem aber auch der unbedingte Primat über die anderen Lebensbereiche zukommt, die sich nach dem Diktat der Arbeitszeitdauer und -lagerung formen müssen.

Die soziale Kontrolle der Arbeitnehmer im Betrieb ist vor allem auch eine zeitliche Kontrolle, und zwar nicht nur des Beginns und Endes der täglichen Arbeitszeit, sondern der zeitlichen Organisation, der einzelnen Verrichtungen, ihrer Aufeinanderfolge und Dauer. Die ökonomische Rationalisierung der Zeit hat zur Anpassung menschlicher Arbeit an die von Maschinen und ihre Ersetzung durch diese beigetragen. In steigendem Maße wurden in der Industriegesellschaft die Menschen, in ihrer Arbeitsgestaltung und -organisation, d. h. in ihrer Zeitautonomie in Bezug auf die Durchführung der Arbeitsgänge, von Maschinen und Zeitvorgaben kontrolliert.

„Eine zentrale Wurzel der steten Umwandlung von lebendiger Arbeit in Beschäftigung liegt im dauernden Bemühen, Zeit zu gewinnen – oder Zeit einzusparen und Produktivitätssteigerungen zu erzielen. Zeit gewinnen durch Intensivieren und Beschleunigen all dessen, was man tut, lässt sich aber nur, indem das umfassende Handeln der Menschen aufgeteilt ... wird."[24]

Die Folge sind Abstimmungsprobleme zwischen Arbeitszeit und den verschiedenen Aktivitäten und Ansprüchen der Privatsphäre, die der italienische Gewerkschafter Pietro Marcenaro in Bezug auf die Hintergründe von Absentismus folgendermaßen schildert:

„Wenn sich [...] junge Arbeiter krankschreiben lassen, so ist das oft Teil einer richtigen persönlichen Strategie: Die Planung der Krankenzeiten ermöglicht es, die Arbeitsleistung und den Arbeitswillen aufeinander abzustimmen, [...] Sie nutzen die dadurch gewonnene Zeit zur Erholung, zur Schwarzarbeit oder einfach, um sich zu amüsieren [...]. Man greift auf die Krankheit als Möglichkeit zurück, nutzt sie von Fall zu Fall, wenn man mit der Organisation der eigenen Zeit nicht mehr zurechtkommt. Dahinter mag das Bedürfnis stecken, den Arbeitsrhythmus zu unterbrechen, eine psychische Pause einzulegen, die in ihrer Funktion durchaus vergleichbar ist mit den Pausen, die man früher zur eigentlich körperlichen Erholung machte. [...] Es mag aber auch einfach mehr Zeit nötig sein, um den Ansprüchen gewachsen zu sein, die die Familie, die sozialen Beziehungen und die Bürokratie an einen stellen. Die Fehlzeiten sind, langfristig gesehen, eine Form, die eigene Arbeitszeit selbst zu verwalten, selber über sie zu bestimmen. Hinzu kommt aber noch etwas anderes. So weit ich feststellen konnte, entspricht diesem verbreiteten und ganz üblichen Verhalten kein kohärentes Bewusstsein. Den Absentismus bekämpfen nicht nur Unternehmer, und nicht nur die Gewerkschaften stellen sich taub. Dieselben Arbeiter, die sich krankschreiben lassen,

---

[23] Vgl.: Talcott Parsons/Neil J. Smelser, Economy and Society, London 1956; Niklas Luhmann, Wirtschaft als soziales System, in: Ders., Soziologische Aufklärung, Bd. 1, Opladen 1974, S. 204-231

[24] Willy Bierter et al., Keine Zukunft für lebendige Arbeit? Stuttgart 1988, S. 141

verbergen in der Regel die wahren Motive für ihr Fehlen, weil sie es irgendwie unrechtmäßig finden. [...] Es gibt sozusagen ein doppeltes Bewusstsein: ein unmittelbares, das das Verhalten praktisch bestimmt und für das die Zeit als Eigentum gilt, und ein anderes Bewusstsein, das in der Vergangenheit wurzelt und für das die Zeit ein fremdes Eigentum ist. Dieses Nebeneinander zweier Bewusstseinsebenen gilt nicht nur für das Zeitproblem, sondern auch für die Beziehung der Leute zu sich selbst und zur Umwelt."[25]

Die Ambivalenz flexibler Arbeitszeiten

Bernhard Teriet charakterisierte die Arbeitszeitordnung durch vier Prinzipien: das Prinzip der Uniformität, der Gleichzeitigkeit, der Pünktlichkeit und der Fremdbestimmtheit.[26] Die starren Zeitstrukturen waren ein Angriffspunkt für Forderungen der Arbeitnehmer und ihrer Vertreter nach einer flexibleren Gestaltung der Arbeitszeit in der Epoche des Fordismus:

„Aus alledem lässt sich folgern, dass persönliche und familiäre Wünsche und Präferenzen für Arbeitszeitumverteilung in einer gleichgültigen, skeptischen oder gar feindseligen sozialen Umwelt offenbar nicht ausreichen, um entsprechende Regelungen konsensual durchzusetzen. In einer auf Vollzeitarbeit eingestellten Arbeitsgesellschaft ist familienfreundliche Arbeitszeitflexibilität ein zartes Pflänzchen, das ohne Hege und Pflege vom Normalarbeitstag immer wieder überwuchert wird. Der Erfolg einer Strategie der Arbeitsumverteilung ist ohne eine entschlossene, von den wichtigen Interessenverbänden und vom Staat gemeinsam getragene Initiative nicht denkbar."[27]

In der Studie „Working in America" wurde der Grad an Freiheit in der Zeiteinteilung sowie die flexiblere Gestaltung der Arbeitszeit als wesentlicher Faktor für die Arbeitszufriedenheit neben die intrinsischen Elemente der Arbeit gestellt.[28] Viele Stimmen forderten daher mehr Zeitsouveränität der Arbeitnehmer in Bezug auf die Arbeitszeitregelungen; auch für den Einschluss von „Freizeit"-Elementen in die Arbeit („leisure in work") wurde plädiert.[29]

Arbeitszeitflexibilisierungen können sich auf die Länge (Dauer) der Arbeitszeit oder auf die Verteilung (Lage) der Arbeitszeit beziehen oder auch auf beides und sehr verschieden sein.[30]

---

[25] Pietro Marcenaro/Vittoria Foa, Tempo, Tempo. Dialog über die Zukunft der Arbeit, Berlin 1982, S. 28/29

[26] Bernhard Teriet, Zeitökonomie, Zeitsouveränität und Zeitmanagement in der BRD – eine Zwischenbilanz, in: Zeitschrift für Arbeitswissenschaft 2/1978, S. 112-118

[27] Harald Bielenski/Burkhard Strümpel et al., Eingeschränkte Erwerbsarbeit bei Frauen und Männern, Berlin 1988, S. 104

[28] Paul Osterman et al., Working in America, Cambridge, Mass.-London 1981

[29] Joffre Dumazedier, Sociology of Leisure, Amsterdam 1974; Kenneth Roberts, Contemporary Society and the Growth of Leisure, London-New York 1978, S. 139ff

[30] Siehe: Bernhard Teriet, Neue Strukturen der Arbeitszeitverteilung, Göttingen 1976; Ders., Work-Sharing. Aufteilung der Arbeit, ein langer Weg zur Tat, in: Arbeit und Sozialpolitik 10/1978, S. 356-359; Ders., Der Jahresarbeitsvertrag – ein kommendes Arbeitszeitkonzept? In: Arbeit und Sozialpolitik 2/1979, S. 46ff; Ders., Freie

Hörning et al. definieren Arbeitszeiten dann als flexibilisiert, wenn sie sowohl in der chronologischen als auch in der chronometrischen Dimension (d. h. in Bezug auf Dauer und Lage) variieren, gegenüber dem Normalarbeitszeitstandard deutlich verkürzt und für die Beschäftigten durch hohe Wahlmöglichkeit bestimmt sind.[31]

Eine Reihe von Möglichkeiten für Änderungen der Zeitstrukturen, die von Arbeitnehmerseite aus meist auch Arbeitszeitverkürzungen beinhalten sollten, wurden diskutiert. Sie bezogen sich auf die Lebensarbeitszeit (längere Schulpflicht, niedrigeres Pensionsalter bzw. gleitender Ruhestand, längere Karenzzeiten); oder auf die jährliche Arbeitszeit (mehr Erholungsurlaub, Bildungsurlaub, Sonderformen wie z. B. „sabbaticals"; oder auf die Arbeitswoche oder den Arbeitstag (Gleitzeit, 3- bzw. 4-Tage-Woche, Teilzeit etc.). Die flexiblere Gestaltung der wöchentlichen und täglichen Arbeitszeiten erwies sich – allerdings ohne Arbeitszeitverkürzung – als relativ leicht institutionalisierbar, so dass Teilzeitarbeit und Gleitzeitregelungen weit verbreitet sind.[32]

War die Flexibilisierung der Arbeitszeit in den 70er Jahren als eine Forderung der Arbeitnehmer diskutiert worden, so ist die derzeitige flexible Gestaltung eine Folge der technologisch und ökonomisch bedingten Restrukturierung der Unternehmen, die damit Kostenflexibilität meinen. Die Arbeitszeitflexibilisierung ist eine Facette der Beschäftigungsstrategien der Unternehmen.[33] Sie äußert sich in einer Zunahme von Teilzeit- und befristeter Beschäftigung und der Flexibilisierung, die die Telearbeit ermöglicht. Die Arbeitszeit ist nicht der primäre Ansatzpunkt der Flexibilisierung, sondern diese wird über Beschäftigungsformen und Maßnahmen der Diversifikation der Personalstruktur realisiert, wofür die technischen und organisatorischen Veränderungen die Voraussetzungen darstellen. Während die Differenzierung der Arbeitszeitregelung auf Grund von Veränderungen der Beschäftigungsverhältnisse zugenommen hat, kann man nicht in gleicher Weise davon ausgehen, dass damit auch die Zeitsouveränität der Arbeitenden gestiegen ist. Bei den realisierten Formen flexibler Arbeitszeitregelung handelt es sich um Einführungen, die in erster Linie der Anpassung des Beschäftigungsstands an den Bedarf der Unternehmen (z. B. Kapovaz, Frequovaz) und der Rationalisierung der Arbeit und nicht der besseren Work-Life-Balance der Arbeitenden dienen.

In der neuen Arbeitswelt der IuK-Gesellschaft ist Zeitregulierung insbesondere bei den neuen Wissensarbeitern, viele von ihnen selbständig oder als Arbeitskraft-Unternehmer tätig, kein Thema, denn die Leistung wird am Erfolg und nicht an der Zeit gemessen. Die theoretisch besser gestaltbare Work-Life-Balance dieser Beschäftigten wird jedoch durch Selbst-

---

Arbeitszeit. Neue betriebliche Arbeitszeitmodelle. Sammelband der Referate einer internationalen Tagung im Gottlieb Duttweiler-Institut, Rüschlikon 1979; Paul Dickson, Work Revolution, London 1977, S. 209ff; Edwin Schudlich, Die Abkehr vom Normalarbeitstag, Frankfurt/Main-New York 1987

[31] Karl H. Hörning/Anette Gerhardt/Matthias Michailow, Zeitpioniere, Frankfurt/Main 1990, S. 45

[32] Karl Hinrichs, Motive und Interessen im Arbeitszeitkonflikt, Frankfurt/Main-New York; Gerhard Seicht, Arbeitszeitflexibilisierung, in: Journal für Betriebswirtschaft 3/1989, S. 164/165

[33] Siehe: Judith Buber-Agassi/St. Heycock (eds.), The Redesign of Working Time: Promise of Threat? Berlin 1989

ausbeutung und den Druck, kontinuierlich neue Aufträge einfahren zu müssen, Erfolge beweisen zu müssen, häufig geradezu in ihr Gegenteil verkehrt.[34]

Arbeitszufriedenheit ist untrennbar mit Lebenszufriedenheit verbunden. Eine Humanisierung der Arbeitswelt wie auch eine Steigerung der Lebensqualität sind daher nur möglich, wenn Arbeit und Leben als eine Einheit verstanden werden, wenn die Arbeitszeit wieder in den Zusammenhang der Lebenswirklichkeit und Lebensgestaltung der Menschen gestellt wird. Was wir brauchen, ist nicht nur eine andere Ökonomie, die sich mit Ökologie verbindet, sondern auch eine „Ökologie der Zeit".[35] Allerdings sind weder Regelung noch Flexibilisierung ein Garant dafür, dass wir mit Zeit besser umgehen können.

Gesellschaft als Zeitordnung

Die Arbeitszeitstrukturen reflektieren die ökonomischen, politischen und sozialen Verhältnisse der Gesellschaft, sie spiegeln daher auch die bestehenden Status- und Machtunterschiede wider. Arbeitszeitstrukturen reflektieren die gesellschaftlichen Unterschiede sehr deutlich, aber nicht mehr in der Weise wie in der Welt von Thorstein Veblen.[36] Berufsarbeit und „Leistung" verleihen Ansehen, und zwar auch durch die demonstrative „propensity to work".[37] Angehörige der wirtschaftlichen und politischen Eliten weisen zumeist mit einer Art Stolz darauf hin, dass ihre Arbeit sie 24 Stunden lang beschäftigt. Sie sind zur „new busy class" der Leistungsgesellschaft geworden. Allerdings legen sie auch Wert auf Selbstbestimmung in Bezug auf die Arbeitszeit – auch wenn dies heißt, mehr zu arbeiten als die anderen.

Aber nicht nur das Ausmaß der Zeitautonomie bei der Durchführung der Berufsarbeit hat einen Prestigeeffekt und reflektiert die Positionsränge und den Status der Berufstätigen, sondern darüber hinaus ist es auf Grund der einseitigen Bewertung der beruflich bzw. ökonomisch verwerteten Zeit zu einer Deklassierung all jener gekommen, deren Zeit keinen Stellenwert im Wirtschaftssystem hat: die Arbeitslosen, die Hausfrauen, die Pensionisten etc. Ihre Zeit ist nicht knapp, auch wenn sie subjektiv noch so sehr als knapp empfunden wird, denn sie hat keinen Preis.

Zeit drückt sich in Handlungen aus und diese verknüpfen die personalen Zeitläufe miteinander, begründen eine gemeinsame Vergangenheit und die Perspektive einer gemeinsamen Zukunft, konstituieren in diesem Sinn „Gesellschaft" als „strukturelle Interdependenz von Zeitordnung, Sachordnung und Sozialordnung".[38]

---

[34] Siehe dazu: Katharina Ottawa-Rigler, Work-Life Balance bei selbständigen WissensarbeiterInnen, Diss., Wien 2007

[35] Willy Bierter et al., Keine Zukunft für lebendige Arbeit? op. cit., S. 120ff

[36] Thorstein Veblen, The Theory of the Leisure Class, New York 1899

[37] Der Ausdruck „propensity to work" stammt von Harold L. Wilensky, Work as a Social Problem, in: Howard S. Becker (Hg.), Social Problems, a Modern Approach, London 1966, S. 117-166

[38] Niklas Luhmann, Zeit und Handlung – Eine vergessene Theorie, in: Zeitschrift für Soziologie 8/1979, S. 63-81

"Menschliches Zusammenleben ist nur möglich in einer Lebenswelt, die gemeinsam ausgelegt und verstanden wird, eine erwartbare Ordnung aufweist und hinreichende Anknüpfungspunkte für übereinstimmende Erfahrungen, Kommunikationen und sonstige Handlungen bietet."[39]

Eine Zeitordnung, die menschliche Kontakte erschwert oder in vielen Bereichen sogar unmöglich macht, ist dysfunktional für die Erhaltung von Gesellschaft als Kommunikations- und Handlungssystem.

Die Ausweitung der Dienstleistungsbeschäftigung und die gegenwärtigen Tendenzen der Konsumgesellschaft schaffen neue Probleme für die Abstimmung der Zeit, weil der Dienstleistungskonsum mehr Zeit in Anspruch nimmt als der Kauf von Gütern, aber auch dieser mit zunehmendem Wohlstand und immer neuen Produktangeboten mehr Zeitinvestition von Seiten der Konsumenten mit sich bringt. Konsum- und Freizeitangebote sind heute so vielfältig und wechseln so rasch durch den technischen Wandel und die eingebaute Obsoleszenz, dass ein großes Ausmaß an Informations-, Beschaffungs- und Ersatzbeschaffungstätigkeiten anfallen. Auch die Zeit, die nicht der Erwerbsarbeit gewidmet ist, ist daher durchaus nicht freie Zeit. Zeit wird damit für die Bestimmung der Grenzen des Konsums in der Dienstleistungsgesellschaft wichtiger als Geld.[40] Dies äußert sich nicht nur in Diskussionen und Verhandlungen über Ladenöffnungszeiten, es bringt auch neue Probleme der Zeiteinteilung für die Menschen selbst, erfordert verstärktes Prioritätensetzen, einen selektiveren Umgang mit Zeit.

Ein anderer Aspekt, der die zeitlichen Probleme verstärkt, ist der, dass das Arbeitsplatz-Einzugsgebiet der Arbeitnehmer stark ausgeweitet ist und daher weite Verkehrswege einschließt. Tagespendler, Wochenpendler und berufsbedingte Reisen haben zugenommen trotz der Möglichkeiten der elektronischen Kommunikationsmedien. Die Telearbeit als Alternative weist noch einen relativ geringen Umfang auf und ist mit Problemen anderer Art verbunden, wie etwa die soziale Isolierung der Arbeitenden. Bei einigen Beschäftigungsgruppen wird die Zeitknappheit auch dadurch verstärkt, dass sie Nebenbeschäftigungen nachgehen, und daher eine weitaus längere Wochenarbeitszeit aufweisen als die Normalarbeitszeit. Auch dies kann sich verstärken, wenn in einer flexibleren Arbeitswelt mehrere Beschäftigungen übernommen werden, um ein ausreichendes Einkommen zu gewährleisten. Dies macht es notwendig, die Zeitbudgetverteilung und -synchronisation, die durch den Interaktionszusammenhang in den verschiedenen Rollenbereichen der Menschen bestimmt sind, chronologisch neu zu überdenken.[41]

Die Möglichkeiten der Mikroelektronik, wie etwa e-commerce, online banking, etc. führen einerseits zu Zeiteinsparungen, andererseits erhöhen sie das Tempo des Lebens und Arbeitens. Zeitknappheit entsteht durch Fristensetzen im Hinblick auf Entscheidungen; so ent-

---

[39] Niklas Luhmann, Die Knappheit der Zeit und die Vordringlichkeit des Befristeten, in: Ders., Politische Planung, Opladen 1971, S. 144

[40] Gerhard Kleinhenz, Zur politischen Ökonomie des Konsums, Berlin 1987, S. 204

[41] Vgl.: Armin Nassehi, Die Zeit der Gesellschaft, Opladen 1993

stehen „ziel-variable Tempoideologien"[42], die auch in jenen Bereichen wirksam sind, wo vom Ziel her das Zeitproblem gar nicht zwingend ist. Es kommt zu einer Überforderung des Erlebens durch Erwartungen, die bedingt ist durch die Konkurrenz um Zeiteinteilungen zwischen verschiedenen Aufgaben und Rollen. Dazu kommt die „Beschleunigung" der Zeit durch das raschere Tempo aller Abläufe, so dass der Eindruck des Keine-Zeit-mehr-Habens entsteht[43]: Die neuen Technologien und die ökonomischen Bedingungen, die Flexibilität der Strukturen und die höhere Geschwindigkeit der Abläufe bringen zudem eine höhere Komplexität der gesellschaftlichen Zeitinterdependenz mit sich, die sowohl die Abstimmung der zeitlichen Vollzüge in der Wirtschaft als auch das Leben der Menschen jenseits von Erwerbsarbeit eher schwieriger als einfacher machen.

Lebensläufe und berufliche Sozialisation

Eine vom Menschen häufig verdrängte, aber nichtsdestoweniger zwingend wirksame Knappheit ist die Beschränkung der Lebenszeit, die den Menschen gegeben ist. Ein Großteil dieser begrenzten Zeit wird am Arbeitsplatz bzw. in beruflicher Erwerbstätigkeit zugebracht. Schon Emil Lederer hat 1913/1919 in seinem Aufsatz „Die Gesellschaft der Unselbständigen. Zum sozialpolitischen Habitus der Gegenwart"[44] auf die Tatsache hingewiesen, dass die berufliche Periodisierung des Lebens das ganze persönliche Leben und auch die menschlichen Beziehungen prägt. Arbeitszeit und Lebenszeit werden in einer „Soziologie des Lebenslaufes" verknüpft.[45]

Die Lebenszeit wird aus verschiedenen Perspektiven differenziert betrachtet: nach der Bedeutung des Alters als Stadium im Alterungsprozess („Entwicklungszeit"), nach dem „Timing" bestimmter Ereignisse, die durch geänderte soziale Beziehungen, Status und Rollen gekennzeichnet sind: Heirat, Elternschaft, Karrieresprung etc., als „soziale Zeit" und nach der Zugehörigkeit zu einer bestimmten Altersgruppe und des dadurch geprägten sozialen Bezugsrahmens als „historische Zeit".[46]

Die Zugehörigkeit zu einer bestimmten Altersgruppe bedingt eine historisch geprägte Erfahrung, die auch die Einstellungen im Bereich Arbeit und Arbeitszeit formt. Soziale Krisen und Katastrophen, Kriege, Revolutionen, wirtschaftliche Depressionen etc. schlagen sich im individuellen Arbeits- und Berufsschicksal nieder. Nur im Lebenslauf konkreter Individuen lassen sich alle diese Einflüsse auch in ihrer Bedeutung, ihren Auswirkungen erfassen, und

---

[42] Niklas Luhmann, Die Knappheit der Zeit und die Vordringlichkeit des Befristeten, in: Politische Planung, Opladen 1971, S. 143-164

[43] Staffan B. Linder, Das Linder-Axiom oder Warum wir keine Zeit mehr haben, Wien 1971

[44] In: Emil Lederer, Kapitalismus, Klassenstruktur und Probleme der Demokratie in Deutschland 1910-1940, Göttingen 1979, S. 14ff

[45] Vgl. etwa: Martin Kohli (Hg.), Soziologie des Lebenslaufs, Darmstadt und Neuwied 1978; Leopold Rosenmayr (Hg.), Die menschlichen Lebensalter – Kontinuität und Krisen, München 1987; Leopold Rosenmayr/F. Kolland (Hg.), Arbeit – Freizeit – Lebenszeit, Opladen 1988

[46] Glen H. Elder/Richard C. Rockwell, Historische Zeit im Lebenslauf, in: Martin Kohli, op. cit., S. 78-101

nicht durch punktuelle, auf einen Stichtag bezogene Erhebungen. Die Zugehörigkeit zu einer Altersgruppe bedeutet aber auch einen bestimmten gemeinsam eingenommenen Abstand von Beginn und Ende des Erwerbslebens. Die Altersgruppe ist die Bezugsgruppe, an der der soziale Aufstieg und die Chancen für das Arbeitsleben gemessen werden.

Die soziale Zeit bezeichnet hingegen die sich ändernden sozialen Beziehungsmuster des Individuums im Lauf seines Lebens. Hierauf bezieht sich der Begriff des Lebenszyklus als Durchlaufen bestimmter Lebensstadien, -abschnitte, die sich vor allem als gemeinschafts- und gesellschaftsbezogene Unterschiede der Lebensformen darstellen. Die Arbeit ist ein soziales Problem, weil ihre Bedeutung durch den sozialen Kontext vermittelt wird, und die Identität der Person und den Lebenszyklus der Menschen betrifft.[47] Die Unterschiede der Lebenslagen und des Habitus verschiedener Gruppen von Menschen implizieren auch Differenzen in der Abfolge und in der Bedeutung der Lebensphasen.[48] Gerade bei Frauen bestimmen zentrale Lebensereignisse wie Heirat, Geburt der Kinder, Selbständigwerden der Kinder nach wie vor den Lebenslauf und die Berufslaufbahn stärker als bei den Männern.[49] Zudem gilt auf Grund der Geschwindigkeit des technisch-wissenschaftlichen und organisatorischen Wandels eine Unterbrechung der Berufstätigkeit heute stärker als Gefährdung der „employability". Diskontinuität der Berufsarbeit kann in der Gegenwart jedoch für beide Geschlechter zur normalen Lebensform werden; allerdings nicht durch die Abstimmung von Beruf und Familie, sondern sie werden durch Arbeitslosigkeit und Umlernphasen auf Grund von Berufswechsel erzwungen.

Im Lauf des Lebens kommt es auch zu Prozessen der beruflichen Sozialisation. Sozialisation ist der soziale Lehr- und Lernprozess, in dessen Verlauf das Individuum die Werte, Verhaltensmuster und Normen seiner Gesellschaft, seiner Gruppe, aufnimmt und in eigenes Handeln umsetzt. Der Prozess, in dem der Mensch die Erwartungen von Arbeitswelt und Beruf internalisiert, wird als berufliche Sozialisation bezeichnet. Dabei geht es um das Erlernen bestimmter sozialer Rollen, von Berufsrollen, und um den Erwerb von Wissen und technischen Fertigkeiten, einer Berufssprache und bestimmter Sprachspiele, aber auch um Verhaltensmuster, Ehrenkodices, Sinnzuschreibungen und das Reagieren auf Erwartungen der Umwelt und zwar eines bestimmten Ausschnittes aus der Umwelt. Für die Berufsrolle sind es in erster Linie die Berufskollegen, an denen sich das Individuum orientiert, und zwar an deren manifesten Normen und Rollen. Beruf in diesem Sinne ist der allen Berufsangehörigen gemeinsame Wert-, Normen- und Wissensbestand. Dieser, wie auch das Rollenbild des Berufs wirken bereits orientierend und verhaltensleitend, bevor das Individuum den Beruf tatsächlich ausübt, also in Vorwegnahme bestimmter Aspekte auf Grund des Berufswunsches oder während der Ausbildung („antizipatorische Sozialisation").

Im Prozess der beruflichen Sozialisation sind Erfahrungen und erworbene Haltungen von großer Bedeutung; man kann sagen,

---

[47] Harald Wilensky, Work as a Social Problem, in: Howard S. Becker, Social Problems, London 1966, S. 117-166
[48] Vgl.: Pierre Bourdieu, Die feinen Unterschiede, Frankfurt/Main 1989
[49] Angelika Tölke, Lebensverläufe von Frauen, Weinheim-München 1989

> *"dass das Individuum weitgehend die Schaubühne der Hintergrundspannungen zwischen den sozialen Objektivationen unserer Gesellschaft ist, dass aber auch nur das Individuum durch seine eigenste, persönliche Leistung das komplexe Gefüge einander überlagernder, sich gegenseitig verstärkender oder abschwächender Verhaltensanforderungen zur Lebensform zu integrieren, zum unverwechselbaren, unveräußerlichen Schicksal auszuformen vermag."*[50]

Hier kommt das Verhältnis von objektiven und subjektiven Faktoren in der beruflichen Sozialisation und der die Anpassung und das Lernen sozialer Rollen stets begleitende Personalisationsprozess zum Ausdruck. Berufliche Sozialisation ist daher nicht als ein geradlinig fortschreitender Prozess zu verstehen, sondern als ein ständiger Prozess der Veränderung beruflicher Orientierungen im Gefolge der Auseinandersetzung des Individuums mit seinen Lebensbedingungen und Handlungschancen. Berufliche Erwartungen sind immer mit Bedeutung für die gesamte Lebensführung der Subjekte verknüpft. Die Auseinandersetzung zwischen Person und (beruflicher) Umwelt ist ein aktiver Prozess der Umwelt- und Selbstreproduktion des Subjekts.[51]

Der berufliche Lebenslauf ist ein sozialer Lernprozess, der für viele Menschen ziemlich kontinuierlich verläuft, sofern sie bei dem einmal erlernten Beruf und vielleicht sogar in einem Betrieb bleiben können. Doch dies wird immer weniger häufig der Fall sein. Die Erwartungen in Bezug auf ständiges Umlernen, die flexible Anpassung nicht nur an neue Technologien der Arbeit, sondern mehr noch an neue Werte, die Notwendigkeit mitunter mehrfachen Berufswechsels innerhalb einer Generation, die die „Wissensgesellschaft" mit sich bringt, bedeuten daher wiederholte Brüche in diesem Sozialisationsprozess.[52] Diskontinuierliche Berufsverläufe bedeuten aber nicht nur Desozialisierungs- und Neusozialisierungsprozesse beim Wechsel der beruflichen Situation, sondern auch personale, sozial-emotionale und kognitiv-kulturelle Neuorientierungen. Die Konzepte der Sozialisation und Enkulturation lassen sich zwar auf die flexiblen Wirklichkeiten in der Wirtschaft der Gegenwart anwenden, ihre Befunde verweisen insbesondere auf die Probleme, die im Übergang von relativ erwartbaren Strukturen hin zu rascher Veränderung für die Orientierung der Menschen und die Aneignung neuer Erwartungen entstehen können.

Berufsbiographien

Lebensläufe und Sozialisationsprozesse vollziehen sich vor einem historischen Hintergrund; sie befinden sich im Schnittpunkt der Biographien der Individuen und der Geschichte einer

---

[50] Friedrich Fürstenberg, Normenkonflikte beim Eintritt in das Berufsleben, in: Thomas Luckmann/Walter M. Sprondel, Berufssoziologie, op. cit., S. 287
[51] Howard S. Becker/James Carper, Elemente der Berufsidentifikation, in: Thomas Luckmann/Walter M. Sprondel, op. cit., S. 263-275
[52] Jürgen Wolf/Martin Kohli/J. Rosenow, Die Veränderung beruflicher Erwartungen – biographische Analysen, in: Ernst H. Hoff/Lothar Lappe/Wolfgang Lempert, Arbeitsbiographie und Persönlichkeitsentwicklung, Bern 1985, S. 128-141

bestimmten Kultur und Gesellschaft.⁵³ Während der „Lebenslauf" als die auch von außen rekonstruierbare Abfolge von Ereignissen und Zuständen verstanden werden kann, bezieht sich die „Biographie" auf die Interpretation des Lebenslaufs durch das Individuum. In dieser Sicht sind die individuellen Lebenskonstellationen das Laboratorium, in dem sich die Konstitution und Konstruktion von Sinn und Bedeutung ereignen, in dem sich auch die strukturellen Veränderungen bewusstseinsmäßig niederschlagen und „erfahrungswirklich" werden.

Objektive Aspekte von Berufsbiographien wie technisch-organisatorische Veränderungen, Konjunktur- und Krisenentwicklungen, Karrierewege in bestimmten Organisationen etc. sowie persönliche Ereignisse verdichten sich zur Biographie durch die subjektive Deutung dieser Ereignisse und Tatsachen im Rückblick. Daher muss unterschieden werden zwischen der Erfahrung, die die Ereignisse und Situationen in Menschen hinterlassen haben, und der biographischen Konstruktion.⁵⁴ Erfahrung ist ein diffuses Hintergrundwissen, das synthetisch und vorsprachlich ist. Biographie hingegen beruht auf Auswahl, Analyse und Reihung von Ereignissen, Bedeutungszumessung, Bewertung und sprachlichem Ausdruck. Dabei kommen gesellschaftliche Vorformulierungen, soziales „savoir faire", sprachliche Kompetenz und deren soziale Begründung etc. als eine zusätzliche Dimension hinzu, die die Biographie nicht nur zur Rekonstruktion, sondern zur Konstruktion werden lässt. Und wie die Geschichtsschreibung von Staaten und Völkern, so konstruiert sich auch jede Lebensgeschichtsschreibung ihre eigene Geschichte aus den Erfahrungen der jeweiligen Gegenwart heraus immer neu.

Neben der Berufsbiographie hat das Individuum noch eine Familienbiographie, eine politische, eine sportliche, eine religiöse Biographie.⁵⁵ Zwischen diesen gibt es Querverbindungen und Wechselwirkungen, die ihrerseits gedeutet werden. Die Konstruktion einer die soziale Identität begründenden personalen Biographie setzt daher eine „Theorie" der persönlichen Identität voraus.

Für Berufsbiographien zwischen den Generationen kommen auch zeitgeschichtliche, politisch-ökonomische und soziale Faktoren zum Tragen und deren Bedeutung und Interpretation durch die Individuen; beim Vergleich zwischen den Kulturen müssen noch die unterschiedlichen Wertmuster, Mentalitäten und historischen Hintergründe, die sowohl die Lebensläufe wie deren Darstellung durch die Individuen bestimmen, berücksichtigt werden.

Das berufsbiographische Selbstverständnis begründet nicht nur die Identität der Person in Bezug auf die Arbeit, sondern hat auch Auswirkungen auf die jeweils aktuelle Arbeitserfahrung.⁵⁶ Die Deutungen der jeweiligen Arbeitssituation beruhen auf einem permanenten Sedimentierungsprozess von Alltagswissen im individuellen Bewusstsein, das sich aus Lebenspraxis, beruflichem Erleben und Handeln und gesellschaftlichen Deutungsmustern bzw.

---

[53] C. Wright Mills, Kritik der soziologischen Denkweise, Neuwied-Berlin 1963
[54] Vgl. auch: Peter Alheit/Erika M. Hoerning (Hg.), Biographisches Wissen, Frankfurt/Main-New York 1989
[55] Erving Goffman, Stigma, Frankfurt/Main 1967, S. 80ff
[56] Hanns-Georg Brose, Die Erfahrung der Arbeit, Opladen 1983

Wissensstrukturen zusammensetzt. All dies begründet Entscheidungen wie Berufswahl, Berufswechsel, etc. und das Handeln in Beruf und Organisation.

Da historische Tatsachen, Arbeitsbedingungen und –verhältnisse und die beruflichen Sozialisationsprozesse gemeinsame Erfahrungshintergründe darstellen, kommt es auch zu ähnlichen Interpretationen, so dass Biographien als Ausdruck kollektiver Erfahrungen und schicht- bzw. klassenspezifischer Lebenslagen interpretierbar sind.[57] Generationenspezifische Biographien beruhen auf der Wirkung der Aufeinanderfolge von Ereignissen oder Handlungen, denn die „biographischen Knotenpunkte" stellen jeweils die Weichen für die weiteren Handlungen und ihre Deutungen.[58]

Man kann sich auch des Begriffs des Habitus bedienen, um die Verschränkung von subjektiven und objektiven Faktoren zu Klassen- oder Generationenbiographien zu kennzeichnen. Der individuelle Habitus, der den Erfahrungen und damit der Biographie der Menschen zugrunde liegt, wird aus dieser Sicht als eine Variation des Gruppenhabitus verstanden. Er beeinflusst die materielle Interessenorientierung, die Einstellung zur Arbeit, die Haltung gegenüber Autorität und gegenüber dem Arbeitgeber, etc.

Die Übertragung der Arbeitserfahrung auf die jeweilige Situation und die berufsbiographische Deutung verändern sich unter dem Eindruck „äußerer Umstände". In Zeiten von Vollbeschäftigung und wohlfahrtsstaatlicher Regulierung sind sie anders als in Zeiten beständiger hoher Arbeitslosigkeit und raschem technischen und ökonomischen Wandel. Menschen passen solcherart die Deutungen ihrer eigenen Geschichte an die sich wandelnden äußeren Bedingungen an und ziehen daraus unterschiedliche Schlüsse in Bezug auf die Beurteilung derselben und ihrer eigenen Chancen und Risiken. Das hat etwa zur Folge, dass viele ältere Arbeitnehmer Anpassungsschwierigkeiten und eine negative Einstellung zu den gegenwärtigen Veränderungen der Arbeitswelt entwickeln.

4 Arbeit jenseits der Erwerbsarbeit

Im Industriesystem ist die Weckung, Aufrechterhaltung und stetige Steigerung des Interesses der Menschen am Erwerb von Gütern und Dienstleistungen von grundlegender Bedeutung und damit auch die Förderung einer sehr spezifischen Sicht von Privatleben, die auf „Konsum" hin orientiert ist. Konsum aber heißt primär Verausgabung von Geld durch Letztverbraucher, von Geld, das durch meist abhängige Erwerbsarbeit verdient wird. Als Arbeitender und als Konsument trägt der Mensch des Industriesystems zum Wirtschaftswachstum bei.

---

[57] Martin Osterland, Lebensgeschichtliche Erfahrung und gesellschaftliches Bewußtsein, in: Soziale Welt XXIV/1973, S. 409-417
[58] Wilfried Deppe, Drei Generationen Arbeitsleben, Frankfurt/Main 1982

Der materielle Aspekt der Einkommenssicherung zwingt zur (Erwerbs-)Arbeit und in diesem Sinn ist Beruf zur Sozialnorm geworden.[59] Der moderne Kapitalismus verbindet Arbeit und Geld, so dass Arbeitsdisziplin und Lustgewinn durch Konsum seine moralischen Voraussetzungen darstellen, die durch die drohende Arbeitslosigkeit als Ausschluss aus dem Arbeit-Geld-Konsum-Zyklus durchgesetzt werden.[60]

Die Ökonomisierung unserer Gesellschaften bewirkt, dass zunehmend Mittel zu Zielen gemacht werden. Es macht in diesem Kontext für den Einzelnen daher Sinn, nach Einkommen, Prestige, Karriere zu streben, denn das ist das „gateway" zu allem, was sonst noch als erstrebenswert gilt. Diese ökonomische Übersozialisierung des Menschen kann unter Umständen Entfremdung in dem Sinn bewirken, dass in der Rückschau die Einsicht entsteht, ein „fremdes" Leben gelebt zu haben, das durch das Streben nach Macht und Erfolg, berufliche „Karriere", aber auch durch die „Musts" der „Freizeitgestaltung" und des „Konsums" gesteuert war.

In Zeiten hoher Arbeitslosigkeit scheint die Frage nach der Sinnhaftigkeit der Arbeitstätigkeit beinahe den Geruch der Frivolität anzunehmen. Und doch ist die Sinnhaftigkeit dessen, womit wir ein Drittel unserer Lebenszeit und gut die Hälfte unserer Wachzeit verbringen, unabhängig von konjunkturellen Auf- oder Abschwüngen. Und sie ist sicher wesentlich daran beteiligt, ob wir mit unserem Leben zufrieden sind oder nicht. Sinn hat mit innerem Erleben und Einsicht zu tun und ist nur bedingt „herstellbar" durch kommunikative Prozesse der Überredung, Überzeugung, der „Motivierung".

> *„[...] the question is what it means to grow up into such a fact as: During my productive years I will spend eight hours a day doing what is no good".[61]*

Aber in der realen Welt ist „Eigensinn" kaum möglich, oder nur um den Preis der Exklusion. Die subjektive Vernunft des Einzelnen ist untrennbar in die „Systemrationalität" von Erwerbsarbeit und Konsum eingebunden.[62] Die Betonung des Spaßfaktors am Konsum verschleiert dabei allerdings, dass der Konsument zunehmend in den Arbeitszusammenhang der Wirtschaft eingebunden wird.

Konsumarbeit und Eigenarbeit

> *„Die Rede von der Konsumarbeit, von „Trauerarbeit", „Beziehungsarbeit", „Traumarbeit", „emotionaler Arbeit" ist verräterisch und zeigt, wie sehr die Arbeitsgesellschaft unser Leben geprägt hat. Das ganze Leben droht zur Arbeit zu werden, weil Arbeit die Lebensform der Industrie ist."[63]*

---

[59] Siehe: Friedrich Fürstenberg, Wirtschaftsbürger in der Berufsgesellschaft? Zürich 1997, S. 13ff
[60] Heiner Ganßmann, Geld und Arbeit, Frankfurt/Main-New York 1996, S. 273ff
[61] Paul Goodman, Growing Up Absurd, New York 1960, S. 29
[62] Niklas Luhmann, Zweckbegriff und Systemrationalität, Tübingen 1968
[63] Joseph Huber, Die zwei Gesichter der Arbeit, Frankfurt/Main 1984, S. 27

4 Arbeit jenseits der Erwerbsarbeit

Der Begriff Konsum hat eine Wandlung erfahren durch die Kapitalisierung der Haushaltsgüter und die Technisierung der Haushaltsproduktion. Er macht die zunehmende Professionalisierung des Verbraucherverhaltens notwendig, das sich in ständiger Informationssuche ausdrückt. Dies bezieht sich nicht nur auf Preisvergleiche, sondern auch auf Qualitätsvergleiche, die nur möglich sind durch den Erwerb von Wissen über technische Merkmale der einzelnen Produkte, was wieder das Verstehen der dabei verwendeten Sprache voraussetzt. Konsum ist eine überaus anspruchsvolle und voraussetzungsvolle Tätigkeit geworden, sie setzt ein beträchtliches Informationswissen voraus, dessen Erwerb Zeit und Arbeitseinsatz erfordert. Die Sucharbeit kann zwar zum Teil über den Computer erfolgen, was aber auch nicht ohne zeitliche Investition vor sich geht, darüber hinaus die Ausstattung mit den entsprechenden Geräten und die Kenntnis ihrer richtigen und effizienten Bedienung bedingt.

Die Annahme, Konsum sei nur Marktentnahme, d. h. unmittelbare Verwendung von Gütern und Dienstleistungen für Bedürfnisse, trifft nicht zu. Konsum erfordert den Einsatz von Arbeit, Wissen und dispositiven Leistungen (Bedarfsplanung, Wareninformation, Erwerb, Beschaffung, Finanzierung, Verwaltung, Bedienung, Wartung, Reparatur, Beseitigung, Ersatzbeschaffung).[64] Konsum bedeutet nicht mehr arbeitsfreie Zeit, sondern ist zu einem Teil der Produktion bzw. der Distribution geworden.[65] Konsumarbeit wird vorausgesetzt, damit die Produkte einen Markt finden können, und ist Bestandteil der Preisbildung. Die Preise von Gütern in Selbstbedienungsläden etwa basieren auf der Mitarbeit der Konsumenten. Besonders auffällig ist die Arbeitsintensität des Konsums bei Einkäufen im Supermarkt: Das ist zeitaufwendige Schwerarbeit, die unter solchem Zeitdruck zudem keinem Lagerarbeiter im Industriebetrieb zuzumuten wäre. J. Huber spricht von „Gratisarbeit fürs System" bzw. von Schattenarbeit der Industriewirtschaft, wenngleich die Konsumarbeit eben nicht gratis ist, denn sie wirkt sich in den Preisen aus.

Die Konsumarbeit verdrängt zum Teil die Erwerbsarbeit, etwa durch die Reduktion von Bedienungspersonal im Einzelhandel oder den Einsatz von Maschinen in Banken, Verkehrsbetrieben etc. In anderen Sparten führt sie zur Differenzierung des Angebots: Entweder Selbstbedienung und relativ billig, oder aber Dienstleistung und beträchtlich teurer (Handwerker). In der Selbstbedienungsgesellschaft[66] setzen die auf dem Markt angebotenen Güter für den privaten Bedarf zunehmend die Eigenarbeit der Konsumenten voraus („Do-it-yourself"). Dementsprechend kommt es trotz Anwachsens der Zahl der Beschäftigten im Tertiärbereich zu einer Ersetzung von Dienstleistungen durch Güter, was sich in der Ausgabenstruktur der privaten Haushalte niederschlägt. Gershuny sieht in diesem Auseinanderklaffen der privaten Ausgaben und der Dienstleistungsbeschäftigung ein Gegenargument gegen die These von der „Dienstleistungsgesellschaft", wie sie u. a. Daniel Bell beschworen hat. Warum sich die Menschen trotz Wohlstands diesen Eigenarbeiten unterziehen, hat durchaus verschiedene Gründe: „Rationalitäts"überlegungen, bei denen (Eigen-)Zeit gegen Geld auf-

---

[64] Bernward Joerges, Berufsarbeit, Konsumarbeit, Freizeit, in: Soziale Welt 32/1981, S. 168-195
[65] Bernward Joerges, Konsumarbeit – Zur Soziologie und Ökologie des „informellen Sektors", in: Joachim Matthes (Hg.), Krise der Arbeitsgesellschaft? Frankfurt/Main-New York 1983, S. 249-264
[66] Jonathan Gershuny, After Industrial Society? The Emerging Self-Service Economy, London-Basingstoke 1978

gerechnet werden; Ausbeutung durch die offizielle Wirtschaft, die dem Konsumenten keine andere Wahl lässt und sich seine Arbeit quasi aneignet; Präferenzen für selbsterzeugte Leistungen, die mitunter einen Wertewandel anzeigen (selbst Brot backen etc.); die privatistische Orientierung der Haushalte.[67]

Allerdings erscheint die Entwicklung zu zunehmender Eigenarbeit keineswegs so eindeutig in eine Richtung weisend, wie Gershuny implizierte, weil sich inzwischen die technische Form der Güter verändert hat. Mit dem Erwerb und Gebrauch hochtechnisierter Geräte ist ein Ansteigen von Informations-, Qualifikations-, Beratungs- und Reparaturangeboten im formellen Bereich der Arbeitsgesellschaft verbunden (Kurse, Zeitschriften, Verbraucherinformation, Kundendienste, gewerbliche Reparaturarbeiten etc.), so dass es zu einer komplementären Steigerung von Dienstleistungsarbeit und Eigenarbeit kommt.

„Hausarbeit": Bedeutungswandel und Ausweitung

Unter „Arbeit" versteht man im allgemeinen die außerhäusliche Erwerbsarbeit, während der Haushalt als Konsumsphäre betrachtet wird; besonders die weitgehende Technisierung der Haushalte hat zunächst dazu geführt, dass die traditionelle Hausarbeit als vernachlässigbare Betätigung angesehen wurde. „Hausarbeit" wird nach wie vor zum größten Teil von Frauen erledigt, auch wenn sich die partnerschaftliche Aufteilung der einzelnen Arbeiten als rhetorische Leitvorstellung mehr und mehr durchsetzt.

Die Hausarbeit hat eine Geschichte, die eng mit dem Industrialisierungsprozess zusammenhängt; eine Tatsache, der erst in den letzten Jahrzehnten von vorwiegend weiblichen Autoren stärkere Aufmerksamkeit zugewandt wurde. Die Industrialisierung des Haushalts im Verlauf des 19. Jahrhunderts hatte zur Folge, dass die ursprüngliche Arbeitsteilung zwischen den Geschlechtern in Haus, Garten und Landwirtschaft aufgehoben wurde, vor allem dadurch, dass die Selbstversorgung der Haushalte immer mehr durch industriell gefertigte Produkte und Hilfsmittel verändert bzw. durch den Markt ersetzt wurden. Dadurch fielen aber in erster Linie die „männlichen" Arbeiten weg, die Männer wurden in Haus und Feld nicht mehr gebraucht und konnten verstärkt in den Arbeitsmarkt integriert werden, während die Arbeit für die Frauen nicht weniger, sondern eher mehr wurde, weil sich die Zwänge und die Ansprüche auf Grund der neuen Möglichkeiten veränderten (mehrgängige Menüs, häufigeres Waschen der Kleidung etc.) oder statt auf andere (Männer, Kinder, Wäscherinnen, Wäschereien, Dienstboten, Zustelldienste der Kaufleute etc.) der Frau zufielen. Zwar waren dann die einzelnen Arbeiten nicht mehr so beschwerlich (durch Waschmaschine, Gas/E-Herd, Auto etc.), aber insgesamt doch sehr zahlreich.

Mit dem Rückgang der Selbstversorgungsaktivitäten der Haushalte entstand die „Hausarbeit" als weitgehend unproduktive und unbezahlte Arbeit der Frauen in dem als Konsumsphäre definierten Haushalt. Entgegen dieser konventionellen Ansicht, die Hausarbeit gehöre der Konsumsphäre an und sei durch die technischen Neuerungen leichter geworden, behauptet

---

[67] Vgl.: Karl Hinrichs, Zeit und Geld in privaten Haushalten, Bielefeld 1989

4 Arbeit jenseits der Erwerbsarbeit

Ruth Schwartz Cowan, dass vielmehr, vor allem in der zweiten Phase der Industrialisierung, in den Haushalten weiterhin Produktion geleistet wurde, allerdings anderer Art; die Produktivität der Hausarbeit sei insgesamt sogar gestiegen.[68] Die technischen Geräte für die Haushalte, die auf den Markt kamen, waren nicht die besten in dem Sinne von arbeitssparendsten Lösungen, sondern nur die erfolgreichsten aus der Sicht der Hersteller. Dies liegt zum Teil sicher an der Durchsetzungsmacht und den Profitinteressen der großen Konzerne und zum Teil an „patriarchalischen Strukturen", aber auch daran, dass Frauen selbst bestimmte Wahlentscheidungen zwischen alternativen Produktangeboten getroffen haben. Diese Entscheidungen zeigten eine Priorität für einzelhaushaltliche Autonomie ausgedrückt in privatem Besitz von Werkzeugen, Maschinen etc. und der Bewahrung der Privatsphäre der Einzelfamilie.

Die Hausarbeit der Frauen aus verschiedenen sozialen Schichten ist im Verlauf mehrerer Generationen bis heute stark angeglichen worden. War die Mittelklassenhausfrau der Generation zwischen 1900 und 1920 noch zum Teil Arbeitende, zum Teil Organisatorin der Arbeit anderer (Dienstboten, kommerzieller Dienst etc.), so machten ihre Töchter und Enkelinnen die Hausarbeit schon mehr und mehr selbst. In diesem Sinne kann man von einer Proletarisierung der Mittelklassenhausfrauen sprechen. Demgegenüber konnten die Arbeiterhaushalte, die um die Jahrhundertwende noch weitgehend sehr beengt und in ärmlichem Zustand waren, nach und nach dieselben technisch-hygienischen Standards erwerben wie die Mittelklassenhaushalte. Mit der Angleichung der technischen Systeme wurde die Hausarbeit zur manuellen Arbeit der Frauen.

Studien, die sich mit den Einstellungen der Hausfrauen zur Hausarbeit und zur Hausfrauenrolle beschäftigten, zeigten, dass beide Einstellungen stark divergieren können. Während die meisten Frauen Unzufriedenheit mit der Hausarbeit, zumindest mit einigen Teilen davon, mit dem geringen Ansehen der Hausarbeit, den langen und beschwerlichen Arbeitstagen, der Eintönigkeit und Einsamkeit der Hausarbeit bekundeten, so war die Identifikation mit ihrer Rolle als Hausfrau noch in Untersuchungen aus den 70er Jahren sehr hoch. Ann Oakley stellte eine große Übereinstimmung auf der Ebene der subjektiven Vorstellungen zwischen Mittelklassen- und Unterschichtshausfrauen mit nur geringen Abweichungen fest, wenngleich sich Teile der Mittelschichthausfrauen distanzierter zur Hausfrauenrolle stellten als jene der Unterschicht.[69] Allerdings kommt es besonders auf den früher ausgeübten Beruf an; die Hausfrauen, die einen „besseren" Beruf hatten, zeigten sich in der Regel kritischer gegenüber der Hausarbeit und auch der Hausfrauenrolle. Sie verstanden sich bzw. definierten sich gegenüber ihrer Umwelt auch in der Regel als „Hausfrauen auf Zeit", wie eine Untersuchung aus den 80er Jahren zeigte[70], während sich die vorwiegend älteren Frauen mit geringer und lange zurückliegender Berufserfahrung als „Lebenszeit"-Hausfrauen sahen.

---

[68] Ruth Schwartz Cowan, More Work for Mother, London 1989, S. 99
[69] Ann Oakley, Soziologie der Hausarbeit, Frankfurt/Main 1978
[70] Anke Ochel, Hausfrauenarbeit, München 1989

In manchen Studien wird zwischen der materiellen Hausarbeit oder Hausarbeit im engeren Sinne und der psychischen Reproduktionsarbeit differenziert. Bei letzterer handelt es sich insbesondere um „Beziehungsarbeit", also um die Bemühungen, das Beziehungssystem Familie aufrecht zu erhalten, und um Erziehungsarbeit, wobei letztere trotz sinkender Kinderzahl aufwendiger geworden ist. Damit wird Hausarbeit weiter definiert als dies üblicherweise geschieht; mitunter spricht man in diesem Zusammenhang auch von „Familienarbeit".

In letzter Zeit ist dem privaten Haushalt wieder mehr Aufmerksamkeit zuteil geworden und zwar in zweifacher Hinsicht: zum einen als die Leistungen von Markt und Staat ergänzender, mitunter auch ersetzender Bereich von Selbsthilfe und Sozialdiensten, zum anderen kommen daraus die Konsumenten neuer Güter und darauf bezogener Konsum- und Eigenarbeit. Letztere koinzidiert mit der Entwicklung des Technisierungs- und Kapitalisierungsgrades der Haushalte, was diese sowohl als Absatzmarkt für die Wirtschaft als auch für den Einsatz „männlicher" Eigenleistungen wieder interessant macht.

Der offizielle Wirtschaftssektor weitet sich auch in Bezug auf Produktions- und Distributionsleistungen auf die Haushalte aus, etwa durch die in Zukunft sicher anwachsende Telearbeit, die die Trennung zwischen Wohn- und Arbeitsort wieder teilweise aufhebt, allerdings nicht im Sinne einer neuen Produktionsautonomie der Haushalte, sondern als „Verhäuslichung der Lohnarbeit"; in anderen Fällen, wie bei Einkäufen im Internet kommt es zu einer „Verhäuslichung des Marktes".[71]

Hausarbeit bzw. Eigenarbeit und Berufsarbeit sind wechselseitig aufeinander ausgerichtet, was im Allgemeinen bei der einseitigen Konzentration der Aufmerksamkeit auf die Berufsarbeit unbeachtet bleibt. Wichtige gesellschaftlich notwendige Arbeit wird in den „weißen" Formen informeller Wirtschaft geleistet, was bedeutet, dass sie in Haushalten und Nachbarschaften erfolgt.

Der informelle Sektor der Wirtschaft der bereits in Bezug auf die Beschäftigung Erwähnung fand, umfasst sehr unterschiedliche Bereiche, man differenziert im Allgemeinen zwischen der Schwarzen, der Grauen und der Weißen Wirtschaft nach dem Grad der Legalität der damit verbundenen Aktivitäten. Schwarzmarkt und Schwarzarbeit, Steuerhinterziehung, Eigentumsdelikte bis hin zur organisierten Kriminalität, die eine beträchtliche ökonomische Potenz darstellt, Geldwäsche, die Existenz diverser Postkastenfirmen bis zu illegalen Transaktionen über offshore-Bankenzentren, etc., all das umreißt das enorme Ausmaß der Schwarzen Wirtschaft mit ihren „grauen" Einzugsbereichen. Die weiße Wirtschaft hat aber ebenfalls an Bedeutung zugenommen, was verschiedene Begründungen erfuhr. Die einen sehen einen Effizienzvorteil alternativen Arbeitens, die anderen sprechen von der Überwälzung unprofitabler Wirtschaftstätigkeiten vom formellen auf den informellen Sektor; Staatsversagen in Bezug auf die Bereitstellung von und Versorgung mit notwendigen Diensten und Selbsthilfe in der Wirtschaftskrise wurden genauso als Argumente für das Anwachsen der informellen

---

[71] Ilona Ostner/Angelika Willms, Strukturelle Veränderungen der Frauenarbeit in Haushalt und Beruf? in: Joachim Matthes, Krise der Arbeitsgesellschaft, op. cit., S. 206-227

Ökonomie angeführt wie der Wertewandel, der die Präferenzen für nicht-fremdbestimmte Arbeit, für „personal and local ownwork" verstärkt.[72]

Die privaten Haushalte leisten daher bezahlte und unbezahlte Arbeit, letztere im eigenen Haushalt bzw. für die Familie oder im weiteren sozialen Umfeld (Nachbarschaftshilfe etc.) sowie im Rahmen von Non-Profit-Organisationen. Sie leisten auch Geldzahlungen aus ihrem Erwerbseinkommen nach Abzug der Steuern in Form von Mitgliedsbeiträgen und Spenden. Der Dritte Sektor, aber auch die privaten Haushalte selbst, tragen einen Teil der gesellschaftlich notwendigen Arbeit, die nicht von gewinnorientierten Unternehmen über den Markt und im Zeichen von Deregulierung und Kosteneinsparungen auch nicht vom Staat geleistet werden. Mitunter wird diese Tatsache auch mit Argumenten wie der Selbständigkeit und Mündigkeit beweisenden Eigenvorsorge und -verantwortung und mit der Initiativenentfaltung und Gestaltungsbeteiligung einer „Zivilgesellschaft" oder „Bürgergesellschaft" verbunden.

„Arbeit" nimmt eine breitere und differenziertere Bedeutung an, die zumindest die Chance bietet, dass die vielfältigen bislang unsichtbaren Leistungen der Menschen außerhalb von Staat und Marktwirtschaft als für die Erhaltung der Gesellschaft wichtig und bedeutsam anerkannt werden. Wie diese Wertschätzung auszudrücken ist, ob durch Umwandlung in Erwerbsarbeit, in Ehrenamt oder sonstige Formen, ist eine Frage, mit der man sich gegenwärtig aus politischer Sicht beschäftigen muss.

5 Der neue Mensch: Ambivalente Anforderungen der neuen Arbeitswirklichkeit

In Bezug auf die Erwerbs-, Berufs- bzw. Lohnarbeit wich seit den 80er Jahren die Diskussion über die Humanisierung der Arbeit immer mehr bestimmten, oft sehr vieldeutigen Schlagwörtern, die als Feststellungen des Faktischen in den Diskursen in den Medien, in der Politik, in der Wissenschaft auftauchten, und bei denen man kaum mehr fragte, was sie eigentlich bedeuten. Solche Zauberwörter sind etwa „Wissensgesellschaft", „Wissensarbeit", „Wissensmanagement", „Flexibilität", „Diversität", „Globalisierung" etc. Unter der Bedingung langfristig hoher Arbeitslosenraten wurden und werden die damit argumentierenden Veränderungen in Bezug auf die Arbeit, die meist Verschlechterungen für die Arbeitenden bedeuten, widerspruchslos als notwendig angesichts der „globalen Sachzwänge" akzeptiert. Zudem scheinen sie nicht nur für viele Arbeitende neue Chancen zu eröffnen und auch eine Lösung für die in der Kritik der bürokratisch-tayloristischen Arbeitsformen der Vor-Epoche

---

[72] James Robertson, Future Work, Aldershot 1985, S. 149ff; vgl. auch: Joseph Huber, Die zwei Gesichter der Arbeit, Frankfurt/Main 1984; Jeremy Rifkin, The End of Work, New York 1995

vorgebrachten Probleme mangelnder Autonomie, Selbstbestimmung und Selbstverwirklichung zu bieten. Die Signale, die von der „neuen Arbeitswelt" ausgehen, sind ambivalent, sie suggerieren Verbesserungen, die sich aber auch in ihr Gegenteil verkehren können. Grundsätzlich schaffen sie damit eine Grundstimmung der Unsicherheit in Bezug auf Zukunftserwartungen und des persönlichen Selbstwertgefühls. Sie beziehen sich vor allem auf die Qualifizierung, die Flexibilisierung und die Prekarisierung als Erfahrung der Menschen.

Qualifizierung: Voraussetzung höherer Arbeitszufriedenheit oder Ausschließungsfaktor?

In der Gegenwart sind die Arbeitenden oder Arbeitsuchenden selbst aufgerufen, sich durch „Qualifizierung" die Voraussetzungen für die Teilnahme an der Erwerbswelt und ihre Chancen darin zu verschaffen. Darüber hinaus ermöglicht der rasche technologische Wandel nicht nur die Freisetzung von Arbeitenden, sondern auch die Erhöhung des Machtpotentials der Arbeitgeber dadurch, dass sie durch ihre Anforderungen die Voraussetzungen für die Qualifizierung bestimmen. Dies bedeutet, dass sich die Arbeitenden gemäß den sich ständig wandelnden technisch-organisatorischen Anforderungen und dem dadurch bestimmten „Wissen" immer wieder neu „qualifizieren" müssen. Zwar unternehmen die Betriebe durchaus auch Anstrengungen, ihre Belegschaft nach den neuen Gegebenheiten oder auch neuen Strategien zu schulen, („human resource development"), aber das tun sie zunehmend nur noch für eine immer kleiner werdende Kernbelegschaft, während eine wachsende Zahl von Menschen, die nicht oder nicht mehr dazugehören, sich selbst auf einem expandierenden Qualifikationsmarkt oder mit Hilfe öffentlicher Institutionen „entwickeln" muss.

Gleichzeitig werden die sachlichen Qualifikationserfordernisse mehr und mehr betriebsspezifisch differenziert, so dass das Schwergewicht der Qualifizierung sich hin zu den Schlüsselqualifikationen bzw. den extrafunktionalen Handlungskompetenzen verschiebt und in fachlicher Hinsicht das ständige Weiter-, Um- und Neulernen zur Voraussetzung der Beschäftigungsfähigkeit wird. Höhere Bildung, mehr Wissen, mehr Können, das sind erstrebenswerte Dinge, die sicherlich auch in Bezug auf die Arbeit die Zufriedenheit und die Selbstverwirklichung der Menschen erhöhen können. Aber die Qualifizierung, um die es geht, ist eine fremdbestimmte und sie hat nur sehr verschwommene Umrisse. Sehr viel ist von Anforderungen wie „Teamfähigkeit", „Lernfähigkeit", „Dynamik", „Persönlichkeit" die Rede, die Merkmale und Eigenschaften der Persönlichkeit in die Qualifizierung mit hinein nehmen, so dass manche als geeigneter als andere erscheinen trotz gleicher fachlicher Kompetenz. Der Mensch als Person wird somit der Bewertung durch Markt und Arbeitgeber unterworfen, was eine massive Verunsicherung im Hinblick auf den eigenen Wert auslösen kann.

Die Vorstellung, die mit dem theoretischen Begriff des „Humankapitals" als dem Wissen, das der Arbeitnehmer als sein Kapital zur Erhöhung seiner Chancen auf dem Arbeitsmarkt einsetzt, verbunden ist, wird von zwei Seiten her zur Illusion: Zum einen durch die permanente Entwertung des beruflichen Wissens bei gleichzeitig relativ langer Ausbildungszeit, und zum anderen durch die Art des „Wissens", das keine Expertise mehr darstellt, sondern nur mehr eine Kompetenz. Für die Menschen erhöht sich damit die Unsicherheit, ob das was sie lernen, ihnen dann in der Erwerbswelt überhaupt noch nützen wird. Sie werden auch durch die permanente Entwertung und Verallgemeinerung der Qualifikationen gerade in einer Zeit, in der Wissen und Qualifikation so stark betont werden, ihres diesbezüglichen „Kapitals" geradezu beraubt; alle Arbeitenden werden abhängig von Markt und Arbeitgebern in einer Art, wie sie früher nur bei den angelernten Arbeitern der Fall war. Damit steigt aber die Verunsicherung der Arbeitnehmer auch in Bezug auf den Erhalt des Arbeitsplatzes und die Aufstiegschancen.

Die Freude an der Arbeit, die Befriedigung durch den Einsatz der eigenen Fähigkeiten und Kenntnisse, wie sie den Facharbeiter oder Fachmann auszeichnete, wird zurückgedrängt und durch das Kriterium ersetzt, das letztlich allein zählt: den Erfolg im Sinne der Unternehmensziele, der sich in Erhalt des Arbeitsplatzes, Aufstieg in Bezug auf Einkommen und Position ausdrückt. Dieser ist jedoch vom Arbeitnehmer nicht wirklich zu beeinflussen bzw. durch den Beitrag zur Umsatz- oder Gewinnsteigerung bestimmt und damit vom Markt und dem Gesamtergebnis des Unternehmens abhängig und wird auf Grund der Beurteilung durch die Unternehmensführung verteilt. Was Qualifizierung darstellt, kann nicht durch den Arbeitenden bestimmt werden, aber wenn er sie nicht aufweisen kann, gerät er geradezu in die Situation, von der Beschäftigungsgesellschaft ausgeschlossen zu werden.

Flexibilisierung: größere Autonomie oder veränderte Kontrolle?

Das zweite Problem zeigt sich am Beispiel des vielgebrauchten und beinahe magischen Begriffs der „Flexibilität". Die Flexibilisierungsdiskussion der Gegenwart steht einseitig unter den Vorzeichen der neuen Unternehmensstrategien und ist weitgehend einseitig an der Effizienzsteigerung betrieblicher Leistungen und der Kapitalrentabilität orientiert. Sie umfasst flexible Arbeitszeitformen, atypische Beschäftigungsformen, Restrukturierung der Betriebe durch „oursourcing" und Dezentralisierung, flexible Qualifizierungs- und Leistungsanforderungen.

Die Orientierung an der Qualitätssicherung betrieblicher Leistungen und an Effizienzsteigerung bedeutet notwendig eine Verstärkung der Kontrolle. Diese erfolgt allerdings kaum mehr in der althergebrachten Form der Kontrolle der Leistung durch die Vorgesetzten, sondern im Rahmen umfassender und unpersönlicher Systeme der Überprüfung und Beurteilung durch Rückkoppelung der Ergebnisse zu den Zielen der jeweiligen organisatorischen Einheit mit Hilfe professioneller Methoden. Dass dabei die Beurteilung der eigenen Leistung, die Selbstkontrolle der Betroffenen, meist auch einen Teil des Beurteilungsverfahrens darstellt, ist zwar effektiv in Bezug auf die Mobilisierung von Verantwortungsbewusstsein und Ergebnisorientierung, aber kann auch zu der paradoxen Situation führen, dass man seine eigene Kündigung vorbereiten hilft.

Die neuen elektronischen Entwicklungen im Bereich der Informationsverarbeitung und -steuerung und der Telekommunikation stellen sehr effektive Kontrollen des Verhaltens dar. Die Möglichkeiten, die etwa die beliebten „handies" heute schon bieten, sind dabei nur der Anfang. Die „grenzenlosen" Betriebe der Zukunft werden ein System der Informationsübermittlung, Steuerung und Kontrolle darstellen, die nicht nur effektive Überwachung der Arbeitenden bedeuten, sondern auch die Grenzen zwischen Arbeit und Privatleben verwischen werden. Die Betriebe werden durch diese Kontrollinstrumente über Informationen verfügen, die sie in eine starke Position gegenüber den Arbeitenden versetzen; dies wirft schwierige Probleme des Datenschutzes auf, was zu neuen Aufgaben für Betriebsräte und Gewerkschaften führt.

Die Flexibilisierung und Heterogenisierung der Arbeit bedeuten nicht nur einen abnehmenden Schutz durch den Verfall der Macht der Interessenverbände der Arbeitnehmer, sondern dieselben Entwicklungen untergraben auch das Arbeitsrecht als solches, das auf räumlich-physische und nicht virtuelle Arbeitsplätze und auf Normalarbeitsverhältnisse bezogen ist.[73] Selbst wenn einige neue Entwicklungen gesetzlich geregelt werden können, wird dies mit großen Verzögerungen im Vergleich zu den realen Bedingungen erfolgen und ex definitione niemals alle möglichen Konstellationen in der flexiblen Arbeitswelt erfassen können. Damit kann es jedoch auch keinen ausreichenden Schutz mehr bieten.

Die Wiederkehr der Existenzangst: Prekarisierung

Hauptthema der „Sozialen Frage" des 19. Jahrhunderts war die Sicherung der Existenz der Lohnabhängigen. Die Forderungen in Bezug auf den Arbeitsinhalt und die Gestaltung der Arbeit kamen erst hinzu, als durch wohlfahrtsstaatliche Politik und die Nahezu-Vollbeschäftigung diese Frage der existenziellen Sicherheit zurückgedrängt wurde. Unter den Vorzeichen des Neokapitalismus, des Rückzugs des Wohlfahrtsstaates und der Schwächung der Arbeitnehmerorganisationen brechen die Existenzprobleme der Arbeitnehmer wieder auf. Noch sichern die Sozialeinrichtungen der Staaten weitgehend den Lebensunterhalt und auch die zwischen Staat und privaten Haushalten entstandenen Institutionen und Initiativen des Dritten Sektors fangen einen Teil des Arbeitskräfteüberschusses auf. Der technische Wandel oder die Globalisierung werden oft beschworen, um die veränderten Anforderungen und Bedingungen zu erklären. Tatsächlich sind es jedoch Entscheidungen über Kapitalrenditen, Macht- und Marktentwicklungen, die dafür verantwortlich sind, und nicht ein eigendynamischer Prozess. Unternehmen betonen, dass man unter dem Druck der Kosten und des Marktes primär Gewinne machen müsse, um den steigenden Kapitalbedarf sicherzustellen und die Investoren und Finanziers zufrieden zu stellen. Sie führen zu der seltsamen Erscheinung, dass Personalabbau als Ausweis der Rationalisierung und Effizienzsteigerung, und mithin des Erfolgs des Managements, angesehen wird und sich in Kursgewinnen niederschlägt.

Für die Arbeit und Beschäftigung hat dies zur Folge, dass der Teil der Arbeitnehmer, die damit rechnen können, längerfristig und unter Vollzeitbedingungen in ihren Unternehmen zu verbleiben, immer kleiner wird. Die Folge ist, dass die atypischen Beschäftigungsverhältnisse wie befristete Arbeitsverträge, Leiharbeit, Teilzeitarbeit zunehmen. Auch die Zahl der Selbständigen steigt, was viele Apologeten marktliberaler Vorstellungen als Zeichen des Anwachsens unternehmerischer Eigeninitiative und Verantwortung feiern. In Zeiten hoher Arbeitslosigkeit liegt allerdings auch die Vermutung nahe, dass diese Selbständigkeit zumindest teilweise ein Ausweg aus der zunehmend unsicheren Perspektive, auf dem Arbeitsmarkt Beschäftigung zu finden, ist.

---

[73] Peter Wede, Digitalisierung der Arbeit – das Ende des Arbeitsrechts, in: Werner Fricke (Hg.), Jahrbuch Arbeit und Technik, Bonn 1996, S. 209-218

5 Der neue Mensch: Ambivalente Anforderungen der neuen Arbeitswirklichkeit

Ein größer werdender Teil der Arbeitenden findet nur mehr zeitweise und in nicht für den Lebensstandard ausreichender Weise Beschäftigung; sie geraten in prekäre existentielle Situationen. Oft müssen sie mehrere Teilzeitarbeiten, Werkverträge oder geringfügige Beschäftigung übernehmen, um ein Einkommen zu erzielen, das ihnen einen angemessenen Lebensunterhalt ermöglicht. Die Lebensläufe können dabei auch immer wieder unterbrochen werden durch Zeiten der Arbeitslosigkeit oder durch Neu- und Umorientierungen der beruflichen Tätigkeiten. Die sichere Gleichförmigkeit des Normalarbeitsverhältnisses nimmt ab, das Arbeitsleben zeichnet sich für eine steigende Zahl von Menschen durch Diskontinuität und durch das „patchworking" unterschiedlicher Beschäftigungen in „Bastelbiographien" aus.[74]

Wenn die Wirtschafts- und Arbeitsszene bewegter wird, so ist dies zweifellos ein Signal, dass es damit auch neue Chancen gibt. In der Folge wird aber auch klar, dass mehr Selbstbestimmung oder Autonomie auch mehr Selbstverantwortung, mehr Chancen auch mehr Risiken bedeuten. Für die Gesellschaft bedeutet dies die Öffnung einer Kluft zwischen jenen, die im System und vom System gewinnen und jenen, die verlieren oder sogar von Ausschluss bedroht sind. Die Risikobereitschaft wird zunehmend zu einer Voraussetzung, um im Arbeitsleben „etwas zu erreichen". Das kann das Leben interessanter machen, zumindest solange man jung, gesund und „ungebunden" ist. Die Arbeitenden müssen sich immer wieder Arbeits- und Einkommensmöglichkeiten suchen, sich damit aber auch ständig mit dem Problem der Beschaffung von Arbeitsplätzen, Qualifikationen und Einkünften befassen. Das kann insbesondere dann, wenn sich Misserfolge häufen, zu Angst um die Existenz oder zu ständiger Sorge um den weiteren Erfolg führen.

Die Individualisierung der Beschäftigungsrisiken impliziert die Abnahme der Verantwortung durch Staat und Unternehmen als Beschaffer von Arbeitsmöglichkeiten. Die Menschen müssen wieder zunehmend selbst Vorsorge treffen für ihre Beschäftigung und ihre Lebenssicherung. Das wird gegenwärtig überwiegend als Erhöhung der Eigenverantwortung und „Mündigkeit" interpretiert. Da der Wohlstand eines großen Teils der Bevölkerung hoch ist und die Netze der sozialen Sicherheit in Europa noch weitgehend intakt sind, kommt es „nur" zu einer Vergrößerung der sozioökonomischen Ungleichheit. Die Schere zwischen den Reichen und den Armen wird sich unter diesen Bedingungen auch in Zukunft noch erweitern, die Ungleichheit der Lebensbedingungen und -chancen, aber auch die Wahrscheinlichkeit und Geschwindigkeit, mit der die Menschen von einer Soziallage in die andere abdriften können, wird sich erhöhen. Bedenklicher als in den reichen Industriestaaten und -regionen wirkt sich der globale Neokapitalismus in den Gebieten Europas und der Erde aus, die arm sind bzw. sich aus diesem Zustand befreien wollen, denn hier entstand eine neue Art von Kolonialismus der multinationalen Unternehmen und der globalen Finanzinstitutionen.

---

[74] Ulrich Beck/Elisabeth Beck-Gernsheim, Nicht Autonomie, sondern Bastelbiographie, in: Zeitschrift für Soziologie 22/1993, S. 178-187

XII Subjekt und Arbeitssoziologie im Postfordismus

Die Arbeits- und Industriesoziologie muss sich auch damit auseinander setzen, was die Arbeit für die Menschen aus ihrer Sicht und in ihrem sozialen Kontext bedeutet, wie sie sie in ihre Lebenspraxis einfügen. Die Arbeitssoziologie war entstanden, nachdem die industrielle Lohnarbeit für eine große Zahl von Menschen zur gemeinsamen Bedingung geworden war. Sie untersuchte die Folgen der technischen und organisatorischen Gegebenheiten der Massenproduktion von Gütern in großen Organisationen für die in diesen arbeitenden Menschen. In der Gegenwart ist diese oft als „Fordismus" bezeichnete Produktionsweise auf der Grundlage der neuen Technologien und geänderter Unternehmens- und Organisationsstrukturen einer anderen Konstellation gewichen, die man mangels einer besseren Charakterisierung „Postfordismus" nennen kann.

Zur Zeit des Fordismus war die „Humanisierung der Arbeitswelt" das dominante Thema der Arbeits- und Industriesoziologie. Der Philosoph Stephen Toulmin sah zwischen 1965 und 1975 geradezu eine Wiedererfindung des Humanismus, die danach erneut unter die Räder des am Systemdenken und dem „tabula rasa"-Prinzip orientierten Rationalismus geriet.[1] Im Postfordismus ist die Diskussion über die Humanisierung der Arbeitswelt einem überwiegend aus der Perspektive der Effizienzsteigerung von Organisationen und Wirtschaftstransaktionen geführten Diskurs gewichen.

---

[1] Stephen Toulmin, Kosmopolis. Die unerkannten Aufgaben der Moderne, Frankfurt/Main 1991, S. 257ff

1 Der Wandel arbeitswissenschaftlicher Diskurse vom Fordismus zum Postfordismus

Die arbeitswissenschaftlichen Perspektiven erfuhren eine Veränderung im Zuge der wirtschaftlichen und gesellschaftlichen Transformation des Fordismus von einem Verständnis der Arbeitenden als „economic man" zu einem als „social man" und dann zu dem „complex man", der an Autonomie und Partizipation orientiert ist.

Arbeitswissenschaft im Fordismus

Als das Management der Arbeit „erfunden" wurde, sah Frederick Taylor den Arbeitenden als einen reinen Verkäufer seiner Arbeitskraft, allerdings deswegen nicht „entfremdet", wie Marx dies gemeint hatte, sondern als rational Handelnden, der seine Interessen an Lohn und möglichst geringer Abnützung seiner Kräfte verfolgt. Die Ziele und Zwecke des Betriebs umzusetzen, war nicht seine Aufgabe und noch weniger sein Interesse. Als dann der „human factor" für die Betriebsführung so wichtig wurde, dass der Lohn allein nicht mehr als ausreichend für die Sicherstellung der Arbeitsleistung bzw. als zu teuer angesehen wurde, entstand als eine neue Funktion und Aufgabe der „Führungskräfte" die Gewährleistung einer guten Arbeitsmotivation der Arbeitenden. Durch „social skills", Betriebsklima und Führungsstil, aber auch durch die Einbeziehung der informellen sozialen Beziehungen unter den Arbeitenden sollte die Leistung verbessert und gleichzeitig die Zufriedenheit der Menschen bei der Arbeit gesteigert werden („human relations").

Schon in den Motivationstheorien klang an, dass weder der Lohn noch die sozialen Beziehungen per se wirklich als Arbeitsmotivation wirken, sondern vielmehr die intrinsischen Faktoren, die sich aus dem Arbeitsinhalt und dem Arbeitshandeln konstituieren. Dies führte zu einer Dominanz von Aspekten der Arbeitsgestaltung im Rahmen der soziotechnischen oder handlungsorientierten Ansätze. Der Mensch erschien dabei als ein komplexes Wesen mit einer ganzen Reihe von Bedürfnissen und Antrieben, von denen die Interessen an der autonomen Arbeitsgestaltung und die Einbindung in die Entscheidungen in seiner Arbeitsgruppe und oder in der Organisation als besonders wichtig erschienen.

Die diesbezüglichen Untersuchungen fanden Akzeptanz von Seiten des Managements, denn in Zeiten wachsender Betriebsorganisationen, die zwar auf der Grundlage steigender Mechanisierung produzierten, aber doch noch als zentrale Bedingung ihrer Produktivität auf die menschlichen Arbeitskräfte, ihren Leistungseinsatz und ihre positive Motivation für Arbeit und Betrieb angewiesen waren, erschien die Konzentration auf diese menschlichen Faktoren geboten. Immerhin war der Mensch mit seinen unterschiedlichen Fähigkeiten eine wesentliche Restriktion der betrieblichen Effizienz und die Investition in die „human resources" daher sinnvoll zum Zweck der Organisationsentwicklung.

Unter den Bedingungen wachsender Wirtschaft und der Entstehung des Wohlfahrtsstaates kam es aber auch zur Kritik an der „Inhumanität" des fordistischen Industrialismus und der

1 Der Wandel arbeitswissenschaftlicher Diskurse vom Fordismus zum Postfordismus

industriellen Arbeitsteilung. Dabei wurden fundamentale, existentielle Probleme der industriellen Beschäftigung wie Ausbeutung und Existenzangst, psychophysisches Arbeitsleid und Fremdbestimmung thematisiert.[2] Die mangelnde Qualität und die fehlenden Chancen industrieller Arbeit wurden als Ursachen physischer und psychischer Über- und Unterforderung, mangelnde Gestaltungsmöglichkeiten und geringe Qualifizierungs- und Aufstiegschancen gesehen.[3] Als wichtig für menschenwürdige Arbeit wurden die Autonomie und der Arbeitenden, die Förderung und Entwicklung von Fähigkeiten und die Qualität der sozialen Interaktion und Kommunikation definiert.[4]

Andere Argumente liefen traditionell darauf hinaus, die Arbeiter vor dem „proletarischen Bewusstsein" zu bewahren und ihre Interessens- und Schicksalsgemeinschaft mit dem Kapital bzw. dem Unternehmen zu betonen. Die Mittel dazu gingen von finanzieller Beteiligung am Gewinn bzw. Ertrag über Wohlfahrtseinrichtungen des Betriebes bis zur „Mitbestimmung" durch Belegschaftsvertreter, Sprecher etc. Unternehmerische Humanisierungsstrategien haben eine lange Tradition, besonders auch in Deutschland. Aber auch die Arbeitenden selbst und ihre Vertreter hatten Interesse an Mitsprache, Partizipation und Konzepten einer „Vermögensbildung in Arbeitnehmerhand". Die Humanisierung durch ergonomische Strategien, soziotechnische Strategien und Eigentumsstrategien stand keineswegs in Gegensatz zu den Interessen an Rationalisierung, Steigerung der Arbeitsmotivation und Effizienz. Fritz Vilmar nannte sie aus diesem Grund „Pseudo-Strategien" der Humanisierung, die dem Kapital mehr nützen als den Arbeitnehmern. Er zählte insbesondere Gewinnbeteiligungspläne, „human relations"-Maßnahmen und die Psychotechnik dazu. Auch die partizipative Systemgestaltung geht einher mit den Bestrebungen einer Rationalisierung durch Beteiligung der Arbeitenden an der Gestaltung ihrer Arbeit und beruht auf der Annahme, dass eine gemeinsame Optimierung beider Dimensionen, der Bedürfnisse der Arbeitenden und der Ziele des Unternehmens, möglich ist.

Die Diskussionen und Strategien der „Humanisierung" vollzogen sich vor dem Hintergrund des voll entwickelten Industriesystems, den epochalen Tendenzen der Wohlfahrtsstaatlichkeit und der relativen Macht der Gewerkschaften. Diese Situation machte es möglich bzw. ließ es als angemessen erscheinen, dass die Arbeitnehmerbedürfnisse und -interessen in einer breiten öffentlichen Diskussion behandelt und zum erklärten Ziel politischer Maßnahmen wurden. Sehr bald schon änderte sich jedoch die Stimmung und der Fokus der Aufmerksamkeit verschob sich hin zu Krisenbefunden des Systems selbst. Neben externen globalen Gründen ortete man auch Probleme in Bezug auf einen Wert- und Motivwandel der Arbeitnehmer selbst.

---

[2] Fritz Vilmar, Menschenwürde im Betrieb, Reinbek b. Hamburg 1973, S. 17
[3] Friedrich Fürstenberg, Einführung in die Arbeitssoziologie, Darmstadt 1977, S. 137
[4] Dietmar Althaus, Zur Psychopathologie des Alltagslebens am Arbeitsplatz, Frankfurt/Main 1979

Wertewandel und die Krise des Fordismus

In den Diskussionen um die Humanisierung der Arbeitswelt wurde implizit vorausgesetzt, dass die Arbeit für die Menschen von grundlegender Bedeutung sei. Gleichzeitig hatte sich die ökonomische und sozialinstitutionelle Situation der Gesellschaften durch Wirtschaftswachstum und Wohlfahrtsstaat in einer Weise geändert, die diese Bedeutung der Arbeit und der Leistung zu untergraben schien. Inmitten einer Gesellschaft, in der Vollbeschäftigung, Existenzsicherheit und Wohlstand für fast alle realisiert schienen, tauchte auch die Frage auf, ob die Erwerbsarbeit noch die große Bedeutung für die Menschen habe wie früher.

Die Bedeutung der Arbeit für die Persönlichkeit und die Lebensweise der Menschen wurde von manchen Beobachtern als abnehmend angesehen, die „Zentralität" der Arbeit sinke für die Arbeitenden zugunsten nicht arbeitsbezogener Werte und Ziele, es komme zu einem Rückgang der Werte der pflichtethisch begründeten Fügsamkeit und Folgebereitschaft gegenüber fremdgesetzten Leistungserwartungen bei gleichzeitiger Erhöhung der Bedeutung von Werten, die die Selbstentfaltung und die Erfüllung eigener Bedürfnisse betreffen. Als Folge davon könnten

> *„weder selbstmotivierte ‚Leistung' im wirtschaftsbürgerlichen Verständnis, noch ‚Ethos' im konservativ-protestantischen Sinne [...] unter den gegebenen Bedingungen von der im Arbeitsprozess stehenden Mehrheit erbracht und erwartet werden."*[5]

Zahlreich waren die Untersuchungen, die sich mit dem Wandel der Wertvorstellungen in den entwickelten Industrieländern beschäftigten und die den Rückgang der Bedeutung der Berufsarbeit und der Leistung thematisierten und diskutierten; etwa jene auf der Basis von Robert Dubins „Central Life Interest-Index", staatlich initiierte Studien wie „Work in America" oder internationale Forschungsprojekte wie Ronald Ingleharts „Cultural Change" oder MOW („The Meaning of Working in International Perspective").

Ronald Inglehart stellte schon in der zweiten Hälfte der 70er Jahre eine Verlagerung der Wertvorstellungen der Menschen in den westlichen Industrieländern von der Betonung des materiellen Wohlstands und der Sicherheit hin zur Lebensqualität fest. Dies ist dadurch erklärbar, dass die lange Phase von Wohlstand und Sicherheit die materialistischen Werte als selbstverständlich erscheinen ließ. Die für Industriegesellschaften typischen wert- und statusbegründenden Merkmale Einkommen, Beruf, Bildung etc. werden nicht mehr als vordringlich angesehen, sie weichen zunehmend postindustriellen Werten, die auf individueller Ebene formuliert werden und daher auch die Gewerkschaften und die Systeme kollektiver Arbeitsbeziehungen nicht mehr sehr hoch im Kurs erscheinen lassen. „Postmaterialistische" Bewegungen wenden sich gegen die produktionsorientierte bürokratische Gesellschaft.[6] In

---

[5] Helmut Klages, Wertwandel und Gesellschaftskrise in der sozialstaatlichen Demokratie, in: Joachim Matthes, Krise der Arbeitsgesellschaft, op. cit., S. 346

[6] Ronald Inglehart, The Silent Revolution, Princeton-New York 1977, S. 5

1 Der Wandel arbeitswissenschaftlicher Diskurse vom Fordismus zum Postfordismus

einer späteren Untersuchung kommt Inglehart zu der Auffassung, dass diese Tendenz zu postmaterialistischen Wertvorstellungen Teil eines umfassenden Kulturwandels ist.[7]

Während Kritiker des Industriesystems diese Tendenzen positiv bewerteten, sahen die Befürworter desselben sie als Zeichen der Krise. Die Frage: „Werden wir alle Proletarier?", die E. Noelle-Neumann stellte, enthält ein Verständnis des Begriffs „Proletariat", der gleichgesetzt wird mit Arbeitenden ohne Leistungsmotivation. Die Apokalypse einer Welt, in der Arbeit, Fleiß, Leistung und Fortschritt als Werte verschwinden, wurde heraufbeschworen.[8] Weniger Katastrophenstimmung verbreiteten Befunde eines „durchschnittlichen" Nachlassens der individuellen Berufsbindung und einer „Entmythologisierung der Erwerbsarbeit, die einen Teil ihrer kulturellen Hegemonie und Prägekraft einbüßt".[9]

Die Befunde zur sinkenden Bedeutung der Erwerbsarbeit in der Werteskala der Menschen verbanden sich in den 80er Jahren mit der gleichzeitig auftretenden Erkenntnis, dass hohe Arbeitslosenraten in Zukunft als ständige Merkmale der Erwerbsgesellschaft zu erwarten sind. Dies ließ eine Verschiebung in den Verhältnissen von Arbeit, Beruf, Freizeit und Familie erwarten. Teilweise sah man daher den Rückgang der Erwerbsarbeit als Möglichkeit der Ausweitung von Familien- und Freizeitinteressen, sah daher Arbeitszeitverkürzung und -flexibilisierung, die Expansion der Dienstleistungen, etc. positiv. Eine andere Sichtweise war die, dass die postmaterialistischen Werte und der „Rückzug" in die Privatsphäre und Freizeit eine Reaktion auf die Arbeitsbedingungen in der Phase des fordistischen Wohlfahrtsstaates darstellen, die eigentlich nur die Frustration darüber ausdrücken, dass die Selbstverwirklichung und Selbstentfaltung in Beruf und Arbeit nicht möglich war.

Als dann die neuen Unternehmensstrategien und Managementtheorien auftauchten, die darauf abzielten, die Betriebe auf den starken globalen Wettbewerb hin auszurichten, und auch in der öffentlichen Verwaltung auf Entbürokratisierung und den Rückzug des Staates aus der Wirtschaft gesetzt wurde, schien dies vielen als Erfüllung lang erhobener Forderungen nach „Mündigkeit" der Bürger, nach Selbstbestimmung der Arbeitenden und dem Ende der Starrheit bürokratischer Strukturen. In dieser Sicht entsprechen die neuen Anforderungen an Selbstverantwortung, Selbstkontrolle, Einbringen der eigenen Initiativen, die Partizipation in Bezug auf die Arbeitsgestaltung und -organisation, die flacheren Hierarchien, etc., kurz die flexiblere Gestaltung der Arbeitswirklichkeit den „eigentlichen" Bedürfnissen der Menschen. Das Management hielt sich zugute, die Kritik, die in der Phase des Fordismus geäußert wurde, in Praxis umgesetzt zu haben.[10] Die Befunde zum Wertewandel konnten so gedeutet werden, dass alle diese Entwicklungen in ihren Folgen den geänderten Vorstellungen der Menschen selbst entsprachen. Daher setzte die Kritik an den neuen Anforderungen erst sehr spät ein; zunächst kam es zur widerspruchslosen Akzeptanz der neuen Organisations- und

---

[7] Ders., Kultureller Umbruch, Frankfurt/Main 1989
[8] Elisabeth Noelle-Neumann, Werden wir alle Proletarier? Zürich 1979
[9] Rudolph Vollmer, Die Entmythologisierung der Berufsarbeit, Opladen 1986
[10] Siehe dazu die Studie von Luc Boltanski/Eve Chiapello, op. cit.

Managementkonzepte und zur moralischen Legitimierung des Strukturwandels zum Postfordismus.

2 Individualisierung und Subjektivierung als Themen der Arbeitssoziologie

War in der Vorperiode das Hauptthema der Arbeits- und Industriesoziologie die „Humanisierung", so bestimmen insbesondere zwei Begriffe die gegenwärtige arbeitssoziologische Diskussion: „Individualisierung" und „Subjektivierung".

Der Begriff „Individualisierung" ist sehr vieldeutig und meint durchaus unterschiedliche Dinge. Zunächst kann man damit verbinden, dass die Individuen ihre Lebensformen und sozialen Bindungen selbst herstellen und organisieren müssen. Sie können sich nicht mehr an gemeinsamen Lebens- und Habitusformen von Gruppen oder Klassen orientieren, sondern sind auf sich selbst verwiesen. Darin drückt sich ein Zurücktreten der kollektiv orientierten Sozialisationsprozesse hin zur individualistischen Orientierung an den „eigenen" Zielen und Vorstellungen und an der jeweils eigenen Situation aus. Von Individualisierung in diesem Sinn zu sprechen kann natürlich nur eine Tendenz anzeigen, denn nach wie vor werden Individuen in bestimmte Familien, in einen sozialen Kontext, in eine Kultur hineingeboren und nehmen zwangsläufig zunächst deren Werte und Verhaltensweisen als gegeben an. Individualisierung meint aber auch, dass sie im Laufe ihres Lebens lernen, dass sie sich immer weniger auf diese Orientierungspunkte verlassen können, sondern „eigene" Werte, Ziele, Formen des Lebens entwickeln müssen. Diese Sichtweise begegnet jedoch sofort dem Problem, was denn die eigenen Interessen und Bedürfnisse sind und wie sie entstehen. „Individualisierung" kann nicht heißen, dass das Individuum in einem Vakuum existiert, es wird immer von seiner Umwelt beeinflusst, nur ist diese in der globalen Informations- und Mediengesellschaft unbegrenzt und vieldeutig. Das Individuum ist in dieser komplexen Umwelt in Bezug auf die Sinnbildung auf sich selbst verwiesen.

Eine weniger weitgehende Interpretation von „Individualisierung" ist die, dass auf Grund der Dominanz wirtschaftlicher Werte darunter das eigennützige Geltendmachen individueller Rationalität gemeint ist. Eigennutz und Rationalität, wie sie die Ökonomie mit dem Markthandeln identifiziert, wird zum legitimen Verhaltensmuster für alle Menschen. Der Konsument wird zum rationalen Entscheider, der Arbeiter zum Investor in sein Humankapital, der Mensch wird zum Netzwerker, der sich nützliche Beziehungen aufbaut. In gewisser Weise wird der Arbeitende damit zum „Arbeitskraft-Unternehmer"[11], obwohl der Vergleich bedenklich hinkt. Denn den Unternehmer motivieren in der Regel die Chancen höherer Ge-

---

[11] Günther Voß/Hans G. Pongratz, Der Arbeitskraftunternehmer. Eine neue Grundform der Ware Arbeitskraft? In: Kölner Zeitschrift für Soziologie und Sozialpsychologie 50/1998, S. 131-158

2 Individualisierung und Subjektivierung als Themen der Arbeitssoziologie

winns, damit auch höheren Einkommens und/oder Einflusses, während der Arbeitnehmer diese Chancen von vornherein nicht hat. Er muss sich den Erwartungen gemäß „unternehmerisch" betätigen – was an sich schon ein gewisser Widerspruch ist – um überhaupt ein Einkommen und einen Platz in der Erwerbsgesellschaft zu haben.

Wieder eine andere Möglichkeit, „Individualisierung" zu verstehen, ist die, dass die gegenwärtigen wirtschaftlichen und politischen Strategien den Individuen eine eigenverantwortliche Mitwirkung an ihrer Arbeits- und Lebensgestaltung zuweisen. Die Selbstbestimmung geht daher mit Selbstübernahme von Risiken einher. Dies bedingt aber, dass „Individualisierung" speziell in der Arbeitswelt nicht unabhängige, autonome Gestaltung von Beruf und Arbeit heißen kann, sondern eine Übertragung von Risiken und Kosten von den Unternehmen auf die Individuen bedeutet.

Mit der steigenden Bedeutung der Dienstleistungsarbeit, insbesondere aber der „Wissensarbeit", sowie den neuen Anforderungen hinsichtlich der extrafunktionalen und partizipativ-kommunikativen Merkmale der Arbeit in der Gegenwart werden nicht nur die Spielräume für Interpretationen und Aushandeln in den Organisationen und auf den Märkten größer, auch die „Subjektivierung" der Arbeit nimmt zu. Darunter werden die neuen Anforderungen an die Arbeitenden verstanden, die mit der größeren Autonomie bei der Arbeit, der Bereitschaft, auch das implizite Wissen in den Dienst der Unternehmensziele zu stellen, und nicht nur Anweisungen zu folgen, sondern selbst aktiv und kreativ zu werden, einher gehen. Sie bedeuten eine stärkere Einbringung der Subjektivität der Person in die Arbeit. Da dies als Erwartung an das Individuum herangetragen wird, führt es zu einer Erweiterung seiner Arbeits- oder Berufsrolle durch subjektive Aspekte. Die gegenwärtige Betonung der Einbeziehung persönlicher Faktoren in die Rollenerwartungen der Arbeit in Organisationen kann als Zwang zur Verringerung der Rollendistanz definiert werden[12], als Problem der zu starken Rollenidentifikation oder der verstärkten Notwendigkeit der Simulation gewünschter Haltungen und Ausdrucksweisen von Dynamik und Motiviertheit.

Moldaschl sieht in der Subjektivierungsperspektive auch eine neue Phase der Arbeitswissenschaften, die er sehr weit fasst und alle Disziplinen, die sich mit Arbeit befassen, darunter subsumiert.

„Die...Perspektive der Subjektivierung ist erstens eine konzeptionelle Deutung aktueller empirischer Befunde zum wachsenden ‚Subjektivitätsbedarf' der Wirtschaft und der Arbeitenden selbst....Sie ist zweitens eine analytische Perspektive, ...Für sie ist...von Interesse, wie die Subjektivierung funktioniert, wie sie Arbeitende durch Befreiung neuen Zwängen unterwirft..."[13]

Sie folgt auf

---

[12] Silvia Krömmelbein, Kommunikation und abnehmende Rollendistanz, in: Arbeitsgruppe SubArO (Hg.), Ökonomie der Subjektivität – Subjektivität der Ökonomie, Berlin 2005, S. 182-201

[13] Manfred Moldaschl, Subjektivierung, in: Manfred Moldaschl/G. Günter Voß (Hg.), Subjektivierung von Arbeit, München-Mering 2002, S. 23

- die „individualwissenschaftliche Stufe" charakterisiert durch Taylorismus, Fordismus, Psychotechnik,
- die „gruppenwissenschaftliche Stufe" der Human Relations-Forschung, und
- die „aktionswissenschaftliche Stufe", die er dominiert sieht durch den soziotechnischen Ansatz und die Forschungen zur Humanisierung der Arbeit.[14]

Die „subjektwissenschaftliche Stufe" ist gekennzeichnet durch Ökonomisierung, Prozeduralisierung (kontinuierlicher Wandel der „lernenden" Organisationen) und Individualisierung. Sie verweist auf die erhöhte Bedeutung, die gegenwärtig subjektiven, persönlichen Faktoren im Rahmen der Qualifikation und der Leistung der „flexiblen Menschen" in der Arbeitswelt zugeordnet wird.

Das bedeutet jedoch auch, dass „Subjektivierung" als neue Logik der Rationalisierung gesehen werden muss.[15] Ziel derselben ist nicht mehr die Austauschbarkeit und Berechenbarkeit der Arbeitenden, sondern das „high involvement" der Person. Damit verbunden ist die Aufhebung der Trennung zwischen Arbeitskraft und Person, denn die Subjektivität des Individuums wird anerkannt und soll als Ressource genutzt werden. Die „tacit knowledge", aber auch die ganze persönlich-biographische Erfahrung und die Beziehungen, die sich die Person aufgebaut hat, sollen neben den ohnehin vorausgesetzten Kompetenzen in fachlicher und in IuK-Hinsicht in die Arbeit eingebracht werden.

Das kann die Personalisierung und in diesem Sinn die Humanisierung der Erwerbsarbeit bedeuten, aber auch die Einbeziehung ureigenster persönlicher Ressourcen in die Arbeit als Erwartung der Arbeitgeber, der sozialen Umwelt, der Politik. Auch die unselbständige Erwerbstätigkeit, also die für „fremde" Zwecke erbrachte Leistung wird damit zu einer unternehmerischen. Das heißt für den Einzelnen Übernahme der Verantwortung, des Risikos, der Kontrolle über die eigene Arbeit und das eigene Handeln, allerdings nicht im eigenen Interesse, sondern im Interesse des Unternehmens.

Die Subjektivierung der Arbeit wird daher eher kritisch gesehen als ein Zugriff der Unternehmen auf das „ganze Individuum", dessen Persönlichkeit und personale Ressourcen nutzbar gemacht werden zum Wohl der Unternehmung oder Organisation.[16] Gesellschaftlich gesehen kommt dies einer Ökonomisierung von personalen Eigenschaften und Gegebenheiten gleich, sie werden als Ressourcen oder Kapital behandelt. Sie sind einsetzbar zum Nutzen des Individuums, führen damit auch zu einer stärkeren ökonomischen Individualisierung und Konkurrenz zwischen den Einzelnen, aber am Ende entscheidet sich der individuelle Nutzen durch die Beurteilung des Beitrags des Subjekts im Sinne des wirtschaftlichen Erfolgs der Unternehmung. Für diese werden die Individuen damit zunehmend von austauschbaren Positionsinhabern oder Arbeitskräften zu personalisierten Mitarbeitern, was sie vor neue Proble-

---

[14] Ebenda, S. 26
[15] Ebenda, S. 27ff
[16] Vgl. etwa auch: Arbeitsgruppe SubArO (Hg.), Ökonomie der Subjektivität – Subjektivität der Ökonomie, Berlin 2005

2 Individualisierung und Subjektivierung als Themen der Arbeitssoziologie

me der Personalauswahl und des „human resource management" stellt, denn die Bestimmung subjektiver Beiträge ist kaum standardisierbar oder intersubjektiv festlegbar. Die Ansprüche an die Einbringung der Subjektivität in die Arbeit können daher nur wieder über Erfolgsdruck und die Kontrolle individueller Leistung durch soziale Beurteilung realisiert werden. Auch die sozialwissenschaftliche Feststellung einer „Subjektivierung der Arbeit" als neue Rationalisierungsstrategie ist aus diesem Grund schwer zu überprüfen, was sie allerdings nicht gegenstandslos macht. Wie weit sie als Grundlage eines neuen Aufkeimens von Kritik betrachtet werden kann, ist fraglich, da sowohl die Individualisierung als auch die Subjektivierung genauso wie die vorhergehenden Phasen arbeitswissenschaftlicher Diskursthemen nicht nur Rationalisierungsstrategien sind, sondern auch Interessen und Forderungen der Arbeitenden entsprechen und die arbeitssoziologische Argumentation nicht mehr so leicht Position beziehen kann.

Befunde wie „Individualisierung" und „Subjektivierung" müssen auch berücksichtigen, dass die Menschen durch die rasche und weite Verbreitung von Schlagwörtern und Rhetoriken in der Gegenwart bereits im Sinne der neuen Anforderungen sensibilisiert werden, so dass sie diese schon als reale Bedingungen der Arbeit vorwegzunehmen bereit sind. Die Verbreitung von Visionen, Schlagwörtern, Rhetoriken ist eine Begleiterscheinung des kulturell-ökonomischen Wandels der Gegenwart, der durch die mediale Öffentlichkeit globalen Ausmaßes ermöglicht wird. Dies muss zunehmend auch in sozialwissenschaftlichen Perspektiven berücksichtigt werden.

„Es ist daher dringend nötig, dass Soziologen und Ökonomen nicht nur über den Platz der Arbeit in der Gesellschaft nachdenken, sondern auch über die Bedingungen, unter denen sie ihre eigenen Analysen durchführen."[17]

---

[17] Sabine Erbès-Seguin, Auf dem Wege zu einem neuen Verständnis der Arbeit in den Sozialwissenschaften, in: Dies. (Hg.), Beschäftigung und Arbeit, Berlin 1995, S. 7

Zum Abschluss:
Über den soziologischen Begriff der Arbeit (2)

Wir können auf der Grundlage der bisherigen Beschäftigung der Soziologie mit Arbeit bzw. der Bedeutung von Arbeit für die Soziologie drei Phasen unterscheiden, die sich, einander überlagernd, im Arbeitsbegriff der Soziologie sedimentiert haben.

Erste Phase: Die an der gesellschaftlichen Differenzierung und den sozioökonomischen Bedingungen des 19. Jahrhunderts orientierte Sichtweise, nach der der Bedeutungsgehalt von „Arbeit" durch die Entstehung des Sozialtypus des Arbeiters bestimmt ist: „Arbeiter sein" wird zum Lebenslage-Merkmal eines Kollektivs, dessen Ausdifferenzierung gleichzeitig die Gesellschaftsstruktur mitformt. Die Entstehung des Sozialtypus des Arbeiters, d. h. die Tatsache, dass für eine große Gruppe der Gesellschaft die formale Tatsache der abhängigen Beschäftigung zum konstitutiven Merkmal für Selbstverständnis, Gruppenbewusstsein und soziale Differenzierung geworden war, wurde eine der wesentlichsten Grundbedingungen der Struktur der modernen Gesellschaft und damit auch der Soziologie als solcher und hat den soziologischen Begriff von Arbeit als Strukturdeterminante der Gesellschaft geprägt.

Zweite Phase: Im Zuge der Entwicklung des Industriesystems im Zusammenhang mit der Massendemokratie und dem organisierten Kapitalismus wurde immer mehr ein managementorientierter Arbeitsbegriff dominant, der den Erfordernissen industrieller Großbetriebe entspricht. Die Entstehung des Industriesystems und der Kontrolle der Arbeit durch das Management in großen Organisationen liegt dem Begriff der Arbeit als einer abhängigen Erwerbstätigkeit zugrunde, die im Rahmen eines rational geplanten Arbeitsplätzesystems durchgeführt wird. Der Arbeitnehmer großer bürokratisch-hierarchischer Organisationen wird zum allgemeinen Typus der gleichzeitig als Konsument der Industrieprodukte auftritt. Wissenschaft spielt bei dieser Betrachtung eine große legitimatorische Rolle, die Technologie industrieller Produktion ist die weitgehend unabhängige Determinante. Dieser Arbeitsbegriff wird Gegenstand der Soziologie der Arbeit; die „Arbeitssoziologie" entsteht als spezialisierte Disziplin, die sich über die gesellschaftliche Strukturanalyse hinaus vor allem mit empirischen Befunden des Verhaltens in großen Arbeitsorganisationen beschäftigt.

Dritte Phase: Die veränderten sozioökonomischen, technisch-organisatorischen und kulturellen Bedingungen seit dem ausgehenden 20. Jahrhundert lassen ein neues „postmodernes" Verständnis von Arbeit entstehen, das durch den stetigen Rückgang des Bedarfs an menschlicher Arbeit in Industrie und davon abhängigen Dienstleistungen ausgelöst wird. Dadurch treten Beschäftigungsprobleme gegenüber den organisationsinternen Verhaltensaspekten in den Vordergrund. Durch den technologischen Wandel und durch Veränderungen des institutionellen und politikbestimmten Rahmens kommt es in dieser Phase zu epochalen Tendenzverschiebungen in Bezug auf den sozioökonomischen Wandel, charakterisiert durch die Heterogenisierung der Beschäftigungsformen und die Flexibilisierung von Arbeits- und Unternehmensstrukturen sowie durch die Bedeutung des „Wissens" (im Sinne von Informations- und Problemlösungswissen), das allerdings nur scheinbar zum Bedeutungsverlust der Arbeit und des Kapitals und zur Ablösung der Industriegesellschaft durch die „Wissensgesellschaft" führt. Nicht der Arbeiter als kollektiver Sozialtypus und auch nicht der Arbeitnehmer/Konsument des Industriesystems charakterisiert diese neue Phase, sondern der „flexible Mensch", der nur mehr bedingt als Kollektivtypus gedacht werden kann, zu heterogen sind die Umstände seines Beschäftigtseins, zu individuell seine Orientierung, zu subjektiv seine Leistung. Die Ansätze der Arbeitssoziologie, wie sie in der zweiten Phase geprägt wurden, müssen daher einer Neubestimmung unterzogen werden bzw. durch andere Konzepte abgelöst oder zumindest ergänzt werden. Dabei darf allerdings nicht übersehen werden, dass neben den neuen auch die herkömmlichen Strukturen und Verhaltensmuster weiter bestehen, das Neue das Alte niemals vollständig ablöst, sondern überlagert und/oder umformt.

Die Veränderung von Technik und Gesellschaft und ihre Bedeutung für die Soziologie der Arbeit

Der industriell dominierte Arbeitsbegriff ist durch zwei epochale Veränderungsprozesse in seiner Geltung stark verändert worden: Zum einen durch die neue Art von Technologie, die vor allem durch Mikroelektronik und Computerisierung bestimmt ist, und die in ihrer Anwendung nicht auf räumlich lokalisierte Güterproduktion begrenzt ist, sondern die Arbeits-, Wirtschafts- und Lebensbereiche der Menschen weltweit verändert. Zum anderen – und damit ursächlich eng zusammenhängend – wandelt sich auch die Gesellschaftsstruktur: Sie wird differenzierter und löst sich auch mehr und mehr von personalen Zuordnungen zu Großgruppen der Gesellschaft. Darüber hinaus verändern sich die Grunddeterminanten der Gesellschaftsstruktur; sie werden nicht mehr ausschließlich durch die Stellung im Rahmen der Produktionsverhältnisse, i. e. durch unselbständige Arbeit und Eigentum an Produktionsmitteln konstituiert bzw. diese Faktoren lassen sich nicht mehr so eindeutig wie früher mit bestimmten Gruppen und Klassen verbinden.

In zwei Bänden über „Arbeit und Arbeiterschaft" und „Arbeit in der Gesellschaft" kamen Pierre Rolle und Sabine Erbès-Seguin bereits Ende der 80er Jahre zu dem Schluss, dass die Eckpfeiler der „klassischen" Arbeitssoziologie: technischer Fortschritt und Arbeiterklasse, nicht mehr diese Bedeutung haben, die sie am Beginn arbeitssoziologischer Reflexion und Forschung hatten.[1] Übereinstimmend betonen sie den Charakter der Arbeit als Beziehung, wobei auch die Beziehungen der Lebenswelt mitumfasst sind. Die zentralen gesellschaftlichen Probleme sind nicht mehr die Klassenbeziehungen und die Kollision von technischer Rationalität und soziokulturellen Residuen.

Der Sozialtypus des Arbeiters ist nicht mehr konstitutiv für den Arbeitsbegriff und die gesellschaftliche Struktur, die „umfassende makrosoziologische Determinationskraft der sozialen Tatsache der „(Lohn)-Arbeit"[2] überzeugt nicht mehr. Selbst die Figur des Arbeitnehmers löst sich auf durch den fließenden Übergang zur selbständigen Erwerbstätigkeit. Zu vielgestaltig sind die Bedingungen und Formen der Arbeit in der modernen Gesellschaft. Die Differenzierung in geistige und körperliche Arbeit, in Hand- und Kopfarbeit, in industrielle Arbeit und nicht-industrielle Arbeit, in Arbeiter und Angestellte etc. wird zunehmend diffuser; diese Entwicklung wird allerdings nicht in eindeutiger Weise offenbar: teilweise scheint

---

[1] Pierre Rolle, Bilan de la sociologie du travail I: Travail et salariat, Grenoble 1988; Sabine Erbès-Seguin, Bilan de la sociologie du travail II: Le travail dans la société, Grenoble 1988

[2] Claus Offe, Arbeit als soziologische Schlüsselkategorie, in: Joachim Matthes (Hg.), Krise der Arbeitsgesellschaft, op. cit., S. 38-65

eine „Industrialisierung", d. h. Zersplitterung und Taylorisierung aller beruflichen Arbeit, teilweise eine Reprofessionalisierung auch der industriellen Arbeit argumentierbar. Allerdings handelt es sich auch bei jenen Bereichen, bei denen eine neue Taylorisierung konstatiert wird, um eine Art von „symbolischem Taylorismus", weil die Arbeitsvollzüge selbst immer weniger materiell-körperlich bestimmt sind. Die Belastungen beziehen sich daher auch stärker auf nervlich-psychische als auf physische Risiken. Die Tendenz geht hin zu stärker sozialkommunikativen Inhalten der Berufe, d. h. Kommunikation ist nicht nur Instrument des Arbeitsvollzuges, sondern integraler Bestandteil der Arbeit.[3] Allerdings erfahren die Formen und Inhalte der Kommunikation durch die Telecomputerisierung eine tiefgreifende Veränderung.

Da die Technik heute immer umfassender und tiefgreifender alle Lebensbereiche verändert, werden ihre Voraussetzungen und Entwicklungsrichtungen problematischer. Gerade die Soziologie muss sich daher stärker mit den Entstehungs- und Durchsetzungsbedingungen technischer Veränderungen beschäftigen. Vielfach hatte sie sich einseitig auf die Analyse der Wirkungen des technischen Wandels und die Reaktionen der Arbeitenden konzentriert. Die Vernachlässigung der Voraussetzungen und Bedingungen der Technikinnovation und -implementation ließ die Technik als Sachzwang erscheinen und führte dazu, dass die Problemstellungen der Wissenschaft vielfach von der Praxis, d. h. von den Interessen der konfliktfreien Verwertung technischer Innovationen vorgegeben wurden. Statt praxisnaher Erkenntnisse können solcherart jedoch nur den tatsächlichen Entwicklungen nachhinkende „Problemlösungen" entstehen. Es ist daher notwendig, dass Technik und technischer Wandel als sozialer Prozess mit politischen, ökonomischen und soziokulturellen Implikationen aufgefasst und damit zum Gegenstand soziologischer Analyse werden. Die Beziehung zwischen Wissenschaft und Praxis muss dabei auch einbezogen und reflektiert werden, denn sie ist mit ein Teil dieses Prozesses.

Beschäftigung, Geld und Arbeit

Im Zuge der Arbeitsteilung zwischen den Disziplinen kam es in der Soziologie zu einer weitgehenden Ausklammerung der ökonomischen Grundlagen des Industriesystems und seiner Transformation und zur Reduktion des Erkenntnisgegenstandes auf die sozialen Beziehungen und Prozesse der Arbeit in der Organisation. Das führte zu einer Verengung des Gegenstandsbereichs und einer soziologistischen Erklärungsweise, die die Gesamtzusammenhänge der Arbeitswelt und ihre Strukturen außer Acht ließ. Die Dominanz der Ökonomie hat dazu geführt, dass Arbeit als instrumentelles Tun mit individualistischer Zwecksetzung aufgefasst wurde. Die Soziologie beschäftigte sich mit den Rahmenbedingungen der außerökonomischen, „rein sozialen" Aspekte und der sozialen Dynamik innerhalb der Organisation der Betriebe. Sie kann in der Gegenwart jedoch nicht umhin, sich auf ökonomische Zusammenhänge und deren Erklärung einzulassen, nicht nur weil die Wirtschaft heute weniger denn je ein abtrennbares Subsystem der Gesellschaft ist, sondern auch weil die soziologische

---

[3] Vgl. auch: Ingeborg Haag, Arbeitskommunikation – Kommunikationsarbeit, Berlin 1986

Perspektive auf eine alternative Sichtweise zielt, die aber dennoch auf der Kenntnis der wirtschaftlichen Fakten aufbaut. Daher ist neben der stärkeren Betonung wirtschaftssoziologischer Aspekte die Einbeziehung gesellschaftlich-wirtschaftlicher Fakten in die Analyse und Erklärung organisatorischer Wirklichkeit im Sinne einer Unternehmenssoziologie nahe liegend.

In der Gegenwart beziehen sich die eigentlichen Probleme der Arbeitswelt mehr auf die Beschäftigungssituation als auf Arbeitsinhalt oder -organisation. Die hohe Arbeitslosigkeit in vielen Ländern, die Zunahme atypischer Beschäftigungsverhältnisse und des Berufswechsels erhöhen die Unsicherheit bei gleichzeitiger Steigerung der Chancen für manche Gruppen und Tätigkeiten. Die Existenzbewältigung und -organisation erfordert mehr Einsatz und Planung von Seiten der Individuen ohne Erfolgsgarantie. Das bewirkt eine stärkere Differenzierung und Volatilität der Berufs- und Beschäftigungsstrukturen und damit auch der sozialen Strukturen. Die Arbeitssoziologie transformiert sich in der Gegenwart daher in gewissem Ausmaß in eine Beschäftigungssoziologie. Diese muss aber gesellschaftlich-politische und ökonomisch-technische Entwicklungen als Probleme und nicht als Voraussetzungen behandeln und kann sich daher nicht auf soziale Faktoren allein berufen. Auch der Unterschied zwischen Kapital und Arbeit wird als Determinante der Grundstruktur der modernen Gesellschaft erodiert, weil sich einerseits beide Kategorien von der Zuordnung zu bestimmten Großgruppen der Gesellschaft lösen und sie andererseits zu kulturellen Grundprinzipien der modernen Zivilisation verallgemeinert werden. Die soziale Ungleichheit nimmt zu, aber sie ist nicht mehr mit den herkömmlichen soziologischen Bestimmungsgründen zu erfassen. Die sozialstrukturellen Gegebenheiten der Arbeit sind nicht mehr so bedeutend, wenn „Arbeiter sein" bzw. der Arbeitnehmerstatus nicht mehr als grundlegendes, soziales Differenzierungskriterium angesehen werden kann; das betrifft auch darauf aufbauende Konzepte und Problemstellungen sozialer Ungleichheit, sozialen Wandels und sozialer Konflikte.

Eine gerade in der Gegenwart wichtige Grundfrage ist der Bezug von Arbeit auf Geld.[4] Die Arbeitssoziologie beschäftigte sich ausschließlich mit der Erwerbsarbeit bzw. Lohnarbeit und erfasste damit nur jene Tätigkeiten, die auf einem Markt angeboten und nachgefragt und die gegen Geld getauscht werden. Ein großer Teil der gesellschaftlich notwendigen Arbeit – und noch mehr der „kulturellen" Arbeit – wird jedoch nicht in dieser Weise erbracht, sondern unentgeltlich – und auch ohne geldliche Bewertung – in marktfernen Kontexten, in Haushalt und Familie, in der Nachbarschaft und in Vereinen und Zirkeln, in Sozialhilfeaktivitäten außerhalb des offiziellen Sektors der Wirtschaft, in der „Freizeit", etc. Manche dieser Aktivitäten werden gegenwärtig in Begriffen wie Eigenarbeit oder Arbeit im „zweiten Arbeitsmarkt" gefasst und damit in eine Differenz-Beziehung zum Markt- oder offiziellen Sektor gebracht. Obwohl es solche Tätigkeiten in dieser oder etwas anderer Form immer gab, wurden sie erst auf Grund der andauernden hohen Arbeitslosigkeit und der Kostenexplosion im Sozialbereich des Staates thematisiert. Tatsächlich muss der Gesamtaufwand der in Wirtschaft, Gesellschaft und Kultur erbrachten oder notwendigen Arbeitsleistungen in den Blick

---

[4] Siehe dazu: Heiner Ganßmann, Geld und Arbeit, Frankfurt/Main-New York 1996; Paul Kellermann, Gesellschaftlich erforderliche Arbeit und Geld, Klagenfurt 1991

2 Individualisierung und Subjektivierung als Themen der Arbeitssoziologie

genommen werden; erst dann sollte differenziert werden zwischen den offiziellen, marktlichen, entgeltlichen und den informellen, unentgeltlichen Nicht-Markt-Leistungen sowie den verschiedenen Mischformen. Denn es geht bei soziologischer Betrachtung gerade um die Begründung und Erklärung für diese unterschiedlichen Arbeitsformen und ihre Stellung innerhalb der Gesellschaft.

Soziale und gesellschaftliche Aspekte sind untrennbar mit wirtschaftlichen und politischen Bedingungen verbunden und insofern macht eine „rein soziologische" Sicht der Dinge nur mehr wenig Sinn. Sie muss ergänzt werden durch problembezogene Orientierungen und das Wissen anderer Disziplinen. Die Form und Situation von Arbeit und Beschäftigung haben Ursachen wirtschaftlicher, technischer und politischer Art, die ihrerseits in Bezug auf ihre Gründe hinterfragt werden müssen. Angesichts der Steigerung der Geschwindigkeit technologisch-ökonomischer Veränderungen in den letzten Jahrzehnten müssen politische Prozesse in einem weiten Sinn in höherem Maße als bisher auch für die sozialwissenschaftliche Analyse relevant werden.

Subjekt, Arbeit und Kultur

Eine wichtige Gegenstandsperspektive der Arbeitssoziologie ist auf das Verhalten und die Einstellungen der Arbeitenden gerichtet. Dabei ging man vielfach noch mit stark verdinglichten, statischen Vorstellungen an die Sache heran. Die Arbeitenden „haben" demzufolge ein bestimmtes Bewusstsein, das ihr Verhalten beeinflusst, sie „bringen" Einstellungen an ihren Arbeitsplatz „mit", oder es bilden sich Einstellungen durch die Gruppenbeziehungen bei der Arbeit, die aber dann wieder eine eigene Existenzweise, oft verselbständigt und abgelöst von den Individuen selbst, annehmen. Die Arbeitenden werden nicht als subjektiv sinnorientiert Handelnde aufgefasst, weil sie aus der Perspektive der nicht hinterfragten, meist als eigendynamisch oder selbststeuernd aufgefassten technisch-organisatorischen Prozesse gesehen wurden. Unter dieser Voraussetzung reduziert sich der subjektive Sinn auf Einstellungen, Meinungen und reaktives Verhalten. Auch der der Arbeit inhärente soziale Charakter blieb ein externes Merkmal, dessen Generierung und Veränderung einer informellen Substruktur zugeschrieben wurde. Wenn das auch für stark arbeitsteilige, mechanisierte Arbeitsformen aus Analysegründen adäquat sein mag, so entspricht es einer ganzen Reihe von Arbeitstätigkeiten, wie generell allen jenen Arbeiten nicht mehr, die selbst zum Großteil in sozialer Interaktion bestehen. Arbeitsverhalten und Einstellungen zur Arbeit werden nicht nur von den Arbeitsbedingungen, den organisatorischen Gegebenheiten und vom technischen Wandel her bestimmt, sondern von einer Reihe von Faktoren, die rechtlich-normativer, sozial-ökonomischer und persönlicher Art sein können. Vielfach spielten diese Bestimmungsfaktoren die Rolle peripherer Bedingungen, während die zentralen Fragestellungen an die Folgen des technisch-organisatorischen Wandels gebunden blieben.

Die subjektive Perspektive der Arbeitenden aus ihrem Lebenszusammenhang und dem sozialen Bezugsrahmen ihrer Erfahrungen heraus zog relativ geringe Berücksichtigung von Seiten der Arbeitssoziologen auf sich. Gerade dies wird gegenwärtig wichtiger, weil die Relation von Berufen und Personen durch die Heterogenisierung der Arbeits- und Beschäftigungsformen und durch diskontinuierliche berufliche Lebensläufe für eine immer größer werdende Zahl von Menschen variabler wird. Angesichts der mit hoher Geschwindigkeit und großer

Gewalt vor sich gehenden Veränderungen ist eine Orientierung der Forschung an der Perspektive des arbeitenden Subjekts als Gegengewicht gegen die immer stärker werdenden Ansprüche der wirtschaftlichen und politischen Organisationen und der Kapital- und Macht/Einfluss-Interessen, die im Namen einer nützlichen und anwendungsorientierten Ausbildungswissenschaft auftreten, von großer Bedeutung.

Die Hinwendung zu Subjektivität und Registrierung multipler Lebenswirklichkeiten bedeutet eine Abwendung von der Orientierung an der großen Zahl, am Kollektiv, an Institutionen, an Quantifizierung, Typisierung und Durchschnittsbildung.[5] Nicht Schichten, Klassen, Kollektive sind die Grundeinheiten soziologischen Denkens, sondern Situation, subjektive Deutungen, Lebensgeschichten und Differenzen als Dimension einer kommunikativ konstituierten sozialen Wirklichkeit.[6] Dies darf jedoch keine Reduktion soziologischer Reflexion auf „Alltag" in dem Sinn bedeuten, dass die ökonomisch-politischen Verhältnisse in der Gesellschaft nicht mehr einbezogen werden. Stets muss gerade die subjektive Perspektive als Instrument der kritischen oder skeptischen Analyse der gesellschaftlichen Lebenschancen gesehen werden und nicht als pars pro toto zum Selbstzweck werden. Allerdings sollte sich gerade die Arbeitssoziologie nicht zum Instrument für Unternehmens- und Managementstrategien machen lassen. Zumindest sollten auf dem Marktplatz sozialwissenschaftlicher Forschung nicht nur die Unternehmensinteressen als Auftraggeber und Abnehmer auftreten, sondern auch die Arbeitenden selbst und ihre Organisationen.

Die Lockerung der gesellschaftlich-institutionellen Gefüge des Wohlfahrtsstaates und des Industriesystems beinhaltet ambivalente Tendenzen für die Individuen. Die Flexibilisierung der Arbeit und der Betriebe kann eine bessere Abstimmung von Beruf und Privatsphäre, aber auch eine Zunahme von Risiken bedeuten. Der individuelle Lebenslauf wird solcherart zum Experimentierfeld der technisch-ökonomischen „trial and error"-Neuerungen. Im Leben jedes Individuums können Erfolg und Misserfolg immer wieder wechseln und entsprechend unterschiedliche Einstellungen und Haltungen begründen. Schließlich kommt es zu einer Neubestimmung der Grenzen von Arbeit und Lebenswelt. Aber nicht nur dort, wo der technisch-organisatorische Wandel dies z. B. durch Telearbeit nahe legt, müssen Arbeit und Lebenswelt aufeinander bezogen, sondern beide sollten als integrales Ganzes des Lebensvollzugs und der Lebensbewältigung der Menschen behandelt werden.

Arbeit (wie auch Kapital) wird aus den Bezügen der industriellen Wirtschaft gelöst und wird zum Kulturmerkmal der (post)modernen Gesellschaft. Gleichzeitig mit der Abnahme der Arbeit als Grundlage des Wirtschaftssystems wird sie kulturell ubiquitär: der Künstler, der Student, der Politiker „arbeiten"; Beziehungen, Gefühle, Lebensbewältigung werden als „Arbeit" bewusst; Arbeit wird nicht mehr nur mit physischem Überleben verbunden, die Ziele und Zwecksetzungen der Arbeit sind nicht mehr abtrennbar und auf einen bestimmten Bereich zu beschränken, über den sich ein „Überbau" von Kultur und Gesellschaft erhebt.

---

[5] Siehe dazu auch: Dirk Baecker, Abschied vom Durchschnitt, in: Soziale Welt 41/1990, S. 243-249

[6] Siehe: William Ronco/Lisa Peattie, Making Work: a Perspective from Social Science; in: Raymond E. Pahl (ed.), On Work, London-New York 1988, S. 709-721

2 Individualisierung und Subjektivierung als Themen der Arbeitssoziologie

Noch immer werden zwar Arbeit und das, was im Alltagsverständnis als „Kultur" bezeichnet wird, getrennt gesehen[7], aber der Zusammenhang von Erwerbsarbeit und Lebenswelt, von Arbeitszeit und Lebenszeit wird stärker. Arbeit erscheint nicht mehr nur als Erwerbsarbeit, sondern als Grundtatsache des Lebens in seinen gesellschaftlichen Voraussetzungen und subjektiven Bedingungen. Zu schließen, dass Arbeit als Grundlage der modernen Gesellschaft und auch der Soziologie ausgedient hat, wäre daher vorschnell, nur der in einer bestimmten Phase formulierte Arbeitsbegriff, der von organisationsbezogenen Problemen diktiert war und in dem Arbeit als privat(wirtschaftlich)er Sachverhalt und nicht als gesellschaftliche und kulturelle Tatsache aufgefasst wurde, hat viel von seiner ursprünglichen Relevanz verloren.

Die „postmoderne" Arbeitswirklichkeit, die sich derzeit in Umrissen und durchaus nicht widerspruchsfrei abzeichnet, impliziert sowohl gesellschaftlich-kulturelle Konsequenzen als auch Folgen für die Soziologie selbst über eine Neudefinition des soziologischen Arbeitsbegriffs weit hinaus. Mit dem Begriff von Arbeit wandelt sich auch seine soziologische Reflexionsgrundlage. Die zunehmende Insignifikanz der Trennung von Hand- und Kopfarbeit, die als „konstitutives Merkmal der abendländischen Geschichte"[8] sowohl die Gesellschaft wie auch die Verdoppelung der Welt in Praxis und Wissenschaft bewirkt hat, erschüttert auch die Legitimität einer rationalen Sphäre der Wissenschaft; auch diese muss als sozioökonomisch und politisch begründet und als kommunikativ konstituiert aufgefasst werden.

Die Geschwindigkeit der Veränderungen der Arbeits- und Organisationsstrukturen sowie der Ideen und Konzepte zu ihrer Gestaltung und Neuordnung lässt die soziologische Analyse und Reflexion in der Gegenwart leicht historiographische Züge annehmen. Das ist zum einen dadurch bedingt, dass sich die Beschäftigungsbedingungen und die Wirtschafts- und Unternehmensstrukturen selbst verhältnismäßig rasch ändern. Es ist aber zum anderen auch durch den raschen Umschlag von Ideen und Inhalten der öffentlichen Diskussion bedingt, der eine Folge davon ist, dass „Wirtschaft" heute ein weitaus breiteres Interesse erweckt und damit Modeströmungen unterliegt. Man kann auch sagen, dass die Konzepte selbst Waren im Rahmen eines neuen Wirtschaftssektors geworden sind, deren Neuheit wichtig für ihren Markterfolg ist. Die Soziologie hingegen ist – trotz ihrer sozialtechnologischen Ursprünge – in weiten Bereichen nicht auf die Erarbeitung von Problemlösungsansätzen für die Praxis in Unternehmen, Verwaltung und Politik ausgerichtet, sondern auf das Erklären und Verstehen von Zusammenhängen ohne Vorgabe von strategischen Zielen. Ihre Funktion als sich ihrer eigenen Voraussetzungen bewusste und dennoch distanziert beobachtende Erkenntnisweise sollte jedoch gerade in Zeiten rascher Veränderungen anerkannt werden, weil sie für die Entscheidung, welche Wege wir in Zukunft einschlagen wollen, wichtig ist.

---

[7] Siehe: Oskar Negt, Die Herausforderung der Gewerkschaften, Frankfurt/Main-New York 1989, S. 103
[8] Alfred Sohn-Rethel, Geistige und körperliche Arbeit, Weinheim 1989 (urspr. 1970)

Literaturverzeichnis

Abegglen, James C./Stalk, George jr., Kaisha. The Japanese Corporation, New York 1985

Abromeit, Heidrun/Blanke, Bernhard (Hg.), Arbeitsmarkt, Arbeitsbeziehungen und Politik in den 80er Jahren, Opladen 1987

Adorno, Theodor W. (Hg.), Spätkapitalismus oder Industriegesellschaft? Stuttgart 1969

Aichholzer, Georg/Schienstock, Gerd (Hg.), Arbeitsbeziehungen im technischen Wandel, Berlin 1989

Aleman, Ulrich v./Heinze, Rolf G. (Hg.), Verbände und Staat, 2. Aufl., Opladen 1981

Alheit, Peter/Dausien, Bettina, Arbeitsleben, Frankfurt/Main-New York 1985

Alheit, Peter/Hoerning, Erika M. (Hg.), Biographisches Wissen, Frankfurt/Main-New York 1989

Allen, Sheila/Wolkiewitz, Carol, Homeworking. Myths and Realities, Basingstoke-London 1987

Allen, V. L., The Sociology of Industrial Relations, London 1971

Althaus, Dietmar, Zur Psychopathologie des Alltagslebens am Arbeitsplatz, Frankfurt/Main 1979

Altmann, Norbert/Bechtle, Günter, Betriebliche Herrschaftsstruktur und industrielle Gesellschaft, München 1971

Altmann, Norbert/Düll, Klaus/Lutz, Burkart, Zukunftsaufgaben der Humanisierung des Arbeitslebens, Frankfurt/Main-New York 1987

Altmann, Norbert u. a., Betrieb – Technik – Arbeit, Frankfurt/Main 1978

Altvater, Elmar, Arbeitsmarkt und Krise, in: Michael Bolle (Hg.), Arbeitsmarkttheorie und Arbeitsmarktpolitik, Opladen 1976, S. 48-67

Altvater, Elmar/Hübner, K./Stanger, M., Alternative Wirtschaftspolitik jenseits des Keynesianismus, Opladen 1983

Altvater, Elmar u. a., Arbeit 2000. Über die Zukunft der Arbeitsgesellschaft, Hamburg 1985

Anderson, Nels, Dimensions of Work, New York 1964

Andreski Fraser, Jill, White-Collar Sweatshop. The Deterioration of Work and Its Rewards in Corporate America, New York-London 2001

Anker-Ording, Aake, Betriebsdemokratie, Frankfurt/Main 1972

Anthony, P. D., The Ideology of Work, London 1977

Appelbaum, Eileen/Albin, Peter, Computer, Rationalization and the Transformation of Work: Lessons from Insurance Industry, in: Stephen Wood (ed.), Transformation of Work? London 1989, S. 247-265

Arbeitsgruppe SubArO (Hg.), Ökonomie der Subjektivität – Subjektivität der Ökonomie, Berlin 2005

Arendt, Brigitte/Hesse, Günter, Vom Lohnarbeiter zum Klienten, Frankfurt/Main 1986

Arendt, Hannah, Vita Activa oder Vom tätigen Leben, München 1981

Argyle, Michael, Social Skills and Work, London 1981

Argyris, Chris, Personality and Organization Theory, in: Administrative Science Quarterly 18/1973, S. 141-168

Armanski, Gerhard, Das gewöhnliche Auge der Macht. Sozialgeschichte der Beamten, Berlin 1983

Aron, Raymond, Die industrielle Gesellschaft, 18 Vorlesungen, Frankfurt/Main-Hamburg 1964

Aschinger, Gerhard u. a., Deregulierung – eine Herausforderung an die Wirtschafts- und Sozialpolitik in der Marktwirtschaft, Berlin 1989

Ashton, David/Green, Francis, Education, Training and the Global Economy, Cheltenham, UK-Northampton, USA 1999

Atteslander, Peter (Hg.), Konflikt und Kooperation im Industriebetrieb, Köln-Opladen 1959

Babbage, Charles, On the Economy of Machinery and Manufacture, London 1832 (dt.: Über Maschinen und Fabrikswesen, Berlin 1933)

Baecker, Dirk, Abschied vom Durchschnitt, in: Soziale Welt 41/1990, S. 243-249

Baecker, Dirk, Die Form des Unternehmens, Frankfurt/Main 1993

Baecker, Dirk (Hg.), Archäologie der Arbeit, Berlin 2002

Baethge, Martin, Arbeit, Vergesellschaftung, Identität – Zur zunehmenden normativen Subjektivierung der Arbeit, in: Soziale Welt 42/1991, S. 6-20

Baethge, Martin/Denkinger, Joachim/Kadritzke, Ulf, Das Führungskräfte-Dilemma. Manager und industrielle Experten zwischen Unternehmen und Lebenswelt, Frankfurt-New York 1995

Baethge, Martin/Oberbeck, Herbert, Zukunft der Angestellten, Frankfurt/Main-New York 1986

Baglioni, Guido/Crouch, Colin (eds.), European Industrial Relations, London 1990

Bahrdt, Hans Paul, Arbeit als Inhalt des Lebens, in: Joachim Matthes (Hg.), Krise der Arbeitsgesellschaft? Frankfurt/Main-New York 1983, S. 120-140

Bahrdt, Hans Paul, Industriebürokratie, Stuttgart 1958

Bakan, Joel, The Corporation. The Pathological Pursuit of Profit and Power, London 2005

Balkin, Steven, Self-Employment for Low-Income People, New York 1989

Bamber, Greg J., Militant Managers, Aldershot 1986

Bamber, Greg/Lansbury, Russell D., International and Comparative Industrial Relations, London 1987

Banks, J. A., Trade Unionism, London 1974

Bardmann, Theodor M., Die mißverstandene Freizeit. Freizeit als soziales Zeitarrangement in der modernen Organisationsgesellschaft, Stuttgart 1986

Barnard, Chester I., The Functions of the Executive, Cambridge, Mass., 1938

Bartunek, Ewald, Teilzeitbeschäftigung in Österreich, 2 Bde., Bundesministerium für Arbeit, Gesundheit und Soziales, Wien 1997

Bechtle, Günter, Betrieb als Strategie, Frankfurt/Main 1980

Beck, Ulrich, Risikogesellschaft. Auf dem Weg in eine andere Moderne, Frankfurt/Main 1986

Beck, Ulrich (Hg.), Politik der Globalisierung, Frankfurt/Main 1998

Beck, Ulrich, Schöne neue Arbeitswelt, Frankfurt-New York 1999

Beck, Ulrich/Brater, Michael (Hg.), Die soziale Konstitution der Berufe. Materialien zu einer subjektbezogenen Theorie der Berufe, Frankfurt/Main 1977

Beck, Ulrich/Brater, Michael/Daheim, Hansjürgen, Soziologie der Arbeit und der Berufe, Reinbek b. Hamburg 1980

Beck, Ulrich/Beck-Gernsheim, Elisabeth, Nicht Autonomie, sondern Bastelbiographie, in: Zeitschrift für Soziologie 22/1993, S. 178-187

Beck-Gernsheim, Elisabeth, Der geschlechtsspezifische Arbeitsmarkt, Frankfurt/Main 1976

Beckenbach, Niels, Umbruch gesellschaftlicher Arbeit als Problem der westeuropäischen Gewerkschaften, in: Georg Aichholzer/Gerd Schienstock (Hg.), Arbeitsbeziehungen im technischen Wandel, Berlin 1989, S. 215-232

Beckenbach, Niels/van Treeck, Werner (Hg.), Umbrüche gesellschaftlicher Arbeit, in: Soziale Welt, Sonderband 9, Göttingen 1994, S. 46-64

Becker, Gary S., Human Capital, New York 1964

Becker, Gary S., A Theory of the Allocation of Time, in: Economic Journal 1965, S. 493-517

Becker, Howard S./Carper, James, Elemente der Berufsidentifikation, in: Thomas Luckmann/Walter M. Sprondel (Hg.), Berufssoziologie, Köln 1972, S. 263-275

Becker-Schmidt, Regina et al., Arbeitsleben – Lebensarbeit, Bonn 1983

Beder, Sharon, Selling the Work Ethic, London-New York 2000

Bell, Daniel, The Coming of Post-Industrial Society, New York 1973

Bell, Daniel/Kristol, Irving (Hg.), Die Krise in der Wirtschaftstheorie, Berlin 1984

Bendix, Reinhard, Work and Authority in Industry, New York 1956

Benseler, Frank et al. (Hg.), Zukunft der Arbeit, Hamburg 1982

Berger, Johannes/Offe, Claus, Die Zukunft des Arbeitsmarktes, in: Claus Offe (Hg.), „Arbeitsgesellschaft". Strukturprobleme und Zukunftsperspektiven, Frankfurt/Main-New York 1984, S. 87-118

Berggren, Christian, „New Production Concepts" in Final Assembly – the Swedish Experience, in: Stephen Wood, The Transformation of Work? London 1989, S. 171-203

Bergmann, Jürgen et al., Arbeit, Mobilität, Partizipation, Protest, Opladen 1986

Bergmann, Jürgen et al., Rationalisierung, Technisierung und Kontrolle des Arbeitsprozesses, Frankfurt/Main 1986

Bernoux, Philippe, Sociologie du changement dans les entreprises et les organisations, Paris 2004

Betzelt, Sigrid, The Third Sector as a Job Machine? Frankfurt u. a. 2001

Bielenski, Harald/Strümpel, Burkhard et al., Eingeschränkte Erwerbsarbeit bei Frauen und Männern, Berlin 1988

Bienert, W., Die Arbeit nach der Lehre der Bibel, Stuttgart 1954

Bierter, Willy et al., Keine Zukunft für lebendige Arbeit? Stuttgart 1988

Biller, Martin, Arbeitsmarktsegmentation und Ausländerbeschäftigung, Frankfurt/Main 1989

Birke, Martin/Schwarz, Michael, Der Betrieb als arbeitspolitische Arena der Arbeits- und Technikgestaltung, in: Soziale Welt 41/1990, S. 167-182

Blanpain, Roger/Windey, Paul, European Works Councils, Leuven 1994

Blauner, Robert, Alienation and Freedom, Chicago 1964

Block, Fred, Postindustrial Possibilities, Berkeley-Los Angeles-Oxford 1990

Blossfeld, Hans-Peter, Kohortendifferenzierung und Karriereprozeß, Frankfurt/Main-New York 1989

Blossfeld, Hans-Peter, Berufsverläufe und Arbeitsmarktprozesse, in: Kölner Zeitschrift für Soziologie und Sozialpsychologie, Sonderheft 31/1990 (hrsg. v. K. U. Mayer, Opladen 1990), S. 118-145

Bluestone, Barry/Harrison, Bennet, The Deindustrialization of America, New York 1982

Bluestone, Barry/Harrison, Bennet, The Great American Job Machine (Paper for the Joint Economic Committee), Washington 1986

Blum, Albert et al., White Collar Workers, New York 1971

Bodenhöfer, Hans-Joachim, Bildung, Beruf, Arbeitsmarkt. Schriften des Vereins für Socialpolitik, Bd. 174, Berlin 1988

Bögenhold, Dieter, Die Selbständigen: Zur Soziologie dezentraler Produktion, Frankfurt/Main-New York 1985

Bögenhold, Dieter (Hg.), Unternehmensgründung und Dezentralität: Renaissance der beruflichen Selbständigkeit in Europa? Opladen 1999

Bögenhold, Dieter/Schmidt, Dorothea (Hg.), Eine neue Gründerzeit? Die Wiederentdeckung kleiner Unternehmen in Theorie und Praxis, Amsterdam 1999

Böhle, Fritz/Milkau, Brigitte, Neue Technologien – Neue Risiken, in: Zeitschrift für Soziologie 18/1989, S. 249-262

Böhme, Gernot/Stehr, Nico (eds.), The Knowledge Society, Dordrecht 1986

Bolle, Michael (Hg.), Arbeitsmarkttheorie und Arbeitsmarktpolitik, Opladen 1976

Bologna, Sergio, Die Zerstörung der Mittelschichten. Thesen zur neuen Selbständigkeit, Graz-Wien 2006

Boltanski, Luc, Die Führungskräfte, Frankfurt/Main 1989

Boltanski, Luc/Chiapello, Eve, Le nouvel ésprit du capitalisme, Paris 1999

Bolte, Karl Martin et al., Beruf und Gesellschaft in Deutschland, Opladen 1970

Bolte, Karl Martin/Treutner, Erhard (Hg.), Subjektorientierte Arbeits- und Berufssoziologie, Frankfurt/Main 1983

Bonß, Wolfgang/Heinze, Rolf (Hg.), Arbeitslosigkeit in der Arbeitsgesellschaft, Frankfurt/Main 1984

Bonß, Wolfgang/Heinze, Rolf, Arbeit, Lohnarbeit, ohne Arbeit, in: Dies., Arbeitslosigkeit in der Arbeitsgesellschaft, Frankfurt/Main 1984, S. 7-49

Bonß, Wolfgang/Keupp, H./Koenen, E., Das Ende des Belastungsdiskurses? Zur subjektiven und gesellschaftlichen Bedeutung von Arbeitslosigkeit, in: Wolfgang Bonß/Rolf Heinze, Arbeitslosigkeit in der Arbeitsgesellschaft, Frankfurt/Main 1984, S. 143-188

Borchardt, Knut, Die industrielle Revolution in Deutschland, München 1972

Borchowsky, Anna/Streckeisen, Ursula, Arbeitsbiographien von Frauen, Chur 1989

Bosetzky, Horst, Grundzüge einer Soziologie der Industrieverwaltung, Stuttgart 1970

Bosetzky, Horst/Heinrich, Peter, Mensch und Organisation. Aspekte bürokratischer Sozialisation, Köln 1980

Bourdieu, Pierre, Zur Soziologie der symbolischen Formen, Frankfurt/Main 1974

Bourdieu, Pierre, Die feinen Unterschiede, Frankfurt/Main 1989

Bourdieu, Pierre et al., Titel und Stelle. Über die Reproduktion sozialer Macht, Frankfurt/Main 1981

Braun, Siegfried, Zur Soziologie der Angestellten, Frankfurt/Main 1964

Braun Siegfried/Fuhrmann, Jochen, Angestelltenmentalität, Neuwied-Berlin 1970

Braverman, Harry, Die Arbeit im modernen Produktionsprozeß, Frankfurt/Main-New York 1980

Bremer, Claudia, Formen und Voraussetzungen der Telearbeit, in: Andreas Brill/Michael de Vries (Hg.), Virtuelle Wirtschaft, Opladen 1998, S. 120-136

Briefs, Götz, Gewerkschaften (I), in: Handwörterbuch der Sozialwissenschaften, Bd. 4, Tübingen-Göttingen 1965, S. 545-561

Brill, Andreas/Vries, Michael de (Hg.), Virtuelle Wirtschaft, Opladen 1998

Brock, Ditmar, Vom traditionellen Arbeiterbewußtsein zum individualisierten Handlungsbewußtsein, in: Soziale Welt 39/1988, S. 413-434

Brock, Ditmar/Vetter, Hans-Rolf, L'erosion biographique comme consequence des bouleversements technologiques, in: Sociologie du Travail XXVIII/86, S. 125-143

Brock, Ditmar/Vetter, Hans-Rolf, Alltägliche Arbeiterexistenz. Soziologische Rekonstruktion des Zusammenhangs von Lohnarbeit und Biographie, Frankfurt/Main-New York 1982

Bron, Rudolph (Hg.), Erwerb und Eigenarbeit, Frankfurt/Main 1985

Brose, Hanns-Georg, Die Vermittlung von sozialen und biographischen Zeitstrukturen, in: Kölner Zeitschrift für Soziologie und Sozialpsychologie, Sonderheft 24/1982, S. 385-407

Brose, Hanns-Georg, Die Erfahrung der Arbeit, Opladen 1983

Brose, Hanns-Georg (Hg.), Berufsbiographien im Wandel, Opladen 1986

Brose, Hanns-Georg, Berufsbiographien im Umbruch, in: Kölner Zeitschrift für Soziologie und Sozialpsychologie, Sonderheft 31/1990, S. 179-211

Brose, Hanns-Georg/Schulze-Böing, M./Meyer, W., Arbeit auf Zeit, Opladen 1990

Brown, Phillip/Hesketz, Anthony, The Mismanagement of Talent. Employability and Jobs in the Knowledge Economy, Oxford-New York 2004

Brown, Richard K., A Flexible Future in Europe? Changing Patterns of Employment in the United Kingdom, in: The British Journal of Sociology 41/1990, S. 301-327

Brown, Richard K. (ed.), The Changing Shape of Work, Basingstoke-London 1997

Brüggemann, Ernst, Die menschliche Person als Subjekt der Arbeit, Paderborn 1994

Buber-Agassi, Judith/Heycock, St. (eds.), The Redesign of Working Time: Promise or Threat? Berlin 1989

Büchtemann, Christoph F., Der Arbeitslosigkeitsprozeß. Theorie und Empirie strukturierter Arbeitslosigkeit in der Bundesrepublik Deutschland, in: Wolfgang Bonß/Rolf Heinze, Arbeitslosigkeit in der Arbeitsgesellschaft, Frankfurt/Main 1984, S. 53-105

Bühl, Walter L., Die „Postindustrielle Gesellschaft": Eine verfrühte Utopie? In: Kölner Zeitschrift für Soziologie und Sozialpsychologie 35/1983, S. 771-780

Bull, Andreas/Vries, Michael de (Hg.), Virtuelle Wirtschaft, Opladen 1998

Burghardt, Anton, Kompendium der Sozialpolitik, Berlin 1979

Burke, Peter, Die Renaissance in Italien, Berlin 1984

Burnham, James, The Managerial Revolution, New York 1951

Burns, Tom/Stalker, G. M., The Management of Innovation, London 1961

Burrage, Michael/Thorstendahl, Rolf (eds.), Profession in Theory and History, London 1990

Burt, Ronald S., Structural Holes. The Social Structure of Competition, Cambridge, MA, 1992

Bust-Bartels, Axel, Skandal Massenarbeitslosigkeit, Opladen 1990

Caplow, Theodore, The Sociology of Work, London 1964

Castel, Robert, Die Metamorphosen der sozialen Frage. Eine Chronik der Lohnarbeit, Konstanz 2000

Cavestro, William, Automation, New Technology and Work Content, in: Stephen Wood (ed.), The Transformation of Work? London 1989, S. 219-234

Central-Verband der Industriellen Österreichs, Zur Frage des Normalarbeitstages, Wien 1897

Chanaron, Jean-Jacques, Die Umstrukturierung der Beziehungen zwischen Produktion und Distribution: Das neue Partnerschaftskonzept in der französischen Automobilindustrie, in: Leo Kißler (Hg.), Toyotismus in Europa, Frankfurt/Main – New York 1996, S. 143-162

Chandler, Alfred D. jr., Strategy and Structure: Chapters in the History of the American Industrial Enterprise, Cambridge, Mass.-London 1962

Chandler, Alfred D. jr./Daems, Herman, Managerial Hierarchies, Cambridge, MA-London 1980

Child, John, The Business Enterprise in Modern Industrial Society, London 1969

Child, John, Man and Organization, London 1973

Cipolla, Carlo M./Borchardt, Knut (Hg.), Europäische Wirtschaftsgeschichte, 5 Bde., Stuttgart-New York 1983

Clarke, John/Newman, Janet, The Managerial State, London et al. 1997

Clausen, Lars, Produktive Arbeit – destruktive Arbeit, Berlin-New York 1988

Coase, Ronald, The Nature of the Firm, in: Economica 4, 1937, S. 33-55

Coates, Ken/Topham, Tony, Workers' Control, London 1979

Coleman, James (ed.), Education and Political Development, Princeton 1965

Coleman, James, The Asymmetric Society, Syracuse, N. J. 1982

Conze, Werner/Engelhardt, U. (Hg.), Arbeiter im Industrialisierungsprozeß, Stuttgart 1979

Conze, Werner/Engelhardt, U. (Hg.), Arbeiterexistenz im 19. Jahrhundert, Stuttgart 1981

Cooke, Bill/Kothari, Uma (eds.), Participation. The New Tyranny? London-New York 2001

Coser, Lewis A., The Functions of Social Conflict, London 1965

Croner, Fritz, Soziologie der Angestellten, Köln-Opladen 1962

Crouch, Colin, Industrial Relations and European State Traditions, Oxford 1993

Crouch, Colin/Traxler, Franz (eds.), Organized Industrial Relations in Europe: What Future? Aldershot et al. 1995

Crozier, Michel, Le phénomène bureaucratique, Paris 1963

Crozier, Michel, Le monde des employés de bureau, Paris 1965

Cyert, Richard M./March, James G., A Behavioral Theory of the Firm, Englewood Cliffs-New York 1963

Daheim, Hansjürgen, Der Beruf in der modernen Gesellschaft, Köln-Berlin 1970

Daheim, Hansjürgen/Schönbauer, Günther, Soziologie der Arbeitsgesellschaft, Weinheim-München 1993

Dahrendorf, Ralf, Sozialstruktur des Betriebes, Wiesbaden 1959

Dahrendorf, Ralf, Konflikt und Freiheit, München 1972

Dahrendorf, Ralf, Wenn der Arbeitsgesellschaft die Arbeit ausgeht, in: Joachim Matthes (Hg.), Krise der Arbeitsgesellschaft, Frankfurt/Main-New York 1983, S. 25-37

Dahrendorf, Ralf et al., Scientific-Technological Revolution: Social Aspects, Beverly Hills, 1977

Dankbaar, Ben/Jürgens, Ulrich/Malsch, Thomas (Hg.), Die Zukunft der Arbeit in der Automobilindustrie, Berlin 1988

Davis, Keith/Newstrom, John W., Human Behavior at Work, New York 1976

Deppe, Joachim/Hoffmann, Reiner/Stützel, Wieland (Hg.), Europäische Betriebsräte, Frankfurt/Main-New York 1997

Deppe, Wilfried, Drei Generationen Arbeiterleben. Eine soziobiographische Darstellung, Frankfurt/Main-New York 1982

Dickson, Paul, Work Revolution, London 1977

Dierkes, Meinolf/Strümpel, Burkhard (Hg.), Wenig Arbeit, aber viel zu tun, Opladen 1985

DiMaggio, Paul (ed.), The Twenty-First Century Firm. Changing Economic Organization in International Perspective, Princeton-Oxford 2001

Dobbin, Frank/Sutton, John R., The Strength of a Weak State: The Rights Revolution and the Rise of Human Resources Management Divisions, in: American Journal of Sociology 104/1998, S. 441-476

Doeringer, Paul B./Piore, Michael J., Internal Labor Markets and Manpower Analysis, Lexington, Mass. 1971

Dore, Ronald, British Factory – Japanese Factory, London 1973

Dore, Ronald, Taking Japan Seriously, Stanford-Cal. 1987

Drucker, Peter F., Neue Realitäten. Wertewandel in Politik, Wirtschaft und Gesellschaft, Düsseldorf-Wien-New York 1989

Drucker, Peter F., Auf dem Wege zur nächsten Wirtschaftstheorie, in: Daniel Bell/Irving Kristol (Hg.), Die Krise in der Wirtschaftstheorie, Berlin 1984, S. 1-19

Drucker, Peter, Post-Capitalist Society, New York 1993

Dubin, Robert, The World of Work, Englewood Cliffs-New York 1958

Dubin, Robert, Power and Union-Management Relations, in: William Faunce (ed.), Readings in Industrial Sociology, New York 1967, S. 465-481

Dubin Robert (ed.), Handbook of Work, Organization and Society, Chicago 1976

Dubois, Pierre/Kastoryano, Riva, An Inventory of Current Research on Work (1983), in: Michael Rose (ed.), Industrial Sociology. Work in the French Tradition, London 1987, S. 39-57

Dumazedier, Joffre, Sociology of Leisure, Amsterdam 1974

Dunkel, Wolfgang, Wenn Gefühle zum Arbeitsgegenstand werden. Gefühlsarbeit im Rahmen personenbezogener Dienstleistungstätigkeiten, in: Soziale Welt 39/1988, S. 66-85

Dunkmann, Karl, Soziologie der Arbeit, Halle a. d. S. 1933

Dunlop, John T., Industrial Relations Systems, New York 1958

Durand, Claude, Conscience ouvrière et action syndicale, Paris 1971

Durand, Claude, Révendications explicites et révendications latentes, in: Sociologie du Travail 15/1973, S. 394-409

Durand, Michelle, Professionalisation et allégeance chez les cadres et les techniciens, in: Sociologie du Travail 14/1972, S. 185-212

Durkheim, Emile, Über die Teilung der sozialen Arbeit, Frankfurt/Main 1977 (urspr. 1893)

Ebbinghaus, Angelika, Arbeiter und Arbeiterwissenschaft, Opladen 1984

Eder, Klaus, Die Entstehung staatlich organisierter Gesellschaften, Frankfurt/Main 1980

Edwards, Richard, Herrschaft im modernen Produktionsprozeß, Frankfurt/Main 1981

Eggebrecht, Arne et al., Geschichte der Arbeit, Köln 1980

Eickhof, Norbert, Eine Theorie der Gewerkschaftsentwicklung, Tübingen 1973

Eisenstadt, S. N., Essays on Comparative Institutions, New York 1965

Elder, Glen H./Rockwell, Richard C., Historische Zeit im Lebenslauf, in: Martin Kohli (Hg.), Soziologie des Lebenslaufs, Darmstadt-Neuwied 1978, S. 78-101

Elias, Norbert, Über die Zeit, Frankfurt/Main 1984

Ellul, Jacques, The Technological Society, Toronto 1964

Elster, Jon, The Cement of Society, Cambridge 1989

Emery, Fred E./Thorsrud, Einar, Industrielle Demokratie, Bern 1982

Engelhardt, Ulrich (Hg.), Handwerker in der Industrialisierung, Stuttgart 1984

Engels, Friedrich, Die Lage der arbeitenden Klasse in England, Stuttgart 1892 (urspr. engl. 1844)

Eraly, Alain, Sur la critique de la division travail, in: Sociologie du Travail XXX/1988, S. 5-54

Erbès-Seguin, Sabine, Bilan de la sociologie du travail II: Le travail dans la société, Grenoble 1988

Erbès-Seguin, Sabine (Hg.), Beschäftigung und Arbeit, Berlin 1995

Erd, Rainer/Jacobi, O./Schumm, W. (Hg.), Strukturwandel in der Industriegesellschaft, Frankfurt/Main 1986

Erikson, Kai, On Work and Alienation, in: American Sociological Review 51/1986, S. 1-8

Erikson, Kai/Vallas, Steven Peter (eds.), The Nature of Work, New Haven-London 1990

Etzioni, Amitai, A Comparative Analysis of Complex Organizations, New York 1961

Etzioni, Amitai, Soziologie der Organisationen, München 1967

Evers, Adalbert, Im intermediären Bereich – Soziale Träger und Projekte zwischen Haushalt, Staat und Markt, in: Journal für Sozialforschung 30/1990, S. 189-210

Farkas, George/England, Paula (eds.), Industries, Firms, and Jobs. Sociological and Economic Approaches, New York-London 1988

Faunce, William (ed.), Readings in Industrial Sociology, New York 1967

Faust, Michael/Jauch, Peter/Notz, Petra, Befreit und entwurzelt: Führungskräfte auf dem Weg zum „internen Unternehmer", München-Mering 2000

Feist, Ursula et al., Wandel der Indstriegesellschaft und Arbeitnehmerbewußtsein, Frankfurt/Main-New York 1989

Ferber, Christian v., Arbeitsfreude, Stuttgart 1959

Ferber, Christian v./Kaufmann, Franz-Xaver (Hg.), Soziologie und Sozialpolitik, in: Kölner Zeitschrift für Soziologie und Sozialpsychologie, Sonderheft 19/1977, S. 98-127

Fevre, Ralph, The Sociology of Labour Markets, New York 1992

Finder, Ruth/Walther, Herbert, Telearbeit, Wien 1998

Fischer, Gustave Nicolas, Psychologie des Arbeitsraumes, Frankfurt/Main-New York 1990

Fischer, Joachim/Minssen, Heiner, Weder Reprofessionalisierung noch vollendeter Taylorismus, in: Soziale Welt 38/1987, S. 197-210

Fischer, Peter, Die Selbständigen von morgen, Frankfurt/Main 1997

Flanders, Allan (ed.), Collective Bargaining, Harmondsworth 1971

Flecker, Jörg/Papouschek, Ulrike/Riesenecker-Caba, Thomas (Hg.), Herausforderungen der Arbeitswelt, München-Mering 2001

Fletcher, Colin, The End of Management, in: John Child, Man and Organization, London 1973, S. 135-157

Fligstein, Neil/Dauber, Kenneth, Structural Change in Corporate Organization, in: Annual Review of Sociology 15/1989, S. 73-96

Fligstein, Neil, The Transformation of Corporate Control, Cambridge, MA, 1990

Flohr, Bernd, Arbeiter nach Maß. Die Disziplinierung der Fabrikarbeiterschaft während der Industrialisierung Deutschlands im Spiegel von Arbeitsordnungen, Frankfurt/Main 1981

Florida, Richard/Kamey, Martin, Transplanted Organizations: The Transfer of Japanese Industrial Organization to the U. S., in: American Sociological Review 56/1991, S. 381-398

Forester Tom, High-Tech Society, Oxford 1987

Forester, Tom (ed.), Computers in the Human Context, Cambridge, Mass. 1989

Form, William H., Technology and Social Behavior of Workers in Four Countries: A Sociotechnical Perspective, in: American Sociological Review 37/1972, S. 727-738

Forrester, Jay W., Der teuflische Regelkreis, Stuttgart 1972

Fourastié, Jean, Die große Hoffnung des 20. Jahrhunderts, Köln 1954

Frambach, Hans, Arbeit im ökonomischen Denken. Zum Wandel des Arbeitsverständnisses von der Antike bis zur Gegenwart, Marburg 1999

French, Wendell L./Bell, Cecil A., jr., Organisationsentwicklung, Bern-Stuttgart 1977

Frese, Michael u. a., Industrielle Psychopathologie, Bern 1978

Frese, Michael, Industrielle Psychopathologie, in: Peter Großkurth (Hg.), Arbeit und Persönlichkeit, Reinbek b. Hamburg 1979, S. 47-72

Freyer, Hans, Gedanken zur Industriegesellschaft, Mainz 1970

Fricke, Werner, Arbeitsorganisation und Qualifikation, Bonn-Bad Godesberg 1975

Fricke, Werner (Hg.), Jahrbuch Arbeit und Technik, Bonn 1996

Friczewski, Franz u. a., Arbeitsbelastung und Krankheit bei Industriearbeitern, Frankfurt/Main 1982

Friedmann, Georges, Der Mensch in der mechanischen Produktion, Köln 1952

Friedmann, Georges, Grenzen der Arbeitsteilung, Frankfurt/Main 1959

Friedmann, Georges/Naville, Pierre, Traité de sociologie du travail, 2 Bde., Paris 1961

Friedmann, Georges/Tréanton, Jean-René, Sociologie du syndicalisme, de l'auto-gestion ouvrière et des conflits du travail, in: Georges Gurvitch, Traité de Sociologie, Bd. 1, Paris 1967, S. 481-500

Friedmann, John, Life Space and Economic Space: Contradictions in Regional Development, Los Angeles 1981

Fröhlich, Dieter, Was ist human? Menschenbilder in der Organisationssoziologie und ihre Bedeutung für die „Humanisierung der Arbeitswelt", in: Kölner Zeitschrift für Soziologie und Sozialpsychologie 34/1982, S. 278-298

Fromm, Erich, Arbeiter und Angestellte am Vorabend des Dritten Reiches, Gesamtausgabe III, München 1989

Fuchs Epstein, Cynthia, The Cultural Perspective and the Study of Work, in: Kai Erikson/Steven Peter Vallas (eds.), The Nature of Work, New Haven-London 1990, S. 88-98

Fuchs Epstein, Cynthia et al., The Part-Time Paradox, New York-London 1999

Fujii, Koichi/Matsubuchi, Atsuki/Chiba, Toshio, Employment Strategy for the Future, in: Japan Labor Review 3/2006, S. 117-139

Fürstenberg, Friedrich, Probleme der Lohnstruktur, Tübingen 1958

Fürstenberg, Friedrich, Der Betriebsrat im Spannungsfeld der industriellen Arbeitsbeziehungen, in: Peter Atteslander (Hg.), Konflikt und Kooperation im Industriebetrieb, Köln-Opladen 1959, S. 227-237

Fürstenberg, Friedrich, Industriesoziologie I-III, Neuwied-Berlin 1966

Fürstenberg, Friedrich, Die Soziallage der Chemiearbeiter, Neuwied 1969

Fürstenberg, Friedrich, Normenkonflikte beim Eintritt in das Berufsleben, in: Thomas Luckmann/Walter M. Sprondel, Berufssoziologie, Köln 1972, S. 276-288

Fürstenberg, Friedrich, Konzeption einer interdisziplinär organisierten Arbeitswissenschaft, Göttingen 1975

Fürstenberg, Friedrich, Industrielle Arbeitsbeziehungen, Wien 1975

Fürstenberg, Friedrich, Einführung in die Arbeitssoziologie, Darmstadt 1977

Fürstenberg, Friedrich, Kulturelle und traditionelle Faktoren der Arbeitsbeziehungen aufgrund der Sozialstruktur, in: Günter Endruweit et al. (Hg.), Handbuch der Arbeitsbeziehungen, Berlin 1985, S. 3-12

Fürstenberg, Friedrich, Der soziokulturelle Hintergrund betrieblicher Organisationsmuster – die Übertragbarkeit des japanischen Modells der Gruppenorientierung, in: Paul Kellermann/Gertraude Mikl-Horke (Hg.), Betrieb, Wirtschaft und Gesellschaft, Klagenfurt 1994, S. 67-86

Fürstenberg, Friedrich, Wirtschaftsbürger in der Berufsgesellschaft, Zürich-Osnabrück 1997

Fürstenberg, Friedrich, Arbeitsbeziehungen im gesellschaftlichen Wandel, München-Mering 2000

Fürstenberg, Friedrich, Kooperative Arbeitsorganisation. Innovationspotenziale und Zukunftsperspektiven, München-Mering 2005

Galbraith, John K., American Capitalism, Boston 1952

Galbraith, John K., Die moderne Industriegesellschaft, München-Zürich 1968

Galbraith, John K., Wirtschaft für Staat und Gesellschaft, München-Zürich 1976

Ganßmann, Heiner, Geld und Arbeit, Frankfurt/Main-New York 1996

Ganßmann, Heiner/Haas, Michael, Lohn und Beschäftigung, Marburg 1996

Garhammer, Manfred, Zeitarbeit – ein Muster für die Arbeits- und Betriebsorganisation der Zukunft? In: Berliner Journal für Soziologie 12/2002, S. 109-126

Garrahan, Philip/Stewart, Paul, The Nissan Enigma. Flexibility at Work in a Local Economy, London-New York 1992

Garritsen, Danielle, Jenseits des „Normalarbeitsverhältnisses", in: Sabine Erbès-Seguin (Hg.), Beschäftigung und Arbeit, Berlin 1995, S. 101-121

Garson, Barbara, Schöne neue Arbeitswelt. Wie Computer das Büro von morgen zur Fabrik von gestern machen, Frankfurt/Main-New York 1990

Gebert, Diether, Organisationsentwicklung, Stuttgart 1974

Geiger, Theodor, Die soziale Schichtung des deutschen Volkes, Stuttgart 1967 (urspr. 1932)

Geissler, Jürgen, Psychologie der Karriere, Reinbek b. Hamburg 1979

Geremek, Bronislaw, Geschichte der Armut, München-Zürich 1988

Gerhards, Jürgen, Emotionsarbeit. Zur Kommerzialisierung von Gefühlen, in: Soziale Welt 39/1988, S. 47-65

Gershuny, Jonathan, After Industrial Society? The Emerging Self-Service Economy, London-Basingstoke 1978

Giarini, Orio/Liedtke, Patrick M., Wie wir arbeiten werden, Hamburg 1998

Giegel, Hans-Joachim/Frank, Gerhard/Billerbeck, Ulrich, Industriearbeit und Selbstbehauptung. Berufsbiographische Orientierung und Gesundheitsverhalten in gefährdeten Lebensverhältnissen, Opladen 1988

Gil, Thomas, Sozialphilosophie der Arbeit, Stuttgart 1997

Glunk, Fritz (Hg.), Das MAI und die Herrschaft der Konzerne, München 1998

Goffman, Erving, Stigma, Frankfurt/Main 1967

Goffman, Erving, Interaktionsrituale, Frankfurt/Main 1978

Goffman, Erving, The Interaction Order, in: American Sociological Review 48/1983, S. 1-17

Goldfield, Michael, The Decline of Organized Labor in the United States, Chicago-London 1987

Goldthorpe, John H. (ed.), Order and Conflict in Contemporary Capitalism, Oxford 1984

Goldthorpe, John H. et al., The Affluent Worker: Industrial Attitudes and Behavior, Cambridge 1968

Goldthorpe, John H. et al., The Affluent Worker in the Class Structure, London 1969

Goode, William J., Professionen und die Gesellschaft. Die Struktur ihrer Beziehungen, in: Thomas Luckmann/Walter M. Sprondel, Berufssoziologie, Köln 1972, S. 157-168

Goodman, Paul, Growing Up Absurd, New York 1960

Gorz, André, Stratégie ouvrière et néocapitalisme, Paris 1964

Gorz, André, Abschied vom Proletariat, Frankfurt/Main 1988

Gottschalch, Holm, Historische Stationen auf dem Leidensweg der Arbeitsfreude im Spiegel psychologischer Theorien und empirischer Erhebungen, in: Soziale Welt 4/1979, S. 439-468

Gottschall/G. Günter Voß (Hg.), Entgrenzung von Arbeit und Leben, München-Mering 2003

Gould, Arthur, The Erosion of the Welfare State: Swedish Social Policy and the EU, in: Journal of European Social Policy 9/1999, S. 165-174

Gouldner, Alvin W., Cosmopolitans and Locals, Towards an Analysis of Latent Social Roles, in: Administrative Science Quarterly 12/1957, S. 281-306 und 3/1958, S. 444-480

Gouldner, Alvin W., Pattern of Industrial Bureaucracy, New York 1964

Granovetter, Mark, Getting a Job: A Study of Contacts and Careers, Cambridge, Mass. 1974

Granovetter, Mark, Economic Action and Social Structure: The Problem of Embeddedness, in: American Journal of Sociology 91/1985, S. 481-510

Granovetter, Mark, The Sociological and Economic Approaches to Labor Market Analysis. A Social Structural View, in: George Farkas/Paula England (eds.), Industries, Firms and Jobs, New York-London 1988, S. 187-216

Granovetter, Mark, Business Groups and Social Organization, in: Smelser, Neil J./Swedberg, Richard (eds.), The Handbook of Economic Sociology, 2nd ed., Princeton-Oxford-New York 2005, S. 429-450

Gretschmann, Klaus, Wirtschaft im Schatten von Markt und Staat, Frankfurt/Main 1983

Groser, Manfred/Keller Berndt, Theorien der Arbeitsbeziehungen: Entwicklung und Aktualität, in: Joachim Matthes (Hg.), Sozialer Wandel in Westeuropa, Frankfurt/Main 1979, S. 227-246

Groskurth P. (Hg.), Arbeit und Persönlichkeit, Reinbek b. Hamburg 1979

Gross, Peter, Die Verheißungen der Dienstleistungsgesellschaft. Soziale Befreiung oder Sozialherrschaft? Opladen 1983

Gross, Peter, Liebe, Mühe, Arbeit, in: Soziale Welt 56/1985, S. 60-82

Haag, Ingeborg, Arbeitskommunikation – Kommunikationsarbeit, Berlin 1986

Habermas, Jürgen, Arbeit und Interaktion. Bemerkungen zu Hegels Jenenser „Philosophie des Geistes", in: Ders., Technik und Wissenschaft als „Ideologie", Frankfurt/Main 1969, S. 9-47

Habermas, Jürgen, Technik und Wissenschaft als ‚Ideologie', Frankfurt/Main 1969

Habermas, Jürgen, Theorie des kommunikativen Handelns, 2 Bde., Frankfurt/Main 1988

Hachtmann, Rüdiger, Industriearbeit im „Dritten Reich", Göttingen 1989

Hakim, Catherine, Work-Lifestyle Choices in the 21st Century. Preference Theory, Oxford-New York 2000

Halal, William E./Taylor, Kenneth B. (eds.), Twenty-First Century Economics. Perspectives of Socioeconomics for a Changing World, Basingstoke-London 1999

Hall, Richard H., Professionalization and Bureaucratization, in: American Sociological Review 33/1968, S. 92-103

Haller, Max/Müller, Walter (Hg.), Beschäftigungssystem im gesellschaftlichen Wandel, Frankfurt/Main-New York 1983

Hammer, Gerald, „Telearbeit" – Alltag oder Rarität? Wien 1998

Hammer, Michael/Champy, James, Business Reengineering, Frankfurt 1994 (urspr. am. 1993)

Hargreaves, A., Teaching in the Knowledge Society: Education in the Age of Insecurity, Maidenhead 2003

Harrison, Bennet, Lean and Mean. The Changing Landscape of Corporate Power in the Age of Flexibility, New York 1994

Hartmann, Heinz, Arbeit, Beruf, Profession, in: Thomas Luckmann/Walter M. Sprondel, Berufssoziologie, Köln 1972, S. 36-52

Hartmann, Heinz/Hartmann, Marianne, Vom Elend der Experten: Zwischen Akademisierung und Deprofessionalisierung, in: Kölner Zeitschrift für Soziologie und Sozialpsychologie 34/1982, S. 193-223

Hartmann, Michael, Top-Manager. Die Rekrutierung einer Elite, Frankfurt-New York 1996

Hartmann, Michael, Die Spitzenmanager der internationalen Großkonzerne als Kern einer neuen „Weltklasse"? In: Rudi Schmidt/H.-J. Gergs/M. Pohlmann (Hg.), Managementsoziologie, München-Mering 2002, S. 184-208

Hebden, J. E., Patterns of Work Identification, in: Sociology of Work and Occupations 2/1975, S. 107-132

Hecker, Klaus/Grünwald, Wolfgang, Über die Beziehung zwischen Arbeits- und Freizeitzufriedenheit, in: Soziale Welt 32/1981, S. 353-368

Heckmann, Friedrich, Max Weber als empirischer Sozialforscher, in: Zeitschrift für Soziologie 8/1979, S. 50-62

Heidenreich, Martin, Die subjektive Modernisierung fortgeschrittener Arbeitsgesellschaften, in: Soziale Welt 47/1996, S. 24-43

Heilbroner, Robert L., Die Zukunft der Menschheit, Frankfurt/Main 1976

Heindl, Waltraud, Gehorsame Rebellen. Bürokratie und Beamte in Österreich 1780 bis 1848, Wien-Köln-Graz 1991

Heine, Hartwig/Mautz, Rüdiger, Industriearbeiter contra Umweltschutz? Frankfurt/Main 1989

Heinze, Rolf G., Soziale Strukturierung der Arbeitslosigkeit: Auf dem Weg zu einer gespaltenen Gesellschaft? In: Wolfgang Bonß/Rolf G. Heinze, Arbeitslosigkeit in der Arbeitsgesellschaft, Frankfurt/Main 1974, S. 106-142

Heinze, Rolf G./Müller-Jentsch, Walther, Stabilitätsleistungen und Abgrenzungseffekte des Tarifvertragssystems, in: Joachim Matthes (Hg.), Krise der Arbeitsgesellschaft? Frankfurt/Main-New York 1983, S. 554-569

Heinze, Rolf G./Offe, Claus (Hg.), Formen der Eigenarbeit, Opladen 1990

Hellpach, Willy/Lang, R., Gruppenfabrikation, Berlin 1922

Hertle, Hans-Hermann/Kädtler, Jürgen, Die industriepolitische Wende der industriellen Beziehungen, in: Soziale Welt 41/1990, S. 183-205

Herzberg, Frederick, Job Enrichment Pays Off, in: Harvard Business Review 47/1969, S. 61-78

Herzberg, Frederick et al., The Motivation to Work, New York 1967

Hesiod, Erga, Zürich 1968

Hesse, Hans A., Berufe im Wandel, Stuttgart 1968

Hillmann, Günter, Die Befreiung der Arbeit. Die Entwicklung kooperativer Selbstorganisation und die Auflösung bürokratisch-hierarchischer Herrschaft, Reinbek b. Hamburg 1970

Himmelmann, Gerhard, Arbeitsorientierte Arbeitslehre, Opladen 1977

Hinrichs, Karl, Motive und Interessen im Arbeitszeitkonflikt, Frankfurt/Main-New York 1988

Hinrichs, Karl, Zeit und Geld in privaten Haushalten, Bielefeld 1989

Hintze, Otto, Beamtentum und Bürokratie, Göttingen 1981

Hirsch, Joachim, Die sozialen Grenzen des Wachstums, Reinbek b. Hamburg 1980

Hirsch, Joachim/Roth, Roland, Das neue Gesicht des Kapitalismus. Vom Fordismus zum Post-Fordismus, Hamburg 1986

Hirsch-Kreinsen, Hartmut, Wirtschafts- und Industriesoziologie, Weinheim-München 2005

Hirsch-Kreinsen, Hartmut/Wolf, Harald, Neue Produktionstechniken und Arbeitsorganisation, in: Soziale Welt 38/1987, S. 181-197

Hirschhorn, Larry, Beyond Mechanization: Work and Technology in a Post-Industrial Age, Cambridge, Mass. 1984

Hobsbawm, Eric J., Labouring Men. Studies in the History of Labour, London 1974 (urspr. engl. 1964)

Hochgerner, Josef, Jenseits der großen Transformation. Arbeit, Technik und Wissen in der Informationsgesellschaft, Wien 1999

Hochgerner, Josef/Höglinger, Andrea, Nutzung der Möglichkeiten von Telearbeit, Wien 1998

Hodson, Randy/Sullivan, Teresa A., The Social Organization of Work, Belmont, Cal., 1990

Hoff, Ernst H./Lappe, Lothar/Lempert, Wolfgang (Hg.), Arbeitsbiographie und Persönlichkeitsentwicklung, Bern 1985

Hoffmann, Alfred, Die Beamten, in: Erich Zöllner (Hg.), Österreichs Sozialstrukturen in historischer Sicht, Wien 1980, S. 83-88

Holler, Manfred J./Tully, Claus J., Arbeit und Mensch, München 1981

Homans, George C., The Human Group, New York 1950

Homburg, Heidrun, Externer und interner Arbeitsmarkt: Zur Entstehung und Funktion des Siemens-Werkvereins 1906-1919, in: Toni Pierenkemper/Richard Tilly, Historische Arbeitsmarktforschung, Göttingen 1982, S. 215-248

Hondrich, Karl-Otto/Schumacher Jürgen u. a., Krise der Leistungsgesellschaft? Opladen 1988

Honneth, Axel/Jaeggi, Urs, Arbeit, Handlung, Normativität, Frankfurt/Main 1980

Horke, Gertraude, Leitende Angestellte – Diagnose des Gruppenbildungsprozesses. Berichte des Instituts für Allgemeine Soziologie und Wirtschaftssoziologie 11/1976

Horke, Gertraude, Arbeiter unter der roten Sonne, Wien 1976

Horke, Gertraude, Soziologie der Gewerkschaften, Wien 1977

Horney, Karen, Neurose und menschliches Wachstum, München 1975

Hörning, Karl H. (Hg.), Der „neue" Arbeiter, Frankfurt/Main 1971

Hörning, Karl H./Bücker-Gärtner, Heinrich, Angestellte im Großbetrieb, Stuttgart 1982

Hörning, Karl H./Gerhardt, A./Michailow, M., Zeitpioniere, Frankfurt/Main 1990

Hortleder, Gert, Ingenieure in der Industriegesellschaft, Frankfurt/Main 1973

Huber, Joseph, Die zwei Gesichter der Arbeit, Frankfurt/Main 1984

Huber, Joseph, Technikbilder. Weltanschauliche Weichenstellungen der Technologie- und Umweltpolitik, Opladen 1989

Hughes, Everett C., Men and Their Work, Glencoe, Ill. 1958

Hyman, Richard, Strikes, London 1972

Ingham, Geoffrey K., Strikes and Industrial Conflict, London-Basingstoke 1974

Inglehart, Ronald, Kultureller Umbruch, Frankfurt/Main-New York 1989

Irle, Martin, Macht und Entscheidungen in Organisationen, Frankfurt/Main 1971

Israel, Joachim, Der Begriff Entfremdung, Reinbek b. Hamburg 1972

Jackson, P. J./van der Wielen, J. M. (eds.), Teleworking: International Perspectives, London 1998

Jacoby, Henry, The Bureaucratization of the World, Berkeley, Cal. 1973

Jacques, Elliot, The Changing Culture of a Factory, London 1951

Jacques, Elliot, A General Theory of Bureaucracy, London-Exeter 1981

Jaeggi, Urs/Wiedemann, Herbert, Der Angestellte im automatisierten Büro, Stuttgart 1963

Jäger, Wieland/Riemer, Dietmar, Aufwertung der Arbeit? Alternative Arbeitsformen im Wandel der Industriearbeit, Opladen 1987

Jahoda, Marie, Wieviel Arbeit braucht der Mensch? Weinheim und Basel 1983

Jahoda, Marie, Arbeitslose bei der Arbeit, Frankfurt/Main-New York 1989

Jahoda, Marie/Lazarsfeld, Paul F./Zeisel, Hans, Die Arbeitslosen von Marienthal, Allensbach-Bonn 1960 (urspr. Leipzig 1933)

Jahrbuch für Sozialökonomie und Gesellschaftstheorie, Auswirkungen neuer Technologien auf Betrieb, Wirtschaft und Gesellschaft, Opladen 1989

Jahrbuch sozialwissenschaftliche Technikberichterstattung 1997, Moderne Dienstleistungswelten, Berlin 1998

Jänicke, Martin, Wie das Industriesystem von seinen Mißständen profitiert, Opladen 1979

Jänicke, Martin, Staatsversagen. Die Ohnmacht der Politik in der Industriegesellschaft, München-Zürich 1986

Jessen, Johann u. a., Arbeit nach der Arbeit, Opladen 1988

Joerges, Bernward, Berufsarbeit, Konsumarbeit, Freizeit, in: Soziale Welt 32/1981, S. 168-195

Joerges, Bernward, Konsumarbeit – Zur Soziologie und Ökologie des „informellen Sektors", in: Joachim Matthes, Krise der Arbeitsgesellschaft? Frankfurt/Main-New York 1983, S. 249-264

Joyce, Patrick, The Historical Meanings of Work, Cambridge et al. 1987

Jürgens, Ulrich/Malsch, Thomas/Dohse, Knut, Moderne Zeiten in der Automobilfabrik, Berlin 1989

Kadritzke, Ulf, Angestellte – Die geduldigen Arbeiter, Frankfurt/Main 1975

Kadritzke, Ulf, Angestellte als Lohnarbeiter. Kritischer Nachruf auf die deutsche Kragenlinie, in: Gert Schmidt/Hans-Jachim Braczyk/Jost von dem Knesebeck, Materialien zur Industriesoziologie, Opladen 1982, S. 219-249

Kaelble, Hartmut/Volkmann, Heinrich, Konjunktur und Streik während des Übergangs zum Organisierten Kapitalismus in Deutschland, in: Zeitschrift für Wirtschafts- und Sozialwissenschaften 5/1972, S. 513-542

Kanawaty, George (ed.), Managing and Developing New Forms of Work Organisation, Génève 1989

Kapp, William K., Social Costs of Private Enterprise, New York 1971

Karasek, Robert/Theorell, Töres, Healthy Work Stress. Productivity and the Reconstruction of Working Life, New York 1990

Karg, Peter W./Straehle, Wolfgang H., Analyse der Arbeitssituation, Freiburg/B. 1982

Karst, Theodor (Hg.), Texte aus der Arbeitswelt seit 1961, Stuttgart 1971

Kasiske, Rolf (Hg.), Gesundheit am Arbeitspatz, Reinbek b. Hamburg 1976

Keller, Berndt, Zur Soziologie von Arbeitsmärkten. Segmentationstheorien und die Arbeitsmärkte des öffentlichen Sektors, in: Kölner Zeitschrift für Soziologie und Sozialpsychologie 37/1985, S. 648-676

Keller, Berndt K., Rapporteur's Report: Emerging Models of Worker Participation and Representation, in: British Journal of Industrial Relations 33/1995, S. 317-328

Kellermann, Paul, Arbeit und Bildung, II, III, Klagenfurt 1981/1986

Kellermann, Paul, Gesellschaftlich erforderliche Arbeit und die Ideologie des Geldes, in: Brunhilde Scheuringer (Hg.), Wertorientierung und Zweckrationalität, Opladen 1990, S. 93-108

Kellermann, Paul/Mikl-Horke, Gertraude (Hg.), Betrieb, Wirtschaft, Gesellschaft, Klagenfurt 1994

Kelley, Maryellen R., Alternative Forms of Work Organisation under Programmable Automation, in: Stephen Wood, The Transformation of Work? London 1989, S. 235-246

Kelley, Maryellen R., New Process Technology, Job Design, and Work Organisation: A Contingency Model, in: American Sociological Review 55/1990, S. 191-208

Kern, Horst/Sabel, Charles F., Gewerkschaften in offenen Arbeitsmärkten, in: Soziale Welt 41/1990, S. 144-166

Kern, Horst/Schumann, Michael, Industriearbeit und Arbeiterbewußtsein, 2 Bde., Frankfurt 1970

Kern, Horst/Schumann, Michael, Arbeit und Sozialcharakter: Alte und neue Konturen, in: Joachim Matthes, Krise der Arbeitsgesellschaft? Frankfurt/Main-New York 1983, S. 353-365

Kern, Horst/Schumann, Michael, Ende der Arbeitsteilung? Frankfurt 1984

Kern, Lucian (Hg.), Probleme der postindustriellen Gesellschaft, Köln 1976

Kerr, Clark, Marshall, Marx and Modern Times, Cambridge 1969

Kerr, Clark, Industrial Peace and the Collective Bargaining Environment, in: Allan Flanders, Collective Bargaining, Harmondsworth 1971, S. 121-137

Kerr, Clark/Dunlop, John T./Harbison, F. H./Myers, Charles A., Der Mensch in der industriellen Gesellschaft, Frankfurt/Main 1966

Kerr, Clark/Siegel, A., The Interindustry Propensity to Strike, in: Arthur Kornhauser/Robert Dubin/Arthur Ross, Industrial Conflict, New York 1954, S. 189-212

Kerr, Clark/Staudohar, P. D. (eds.), Industrial Relations in a New Age, San Francisco-London 1986

Kiefer, A., 200000 Vagabunden – eine Streitschrift zur Begründung der Forderung des Normalarbeitstages, München 1884

Kieselbach, Thomas/Offe, Heinz (Hg.), Psychologie und Gesellschaft, Bd. 7: Arbeitslosigkeit, Individuelle Verarbeitung, Gesellschaftlicher Hintergrund, Darmstadt 1979

Kieselbach, Thomas/Wacker, Ali (Hg.), Individuelle und gesellschaftliche Kosten der Massenarbeitslosigkeit, Weinheim 1985

Kieser, Alfred/Kubicek, Herbert, Organisation, Berlin 1976

Kilz, Gerhard/Reh, Dirk A., Einführung in die Telearbeit, Berlin 1997

Kißler, Leo (Hg.), Toyotismus in Europa, Frankfurt/Main-New York 1996

Kißler, Leo, „Schlanke Produktion" – Königsweg oder Sackgasse der Produktionsmodernisierung? In: Ders. (Hg.), Toyotismus in Europa, Frankfurt/Main-New York 1996, S. 11-40

Klages, Helmut, Wertwandel und Gesellschaftskrise in der sozialstaatlichen Demokratie, in: Joachim Matthes (Hg.), Krise der Arbeitsgesellschaft, Frankfurt/Main-New York 1983, S. 341-352

Klein, Lisl, New Forms of Work Organization, Cambridge 1976

Kleinhenz, Gerhard, Zur politischen Ökonomie des Konsums, Berlin 1987

Koch, Max, Arbeitsmärkte und Sozialstrukturen in Europa, Opladen 2003

Kocka, Jürgen, Arbeitsverhältnisse und Arbeiterexistenzen, Bonn 1990

Kocka, Jürgen, Weder Stand noch Klasse, Bonn 1990

Köhler, Christoph, Betrieblicher Arbeitsmarkt und Gewerkschaftspolitik. Innerbetriebliche Mobilität und Arbeitsplatzrechte in der amerikanischen Automobilindustrie, Frankfurt/Main 1981

König, Helmut/Greiff, Bodo v./Schauer, Helmut (Hg.), Sozialphilosophie der industriellen Arbeit, Leviathan, Sonderheft 11, Opladen 1990

Kohli, Martin (Hg.), Soziologie des Lebenslaufs, Darmstadt und Neuwied 1978

Kornhauser, Arthur/Dubin, Robert/Ross, Arthur, Industrial Conflict, New York 1954

Korpi, Walter, Political Democracy as a Threat to Capitalism, in: Joachim Matthes (Hg.), Krise der Arbeitsgesellschaft? Frankfurt/Main-New York 1983, S. 66-81

Koshiro, Kazutoshi, Produktionstechniken und Arbeitsorganisation in japanischen Betrieben, in: Willy Kraus (Hg.), Humanisierung der Arbeitswelt, Tübingen-Basel 1979, S. 126-162

Kotthoff, Hermann, Betriebsräte und Bürgerstatus. Wandel und Kontinuität betrieblicher Mitbestimmung, München-Mering 1994

Kotthof, Hermann, Betriebsräte und betriebliche Reorganisation, in: Arbeit, 4/1995, S. 425-447

Kracauer, Siegfried, Die Angestellten, Allensbach und Bonn 1959 (urspr. 1939)

Kramer, Dieter, Freizeit und Reproduktion der Arbeitskraft, Köln 1975

Kraus, Willy (Hg.), Humanisierung der Arbeitswelt, Tübingen-Basel 1979

Krause, Eliott A., Death of the Guilds, New Haven-London 1996

Kreckel, Reinhard, Soziale Ungleichheiten, in: Soziale Welt, Sonderband 2, Göttingen 1983

Krieger, Hubert et al., Arbeitsmarktkrise und Arbeitnehmerbewußtsein, Frankfurt/Main-New York 1989

Krömmelbein, Silvia, Kommunikation und abnehmende Rollendistanz, in: Arbeitsgruppe SubArO (Hg.), Ökonomie der Subjektivität – Subjektivität der Ökonomie, Berlin 2005, S. 182-201

Kugler, Anita, Von der Werkstatt zum Fließband, in: Geschichte und Gesellschaft 13/1987, S. 304-339

Kühl, Stefan, Arbeits- und Industriesoziologie, Bielefeld 2004

Kühlmann, Torsten, Technische und organisatorische Neuerungen im Erleben betroffener Arbeitnehmer, Stuttgart 1988

Kühnlein, Gertrud/Wohlfahrt, Norbert, Zwischen Mobilität und Modernisierung. Personalentwicklungs- und Qualifizierungsstrategien in der Kommunalverwaltung, Berlin 1994

Kumazawa, Makoto/Yamada, Jun, Jobs und Skills Under the Lifelong Nenko Employment Practice, in: Stephen Wood, The Transformation of Work? London 1989, S. 102-126

Kutsch, Thomas/Wiswede, Günter, Arbeitslosigkeit, 2 Bde., Meisenheim 1978

Kutsch, Thomas/Wiswede, Günter, Arbeitslosigkeit im Spiegel der Sozialwissenschaft II: Arbeitslosigkeit als psychosoziales Problem, in: Dies. (Hg.), Arbeitslosigkeit, Bd. 2: Psychosoziale Belastungen, Meisenheim 1978, S. 1-13

Lanc, Otto, Ergonomie – Psychologie der technischen Welt, Stuttgart 1975

Lang, Klaus/Ohl, Kay, Lean Production, 2. Aufl., Köln 1994

Lange, Elmar/Büschges, G., Aspekte der Berufswahl in der modernen Gesellschaft, Frankfurt/Main 1974

Lapassade, George, Gruppen – Organisationen – Institutionen, Stuttgart 1972

Lappe, Lothar, Die Arbeitssituation erwerbstätiger Frauen. Geschlechtsspezifische Arbeitsmarktsegmentation und ihre Folgen, Frankfurt/Main-New York 1981

Larson, Richard W./Zimney, David J., The White-Collar Shuffle. Who Does What in Today's Computerized Workplace? New York 1990

Lash, Scott/Bagguley, Paul, Arbeitsbeziehungen im disorganisierten Kapitalismus: Ein Vergleich von fünf Nationen, in: Soziale Welt 39/1988, S. 239-259

Lash, Scott/Urry, John, The End of Organized Capitalism, Oxford 1987

Laslett, Peter, Verlorene Lebenswelten, Wien 1988

Le Goff, Jacques, Der Mensch des Mittelalters, Frankfurt/Main-New York 1989

Lecher, Wolfgang, Deregulierung der Arbeitsbeziehungen. Gesellschaftliche und gewerkschaftliche Entwicklungen in Großbritannien, den USA, Japan und Frankreich, in: Soziale Welt 38/1987, S. 148-167

Lederer, Emil, Die ökonomische und soziale Bedeutung des Taylorsystems, in: Ders., Kapitalismus, Klassenstruktur und Probleme der Demokratie in Deutschland 1910-1940, Göttingen 1979, S. 83-97

Lederer, Emil, Die Angestellten im Wilhelminischen Reich (1912), in: Ders., Kapitalismus, Klassenstruktur und Probleme der Demokratie in Deutschland 1910-1940, Göttingen 1979, S. 51-82

Lederer, Emil, Kapitalismus, Klassenstruktur und Probleme der Demokratie in Deutschland 1910-1940, Göttingen 1979

Lederer, Emil, Die Umschichtung des Proletariats und die kapitalistischen Zwischenschichten vor der Krise (1929), in: Ders., Kapitalismus, Klassenstruktur und Probleme der Demokratie in Deutschland 1910-1940, Göttingen 1979, S. 172-185

Léfebvre, Henri, Das Alltagsleben in der modernen Welt, Frankfurt/Main 1972

Lenk, Thomas, Telearbeit, Berlin 1989

Lenoir, René, Les Exclus. Un Français sur dix, Paris 1974

Lester, Richard A., As Unions Mature, Princeton-New York 1958

Levenstein, Adolf, Die Arbeiterfrage, München 1912

Lindblom, Charles, Jenseits von Markt und Plan, Frankfurt/Main 1983

Linder, Marc, European Labor Aristocracies, Frankfurt/Main-New York 1985

Linder, Staffan B., Das Linder-Axiom oder Warum wir keine Zeit mehr haben, Wien 1971

Littek, Wolfgang/Heisig, U./Gondek, H.-D. (Hg.), Organisation von Dienstleistungsarbeit, Berlin 1992

Locke, Richard/Kochan, Thomas/Piore, Michael (eds.), Employment Relations in a Changing World Economy, Cambridge, Mass.-London 1995

Lockwood, David, The Blackcoated Worker, London 1958

Löffler, Reiner/Sofsky, W., Macht, Arbeit und Humanität, Göttingen-Augsburg 1986

Luckmann, Thomas/Sprondel, Walter M., Berufssoziologie, Köln 1972

Luhmann, Niklas, Funktionen und Folgen formaler Organisation, Berlin 1964

Luhmann, Niklas, Die Knappheit der Zeit und die Vordringlichkeit des Befristeten, in: Ders., Politische Planung, Opladen 1971, S. 143-164

Luhmann, Niklas, Wirtschaft als soziales System, in: Ders., Soziologische Aufklärung, Bd. 1, Opladen 1974, S. 204-231

Luhmann, Niklas, Zeit und Handlung – Eine vergessene Theorie, in: Zeitschrift für Soziologie 8/1979, S. 63-81

Luhmann, Niklas, Die Differenzierung von Politik und Wirtschaft und ihre gesellschaftlichen Grundlagen, in: Ders., Soziologische Aufklärung 4, Opladen 1987, S. 32-48

Lukàcs, Georg, Geschichte und Klassenbewußtsein, Berlin 1923

Lukàcs, Georg, Zur Ontologie des gesellschaftlichen Seins – Die Arbeit, Neuwied 1973

Lutz, Burkart, Produktionsprozeß und Berufsqualifikation, in: Theodor W. Adorno (Hg.), Spätkapitalismus oder Industriegesellschaft? Stuttgart 1969, S. 227-252

Lutz, Burkart/Sengenberger, Werner, Arbeitsmarktstrukturen und öffentliche Arbeitsmarktpolitik, Göttingen 1974

Lutz, Burkart, Technik und sozialer Wandel. Verhandlungen des 23. Deutschen Soziologentages, Frankfurt/Main 1986

Lutz, Burkart/Moldaschl, Manfred, Expertensysteme und industrielle Facharbeit, Frankfurt/Main-New York 1989

Lutz, Burkart (Hg.), Entwicklungsperspektiven von Arbeit, Berlin 2001

Lyotard, Jean-François, Das postmoderne Wissen, Graz-Wien 1986

Macdonald, Keith M., The Sociology of the Professions, London 1995

Machlup, Fritz, The Production and Distribution of Knowledge in the United States, Princeton 1962

Machlup, Fritz/Kronwinkler, T., Workers Who Produce Knowledge: A Steady Increase 1900-1970, in: Weltwirtschaftliches Archiv 3/1975, 752-759

Mager, Wolfgang, Protoindustrialisierung und Protoindustrie – Vom Nutzen und Nachteil zweier Konzepte, in: Geschichte und Gesellschaft 14/1988, S. 275-303

Maier, Norbert, Teilautonome Arbeitsgruppen, Meisenheim a. Glan 1977

Mallet, Serge, La nouvelle classe ouvrière, Paris 1963 (dt.: Die neue Arbeiterklasse, Neuwied 1972

Malsch, Thomas/Mill, Ulrich (Hg.), ArBYTE. Modernisierung der Industriesoziologie? Berlin 1992

Malsch, Thomas/Seltz, Rüdiger (Hg.), Die neuen Produktionskonzepte auf dem Prüfstand, Berlin 1987

Man, Hendrik de, Der Kampf um die Arbeitsfreude, Jena 1927

Mandel, Ernest, Arbeiterkontrolle, Arbeiterräte, Arbeiterselbstverwaltung, Frankfurt/Main 1971

Mandel, Ernest, Der Spätkapitalismus, Frankfurt/Main 1973

Mangum, Garth/Philips, Peter (eds.), Three Worlds of Labor Economics, New York/London 1988

Manske, Fred, Ende oder Wandel des Taylorismus. Von der punktuellen zur systemischen Kontrolle des Produktionsprozesses, in: Soziale Welt 38/1987, S. 166-180

Marcenaro, Pietro/Foa, Vittorio, Tempo, Tempo. Dialog über die Zukunft der Arbeit, Berlin 1982

March, James G./Simon, Herbert A., Organisation und Individuum, Wiesbaden 1976

Marcuse, Herbert, Über die philosophischen Grundlagen des wirtschaftswissenschaftlichen Arbeitsbegriffs, in: Ders., Kultur und Gesellschaft, Bd. 2, Frankfurt/Main 1965, S. 5-46

Marcuse, Herbert, Der eindimensionale Mensch, Darmstadt-Neuwied 1967

Marcuse, Herbert, Triebstruktur und Gesellschaft, Frankfurt/Main 1980

Marcuse, Herbert et al., Aggression und Anpassung in der Industriegesellschaft, Frankfurt/Main 1968

Marin, Bernd, Die paritätische Kommission. Aufgeklärter Technokorporatismus in Österreich, Wien 1982

Marin, Bernd/Meulders, Danièle/Snower, Dennis J. (eds.), Innovative Employment Initiatives, Aldershot-Brookfield 2000

Marquardt, F. D., A Working Class in Berlin in the 1840's? In: Hans-Ulrich Wehler (Hg.), Sozialgeschichte heute, Göttingen 1974, S. 191-210

Marsh, Arthur J./Evans, E. O., The Dictionary of Industrial Relations, London 1973

Martens Helmut, Auslaufmodell oder Reformkonzept für die moderne Teilhabegesellschaft? In: Soziale Welt 50/1999, S. 67-85

Martens, Wil, Entwurf einer Kommunikationstheorie der Unternehmung, Frankfurt/Main-New York 1989

Martin, Roderick et al. (eds.), Workers, Firms and Unions, Frankfurt/Main 1998

Martinsen, Renate/Melchior, Josef, Innovative Technologiepolitik, Pfaffenweiler 1994

Marx, Karl, Zur Kritik der politischen Ökonomie, Marx-Engels-Werke (MEW) 13, Berlin 1969

Marx, Karl, Das Kapital, Marx-Engels-Werke (MEW) 23, Berlin 1969

Maslow, Abraham, Motivation and Personality, New York 1954

Matthes, Joachim (Hg.), Krise der Arbeitsgesellschaft? Verhandlungen des 21. Deutschen Soziologentages in Bamberg 1982, Frankfurt/Main-New York 1983

Mattl, Siegfried, Die Musealisierung der Arbeit, in: Österreichische Zeitschrift für Geschichtswissenschaften 1, 2/1990, S. 7-22

Matzner, Egon, Der Wohlfahrtsstaat von morgen, Wien 1982

Matzner, Egon/Kregel, Jan/Roncaglia, Alessandro (Hg.), Arbeit für alle ist möglich, Berlin 1987

May, Hermann, Arbeitsteilung als Entfremdungssituation in der Industriegesellschaft von Emile Durkheim bis heute, Baden-Baden 1985

Mayer, Karl Ulrich (Hg.), Lebensverläufe und sozialer Wandel, Kölner Zeitschrift für Soziologie und Sozialpsychologie, Sonderheft 31/1990

Mayntz, Renate, Soziologie der Organisation, Reinbek b. Hamburg 1963

Mayntz, Renate (Hg.), Bürokratische Organisation, Köln-Berlin 1968

Mayntz, Renate/Hughes, Th. P., The Development of Large Technical Systems, Frankfurt/Main 1988

Mayo, Elton, The Social Problems of an Industrial Civilization, London 1975 (urspr. 1949)

McClelland, David C., Die Leistungsgesellschaft, Stuttgart 1966

McClelland, David C., Human Motivation, Cambridge-New York 1987

McGregor, Douglas, The Human Side of Enterprise, New York 1960

Menger, Anton, Das Recht auf den vollen Arbeitsertrag, Stuttgart 1891

Merton, Robert K., Social Theory and Social Structure, New York 1957

Merton, Robert K. et al., Reader in Bureaucracy, New York-London 1967

Michel, Ernst, Sozialgeschichte der industriellen Arbeitswelt, Frankfurt/Main 1948

Mickler, Otfried, Facharbeit im Wandel, Frankfurt/Main-New York 1981

Mikl-Horke, Gertraude, Zur Sozialstruktur des Management: Die leitenden Angestellten, in: Österreichische Zeitschrift für Soziologie 5/1980, S. 44-50

Mikl-Horke, Gertraude, Soziologie, 5. Aufl., München-Wien 2001

Mikl-Horke, Gertraude, Globalization, Transformation and the Diffusion of Management Innovations, in: Journal for East European Management Studies 9/2004, S. 98-122

Mikl-Horke, Gertraude, Die Diffusion von Unternehmens- und Managementkonzepten als Aspekt der Globalisierung, in: Mayrhofer, Wolfgang/Iellatchitch, Alexander (Hg.), Globalisierung und Diffusion, Frankfurt-London 2005, S. 7-58

Miller, Delbert C./Form, William H., Industrial Sociology, New York-London 1967

Mills, C. Wright, The Power-Elite, New York 1956

Mills, C. Wright, White Collar. The American Middle Classes, New York 1951

Minssen, Heiner, Lean production – Herausforderung für die Industriesoziologie, in: Arbeit 1/1993, S. 36-52

Minssen, Heiner, Spannungen in teilautonomen Fertigungsgruppen, in: Kölner Zeitschrift für Soziologie und Sozialpsychologie 47/1995, S. 338-353

Moldaschl, Manfred, Herrschaft durch Autonomie – Dezentralisierung und widersprüchliche Arbeitsanforderungen, in: Burkart Lutz (Hg.), Entwicklungsperspektiven von Arbeit, Berlin 2001, S. 132-164

Moldaschl, Manfred, Subjektivierung, in: Manfred Moldaschl/G. Günter Voß (Hg.), Subjektivierung von Arbeit, München-Mering 2002, S. 23-52

Moldaschl, Manfred (Hg.), Immaterielle Ressourcen. Nachhaltigkeit von Unternehmensführung und Arbeit, München-Mering 2005

Moldaschl, Manfred/Thießen, Friedrich (Hg.), Neue Ökonomie der Arbeit, Marburg 2003

Moldaschl, Manfred/Voß, G. Günter (Hg.), Subjektivierung von Arbeit, München-Mering 2002

Molitor, Bruno, Lohn- und Arbeitsmarktpolitik, München 1988

Monjardet, Dominique, In Search of the Founders: the Traités of the Sociology of Work, in: Michael Rose (ed.), Industrial Sociology: Work in the French Tradition, London 1987, S. 112-119

Montmollin, M. de, Taylorisme et antitaylorisme, in: Soziologie du Travail 16/1974, S. 374-382

Moore, Wilbert E., The Conduct of the Corporation, New York 1962

Moore, Wilbert E./Gouldner, Alvin W., On the Nature of Industrial Bureaucracy, in: William Faunce, Readings in Industrial Sociology, New York 1967, S. 136-145

Morgan, Gareth, Creative Organization Theory, Newsbury Park-London-New Delhi 1989

Müller, H. Dieter/Schmid, Alfons, Arbeit, Betrieb und neue Technologien, Stuttgart 1989

Müller, Walter u. a., Strukturwandel der Frauenarbeit 1880-1980, Frankfurt/Main-New York 1983

Müller-Jentsch, Walther, Gewerkschaften als intermediäre Organisationen, in: Gert Schmidt/Hans-Joachim Braczyk/Jost von dem Knesebeck, Materialien zur Industriesoziologie, Kölner Zeitschrift für Soziologie und Sozialpsychologie, Sonderheft 24/1982, S. 408-432

Müller-Jentsch, Walther, Soziologie der industriellen Beziehungen, Frankfurt/Main 1986

Müller-Jentsch, Walther (Hg.), Zukunft der Gewerkschaften, Frankfurt/Main-New York 1988

Müller-Jentsch, Walther, Flexibler Kapitalismus und kollektive Interessenvertretung. Gewerkschaften in der dritten industriellen Revolution, in: Ders. (Hg.), Zukunft der Gewerkschaften, Frankfurt/Main-New York 1988, S. 9-17

Müller-Jentsch, Walther/Stahlmann, Michael, Management und Arbeitspolitik im Prozeß fortschreitender Industrialisierung, in: Österreichische Zeitschrift für Soziologie 13/1988, S. 5-31

Mumford, Lewis, Mythos der Maschine, Wien 1974

Münsterberg, Hugo, Business Psychology, Chicago 1915

Naisbitt, John, Megatrends, Bayreuth 1984

Nakane, Chie, Japanese Society, Berkeley-Los Angeles 1970

Naschold, Frieder (Hg.), Arbeit und Politik. Gesellschaftliche Regulierung der Arbeit und der sozialen Sicherheit, Frankfurt/Main 1985

Naschold, Frieder, Zu einigen Grundproblemen der gegenwärtigen Belastungsforschung, in: Franz Friczewski u. a., Arbeitsbelastung und Krankheit bei Industriearbeitern, Frankfurt/Main 1982, S. 9-24

Nassehi, Armin, Die Zeit der Gesellschaft, Opladen 1993

Negt, Oskar, Lebendige Arbeit, enteignete Zeit, Frankfurt/Main 1984

Negt, Oskar, Die Herausforderung der Gewerkschaften, Frankfurt/Main-New York 1989

Nelson, Cary (ed.), Will Teach für Food, Minneapolis-London 1997

Neuberger, Oswald, Organisation und Führung, Stuttgart 1977

Neuberger, Oswald, Theorien der Arbeitszufriedenheit, Stuttgart 1974

Neuberger, Oswald, Messung der Arbeitszufriedenheit, Stuttgart 1974

Neuberger, Oswald, Soziologie, Ergonomie, Arbeitswissenschaft, in: Soziale Welt 32/1981, S. 312-324

Neuberger, Oswald, Arbeit, Stuttgart 1985

Neumark, David/Redd, Deborah, Employment Relationships in the New Economy, in: Labour Economics 11/2004, S. 1-31

Nichols, Theo, Ownership, Control and Ideology, London 1970

Niess, Frank (Hg.), Leben wir, um zu arbeiten? Köln 1984

Nitschke, Christoph, Autonomie in der Erwerbsarbeit, Berlin 1988

Noelle-Neumann, Elisabeth/Gillies, Peter, Arbeitslos. Report aus einer Tabuzone, Frankfurt/Main-Berlin 1987

Noelle-Neumann, Elisabeth/Strümpel, Burkhard, Macht Arbeit krank? Macht Arbeit glücklich? München 1984

Nonaka, Ikujiro, The Knowledge-Creating Company, in: Harvard Business Review, Nov./Dec. 1991, S. 96-104

Nowotny, Helga, Eigenzeit, Frankfurt/Main 1989

Oakley, Ann, Soziologie der Hausarbeit, Frankfurt/Main 1978

Ochel, Anke, Hausfrauenarbeit, München 1989

Offe, Claus (Hg.), Opfer des Arbeitsmarktes, Neuwied-Darmstadt 1977

Offe, Claus, Leistungsprinzip und industrielle Arbeit, Frankfurt/Main 1977

Offe, Claus, Strukturprobleme des kapitalistischen Staates, Frankfurt/Main 1980

Offe, Claus, Arbeit als soziologische Schlüsselkategorie, in: Joachim Matthes (Hg.), Krise der Arbeitsgesellschaft, Frankfurt/Main-New York 1983, S. 38-65

Offe, Claus, „Arbeitsgesellschaft". Strukturprobleme und Zukunftsperspektiven, Frankfurt/Main-New York 1984

Offe, Claus, Disorganized Capitalism, Cambridge 1985

Offe, Claus/Heinze, Rolf G., Organisierte Eigenarbeit, Frankfurt/Main-New York 1990

Offe, Claus/Hinrichs, Karl, Sozialökonomie des Arbeitsmarktes, in: Claus Offe, „Arbeitsgesellschaft". Strukturprobleme und Zukunftsperspektiven, Frankfurt/Main-New York 1984, S. 71

Offe, Claus u. a. (Hg.), Arbeitszeitpolitik, Frankfurt/Main 1982

Ofner, Julius, Die Arbeit in kontinuierlichen Betrieben, in: Dokumente des Fortschritts, Nov. 1912, S. 723ff

Ortmann, Günther, Dark Stars – Institutionelles Vergessen in der Industriesoziologie, in: Niels Beckenbach/Werner van Treeck (Hg.), Umbrüche gesellschaftlicher Arbeit, in: Soziale Welt, Sonderband 9, Göttingen 1994, S. 85-118

Ortmann, Günther, Formen der Produktion, Opladen 1995

Ortmann, Günther/Sydow, Jörg/Türk, Klaus (Hg.), Theorien der Organisation, Opladen 1997

Osterland, Martin, Lebensgeschichtliche Erfahrung und gesellschaftliches Bewußtsein, in: Soziale Welt 24/1973, S. 409-417

Osterman, Paul et al., Working in America, Cambridge, Mass.-London 1981

Ostner, Ilona/Willms, Angelika, Strukturelle Veränderungen der Frauenarbeit im Haushalt und Beruf? In: Joachim Matthes, Krise der Arbeitsgesellschaft, Frankfurt/Main-New York 1983, S. 206-227

Ottawa-Rigler, Katharina, Work-Life Balance bei selbständigen WissensarbeiterInnen, Diss., Wien 2007

Otruba, Gustav, Entstehung und soziale Entwicklung der Arbeiterschaft und der Angestellten bis zum Ersten Weltkrieg, in: Erich Zöllner (Hg.), Österreichs Sozialstrukturen in historischer Sicht, Wien 1980, S. 123-154

Otten, Dieter, Die Welt der Industrie, 2 Bde., Reinbek b. Hamburg 1986

Pahl, Raymond E. (ed.), On Work. Historical, Comparative and Theoretical Approaches, London-New York 1988

Pahl, Raymond E., From ‚Informal Economy' to ‚Forms of Work': Crossnational Patterns and Trends, in: Richard Scase (ed.), Industrial Societies, London 1989, S. 90-119

Parsons, Talcott, The Professions and Social Structure, in: Ders., Essays in Sociological Theory, Glencoe, Ill., 1958, S. 34-49

Parsons, Talcott, Some Principal Characteristics of Industrial Societies, in: Ders., Structure and Process in Modern Societies, New York 1965, S. 132-168

Parsons, Talcott, The Motivation of Economic Activities, in: Neil J. Smelser (ed.), Readings on Economic Sociology, Englewood Cliffs, N. J., 1965, S. 53-65

Parsons, Talcott/Smelser, Neil J., Economy and Society, London 1956

Pelinka, Anton, Modellfall Österreich? Möglichkeiten und Grenzen der Sozialpartnerschaft, Wien 1981

Penn, Roger, Class, Power and Technology. Skilled Workers in Britain and America, Cambridge 1990

Perkin, Harold, The Third Revolution. Professional Elites in the Modern World, London-New York 1996

Perrow, Charles, Eine Gesellschaft von Organisationen, in: Journal für Sozialforschung 29/1989, S. 3-19

Perrow, Charles, The Short and Glorious History of Organization Theory, in: Gareth Morgan, Creative Organization Theory, Newbury Park-London-New Delhi 1989, S. 41-48

Peter, Gerd, Theorie und Praxis der Arbeitsforschung, Frankfurt/Main-New York 1997

Pfeiffer, Werner/Dörrie, Ulrich/Stoll, Edgar, Menschliche Arbeit in der industriellen Produktion, Göttingen 1977

Phelps-Brown, Edmund, A Century of Pay, London 1968

Pierenkemper, Toni, Interne Arbeitsmärkte in frühen Industrieunternehmen, in: Soziale Welt 32/1981, S. 3-18

Pierenkemper, Toni/Tilly, Richard (Hg.), Historische Arbeitsmarktforschung, Göttingen 1982

Piore, Michael/Sabel, Charles F., The Second Industrial Divide, New York 1984

Pirker, Reinhard, Die Unternehmung als soziale Institution, in: Günther Ortmann/Jörg Sydow/ Klaus Türk, Theorien der Organisation, Opladen 1977, S. 67-80

Pirenne, Henri, Sozial- und Wirtschaftsgeschichte Europas im Mittelalter, Tübingen 1986 (urspr. frz. 1933)

Polanyi, Karl, The Great Transformation, Boston 1944

Pollard, Sidney, The Genesis of Modern Management, London 1965

Pongratz, Hans J./Voß, G. Günter, Arbeitskraftunternehmer, Berlin 2003

Pongratz, Hans J./Voß, G. Günter (Hg.), Typisch Arbeitskraftunternehmer? Befunde der empirischen Arbeitsforschung, Berlin 2004

Poole, Michael, Industrial Relations. Origins and Patterns of National Diversity, London-New York 1986

Popitz, Heinrich/Bahrdt, Hans Paul/Jüres, Ernst A./Kesting, Hanno, Das Gesellschaftsbild der Arbeiter, Tübingen 1957

Popitz, Heinrich/Bahrdt, Hans Paul/Jüres, Ernst A./Kesting, Hanno, Technik und Industriearbeit, Tübingen 1957

Presthus, Robert, The Organizational Society, New York 1962

Prierve, Jan, Arbeitsgesellschaft ohne Arbeit: der Stellenwert der Alternativökonomie und der Alternativen Wirtschaftspolitik, in: Johannes Berger et al. (Hg.), Selbstverwaltete Betriebe in der Marktwirtschaft, Bielefeld 1986, S. 39-60

Pries, Ludger, „Arbeitsmarkt" oder „erwerbsstrukturierende Institutionen"? Theoretische Überlegungen zu einer Erwerbssoziologie, in: Kölner Zeitschrift für Soziologie und Sozialpsychologie 50/1998, S. 159-175

Prisching, Manfred, Die Sozialpartnerschaft. Modell der Vergangenheit oder Modell für Europa? Wien 1996

Proudhon, Pierre Joseph, Philosophie der Staatsökonomie oder Notwendigkeit des Elends, Darmstadt 1847

Raelin, Joseph A., The Clash of Cultures. Managers Managing Professionals, Boston 1991

Ramm, Thilo, Das Recht auf Arbeit, in: Günter Ropohl (Hg.), Arbeit im Wandel, Berlin 1985, S. 27-36

Rapf, Klaus, Die European Telework Week 1997 – Was ist Telearbeit? In: Stichwort Telearbeit, Bundesministerium für Arbeit, Gesundheit und Soziales, Wien 1997, S. 23-33

Reed, Mike, The Sociology of Management, New York 1989

Reif, Heinz, „Ein seltener Kreis von Freunden". Arbeitsprozesse und Arbeitserfahrungen bei Krupp 1840-1914, in: Klaus Tenfelde (Hg.), Arbeit und Arbeitserfahrung in der Geschichte, Göttingen 1986, S. 51-91

Reutter, Werner/Rütters, Peter (Hg.); Verbände und Verbandssysteme in Westeuropa, Opladen 2001

Rice Sharp, Walter, Procedural Vices: La Paperasserie, in: Robert K. Merton et al., Reader in Bureaucracy, New York-London 1967, S. 407-409

Riehl, Wilhelm, Die bürgerliche Gesellschaft, Stuttgart-Augsburg 1855

Rifkin, Jeremy, The End of Work, New York 1995

Ringeling, Hermann/Svilar, Maja (Hg.), Die Zukunft der Arbeit, Bern 1987

Ritter, Gerhard A., Der Sozialstaat, München 1989

Robertson, James, The Sane Alternative, London 1978

Robertson, James, Future Work. Jobs, Self-Employment and Leisure After the Industrial Age, Aldershot 1985

Roethlisberger, Fritz J./Dickson, William J., Management and the Worker, Cambridge, Mass. 1956

Rohmert, Walter, Aufgaben der Ergonomie, in: Günter Ropohl (Hg.), Arbeit im Wandel, Berlin 1985, S. 37-58

Rolle, Pierre, Bilan de la sociologie du travail I: Travail et salariat, Grenoble 1988

Ronco, William/Peattie, Lisa, Making Work: A Perspective from Social Science, in: Raymond E. Pahl (ed.), On Work. Historical, Comparative and Theoretical Approaches, London-New York 1988, S. 709-721

Roomkin, Myron, J., Managers as Employees, New York-Oxford 1989

Ropohl, Günter (Hg.), Arbeit im Wandel, Berlin 1985

Rosanvallon, Pierre, Le capitalisme utopique, Paris 1979

Rose, Michael (ed.), Industrial Sociology. Work in the French Tradition, London 1987

Rosenmayr, Leopold, Die menschlichen Lebensalter, Kontinuität und Krisen, München-Zürich 1978

Rosenmayr, Leopold/Kolland, Franz (Hg.), Arbeit – Freizeit – Lebenszeit. Neue Übergänge im Lebenszyklus, Opladen 1988

Rosenstiel, Lutz v., Motivation im Betrieb, München 1972

Rosenstiel, Lutz v., Die motivationalen Grundlagen des Verhaltens in Organisationen – Leistung und Zufriedenheit, Berlin 1975

Rosenstiel, Lutz v./Molt, B./Rüttinger, W., Motivation des wirtschaftlichen Verhaltens, Stuttgart 1974

Rosenstock, Eugen, Werkstattaussiedlung, Berlin 1922

Ross, Arthur M./Hartman, P. T., Changing Patterns of Industrial Conflict, New York 1960

Roth, William F. jr., Work and Rewards, New York 1989

Rothman, Robert A., Working. Sociological Perspectives, Engelwood Cliffs, N. J. 1987

Rothschild, Kurt W., Theorien der Arbeitslosigkeit, München-Wien 1988

Rübberdt, Rudolf, Geschichte der Industrialisierung, München 1972

Rupieper, Hermann-Josef, Die Herausgliederung der Industriearbeiterschaft im 19. Jahrhundert. Das Beispiel M.A.N. 1837-1914, in: Jürgen Bergmann et al., Arbeit, Mobilität, Partizipation, Protest, Opladen 1986, S. 119-219

Ruppert, Wolfgang, Die Arbeiter. Lebensformen, Alltag, Kultur, München 1986

Sabel, Charles F., Arbeit und Politik, Wien 1986

Sabel, Charles F., Moebius-Strip Organizations and Open Labor Markets: Some Consequences of the Reintegration of Conception and Execution in a Volatile Economy, in: Pierre Bourdieu/James S. Coleman (eds.), Social Theory for a Changing Society, Boulder-New York 1991, S. 45

Sabel, Charles F./Zeitlin, Jonathan, Historical Alternatives to Mass Production, in: Past & Present 108/1985, S. 133-176

Sainsaulien, Renaud/Segrestin, Denis, Vers une théorie sociologique de l'entreprise, in: Sociologie du Travail 38/1986, S. 335-352

Sayers, Sean, The Need to Work: A Perspective from Philosophy, in: Raymond E. Pahl (ed.), On Work: Historical, Comparative and Theoretical Approaches, London-New York 1988, S. 722-742

Sayles, Leonard R., Behavior of Industrial Work Groups, London-New York 1963

Scase, Richard (ed.), Industrial Societies, London 1989

Scase, Richard/Goffee, Robert, Reluctant Managers, London 1989

Schach, Bernard, Professionalisierung und Berufsethos, Berlin 1987

Schienstock, Gerd, Industrielle Arbeitsbeziehungen, in: Journal für Sozialforschung 21/1981, S. 231-248

Schienstock, Gerd, Die betriebliche Organisation von Arbeit als politischer Prozeß, in: Paul Kellermann/Gertraude Mikl-Horke (Hg.), Betrieb, Wirtschaft, Gesellschaft, Klagenfurt 1994, S. 193-208

Schmidt, Gerd/Lutz, Burkart, Industriesoziologie, in: René König (Hg.), Handbuch der empirischen Sozialforschung, Bd. 8, Stuttgart 1977, S. 101-262

Schmidt, Gert/Braczyk, Hans J./Jost von dem Knesebeck (Hg.), Materialien zur Industriesoziologie, Kölner Zeitschrift für Soziologie und Sozialpsychologie, Sonderheft 24/1982

Schmidt, Rudi/Gergs, Hans-Joachim/Pohlmann, Markus (Hg.), Managementsoziologie, München-Mering 2002

Schmitter, Philippe C., Still the Century of Corporatism, in: Philippe C. Schmitter/Gerhard Lehmbruch (ed.), Trends Towards Corporatist Intermediation, London 1979, S. 7-52

Schoenberger, Erica, The Cultural Crisis of the Firm, Cambridge, Mass.-Oxford 1997

Schöne, Irene, Ökologisches Arbeiten, Wiesbaden 1988

Schor, Juliet B., The Overworked American. The Unexpected Decline of Leisure, New York 1991

Schreyögg, Georg u. a., Arbeitshumanisierung für Angestellte, Stuttgart 1978

Schudlich, Edwin, Die Abkehr vom Normalarbeitstag, Frankfurt/Main 1987

Schultz, Theodore W., In Menschen investieren, Tübingen 1986

Schumpeter, Joseph, Theorie der wirtschaftlichen Entwicklung, Berlin 1911

Schuster, Helmut, Industrie und Sozialwissenschaften. Eine Praxisgeschichte der Arbeits- und Industrieforschung in Deutschland, Opladen 1987

Schwartz Cowan, Ruth, More Work for Mother, London 1988

Seeman, Melvin, On the Meaning of Alienation, in: American Sociological Review 24/1959, S. 783-790

Seibel, Hans Dieter, Gesellschaft im Leistungskonflikt, Düsseldorf 1973

Seibel, Hans Dieter/Lühringer, Horst, Arbeitsbelastungen und psychische Gesundheit, in: Friedrich Heckmann/Peter Winter (Hg.), 21. Deutscher Soziologentag 1982, Opladen 1983, S. 160-164

Sella, Domenico, Die gewerbliche Produktion in Europa 1500-1700, in: Carlo Cipolla/Knut Borchardt (Hg.): Europäische Wirtschaftsgeschichte, Stuttgart-New York 1983, S. 223-270

Sengenberger, Werner (Hg.), Der gespaltene Arbeitsmarkt, Frankfurt/Main-New York 1978

Siegrist, Hannes, Bürgerliche Berufe. Die Professionen und das Bürgertum, in: Ders. (Hg.), Bürgerliche Berufe, Göttingen 1988, S. 11-50

Siegrist, Marco, Requalifizierung von Arbeitslosen, in: Psychosozial 1/1979, S. 35ff

Sievers, Burkard (Hg.), Organisationsentwicklung als Problem, Stuttgart 1977

Sievers, Burkard, Work, Death and Life Itself, Berlin-New York 1994

Silverman, David, Theorie der Organisationen, Wien 1972

Simmel, Georg, Die Arbeitsteilung als Ursache für das Auseinandertreten der subjektiven und der objektiven Kultur (1900), in: Georg Simmel, Schriften zur Soziologie, Frankfurt/Main 1983, S. 95-128

Singelmann, Joachim, Strukturen der modernen Industriegesellschaft, Stuttgart 1985

Singer, Robert, Befristete Arbeitsverhältnisse in Österreich und im EU-Bereich, Wien 1997

Smelser, Neil J., Social Change in the Industrial Revolution, London 1959

Smiles, Samuel, Self-Help, London 1859

Smith, Chris/Child, John/Rawlinson, Michael, Reshaping Work. The Cadbury Experience, Cambridge 1990

Snape, Ed/Bamber, Greg, Managerial and Professional Employees: Conceptualising Union Strategies and Structures, in: British Journal of Industrial Relations 27/1989, S. 93-110

Snyder, David, Institutional Setting and Industrial Conflict: Comparative Analyses of France, Italy and the United States, in: American Sociological Review 40/1975, S. 259-278

Sohn-Rethel, Alfred, Geistige und körperliche Arbeit, Weinheim 1989

Sombart, Werner, Der moderne Kapitalismus, 4 Bde., München-Leipzig 1921

Springer, Roland, Die Entkoppelung von Produktions- und Arbeitsprozeß, in: Zeitschrift für Soziologie 16/1987, S. 33-43

Staehle, Wolfgang, Management. Eine verhaltenswissenschaftliche Einführung, München 1980

Stearns, Peter N., Arbeiterleben, Frankfurt/Main-New York 1980

Stehr, Nico, Arbeit, Eigentum und Wissen. Zur Theorie von Wissensgesellschaften, Frankfurt-New York 1994, S. 295

Stehr, Nico, Knowledge Societies, London 1994

Stehr, Nico, Organisierte Wissensarbeit, in: Zeitschrift für Soziologie 27, 3/1998, 161-177

Steinrücke, Margareta, Generationen im Betrieb. Fallstudien zur generationenspezifischen Verarbeitung betrieblicher Konflikte, Frankfurt/Main-New York 1986

Stichweh, Rudolf, Systemtheorie der Exklusion, in: Ders. (Hg.), Die Weltgesellschaft, Frankfurt 2000, S. 85-102

Stockmann, Reinhard, Strukturelle Einflußfaktoren der gewerblichen Beschäftigung von Frauen im Wandel der Zeit, in: Soziale Welt 39/1988, S. 330-360

Stockmann, Reinhard, Gesellschaftliche Modernisierung und Betriebsstruktur, Frankfurt/Main-New York 1987

Stollberg, Rudhard, Arbeitssoziologie, Berlin 1978

Stone, Katherine, The Origins of Job Structures in the Steel Industry, in: Root and Branch. The Rise of the Worker's Movements, Greenwich, Conn. 1974, S. 123-157

Stoss, Richard/Schneider, R./Smid, M., Sozialer Wandel und Einheitsgewerkschaft, Frankfurt/Main-New York 1989

Strasser, Hermann, Klassenstrukturen und Klassentheorien: Neue Entwicklungstendenzen in westlichen Gesellschaften, in: Österreichische Zeitschrift für Soziologie 13/1988, S. 20-33

Strasser, Johano/Traube, Klaus, Die Zukunft des Fortschritts. Der Sozialismus und die Krise des Industrialismus, Bonn 1981

Strauss, George, Professional or Employee-Oriented: Dilemma for Engineering Unions, in: Industrial and Labor Relations Review 17/1964, S. 519-533

Streeck, Wolfgang, Industrielle Beziehungen in einer internationalen Wirtschaft, in: Ulrich Beck (Hg.), Politik der Globalisierung, Frankfurt/Main 1998, S. 169-202

Stummer, Gernot, Eliten in Österreich 1840-1970, 2 Bde., Wien-Köln-Graz 1997

Sturmthal, Adolph, Industrial Democracy in the Affluent Society, Univ. of Illinois Bulletin 63, 1965

Sturmthal, Adolph, Worker's Councils, Cambridge, Mass. 1964

Sullerot, Evelyne, Die emanzipierte Sklavin. Geschichte und Soziologie der Frauenarbeit, Wien 1972

Swedberg, Richard (ed.), Entrepreneurship. The Social Science View, Oxford-New York 2000

Sweezy, Paul/Dobb, M. et al., Der Übergang vom Feudalismus zum Kapitalismus, Frankfurt/Main 1978

Sydow, Jörg, Der soziotechnische Ansatz der Arbeits- und Organisationsgestaltung, Frankfurt/Main 1985

Szell, György/Cella, Gian Primo (eds.), The Injustice at Work, Frankfurt 2002

Taira, Koji, Japan Faces the Twenty-First Century, in: Halal, William E./Taylor, Kenneth B. (eds.), Twenty-First Century Economics. Perspectives of Socioeconomics for a Changing World, Basingstoke-London 1999, S. 275-300

Talos, Emmerich (Hg.), Atypische Beschäftigung. Internationale Trends und sozialstaatliche Regelungen, Wien 1999

Taylor, Frederick W., Shop Management, New York 1903

Taylor, Frederick W., The Principles of Scientific Management, New York 1911

Taylor, Stephen, ‚Empowerment' or ‚Degradation'? Total Quality Management and the Service Sector, in: Richard Brown (ed.), The Changing Shape of Work, London-New York 1997, S. 171-202

Teckenberg, Wolfgang, Die soziale Struktur der sowjetischen Arbeiterklasse im internationalen Vergleich, München-Wien 1977

Tenfelde, Klaus (Hg.), Arbeit und Arbeitserfahrung in der Geschichte, Göttingen 1986

Teriet, Bernhard, Neue Strukturen der Arbeitszeitverteilung, Göttingen 1976

Teriet, Bernhard, Freie Arbeitszeit. Neue betriebliche Arbeitszeitmodelle. Sammelband der Referate einer internationalen Tagung im Gottlieb Duttweiler-Institut, Rüschlikon 1979; Paul Dickson, Work Revolution, London 1977

Teriet, Bernhard, Zeitökonomie, Zeitsouveränität und Zeitmanagement in der BRD – eine Zwischenbilanz, in: Zeitschrift für Arbeitswissenschaft 2/1978, S. 112-118

Teriet, Bernhard, Work-Sharing. Aufteilung der Arbeit, ein langer Weg zur Tat, in: Arbeit und Sozialpolitik 10/1978, S. 356-359

Teuteberg, Hans J., Geschichte der industriellen Mitbestimmung in Deutschland, Tübingen 1961

Teuteberg, Hans J., Zur Entstehungsgeschichte der ersten betrieblichen Arbeitervertretungen in Deutschland, in: Soziale Welt 16/1965, S. 69ff

Thompson, Edward P., Die Entstehung der englischen Arbeiterklasse, 2 Bde., Frankfurt/Main 1987 (urspr. engl. 1963)

Thorsrud, Einar, The Changing Structure of Work Organisation, in: George Kanawaty (ed.), Managing und Developing New Forms of Work Organisation, Geneva 1989, S. 3-39

Thorsrud, Einar/Sorensen, B. A./Gustavsen, B., Sozio-technical Approach to Industrial Democracy, in: Robert Dubin, Handbook of Work, Organisation and Society, Chigaco, Ill., 1976, S. 421-464

Thrupp, Sylvia L., Das mittelalterliche Gewerbe, 1000-1500, in: Carlo M. Cipolla/Knut Borchardt, Europäische Wirtschaftsgeschichte, Bd. 1, Stuttgart-New York 1983, S. 141-176

Thuderoz, Christian, Sociologie des entreprises, Paris 1997

Thurow, Lester C., The Zero-Sum Society, New York 1980

Tilgher, Adriano, Work: What it Has Meant to Men Through the Ages, New York 1930

Tilly, Chris/Tilly, Charles, Work Under Capitalism, Boulder, Cal.-Oxford, UK, 1998

Tismer, Karl-Georg, Zeitperspektive und soziale Schichtzugehörigkeit, in: Kölner Zeitschrift für Soziologie und Sozialpsychologie 37/1985, S. 677-697

Tokunaga, Shigeyoshi/Altmann, Norbert/Nomura, Masami/Hiramoto, Atsushi, Japanisches Personalmanagement – ein anderer Weg? Frankfurt/Main-New York 1991

Tölke, Angelika, Lebensverläufe von Frauen, Weinheim-München 1989

Torstendahl, Ralf/Burrage, Michael (eds.), The Formation of Profession, London 1990

Toulmin, Stephen, Kosmopolis – Die unerkannten Aufgaben der Moderne, Frankfurt/Main 1991

Touraine, Alain, La conscience ouvrière, Paris 1966

Touraine, Alain, Neue Arbeiterklasse, in: Karl H. Hörning (Hg.), Der „neue" Arbeiter, Frankfurt/Main 1971, S. 184-190

Touraine, Alain, Die postindustrielle Gesellschaft, Frankfurt/Main 1972

Touraine, Alain, Les nouveaux conflicts sociaux, in: Sociologie du Travail 17/1975, S. 1-17

Traxler, Franz, From Demand-Side to Supply-Side Corporatism? Austria's Labour Relations and Public Policy, in: Colin Crouch/Franz Traxler (eds.), Organized Industrial Relations in Europe. What Future? Aldershot u. a. 1995, S. 271-286

Tréanton, Jean-René, Progrès des études empiriques sur la classe ouvrière, in: Revue française de Sociologie XVI/1975, S. 335-358

Trinczek, Rainer, Betriebliche Mitbestimmung als soziale Interaktion, in: Zeitschrift für Soziologie 18/1989, S. 444-456

Trist, Eric L., Sozio-technische Systeme, in: Warren O. Bennis/K. D. Benne/R. Chin, Änderung des Sozialverhaltens, Stuttgart 1975, S. 201-218

Trist, Eric L./Bamforth, K. W., Some Social and Psychosocial Consequences of the Longwall Method of Coal Getting, in: Human Relations 4/1951, S. 3-38

Türk, Klaus, Soziologie der Organisation, Stuttgart 1978

Turner, Jonathan H., Societal Stratification: A Theoretical Analysis, New York 1985

Turner, Lowell, Democracy at Work, Ithaca-London 1991

Ullrich, Otto, Technik und Herrschaft, Frankfurt/Main 1979

Uni Bremen – Studiengang Psychologie, Erlebnisperspektiven und Humanisierungsbarrieren im Industriebetrieb, Frankfurt/Main-New York 1985

Ure, Andrew, Das Fabrikwesen in wissenschaftlicher, moralischer und kommerzieller Hinsicht, Leipzig 1835

Veblen, Thorstein, The Theory of the Leisure Class, New York 1899

Ven, Frans van der, Sozialgeschichte der Arbeit, 4 Bde., München 1971

Vester, Michael, Die Entstehung des Proletariats als Lernprozeß, Frankfurt/Main 1970

Vilmar, Fritz, Menschenwürde im Betrieb, Reinbek b. Hamburg 1973

Vilmar, Fritz/Kißler, Leo, Arbeitswelt: Grundriß einer kritischen Soziologie der Arbeit, Opladen 1982

Vobruba, Georg, Arbeiten und Essen, Wien 1989

Vollmer, Rudolph, Die Entmythologisierung der Berufsarbeit, Opladen 1986

Volmerg, Birgit/Senghaas Knobloch, E./Leithäuser, Thomas, Betriebliche Lebenswelt, Opladen 1986

Volmerg, Ute, Identität und Arbeitserfahrung, Frankfurt/Main 1978

Volst, Angelika/Wagner, Ina, Kontrollierte Dezentralisierung, Berlin 1990

Voß, Günther/Pongratz, Hans G., Der Arbeitskraftunternehmer, in: Kölner Zeitschrift für Soziologie und Sozialpsychologie 50/1998, S. 131-158

Vroom, Victor, Work and Motivation, New York 1964

Wachtler, Günther, Humanisierung der Arbeit und Industriesoziologie, Stuttgart 1979

Wacker, Ali, Arbeit als Zwiespalt — Technik als Lösung? In: Dietmar Becker et al. (Hg.), Zeitbilder der Technik, Bonn 1989, S. 141-191

Wagner, Michael, Arbeitslosenkarrieren, in: Journal für Sozialforschung 30/1990, S. 5-23

Walker, Kenneth F., Mitbestimmung im Management im internationalen Vergleich, in: Soziale Welt 26/1975, S. 150-173

Weber, Max, Zur Methodik sozialpsychologischer Enquèten und ihrer Bearbeitung, in: Archiv für Sozialwissenschaft und Sozialpolitik 29/1909, S. 949-958

Weber, Max, Die protestantische Ethik und der Geist des Kapitalismus, 2 Bde., Hamburg 1972 (urspr. 1904/1905)

Weber, Max, Wirtschaft und Gesellschaft, Tübingen 1985 (urspr. 1922)

Weber, Max, Methodische Einleitung für die Erhebungen des Vereins für Sozialpolitik über Auslese und Anpassung (Berufswahl und Berufsschicksal) der Arbeiterschaft der geschlossenen Großindustrie (1908), in: Ders., Gesammelte Aufsätze zur Soziologie und Sozialpolitik, Tübingen 1988 (urspr. 1924), S. 1-60

Weber, Max, Zur Psychophysik der industriellen Arbeit (1908-1909), in: Ders., Gesammelte Aufsätze zur Soziologie und Sozialpolitik, Tübingen 1988 (urspr. 1924), S. 61-255

Weber, Max, Probleme der Arbeiterpsychologie, in: Gesammelte Aufsätze zur Soziologie und Sozialpolitik, Tübingen 1988 (urspr. 1924), S. 424-430

Wede, Peter, Digitalisierung der Arbeit — das Ende des Arbeitsrechts, in: Werner Fricke (Hg.), Jahrbuch Arbeit und Technik, Bonn 1966, S. 209-218

Wedderburn, Dorothy/Cropton, Rosemary, Worker's Attitudes and Technology, Cambridge 1972

Wehler, Hans-Ulrich (Hg.), Sozialgeschichte heute, Göttingen 1974

Weil, Simone, Fabriktagebuch und andere Schriften zum Industriesystem, Frankfurt/Main 1978

Weinert, P. et al., Beschäftigungsfähigkeit: Von der Theorie zur Praxis, Bern 2001

Wendorf, Rudolf, Zeit und Kultur. Geschichte des Zeitbewußtseins in Europa, Opladen 1980

Western, Bruce, A Comparative Study of Working-Class Disorganization: Union Decline in Eighteen Advanced Capitalist Countries, in: American Sociological Review 60/1995, S. 179-201

Weymann, Ansgar (Hg.), Bildung und Beschäftigung, Soziale Welt, Sonderband 5/1987

White, William H., jr., Organisation Man, New York 1965

White, Harrison C., Markets from Networks. Socioeconomic Models of Production, Princeton-Oxford 2002

Whyte, William F., Pattern for Industrial Peace, New York 1951

Whyte, William F., Men at Work, Homewood, Ill., 1961

Wilensky, Harold, The Professionalization of Everyone? In: American Journal of Sociology LXX/1964, S. 137-158

Wilensky, Harold, Work as a Social Problem, in: Howard S. Becker, Social Problems. A Modern Approach, London 1966, S. 117-166

Williamson, Oliver E., Markets and Hierarchies, New York 1975

Willms-Herget, Angelika, Frauenarbeit, Frankfurt/Main-New York 1985

Wingren, G., Luthers Lehre vom Beruf, München 1952

Wirtschaftskammer Österreich (wko.at/statistik/jahrbuch/am-selbstaendige.pdf)

Wiswede, Günter, Motivation und Arbeitsverhalten, München 1980

Witt, Günter, Leitende Angestellte und Einheitsgewerkschaft, Frankfurt/Main-Köln 1975

Witte, Eberhard/Bronner, Rolf, Die Leitenden Angestellten, München 1974

Wolf, Jürgen/Kohli, Martin/Rosenow, J., Die Veränderung beruflicher Erwartungen – biographische Analysen, in: Ernst H. Hoff/Lothar Lappe/Wolfgang Lempert, Arbeitsbiographie und Persönlichkeitsentwicklung, Bern 1986, S. 128-141

Wolman, William/Colamosca, Anne, Der Verrat an der Arbeit, Bern-München-Wien 1998

Womack, James P./Jones, Daniel T./Roos, D., Die zweite Revolution in der Ausoindustrie, Frankfurt/Main-New York 1992

Womack, James P./Jones, Daniel T., Auf dem Weg zum perfekten Unternehmen (Lean Thinking), Frankfurt/Main-New York 1997

Wood, Stephen (ed.), The Transformation of Work? London 1989

Woodward, Joan, Industrial Organization: Theory and Practice, London 1965

Woodward, Joan, Management and Technology, London 1958

Work in America, Report of a Special Task Force to the Secretary of Health, Education and Welfare, Cambridge, Mass. 1973

Young, Michael, The Rise of the Meritocracy, Harmondsworth 1968
Zerche, Jürgen, Arbeitsökonomik, Berlin-New York 1979

Sachindex

A

Absentismus 137, 154, 354

Akkomodation 305

Akkordarbeit 89, 343

Akkumulation 210

Allgemeine Gewerkschaft 295

Alternativökonomie 325, 422

American System 51, 69

Amtsprofession 235, 236

Angestellte 32, 46, 70, 89, 90, 93, 101, 119, 127, 137, 148, 173, 176, 214, 217, 218, 219, 220, 221, 222, 223, 225, 226, 227, 231, 295, 305, 310, 312, 342, 388, 396, 399, 401, 405, 410, 411, 413, 415, 418, 421, 424, 430

Anomie 80, 145, 146

Arbeit
  gesellschaftliche 10, 57

Arbeiterbewegung 46, 47, 49, 50, 51, 56, 73, 89, 112, 113, 216, 291, 297, 300, 304, 314, 318, 328

Arbeiterbildung 47, 50

Arbeiterbildungsverein 51

Arbeiterdichtung 47

Arbeiterklasse 12, 22, 34, 41, 43, 47, 60, 61, 71, 72, 90, 133, 148, 213, 214, 215, 216, 218, 231, 264, 292, 298, 332, 388, 416, 427, 428

Arbeiterkontrolle 297, 304, 307, 312, 313, 416

Arbeiterkultur 46, 47, 214

Arbeiterparteien 41, 47, 48, 73

Arbeiterselbstverwaltung 307, 309, 313, 416

Arbeitertechniker 216

Arbeitnehmerbegriff
  einheitlicher 101

Arbeitsbewertung
  summarische 100

Arbeitsbeziehungen 15, 32, 48, 50, 72, 93, 165, 173, 180, 190, 231, 282, 288, 289, 292, 293, 297, 298, 299, 300, 301, 302, 303, 304, 306, 309, 313, 314, 315, 316, 317, 327, 337, 352, 378, 395, 397, 405, 406, 407, 414, 415, 424

Arbeitsdirektor 312

Arbeitserfahrung 46, 133, 134, 148, 249, 362, 363, 422, 427, 429

Arbeitsethik 33, 34, 53

Arbeitsformen 14, 74, 92, 93, 149, 150, 157, 161, 166, 186, 193, 230, 231, 278, 281, 369, 391, 411

Arbeitsfreude 89, 90, 121, 404, 407, 416

Arbeitsgesellschaft 10, 11, 22, 46, 53, 56, 75, 213, 261, 267, 273, 274, 284, 292, 304, 322, 323, 355, 364, 365, 366, 368, 378, 388, 395, 396, 397, 399, 400, 401, 402, 409, 411, 412, 413, 417, 420, 421, 422

Arbeitsgesetzgebung 299

Arbeitsgestaltung 151, 158, 160, 162, 187, 191, 216, 276, 311, 337, 344, 354, 376, 379

Arbeitsgruppen
  teilautonome 156, 157, 416

Arbeitshäuser 30, 33

Arbeitskonflikt 13, 48, 83, 136, 145, 290

Arbeitslosigkeit 27, 28, 148, 186, 195, 228, 251, 252, 253, 257, 263, 264, 265, 266, 267, 268, 269, 270, 271, 272, 273, 274, 275, 277, 287, 295, 308, 314, 318, 341, 343, 347, 348, 349, 350, 351, 360, 363, 364, 372, 373, 390, 399, 400, 409, 413, 414, 423

Arbeitsmarkt 13, 15, 34, 38, 46, 49, 58, 59, 65, 75, 76, 180, 210, 224, 239, 251, 252, 254, 255, 256, 257, 258, 261, 262, 265, 266, 272, 274, 287, 289, 292, 366, 370, 372, 390, 395, 397, 398, 413, 422, 425
  dualer 255, 256
  interner 102, 256, 258, 282, 410
  sekundärer (zweiter) 257

Arbeitsmarktpolitik 199, 253, 254, 257, 300, 395, 399, 416, 418

Arbeitsmarktsegmentation 254, 398, 414

Arbeitsmarkttheorie 76, 253, 254, 395, 399

Arbeitsmarktverbände 275, 299

Arbeitsmoral 46, 124, 125, 154

Arbeitsmotivation 111, 122, 123, 124, 125, 127, 128, 195, 214, 376, 377

Arbeitsordnung 39, 40, 404

Arbeitsplatzbewertung 100, 165

Arbeitsplatzbewusstsein 296

Arbeitsproduktivität 113, 114, 147

Arbeitsrecht 41, 99, 181, 290, 302, 372, 429

Arbeitsschutz 299, 301

Arbeitssituationsanalyse 152

Arbeitssystem 152, 165
  primäres 154, 220

Arbeitsteilung 11, 13, 19, 25, 27, 32, 36, 37, 38, 41, 58, 59, 68, 73, 74, 78, 79, 80, 85, 89, 98, 102, 103, 110, 142, 143, 144, 145, 146, 149, 162, 164, 207, 221, 232, 287, 366, 377, 389, 405, 412, 417, 425
  vertikale 66, 67, 103, 112, 155

Arbeitsunfälle 154

Arbeitsverfassungsgesetz 309, 310

Arbeitsverhältnis 12, 13, 33, 34, 187, 230, 276, 278, 279, 280, 286, 288, 289, 290, 296, 299, 301, 413
  befristetes 425

Arbeitsvermittlung 50

Arbeitsvertrag 12, 24, 49, 75, 98, 99, 111, 169, 179, 279, 289, 372

Arbeitswertlehre 52, 330

Arbeitswissenschaft 90, 92, 113, 150, 151, 152, 158, 355, 376, 381, 405, 419, 427

Arbeitszeit 27, 38, 39, 58, 73, 99, 112, 114, 164, 180, 181, 182, 190, 216, 274, 275, 276, 277, 282, 288, 309, 310, 317, 337, 351, 352, 353, 354, 355, 356, 357, 359, 393, 427

Arbeitszeitflexibilisierung 355, 356

Arbeitszeitschutz 222, 275

Arbeitszeitverkürzung 75, 274, 275, 276, 356, 379

Arbeitszufriedenheit 111, 121, 123, 128, 148, 154, 355, 357, 370, 419

Aufgabenintegration 162, 165

Aufstieg
  sozialer 29, 84, 234, 259, 360

Aufstiegsweg
  karrieristischer 102

Ausgleichstheorien 127

Aussperrung 291, 292, 301

Automation 37, 144, 146, 162, 164, 401, 412
  flexible 162

Autonomie 133, 150, 154, 158, 159, 161, 164, 193, 195, 216, 220, 238, 239, 278, 284, 293, 296, 303, 308, 336, 345, 346, 367, 370, 371, 373, 376, 377, 381, 397, 418, 420

Autorität 40, 50, 66, 86, 103, 107, 109, 110, 137, 153, 171, 195, 219, 225, 352, 363
  funktionale 107, 171
  objektive 107
  subjektive 107

B

Babbage-Prinzip 38

Bedürfnisproduktion 72

Belastungs-Beanspruchungs-Konzept 343

Beruf 12, 13, 14, 24, 28, 30, 31, 34, 67, 79, 80, 82, 84, 85, 86, 92, 93, 101, 128, 133, 135, 143, 146, 174, 205, 219, 231, 232, 233, 234, 235, 236, 237, 238, 239, 240, 241, 243, 244, 245, 247, 251, 255, 259, 261, 262, 264, 265, 267, 271, 272, 278, 279, 281, 282, 283, 287, 288, 294, 295, 311, 322, 323, 324, 327, 341, 345, 346, 350, 360, 361, 363, 364, 367, 368, 378, 379, 381, 389, 391, 392, 397, 398, 399, 401, 408, 409, 421, 425, 430

Berufestruktur 93, 101, 205

Berufsausbildung 89, 101, 143, 158, 174, 239, 254

Berufsbiographie 259, 361, 362, 400

Berufsethik 30, 236, 237

Berufsgruppe 44, 92, 133, 225, 234, 235, 237, 238, 255

Berufskarriere
  negative 272

Berufskorporationen 80, 235, 236

Berufskrankheit 344

Berufslaufbahn 360

Berufslosigkeit 350, 351

Berufsrolle 133, 232, 239, 360, 381
Berufssoziologie 92, 93, 232, 234, 237, 361, 397, 399, 405, 407, 408, 415
Berufsverband 45, 76, 133, 235, 236, 295
Berufswahl 34, 232, 363, 414, 429
Berufswechsel 76, 258, 259, 360, 363
Berufswissen 89, 161, 238, 239
Beschäftigungsformen 258, 274, 278, 281, 298, 314, 317, 356, 371, 387, 391
Beschäftigungssoziologie 390
Betriebe
 selbstverwaltete 313, 422
Betriebsführung
 wissenschaftliche 63, 65, 103, 143, 148, 222
Betriebsjustiz 39, 344
Betriebsklima 120, 259, 344, 376
Betriebsprestige 101
Betriebsrat 41, 187, 190, 290, 309, 310, 311, 312, 316, 318, 372, 402, 405, 413
Betriebsrätegesetz 309
Betriebssoziologie 90, 91, 92, 93
Betriebsvereinbarungen 41, 165, 276, 310, 311
Betriebsverfassung 299
Betriebsverfassungsgesetz 309, 312
Beveridge-Plan 299
Bewegungen
 neue soziale 216, 294, 337
Beziehungsarbeit 364, 368
Bildungskapital 240
Bourgeoisie 43, 60
Bürgertum 34, 217, 235, 298, 425
Bürokratie 51, 82, 83, 106, 107, 108, 109, 110, 111, 189, 190, 191, 226, 227, 228, 335, 336, 354, 409
Bürokratiekritik 108, 193, 334, 336
Bürokratietheorie 90, 154
Bürokratisierung 12, 40, 63, 68, 82, 101, 106, 109, 145, 156, 219, 222, 227, 295, 300, 315, 336
business unionism 296

C

Calvinismus 30
Chancengleichheit 85, 87, 299, 321
closed shop 48
collective bargaining 301
Computer integrated manufacturing 164
Computerisierung 160, 220, 222, 388
countervailing powers 303
craft union 48

D

Delegationstheorie 219
demarcation conflicts 297
Demokratie
 industrielle 91, 157, 158, 185, 191, 304, 305, 306, 307, 308, 309, 315, 403
Dequalifizierung 147, 148, 217
Deregulierung 190, 268, 306, 314, 337, 369, 396, 415
des Massenkonsum 71
Dezentralisation 106, 185
Dienstklasse 219
Dienstleistungsarbeit 93, 203, 240, 241, 242, 243, 246, 247, 323, 366, 381, 415
Dienstleistungsberufe 135, 237, 247
Dienstleistungsgesellschaft 240, 242, 358, 365, 408
Dienstleistungskonsum 243, 358
Dienstleistungssektor 93, 180, 204, 205, 241, 247
Differenzierung
 funktionale 11, 66, 78, 79, 232, 233
 soziale 21, 22, 25, 30, 32, 33, 55, 80, 86, 213, 270, 278, 279, 387
 stratifikatorische 78, 233
Diskriminierung 181, 345
Dissonanz 127
Distanz

soziale 22, 25, 26, 28, 177, 234, 245
Disziplinierung 39, 40, 41, 404

E

Eigenarbeit 286, 287, 364, 365, 366, 368, 390, 400, 409, 420
Einbettung 170, 260
Einheitsgewerkschaft 226, 296, 426, 430
Einkommenspolitik 300, 305
empowerment 195
Entfremdung 38, 58, 59, 61, 141, 142, 144, 145, 146, 147, 156, 158, 215, 330, 364, 410
équipes autonomes 144, 156
Ergonomie 113, 151, 152, 342, 414, 419, 423
Erwartungsvalenz-Theorie 127
Existenzminimum 71, 76
externalities 333

F

Fabrik 35, 36, 38, 39, 40, 41, 42, 43, 45, 46, 48, 54, 68, 70, 74, 79, 88, 113, 142, 143, 144, 164, 182, 218, 220, 266, 310, 347, 406
Fabriksausschüsse 309
Facharbeiter 21, 33, 44, 45, 48, 50, 66, 146, 163, 164, 238, 267, 371
Familienarbeit 368
Fertigkeiten
  extrafunktionale 147, 344
  funktionale 158
Fertigungssysteme
  flexible 164
Flexibilisierung
  technisch-organisatorische 106
flexible firm 169
Fließbandarbeit 91, 135, 142, 143, 150
Fließfertigung 70
Fluktuation 40, 76, 137, 257, 259, 261

Fordismus 71, 149, 206, 207, 355, 375, 376, 378, 379, 382, 409
Formalisierung 67, 102, 106, 108, 110, 132, 219
Frauenarbeit 74, 278, 368, 419, 421, 426, 430
Freisetzung 38, 161, 175, 182, 220, 266, 275, 329, 370
Fremdbestimmung 377
Friedenspflicht 310, 311
Führer
  informeller 118, 171
Führung 40, 41, 51, 68, 86, 102, 103, 115, 118, 120, 125, 171, 172, 191, 192, 227, 308, 419
Führungskräfte 103, 120, 221, 222, 223, 224, 225, 226, 376, 396, 399, 404
Führungsstil 120, 376
Funktionsmeister 66, 103
Funktionstheorie 218, 219

G

general unions 50, 295
Generalstreik 50, 291
Genfer Schema 100
Gesellenverbände 28
Gesellenwanderung 28
Gesellschaft
  bürgerliche 33, 42, 43, 53, 73, 299, 423
  industrielle 19, 34, 35, 39, 42, 43
  plurale 294
  post-industrielle 247
  ständische 42, 44, 60
  vorindustrielle 21, 34, 35, 353
Gesellschaftsordnung 12, 44, 48, 86, 292
Gewerbefreiheit 49, 51
Gewerkschaft 76, 133, 173, 176, 291, 293, 295, 297, 298, 300, 307, 310, 311, 312, 318
  gelbe 296
Gewerkschaften 48, 295, 300, 312, 314, 318, 393
Gewinnbeteiligung 158

Gildensozialismus 313

Globalisierung 93, 182, 189, 190, 191, 207, 224, 228, 254, 258, 260, 265, 268, 274, 282, 287, 298, 302, 306, 313, 314, 315, 317, 323, 369, 372, 397, 418, 426

Gruppe
  informelle 116, 117, 118, 119, 136

Gruppenarbeit 155, 156, 157, 164, 165, 185, 186, 308, 345

Gruppendynamik 154

Gruppenfabrikation 156

H

Habitus 217, 359, 360, 363

Handarbeit 28, 32, 37, 69, 150

Hausarbeit 73, 74, 87, 366, 367, 368, 420

Hausindustrie 32, 35, 45, 73, 89

Hawthorne-Untersuchungen 113, 119, 120, 122

Heimarbeit 89, 281, 282, 323

Herrschaft
  rational-legale 82, 107

Hierarchie 27, 45, 99, 104, 110, 123, 132, 170, 171, 175, 190, 197, 218, 219, 337, 379

Hierarchisierung 19, 21, 68, 103, 106, 222

honorarium 25

Human Relations-Bewegung 120

Human Relations-Forschung 382

Human Resource Development 317

Humanisierung der Arbeitswelt 91, 156, 158, 173, 186, 191, 308, 357, 375, 378, 405, 413, 414

Humankapital 173, 212, 230, 238, 254, 262, 351, 370, 380

Hysteresis 271

I

Ideologie 52, 60, 75, 79, 87, 89, 94, 139, 214, 314, 317, 329, 330, 337, 346, 351, 408, 412

impression management 134, 244

Individualisierung 213, 231, 232, 278, 373, 380, 381, 382, 383

Individualismus 121

industrial democracy 51, 297, 307, 309

industrial relations 121, 293, 297, 300, 301, 302, 314, 315, 316, 317, 337

industrial relations system 301

Industrial Relations System 301, 403

Industrialisierung 12, 34, 35, 39, 40, 43, 44, 45, 48, 52, 63, 69, 71, 74, 76, 83, 84, 85, 89, 145, 207, 208, 255, 292, 327, 336, 366, 367, 389, 403, 404, 419, 423

Industrialismus 52, 54, 78, 84, 204, 208, 328, 334, 336, 376, 426

Industriearbeit 19, 54, 70, 72, 80, 91, 92, 148, 149, 150, 161, 186, 214, 261, 342, 406, 408, 411, 412, 422

Industrieforschung 81, 82, 83, 90, 91, 425

Industriegesellschaft 11, 14, 17, 35, 48, 63, 71, 72, 73, 75, 77, 78, 82, 83, 84, 85, 86, 91, 93, 111, 142, 145, 159, 180, 203, 204, 209, 211, 213, 214, 215, 221, 226, 230, 232, 253, 263, 264, 265, 272, 275, 286, 289, 290, 291, 304, 327, 328, 336, 352, 353, 354, 378, 387, 395, 403, 405, 406, 410, 411, 416, 417, 425

Industriegewerkschaften 50, 295, 297

Industriekapitalismus 38, 60, 71, 78, 289

Industriepsychologie 113

Industriesystem 63, 69, 72, 75, 78, 85, 208, 333, 335, 336, 363, 411, 430

Informationsgesellschaft 207, 208, 209, 210, 263, 410

Informationstechnologie 161, 194, 205, 211, 247, 261

Innovation 35, 109, 159, 166, 188, 193, 196, 205, 210, 228, 229, 240, 274, 389, 400

Instanzenordnung 98

Institutionalisierung 34, 39, 41, 51, 67, 72, 86, 292, 293, 294, 295, 309

Interaktionismus 133

Interaktionseffekte 245

Interessenkonflikt 231, 290, 292, 293

Interessenorganisation 49, 73

J

job enlargement 156, 157

job enrichment 126, 156, 191

job rotation 156

job-sharing 275, 276

Juvenilgraduierung 233

K

Kanban-Prinzip 188

Kapital
symbolisches 212

Kapitalismus 13, 25, 29, 30, 38, 54, 58, 61, 66, 71, 76, 77, 78, 82, 92, 144, 146, 192, 193, 196, 199, 206, 207, 217, 238, 268, 292, 299, 300, 314, 315, 328, 330, 332, 337, 342, 359, 364, 387, 409, 411, 414, 415, 419, 425, 427, 429
disorganisierter 315, 337, 414
organisierter 76, 292, 315, 337, 387, 411

Karriere 11, 110, 127, 136, 224, 235, 237, 272, 280, 341, 364, 406

Keynesianismus 300, 395

Klassenbewusstsein 47, 60, 214, 215, 296

Klassengesellschaft 60, 61, 87, 263

Klassenkonflikt 139, 292, 337

Klassenlage 60, 216, 245

Klassenstruktur 66, 217, 240, 337, 359, 415, 426

knowledge workers 247, 272, 273

Koexploitation 45

Kollektivvertrag 175, 276, 290, 292, 293, 314

Kollektivvertragsverhandlungen 100, 138, 293, 296, 306

Kommunikation 49, 108, 109, 110, 119, 121, 172, 185, 220, 243, 245, 248, 306, 330, 333, 358, 377, 381, 389, 414

Kompetenz 12, 82, 98, 107, 108, 110, 129, 130, 132, 137, 147, 162, 163, 173, 190, 196, 205, 210, 211, 219, 222, 238, 239, 240, 244, 248, 253, 255, 261, 262, 263, 302, 343, 351, 362, 370, 382
soziale 147

Kompetenzkonflikt 222

Kompetenzkonflikte 137

Konflikt
betrieblicher 138, 426
industrieller 288, 290, 291, 292, 293, 294, 295
latenter 136, 245
sozialer 26, 27, 113, 136, 138, 290, 293, 294, 306, 390

Konfliktumleitung 137, 345

Konkurrenzkonflikt 137

Konsumarbeit 286, 364, 365, 411

Konsumgesellschaft 71, 215, 328, 329, 333, 358

Kontrolle
soziale 41, 354

Konvergenzthese 83, 334

Kooperation 13, 27, 48, 55, 56, 97, 98, 120, 121, 150, 188, 190, 191, 241, 288, 307, 309, 310, 396, 405

Kooperationsformen 141, 149

Korporatismus 191, 207, 304

Kulturwandel 195, 379

Kulturwirtschaft 206, 208, 211

Kündigungsschutz 301

L

lean production 160, 184, 185, 186, 187

Lebenszyklus 360, 423

Leiharbeit 279, 280, 323, 372

Leistungsanreizes 100
Leistungsbegriff 85
Leistungsbeitrag 87, 119, 171, 232
Leistungsbeurteilung 100, 237, 245
Leistungselite 224
Leistungsgesellschaft 83, 85, 86, 87, 196, 234, 327, 346, 357, 410, 417
Leistungslohn 112, 176
Leistungsmotivation 85, 123, 379
Leistungsprinzip 87, 346, 420
Liberalismus 49, 50, 51, 52, 75, 76, 112, 350
Linienorganisation 102, 103
Lohnarbeit 12, 24, 27, 33, 41, 44, 47, 73, 144, 264, 267, 273, 332, 337, 368, 369, 375, 390, 399, 400
Lohnkonflikt 294
Lohnstruktur 255, 405
Lohnstrukturkonflikt 294
Lohnsystem 100, 176
Lohnwerk 32
Loyalität 109, 116, 170, 174, 177, 181, 223

M

Machtkonflikt 290
Managementstrategien 93, 185, 313, 314, 317, 318, 321, 392
Managementtheorie 190, 191, 192, 194, 195, 337, 379
Manager 40, 41, 67, 85, 103, 120, 132, 135, 137, 171, 172, 173, 192, 193, 194, 197, 217, 219, 220, 223, 224, 225, 226, 238, 261, 278, 279, 294, 298, 301, 318, 324, 396, 408
Manpower-Forschung 254
Manufaktur 29, 31, 32, 33, 36, 37, 45
Marxismus 328, 329
Maschine 10, 32, 36, 37, 38, 42, 43, 64, 68, 69, 70, 83, 112, 113, 138, 141, 144, 146, 149, 150, 151, 152, 155, 163, 164, 183, 194, 207, 208, 212, 220, 248, 255, 266, 354, 365, 367, 396, 419

Maschinensturm 49
Maschinensysteme 37
Massenkonsum 71, 74, 328, 334
Massenproduktion 68, 69, 70, 71, 73, 74, 91, 143, 147, 153, 154, 160, 166, 182, 184, 187, 193, 328, 334, 336, 375
Matrixorganisation 104
Mechanisierung 36, 68, 79, 89, 221, 222, 242, 376
Mehrwert 38, 54
Mensch-Maschine-System 113
Mikroelektronik 93, 161, 162, 166, 207, 220, 221, 228, 246, 261, 343, 358, 388
Mitbestimmung 41, 157, 158, 297, 299, 301, 306, 307, 308, 309, 310, 311, 312, 316, 318, 377, 413, 427, 428, 429
Mittelschichtgesellschaft 214, 215
Mobbing 345
Mobilität 260
  berufliche 266
  blockierte 102
  innerbetriebliche 175, 413
  räumliche 76, 260
  soziale 76, 234, 259
Mobilitätsketten 257, 260
Monotonie 114, 142, 193, 343
Montan-Mitbestimmung 312
Motivationspsychologie 123, 128
Motivationstheorie 123, 127, 154, 376
Motivsysteme 123

N

Nachtarbeit 343
Neokapitalismus 372, 373
Neokorporatismus 304, 305
Neomarxismus 329
New Deal 72
Normalarbeitstag 274, 275, 355, 356, 401, 413, 425
Normen

gesellschaftliche 245
Normenkonflikt 137, 290, 361, 405

O

on-the-job-training 257
operae liberales 24
Organisation
　assoziative 110
　bürokratische 22, 82, 107, 108, 110, 111, 126, 328, 336
　divisionale 104, 106
　formale 64, 97, 98, 99, 101, 102, 119, 129, 131, 195, 308, 341
　funktionale 66, 103
　ideologische 119
　informelle 117, 118, 119, 122
　soziale 19, 91, 111, 115, 117, 119, 121, 155
Organisationsentwicklung 120, 122, 308, 376, 404, 406, 425
Organisationssoziologie 93, 405
Organisationstheorie 102, 103

P

Partizipation 46, 153, 158, 159, 177, 194, 195, 196, 216, 307, 308, 309, 317, 337, 376, 377, 379, 398, 424
Pendler 258
Pensum-System 65
Personalführung 172
Personalmanagement
　japanisches 169, 173, 180, 184, 186, 428
Planwirtschaft 75
Pluralismus 303
Prämienlohn 100, 112
Prekarisierung 190, 370, 372
Primärgruppe 237
Problemgruppen 263, 273
Produktion
　schlanke 187, 413
Produktionsverhältnis 57, 58, 59, 60, 61, 146, 330, 388
Profession 231, 233, 234, 235, 236, 237, 238, 400, 407, 408, 425, 428
Professionalisierung 234, 235, 236, 237, 264, 365, 424
Professionalismus 236
project teams 104, 188
Proletariat 14, 27, 41, 42, 43, 44, 55, 60, 61, 216, 217, 327, 332, 379, 407, 415, 429
Proletarisierung 148, 367
Protestantismus 30
　asketischer 232
Psychophysik 81, 429
Psycho-Soziologie 91
Psychotechnik 92, 93, 112, 113, 377, 382
Puritanismus 30

Q

Qualifikation 12, 27, 36, 38, 44, 76, 89, 93, 94, 99, 100, 110, 128, 147, 149, 150, 158, 159, 161, 162, 163, 174, 175, 184, 187, 193, 196, 211, 216, 221, 222, 227, 231, 237, 238, 239, 240, 241, 246, 253, 254, 255, 257, 258, 259, 260, 261, 262, 263, 266, 267, 272, 323, 326, 346, 350, 351, 370, 371, 373, 382, 405
Qualifikationslohn 165
Qualifizierung 162, 165, 195, 221, 237, 255, 259, 266, 282, 370, 371
Qualifizierungskonkurrenz 221
Qualitätszirkel 162, 172
quasi-professionals 237

R

Rationalisierung
　systemische 161, 343
reengineering 161, 188

Regulationskrise 166, 206

Reservearmee
  industrielle 43

Revolution
  dritte industrielle 94, 141, 147, 161, 267, 313, 314, 419, 421
  industrielle 35, 399, 425

Richtungsgewerkschaften 296

Rolle
  organisatorische 130, 133, 232
  soziale 47, 92, 130, 133, 243, 278, 311, 360, 361

Rollenattribute 131, 233

Rollendistanz 135, 381, 414

Rollenelemente 132

Rollenkonflikt 130, 132, 137, 225, 237, 243

Rollenstress 132, 343

S

sabbaticals 276, 356

Schattenwirtschaft 286, 325

Schichtung
  soziale 214, 218, 232, 241, 259, 406

Schlüsselqualifikationen 163, 370

Schwarzarbeit 87, 279, 287, 325, 354, 368

Scientific Management 65, 191, 427

Sektor 326
  Dritter 267, 284, 286, 326, 369, 372
  informeller 325, 337, 365, 368, 411

Selbständige
  neue 190, 230, 283, 284

Selbstbedienungsgesellschaft 365

Selbstverwaltung 264, 332

Selbstverwirklichung 53, 57, 123, 124, 229, 284, 370, 379

self-employment 283

shop stewards 50, 171, 297

Sklavenarbeit 22, 23, 24, 25

social costs 206, 333, 411

social skills 121, 244, 344, 376, 396

sociétés de résistance 48

Sozialcharta 299

Soziale Frage 44

Sozialgesetzgebung 40, 51

Sozialisation
  berufliche 239, 359, 360, 361

Sozialismus 54, 79, 307, 312, 313, 334, 337, 426

Sozialkapital 212

Soziallage 12, 44, 138, 291, 314, 373, 405

Sozialleistungen
  freiwillige 112

Sozialpartnerschaft 305, 306, 316, 421, 422

Sozialpolitik
  staatliche 51, 89, 328

Sozialstaat 73, 227, 264, 269, 274, 287, 289, 295, 299, 300, 302, 423

Sozialstruktur 32, 93, 102, 119, 218, 226, 232, 270, 303, 401, 406, 410, 413, 418, 421

Sozialtypus 12, 387, 388

Sozialwissenschaften 83, 90, 120, 185, 292, 295, 322, 331, 341, 383, 399, 411, 414, 425, 429

Soziotechnik 90

span of control 101

Spätkapitalismus 159, 204, 395, 416

Spezialisierung 25, 36, 63, 92, 98, 99, 108, 110, 130, 142, 143, 154, 163, 166, 206, 231, 238, 255, 294, 337
  flexible 166, 206, 337

Springer 143, 426

Stab-Linien-Konflikt 103

Stammarbeiter 45

Status
  sozialer 14, 101, 178, 259

Statusbewusstsein 218

Statusinkonsistenz 234

Statusqualifikation 240

Statussymbol 101, 171, 335

Stigmatisierung 135, 345, 350

Streik 49, 138, 289, 291, 292, 293, 294, 301, 411

Stufenausbildung 240
subcontracting 64
Subjektivierung 239, 380, 381, 382, 383, 396, 418
sweated trades 45, 353
Syndikalismus 304, 313
System
 soziotechnisches 153, 155, 191, 308
Systemgestaltung
 partizipative 156, 180, 308, 377
Systemrationalität 330, 364

T

Taglöhner 23, 25, 31
Tarifautonomie 292, 316
Taylorisierung 113, 217, 389
Technikgestaltung
 sozialvertägliche 159
Technokratie 329, 330, 332
Technokratiekritik 329
Technologien
 neue 91, 141, 150, 156, 159, 161, 162, 163, 165, 166, 190, 221, 248, 249, 261, 308, 337, 359, 361, 375, 398, 411, 419
Technologieparks 189
Teilzeitarbeit 274, 277, 278, 281, 356, 372, 373
Telearbeit 189, 279, 281, 282, 356, 358, 368, 392, 399, 404, 408, 410, 413, 415, 422
Teleheimarbeit 188
Total Quality Management 193, 195, 427
Toyota-System 183, 184
trade union 48, 295, 317
Training Within Industry 120

U

Überlassungsvertrag 280

Ungleichheit
 soziale 122, 254, 318, 327, 390, 414
Unternehmensgewerkschaft 177, 256
Unternehmenskultur 194, 195
Unternehmerfunktion 219

V

Verberuflichung 24, 186, 234, 235
Verbürgerlichung 214
Verdinglichung 328, 329, 330
Verhalten
 abweichendes 132
Verlagssystem 26, 27, 32, 33
Verrechtlichung 40, 82, 218, 293, 300
Vertrauensleute
 gewerkschaftliche 310
Verwalter-Unternehmer 67, 223
Verwaltung
 bürokratische 21
Verwissenschaftlichung 67, 111, 208, 210, 247
Vigilanzproblem 344
Vollbeschäftigung 72, 253, 264, 265, 299, 363, 372, 378
Voluntarismus 297

W

Wachstum
 wirtschaftliches 72, 86, 206, 214, 263, 268, 300, 333, 335, 363, 378
Wandel
 sozialer 238, 302, 390, 407, 416, 417, 426
 technischer 90, 92, 93, 121, 148, 149, 182, 193, 204, 220, 221, 228, 233, 237, 238, 247, 266, 267, 275, 286, 308, 314, 321, 323, 329, 358, 372, 389, 391, 395, 397
Warenfetischismus 60
Werkmeister 40

Werkvertrag 24, 99, 169, 188, 281, 283, 373

Wertewandel 209, 273, 366, 369, 378, 379, 402

Wertkonflikte 139

Wirtschaftsdemokratie 51, 305, 307, 309, 312

Wissensgesellschaft 93, 122, 147, 159, 203, 209, 211, 212, 213, 237, 238, 247, 248, 327, 361, 369, 387, 426

Wohlfahrtsstaat 91, 166, 294, 299, 300, 325, 328, 335, 336, 378, 417

Z

Zeit- und Bewegungsstudien 92, 100

Zeitarbeit 257, 279, 280, 281, 406

Zeitautonomie 354, 357

Zeitlohnsystem 100

Zeitsouveränität 355, 356, 427

Zivilisation
  industrielle 52, 55, 81, 121

Zulieferbetriebe 104, 178, 180, 188

Zunft 26, 28, 31, 33, 231, 237, 264

Methoden der empirischen Sozialforschung

Rainer Schnell, Paul B. Hill, Elke Esser
Methoden der empirischen Sozialforschung
7., völlig überarb. und erweiterte Aufl.
2006 | VIII, 596 S. | gebunden
€ 24,80
ISBN 978-3-486-57684-9

Dieses am Beginn des Studiums ansetzende Lehrwerk bemüht sich vielfältig und auf teils neue Weise um den methodischen Brückenschlag von empirischer Sozialforschung und soziologischer Theorie. Es stellt Verfahren und Sachverhalte nicht nur vor, sondern erklärt sie verständlich. Allein dies weist über die vorhandene Lehrbuchliteratur weit hinaus.

Die siebte Auflage wurde wesentlich überarbeitet und ergänzt. In allen Kapiteln finden sich neue Details und Fortentwicklungen älterer Techniken; fast keine Seite blieb unverändert.

- Ziel und Ablauf empirischer Sozialforschung.
- Historische Entwicklung.
- Wissenschaftstheorie und empirische Sozialforschung.
- Konzeptspezifikation, Operationalisierung und Messung.
- Forschungsdesign und Untersuchungsformen.
- Auswahlverfahren.
- Datenerhebungstechniken.
- Datenaufbereitung, Datenanalyse.
- Anhänge.

Prof. Dr. Rainer Schnell ist seit 1996 Professor für Methoden der empirischen Sozialforschung an der Universität Konstanz.

Paul Hill ist Professor für Soziologie am Institut für Soziologie der RWTH Aachen.

Dr. Elke Esser, Dipl-Sozialwissenschaftlerin, ist Geschäftsführende Gesellschafterin ACADEMIC DATA.

»Das Standardlehrbuch.«

Günter Bamberg, Franz Baur, Michael Krapp
Statistik

13., überarb. Aufl. 2007 | X, 342 S | gebunden
€ 19,80 | ISBN 978-3-486-58188-1
Oldenbourgs Lehr- und Handbücher der
Wirtschafts- u. Sozialwissenschaften

In bewährter Weise werden in diesem Lehrbuch grundlegende Begriffe und Verfahren in der Statistik durch Beispiele erläutert und können anhand von Aufgaben zur Selbstkontrolle »erprobt« werden. Entsprechende Lösungen sind separat am Ende des Buches zu finden.

Der Lehrbuchinhalt umfasst die deskriptive Statistik, die Wahrscheinlichkeitsrechnung und die induktive Statistik. Darüber hinaus geben die Autoren einen Ausblick auf weitere wichtige Teilgebiete der Statistik wie etwa Prognoserechnung, Ökonometrie, multivariate Verfahren, statistische Entscheidungstheorie und statistische Software.

Zur Lektüre dieses einführenden Werks sind die Vorkenntnisse in mathematischer Propädeutik ausreichend, die in allen wirtschafts- und sozialwissenschaftlichen Fakultäten im Grundstudium vermittelt werden.

Prof. Dr. Dr. h.c. Günter Bamberg ist Inhaber des Lehrstuhls für Statistik der Universität Augsburg.

PD Dr. Franz Baur ist Akademischer Direktor am Lehrstuhl für Statistik, Ökonometrie und Operations Research der Universität Augsburg.

PD Dr. Michael Krapp ist Akademischer Oberrat am Lehrstuhl für Statistik der Universität Augsburg.

International Management

Eberhard Dülfer
International Management in Diverse Cultural Areas
Internationales Management in unterschiedlichen Kulturbereichen

1999 | 1.052 S. | 64 Abb. | gb.
€ 54,80 | ISBN 978-3-486-25205-7
Global Text

- Basics.
- Long-term Fields of Operation for International Management.
- The Process of Internationalization.
- Business Systems Used Abroad.
- How to Consider the Unfamiliar Environment: The Core Problem of international Management.
- Influences of the Global Environment on Management, Labor and Consumption Behavior in Host Countries.
- Particularities of the Interactional Relationship in Foreign Business from the Perspective of the Decision Maker (Manager).
- Challenges for the Manager Abroad.

- Grundlagen.
- Langfristig aktuelle Operationsfelder des Internationalen Managements.
- Die Internationalisierung der Unternehmung.
- Auslands- Geschäftssysteme.
- Berücksichtigung des fremden Umfeldes als Kernproblem des Internationalen Managements.
- Einflüsse der globalen Umwelt auf das Führungs-, Arbeits- und Konsumverhalten in Gastländern.
- Besonderheiten der Interaktionsbeziehungen im Auslandsgeschäft aus der Sicht des Entscheidungsträgers (Manager).
- Anforderungen an den Auslandsmanager.

Professor Dr. Dr. h.c. Eberhard Dülfer war von 1967 bis 1991 geschäftsführender Direktor des Instituts für Kooperation in Entwicklungsländern an der Universität Marburg.